Empresários, trabalhadores e grupos de interesse

FELIPE PEREIRA LOUREIRO

Empresários, trabalhadores e grupos de interesse

A política econômica nos governos Jânio Quadros e João Goulart, 1961-1964

apoio:

Direitos de publicação reservados à:
Fundação Editora da Unesp (FEU)
Praça da Sé, 108
01001-900 – São Paulo – SP
Tel.: (0xx11) 3242-7171
Fax: (0xx11) 3242-7172
www.editoraunesp.com.br
www.livrariaunesp.com.br
feu@editora.unesp.br

Programa San Tiago Dantas de Pós-Graduação
em Relações Internacionais
Praça da Sé, 108 – 3º andar
01001-900 – São Paulo – SP
Tel.: (0xx11) 3101-0027
www.unesp.br/santiagodantassp
www.pucsp.br/santiagodantassp
www.ifch.br/unicamp.br/pos
relinter@reitoria.unesp.br

Dados Internacionais de Catalogação na Publicação (CIP)
Vagner Rodolfo CRB-8/9410

L732m

Loureiro, Felipe Pereira, 1981-
    Empresários, trabalhadores e grupos de interesse: a política econômica
nos governos Jânio Quadros e João Goulart, 1961-1964 / Felipe Pereira
Loureiro. São Paulo: Editora Unesp, 2017.

    Inclui bibliografia, anexo e apêndice.
    ISBN: 978-85-393-0666-4

    1. Economia. 2. Brasil. 3. Política econômica. 4. Desenvolvimento
econômico. 5. Jânio Quadros. 6. João Goulart. I. Título.

| 2017-140 | CDD: 338.981 |
| | CDU: 338.1(81) |

Esta publicação contou com apoio da Fundação de Amparo à Pesquisa do
Estado de São Paulo (Fapesp, processo n.2016/01951-7).

Editora afiliada:

A Carlos Eduardo Andrade Chagas
(in memoriam)

Sumário

APRESENTAÇÃO

Este livro constitui uma versão adaptada da tese de doutorado que defendi em abril de 2012 junto ao Programa de Pós-Graduação em História Econômica da Universidade de São Paulo (PPGHE-USP) sob orientação do professor Renato Perim Colistete (FEA-USP). Uma das motivações gerais do trabalho foi contribuir para a historiografia que busca entender como o golpe militar de 1964 foi possível, dando atenção ao lado econômico da crise brasileira do início dos anos 1960. Quando iniciei a tese, em janeiro de 2008, o Brasil vivia o auge do lulismo. À época, justificar a relevância do trabalho sob o argumento da necessidade de conhecer a fundo os governos Quadros e Goulart para evitar um novo golpe de Estado no Brasil parecia impensável. Hoje, encontramo-nos estupefatos diante da possibilidade de concretização de um golpe parlamentar no país e do esfacelamento de uma democracia que já pressupúnhamos consolidada, após mais de três décadas do fim da ditadura. Se a compreensão das dinâmicas das administrações Quadros e Goulart já era absolutamente fundamental para refletir sobre a experiência brasileira no pós-guerra e suas consequências, atualmente esse objeto tornou-se ainda mais urgente, na medida em que é capaz de colocar em perspectiva histórica o difícil momento que atravessamos. A óptica dos embates sociais sobre os rumos da política econômica do período Quadros-Goulart parece-me um ângulo privilegiado para refletir sobre o tema.

A despeito das várias diferenças entre o contexto pré-1964 e o atual, há também inúmeros paralelismos. Uma semelhança reside na crise fiscal do Estado brasileiro. Durante os governos Juscelino Kubitschek (1956-61) e Lula-Dilma I (2003-14), ocorreu um forte aumento da participação estatal na economia sem expansão proporcional da carga tributária. A situação tornou-se crítica quando a desaceleração das taxas de crescimento do produto (1962-64 e 2015-16, respectivamente) derrubou a arrecadação de impostos. Tal como hoje, portanto, nos anos Quadros-Goulart a sociedade brasileira foi colocada diante do dilema do financiamento dos gastos públicos. Para o campo das esquerdas, a questão estava em discutir a forma de manter (e expandir) dispêndios considerados fundamentais. Em pelo menos duas oportunidades a administração Goulart levantou concretamente a bandeira de uma reforma tributária progressista (1961 e 1963); nas duas, saiu derrotado no Congresso. A segunda inseriu-se no contexto do Plano Trienal: sem dúvida a mais relevante iniciativa do governo Goulart para superar as instabilidades econômicas do país e lançar bases para um processo de desenvolvimento de longo prazo. A defesa das reformas de base, entre as quais a reforma tributária, detinha papel decisivo no programa janguista. O Plano Trienal logo fracassaria, porém: com duração prevista para três anos, não suportaria nem seis meses. Com o fim do Plano, naufragaria junto a última chance para viabilizar a continuidade do pacto democrático no Brasil pós-guerra. A tão aguardada reforma tributária, assim como inúmeras outras, seria implementada apenas com a ditadura militar. Como era de esperar, a reforma que veio foi fortemente regressiva, fazendo com que pobres pagassem novamente a conta.

Ainda está em aberto a maneira pela qual a atual crise brasileira será resolvida. Para alguns, a saída parece residir no aperfeiçoamento de propostas lançadas pelo governo Goulart. Celso Rocha de Barros, por exemplo, fez uma analogia direta nesse sentido: a esquerda brasileira precisaria de um "novo Plano Trienal"; de um programa capaz de recuperar a saúde fiscal do Estado brasileiro e, ao mesmo tempo, encaminhar reformas estruturais, visando construir políticas redistributivas robustas.[1] Para chegarmos a alguma conclusão sobre essa e outras interessantes analogias, assim como para refletir sobre decisões de política econômica que toda sociedade deve tomar, e que possuem impactos cruciais em termos de desenvolvimento socioeconômico, precisamos conhecer com profundidade as possibilidades e limites do governo que propôs o Plano Trienal, assim como das classes e grupos sociais, domésticos e externos, que atuaram naquele conturbado e riquíssimo período da história brasileira. É isto o que esta obra se propõe a fazer, a partir do viés da formulação e da implementação da política econômica. Ao final, espero que o leitor consiga colocar em perspectiva aquilo que parece comum, semelhante e diferente entre o contexto de hoje e o do Brasil pré-1964, e talvez chegar a conclusões sobre como se posicionar, e sobretudo atuar, nos dilemas contemporâneos do país.

---

1 Barros, 2016, p.1-13.

Uma breve nota de agradecimento é necessária. Essa pesquisa não teria sido possível sem o financiamento do CNPq e da Capes. À Fapesp agradeço a possibilidade de publicá-la em formato de livro. O espaço exíguo impede-me de agradecer a todas as pessoas que gostaria. Cito apenas três cruciais ao longo da pesquisa: Ana Carolina Cerqueira Piacentini, Colin Lewis e Renato Colistete. Por fim, dois agradecimentos especiais: à minha mãe, pelo apoio incondicional, minha eterna gratidão; ao Edu, pelo exemplo, minhas saudades.

São Paulo, 18 de julho de 2016.

Introdução

Em outubro de 1964, o ex-ministro da Fazenda de Jânio Quadros, Clemente Mariani, enviou uma carta ao então governador da Guanabara, Carlos Lacerda. O Brasil vivia os primeiros meses de uma longa ditadura militar. A equipe econômica do presidente Castelo Branco (1964-67) trabalhava em seu Programa de Ação Econômica do Governo (Paeg), um conjunto de medidas com o objetivo de conter a espiral inflacionária e recuperar o ritmo de crescimento da economia. Nessa carta, Mariani discorreu sobre os méritos do Paeg, comparando-o à tentativa de estabilização aplicada pela administração Quadros. O que estava sendo feito naquele momento, disse, seria semelhante "à linha que eu adotei em 1961". Mariani analisou a capacidade dos ministros Roberto Campos e Octávio Gouveia de Bulhões de solucionar os problemas econômicos do país. Enquanto Campos seria "mais ortodoxo, mais apaixonado pelas verdades doutrinárias", Bulhões teria maior pensamento crítico, analisando doutrinas econômicas sob o crivo "da experiência, para delas reter apenas [o] essencial". Apesar disso, prosseguiu Mariani, enquanto formulador político, Bulhões apresentaria uma séria desvantagem em comparação a Campos: o fato de não ter tido a oportunidade de experimentar "a face encoberta da lua", "o setor da vida econômica [privada] do país". Assim, concluiu, "as informações que lhe vem das fontes que utiliza nem sempre se revestem da sinceridade e da lealdade das que eu obtinha de elementos de absoluta confiança".[1]

---

1 Carta, Clemente Mariani a Carlos Lacerda, 7 out. 1964, Centro de Pesquisa e Documentação de História Contemporânea do Brasil da Fundação Getúlio Vargas (doravante CPDOC--FGV), Arquivo Clemente Mariani (doravante CMa), cg 1959.05.23, p.2.

O objeto desta obra é a análise da política econômica dos governos Jânio Quadros e João Goulart (1961-64) sob a perspectiva do que foi denominado por Mariani como "a face encoberta da lua", ou seja, sob o viés da atuação de grupos sociais no processo de formulação e de implementação dessa política. O tema é de enorme relevância para a história do Brasil recente. A grande maioria dos estudiosos concorda que os problemas apresentados pela economia brasileira no início dos anos 1960, em particular a expansão inflacionária, o desequilíbrio do balanço de pagamentos e a desaceleração do ritmo de crescimento, tiveram um papel importante para a desestabilização da República do pós-guerra (1945-64), contribuindo para o golpe militar de março de 1964.[2] A compreensão das razões que impediram o sucesso dos programas econômicos dos governos Quadros e Goulart torna-se fundamental, portanto, para esclarecer a conjuntura que levou à instalação da mais longa ditadura militar da história do Brasil, e que contribuiria decisivamente para a desestabilização da ordem democrática em países vizinhos.[3]

Apesar da importância do tema, por muito tempo negligenciou-se o estudo da política econômica desse período. Os primeiros trabalhos que buscaram compreender os determinantes da recessão industrial do começo da década de 1960 priorizaram causas de longo prazo, chamadas de "estruturais", que supostamente não poderiam ter sido solucionadas por medidas de política econômica.[4] Enquadram-se aqui diferentes correntes de interpretação. Um dos maiores exemplos é a abordagem estruturalista de autores vinculados à Comissão Econômica para a América Latina (Cepal), em especial Celso Furtado, Maria da Conceição Tavares e José Serra, que apontaram para a inadequação entre a estrutura de oferta industrial do Brasil pós-guerra, centrada na produção de bens de consumo duráveis de luxo, e o padrão de demanda local, caracterizado por uma elevada concentração de renda.[5] Há autores também que enfatizaram uma relação direta, beirando ao mecanicismo, entre transformações na estrutura econômica e alterações no quadro das instituições políticas. Incluem-se aqui desde os estudiosos que interpretaram na maior internacionalização da economia brasileira dos anos 1950 a razão básica para a mudança na composição do Estado, como Fernando Henrique Cardoso, até os que vincularam o suposto esgotamento

---

2 Para balanços historiográficos do período, ver Fico, 2008, p.15-67, e Mattos 2008. Para perspectivas recentes que corroboram a tese do peso dos fatores econômicos, apesar de não se aprofundarem neles, ver Ferreira e Gomes, 2014, cap.10, e Napolitano, 2014, cap.1.

3 Ver, por exemplo, o papel da ditadura militar brasileira na desestabilização do regime de Salvador Allende no Chile. Harmer, 2012. Para um estudo que explora questão semelhante, mas com enfoque em grupos da sociedade civil brasileira, ver Power, 2015.

4 Para uma ampla revisão dessa literatura, ver Wells, 1977, p.26-42.

5 Há diferenças importantes entre as interpretações de Furtado e de Tavares e Serra, mas tratá--las aqui fugiria ao escopo da obra. Ver Furtado, 1968, e Tavares e Serra, 1973.

do processo de Industrialização Substitutiva de Importações (ISI) com o fim do regime "populista", particularmente Celso Lafer e Octávio Ianni.[6] Outra vertente importante está nos trabalhos de Francisco de Oliveira, que ressalta o papel da luta de classes para a recessão, relacionando-a às especificidades do desenvolvimento do modo de produção capitalista no Brasil e à crise do "pacto populista".[7] Por fim, há autores como Albert Fishlow e Michael Wallerstein, que interpretaram a crise dos anos 1960 como produto do caráter cíclico da economia. Para esses estudiosos, o fim do "bloco de investimentos" do Plano de Metas do governo Kubitschek (1956-61) teria sido o principal responsável pela desaceleração econômica do período.[8]

A ruptura com essas abordagens estruturalistas ganhou força a partir do trabalho de Nathaniel Leff, publicado em 1968. Para Leff, a recessão da economia brasileira do início da década de 1960 teria se devido não a razões de longo prazo, mas a uma contração conjuntural das importações de insumos e de matérias-primas, obrigando industriais a reduzir o nível de atividade econômica. Leff reconheceu que a razão dessa insuficiência para importar relacionava-se a questões mais amplas, particularmente a uma política cambial de desestímulo às exportações. Mesmo assim, o autor mudou o foco predominante das explicações sobre a recessão dos anos 1960, enfatizando aspectos de curto prazo.[9] O impacto dessa mudança seria expressivo. Já no final da década de 1970, começaram a aparecer trabalhos que dariam maior atenção à política econômica dos governos Quadros e Goulart. Destaque nesse sentido foi a tese de doutorado de John Wells, defendida em 1977. Baseado em ampla pesquisa empírica, Wells apresentou evidências que puseram em xeque as conclusões tanto de Leff quanto dos estruturalistas sobre a recessão dos anos 1960. Para Wells, a crise teria ocorrido basicamente por causa da excessiva contração da oferta de crédito provocada pelo governo Goulart durante a implementação do Plano Trienal em 1963.[10] Se antes a política econômica havia sido negligenciada, agora ela estava sendo alçada ao *status* de principal responsável pela recessão. O trabalho de Wells obrigou estudiosos a debruçarem-se sobre aspectos de curto prazo da crise da década de 1960.

---

6 Cardoso, 1973; Ianni, 1968, caps.1 e 6; e Lafer 1975. Ainda dessa perspectiva, ver Kaufman e Stallings, 1992.

7 Oliveira, 1987, p.87-8.

8 Fishlow, 1973; Wallerstein, 1980.

9 Leff, 1977, caps 5 e 9. Tecnicamente, já existiam explicações baseadas em razões conjunturais, porém que apresentaram impacto restrito na literatura. Isso talvez se explique pelo elevado comprometimento desses autores – no caso, Roberto Campos e Mário Henrique Simonsen – com a política econômica do governo militar. Ver Campos, 1964, e Simonsen, 1969.

10 Essa interpretação já havia sido esboçada, em linhas gerais, por Ignácio Rangel, em 1963, algo que Wells reconhece (1977, p.25-6). Para argumentação completa, ver Wells, 1977, cap.5, e Rangel, 1981. Apesar de menos consistente, Morley também apresenta uma explicação de curto prazo para a crise. Ver Morley, 1971.

A partir de então, seria realizada uma série de estudos sobre a política econômica dos governos Quadros e Goulart. Alguns desses trabalhos, como o de Antônio Sochaczweski, fariam duras críticas à obra de Wells; outros, porém, como o de Mário Mesquita, reconheceriam o mérito da análise, tentando estabelecer um compromisso entre as teses conjunturais e estruturalistas sobre a recessão dos anos 1960.[11] Chama atenção, no entanto, o fato de essas obras terem dado pouca importância ao papel exercido pelas reações dos grupos sociais sobre os resultados da política econômica.[12] O fracasso das tentativas dos governos Quadros e Goulart em conter os crescentes desequilíbrios da economia brasileira é explicado por esses autores por meio de modelos que responsabilizam agentes e/ ou instituições estatais. Erros de cálculo das autoridades, inadequação do instrumental político, conflitos no interior do governo e falta de vontade decisória (ou de competência) do presidente da República foram algumas das justificativas apresentadas nesse sentido.[13] Os comentários sobre a participação de empresários e trabalhadores no abandono das tentativas de estabilização, quando aparecem, basearam-se sobretudo em hipóteses.[14]

Essa negligência de grande parte da literatura à atuação dos grupos sociais parece advir da força que o modelo teórico do populismo ainda exerce em muitos cientistas sociais, sobretudo economistas.[15] A ideia de que a estrutura corporativista organizada durante a Era Vargas (1930-45) teria sido capaz de estabelecer mecanismos de controle sobre as classes, principalmente sobre trabalhadores, traz consigo a noção de que o Estado exerceria primazia em processos de transformação social, política e econômica, colocando a atuação de grupos sociais em um plano secundário.[16] Apesar de os principais formuladores desse modelo terem classificado o início dos anos 1960 como um período de crise do populismo e de maior participação dos grupos sociais na arena política, isso parece ter tido pouco impacto na literatura especializada em política econômica, que ainda

---

11 Sochaczewsky, 1991 p.191-2, e Mesquita, 1992, cap.5. Para outros trabalhos com foco na política econômica do período, ver Bastian, 2013; Macedo, 1987; Mesquita, 2014; Miranda, 1979, e Wanderley, 1972.

12 Mesquita, 1992, é um dos poucos que apresenta os posicionamentos de empresários e de trabalhadores, porém de modo superficial.

13 Baer, 1979, p.191; Castro e Ronci, 1992, p.187; Cardoso e Helwege, 1993, p.225-26; Macedo, 1987, p.62-4; Sochaczewsky, 1991, p.211-5; Sola, 1998, p.351, 363, 367-8, 383-91.

14 Para um exemplo de estudo que considera o papel dos grupos sociais, apesar de estar alicerçado em frágil base empírica, ver Melo, Bastos e Araújo, 2007.

15 Bresser Pereira, 1991; Cardoso e Helwege, 1993, cap.8; Dornbusch e Edwards, 1992, cap.1. Para um estudo sobre política econômica do governo Goulart que utiliza o conceito de populismo, ver Fonseca, 2004.

16 O teórico mais importante desse modelo é Weffort, 1980, 1979 e 1972. Para exemplos de trabalhos que ressaltam a passividade de empresários e trabalhadores perante o Estado, ver Cardoso, 1964; Rodrigues, 1966; Schmitter, 1972; Schwartzman, 1975. Para obras recentes que mantêm essa perspectiva, ver Boito Jr., 1991.

continuou a tratar empresários e trabalhadores fundamentalmente como agentes passivos.[17]

O revisionismo iniciado por historiadores no final da década de 1970 sobre os efeitos da estrutura corporativista nos grupos sociais também repercutiu pouco nos trabalhos de política econômica. Enquanto estudos históricos baseados em novas evidências empíricas mostravam que o domínio estatal sobre trabalhadores no período 1946-64 esteve longe de ser hegemônico – diferentemente do que obras clássicas do tema sugeriram –, a literatura voltada para a análise da política econômica do pós-guerra ainda continuou a dar escassa atenção ao papel do movimento operário do ponto de vista de sua influência nos resultados de políticas públicas.[18] De certa forma, isso também decorreu do próprio caráter assumido por esse revisionismo historiográfico, que questionou a validade do modelo de populismo apenas no âmbito das relações do "mundo do trabalho" (fábrica, sindicalismo oficial, Justiça do Trabalho), extrapolando-o pouco para os demais âmbitos da sociedade.[19]

É de se reconhecer que estudos mais recentes sobre política econômica dos governos Quadros e Goulart incorporaram o posicionamento de grupos sociais. No entanto, essas obras ainda apresentam limitações, em particular do ponto de vista empírico. Lourdes Sola, por exemplo, extrai conclusões a respeito das atitudes dos empresários sobre o Plano Trienal baseada apenas no periódico *Desenvolvimento e Conjuntura*, publicado pela Confederação Nacional da Indústria (CNI). Ao fazer isso, a autora ignora implicitamente a possibilidade de o empresariado assumir posicionamentos divergentes tanto do ponto de vista setorial, quanto regional.[20] Problema semelhante aparece nos trabalhos de Mário Mesquita e Sérgio Monteiro.[21] Argelina Figueiredo é a única que supera essa limitação, analisando as distintas posturas dos grupos de interesse empresariais diante da política econômica do governo Goulart.[22] Se, por um lado, a conclusão da autora sobre as reações dos trabalhadores também se fundamenta em uma base empírica

---

17 Sobre a crise do populismo e a intensificação da luta de classes no período, ver Ianni, 1968, cap.8, e Oliveira, 1987, cap.4.

18 Para exemplos de estudos que questionam a eficácia explicativa do modelo de populismo, ver Costa, 1995; Ferreira, 2001; Fontes, 2008; French, 1995; Gomes, 1994; Maranhão, 1979; Silva, 2013 e 1995; Vianna, 1976. Para trabalhos recentes que ainda mantém o conceito de populismo, ver Delgado, 2014. Para um estudo que reformula o conceito de populismo a partir dessas críticas, ver Knight,1998.

19 Como exemplo nesse sentido, ver French, 2004.

20 Sola, 1998, cap.7.

21 Mesquita, 1992, p.82-4, 161, 183-4; Monteiro, 1999, p.136-7.

22 Figueiredo, 1993. A obra de Maria Antonieta Leopoldi também constitui uma exceção, mas a autora termina seu estudo exatamente no início do governo Quadros. Os trabalhos de Ricardo Silva, por sua vez, basearam-se nas pesquisas de Figueiredo. Leopoldi, 2000; Silva, 2003, p.96-109, e 2000, p.97-8.

restrita, por outro, com relação aos empresários, Figueiredo apresentou um conjunto diversificado de evidências, envolvendo entidades como as Associações Comerciais do Rio e de São Paulo (ACRJ e ACSP), as Federações das Indústrias do Estado da Guanabara e de São Paulo (Fiega e Fiesp), e as Confederações Nacionais do Comércio e da Indústria (CNC e CNI).[23] A principal limitação da obra está no fato de a autora ter construído seu argumento lançando mão exclusivamente de fontes empresariais de natureza pública, isto é, boletins informativos, periódicos e notas publicadas em jornais de circulação nacional. Apesar de esse tipo de documentação contribuir para um melhor entendimento das posições do empresariado, obtém-se uma perspectiva muito limitada de seus interesses e divergências, normalmente ocultas em manifestações dessa natureza.

Diferentemente dos estudos que levaram em consideração o papel de grupos sociais nos resultados de política econômica dos governos Quadros e Goulart, este trabalho emprega um vasto conjunto de fontes. O primeiro conjunto refere-se a documentos pertencentes a órgãos representativos de empresários e trabalhadores. Para viabilizar a realização da pesquisa, mas sem prejudicar critérios de diversificação setorial e regional, priorizaram-se entidades sediadas nas regiões mais ricas do país (eixo Rio-São Paulo) e aquelas de abrangência nacional. Além disso, buscou-se ter acesso não apenas a fontes públicas, mas também a documentos confidenciais, tais como atas de reunião de diretoria, relatórios de diretoria, circulares a associados e correspondências pessoais. Os órgãos empresariais selecionados foram: no que se refere aos industriais, CNI, Fiega e Fiesp; dos empresários do comércio, CNC, ACRJ e ACSP; dos empresários rurais, Confederação Rural Brasileira (CRB) e Sociedade Rural Brasileira (SRB); dos banqueiros, Sindicatos de Bancos dos Estados do Rio de Janeiro (SBERJ) e de São Paulo (SBESP); e, por fim, dos empresários estrangeiros, Conselho das Câmaras de Comércio Estrangeiras de São Paulo e Instituto de Pesquisas e Estudos Sociais (Ipes).

Como era de esperar, não foi possível encontrar documentos confidenciais para todas essas entidades. Em alguns casos, como no dos Sindicatos dos Bancos, há indícios de que a documentação teria desaparecido. Tanto o atual Sindicato dos Bancos do Estado do Rio de Janeiro, quanto a Federação Nacional dos Bancos (Febraban) – órgão fundado em 1967 – alegam que não possuem mais fontes da época guardadas. A alternativa foi empregar uma publicação semanal voltada para o setor, denominada *Revista Brasileira de Bancos*, disponível na Biblioteca Nacional. Em outros casos, porém, particularmente nos da CRB, CNC e Fiesp, não se obteve permissão de pesquisa.[24]

---

23 Figueiredo, 1993, p.94-109. Ver também Figueiredo, 2015.
24 A CRB (atual Confederação Nacional da Agricultura, CNA) ficou de dar um posicionamento sobre a questão, mas não retornou posteriores contatos. A entidade enviou-nos apenas uma

Do ponto de vista dos objetivos da obra, a perda maior deu-se com a Fiesp, tendo em vista que a Federação das Indústrias paulista constituía o mais importante grupo de interesse empresarial em atuação no país no início dos anos 1960. Como alternativa, utilizaram-se os *Boletins Informativos* publicados semanalmente pela entidade, disponíveis para consulta na Biblioteca Roberto Simonsen do Instituto de Filosofia e Ciências Humanas da Universidade Estadual de Campinas (IFCH-Unicamp). As demais organizações disponibilizaram-nos acesso a seus arquivos. Vale lembrar que o acervo do Ipes encontra-se no Arquivo Nacional do Rio de Janeiro.

No caso dos trabalhadores, restringiu-se a pesquisa ao movimento sindical urbano, que era o mais ativo do ponto de vista de contatos com autoridades do governo federal. Como os órgãos sindicais do período atualmente não existem mais, obtivemos informações por meio de quatro tipos de fontes: jornais de circulação nacional, periódicos operários, arquivos pessoais e entrevistas. Selecionaram-se dois jornais de abrangência nacional: *O Estado de São Paulo* e *Última Hora* (versão do Rio de Janeiro). A escolha justificou-se pelo fato de esses periódicos terem base em regiões distintas e apresentarem perspectivas ideológicas diferentes. Enquanto *O Estado de São Paulo* era conservador, *Última Hora* distinguia-se pela proximidade com políticos trabalhistas, notadamente João Goulart. Utilizaram-se também vários jornais operários, em especial *Novos Rumos*, publicado semanalmente pelo Partido Comunista Brasileiro (PCB), e periódicos de sindicatos paulistas e cariocas expressivos em quanto ao número de trabalhadores filiados, tais como *O Metalúrgico*, *Folha Bancária* e *O Ferroviário*.[25] O arquivo pessoal de Clodsmith Riani, ex-presidente da Confederação Nacional dos Trabalhadores na Indústria (CNTI) entre 1962 e 1964, e líder do então Comando Geral dos Trabalhadores (CGT), foi de grande valia para a pesquisa, em especial por conter documentos oficiais da antiga diretoria da CNTI. Por fim, realizaram-se entrevistas com sindicalistas atuantes no período. Algumas dessas entrevistas foram feitas por mim; outras, extraídas do Fundo

---

publicação de caráter oficial sobre sua história. Em visita à sede da CNC no Rio de Janeiro, não nos foi concedida permissão para subir à biblioteca. Por fim, o diretor secretário da Fiesp, Nicolau Jacob Neto, negou a este pesquisador em duas oportunidades diferentes o acesso aos arquivos privados da entidade, sob a justificativa de "estarmos tratando de documentos internos aos quais conferimos tratamento reservado". E-mail particular ao autor, 10 de março de 2010.

25 Os periódicos operários foram consultados no Arquivo Edgard Leuenroth (AEL-Unicamp), no Arquivo de Memória Operária do Rio de Janeiro (Amorj-UFRJ) e no Centro de Documentação e Memória (Cedem-Unesp). Quando da primeira citação de um documento, será mencionado também o nome do arquivo onde se realizou a pesquisa. Em caso de ausência de data na documentação, utilizam-se colchetes [ ] para expressar datas que foram descobertas por meio da relação entre o conteúdo do documento e o contexto histórico, e colchetes com sinal de interrogação [?] para expressar datas sobre as quais não se tem certeza.

Fábio Munhoz, mantido pelo Centro de Documentação de Memória da Universidade Estadual Paulista (Cedem-Unesp).

Acervos documentais estrangeiros também foram extremamente importantes para o trabalho, e sob vários aspectos. Foram pesquisadas fontes diplomáticas e governamentais norte-americanas sobre o Brasil em duas bibliotecas presidenciais (John F. Kennedy e Lyndon B. Johnson), além de no próprio Arquivo Nacional dos Estados Unidos (National Archives and Records Adminstration, Nara). A comunicação entre a embaixada norte-americana no Brasil e o Departamento de Estado, e entre este e a Casa Branca, deu-nos não apenas uma perspectiva das pressões exercidas pelo governo dos Estados Unidos sobre o governo brasileiro em matérias de política econômica, mas também um quadro geral dos interesses dos principais grupos privados norte-americanos com investimentos no país. Talvez tão importante quanto esses dois aspectos tenha sido o fato de que a embaixada dos Estados Unidos enviava relatórios minuciosos a Washington sobre o conteúdo de encontros com personalidades brasileiras das esferas governamental e corporativa. Alguns desses relatórios consistiam em memorandos de conversação. Esses memorandos foram preciosos para a reconstrução do posicionamento de representantes de grupos sociais sobre política econômica (principalmente do empresariado), além de terem contribuído para identificar pressões exercidas por grupos de interesse sobre membros do governo. O acesso privilegiado dos funcionários da embaixada norte-americana à elite econômica brasileira compensou, de certa forma, a impossibilidade de consulta a arquivos privados, como no caso do arquivo da Fiesp. Pode-se argumentar que existam elementos de subjetividade no relato dessas conversas, podendo desvirtuar seu conteúdo. É evidente que esses elementos existem. No entanto, por serem documentos diplomáticos, nos quais a fidedignidade da exposição dos acontecimentos constitui elemento crucial para a elaboração de estratégias e para a tomada de decisões, é razoável supor que seu grau de objetividade fosse elevado. Além do mais, não há alternativa. Conversas privadas dessa natureza normalmente não eram registradas. Só o fato de tais documentos existirem constitui uma enorme vantagem para o pesquisador. Deixar de explorá-los devido à impossibilidade de cruzar fontes não parece ser razoável. Ainda em se tratando de documentação estrangeira, também foram utilizados documentos diplomáticos britânicos, disponíveis para consulta no Arquivo Nacional do Reino Unido (The Nacional Archives, TNA). Entre as fontes que mais contribuíram para esta pesquisa, destacam-se os relatórios dos adidos trabalhistas britânicos, que tinham acesso privilegiado a atores do movimento sindical e, principalmente, a membros do governo brasileiro.

Por fim, o terceiro grande corpo documental utilizado pelo trabalho refere-se a fontes oficiais do governo brasileiro, principalmente de órgãos responsáveis pela formulação e pela implementação da política econômica, tais como a extinta Superintendência da Moeda e do Crédito (Sumoc), o Banco do Brasil e o Ministério da Fazenda. Da Sumoc, obteve-se acesso apenas aos boletins mensais da entidade, disponíveis na biblioteca do Banco Central em Brasília. As atas de reunião da Superintendência referentes ao período 1961-64 desapareceram do arquivo do Banco Central (as atas das décadas de 1940 e de 1950 ainda existem). Os relatórios e as atas de reunião da diretoria do Banco do Brasil podem ser encontrados na biblioteca do Centro Cultural do Banco do Brasil do Rio de Janeiro. O acesso à documentação de caráter confidencial do Ministério da Fazenda, por outro lado, é mais complicado. As bibliotecas do Ministério tanto em Brasília quanto no Rio de Janeiro só possuem estatísticas e publicações oficiais. A "Série Fazenda" do Arquivo Nacional, que supostamente deveria conter esse tipo de fonte, nada possui da década de 1940 em diante.

Para escapar dessas limitações, recorri a arquivos pessoais. Dos ministros da Fazenda dos governos Quadros e Goulart, dois deles, Clemente Mariani e San Tiago Dantas, possuem acervos sob a guarda de entidades públicas (CPDOC-FGV e Arquivo Nacional, respectivamente). Apesar das insistentes tentativas, não obtivemos acesso aos arquivos dos demais ministros da Fazenda do período (Walter Moreira Salles, Miguel Calmon e Carvalho Pinto), que se encontram sob domínio de familiares ou de instituições privadas.[26] A alternativa foi utilizar a documentação diplomática. Embaixadores norte-americanos mantinham contatos frequentes com ministros da Fazenda, enviando relatórios minuciosos a Washington a respeito de suas conversas. Além disso, entrevistamos ex-assessores do ministério desse período, tais como José Gregori e Jorge Hori.[27]

Por meio desses três corpos documentais – fontes de entidades empresariais e trabalhistas, fontes diplomáticas britânicas e norte-americanas, e fontes do governo brasileiro –, buscou-se reconstruir o contexto de formulação e de implementação da política econômica do início dos anos 1960. Essa reconstrução foi feita a partir de uma perspectiva teórica semelhante àquela sistematizada pelos trabalhos de Bob Jessop.[28] Apesar de a literatura sobre classes sociais, grupos de interesse e Estado ter evoluído muito nas últimas décadas, tornando-se abrangente e multifacetada, considera-se a abordagem neomarxista de Jessop a mais adequada para o enquadramento

---

26 O último ministro da Fazenda do governo Goulart, Ney Galvão, que se manteve no cargo por um curto espaço de tempo (dezembro de 1963 a março de 1964), não constituirá objeto de preocupação desta obra, por ter se tratado de um período no qual ocorreu claro abandono das perspectivas de estabilização econômica.

27 José Gregori foi assessor de San Tiago Dantas, mas teve contato também com Walter Moreira Salles. Jorge Hori foi assessor de Carvalho Pinto.

28 Ver, principalmente, Jessop, 1996.

do nosso objeto de estudo.[29] Para Jessop, o Estado não pode ser reduzido ao plano econômico nem identificado mecanicamente com uma determinada classe social, apesar de constituir condição básica para o processo de acumulação. As estruturas presentes nas sociedades que favorecem (ou "selecionam") ações do Estado em sentido classista só concretizariam esse desígnio em consonância com o equilíbrio das forças sociais. De acordo com o grau de organização e com o tipo de estratégia escolhidos pelos trabalhadores, a tendência de o Estado favorecer a reprodução ampliada do capital pode ser prejudicada, ou, até mesmo, interrompida. A partir dessa concepção, Jessop refuta teses deterministas e instrumentalistas sobre o poder estatal. No primeiro caso, rejeita-se o princípio de que os interesses da classe dominante sempre estariam representados em ações e políticas do Estado.[30] No segundo, Jessop bate-se contra autores, principalmente fora do campo marxista, que compreendem o Estado como um conjunto neutro de instituições.[31] Segundo Jessop, dessa perspectiva neutralista, o Estado poderia desempenhar qualquer tipo de papel, dependendo apenas da vontade dos governantes que o dirigem, ou dos grupos sociais que o "capturam", parcial ou totalmente. Enquadram-se aqui desde as abordagens de cunho neoclássico, baseadas na teoria da escolha racional (políticas públicas como resultado da interação entre políticos, atores privados e grupos de interesse racionais, que agem para maximizar interesses) até abordagens de cunho neoweberiano, que salientam a potencialidade de constituição de um Estado autônomo perante a sociedade – ou, em suas versões menos radicais, a possibilidade de surgimento de um Estado "inserido" (*embebbed*) no social, mas que manteria certa autonomia e independência em relação aos interesses de grupos privados.[32]

Vale ressaltar que a caracterização feita por Jessop dos autores neoclássicos e dos neoweberianos é enviesada, negligenciando importantes contribuições que essas abordagens trouxeram à análise das relações entre Estado, burocracia e grupos de interesse. No caso dos neoclássicos, salienta-se a "lógica da ação coletiva" de Mancur Olson, que será utilizada em nosso trabalho como ferramenta para um estudo mais detalhado da natureza dos grupos de interesse, principalmente no que se refere ao poder de mobilização e de pressão desses grupos junto ao Estado. Os neoweberianos, por sua vez, pressupõem a autonomia estatal apenas como um tipo ideal, isto

---

29 Para uma visão geral sobre essas abordagens, ver Barrow, 1993, caps.4-5; Hawkesworth e Kogan, 1992, cap.1.

30 Para exemplo de teóricos marxistas nesse sentido, ver Afanasyev, 1974.

31 Jessop, 1996, p.144-5, também enquadra (injustamente, a nosso ver) alguns autores marxistas dentro desse grupo, tal como Ralph Miliband.

32 Para estudiosos adeptos de abordagens neoliberal e neoweberiana, ver, respectivamente, Odershook, 1990, e Skocpol, 1985. Para uma perspectiva neoweberiana que argumenta sobre a possibilidade de inserção do Estado no social, ver Evans, 1995.

é, como uma possibilidade, que depende da existência de uma moderna e eficiente burocracia capaz de impedir que o Estado seja "capturado" por grupos econômicos. A ênfase dada a isso tem sido fundamental para a produção de estudos com foco em técnicos e elites governamentais, contribuindo para a compreensão de o porquê políticas públicas semelhantes terem apresentado resultados díspares em sociedades e períodos diferentes.

Essa perspectiva que enfatiza a possibilidade de constituição de um Estado autônomo está na base de muitas explicações sobre o fracasso dos programas de estabilização dos governos Quadros e Goulart. Apesar disso, são poucos os autores que, como Leff, reconhecem que teria havido uma "autonomia na formulação da política econômica brasileira" do pós-guerra, e que os problemas resultantes dessa política teriam decorrido (viabilizados por tal autonomia) de erros de cálculo dos agentes estatais.[33] Muitos estudiosos creditam a falência dos planos de estabilização do início dos anos 1960 a erros de cálculo dos técnicos, ou a imperfeições dos programas de governo, ou à insuficiência do instrumental de política econômica, mas sem admitir que, na origem dessas explicações, há pressuposto de uma autonomia do Estado perante a sociedade.

Não se deve confundir, porém, a autonomia formal que os agentes do Estado possuem com uma autonomia de fato, como os próprios neoweberianos reconhecem. Em outros termos: do ponto de vista teórico, é razoável imaginar que uma reforma agrária possa ser decretada por vontade única e exclusiva de governantes. No entanto, se o equilíbrio das forças sociais favorecer latifundiários e empresários rurais, a tendência é que essa reforma ou vire letra morta, ou que a situação política torne-se insustentável, precipitando a queda daqueles que a propuseram. O mesmo acontece com qualquer tipo de política pública, inclusive política econômica. Quanto maiores e mais poderosos os interesses contrariados, maiores tendem a ser as dificuldades de aplicação de medidas anti-*status quo*.

A perspectiva de Jessop põe em xeque não apenas o princípio da possibilidade de autonomia do poder estatal, mas também o da homogeneidade desse poder, que embasa algumas das abordagens neoclássicas sobre o tema.[34] Do mesmo modo que existem diferentes "projetos de sociedade", correspondentes a diferentes interesses de classes e grupos sociais, há também distintos "projetos de Estado" em disputa. Muitos desses projetos concretizam-se, em maior ou menor grau, e normalmente com a preponderância de um deles, nas próprias estruturas estatais, seja em termos de instituições e de agências, seja em termos de leis, dando ao Estado

---

33 Leff, 1997, p.160-1.
34 Para exemplo de abordagem neoclássica que assume as instituições estatais do Brasil dos anos 1960 como dadas, ver Monteiro, 1999. Para uma perspectiva alternativa, que leva em consideração a possibilidade de agentes lutarem por mudanças institucionais, ver Frieden, 2000.

um caráter de permanente heterogeneidade. Essa heterogeneidade varia conforme o equilíbrio de forças sociais: em certos contextos históricos, apresenta-se contida, quase imperceptível; em outros, principalmente em momentos de agudos conflitos na sociedade, pode ser tão grande a ponto de levar a uma paralisia dos órgãos do governo.

Essa ressalva acerca da permanente mutação do Estado é fundamental em razão do contexto coberto por esta obra. O início dos anos 1960 talvez tenha sido um dos momentos da história brasileira em que se apresentou com maior clareza o embate entre grupos sociais por diferentes projetos de Estado. Isso apareceu não somente nos debates sobre reformas de base, mas em um conjunto de leis, agências e instituições criadas no período que apontavam para significativas transformações na forma e no conteúdo do poder estatal, tais como, só para citar três exemplos cruciais, os casos das leis antitruste, de limitação de remessa de lucros e do 13° salário. Da mesma forma, as mudanças institucionais implementadas depois do golpe de 1964 em termos de mercado de trabalho (Fundo de Garantia por Tempo de Serviço, FGTS), mercado de capitais (lei das sociedades financeiras, criação das Obrigações Reajustáveis do Tesouro Nacional, ORTN) e instituições de política econômica (Banco Central), indicam alterações tão significativas no aparelho de Estado que se pode comparar o início dos anos 1960 com outros períodos marcantes da história brasileira no mesmo sentido, tais como as décadas de 1850 e de 1930.[35]

Do ponto de vista metodológico, por sua vez, há uma questão importante que precisa ser esclarecida: seria possível auferir o grau de influência de empresários e de trabalhadores nos resultados de política econômica? Em outras palavras: levando em conta que decisões políticas, ao menos formalmente, apresentam-se à sociedade como fruto de ações tomadas por integrantes do Estado, como determinar o ponto onde terminaria o lado das motivações pessoal e ideológica das autoridades públicas e onde começaria o lado das pressões exercidas por representantes de grupos sociais? Esse é um problema de difícil resolução, pois mesmo quando as autoridades agem em resposta a demandas de grupos de interesses, evidências irrefutáveis nesse sentido são difíceis de ser encontradas.

A saída parece estar no uso de uma metodologia capaz de identificar as situações em que pressões sociais tenham sido relevantes para os resultados da política econômica, mas sem pretender quantificar com exatidão até que ponto tal relevância teria sido exercida. Elaborou-se, para tanto, uma estratégia baseada em duas linhas de frente. A primeira está no mapeamento dos contatos dos representantes de grupos sociais com membros do

---

35 Para a década de 1850, ver a discussão sobre os impactos da aprovação da lei de terras e da lei de extinção do tráfico de escravos em Costa, 1999, cap.1. Para um debate sobre as mudanças no Estado implementadas nos anos 1930, ver Draibe, 2004, parte 1, e Fonseca, 1989, cap.4.

governo. Esses contatos foram discriminados de acordo com certos critérios e interpretados à luz da perspectiva teórica antes exposta. Colocando-se tais critérios em forma de perguntas, há cinco questões fundamentais para ser respondidas: (i) o grupo que apresentou demandas ao governo tinha relevância do ponto de vista político e/ou econômico?; (ii) o grau de acesso e a regularidade de encontros dos membros desse grupo com as autoridades foram altos?; (iii) o grupo apresentou ameaças às autoridades em caso de recusa ou de negligência do governo diante dos pedidos?; (iv) se sim, qual era a chance de essas ameaças comprometerem os objetivos fundamentais do governo? E, por fim, (v) houve semelhança entre as exigências listadas pelo grupo e as políticas implementadas posteriormente pelas autoridades? Na hipótese de somente a última questão apresentar resposta afirmativa, concluiu-se que os indícios são insuficientes para provar que um determinado grupo de interesse teria influenciado os resultados da política econômica. Caso apenas algumas respostas sejam positivas, incluindo a da última questão, a conclusão foi a de que que a probabilidade de influência teria sido alta. Finalmente, caso todas apresentem resultado positivo, inferiu-se, *ceteris paribus*, que as pressões sociais teriam tido peso fundamental para os resultados da política econômica.

A segunda estratégia metodológica procura captar formas de pressão dos grupos sociais que se dão mais no âmbito da sociedade civil e menos na esfera política tradicional. Incluem-se aqui desde a especulação de preços com mercadorias, greves patronais (*lockouts*) e, sobretudo, greves de trabalhadores. Consideram-se manifestações sociais e movimentos grevistas como os principais mecanismos à disposição dos trabalhadores para modificar rumos da política econômica. Em contraste com os empresários, que apresentam vantagens estruturais para influenciar as ações do Estado – na medida em que o sucesso das metas de política econômica depende, em parte, da colaboração dos agentes privados, responsáveis pelas decisões de produção e investimento –, os trabalhadores necessitam de um grau de mobilização proporcionalmente mais alto para influir em decisões políticas, compensando a sua posição subordinada no plano das relações de produção.

No entanto, os trabalhos disponíveis sobre o tema das greves apresentam limitações.[36] As estatísticas de greves de trabalhadores urbanos do período 1961-64 elaboradas por Francisco Weffort e por Salvador Sandoval, por exemplo, basearam-se apenas em um periódico comercial (*Folha de S.Paulo*).[37] Além disso, Weffort extraiu conclusões utilizando

---

36 Refiro-me aqui aos estudos que procuraram elaborar bases de dados gerais sobre greves, e não àqueles que analisaram greves específicas. Para exemplo destes últimos, ver Fontes e Macedo, 2013.
37 Sandoval, 1994; Weffort, 1972.

somente o número de paralisações como critério. Apesar de insuficiente, a opção do autor é compreensível, já que os jornais da época não informavam de modo sistemático o número de trabalhadores envolvidos e a duração de movimentos grevistas. Ainda assim, a solução de Weffort é melhor do que a adotada por Sandoval, que extrapolou dados sobre número de trabalhadores e duração das paralisações para toda a população de greves, baseando-se em um número restrito de casos. Como a seleção utilizada por Sandoval não foi obtida aleatoriamente, a probabilidade de erro na extrapolação dos dados é grande. O estudo de Marcelo Mattos segue a mesma estratégia metodológica, apesar de o autor ter utilizado um conjunto mais variado de fontes.[38]

Como forma de tentar contornar essas limitações, elaborou-se uma nova estatística de greves para o período 1961-64. A listagem resultante, reproduzida no apêndice da obra, baseou-se em dois jornais de abrangência nacional (*O Estado de S. Paulo* e *Última Hora*), em um periódico operário (*Novos Rumos*) e nos dados reunidos por Weffort. Apesar de termos aumentado o leque de fontes, reconhece-se que os periódicos utilizados apresentavam maior e melhor cobertura na região Centro-Sul, principalmente nas cidades do Rio de Janeiro e São Paulo. Isso significa que a nossa base de dados também possui forte viés regional. De qualquer modo, o intuito não foi produzir uma lista exaustiva de greves, mas apenas conhecer a tendência geral das paralisações entre 1961 e 1964. Como grande parte das atividades econômicas urbanas do país concentra-se na região Centro-Sul, imagina-se que este objetivo tenha sido alcançado.[39]

O aspecto mais importante dessa nova estatística, porém, está na metodologia empregada para a análise das greves. Todas as paralisações foram discriminadas de acordo com três tipos de categorias: abrangência espacial (municipal, intermunicipal, estadual, interestadual e nacional), abrangência setorial (unitária, setorial, intersetorial e geral) e atividade econômica (indústria, serviços essenciais e serviços secundários).[40] Apesar das limitações intrínsecas a esse tipo de método, tem-se aqui uma alternativa mais precisa para medir o número de trabalhadores em greve e o impacto que as paralisações provocaram na economia do país. Isso porque, diferentemente das obras de Mattos e Sandoval, que usaram parte dos casos para

---

38 Mattos, 2003, p.46-7, obteve informações sobre número de trabalhadores parados e duração das greves para apenas 18,0% e 67,2% das greves cariocas do ano de 1962, respectivamente.

39 A questão das greves não sera tratada aqui de forma separada. Para uma análise específica, ver artigo que publicamos na *Canadian Journal of Latin American and Caribbean Studies*, Loureiro, 2016.

40 Comentários detalhados sobre a conceituação, os problemas e o poder explicativo dessas categorias encontram-se no Anexo B, Metodologia de análise das greves de trabalhadores urbanos, ao final do livro. Agradeço a Alexandre Fortes pela sugestão de dividir o setor de serviços em "essenciais" e "secundários".

inferir conclusões sobre quantidade de trabalhadores envolvidos e duração das greves, nossa metodologia permite obter dados para o universo das paralisações.

A partir dessa perspectiva teórico-metodológica, e lançando mão de uma vasta base empírica, esta obra pretende esclarecer os motivos que levaram ao fracasso das metas de política econômica no Brasil do início dos anos 1960. Mais do que desejar entender o papel da política econômica na recessão industrial do período, refletiremos sobre as razões que impediram que autoridades atacassem os sérios desequilíbrios macroeconômicos do país e que contribuiriam para a deflagração do golpe militar de 1964.[41] Pode-se resumir um objetivo central da obra em uma pergunta: seria possível ao Brasil daquele período superar os problemas de sua economia dentro de uma estrutura político-institucional democrática?

Implicitamente, assume-se que a democracia representativa e o Estado de Direito, apesar de seus problemas e limitações, constituem a estrutura político-jurídica mais adequada para o avanço de índices de desenvolvimento socioeconômico. A grave conjuntura política e econômica do país atualmente, após o traumático impedimento da presidenta Dilma Rousseff, mostra o quanto não se pode pensar que turbulências aparentemente adormecidas em nossa história estejam fora de perspectiva. O entendimento do que ocorreu no período 1961-1964 torna-se fundamental, primeiro, para refletirmos sobre os motivos que levaram a experiência democrática do pós-guerra a ser interrompida; segundo, para pensarmos sobre formas de se evitar que a história se repita; e, terceiro, para lançar paralelismos entre as conjunturas do início dos anos 1960 e da segunda metade da década de 2010.

Uma nota final deve ser feita sobre os critérios adotados para a divisão de capítulos. O trabalho possui duas linhas cronológicas interdependentes. A primeira corresponde à história político-administrativa brasileira, passando da formulação e implementação da política econômica do governo Quadros (Capítulo 2) às fases parlamentarista e presidencialista do governo Goulart (capítulos 5 e 7). Esses capítulos concentram-se, principalmente, nas reações de grupos sociais domésticos à política econômica. A segunda linha cronológica corresponde aos acordos financeiros do Brasil com governos estrangeiros e com organismos financeiros internacionais. Essas negociações apresentaram um papel fundamental nos rumos da política econômica, principalmente do ponto de vista de sua formulação. No período 1961-1964, houve dois acordos significativos: maio de 1961,

---

41 Nesse sentido, este livro vai ao encontro dos esforços de estudiosos que, sobretudo em razão do 50° aniversário do golpe de 1964, buscaram iluminar novas facetas sobre o governo Goulart e compreender as raízes da ditadura militar. Ver, por exemplo, Ferreira, 2015; Ferreira e Gomes, 2014; Moraes, 2014; Napolitano, 2014; Reis, 2014; Silva, 2014.

que se estendeu por quase dois anos; e março de 1963, que durou poucos meses. Os períodos de negociação e de implementação desses acordos são objetos de dois capítulos diferentes (capítulos 4 e 8). Como os Estados Unidos eram o principal credor do Brasil e desempenharam função crucial nas negociações, ambos capítulos são situados no contexto da Aliança para o Progresso – o programa de ajuda econômica à América Latina do governo Kennedy.

Além dessas duas cronologias, há capítulos temáticos. O desempenho da política econômica no início dos anos 1960 também foi determinado por questões específicas que ocorreram durante os governos Quadros e Goulart. Na administração Quadros, por exemplo, o destaque foi a tentativa de aprovação da lei antitruste, que é objeto de análise do terceiro capítulo. Na fase parlamentarista do governo Goulart, ressalta-se a luta do presidente para recuperar plenas prerrogativas constitucionais, analisada no sexto capítulo. E, por fim, na etapa presidencialista, ganha importância a questão das reformas de base, que será tratada ao longo da obra quando necessário para compreender a evolução da política econômica.

Antes de iniciarmos, é preciso fornecer um panorama sobre a economia brasileira no início dos anos 1960, ressaltando as características da estrutura de poder da política econômica e os traços importantes sobre os grupos de interesse domésticos e internacionais. Essas questões serão objeto do primeiro capítulo, apresentado a seguir.

1

A ECONOMIA BRASILEIRA NO INÍCIO DOS ANOS 1960 E OS GRUPOS SOCIAIS

Em 31 de janeiro de 1961, Jânio Quadros assumiu o cargo de presidente da República. No mesmo dia, após a cerimônia de posse, o novo mandatário pronunciou um polêmico discurso em cadeia nacional de rádio, denunciando a "terrível situação financeira" legada pela administração Kubitschek (1956-61). Como se estivesse falando a economistas e não ao povo, Quadros referiu-se minuciosamente à "aluvião de papel-moeda" despejada no mercado pelo seu predecessor, aos "débitos astronômicos" da dívida externa, aos "apavorantes" déficits no orçamento público e às perspectivas pouco otimistas do balanço de pagamentos. "Sacamos o futuro contra o futuro, mais do que a imaginação ousa arriscar". A "opinião nacional", segundo Quadros, "mantida entre os vapores inebriantes de uma euforia quase leviana", não poderia continuar ignorando o "quadro deplorável de nossas finanças". Seria preciso, concluiu, "saber a quantas andamos, para determinar realisticamente, e não ao sabor de róseos devaneios, para onde vamos e como lá chegaremos".[1]

O discurso de Jânio Quadros marcaria uma inflexão na política econômica brasileira. O foco na aceleração do crescimento, característico do governo Kubitschek, perderia ênfase a partir de então para temas como controle inflacionário e equilíbrio nas contas externas. A ordem passaria a ser priorizar a estabilização da economia sem comprometer excessivamente os níveis de atividade doméstica. Os resultados das políticas dos

---

1 *Jornal do Brasil* (doravante JB), Jânio deixou para noite discurso atacando Juscelino, 1º fev. 1961, 1º caderno (doravante 1c), p.4.

governos Quadros e Goulart, no entanto, seriam decepcionantes. Nos meses que precederam o golpe de 1964, a inflação atingiria níveis inéditos para o período, agravar-se-iam os problemas no balanço de pagamentos e o forte crescimento econômico do pós-guerra daria lugar à estagnação. Vários estudiosos argumentaram que esse desempenho teria sido determinado por motivos alheios a Quadros e a Goulart. Incluem-se aqui desde fatores de ordem estrutural, tal como o esgotamento do processo de Industrialização Substitutiva de Importações (ISI), até aspectos conjunturais, em especial o passivo econômico-financeiro da administração Kubitschek. Para entender até que ponto os programas de estabilização do início dos anos 1960 poderiam ter gerado resultados distintos, é preciso discutir previamente, como apontara Quadros em seu polêmico discurso, "a quantas andava" a economia, o Estado, e a sociedade brasileiras antes de esses programas terem sido implementados. Esse é o principal objetivo deste capítulo. Só assim será possível avaliar o peso que limitações de caráter estrutural e conjuntural tiveram na formulação e na implementação da política econômica dos governos Quadros e Goulart.

O capítulo divide-se em três seções. Na primeira parte, apresenta-se um balanço das características da economia brasileira no pós-guerra, com ênfase no legado da administração Kubitschek; na segunda, discutem-se os traços e as limitações do instrumental de política econômica disponível no período; e na terceira, analisam-se características de atores sociais relevantes, com ênfase nos grupos de interesse empresariais e trabalhistas, visando compreender seu papel na determinação do conteúdo e dos resultados de políticas governamentais. Visa-se, portanto, reconstruir o amplo pano de fundo das restrições econômicas, institucionais e sociais apresentadas às autoridades brasileiras no início dos anos 1960.

1.1. A economia brasileira no início dos anos 1960

O período pós-Segunda Guerra Mundial caracterizou-se por rápidas transformações socioeconômicas no Brasil. Entre 1946 e 1962, a economia apresentou crescimento médio real superior a 6% ao ano, estimulada pela expansão do produto industrial (9,3% a.a.). As participações da indústria de transformação e da agropecuária no produto doméstico inverteram-se ao longo da década de 1950: a indústria aumentou sua participação de 18,6% para 25,5%; já a agropecuária diminuiu de 24,8% para 17,7%. Essa rápida mudança na composição do produto acarretou aceleração no ritmo de urbanização. Entre 1950 e 1960, enquanto a população rural cresceu a uma taxa média de 1,5% ao ano, a população urbana expandiu-se a 5,2%. Assim, se em 1940 para cada brasileiro que vivia na cidade mais do que o dobro habitava no campo, vinte anos depois essa razão já estava quase um para um.[2]

A industrialização brasileira também apresentou importantes transformações nesse período. Setores industriais caracterizados por maior complexidade tecnológica e pela produção de bens de alto valor agregado, como os ramos químico, metalúrgico, mecânico e de material de transportes, experimentaram significativas taxas de crescimento, ganhando espaço diante de ramos tradicionais, particularmente o têxtil. A perda de importância relativa das indústrias de bens de consumo não duráveis acentuou-se nas décadas de 1940 e 1950, consolidando tendência que já se fazia presente pelo menos desde os anos 1920. Em 1939, as indústrias leves ainda representavam 70% do Valor de Transformação Industrial (VTI) do país. Em 1959, porém, tal proporção havia caído para 46,6%. Somados, os setores de bens de consumo duráveis, de bens intermediários e de bens de capital superaram em 1959, pela primeira vez, os ramos tradicionais em participação no produto industrial (Tabela 1.1). Essa transformação também podia ser constatada por meio da queda da proporção de importações de manufaturados diante da oferta doméstica. Em 1949, por exemplo, quase 60% dos bens de capital ofertados no mercado brasileiro eram importados; dez anos depois, essa proporção havia caído para apenas 23%.[3]

Tabela 1.1 – Distribuição do Valor de Transformação Industrial (VTI) segundo atividades e gêneros da indústria, Brasil, 1919, 1939, 1949 e 1959 (%)

	1919	1939	1949	1959
Bens de consumo não duráveis	80,2	69,7	61,9	46,6
Têxtil	24,4	22	19,7	12
Vestuário	7,3	4,8	4,3	3,6
Alimentos e bebidas	32,9	23,6	20,6	16,4
Outros	15,6	19,3	17,3	14,6
Bens de consumo duráveis	1,8	2,5	2,5	5
Bens intermediários	16,5	22,9	30,4	37,3
Metalurgia	3,8	7,6	9,4	11,8
Minerais não metálicos	2,8	4,3	6,5	6,1
Química	0,8	4,2	4,7	8,3
Madeira	5,7	3,2	4,2	3,2
Outros	3,4	3,6	5,6	7,9

2 Instituto Brasileiro de Geografia e Estatística (doravante IBGE), 1990, p.36-7, 76, 125-6.
3 "Programa Estratégico de Desenvolvimento, 1968-1970", Ministério do Planejamento e Coordenação Geral, jan. 1969, *apud* Baer, 2002, p.86.

	1919	1939	1949	1959
Bens de capital	1,5	4,9	5,2	11,1
Mecânica	0,1	1,3	2,1	3,4
Materiais elétricos	0	0,3	0,8	1
Materiais de transporte	1,4	3,3	2,2	6,7
Total	100	100	100	100

Fonte: Brasil, *Anuário Estatístico*, 1920, 1940, 1950 e 1960, *apud* Fishlow, 1972, p.334, 344.

A diversificação do processo de industrialização no Brasil prosseguiu durante a administração Kubitschek, sobretudo devido à execução do Plano de Metas (1956-61). A aceleração da taxa de crescimento do produto foi puxada pelo desempenho de setores industriais modernos, em especial os ramos automobilístico, de autopeças, mecânico, metalúrgico, químico e de material elétrico. O tratamento favorável à entrada de investimentos estrangeiros no país, o esforço estatal na promoção de obras de infraestrutura – especialmente nos campos de energia e de transportes – e o estabelecimento de vantajosas condições a investidores privados, tal como a oferta de créditos subsidiados de médio e longo prazos, compõem alguns dos fatores que explicam o sucesso do Plano. Ao final do governo Kubitschek, o Brasil contava com um amplo e diversificado parque industrial. Apesar de o pais ainda depender da importação de vários produtos manufaturados, o perfil da industrialização brasileira já seria, segundo Carlos Lessa, o de uma "economia madura".[4]

Todavia, esse rápido processo de modernização veio acompanhado de desequilíbrios. Destaca-se, em primeiro lugar, o aprofundamento das disparidades setoriais. Entre 1946 e 1961, a agropecuária brasileira expandiu-se em ritmo bem mais lento do que a indústria (4,3% contra 9,3% ao ano, respectivamente), porém superior à taxa de crescimento demográfico (3,1% a.a.). À primeira vista, na medida em que a oferta de alimentos aumentou mais rapidamente do que o número de habitantes, o desempenho do setor primário poderia ser considerado satisfatório. Uma análise mais minuciosa, porém, revela sérios problemas. A expansão do produto agrícola ficou aquém da taxa de crescimento da população urbana (5,2% a.a.). Em outras palavras: a quantidade de brasileiros com pouca ou nenhuma possibilidade de produzir alimentos cresceu mais rápido do que a oferta agrícola. Além disso, autores enfatizam que o aumento da produção primária desse período teria decorrido principalmente da expansão de fronteira, e não de

---

4 Lessa, 1983, p.85. Para apreciação semelhante, ver Abreu, Bevilaqua e Pinho, 1996, p.19; Tavares, 1971, p.73-96; Orenstein e Sochaczewski, 1990, p.179-80. Para o Plano de Metas, ver Lafer, 1970, e Shapiro, 1994.

ganhos em produtividade.[5] Isso significa que a crescente demanda alimentícia das cidades teria que ser suprida por áreas cada vez mais distantes, aumentando custos de transporte e de comercialização.

Houve desequilíbrios também entre os setores financeiro e produtivo.[6] Esperava-se que o rápido processo de modernização da economia fosse acompanhado de crescente disponibilidade de empréstimos à produção, porém isso não aconteceu. O volume total de créditos do sistema bancário como parcela do Produto Interno Bruto (PIB) manteve-se estável ao longo da década de 1950 (Gráfico 1.1). O quadro torna-se mais dramático quando se analisa apenas a evolução dos empréstimos direcionados ao setor privado. Em contraste com a expansão do produto interno, a oferta de crédito às empresas particulares manteve-se praticamente estável entre 1952 e 1960 (com exceção do segmento agrícola). Isso explica a queda em 19% da relação entre empréstimos e produto industrial no mesmo período.

Gráfico 1.1 – Empréstimos do sistema bancário em proporção ao PIB e em razão a créditos ao comércio, indústria e agricultura, Brasil, 1952-60 (1952 = 100)

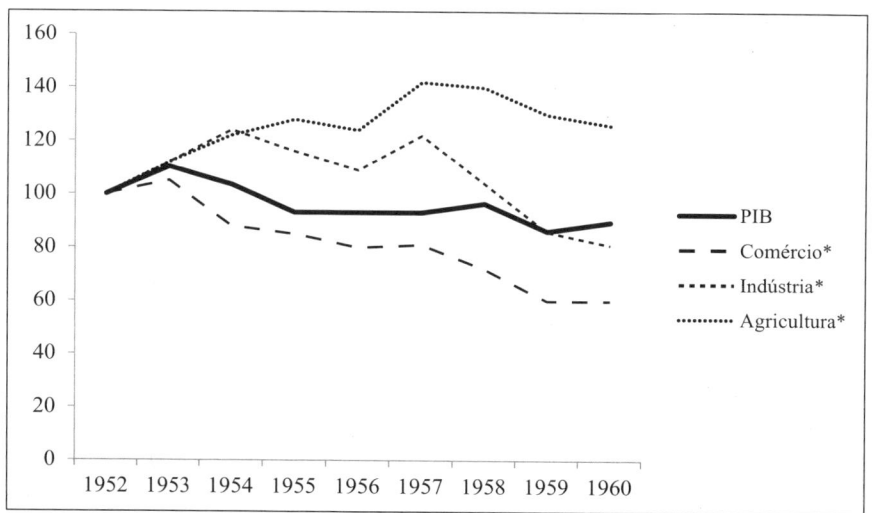

Fonte: Sumoc, *Boletim*, vários números, *apud* Sochaczewsky, 1991, p.55, 70.
* Não inclui empréstimos ao setor público.

O descompasso entre produção e financiamento não significa, porém, que os bancos estivessem apresentando mau desempenho. Apesar da vigência da Lei da Usura, que limitava a cobrança nominal de juros a 12% ao ano

5 Baer, 1979, p.133-44, e 2002, p.86; Chacel, 1969; Cano, 1998, p.204-28; Lessa, 1983, p.86.
6 Utiliza-se aqui o termo setor produtivo em referência aos setores primário (agricultura) e secundário (indústria).

(percentual insuficiente para repor a inflação), o setor bancário utilizou-se de variados artifícios para escapar do teto legal: desde a diminuição do prazo máximo de empréstimos até a cobrança de taxas extras de serviço. Em contraste, os juros pagos aos depositantes mantiveram-se estáveis (de 5 a 8% nominais). O resultado foi um considerável aumento do *spread* bancário e, portanto, dos lucros. É por isso que uma das características mais visíveis do crescimento dos bancos no pós-guerra foi o impulso para abertura de novas agências.[7] Em um contexto inflacionário, tende-se a diminuir a demanda por ativos com rentabilidade inferior à inflação, tais como depósitos. Esses, porém, eram fundamentais para que os bancos pudessem manter o nível de empréstimos e, assim, os ganhos decorrentes de *spreads* elevados. A solução para obter mais depósitos foi expandir a capacidade de captação bancária, ou seja, aumentar o número de agências para atrair novos clientes. Mesmo com todo esse crescimento, não se ofertou crédito em quantidade suficiente para a economia.

É de se questionar como determinados setores econômicos apresentaram altas taxas de crescimento diante dessa insuficiente disponibilidade de crédito. A resposta não pareceu estar no mercado doméstico de capitais, que ainda era muito modesto para prover tamanha quantidade de recursos. O volume de ações negociado nas duas maiores bolsas do país (Rio de Janeiro e São Paulo) em 1961 correspondeu a apenas 0,88% do crédito bancário à indústria.[8] Por outro lado, evidências apontam para a crescente utilização de fundos próprios pelas empresas para fins de investimento. A proporção entre lucros retidos e lucros totais no setor industrial cresceu de 65% para 75,2% no período 1952-60.[9] Além disso, o autofinanciamento mostrou-se viável porque a taxa de lucro estava crescendo, impulsionada por ganhos de produtividade e ganhos de inflação. Sochaczewski sugere que os empresários da década de 1950 tinham "espaço de manobra" para elevar preços sem sofrer imediatos acréscimos de custos, financiando-se no "hiato" entre ciclos inflacionários.[10] De qualquer modo, os métodos de capitalização mostravam-se inadequados para sustentar o processo de modernização da economia no longo prazo. Prova disso é que, a partir de meados dos anos 1950, começam a ganhar importância no país mercados de crédito semilegais (ou não institucionalizados), compostos principalmente pelas chamadas "financeiras".[11]

---

7 Christoffersen, 1969; Passos, 1973, cap.2; Sochaczewski, 1991, caps.2 e 4.

8 Deltec Panamérica, 1968, p.155-7; Sumoc, *Boletim,* mar. 1961, p.70. Para uma iniciativa privada norte-americana para impulsionar o mercado de capitais brasileiro, ver Cobbs, 1989.

9 *Conjuntura Econômica*, vários anos, *apud* Sochaczewski, 1991, p.59. Ver também Baer, 1979, p.89-92.

10 Sochaczewski, 1991, p.58.

11 As "Sociedades de Crédito e Financiamento" eram companhias especializadas em atividades no mercado financeiro, entre as quais a concessão de crédito via negociação de letras de

Além do crescimento de disparidades entre setores da economia, houve também uma intensificação dos desequilíbrios sociais no período pós-guerra, principalmente no que diz respeito à distribuição de renda. Conforme o Recenseamento de 1960, o primeiro a apresentar dados a esse respeito, os 10% superiores (ou mais ricos) da População Economicamente Ativa (PEA) recebiam quase 40% da renda total, enquanto 70% usufruíam apenas 33,9% da renda. Mais de nove milhões de brasileiros, que representavam os 40% mais pobres, ficavam com somente 11,3% da renda (Tabela 1.2). É evidente que tamanha disparidade social possuía longas raízes históricas. Mesmo assim, evidências sugerem que as décadas de 1940 e 1950 podem ter contribuído para agravar esse quadro. Os trabalhadores que recebiam remuneração com base no salário mínimo, por exemplo, apresentaram no período perda em seu poder de compra. Isso porque a aceleração da inflação não foi acompanhada por reajustes salariais mais regulares, fazendo com que ganhos reais obtidos nos períodos de correção fossem corroídos nos intervalos entre reajustamentos.[12] Por outro lado, no que se refere aos salários do setor manufatureiro (muitos dos quais seguiam parâmetros que não o do salário mínimo), nota-se uma irregular, mas crescente tendência real de crescimento. Estudos sobre o desempenho dos salários na indústria de transformação mostram, no entanto, que o significativo incremento de produtividade apresentado pelo setor durante a administração Kubitschek não teria sido repassado aos trabalhadores, sendo apropriado principalmente pelas empresas em forma de lucros.[13] Isso quer dizer que a renda real dos operários da indústria de transformação cresceu, porém em ritmo mais lento do que a fatia do excedente apropriada por empresários.

---

câmbio. Por uma brecha da Lei de Usura (Decreto-lei n.22.623, abril de 1933), o deságio da venda dessas letras não estava limitado pela teto legal de juros (12% a.a.), tornando a atividade atrativa a emprestadores em contexto de inflação. A Portaria 309 (nov. 1959) do Ministério da Fazenda regulamentou as atividades das financeiras, que até então tinham sua existência legal baseada em decreto-lei de 1945. Para mais informações, ver Barreto Filho, 1966, p.181-5.

12 Mesquita, 2014; Oliveira, 1987, p.78-81.
13 Colistete, 2009, p.388-40, 396-7.

Tabela 1.2 – Distribuição de renda da população economicamente ativa, Brasil, 1960 (%)

Decis da população	% da renda	% acumulada
1	1,9	–
2	2,0	3,9
3	3,0	6,9
4	4,4	11,3
5	6,1	17,4
6	7,5	24,9
7	9,0	33,9
8	11,3	45,2
9	15,2	60,4
10	39,6	100,0
Total	100,0	–

Fonte: IBGE, 1990, p.75.

Um terceiro desequilíbrio que se intensificou na década de 1950, particularmente durante o governo Kubitschek, foi o do setor externo. O balanço de pagamentos apresentou déficits crescentes a partir de 1957 (Apêndice, Tabela A2). Em 1960, houve saldo negativo de mais de US$ 400 milhões, o que representava 32% do valor das exportações nacionais. Apesar de vários fatores terem contribuído para isso, tais como os efeitos da maciça entrada de capitais estrangeiros na deterioração da conta de serviços, um dos principais responsáveis foi o desempenho da balança comercial. Entre 1956 e 1960, o Brasil passou de uma folgada condição superavitária (US$ 437 milhões) para uma situação de déficit comercial (-US$ 23 milhões). Se o saldo comercial de 1956 tivesse sido mantido, o país não precisaria recorrer a operações de regularização em 1960, o que reduziria significativamente os encargos financeiros sob responsabilidade da administração Quadros. Nesse sentido, é importante analisar mais a fundo os motivos da mudança de desempenho da balança comercial brasileira.

A pauta exportadora não acompanhou as rápidas transformações que caracterizaram o Brasil do pós-guerra. Em 1960, o país ainda era um exportador de bens primários. A cada dez dólares recebidos do comércio internacional, mais de oito correspondiam a apenas cinco bens: café, açúcar, algodão, cacau e minério de ferro. Entre 1925 e 1929, o café foi responsável, em média, por 71,7% das divisas; trinta anos depois, esse percentual havia caído para 56% (Tabela 1.3).[14] Vê-se que o "rei café" ainda não havia perdido

---

14 Para dados de exportação cafeeira nos anos 1920, ver Baer, 2002, p.67; Delfim Neto, 1981, cap.3, e Villela e Suzigan, 1973, cap.5.

a "majestade" do ponto de vista das exportações, apesar de ter recuado sua participação no produto interno de 4% para 2%.[15]

Tabela 1.3 – Participação relativa dos principais produtos de exportação, Brasil, 1956-61 (US$ milhões, em %)

	1956	1957	1958	1959	1960	1961
Café	69,5	60,7	55,3	57,2	56,1	50,5
Algodão	5,8	3,2	2,0	2,8	3,6	7,8
Minérios	2,9	6,2	5,5	5,7	6,5	6,5
Cacau e derivados	5,5	6,5	9,4	7,1	7,7	4,4
Açúcar	0,1	3,3	4,7	3,3	4,6	4,7
Outros	16,3	20,2	23,1	23,9	21,4	25,8
Total	100	100	100	100	100	100

Fonte: Sumoc, *Boletim*, anual, p.56-7, 78-84.

A forte deterioração dos preços dos bens primários após a Guerra da Coreia foi um dos principais responsáveis pela queda do valor exportado durante o governo Kubitschek. De 1956 a 1960, as relações de troca entre o Brasil e o exterior caíram mais de 10% (Apêndice, Tabela A5). Apesar disso, a capacidade para importar aumentou 33,3%, puxada pelo crescimento do *quantum* de exportações.[16] Vale lembrar que, para o café, desvalorizações cambiais acarretavam limitados efeitos com relação ao aumento de vendas, já que a demanda mundial do produto apresentava baixa elasticidade com relação ao preço.[17]

Do lado das importações, observa-se evolução inversa. Enquanto o valor exportado caiu entre 1956 e 1960, a compra de produtos estrangeiros cresceu em mais de 23% no mesmo período. Foi essa combinação que fez com que a balança comercial apresentasse déficit em 1960 após oito anos de saldos positivos (Apêndice, Tabela A2). Outra diferença marcante entre exportações e importações no pós-guerra refere-se à composição da pauta de produtos. De um lado, se o Brasil ainda continuava muito dependente da venda de bens primários para a obtenção de divisas; de outro, a maneira pela qual esses recursos vinham sendo gastos estava mudando. A intensificação do processo de industrialização levou à constante queda da importação de

15 Villela, 2014, p.53-4.
16 IBGE, 1990, p.571.
17 Sochaczewski, 1991, p.83.

bens de consumo não duráveis em detrimento do aumento das compras em matérias-primas (principalmente combustíveis), bens intermediários e bens de capital. Os bens de consumo manufaturados, por exemplo, responsáveis por mais de 10% do valor total das importações em 1938-39, recuaram para 3% em 1960. No mesmo período, porém, combustíveis e bens de capital, que correspondiam juntos a 43% dos produtos importados, elevaram suas participações para 53,8% trinta anos depois (Tabela 1.4).[18]

As transformações sofridas pela composição das importações no pós--guerra impuseram sérios desafios à gestão da política econômica. Como se pode notar na Tabela 1.4, determinados tipos de produtos, em especial trigo, petróleo, bens intermediários e bens de capital, mantiveram participações relativamente constantes na pauta de importações a partir de 1957. Esses itens passaram a ter fundamental importância na sustentação das atividades econômicas – até mesmo o trigo, indispensável para o consumo dos trabalhadores urbanos. Eventuais reduções quanto à quantidade importada ou ao aumento de preços significavam prejuízos para o desempenho da economia, além de distúrbios sociais. Tal inflexibilidade relacionava-se ao próprio avanço do processo de industrialização substitutiva. Muitos dos ramos fabris surgidos no pós-guerra dependiam da importação de bens ainda não produzidos no país para manter seus ritmos ordinários de atividade. A rápida instalação da indústria automobilística é um exemplo nesse sentido. Em poucos anos, a demanda por petróleo e derivados cresceu exponencialmente, muito além da capacidade de produção doméstica. A solução foi importar cada vez mais combustíveis, ao ponto em que cortes nas importações de petróleo seriam nocivas não apenas para as famílias proprietárias de automóveis (e, consequentemente, para o mercado automo-bilístico), mas também para toda uma gama de atividades que dependiam da estrutura rodoviária para o transporte de insumos e mercadorias.

Tabela 1.4 – Participação relativa dos principais produtos de importação, Brasil, 1956-61 (US$ milhões, em %)

	1956	1957	1958	1959	1960	1961
Petróleo e derivados	18,0	15,6	18,6	16,3	15,7	15,5
Matérias-primas (outros)	9,0	5,8	4,6	5,2	5,9	5,4
Trigo	8,5	6,8	8,0	9,2	9,4	9,1
Alimentos e bebidas (outros)	6,8	5,8	3,6	3,9	3,6	3,9
Máquinas e veículos	27,1	37,7	41,0	38,8	38,1	37,8
Bens de capital	21,1	27,5	28,2	29,0	27,8	33,2

---

18 Para dados do período 1938-39, ver Baer, 2002, p.67.

	1956	1957	1958	1959	1960	1961
Automóveis, caminhões e ônibus	4,6	7,4	9,6	8,3	6,2	1,8
Tratores e acessórios	1,4	2,8	3,2	1,5	4,1	2,8
Manufaturados	30,2	27,5	24,0	26,4	27,1	27,8
Bens intermediários	26,0	23,7	20,3	23,7	24,1	24,4
Bens de consumo*	4,2	3,8	3,7	2,7	3,0	3,4
Outros	0,5	0,7	0,3	0,2	0,2	0,5
Total	100	100	100	100	100	100

Fonte: IBGE, 1990, p.599.
*Inclui produtos farmacêuticos.

Inicialmente, o problema da inflexibilidade da composição das importações pôde ser contornado mediante criação de incentivos à entrada de capitais estrangeiros. Entre os mais importantes estímulos, destacou-se a regulamentação da Lei do Mercado Livre em janeiro de 1953 (Lei n.1.807), que garantiu condições privilegiadas de conversão cambial para investimentos externos no que se referiu à entrada de capitais, importação de máquinas e equipamentos, pagamentos de juros e amortizações, e transferência de lucros e dividendos; e a publicação da Instrução 113 da Sumoc em janeiro de 1955, que permitiu a importação de bens sem cobertura cambial aos setores fabris considerados prioritários pelo governo.[19] O estímulo gerado por essas medidas foi poderoso (viabilizado, ao mesmo tempo, por condições favoráveis de exportação de capitais no plano internacional).[20] Entre 1955 e 1960, entraram US$ 1,79 bilhão em empréstimos e financiamentos no país, sendo 60% constituídos por bens sob abrigo da Instrução 113.[21] Em termos dos Investimentos Externos Diretos (IEDs), mais da metade (US$ 426,9 milhões) realizou-se sem cobertura cambial.[22]

Já ao fim da década de 1950, porém, a entrada de capitais estrangeiros não era mais suficiente para conter os desequilíbrios do balanço de pagamentos. De um lado, havia crescentes gastos com lucros, juros e dividendos, responsáveis por forte deterioração da conta de serviços; do outro, aumentaram-se dispêndios com amortização da dívida externa, corroendo saldos da conta de capitais (Apêndice, Tabela A2). Concomitantemente, o governo Kubitschek implementou medidas de curto prazo para conter pressões inflacionárias, gerando prejuízos em divisas. Um

---

19 Para os incentivos criados em prol do capital estrangeiro entre 1953 e 1955, ver Gordon e Grommers, 1962, p.19-20; e Sochaczewski, 1991, p.88-95. Para uma análise da Instrução 113, ver Caputo e Melo, 2009.
20 Hymer, 1983, cap.3.
21 Malan, 1984, p.80-3.
22 Caputo e Melo, 2009, p.521.

dos exemplos foi a publicação da Instrução 193 da Sumoc em março de 1960, que permitiu a triplicação da oferta de Promessas de Vendas de Câmbio (PVCs) – títulos cambiais resgatáveis em 150 dias – toda vez que a demanda por divisas atingisse determinado nível.[23] Assim, além de receber do mercado adiantamentos em cruzeiros, o governo jogava pressões por divisas cinco meses adiante, aliviando tendências de alta cambial. Não por acaso, esse artifício só passou a ser empregado com liberalidade a partir de setembro de 1960, quando a obrigação pelo resgate das PVCs recairia sobre o governo Quadros.[24] Outra medida de cunho imediatista para conter a inflação foi o esforço para sustentar a taxa cambial do mercado livre em baixa. Quando as reservas do Tesouro já não eram mais suficientes para suprir a demanda, obtinham-se divisas por meio de operações a pesados custos futuros, sobretudo via contratos *swaps* com firmas estrangeiras.[25]

O preço dos crescentes desequilíbrios no balanço de pagamentos e das medidas visando manter o ritmo de desenvolvimento econômico sem excessiva inflação pode ser visto na evolução do endividamento externo. Entre 1955 e 1960, a dívida brasileira mais do que dobrou, passando de US$ 1,44 para 3,77 bilhões (Apêndice, Tabela A6). O problema principal, porém, estava na deterioração do perfil do endividamento. Parte significativa desse passivo era formada por débitos de curto prazo, que precisavam ser pagos em até três anos.[26] Segundo cálculos dos técnicos da administração Quadros, apenas no primeiro ano de novo governo o Brasil teria que desembolsar US$ 718,8 milhões em obrigações financeiras no exterior (Tabela 1.5). Isso representava mais de 56% do valor total das exportações em 1960. Tendo em vista a rigidez da pauta importadora, o cumprimento

---

23 O governo estava autorizado a ofertar quantidades extras de PVCs quando o ágio da categoria geral superasse Cr$ 225,00 nos leilões de câmbio. Ver Report 627, Rio de Janeiro to Department of State, 23. jan. 1961, Part I, Classified General Records, compiled 1941-73 (doravante CGR, 1941-73), Folder "Financial Matters, Jan.-Mar. 1961", Box 129, Record Group (doravante RG) 84, National Archives and Records Administration, College Park (doravante Nara), p.5. Informações específicas sobre regime cambial serão apresentadas na segunda seção deste capítulo.

24 Para uma crítica contundente à atitude do governo, ver *O Estado de S. Paulo* (doravante Oesp), Oferta criminosa de PVCs, 25 jan. 1961, p.3.

25 *Swaps* ("permuta" em inglês) são empréstimos de curto prazo feitos entre bancos e/ou empresas em moedas diferentes com taxa de câmbio fixa. No caso brasileiro, o Banco do Brasil concedia empréstimos em cruzeiros a juros baixos a filiais de companhias estrangeiras sob a contrapartida de um depósito correspondente em dólares – convertido a uma taxa de câmbio inferior à do mercado livre. Ao final do contrato (de 1 a 5 anos), as empresas pagavam o empréstimo, enquanto o Banco do Brasil devolvia a quantia em moeda estrangeira. O custo da operação tendia a ser alto porque o Banco do Brasil normalmente não tinha reservas para resgatar os cruzeiros, sendo obrigado a recorrer ao mercado livre para comprar dólares. Ver Gordon e Grommers, 1962, p.100-1; Mesquita, 1992, p.65, e Sandroni, 1985, p.421.

26 Malan, 1984, p.84; Mesquita, 1992, p.60-1.

desses compromissos sem ajuda internacional só poderia ocorrer às expensas do crescimento econômico.

Tabela 1.5 – Obrigações financeiras no exterior, Brasil, 1961-62 (US$ milhões)

	1961	1962	1961-1962
Grupo I – Médio e longo prazos			
Eximbank	37,1	77,9	115,0
Bancos privados	85,4	63,4	148,8
FMI	104,5	38,0	142,5
Projetos especiais (*Special Projects*)	218,8	178,5	397,3
Subtotal (I)	445,8	357,8	803,6
Grupo II – Curto prazo			
Swaps	103,0	–	103,0
Atrasados comerciais	110,0	–	110,0
Linhas de crédito a descoberto	60,0	–	60,0
Subtotal (II)	273,0	–	273,0
Total (I+II)	718,8	357,8	1.076,60

Fonte: Report s.n., Foreign Financial Assistance, fev. 1961, CGR, 1943-71, Folder "Financial Matters, Jan.-Mar. 1961", Box 129, RG 84, Nara, p.1.

Um último e importante desequilíbrio aprofundado durante a administração Kubitschek foi o do setor público. Grande parte dos recursos destinados à execução do Plano de Metas, principalmente em relação às obras de infraestrutura, proveio do orçamento federal.[27] Estima-se que a participação estatal na formação bruta de capital fixo tenha se elevado de 25% no período 1953-56 para 37,1% em 1957-60 (ou 47,8%, se incluídas as empresas federais).[28] Esse crescimento da participação do Estado não foi acompanhado de uma adequada estrutura de financiamento. Com exceção de 1958, o déficit federal aumentou em todos os exercícios da administração Kubitschek, atingindo quase 3% do produto em 1960 (Tabela 1.6). Esse déficit foi financiado, em grande parte, por empréstimos do Banco do Brasil ao Tesouro, o que significava expansão primária da moeda, contribuindo para o aumento da inflação. O Índice Geral de Preços ao Consumidor (IGP) expandiu-se de 21,2%, em 1955, para quase 30% em 1960. O deflator implícito do PIB apresentou alta ainda mais significativa: de 11,8% para 25,4% (Apêndice, Tabela A1). Esse mecanismo de financiamento e a

---

27 "Relatório do Conselho de Desenvolvimento", 1959, *apud* Sochaczewski, 1991, p.101.
28 Lessa, 1983, p.70-1.

inflação dele decorrente constituíram poderosos instrumentos de transferência de poupança tanto do setor privado para o setor público, como dos
trabalhadores para os empresários.[29]

Tabela 1.6 – Dados selecionados sobre as finanças públicas federais, Brasil,
1956-60 (bilhões Cr$ de 1964)

	1956	1957	1958	1959	1960
Receitas totais	1124,9	1213,8	1502,1	1456,8	1551,0
Gastos totais	1574,9	1785,0	1833,1	1954,6	2100,9
Superávit / Déficit	-450,0	-571,2	-331,0	-497,8	-549,9
Déficit como % do PIB	–	3,3	1,8	2,7	2,8
Financiamento do déficit					
Banco do Brasil	392,1	225,6	212,6	232,3	521,6
Letras do Tesouro	3,2	135,7	117,1	81,1	15,5
Outros	-4,8	225,6	-3,8	–	-95,9

Fonte: "Current Economic Position and Prospects of Brazil", 1965, International Bank for Reconstruction and Development (Bird) e Sumoc, *Boletim*, vários anos, *apud* Mesquita, 1992, p.294-5;
Baer, 1979, p.188.

O Brasil que Juscelino Kubitschek entregou a Jânio Quadros caracterizava-se por uma economia marcada por recentes transformações estruturais
e dotada de um dos maiores e mais integrados parques industriais da América Latina. Esse rápido processo de modernização via-se ameaçado, no
entanto, por um sem número de desequilíbrios: da baixa produtividade
do setor agrícola ao aumento da desigualdade social; da insuficiência de
financiamentos providos pelo sistema bancário à dependência de poucos
bens primários para a obtenção de divisas. Entre as questões mais iminentes
a serem enfrentadas, destacavam-se os déficits do balanço de pagamentos,
o mau desempenho das contas públicas e a expansão inflacionária. A elaboração de uma política econômica com perspectivas de curto, médio e longo
prazos constituía uma das principais vias para a solução desses problemas.
Para avaliar as decisões tomadas pelos governos Quadros e Goulart nesse
sentido, torna-se necessário compreender a estrutura de poder de política
econômica vigente no início dos anos 1960, ou seja, de que modo os centros
de poder estavam organizados; quais eram os instrumentos disponíveis às
autoridades e aos técnicos; e, por fim, quais conteúdos caracterizavam suas
diferentes áreas de atuação (cambial, monetária, creditícia e fiscal).

29 Idem, p.75; Mesquita, 1992, p.24-5; Orenstein e Sochaczewski, 1990, p.181.

1.2. A estrutura de poder da política econômica

O processo de formulação e implementação da política econômica no Brasil pós-guerra era descentralizado e caracterizava-se por um alto grau de interdependência entre os órgãos competentes.[30] Havia três centros principais de poder: a Superintendência da Moeda e do Crédito (Sumoc), o Banco do Brasil e o Ministério da Fazenda. Em termos gerais, pode-se dizer que a Sumoc era o órgão responsável pelo controle e pela fiscalização das políticas monetária, creditícia e cambial; enquanto o Banco do Brasil e o Ministério da Fazenda, os executores dessas políticas. A interdependência entre essas três instituições aparecia na composição do Conselho da Sumoc, que detinha o poder de decisão sobre os principais aspectos de política macroeconômica, tais como determinação dos tetos e taxas de redesconto, fixação de taxas de juros e do percentual de depósitos compulsórios dos bancos comerciais, e estabelecimento da política de câmbio.[31] Presidido pelo ministro da Fazenda, o Conselho da Sumoc era constituído por outros sete membros, entre os quais quatro integrantes do Banco do Brasil (os diretores das Carteiras de Redesconto, de Câmbio e de Comércio Exterior, além do próprio presidente do banco) e o diretor executivo da Sumoc.[32] Todos respondiam diretamente ao presidente da República, que podia demiti-los a qualquer momento. As decisões do Conselho eram tomadas por maioria simples; na prática, porém, assuntos polêmicos, sobre os quais não havia acordo, tendiam a não ser levados para votação.

O Banco do Brasil era peça estratégica na estrutura de política econômica, exercendo três funções distintas: autoridade monetária, banco do governo e banco comercial. Como autoridade monetária, o Banco do Brasil recolhia os depósitos compulsórios e voluntários das demais instituições financeiras (sendo ele próprio isento de quaisquer requisitos nesse sentido); provia créditos seletivos aos bancos comerciais via redesconto de títulos pela Carteira de Redescontos (Cared); e, em caso de necessidade, atuava como emprestador de última instância por meio da Carteira de Mobilização

---

30 As informações apresentadas nesta seção foram extraídas de Abreu et al., 2001, p.468-78, 5612-6; Baer, 1979, p.67-86; Deltec Panamérica, 1968, cap.6; Figueiredo Filho, 2005, cap.3; Orenstein e Sochaczewski, 1990, p.184-90; Malan, Bonelli e Abreu, 1980, p.212-52; Novelli, 1999, cap.2; e Sochaczewski, 1991, cap.4, p.294-300.

31 Apesar disso, algumas instituições financeiras, tais como institutos de previdência, caixas econômicas estaduais e sociedades de crédito, estavam fora da alçada de regulamentação do Conselho da Sumoc. Ver Report, Rio de Janeiro to Department of State, "Brazilian Political System Study", [março 1963], Folder "Brazil 3/63-5/63", Box WH-26, Papers of Arthur Schlesinger Jr. (doravante PAS), John F. Kennedy Library (doravante JFKL), p.28.

32 Os demais membros do Conselho eram o presidente do Banco Nacional de Desenvolvimento Econômico (BNDE) e o diretor da Superintendência do Desenvolvimento do Nordeste (Sudene). Em 1961 e 1963, agregaram-se dois novos integrantes: o ministro da Indústria e do Comércio e o ministro Extraordinário do Planejamento, respectivamente. Ver Novelli, 1999, p.53.

Bancária (Camob). Como banco do governo, ele atuava como agente financeiro da União, arrecadando tributos e fazendo pagamentos em nome do governo federal, além de realizar operações de crédito ao Tesouro, supostamente sob lastro de antecipação de receitas. Por fim, o Banco do Brasil era não apenas o maior banco comercial do país, responsável por metade do volume de empréstimos concedidos ao setor privado na década de 1950, como também praticamente o único banco rural. Enquanto as instituições privadas destinavam, em média, 10% dos seus créditos ao setor agropecuário em 1961, o Banco do Brasil dedicava quase 40% de sua carteira para os mesmos fins.[33] É de se destacar ainda que grande parte de suas agências localizava-se no interior, em áreas pouco atendidas pela rede privada. Daí seu caráter estratégico para o financiamento da agricultura.[34]

As tentativas de implementação de uma política monetária ativa tornavam-se complexas diante da multifuncionalidade do Banco do Brasil, particularmente devido à interação de suas faces de autoridade da moeda com as de banco do governo e banco comercial. Os problemas trazidos pela primeira face relacionavam-se à maneira pela qual o déficit público era financiado, ou seja, via créditos ao Tesouro. Esses empréstimos davam ao Banco do Brasil a possibilidade de demandar papel-moeda à Carteira de Redesconto, sob a justificativa de ter de quitar operações junto ao público. A Cared, porém, não detinha poderes de emissão, sendo ela própria obrigada a requerer um empréstimo de papel-moeda à Caixa de Amortização do Tesouro Nacional (órgão vinculado ao Ministério da Fazenda). Esse numerário era depois transferido ao Banco do Brasil. Em teoria, os débitos da Cared com o Tesouro estavam limitados a 25% das disponibilidades de ouro e divisas do país, conforme os termos do Decreto-lei n·4.792 de outubro de 1942. Na prática, porém, esse teto não era aplicado. O Congresso Nacional votava a "encampação" dos débitos da Cared toda vez em que o limite legal era atingido. Em outras palavras: o próprio Tesouro tornava-se responsável pelo papel-moeda em circulação, o que anulava também o passivo do Banco do Brasil junto à Carteira de Redescontos. O resultado prático dessa complexa manobra contábil era a possibilidade de uma ilimitada expansão primária dos meios de pagamento.[35]

As funções comerciais do Banco do Brasil também acarretavam dificuldades para o manejo da política monetária. O fato de o banco não recolher compulsório sobre depósitos, ao mesmo tempo que era o responsável pelas reservas das demais instituições financeiras, garantia-lhe uma posição privilegiada quanto à expansão do crédito. Isso se dava por dois motivos:

---

33 Sumoc, *Boletim,* março 1961, p.70; Banco do Brasil, *Relatório*, 1961, p.150-1.

34 Abreu et al., 2001, p.474; Sochaczewski, 1991, p.154-60.

35 Para um bom exemplo hipotético dessas operações, por meio da análise dos balancetes do Banco do Brasil, da Cared e do Tesouro, ver Sochaczewski, 1991, p.296-9.

primeiro porque seu caixa não estava sob a necessidade de manter um percentual de ativos inutilizado; e segundo porque suas reservas eram constantemente recompostas. Uma parcela do passivo do Banco do Brasil com qualquer instituição financeira transformava-se necessariamente em ativos em seus balancetes, devido à prerrogativa de recolhimento de reservas. Assim, a única maneira de restringir as operações creditícias do Banco do Brasil era por meio da imposição de limites quantitativos às suas carteiras, em especial àquelas voltadas para o financiamento de atividades produtivas: Carteira de Crédito Geral (Crege) e Carteira de Crédito Agrícola e Industrial (Creai). Tanto pela via de emissão de papel-moeda quanto pelo lado escritural o banco possuía margem considerável para expandir meios de pagamento.

A estrutura de política econômica do Brasil pós-guerra já foi objeto de muitos debates na literatura. Alguns estudiosos concluíram que o caráter descentralizado da tomada de decisões sobre áreas como moeda e crédito teria sido responsável por uma "confusão de atividades" entre as agências de poder competentes (no caso, Sumoc, Ministério da Fazenda e Banco do Brasil), levando ao descontrole monetário e ao aumento da inflação.[36] Na realidade, o que havia não era fundamentalmente uma "confusão" institucional, mas uma estrutura de poder que permitia que a oferta de meios de pagamento evoluísse daquele modo. É evidente que essa estrutura não estava isenta de conflitos. As disputas mais recorrentes do período davam-se entre o ministro da Fazenda e o presidente do Banco do Brasil.[37] Era comum, porém, que em pouco tempo uma dessas partes saísse vitoriosa (normalmente a segunda), restituindo às diretrizes da política econômica um estado de coerência mínima.

Em que sentido, portanto, pode-se argumentar que a tendência à expansão dos meios de pagamento seria resultado mais das próprias características da estrutura de poder e menos de uma "confusão" de atribuições das agências decisórias? É preciso lembrar que quatro dos sete representantes no Conselho da Sumoc pertenciam ao Banco do Brasil. Isso significa que longe de ter sido apenas um executante passivo de medidas sobre moeda, câmbio e crédito, o Banco do Brasil detinha maioria absoluta naquela que era a entidade responsável pelas mais importantes decisões de política econômica do país. As implicações dessa distribuição política não eram pequenas. Deixar a cargo da principal instituição de crédito doméstica, do único banco rural e do maior emprestador do Tesouro, a prerrogativa de dar o voto de Minerva em questões como crédito e moeda tendia a facilitar

---

36 Ver Passos, 1973, p.26. Sochaczewski, 1991, p.294, fala em "descoordenação nas medidas de política".
37 Para uma memória desses conflitos, sobretudo no governo Kubitschek, ver Campos, 2004, p.340-63.

caminhos, em primeiro lugar, para um sem-número de pressões empresariais em prol de uma folgada política de empréstimos; e, em segundo, para o financiamento inflacionário do déficit público pelo governo. É importante analisar cada uma dessas consequências separadamente.

Para melhor compreender a relação entre estrutura de poder e pressões empresariais por maior oferta de crédito, talvez seja interessante conjecturar, adotando um contrafactual, sobre quais seriam as implicações de um arranjo organizacional alternativo em termos dos resultados de política econômica. Suponha-se que a prerrogativa de formulação das diretrizes monetária e creditícia no Brasil estivesse concentrada não no Conselho da Sumoc (e, portanto, indiretamente, nos diretores do Banco do Brasil, que desfrutavam de maioria no Conselho), mas em uma agência que não exercesse funções de banco comercial, como é o caso dos bancos centrais modernos. Essa era, aliás, uma das principais reivindicações dos proprietários de bancos privados no período.[38] Será que o surgimento de um banco central representaria o fim das pressões empresariais sobre questões relacionadas a moeda e crédito? Parece evidente que não. Todavia, as condições sobre as quais tais pressões seriam exercidas mudariam bastante. Por exemplo, os contatos dos integrantes dessa nova agência com os representantes dos setores produtivo e mercantil tenderiam a diminuir, já que a autoridade monetária não mais desempenharia a função de ofertante direta de crédito. Em contraste, na medida em que o novo órgão estaria voltado apenas para a formulação de políticas monetária e creditícia – o que envolveria, entre outras coisas, a fiscalização e a regulamentação da rede bancária privada –, é plausível supor que os contatos entre seus membros e aqueles pertencentes ao setor financeiro particular tendessem a crescer. Obviamente, quanto maior é o nível de relacionamento de integrantes de uma instituição estatal com representantes de um determinado grupo econômico, maiores são as chances de este grupo influenciar as políticas formuladas por aquela instituição. Nesse caso, portanto, os setores produtivo e mercantil provavelmente perderiam ascendência sobre o aparato formulador das políticas monetária e creditícia em detrimento da rede bancária privada.

Uma segunda diferença importante que adviria dessa nova estrutura de poder estaria nos resultados da pressão empresarial em termos da oferta de crédito. No caso do Brasil do início dos anos 1960, um *lobby* bem-sucedido em prol do relaxamento creditício significava a promoção de dois conjuntos de medidas por parte do Banco do Brasil: ações com potencial para incrementar a oferta de crédito no setor bancário privado (redução da taxa de redescontos, queda do percentual de compulsório) e políticas que

---

38 Havia discordâncias pontuais sobre o formato que o banco central deveria assumir, mas a maior parte dos banqueiros concordava, em termos gerais, sobre a necessidade de instalação de uma instituição nesse sentido no início dos anos 1960. Ver Minella, 1988, cap.2.

certamente ampliariam essa mesma oferta, mas do lado do setor público (elevação dos limites das carteiras de crédito do próprio Banco do Brasil). No caso do quadro institucional hipotético mencionado, porém, o produto de semelhante *lobby* sobre a agência competente, ou banco central, só seria capaz de gerar um grupo de medidas: ações com capacidade de melhorar (mas que não necessariamente melhorariam) a disponibilidade de empréstimos por parte dos bancos privados. Isso ocorre porque esse novo centro de poder não desempenharia funções de banco comercial, ou seja, não possuiria a faculdade de oferecer dinheiro diretamente ao público, mas apenas de criar incentivos para que a rede bancária privada promovesse o crescimento da oferta de crédito. Veja-se, porém, que medidas como alteração do percentual de compulsório, ou diminuição das taxas de redesconto de títulos, não implicam automaticamente uma ampliação das operações dos bancos particulares no sentido desejado pelas autoridades monetárias. Os incentivos dados pelo governo podem ser usados para outras finalidades de investimento que não necessariamente a assistência financeira às atividades produtivas e comerciais.

Percebe-se, portanto, que a comparação entre essas duas estruturas de poder (real e hipotética) apresenta uma marcante diferença: no primeiro caso, o produto de uma eficiente pressão empresarial sobre os órgãos decisórios (particularmente sobre o Banco do Brasil) gera necessariamente um aumento da oferta do crédito; no segundo, implica apenas a possibilidade de aumento. O elemento crucial aqui é a transferência de poder do governo ao setor privado no mercado creditício direto. Tendo em vista que o Banco do Brasil era responsável pela metade do volume total de empréstimos ao longo da década de 1950, percebe-se que essa diferença não era um simples detalhe, principalmente para os empresários que dependiam de financiamento do governo. A maior prova disso foi a resistência apresentada nesse período por "poderosos interesses privados brasileiros" a qualquer tipo de projeto de reforma bancária que significasse a instituição de um banco central no país, acabando com a multifuncionalidade do Banco do Brasil.[39] Os donos de bancos privados teriam de esperar até o regime militar para ver sua demanda ser concretizada.

O papel estratégico desempenhado pelo Banco do Brasil na estrutura de política econômica não constituía uma mera coincidência, e nem era produto de uma "confusão" de atribuições entre os órgãos de poder. O arranjo institucional do pós-guerra, se não necessariamente favorecia os capitais produtivo e mercantil em detrimento do capital bancário, pelo menos assegurava importantes garantias à reprodução das atividades que reivindicavam uma oferta barata de dinheiro, tais como o setor agrícola e as indústrias com pouco ou nenhum acesso às linhas creditícias externas. Essa hipótese

---

39 Report s.n., Brazilian Political System Study, [março 1963], JFKL, p.28.

é reforçada por outras evidências, vide a manutenção em vigor da Lei da Usura, fruto de um decreto-lei de 1933, e que mantinha o custo do crédito sob relativo controle em prol dos setores produtivos. A inflação das décadas de 1940 e 1950 havia transformado o teto de juros de 12% a.a. em evidente anacronismo. Outras realizações legislativas da Era Vargas que comportavam problema semelhante, tal como as tarifas alfandegárias nominais instituídas em 1934, foram reformadas no pós-guerra.[40] A Lei da Usura, porém, seria alterada apenas com o regime militar. Pode-se argumentar que o surgimento das sociedades de crédito ("financeiras") e a criação de artifícios bancários para a elevação da taxa de juros teriam burlado tal lei *de facto*. Essas engenhosidades, todavia, não chegaram a invalidar os efeitos da legislação por completo. Prova disso é que a rentabilidade das letras negociadas pelas financeiras manteve-se abaixo da inflação no início dos anos 1960.[41] Não é à toa que a oferta de crédito ficou aquém do ritmo da produção no período. Essa limitação, porém, não invalida o fato de que havia um arranjo institucional bastante favorável ao financiamento dos setores produtivo e mercantil.[42]

Por fim, o modo pelo qual as operações creditícias do Banco do Brasil eram controladas também tendia a abrir maiores possibilidades para a execução de uma política liberal de empréstimos. Qualquer empresário industrial ou agrícola, por mais inculto que fosse, era capaz de compreender as implicações que o estabelecimento de limites quantitativos às carteiras do banco poderia ter para seus empreendimentos, principalmente em contextos de elevação de custos (reajustes salariais, catástrofes climáticas, alterações nos preços das exportações e/ou importações). O mesmo talvez não aconteceria se o Banco do Brasil estivesse sujeito ao recolhimento de compulsório sobre depósitos, isto é, a um mecanismo mais impessoal e menos direto de restrição do crédito.

Discutidas as relações entre estrutura de poder e oferta de crédito, é preciso deslocar a atenção para as conexões entre essa estrutura e o financiamento do déficit público por meios inflacionários. Já foram analisados os mecanismos que davam ao Tesouro a possibilidade de realizar sucessivos empréstimos junto ao Banco do Brasil para sustentar os saldos negativos do governo. Da mesma forma, sabe-se que o principal credor da União também era o responsável pela arrecadação de tributos federais e pela

---

40 Os direitos alfandegários foram alterados pela reforma tarifária de 1957, que será analisada adiante.

41 O principal fator do lucro bancário nesse período não estava na taxa de juros efetivamente cobrada dos tomadores (mantida um pouco acima da inflação), mas na baixa remuneração paga aos depositantes diante da inflação. Deltec Panamérica, 1968, p.67; Sochaczewski, 1991, caps.2 e 4.

42 Um estudo secreto da Embaixada norte-americana no Brasil sobre o sistema político brasileiro chegou a conclusões semelhantes. Ver Report s.n., Brazilian Political System Study, [março 1963], JFKL, p. 25.

realização de pagamentos em nome do Tesouro. Essa mescla de funções fiscais e de autoridade monetária exercidas pelo Banco do Brasil, agregada ao peso de seus representantes no Conselho da Sumoc, ajudam a explicar o modo pelo qual o governo conseguia financiar seu próprio déficit. Junte-se a isso a atitude do Congresso Nacional de votar encampações automáticas de papel-moeda sob encargo do Tesouro toda vez em que os débitos da Carteira de Redescontos ultrapassavam o montante estabelecido por lei. Para os parlamentares, essa prerrogativa constituía algo fundamental, na medida em que legitimava a permanência de práticas como as emendas individuais ao orçamento – um dos aspectos que contribuíam para que os gastos federais superassem constantemente as previsões feitas por funcionários do Poder Executivo. Para o governo, tal mecanismo também era interessante, pois permitia à União continuar financiando gastos por meio da elevação da base monetária – algo em que a administração Kubitschek, por exemplo, incorreu fartamente.

Pode-se perguntar quais teriam sido as razões que levaram o governo Kubitschek a escolher métodos inflacionários para patrocinar o déficit público. A resposta parece estar no fato de que se imaginava que essa solução teria menor potencialidade de fomentar tensões entre as elites. O financiamento do déficit por meio da emissão de papel-moeda e da utilização de fundos do Banco do Brasil era um método simples e rápido de ser implementado pelo governo, adaptando-se quase que instantaneamente às necessidades de gastos da União. As demais alternativas de financiamento, em particular a elevação da carga tributária, tendiam a gerar forte reação entre as classes proprietárias e de alta renda.

A elevação da carga de impostos em nível condizente com o da necessidade dos dispêndios públicos no Brasil dos anos 1950 demandava a realização de uma ampla reforma tributária. A aprovação de uma reforma desse tipo pelo Congresso Nacional, porém, tendia a ser um processo difícil e demorado, em razão dos inúmeros e contraditórios interesses em jogo. Tais interesses abrangiam desde disputas da União com estados e municípios até questões envolvendo o modo pelo qual os novos encargos seriam repartidos entre diferentes grupos sociais. Mais do que isso, a captação de recursos por meio do acréscimo de tributos indiretos – que já constituíam a principal fonte de receita da União no período – significaria penalizar ainda mais as camadas populares, gerando consequências negativas no nível de demanda agregada e, talvez, no que diz respeito aos conflitos sociais no curto prazo. Pode-se argumentar, no entanto, que ao Estado caberia preencher esse vazio, mantendo o nível de investimentos na economia. Ainda assim o governo teria que enfrentar o custo de patrocinar uma reforma tributária cujo prejuízo recairia sobre os grupos mais ricos da sociedade, ou seja, sobre aqueles que tendiam a apresentar maior capacidade de resistência política. Da perspectiva de minimização imediata das tensões sociais, e de uma rápida acomodação do setor público ao imperativo dos gastos extraordinários do Plano de Metas, entende-se o porquê de a administração Kubitschek ter escolhido o financiamento inflacionário em detrimento da aprovação de uma ampla reforma tributária.

Por outro lado, o endividamento público mediante colocação de títulos no mercado aberto garantiria essa rápida compatibilização de gastos e receitas governamentais que a reforma tributária não seria capaz de provir, e ainda evitaria as implicações inflacionárias advindas do financiamento do déficit via deterioração das contas do Tesouro junto ao Banco do Brasil. Por que, então, não se recorreu a essa alternativa? Porque os títulos públicos também estavam sujeitos às disposições da Lei da Usura. O teto de remuneração de 12% a.a., diante da inflação do período, fez com que esses papéis apresentassem rentabilidade real negativa, tornando-os nada atraentes ao mercado. A solução mais óbvia seria modificar a lei, derrubando o teto.[43] Isso esbarrava em numerosos interesses empresariais, principalmente os dos setores produtivo e mercantil, ciosos por créditos de baixo custo. A extinção desse limite de juros apenas para os títulos públicos também não era a melhor saída. Resultariam disso sérias distorções no mercado financeiro. A preferência dos investidores pelos papéis do governo levaria a um provável enxugamento da oferta de crédito bancário ao setor privado, o que também significaria contrariar poderosos interesses. Logo, de uma perspectiva imediatista de contornar conflitos, o financiamento inflacionário era a escolha mais racional.

A preferência pela ampliação da base monetária pela administração Kubitschek não significa que o governo tenha negligenciado completamente as alternativas não inflacionárias de aumento de receita. A questão é que essas alternativas representaram soluções pontuais e/ou marginais ao problema. Durante a década de 1950, por exemplo, houve negociação de títulos públicos no mercado, mas sua colocação só foi possível na medida em que foi compulsória, correspondendo a uma nova forma de tributação. Note-se, porém, que a participação desses títulos no financiamento do déficit de caixa do governo manteve-se pequena ao longo do período (Tabela 1.6).

Da mesma maneira, a observação da evolução das contas públicas entre 1956 e 1960 indica um significativo aumento da receita em 1958 (Tabela 1.6). Isso aconteceu basicamente como produto da reforma tarifária de 1957, que substituiu as tarifas alfandegárias nominais vigentes desde 1934

---

43 A presunção de naturalidade da vigência da Lei da Usura aparece comumente nas discussões envolvendo o financiamento do déficit público. Não há questionamento por parte dos estudiosos sobre as razões que teriam impedido a alteração desse quadro legal. Ver Monteiro, 1999, p.66-7; Orenstein e Sochaczewski, 1990, p.189; Sochaczewski, 1991, p.181; Villela, 2014, p.57-8.

por um sistema *ad valorem*. Ou seja: trocaram-se as tarifas fixas, cotadas em moeda nacional, por tarifas cuja base era o percentual do valor da mercadoria. Permitia-se, com isso, que direitos alfandegários acompanhassem o ritmo de desvalorização da moeda, o que era benéfico não apenas para as atividades locais que seriam protegidas pelo novo sistema, mas também para o próprio governo, que aumentaria a arrecadação. Ambas implicações tendiam a ser reforçadas por elevadas alíquotas incidentes sobre bens importados com produção similar no país, chegando a até 150% do valor desses produtos. Observe-se, porém, que tal reforma só pôde ser aprovada no Parlamento por que, em primeiro lugar, conjugava um variado leque de interesses do governo, até mesmo por maiores receitas, com os de grupos empresariais ávidos por ainda maior proteção contra a concorrência estrangeira. E, em segundo lugar, porque a massa de consumidores que foi afetada pelo aumento nos preços dos bens importados não constituía um grupo coeso e organizado para bloquear essa iniciativa. As circunstâncias eram muito distintas, portanto, daquelas que diziam respeito à aprovação de uma ampla reforma tributária pelo Congresso.

Se a implementação de uma política ativa em âmbitos monetário, creditício e fiscal via-se dificultada (ou preterida) diante de reações e resistências de interesses potencialmente afetados, restava ao governo concentrar atenções na administração do câmbio. De fato, as principais decisões de política econômica do Brasil pós-guerra, ou pelo menos aquelas que tiveram as maiores implicações para a economia do país, foram relacionadas à política cambial. Importantes modificações nesse sentido foram realizadas pela reforma tarifária de 1957, cuja competência ultrapassou o âmbito do direito alfandegário. Essas mudanças seriam mantidas em suas linhas gerais até à posse de Jânio Quadros em 1961.

O órgão que concentrava poder em questões sobre câmbio no Brasil era o Conselho da Sumoc, sob a coordenação do seu presidente, o ministro da Fazenda. Desde 1953, com a Instrução 70, o Conselho aboliu o sistema de controle quantitativo de importações, criado seis anos antes, e instituiu um regime de leilões cambiais. A partir de então, as importações foram alocadas em cinco categorias, conforme critérios decrescentes de essencialidade. O preço do câmbio de cada categoria equivalia à taxa oficial (sobrevalorizada) mais o valor dos ágios negociados nos leilões, sendo que para todas as classes de produtos cobravam-se ágios mínimos, inversamente proporcionais aos parâmetros de essencialidade dos bens. Com a reforma de 1957, essas cinco categorias foram transformadas em apenas duas, mantendo-se, no entanto, as mesmas regras para o sistema de leilões.[44]

As exportações também estavam discriminadas em categorias. Inicialmente eram duas, depois passaram a ser quatro, até que, em 1961,

---

44 Para mais informações, ver Dib, 1985, cap.2; Doellinger, Faria e Cavalcanti, 1977, p.24-32.

resumiam-se em três. Cada categoria recebia prêmios fixos (ou bonificações) em moeda doméstica para além do valor da taxa de câmbio oficial.[45] A dimensão dos prêmios variava. Produtos de pequena inserção internacional recebiam os maiores bônus; bens de exportação tradicional, particularmente café, eram contemplados com prêmios menores. Visava-se, com isso, estimular a diversificação da pauta exportadora. A opção por um regime de desvalorização seletiva decorreu das próprias características do mercado cafeeiro, que apresentava excesso de oferta doméstica e baixa elasticidade-preço da demanda.[46] Caso o governo optasse por uma desvalorização cambial generalizada, seriam criados incentivos para a produção de café sem que houvesse contrapartida nas vendas externas do produto. Isso, por sua vez, acarretaria mais pressões sobre o recém-reativado programa de valorização cafeeira, elevando gastos da União.[47]

Como se vê, o sistema de controle cambial garantia às autoridades um poder rápido e efetivo para moldar a política econômica. Se o governo tivesse como meta incentivar um determinado setor da economia, por exemplo, tendia a ser mais eficiente utilizar a política cambial do que a política creditícia. Isso porque o remanejamento de produtos em diferentes categorias de câmbio gerava uma mudança imediata no sistema de preços relativos, tornando alguns setores mais atrativos do que outros, seja no caso de atividades voltadas para o mercado doméstico, seja naquelas especializadas em exportação. Por outro lado, se as autoridades decidissem empregar a política creditícia para os mesmos fins, a situação seria bem mais complexa, e os resultados, provavelmente não tão rápidos. Um exemplo encontra-se no uso de instrumentos de crédito seletivo, tal como o aumento de compulsório para bancos que não adequassem suas carteiras de investimentos a requisitos específicos estabelecidos pelas autoridades monetárias. A eficácia de uma ferramenta como essa era limitada em vista da participação majoritária no mercado de crédito exercida pelo Banco do Brasil, que não estava sujeito ao instrumento do compulsório. A saída, então, seria impor limites quantitativos ao volume de empréstimos do Banco do Brasil para os setores econômicos considerados de baixa prioridade. Já se viu, no entanto, a dificuldade de implementação de medidas desse tipo. Daí a centralidade adquirida pela política cambial na formulação da política econômica do Brasil pós-guerra. Isso ajuda a explicar a relutância apresentada por muitas autoridades, como o presidente Juscelino Kubitschek, em liberalizar o

---

45 O sistema de bonificações foi instituído pela Instrução 70 da Sumoc em outubro de 1953. Composto inicialmente por apenas duas categorias (café e demais produtos), expandiu-se para mais duas com a Instrução 112 de janeiro de 1955. Ver Rio e Gomes, 1977, p.339-42.

46 Sochaczewski, 1991, p.83.

47 A política de compra de excedentes cafeeiros foi restabelecida pelo governo Vargas em 1951. No ano seguinte, criou-se o Instituto Brasileiro do Café (IBC). Ver Carone, 1985, p.34-5. Para mais informações sobre a política de valorização no pós-guerra, ver Delfim Neto e Pinto, 1977.

câmbio. Além das consequências que uma medida como essa traria sobre preços de importações essenciais, ela também acabaria com a capacidade do governo de utilizar o câmbio como instrumento de política econômica.

A estrutura de poder descrita acima não operava em um vácuo social. Diferentes grupos de interesse tentavam influenciá-la na medida de suas forças. Para compreender a evolução da política econômica nos governos Quadros e Goulart, portanto, é preciso analisar esses grupos.

1.3. Empresários, trabalhadores e grupos de interesse no início dos anos 1960

A representação de interesses de grupos sociais no Brasil no início dos anos 1960 era fortemente influenciada pela estrutura corporativista da Era Vargas (1930-45).[48] Essa estrutura sobreviveu ao processo de democratização do pós-guerra, apesar da consagração do liberalismo político pela Constituição de 1946. O corporativismo varguista, sintetizado na Consolidação das Leis do Trabalho (CLT), baseava-se no princípio do monopólio de representação. As entidades que fossem oficialmente reconhecidas pelo governo detinham o direito de representação exclusiva sobre trabalhadores ou empresários pertencentes a determinados limites setoriais e geográficos – recebendo, para tanto, recursos financeiros do Estado, além de terem a prerrogativa de atuar (principalmente no caso das entidades de cúpula) como representantes classistas em diversas agências e fóruns governamentais. A CLT estabelecia três níveis hierárquicos de representação: o sindicato, a federação e a confederação. Em teoria, havia estruturas simétricas de representação para empregados e empregadores. Na prática, porém, os empresários foram contemplados com vários privilégios, obtendo vantagens quanto à sua capacidade de ação coletiva e representação de interesses junto às autoridades.

Comecemos analisando as organizações dos trabalhadores. Na base da estrutura de representação encontram-se os sindicatos, que normalmente respondiam a segmentos econômicos bastante específicos localizados em municípios ou distritos. Os sindicatos podiam estar ligados a federações, que se referiam, em sua maioria, a ramos econômicos mais abrangentes baseados em territórios estaduais. As federações, por sua vez, podiam associar-se em confederações (ou federações de federações), correspondentes a grandes setores econômicos, tais como indústria, comércio e agricultura, e com representação sobre o território nacional. A CLT não previa

---

48 As informações sobre grupos de interesses de empresários e de trabalhadores apresentadas nesta seção, salvo referências adicionais, basearam-se em Colistete, 2001 e 2012; Erickson, 1979, cap.3; Leopoldi, 2000, cap.2; Mericle, 1974, cap.3; Schmitter, 1972, cap.8.

a existência de organismos de cúpula. Assim, proibia-se o surgimento de centrais sindicais que visassem unificar os trabalhadores de diferentes setores da economia.

Um dos aspectos mais marcantes dessa estrutura de representação, pensada claramente para dificultar a organização e a mobilização dos trabalhadores, é sua excessiva fragmentação setorial e geográfica. Por exemplo, no início dos anos 1960, operários da indústria de alimentos da cidade de São Paulo estavam representados por sete sindicatos diferentes, baseados em subdivisões fabris. Esses sindicatos só podiam associar-se à Federação dos Trabalhadores em Indústrias de Alimentos do Estado de São Paulo, que reunia sindicatos de fábricas alimentícias de todo o estado, desde municípios minúsculos como Sertãozinho até grandes aglomerados urbanos como a capital paulista. Qualquer tipo de associação horizontal entre sindicatos de ramos econômicos diferentes era expressamente proibida pela CLT, apesar de o respeito a essa regra ter diminuído ao longo da década de 1950, como se verá adiante. Assim, os sete sindicatos do setor de alimentos da cidade de São Paulo não podiam vincular-se a outros sindicatos da mesma região. Igualmente, a federação paulista dos trabalhadores em indústrias alimentícias só poderia associar-se à Confederação Nacional dos Trabalhadores na Indústria (CNTI) – entidade de âmbito nacional –, sendo proibida de manter qualquer tipo de vínculo com outras federações de trabalhadores estaduais, tais como com as federações dos metalúrgicos, dos gráficos e dos têxteis. Esse quadro torna-se ainda mais complexo na medida em que sindicatos e federações apresentavam grande heterogeneidade setorial e espacial. Havia sindicatos que respondiam a estados inteiros e não apenas a municípios – e, excepcionalmente, até mesmo ao país todo, como era o caso do Sindicato Nacional dos Jornalistas. Da mesma maneira, algumas federações possuíam abrangência nacional, vide a Federação Nacional dos Ferroviários, e outras reuniam a totalidade dos trabalhadores fabris de um estado (normalmente estados com pequena base industrial), tal como a Federação dos Trabalhadores em Indústrias do Estado de Sergipe. Esses casos constituíam exceção e não regra, tendo que receber autorização do próprio ministro do Trabalho para obter existência legal. Independentemente disso, tamanha heterogeneidade tornava o processo de mobilização de sindicatos e de federações ainda mais complexo.

Para os propósitos deste trabalho, daremos atenção aos organismos de cúpula do movimento sindical, tendo em vista que eram essas entidades que possuíam maior contato com membros do governo federal. Em 1961, havia cinco confederações de trabalhadores no Brasil. A mais importante era a CNTI, fundada em 1946. Conforme dados do adido trabalhista britânico, a CNTI tinha aproximadamente 600 mil filiados, representando mais de 1,5 milhão de operários. Ela era constituída por 45 federações industriais e mais de 800 sindicatos.[49] A segunda entidade de relevo era a Confederação Nacional dos Trabalhadores no Comércio (CNTC), com 150 mil filiados e representação sobre mais de 1,2 milhão de pessoas. Fundada também em 1946, a CNTC possuía 14 federações e 340 sindicatos.[50] Em seguida vinha a Confederação Nacional dos Trabalhadores em Transportes Terrestres (CNTTT), constituída em 1953, com jurisdição sobre meio milhão de empregados. A Confederação dos Trabalhadores em Empresas de Crédito (Contec), estabelecida apenas em 1958, contava com 130 mil membros, seis federações e 60 sindicatos.[51] Por fim, a menor entidade quanto ao número de filiados era a Confederação Nacional dos Trabalhadores em Transportes Marítimos, Fluviais e Aéreos (CNTTMFA). Instituída em 1959, a CNTT-MFA não contava com as maiores federações da categoria, tais como a Federação Nacional dos Estivadores, a Federação Nacional dos Portuários e a Federação Nacional dos Marítimos, controladas pelos comunistas.[52]

Com exceção da Contec, que também estava sob domínio do Partido Comunista Brasileiro (PCB), as demais confederações eram presididas por líderes sindicais com pequena inserção junto aos trabalhadores, sendo fiéis ao governo e, em particular, às diretrizes do Ministério do Trabalho. Em razão de sua postura pouco combativa, essas lideranças eram denominadas "pelegas" ou "amarelas".[53] Pelego é o nome dado à pele de carneiro colocada sob a sela, tornando o peso do cavaleiro mais suportável ao cavalo. Neste caso, o cavaleiro simbolizaria o Estado e os patrões; já o cavalo, a classe operária.

Os órgãos de representação empresarial também foram moldados a partir da estrutura corporativista, porém com importantes diferenças. A primeira delas foi a permissão para que se constituíssem entidades horizontais em nível estadual. Com isso, ao invés de os industriais de São Paulo terem sido obrigados a dividir-se em várias federações, de acordo com cada gênero da indústria (têxtil, metalúrgico, automobilístico, alimentos), consentiu-se a formação de uma entidade que respondesse por todas as indústrias paulistas. Desse modo, surgiu a Federação das Indústrias do Estado de São Paulo (Fiesp). O mesmo se deu em outros estados economicamente importantes do país, tais como Rio de Janeiro, Minas Gerais e Rio Grande do Sul.

---

49 Report 5/59, Rio de Janeiro to Foreign Office, 20 abril 1959, LAB 13/1339, The National Archives, Londres (doravante TNA).
50 Report 4/59, Rio de Janeiro to Foreign Office, 20 abr. 1959, LAB 13/1339, TNA.
51 Report 6/59, Rio de Janeiro to Foreign Office, 25 mar. 1959, LAB 13/1339, TNA.
52 A CNTTMFA possuía 100 mil filiados de um universo de mais de 250 mil trabalhadores. Ver Report 18/60, Rio de Janeiro to Foreign Office, 2 ago. 1960, LAB 13/1339, TNA.
53 Esse domínio exercido por líderes "pelegos" é explicado pelo sistema de votação indireto usado para a escolha das diretorias das confederações; procedimento semelhante dava-se com as federações. Para mais informações sobre o sistema de eleições sindical, ver Mericle, 1974, p.71-8.

A segunda diferença estava na flexibilização do princípio de monopólio de representação. Para além dos sindicatos oficiais, empresários também mantinham associações de caráter privado. A maior parte dessas associações tinha sido criada antes do surgimento da legislação corporativista. Esse era o caso do Centro das Indústrias do Estado de São Paulo (Ciesp), fundado em 1928. Apesar de contarem com as mesmas diretorias, fóruns de deliberação e instalações, Fiesp e Ciesp mantiveram-se como entidades distintas.[54] Havia vários benefícios nessa dupla representação. De um lado, os industriais paulistas desfrutavam das vantagens de contar com fontes regulares de financiamento e da prerrogativa de participar de órgãos públicos que possuíam formas de representação corporativa; de outro, mantinham uma entidade totalmente desvinculada do Estado, capaz de manter a função de representar os interesses dos industriais em caso de extinção do sistema corporativista, ou mesmo na hipótese de um governo de esquerda assumir o poder e decidir intervir nos órgãos oficiais do empresariado. Em determinadas circunstâncias, tais como irregularidades nas prestações de contas, o ministro do Trabalho estava autorizado a decretar intervenção em entidades sindicais, fossem elas patronais ou trabalhistas. É evidente que erros propositais ou até casuais na prestação de contas poderiam ser usados pelas autoridades para ocultar fins políticos, retirando do poder diretorias indesejadas. A existência de associações patronais de caráter privado, como o Ciesp, prevenia empregadores contra esse tipo de situação.[55]

Mas nem todas entidades empresariais de cunho particular estavam organizadas de modo tão harmônico quanto a Fiesp e o Ciesp. No caso dos empresários do comércio, por exemplo, as federações (oficial) e as associações comerciais (não oficial) dificilmente compartilhavam os mesmos diretores, sendo comum que ocorressem divergências entre elas. Era assim entre a Associação Comercial de São Paulo (ACSP) e a Federação do Comércio do Estado de São Paulo (FCESP). Muitas vezes o foco de conflito residia em questões relacionadas ao comércio exterior (membros da FCESP geralmente concentravam negócios em atividades voltadas ao mercado doméstico). Situação semelhante dava-se com as entidades rurais. Enquanto a Federação das Associações Rurais do Estado de São Paulo (Faresp) tendia a atuar como um representante dos produtores agropecuários paulistas que produziam para o mercado interno, a Sociedade Rural Brasileira (SRB), associação de caráter privado, constituía o principal grupo de interesse dos

54 Essa característica não era particularidade da Fiesp e do Ciesp. Situação idêntica ocorria, por exemplo, entre o Centro das Indústrias do Estado do Rio de Janeiro (Cierj) e a Federação das Indústrias do Estado da Guanabara (Fiega).
55 Essa foi uma das principais justificativas dadas por empresários a Phillippe Schmitter para a manutenção das associações empresariais de caráter privado. Ver Schmitter, 1972, p.197-8.

cafeicultores de São Paulo, cujo foco, evidentemente, estava nas atividades de exportação.

Havia também entidades que não apresentavam órgãos congêneres de caráter privado. Esse era o caso da Confederação Nacional da Indústria (CNI) e da Confederação Rural Brasileira (CRB).[56] Apesar de constituírem órgãos oficiais de cúpula do sindicalismo patronal, elas não tinham substitutos imediatos caso ocorresse algo que as impedisse de atuar ou que dificultasse sua ação. De fato, em julho de 1961, por motivos que serão analisados posteriormente, o Ministério do Trabalho decretou intervenção na CNI. Por meses, em razão disso, a Confederação da Indústria teve funcionamento precário. Esse problema de representação já não ocorria com os empresários do comércio, que tinham dois organismos de cúpula: a Confederação Nacional do Comércio (CNC), de caráter oficial; e a Federação das Associações Comerciais do Brasil (FACB), de natureza privada. É importante entender o porquê de industriais e ruralistas não terem se interessado em tomar precaução semelhante.

Na realidade, o centro de poder dos grupos de interesses empresariais encontrava-se nos estados e não nos órgãos de cúpula. Em outras palavras: a Fiesp reunia maior capacidade política do que a CNI; e a SRB/Faresp, mais do que a CRB. O mesmo ocorria com os empresários do comércio. As Associações Comerciais apresentavam maior inserção junto às autoridades em comparação à Confederação do Comércio. Na realidade, tanto a Federação das Associações Comerciais quanto a CNC surgiram como fruto de iniciativas de dois presidentes da Associação Comercial do Rio de Janeiro (ACRJ): Luis de Freitas Valle, em 1912, e João Daudt d'Oliveira, em 1945, respectivamente. Com o tempo, a Confederação do Comércio demonstrou maior independência perante a ACRJ, diferentemente da FACB. Rui Gomes de Almeida, líder da Associação Comercial carioca entre o final da década de 1950 e início da de 1960, também presidiu a FACB no mesmo período. Isso significa que a Federação das Associações Comerciais atuava menos como órgão de cúpula e mais como uma ponta de lança dos interesses da ACRJ em nível nacional.

A ideia de que as organizações empresariais estaduais possuíam maior relevância política não significa que a CNI, a CRB e a CNC fossem órgãos sem qualquer importância. Muito pelo contrário: fala-se aqui em termos relativos e não absolutos. Só o fato de as Confederações da Indústria e do Comércio controlarem os recursos do chamado sistema S (Sesi, Sesc, Senai, Senac) já lhes garantia uma posição estratégica junto ao empresariado.[57] Além disso, como entidades de cúpula, elas tinham acesso a fóruns

---

56 Apesar do nome, vale ressaltar que a Sociedade Rural Brasileira (SRB) não constituía um grupo de interesse de âmbito nacional. Suas atividades concentravam-se em São Paulo.

57 Sobre a constituição do Sistema S na indústria, ver Colistete, 2001, caps 2 e 4; Weinstein, 2000.

deliberativos e consultivos do governo, sem contar a própria legitimidade que dispunham por serem instituições de âmbito nacional. Seu principal problema, entretanto, estava na garantia de igual representatividade para os empresários de todas as regiões do país, independentemente do peso econômico.[58]Apesar da enorme disparidade que os estados de São Paulo e Sergipe apresentavam em termos do produto industrial, a Fiesp e a Federação das Indústrias de Sergipe (Fiese) detinham os mesmos poderes e prerrogativas na estrutura da CNI. E o mesmo se dava com a CNC e com a CRB. É por isso que os órgãos de representação do empresariado dos estados mais ricos (São Paulo, Guanabara, Rio de Janeiro, Minas Gerais e Rio Grande do Sul) acabaram transformando-se em centros de poder de maior importância do que as confederações. Por exemplo: quando o presidente João Goulart decidiu apresentar em janeiro de 1963 o Plano Trienal aos empresários, as duas primeiras entidades consultadas foram a Fiesp e a ACSP, e não a CNI e a CNC. Da mesma forma, no contexto da mudança no sistema de câmbio estabelecida pela Instrução 204, autoridades do governo Quadros prestaram esclarecimentos mais às diretorias das Associações Comerciais carioca e paulista e menos à Confederação Nacional do Comércio.[59]

É evidente que esse problema também se reproduzia, mesmo que em menor escala, nas entidades de âmbito estadual. Sindicatos que representavam indústrias de baixa participação no produto industrial de São Paulo tinham o mesmo peso na estrutura da Fiesp que os sindicatos que respondiam por indústrias de maior poder econômico. Esse foi um dos motivos, aliás, que levou ao surgimento de associações setoriais ao longo dos anos 1950 e 1960, entre as quais a Associação Brasileira de Indústrias de Base (Abdib), a Associação Nacional de Fabricantes de Veículos Automotores (Anfavea), a Associação Brasileira de Indústrias de Máquinas (Abimaq) e a Associação Brasileira de Indústrias Elétrica e Eletrônica (Abinee).[60] Apesar de essas associações terem representado novos desvios às normas da CLT, na medida em que uniam empresários horizontalmente (em sua maioria, paulistas), as evidências não apontam para um esvaziamento do poder das entidades estaduais. Ao contrário, parece que houve uma divisão do trabalho: enquanto as associações setoriais especializaram-se em demandas relacionadas aos seus respectivos segmentos econômicos, as federações dos estados, em especial a Fiesp, atuavam em temas mais amplos, que diziam

---

58 Esse argumento é desenvolvido principalmente por Schneider, 1997, p.102-4.

59 Esses episódios serão analisados nos capítulos sétimo e segundo, respectivamente.

60 Os "grupos executivos" criados para a implementação do Plano de Metas do governo Kubitschek também desempenharam papel fundamental na constituição dessas associações empresariais horizontais. Ver Leopoldi, 2000, p.258, 262-3.

respeito à totalidade dos industriais, tais como oferta de crédito, estrutura tributária e aspectos gerais do câmbio.[61]

Os trabalhadores também começaram a criar entidades à margem da CLT. Organismo importante nesse sentido foi o Pacto de Unidade Intersindical (PUI), estabelecido em 1953 em São Paulo como fruto da histórica "greve dos 300 mil". Esse movimento reuniu diversas categorias operárias da cidade em torno de uma campanha por reajustes salariais. O PUI continuou existindo mesmo após o término da greve. Quatro anos depois, o Pacto Intersindical liderou outra paralisação histórica em São Paulo, denominada "greve dos 400 mil", também motivada por questões salariais. Organismos semelhantes foram estabelecidos em outros estados, tais como a Comissão Permanente das Organizações Sindicais (CPOS) do Rio de Janeiro e o Conselho Sindical dos Trabalhadores de Pernambuco (Consintra), sediado em Recife. Todas essas entidades funcionavam como elos entre sindicatos de uma mesma região. Suas lideranças eram formadas pela reunião de representantes designados por cada um dos sindicatos filiados, constituindo verdadeiras centrais sindicais regionais.[62]

Mas nem todas associações horizontais de trabalhadores foram criadas por iniciativa da própria classe operária. Em alguns casos, a motivação veio dos governantes, seja como forma de esvaziar órgãos congêneres sob controle da esquerda, seja para canalizar o apoio trabalhista para fins eleitorais. O maior exemplo nesse sentido foi a criação do Conselho Sindical dos Trabalhadores de São Paulo (CSTSP) em 1959, sob influência do governador paulista Carvalho Pinto. Conforme evidências coletadas pelo adido trabalhista britânico, o objetivo desse novo Conselho seria, em primeiro lugar, esvaziar o poder do PUI – em grande parte controlado por lideranças comunistas – e, em segundo, impulsionar a candidatura de Jânio Quadros à presidência da República no estado de São Paulo (Jânio seria eleito presidente nas eleições de outubro de 1960). Para impedir que lideranças sindicais de esquerda reproduzissem a hegemonia que tinham no PUI dentro do Conselho Sindical, decidiu-se que as normas que regeriam o funcionamento do novo órgão seriam distintas. Não seria permitida, por exemplo, a participação de sindicatos no Conselho, mas apenas federações. Com isso, cada uma das 16 federações de trabalhadores do estado, muitas das quais sob controle de líderes "pelegos", teriam idêntico poder de voto no CSTSP. No início, os comunistas relutaram em participar da nova entidade. Mas na medida em que o governo estadual aumentou o grau de repressão contra o PUI, ficaram sem alternativa. De qualquer maneira, o

---

61 Schmitter, 1972, p.180-1, 198-9.
62 Report 21/60, Rio de Janeiro to Foreign Office, 18 ago. 1960, LAB 13/1391, TNA. Para mais informações sobre essas organizações operárias paralelas, ver Leal, 2011, cap.6, e Negro, 2004, 67-78

Conselho ainda constituía uma central sindical, mesmo que menos democrática quando comparada ao CPOS ou ao Consintra.[63] Ao que parece, essa não foi a primeira vez que o grupo político de Jânio Quadros patrocinou o surgimento de um organismo dessa natureza. Em seu período como governador de São Paulo, Quadros teria apoiado a criação de uma entidade semelhante na Baixada Santista, o Fórum Sindical de Debates (FSD).[64] A ironia é que, no futuro, tanto o Conselho Sindical de São Paulo, quanto o FSD, acabariam sendo dominados por grupos sindicais de esquerda. O Fórum de Debates, em particular, lideraria várias greves gerais em Santos durante a administração Goulart.

A formação de organismos horizontais de representação dos trabalhadores não atingiu, porém, a cúpula do sindicalismo. Apesar das tentativas de comunistas e de outras lideranças de esquerda ao longo da segunda metade dos anos 1950, uma central de sindicatos de amplitude nacional teve que esperar até 1962 para ser concretizada, quando foi criado o Comando Geral dos Trabalhadores (CGT). No caso dos empresários, a situação foi diferente. Em 1955, empresários paulistas de vários setores econômicos reuniram-se para formar o Conselho Superior das Classes Produtoras de São Paulo (Conclap/SP). Quatro anos depois foi a vez do empresariado carioca constituir entidade similar. Apesar da escassez de informações sobre esses organismos, sabe-se que os Conclaps do Rio e de São Paulo apresentavam importantes diferenças. O Conselho paulista era mais amplo, reunindo tanto entidades oficiais (Fiesp, FCESP) quanto associações privadas (SRB, ACSP, Ciesp). O Conselho carioca, por sua vez, não aceitava órgãos do sindicalismo oficial. Sua base era formada por entidades particulares, principalmente a Associação Comercial do Rio de Janeiro e os Centro das Indústrias do estado.[65]

Ainda sobre os grupos de interesse empresariais, é importante dizer algumas palavras sobre banqueiros e empresários estrangeiros. A organização dos banqueiros nesse período era incipiente quando comparada as das demais categorias de empresários. Existiam associações e sindicatos de bancos nos estados, sendo os mais influentes os grupos de São Paulo e Rio de Janeiro. A integração da categoria em âmbito nacional ou mesmo inter-regional, porém, ainda engatinhava, acelerando-se apenas no início da década de 1960 com a realização dos chamados "Congressos Nacionais de

---

63 Report 4/60, Rio de Janeiro to Foreign Office, 1º maio 1960, LAB 13/1391, TNA.
64 Essa informação provém de Geraldo Silvino de Oliveira, presidente do FSD entre 1959 e 1960. Ver Entrevista [Geraldo Silvino de Oliveira], s. d., Fundo Fábio Munhoz (doravante FFM), Centro de Documentação e Memória da Universidade Estadual Paulista (doravante Cedem-Unesp), p.8.
65 Um dos poucos trabalhos que apresentam informações sobre os Conclaps é o de Schmitter, 1972, p.196-7. Para outras informações, ver Oesp, Depõe ex-diretor do Conclap na CPI das pressões, 6 set.1963, p.5.

Bancos". Esses eventos não chegariam a dar frutos institucionais, porém. A Federação Brasileira de Bancos (Febraban) só seria fundada em 1967, já durante o regime militar.[66] Os empresários estrangeiros, por sua vez, tinham seus interesses representados por diversos meios, entre os quais os Conselhos das Câmaras de Comércio Estrangeiras, sediados nos estados de maior relevância econômica, como Rio e São Paulo. Além disso, no interior de várias entidades patronais, sejam nas de caráter privado, sejam nas de cunho oficial, havia empresários brasileiros associados ao capital externo. Em alguns órgãos esses empresários detinham hegemonia, tal como nos casos das diretorias da ACRJ e da Fiega; em outros, havia uma divisão entre setores nacionalistas e estrangeiros. Ao que tudo indica, essa era a situação da Fiesp. O surgimento de organismos como o Instituto de Pesquisas e Estudos Sociais (Ipes) em novembro de 1961 também contribuiu para unificar lideranças empresariais que apresentavam vínculos com o capital externo.[67] Por fim, interesses estrangeiros apresentavam-se mediante atuação de centros internacionais de poder, tais como agências financeiras externas – Fundo Monetário Internacional (FMI), por exemplo – e os próprios governos estrangeiros, principalmente o governo dos Estados Unidos, dado o peso dos investimentos norte-americanos na economia brasileira do período.

De tudo o que foi dito sobre grupos de interesses no Brasil do início dos anos 1960, percebe-se que o empresariado possuía condições organizacionais muito superiores às dos trabalhadores para exercer pressão sobre o poder público. Desde o surgimento da estrutura corporativista na década de 1930, os empresários foram privilegiados por meio de subterfúgios que lhes permitiram manter associações privadas paralelas (centros industriais, associações comerciais, sociedades rurais) e até estabelecer órgãos oficiais intersetoriais nos estados, como é o caso das federações da indústria e do comércio. Juntando-se a isso o poder de ordem estrutural garantido aos proprietários de recursos produtivos, chega-se a um quadro mais amplo das vantagens desfrutadas pelos empresários para influenciar os rumos da política econômica. Por outro lado, os trabalhadores, estavam começando a se organizar em entidades horizontais nas esferas municipal e estadual. Mesmo que alguns desses órgãos tenham sido criados por iniciativa do governo, eles garantiam à classe operária um poder de mobilização maior do que aquele permitido pela estrutura de representação corporativa. É evidente que o aprofundamento dessa tendência poderia aumentar ainda mais a capacidade dos trabalhadores de influenciar resultados de políticas públicas.

---

66 Para os cinco Congressos Nacionais dos Bancos ocorridos entre 1960 e 1965, ver Minella, 1988, cap.2.

67 Uma análise aprofundada de organismos como o Ipes e o Instituto Brasileiro de Ação Democrática (Ibad) será feita nos capítulos quinto e oitavo, respectivamente.

* * *

A economia brasileira apresentava sérios problemas no início da década de 1960. Após anos de acelerado crescimento, motivados pela intensificação do processo de industrialização substitutiva, o país experimentava sérios desequilíbrios socioeconômicos. As limitações mais imediatas à continuidade do crescimento apareciam nas perspectivas de descontrole inflacionário e na incapacidade do cumprimento das obrigações nacionais no exterior. Jânio Quadros propôs-se a implementar um programa de estabilização econômica e de liberalização cambial para enfrentar esses problemas. As evidências apresentadas neste capítulo sugerem que o presidente encontraria dificuldades para atingir seus objetivos.

A primeira dessas dificuldades residia na própria natureza do arranjo institucional de política econômica existente no Brasil, que colocava a política cambial em uma posição estratégica em termos da condução da economia pelas autoridades. Uma das intenções do presidente Quadros era a liberalização do câmbio. Se isso ocorresse, o governo ficaria sem um instrumento fundamental do manejo da política econômica, deixando tal instrumento ao sabor do mercado. Por outro lado, as políticas monetária, creditícia e fiscal, que seriam transformadas, consequentemente, nos carros-chefes do programa de estabilização de Quadros, estavam sendo determinadas por uma estrutura de poder que dificultava (mas não necessariamente impedia) a adoção de políticas contracionistas.

A tripla função desempenhada pelo Banco do Brasil – banco comercial, banco do governo e autoridade monetária – impunha sérios obstáculos a programas que visassem controlar a oferta de crédito e conter o déficit público. Isso porque o Banco do Brasil era a maior instituição bancária do país, abrigava agências em regiões que nenhuma outra instituição possuía, além de ser o único banco rural. Implementar uma política creditícia restritiva nessas circunstâncias significava ter de suportar fortes pressões de empresários, muitos dos quais dependentes da oferta de empréstimos para manter a rentabilidade dos seus negócios. Além disso, o financiamento do déficit público por vias inflacionárias – ou seja, mediante créditos do Banco do Brasil ao Tesouro – era um procedimento adotado quase que automaticamente pelas autoridades nesse período. Romper com essa prática implicaria contrariar interesses políticos de longa data, tal como o interesse de parlamentares, cujas emendas ao orçamento constituíam mecanismo fundamental para a obtenção de votos em bases eleitorais.

Essas características da estrutura de poder da política econômica brasileira não eram fruto do acaso ou, muito menos, de uma confusão institucional. Elas representavam, pelo menos no caso da questão do crédito, um equilíbrio de poder entre grupos sociais que sugeria uma preponderância do setor produtivo sobre o financeiro. Isso não quer dizer que bancos apresentassem baixo lucro nesse período, mas que as atividades voltadas para a economia real tinham garantido para si condições mínimas de financiamento, permitindo sua reprodução em condições razoáveis de rentabilidade. O papel do Banco do Brasil nesse esquema era fundamental. Um indício importante da força dos setores produtivos encontra-se no próprio nível de organização de seus grupos de interesse. A Fiesp era um dos mais poderosos (se não, o mais poderoso) grupo de interesse em atuação na sociedade brasileira. Enquanto industriais, comerciantes e empresários agrícolas detinham uma vasta rede de organizações oficiais e paralelas com o intuito de defender seus interesses, os banqueiros ainda estavam em uma fase mais incipiente de organização. Havia associações e sindicatos de bancos estaduais nesse período, mas nenhuma entidade nacional ou mesmo inter-regional que os unissem. O final da década de 1950 e o início da de 1960 assistiria ao início de um processo de integração da categoria, efetuado por meio de encontros periódicos de âmbito nacional. De qualquer forma, esses encontros ainda não conseguiriam reunir força política suficiente para concretizar uma das principais demandas dos banqueiros: a criação de um moderno banco central, com o intuito de acabar com a multifuncionalidade do Banco do Brasil. Somente com a instalação do regime militar em 1964 isso seria possível.

O governo Quadros teria de enfrentar uma gama de interesses empresariais dos setores da indústria, do comércio e da agricultura relativamente bem organizados para garantir o sucesso de um programa de estabilização. Uma alternativa para escapar desse impasse seria jogar os custos da política de austeridade sobre os trabalhadores. Isso, no entanto, também não parecia ser viável no médio prazo. Durante a década de 1950, o movimento sindical demonstrou maior capacidade de organização, o que culminou no surgimento de importantes entidades paralelas de representação dos trabalhadores. A melhor saída parecia ser distribuir os custos entre as classes. De um modo geral, essa seria a história das tentativas de estabilização dos governos Quadros e Goulart, que analisaremos nos próximos capítulos.

2
A POLÍTICA ECONÔMICA DO GOVERNO JÂNIO QUADROS[1]

Os desequilíbrios inflacionários e do balanço de pagamentos deixados pelo governo Kubitschek foram combatidos por Jânio Quadros por meio de um amplo conjunto de medidas. De um lado, iniciou-se um processo de liberalização cambial, representado pela decretação da Instrução 204 da Superintendência da Moeda e do Crédito (Sumoc); de outro, executou-se um rígido programa de estabilização econômica, com o objetivo de controlar a expansão do crédito e reduzir o déficit público. Essa não havia sido a primeira vez no período pós-guerra que um governante brasileiro colocava como uma de suas prioridades a estabilização da economia. O próprio presidente Kubitschek apresentou um plano nesse sentido ao Congresso no final de 1958, visando ganhar o aval do Fundo Monetário Internacional (FMI) para a obtenção de créditos externos. O então chamado Programa de Estabilização Monetária (PEM), porém, mal saiu do papel. As metas de limitação do crédito das carteiras do Banco do Brasil não chegaram a ser cumpridas. O mesmo se deu com o objetivo de redução dos controles do sistema de câmbio. Em meados de 1959, Kubitschek abandonou oficialmente o PEM, rompendo negociações com o FMI.[2] Quadros, diferentemente, cumpriu o que havia prometido na campanha eleitoral de 1960: seus primeiros meses no cargo foram marcados por uma clara inflexão na política econômica. A euforia dos "cinquenta

---

1 Uma versão preliminar e resumida deste capítulo, com foco nos empresários, foi publicada na revista *Estudos Econômicos*. Ver Loureiro, 2010, p.561-85.
2 Para mais informações sobre o PEM, ver Orenstein e Sochaczewski, 1990, 191-94; Saretta, 2005; Villela, 2014, p.58-9.

anos em cinco" deu lugar a metas de controle inflacionário e contenção do desequilíbrio externo.

A seriedade com a qual o programa econômico da administração Quadros foi implementado contribuiu para o sucesso da renegociação da dívida externa brasileira e para a obtenção de novos créditos internacionais em maio de 1961. Mais de dois anos após o rompimento de Kubitschek com o FMI, o Brasil retornava ao círculo de confiança da comunidade financeira internacional, sacramentado pela reativação de laços com o Fundo. Essa lua de mel, no entanto, duraria pouco. A partir do mês de maio, o governo Quadros deixou de perseguir com o mesmo afinco as diretrizes de estabilização da economia. Apesar de mantida a tendência de liberalização do câmbio, houve relaxamento das políticas creditícia e orçamentária, preocupando credores externos. Essa mudança de rumo da política econômica levou ao cancelamento de um empréstimo por parte do FMI em julho, ratificado logo em seguida pelo congelamento de créditos europeus. Apenas os Estados Unidos mantiveram-se fiéis no apoio financeiro ao Brasil. A renúncia do presidente Quadros em agosto de 1961 representou o enterro formal de um plano de estabilização que já vinha apresentando sérias incongruências.

Estudiosos divergem sobre os motivos responsáveis pelo enfraquecimento do programa de estabilização de Jânio Quadros. Alguns apontam problemas de ordem institucional, como a falta de um órgão efetivo de política econômica para o controle de crédito; outros argumentam que o responsável teria sido o próprio sistema político populista, alicerçado na necessidade de crescimento econômico imediato, e avesso à execução de um rígido programa de estabilização. O papel das classes sociais é negligenciado pela literatura. Neste capítulo pretende-se apresentar a visão de empresários e trabalhadores sobre a política econômica janista, questionando até que ponto as ações desses grupos teriam sido importantes para a compreensão da alteração de rumo político do governo. A análise completa-se com os dois capítulos subsequentes: um que trata do projeto de lei antitruste apresentado pelo governo Quadros, que objetivava limitar o poder exercido por empresas monopolistas e oligopolistas; e outro que aborda o processo de negociação de auxílio financeiro internacional do Brasil com credores externos, entre os quais o governo norte-americano. Com isso, espera-se reconstruir um panorama mais amplo sobre os motivos que teriam levado o programa de estabilização janista a perder força em poucos meses.

O capítulo está dividido em quatro seções. A primeira seção descreve a evolução da política econômica do governo Quadros, apresentando as posições da literatura. A segunda analisa a reação de empresários e trabalhadores no início da execução do programa de estabilização. A terceira seção apresenta as posições dos grupos sociais sobre a mais importante medida de política econômica do governo Quadros – a Instrução 204 da

Sumoc. E a quarta, por fim, procede de modo semelhante, mas com foco nos meses finais do governo, em especial na atuação do empresariado em favor da mudança da política de crédito.

2.1. Traços gerais da política econômica do governo Jânio Quadros

Em setembro de 1960, durante a campanha presidencial, Jânio Quadros pronunciou um famoso discurso na cidade de Recife, apresentando as "diretrizes" de seu governo. O candidato da União Democrática Nacional (UDN) comprometeu-se a manter o esforço pelo desenvolvimento econômico, mas enfatizou a importância de uma "política social de estabilização monetária" e do "equilíbrio do balanço de pagamentos". Para atingir esses objetivos, Quadros defendeu a eliminação do déficit governamental, a compatibilização da política creditícia às necessidades de crescimento do produto e o fomento às exportações. As proposições sobre comércio exterior foram as mais objetivas. Quadros afirmou que buscaria alargar os mercados brasileiros para todos os países dispostos "a adquirir nossos produtos em condições satisfatórias" – um preâmbulo da chamada Política Externa Independente (PEI). Prometeu ainda a unificação das taxas cambiais de exportação e importação e a eliminação do sistema de ágios, sob a justificativa de que o governo não poderia continuar arrecadando receitas "à custa do sacrifício dos exportadores". Essas "diretrizes" virariam referência para as metas de política econômica da nova administração.[3]

Em pouco tempo, ficou claro que as propostas apresentadas em Recife não compunham apenas discurso de campanha. A medida de maior impacto tomada deu-se na área cambial. No dia 14 de março, isto é, menos de dois meses após Quadros ter sido empossado na presidência, a Sumoc publicou sua Instrução de número 204, responsável por consideráveis mudanças na política de câmbio. Em termos gerais, pode-se dizer que essa medida deu início a um processo de liberalização e de unificação das taxas de câmbio no país. Para compreender sua importância, é preciso apresentar com detalhes as características do sistema cambial vigente antes do surgimento dessa Instrução.

Até março de 1961, havia oito taxas de câmbio no Brasil: quatro para importações, três para exportações e uma correspondente ao mercado livre. Os produtos importados dividiam-se em grupos segundo critério crescente

---

3 JB, Diretrizes de Jânio falam em saúde, educação, e bem-estar, 20 set. 1960, 1c, p.10. Para exemplo da repercussão desse discurso no empresariado, ver *A Rural* (doravante AR), Novo governo, nova esperança, p.3; e *Desenvolvimento e Conjuntura* (doravante DC), Desinflação, deflação e desenvolvimento, p.2-8.

de essencialidade: categorias especial, geral, de licitações específicas e preferencial. Quanto mais indispensável fosse o produto, de acordo com parâmetros definidos pelo governo, maior o subsídio contido no câmbio de importação. Bens considerados supérfluos, ou que apresentassem uma adequada produção doméstica, entravam na categoria especial, recebendo pequena parcela das divisas disponíveis; produtos de maior importância para o desempenho da economia, tais como matérias-primas, bens intermediários e bens de capital, ou que não eram fabricados em quantidade suficiente pelo mercado interno, eram classificados na categoria geral, recebendo maior prioridade de importação; insumos agrícolas e bens oriundos de países com os quais se desejava manter relações amistosas (basicamente nações latino-americanas) enquadravam-se em licitações específicas, com taxa próxima à subsidiada; por fim, produtos considerados indispensáveis, tais como trigo, papel de imprensa, petróleo, compras governamentais, fertilizantes e equipamentos destinados a investimentos prioritários, recebiam tratamento privilegiado, sendo importados por meio de uma taxa preferencial denominada "câmbio de custo". Havia, implicitamente, uma quinta taxa de importação: aquela referente à entrada de bens de capital sem cobertura de câmbio, conforme determinado pela Instrução 113 da Sumoc de 1955. A diferença entre as taxas de mercado livre e da categoria geral (operação que as companhias internacionais faziam antes para importar máquinas) representa o tamanho do subsídio da Instrução 113 ao capital estrangeiro.

As divisas correspondentes aos três primeiros grupos de importação (categorias geral, especial e licitações específicas) eram leiloadas diariamente pelo Banco do Brasil em pregões públicos nas bolsas de valores das capitais dos estados. Na realidade, os importadores adquiriam títulos cambiais denominados Promessas de Venda de Câmbio (PVCs), que lhes garantiam o direito de aquisição de divisas de acordo com quantidade e preço contratados no pregão. As taxas cambiais das categorias de importação eram determinadas pelo valor oficial do câmbio (Cr$ 18,36/US$) acrescido do ágio pago pelos importadores nos leilões. Quanto maior fosse a demanda, conjugada à disponibilidade de divisas de cada categoria, maior o ágio apropriado pelo governo. Havia também pisos de ágios para cada grupo, que variavam de um mínimo (licitações específicas) a um máximo (categoria especial). Esses recursos constituíram importante fonte de receita para o setor público na segunda metade dos anos 1950, representando, em média, mais de 9% da arrecadação bruta do governo federal no período 1953-1960.[4] As divisas alocadas para a compra de bens da categoria preferencial não estavam sujeitas a leilão. Nesse caso, a taxa de câmbio equivalia à média do valor pago pelo governo às divisas compradas dos exportadores

---

4 Sumoc. *Boletins*, vários números, 1961-1964, *apud* Mesquita, 1992, Tabela II.1, s.p.

(daí o porquê de essa taxa também ter sido chamada de "câmbio de custo"). No que se refere à distribuição de divisas entre os grupos, a maior parte dos recursos destinava-se à compra de bens via taxa preferencial (57,3% do total em 1960). Os 42,7% restantes eram disponibilizados em leilão, principalmente para a categoria geral, que recebeu naquele ano mais de 90% das divisas negociadas em pregão.[5]

Do lado das exportações, havia três categorias de câmbio: a primeira reunia apenas café e cacau; a segunda, subprodutos do cacau, petróleo e derivados, e mamona em bagas; e a terceira, todos os demais produtos. As duas primeiras categorias estavam submetidas a um regime de bonificações fixas (Cr$ 71,64 e 81,64, respectivamente) acrescidos à taxa oficial de Cr$ 18,36/US$. A terceira tinha divisas convertidas à taxa do câmbio livre, mas com uma importante ressalva: nem todo o pagamento era efetuado em dinheiro. A parte que excedesse a taxa de Cr$ 130,00/US$ era feita por meio de letras do Banco do Brasil, com maturidade de quatro meses e rendimento anual de 6%. Tendo em vista que a inflação do período era superior a 6% a.a., esses títulos ofereciam remuneração real negativa, o que representava uma apreciação do câmbio para os exportadores de produtos não tradicionais. Finalmente, outros tipos de operações, tais como transações financeiras, eram realizadas pelo mercado livre.

A Tabela 2.1 apresenta os valores de compra e de venda do dólar ao longo de 1960 discriminadas por categorias de câmbio. Dois aspectos merecem destaque. Do lado da demanda, nota-se o tamanho do subsídio concedido às importações que se processavam pela taxa preferencial (constituído pela diferença desta com a taxa do mercado livre). Essa operação era potencialmente danosa aos cofres do governo. O prejuízo deixava de ocorrer apenas quando a quantidade de divisas provenientes das duas primeiras categorias de exportação mostrava-se grande o bastante para pagar os bens importados pelo câmbio de custo. Caso contrário, as autoridades monetárias tinham que adquirir divisas por uma taxa mais desvalorizada (mercado livre) para cobrir o saldo em aberto com importações preferenciais.

---

5 Idem, mar. 1961, p.22-34.

Tabela 2.1 – Média trimestral das taxas de câmbio para compra e para venda, Brasil, 1960 (Cr$/US$)

	1° trimestre	2° trimestre	3° trimestre	4° trimestre
Taxa oficial	18,4	18,4	18,4	18,4
Taxa do mercado livre	175,2	173,9	170,4	184,9
Taxas de câmbio para compra				
1° categoria de exportação*	76,0	76,0	90,0	90,0
2° categoria de exportação	100,0	100,0	100,0	100,0
3° categoria de exportação**	166,2	156,4	150,0	167,8
Taxas de câmbio para venda				
Taxa preferencial	100,0	100,0	100,0	100,0
Categoria geral	213,2	232,4	223,9	222,8
Categoria especial	494,7	496,4	497,7	620,6
Licitações específicas	115,2	119,9	106,7	142,2

Fonte: Sumoc, *Boletim*, março 1961, p.22-34; Mesquita, 1992, tabelas I.8 e I.9, s.p.

*A bonificação referente à primeira categoria de exportação foi elevada de Cr$ 57,64 para Cr$ 71,64 pela Instrução 196 da Sumoc de 25 de junho de 1960; **Correspondente à taxa de câmbio livre subtraída da depreciação média das letras de exportação do Banco do Brasil, segundo Instrução 192 da Sumoc de 30 de dezembro de 1959.

Do lado da oferta de câmbio, ressalta-se a diferença entre o valor pago pelo governo às divisas dos exportadores e a taxa do mercado livre. Essa disparidade constituía o famoso "confisco cambial", alvo de constantes críticas do setor agropecuário. A dimensão do "confisco" era particularmente relevante para as duas primeiras categorias (isto é, essencialmente café e cacau), responsáveis por quase 65% do valor das exportações no final dos anos 1950 (Tabela 1.3). Os recursos daí provenientes eram fundamentais não apenas para compensar o subsídio às importações, mas também para financiar os programas de valorização dos produtos vítimas desse "confisco". Segundo dados do adido financeiro norte-americano, somente em 1959 o governo federal teria gasto Cr$ 49 bilhões para a compra e estocagem de café – valor correspondente a quase 25% da receita total arrecadada pela União no período.[6] Aqueles que eram em geral favorecidos pelo sistema de importações subsidiadas, tais como os industriais, ressaltavam o quão relativo seria esse "confisco cambial". A Confederação Nacional da Indústria (CNI) assinalou em maio de 1961

---

6 Esse valor não leva em conta futuras vendas de estoques de café a serem feitas pelo governo. Telegram 649, Rio de Janeiro to Department of State, 30 jan. 1961, CGR, 1943-71, Folder "Financial Matters, Jan.-March 1961", Box 129, RG 84, Nara, p.5; e *Conjuntura Econômica* (doravante CE), fev. 1962, fev. 1963.

que "o dispêndio oficial com a economia cafeeira, na forma de remunerações e auxílios diretos, [seria] muito mais elevado do que o simples valor de compra de divisas".[7] De qualquer maneira, historiadores ressaltam a importância desse processo de transferência de renda do setor exportador para o aprofundamento da industrialização no Brasil pós-guerra, embora geralmente pouca atenção seja dada para os recursos transferidos ao próprio setor primário exportador.[8]

A Instrução 204 provocou transformações radicais nesse sistema de câmbio.[9] Em primeiro lugar, as importações das categorias geral e de licitações específicas não seriam mais submetidas a leilões públicos, sendo transferidas para o mercado livre. A exceção estava nos produtos da categoria especial, que ainda teriam Promessas de Licenças de Importação (PLIs) negociadas em bolsa. O fim dos leilões da categoria geral acarretaria forte perda de receita para o governo, devido à extinção quase completa do saldo de ágios.[10] Para compensar esse prejuízo, publicamente admitido pelo ministro da Fazenda Clemente Mariani no dia seguinte à divulgação da Instrução 204, criou-se um sistema de letras de importação, similar àquele já em vigência para as exportações de produtos não tradicionais.[11] De acordo com as novas regras, ao fechar o câmbio, o importador deveria depositar quantia idêntica em cruzeiros no Banco do Brasil, recebendo letras com maturação de 150 dias e rendimento de 6% ao ano. Por causa da inflação, esses títulos teriam rendimento real negativo. A única possibilidade de recebimento do depósito antes do prazo seria por meio da comercialização das letras com deságio. De qualquer maneira, o novo sistema implicaria uma desvalorização cambial extra para as importações da antiga categoria geral.

Ainda com relação às importações, a Instrução 204 elevou a taxa preferencial de Cr$ 100,00 para 200,00 por dólar, determinando uma duplicação dos custos das compras de trigo, petróleo, papel de imprensa, fertilizantes e de bens de capital voltados para investimentos considerados prioritários pelo governo. Em termos fiscais, essa medida representaria um alívio para as contas públicas: não apenas porque o subsídio às importações preferenciais seria reduzido pela metade, mas também porque a arrecadação federal aumentaria como decorrência da elevação dos preços desses produtos. Por outro lado, o impacto negativo também seria potencialmente grande. Um

---

7 DC, A Instrução 204 e o café, maio 1961, p. 27.

8 Ver, por exemplo, Baer, 1979, cap. 5; Sochaczewski, 1991, cap.3.

9 Todas as instruções da Sumoc citadas no trabalho podem ser encontradas nos boletins mensais da Superintendência, em geral no mês subsequente à publicação da instrução.

10 A partir de então, restariam apenas os ágios dos leilões da categoria especial – contemplada, tradicionalmente, com uma quantia irrisória de divisas. Os leilões de PLIs só seriam autorizados pelo governo em 6 de junho de 1961. Monteiro, 1999, p.61.

11 Para as declarações de Mariani, ver JB, Reforma cambial leva em conta conjuntura política, 16 março 1961, 1c, p.9.

aumento no custo de aquisição do petróleo, por exemplo, tendia a causar efeitos generalizados na estrutura de preços, devido à alta participação do transporte rodoviário na distribuição doméstica de mercadorias. Os casos envolvendo trigo e fertilizantes não seriam distintos. O primeiro constituía um item essencial no consumo dos trabalhadores urbanos, e o segundo, importante insumo para várias culturas agrícolas, até mesmo para as de primeira necessidade. Reajustes nos preços desses bens certamente pressionariam empresas a elevar salários dos trabalhadores e tendência para subsequentes repasses aos preços finais das mercadorias. No que se referem aos bens de capital de investimentos prioritários, a situação também era preocupante, principalmente para os investimentos em andamento. Tanto isso era verdadeiro que a Instrução 204 previu a possibilidade de empresários recorrerem ao Banco Nacional de Desenvolvimento Econômico (BNDE) para obter financiamentos suplementares. Por fim, estipulou-se um teto semanal de 20 mil dólares às pessoas jurídicas para a compra de bens importados.

Quanto às exportações, a Instrução 204 determinou que as divisas de café fossem convertidas a partir da taxa cambial vigente (Cr$ 90,00 por dólar), enquanto as de cacau seriam elevadas para atingir o preço de venda do produto no mercado interno. Estabeleceu-se ainda que as diferenças entre essas taxas e a do mercado livre seriam depositadas na Sumoc visando o financiamento dos programas de compra de excedentes pelo governo (caso do café), a complementação do preço doméstico na hipótese de queda de cotação internacional (caso do cacau) e a promoção da racionalização dos cultivos. As demais exportações negociariam suas divisas no mercado livre, mas continuariam a receber parte do pagamento em letras de exportação, com condições de maturação e de rendimento semelhantes (quatro meses e 6% ao ano). A diferença é que, a partir de então, a parcela correspondente a esses títulos seria fixa (Cr$ 100,00 por dólar), sendo apenas o excedente pago em cruzeiros. Isso permitiria aos exportadores receber proporcionalmente mais moeda nacional toda vez que a taxa do mercado livre desvalorizasse, incentivando-os a ampliar negócios no exterior. Teoricamente, a tendência de elevação do nível de preços domésticos no período favoreceria a esses exportadores. No entanto, é importante lembrar que a taxa de câmbio livre não era totalmente determinada pelo mercado. Os bancos comerciais autorizados a operar com câmbio eram obrigados a revender divisas ao Banco do Brasil toda vez que suas contas semanais superassem 25 mil dólares.[12] Assim, por concentrar grande parcela dos dólares disponíveis, o Banco do Brasil possuía a prerrogativa de "formador

---

12 A Instrução 211 da Sumoc de julho de 1961 ampliou esse piso para US$ 100.000 semanais. No contexto da crise da renúncia de Quadros, porém, o patamar prévio seria restabelecido (Instrução 212, 28 ago. 1961)

de preços" (*price maker*), o que tendia a impedir desvalorizações excessivas na taxa de mercado livre. Dada a complexidade e os inúmeros detalhes envolvidos nessa mudança do sistema cambial, apresenta-se na Quadro 2.1 um resumo das medidas estabelecidas pela Instrução 204.

Medidas subsequentes aprofundariam o processo de liberalização cambial no Brasil. A Instrução 205, de maio de 1961, transferiu as exportações cafeeiras para o mercado livre. Em contrapartida, estabeleceram-se cotas de contribuição fixas em dólar por saca de produto exportada (US$ 22,00), o que incentivava a produção de cafés finos.[13] No mesmo mês, a Sumoc publicou a Instrução 206, que reduziu de Cr$ 100,00 para 80,00 por dólar a importância paga em letras do Banco do Brasil aos exportadores de todas as mercadorias (exceto café e cacau). Determinou-se ainda que esse valor fosse reduzido mensalmente em Cr$ 20,00 a partir de julho de 1961, o que apontava para a extinção das letras de exportação em outubro. O fim da obrigatoriedade da tomada desses títulos garantiria uma remuneração com base na taxa livre às exportações não tradicionais. Por fim, no final de junho de 1961, a Sumoc decretou a Instrução 208, que transferiu os produtos importados pelo câmbio de custo também para o mercado livre. Com isso, extinguiu-se a taxa preferencial. Havia uma única ressalva: a Carteira de Câmbio do Banco do Brasil fecharia contratos trimestrais para a importação de trigo e de petróleo e derivados, permitindo ao governo reajustar o preço de compra desses produtos somente a cada três meses, segundo a evolução da taxa do mercado livre. De qualquer modo, a Instrução 208 resultou em um grau considerável de liberalização e unificação cambiais.

Além das mudanças na política de câmbio, o governo Quadros implementou medidas nas áreas monetária e fiscal que também sinalizaram um esforço de estabilização econômica. Reduzir o déficit público em 1961 – previsto pelo ministro da Fazenda Clemente Mariani em Cr$ 237 bilhões, ou seja, quase 80% da receita arrecadada no ano anterior – era um dos principais objetivos do governo. Caso o financiamento dessa diferença fosse feito por empréstimos do Banco do Brasil junto ao Tesouro, haveria uma expansão significativa da base monetária, contribuindo para o aumento da inflação. Para evitar isso, planejou-se fechar o ano com saldo negativo de apenas Cr$ 50 bilhões, algo que só seria possível mediante execução de uma política de contenção de gastos e elevação de impostos.

---

13 Os tipos finos eram mais caros, permitindo ao produtor reter maior quantidade de dólares para negociar no mercado livre. Situação oposta aconteceria com produtores de cafés de pior qualidade: como estes apresentavam preços inferiores, proporcionariam menos divisas isentas da cota de contribuição aos produtores.

Quadro 2.1 – Resumo das mudanças estabelecidas pela Instrução 204 no regime cambial, Brasil, março de 1961

	Pré-Instrução 204	Pós-Instrução 204
Importações		
Taxa preferencial	Cr$ 100,00/US$	Cr$ 200,00/US$
Licitações específicas	Oferta em leilões (PVCs)*	Mercado livre com compra de letras de importação
Categoria geral	Oferta em leilões (PVCs)	Mercado livre com compra de letras de importação
Categoria especial	Oferta em leilões (PVCs)	Oferta em leilões (PLIs)**
Exportações		
1° categoria (café)	Taxa oficial + bonificação fixa (Cr$ 71,64)†	Cr$ 90,00
1° categoria (cacau)	Taxa oficial + bonificação fixa (Cr$ 71,64)	Cr$ 210,00
2° categoria	Taxa oficial + bonificação fixa (Cr$ 81,64)	Extinta
3° categoria	Mercado livre com excesso de Cr$130,00/US$ em letras de exportação	Mercado livre com cota fixa de Cr$ 100,00/US$ em letras de exportação

Fonte: Elaborado pelo autor.

*Promessa de Venda de Câmbio; **Promessa de Licença de Importação; †Taxa oficial correspondente a Cr$ 18,30/US$.

O governo determinou ainda que o financiamento do déficit público de 1961 deveria ser feito por vias não inflacionárias. Os fundos a serem concedidos pelo Banco do Brasil ao Tesouro estariam lastreados em recursos reais, a saber: na emissão de letras de importação e de exportação junto ao público; em uma taxa sobre os estoques de trigo e de petróleo das empresas (que tinham sido valorizados após a depreciação do câmbio); e em empréstimos de assistência internacional. Ainda no sentido de conter a alta dos preços, o governo Quadros buscou controlar o volume de crédito ofertado tanto pelo Banco do Brasil ao setor privado, como pela Carteira de Redescontos aos bancos particulares. O tamanho do financiamento destinado aos cafeicultores também foi limitado segundo os saldos do Instituto Brasileiro de Café, obtidos pela venda dos excedentes do produto e pela quota de contribuição cafeeira proveniente de operações cambiais. Todos esses objetivos viraram metas quantitativas no compromisso assinado pelo governo com o FMI em maio de 1961, como pode ser observado na Tabela 2.2.

Tabela 2.2 – Compromissos firmados com o Fundo Monetário Internacional para a contração de um *stand-by*, Brasil, maio de 1961 (bilhões Cr$)

Áreas da política econômica	Limites quantitativos
Déficit público	–
Até 31 novembro 1961	40
Até 31 dezembro 1961	50
Carteiras de Crédito, Banco do Brasil*	–
Até 30 junho 1961	215
Até 30 setembro 1961	222
Até 31 dezembro 1961	230
Carteira de Redesconto, Banco do Brasil	9,09**
Política cafeeira	Financiamento conforme saldos do IBC, descontado o piso de Cr$ 20 bilhões
Política cambial	Fim dos controles cambiais***

Fonte: Report, Brazil-Request for Stand-by Agreement, 10 maio 1961, Cma 1961.01. 31/4 mf/c, Centro de Pesquisa e Documentação de História Contemporânea do Brasil, Fundação Getúlio Vargas (doravante CPDOC-FGV), p.1-7.

*Inclui Carteira de Crédito Geral (Crege) e Carteira de Crédito Agrícola e Industrial do Banco do Brasil (Creai); **Nível de 30 abril de 1961. Excetuam-se redescontos feitos ao Banco do Brasil. Esse limite poderia ser ultrapassado para financiar a safra cafeeira 1960-61, mas de acordo com o saldo disponível na conta do Instituto Brasileiro do Café (IBC), e somente quando este saldo fosse superior ao piso de Cr$ 20 bilhões; ***Sem referência a um calendário para a extinção dos controles de câmbio.

Com o tempo, porém, o governo Quadros relaxou sua política de crédito para os bancos particulares. Em junho de 1961 foram baixadas duas Instruções da Sumoc diminuindo o percentual do compulsório que os bancos privados deveriam recolher junto à Superintendência. A Instrução 207, publicada em 8 de junho, diminuiu de 14 para 12% a porcentagem dessa obrigação para os depósitos à vista, e de 7 para 6% para os depósitos a prazo. A Instrução 208, baixada no final do mesmo mês, autorizou nova redução do compulsório: agora para 10 e 5%, respectivamente. Com isso, abriam-se condições para que bancos pudessem emprestar mais dinheiro ao público. O resultado dessas medidas foi modesto, porém. Apenas em julho houve expansão real do crédito por parte das instituições bancárias privadas (Tabela 2.3). De qualquer maneira, as reduções nas taxas de compulsório e o alargamento da oferta de empréstimos pelo Banco do Brasil são fortes indícios de que, em comparação aos primeiros meses de governo, as autoridades tinham decidido relaxar a política creditícia.

A modificação de postura do governo Quadros fica ainda mais clara quando se observa a evolução das demais metas de política econômica. O déficit público da União, por exemplo, que deveria chegar a Cr$ 40

Tabela 2.3 – Empréstimos do Banco do Brasil e dos bancos particulares ao setor privado, Brasil, janeiro a agosto de 1961 (valores reais, janeiro 1961 = 100)*

	Banco do Brasil**	Bancos privados	Total
Janeiro	100	100	100
Fevereiro	99 (-1,4)	100 (0,3)	100 (-0,2)
Março	97 (-1,3)	100 (-0,1)	99 (-0,4)
Abril	93 (-4,5)	98 (-2,3)	96 (-3,0)
Maio	94 (1,5)	96 (-1,5)	96 (-0,7)
Junho	98 (3,8)	94 (-2,1)	95 (-0,4)
Julho	100 (2,2)	96 (1,8)	97 (1,9)
Agosto	100 (0,4)	94 (-1,8)	96 (-1,1)

Fonte: Sumoc, *Boletim*, mar. 1963, p.19.

*Deflacionado pelo IPA-DI (FGV). Números entre parênteses indicam crescimento percentual em relação ao mês anterior; **Empréstimos referentes à Carteira de Crédito Geral (Crege) e à Carteira de Crédito Agrícola e Industrial (Creai).

bilhões em novembro, já tinha ultrapassado esse limite em junho. No mês de agosto, as contas do governo federal apresentaram saldo negativo acumulado de Cr$ 56 bilhões, ou seja, 12% a mais do que o déficit previsto para o ano inteiro (Tabela 2.4). Situação semelhante ocorreu com os limites da Carteira de Redesconto. O saldo do mês de abril (Cr$ 9,01 bilhões), que deveria servir de teto até dezembro, foi superado em quase 10% em maio e em mais de 30% em junho e julho. De acordo com a programação do governo, apenas um crescimento proporcional dos superávits do Instituto Brasileiro do Café (acima do piso de Cr$ 20 bilhões) poderia justificar uma expansão das operações de redescontos aos bancos comerciais. Porém, o saldo das contas do IBC ainda não havia atingido essas condições no período.[14] Em teoria, o Banco do Brasil estava redescontando títulos e duplicatas muito acima dos limites planejados, criando condições para que bancos privados expandissem a oferta de empréstimos (o que, aliás, não estava ocorrendo na mesma intensidade). Diante dessas mudanças nas políticas fiscal e creditícia, o FMI anunciou no final de julho que a instituição congelaria os recursos que tinham sido negociados com o Brasil dois meses antes.[15] Tem-se aqui mais uma evidência de que a política econômica do governo

14 O próprio Bulhões reconheceu esse fato ao diretor administrativo do FMI, mas argumentou que o saldo do IBC deveria ser levado em consideração apenas no final do ano e não durante o exercício fiscal. Carta, Octávio Gouveia de Bulhões a Per Jacobsson, 12 set. 1961, folder "Labor Affairs, General, 1959-1961", Box 131, RG 84, Nara, p.4.

15 Telegram 139, Rio de Janeiro to Department of State, 22 ago. 1961, CGR 1941-73, folder "Labor Affairs, General, 1959-1961", Box 131, RG 84, Nara.

Quadros sofreu uma alteração de curso após maio de 1961, apesar de não ser possível dizer que o programa de estabilização tenha sido abandonado por completo, como deixaram a entender os técnicos do Fundo.

Tabela 2.4 – Evolução financeira da União, Brasil, janeiro a agosto de 1961 (valores nominais e reais, bilhões Cr$)*

	Nominal			Real (janeiro 1961)**		
	Receita	Despesa	Saldo	Receita	Despesa	Saldo
Janeiro	11,8	21,2	-9,4	11,8	21,2	-9,4
Fevereiro	28,6	46,1	-17,5	28,7	46,3	-17,6
Março	47,3	68,9	-21,6	46,4	67,5	-21,2
Abril	64,8	95,4	-30,6	60,2	88,7	-28,4
Maio	87,9	124,2	-36,3	80,5	113,8	-33,3
Junho	117,2	159,3	-42,1	104,9	142,6	-37,7
Julho	150	197,9	-47,9	133,1	175,6	-42,5
Agosto	182,9	239,4	-56,5	153,1	200,5	-47,3

Fonte: *Conjuntura Econômica,* fev.1962.

*Há discrepâncias entre os valores das receitas e despesas da União apresentados pela *Conjuntura Econômica* e pelos boletins da Sumoc. Ao longo da obra utilizam-se os dados da *Conjuntura Econômica,* por serem mais completos; **Deflacionado pelo Índice de Preços ao Atacado – Disponibilidade Interna (IPA-DI) da Fundação Getúlio Vargas (FGV). Em parênteses, tem-se o período base. Caso não se informe o contrário, valores ou índices reais apresentados nesta obra foram deflacionados pelo IPA-DI, usando como base a data entre parênteses.

Diante desse contexto, é fundamental perguntar quais teriam sido os motivos que levaram a administração Quadros a relaxar algumas das metas de seu programa de estabilização. A questão torna-se particularmente interessante na medida em que poucos presidentes tiveram tanta legitimidade para implementar uma agenda política nesse sentido. Quadros não apenas foi alçado ao posto presidencial com a maior votação da história do país (5,6 milhões de votos de um total de 11,7 milhões), como também baseou sua campanha na defesa do moralismo administrativo e combate à inflação.[16] Todo esse suporte político, porém, não se transformou em um programa econômico que se mantivesse sólido e coeso ao longo de seu curto governo. Autores divergem ao explicar essa mudança. As interpretações podem ser enquadradas em três grupos: aquelas que priorizam aspectos de ordem ideológica; as que enfatizam a inadequação das instituições de política econômica e erros de cálculo dos técnicos; e, por fim, as que destacam a natureza do sistema político da época, bem como as interações das "funções de preferência" entre governo e sociedade.

16 Skidmore, 2000, p.234-8, e Victor, 1965, p.65-7.

Moniz Bandeira, Pedro Lago e Thomas Skidmore assinalam que a mudança na política econômica da administração Quadros deveu-se a uma aproximação entre o presidente e alguns "intelectuais desenvolvimentistas", como Cândido Mendes de Almeida. Esses contatos teriam convencido Jânio a adotar um enfoque gradualista de combate à inflação, em conformidade com o diagnóstico estruturalista cepalino.[17] O maior símbolo dessa mudança, segundo esses autores, deu-se com a decisão de Jânio de estabelecer um Conselho Nacional de Desenvolvimento (CND) em agosto de 1961. O novo órgão seria uma espécie de substitutivo do famoso Conselho de Desenvolvimento do governo Kubitschek (ainda em vigência, mas esvaziado), tendo como principal objetivo a formulação de um plano quinquenal de desenvolvimento para o país. Nessa perspectiva, os espaços para a aplicação de uma rígida política de estabilização teriam sido restringidos.[18]

Lourdes Sola, por outro lado, credita a uma inadequação das instituições de política econômica o "fracasso" do programa de estabilização de Quadros. Segundo a autora, "a falta de um banco central equipado para exercer o controle da base monetária" teria sido um dos aspectos determinantes do enfraquecimento do programa janista. Sola também assinala que as autoridades econômicas, exatamente por causa dessa "ausência de instituições", não teriam condições de prever os efeitos que medidas restritivas nos âmbitos fiscal e creditício gerariam no setor privado, sendo obrigadas a relaxar rapidamente políticas anti-inflacionárias. Apesar de ter um peso menor em sua argumentação, a autora afirma ainda que a reforma cambial do governo Quadros teria sido um "erro de cálculo político", mesmo que justificável em termos econômicos. Sola argumenta que o presidente teria perdido apoio de setores políticos que viam no antigo sistema de câmbio um pressuposto para "a continuidade do desenvolvimento", e que tais setores teriam sofrido uma "revisão abrupta" de suas expectativas com a Instrução 204. Subentende-se, assim, que a revisão das políticas fiscal e creditícia do governo Jânio, para além das insuficiências das instituições na área de política econômica, também teria sido uma

---

17 Economistas ideologicamente próximos à Comissão Econômica para a América Latina das Nações Unidas (Cepal), daí o termo "cepalinos", tendiam a destacar fatores de ordem estrutural para explicar a natureza da inflação latino-americana. Dentre esses fatores, destacam-se a estrutura oligopólica do mercado de firmas, a concentração da propriedade da terra e o sistema tributário regressivo. Economistas "monetaristas", diferentemente, enfatizavam fatores de caráter conjuntural, tais como desequilíbrios de oferta monetária e déficits nas contas públicas como principais determinantes inflacionários. Os "monetaristas" tendiam a ser mais suscetíveis a aplicar um clássico programa de estabilização para conter a alta dos preços. Ver Bielschowsky, 2000, cap.2, e Nazmi, 1996, cap.1.

18 Bandeira, 1983, p.21-2; Lago, 1982, p.128-30; Skidmore, 2000, p.241-3.

espécie de compensação às perdas sofridas por setores políticos "desen-volvimentistas" com a reforma cambial.[19]

Ainda em uma perspectiva que enfatiza o papel do "erro de cálculo" dos técnicos para a compreensão das mudanças na política econômica janista encontra-se o trabalho de Mário Mesquita. O autor sugere que as autoridades do governo Quadros teriam analisado a economia brasileira como "um cenário de concorrência perfeita, no qual as inúmeras firmas afetadas pela alta dos preços do petróleo e trigo seriam incapazes de interferir diretamente na formação de seus preços". Entende-se, assim, o porquê de a equipe econômica ter subestimado o "potencial impacto inflacionário da reforma cambial", sendo obrigada a rever critérios de limites de crédito e de redesconto aos bancos privados para evitar uma recessão na economia. Vale ressaltar que Mesquita não considera que essas alterações de política econômica tenham comprometido, "em linhas gerais", as metas de estabi-lização do governo.[20]

Por fim, tem-se a interpretação de Sérgio Monteiro, baseada na teoria da escolha racional e no modelo de populismo. O autor considera os resultados de política econômica das administrações Quadros e Goulart como fruto de uma interação estratégica entre governo e setor privado, sendo este genericamente entendido ora como empresários e massas, ora apenas como eleitores. Monteiro assume que o sistema político do período teria sido caracterizado pela "inexistência de uma classe hegemônica", tendo como consequência o aparecimento de "governos fracos". Para suprir essa deficiência, políticos populistas, que serviam apenas como "árbitros de uma solução de compromisso" entre grupos sociais antagônicos (basica-mente empresários e massas urbanas), seriam "obrigados" a implementar políticas econômicas que privilegiassem crescimento "acima de qualquer outra coisa", caso contrário perderiam sua "frágil legitimidade".[21] Em um contexto como o do início dos anos 1960, porém, em que o cresci-mento estava prejudicado pelas restrições no balanço de pagamentos e pela inflação, o político populista precisava mudar de estratégia, visando garantir o mesmo fim (crescimento) só que no médio prazo. Para isso, primeiro adotavam-se medidas favoráveis à estabilização da economia, transmitindo à elite doméstica e aos credores externos a aparência de um "governo forte", comprometido com a defesa da moeda e o equilíbrio das contas públicas. A elevação da "credibilidade" da administração populista aos olhos desses atores trazia frutos, como a queda do ritmo inflacionário e a melhora das contas internacionais. Com isso, e em combinação com

---

19 Sola, 1998, p.252-4. A autora admite que teria havido pressão de empresários para o relaxamento do programa de estabilização, mas sem embasamento documental.
20 Mesquita, 1992, p.80-1, 106.
21 Monteiro, 1999, p.101-2, 108-9. Para uma visão geral da perspectiva do autor, ver cap. 4.

Felipe Pereira Loureiro

a evolução de outras variáveis relevantes, o político populista retornaria à sua "função preferência" original, isto é, se livraria das "aparências" e voltaria a privilegiar o crescimento econômico no curto prazo por meio de medidas de relaxamento fiscal, creditício e monetário. Segundo Monteiro, o governo Quadros teria se encaixado perfeitamente nesse modelo: logo após concluir um acordo financeiro com o FMI em maio de 1961 – tendo atingido, assim, o máximo de sua "credibilidade" internacional –, Quadros teria reunido condições para aplicar uma política econômica de crescimento imediato. Aliado a isso, devido ao aguçamento de uma crise política em junho, que abalou sua popularidade, o presidente viu diminuir perspectivas para continuar seu mandato. Nesse contexto, conclui Monteiro, Quadros decidiu abandonar o programa de estabilização.[22]

Apesar das diferenças apresentadas por essas três vertentes, vê-se que elas compartilham uma característica em comum: em maior ou menor grau, todas se concentram nas áreas tradicionalmente vistas como domínios do Estado para explicar o enfraquecimento do programa de estabilização janista. Fala-se em uma mudança de perspectiva ideológica do presidente; em erros de cálculo dos técnicos e autoridades monetárias; na inadequação das instituições de política econômica; até na natureza do sistema político, que determinaria a "função preferência" de seus líderes em prol de uma pressão pelo crescimento econômico imediato. Grupos sociais aparecem nesse processo seja como coadjuvantes, seja como generalidades embutidas em conceitos como "empresários" e "massas urbanas". É evidente que aspectos como ideologia, instituições e características do sistema político estão longe de ser irrelevantes para explicar o enfraquecimento do programa de estabilização de Quadros. Sugere-se, porém, que negligenciar o papel exercido pelos grupos sociais nesse processo, principalmente por parte do empresariado, compromete decisivamente o entendimento da evolução da política econômica do período.

2.2. O início do programa de estabilização do governo Jânio Quadros

Eram amplamente conhecidas as intenções do governo Quadros no que diz respeito à política econômica. Sabia-se que a nova administração pretendia aplicar um rígido programa de estabilização e promover reformas liberalizantes no sistema cambial. Os nomes escolhidos para compor a equipe de governo apenas confirmaram essas expectativas. Clemente Mariani e Octávio Gouveia de Bulhões, os futuros líderes da Fazenda e da Sumoc, eram conhecidos pela defesa dos mesmos princípios econômicos

22 Monteiro, 1999, p.122-8.

80

que tinham norteado a campanha de Quadros à presidência. Ambos tinham participado da curta experiência de estabilização levada a cabo por Eugênio Gudin no Ministério da Fazenda durante o governo Café Filho (1954-55). Como se não bastasse, meses antes de serem empossados, Mariani e Bulhões participaram de uma mesa redonda em São Paulo onde reforçaram a importância de uma política monetária austera e, em particular, de uma maior liberalização e unificação das taxas de câmbio para o desenvolvimento do país.[23] A questão que se apresentava para empresários e trabalhadores, portanto, resumia-se a quando essas medidas seriam executadas, e não a se elas seriam postas em prática.

As entidades empresariais demonstraram consciência de que reformas importantes na economia estavam prestes a acontecer, oferecendo apoio às intenções do governo. O presidente da CNI, Lídio Lunardi, por exemplo, em memorial enviado ao ministro Clemente Mariani um mês antes da publicação da Instrução 204, destacou que a extinção do câmbio de custo e o fim da disparidade do valor do dólar nos mercados livre e da categoria geral receberiam "a acolhida favorável da indústria brasileira". Com essas medidas, segundo Lunardi, seriam criados estímulos à produção doméstica de trigo, petróleo e, principalmente, de bens de capital, além de corrigir a distorção que permitiria que investidores estrangeiros remetessem lucros ao exterior por uma taxa de câmbio mais baixa (isto é, a taxa do mercado livre) "do que aquel[a] que é cobrad[a] aos importadores para a aquisição de equipamentos e matérias-primas". Conforme o presidente da CNI, seria exatamente essa diferença entre as cotações das taxas livre e da categoria geral que estaria na raiz do subsídio garantido ao capital estrangeiro pela Instrução 113.[24] A perspectiva de uma iminente reforma cambial também recebeu apoio de outros segmentos do empresariado. As diretorias das Associações Comerciais do Rio de Janeiro e de São Paulo, por exemplo, já tinham se mostrado favoráveis à extinção do sistema de taxas múltiplas.[25] Do mesmo modo, os empresários agrícolas aguardavam com grande expectativa a concretização das promessas de Quadros sobre a equalização dos câmbios de exportação e de importação. Segundo a Sociedade Rural Brasileira (SRB), o fim do "confisco cambial" seria de fundamental

---

23 Oesp, Preliminares de uma reforma cambial, 5 fev. 1961, p.3; *O Funding* e o novo Ministro da Fazenda, 7 fev. 1961, p.3.

24 Memorial, Lídio Lunardi para Clemente Mariani, 6 fev. 1961, Cma mfc 1961.02.21/3, CPDOC, p. 3-4. Se não existisse a Instrução 113, o investidor estrangeiro teria primeiro que converter seus dólares em cruzeiros por uma taxa de câmbio baixa (mercado livre) para depois adquirir esses mesmos dólares por uma taxa de câmbio mais alta nos leilões da categoria geral. A importação de bens sem cobertura cambial – isto é, sem a intermediação de operação monetária – isentava o investidor do prejuízo dessa transação. Para uma explicação do funcionamento da Instrução 113, ver Gordon e Grommers, 1962, p.18-20.

25 Ata, 34ª Reunião da Diretoria Plena da ACSP, 29 nov. 1960, p.22-3; Ata, Conselho Diretor da ACRJ, 1º março 1961, p. 7.

importância para o fortalecimento da cafeicultura, a "viga mestre da economia nacional".[26] A única entidade que se posicionou contrária à reforma,
particularmente quanto à extinção do câmbio de custo, foi a Confederação
Nacional do Comércio (CNC). Em telegrama ao presidente Quadros dias
antes da divulgação da Instrução 204, o chefe da entidade, Charles Edgard
Moritz, fez um alerta sobre os impactos que o fim da taxa preferencial
traria para o aumento do custo de vida e manutenção da tranquilidade
social. "Como último rio entre a produção e o consumo", concluiu Mortiz,
os empresários do comércio sentiam-se no dever de comunicar ao presidente sobre as "consequências calamitosas" para a "bolsa popular" de uma
possível medida nesse sentido.[27]

Embora de modo menos entusiástico, o empresariado também ofereceu
apoio ao objetivo de combate à inflação defendido pelo governo Quadros. A Fiesp, por exemplo, no final de 1960, destacou o perigo de uma
descontrolada elevação de preços para a estabilidade econômica e social
do país. Ressalvas foram feitas, porém, quanto à aplicação de um plano
anti-inflacionário que negligenciasse o desenvolvimento da economia.[28]
De modo semelhante, o presidente da CNI, Lídio Lunardi, argumentou ao
ministro Clemente Mariani que o setor manufatureiro "tem sido uma das
grandes vítimas da inflação", apesar do reconhecimento de que o mecanismo de transferência de renda via elevação de preços tivera no passado
"algum impacto benéfico sobre o desenvolvimento da indústria". Entre os
inconvenientes inflacionários mencionados por Lunardi, destacavam-se
a desorganização do mercado de crédito, o desvirtuamento dos cálculos
de investimento de longo prazo e a queda da produtividade do trabalho
em razão de greves e conflitos sociais. No mesmo documento, porém,
ressaltou-se a importância de conjugar-se uma política de estabilização
com "a preservação do ritmo de desenvolvimento econômico". Conforme
o presidente da CNI, seria necessário combater o fenômeno inflacionário a partir de sua "causa primária", isto é, "o desequilíbrio das despesas
governamentais", e não "pelos reflexos secundários, como a expansão do
crédito às atividades produtoras em face de uma alta de custos". Além disso,
concluiu, o governo precisaria garantir que o esforço de estabilização fosse
compartilhado por todos os grupos. Medidas de "prodigalidade salarial",
por exemplo, seriam "incompatíveis" com a meta de conjugar deflação e

---

26 AR, Novo governo, nova esperança, jan. 1961, ano XLI, n.477, p.3.
27 Oesp, O comércio e as modificações cambiais, 9 mar. 1961, p. 20. Para a crítica do jornal à
    posição da CNC, ver Oesp, Reforma cambial e ignorância especializada da Confederação do
    Comércio, 10 mar. 1961, p.20.
28 Boletim Informativo Fiesp-Ciesp, nov. 1960, n.582, p. 1-2; 7 dez. 1960, n.583, p.18-20. O
    suporte da Fiesp ao plano anti-inflacionário de Quadros ganhou destaque na imprensa. Ver
    Oesp, O apoio dos industriais paulistas, 14 fev. 1961, p.3.

desenvolvimento.[29] Posicionamentos semelhantes foram expressos por outros grupos de empresários: vários se colocaram contra a elevação de preços, porém consideraram que uma política anti-inflacionária deveria começar mais pela contenção do déficit público e menos por um rígido controle do crédito.[30]

O único argumento dissonante apresentado às autoridades no tema do combate à inflação veio do Conselho Superior das Classes Produtoras do Rio de Janeiro (Conclap-Rio), órgão que congregava fundamentalmente representantes de empresários estrangeiros ligados à indústria. Em reunião realizada com o presidente Quadros no início de março de 1961, membros desse Conselho defenderam a eliminação gradativa do programa de valorização do café. Segundo o memorial do Conclap-Rio, a compra de excedentes cafeeiros exerceria "poderosa pressão inflacionária sobre a economia do país".[31] A reação do setor agrário foi imediata. A Sociedade Rural Brasileira enviou telegrama ao presidente Quadros criticando severamente o posicionamento do Conselho. Segundo a SRB, o saldo de ágios cambiais constituiria recursos "mais do que suficientes para o financiamento da defesa do café" e, portanto, não haveria nada de inflacionário no programa de valorização.[32] É interessante que o argumento recorrente sobre "confisco cambial" não foi sequer mencionado no telegrama. A SRB submeteu também uma mensagem à diretoria do Conclap-Rio, afirmando que "a conceituação de ser o café o responsável pela hiperinflação no país" só poderia ser fruto de "má fé, encobrindo interesses ocultos e suspeitos". Argumentou-se ainda que a "capacidade de sacrifício" do "espoliado cafeicultor" a favor de "indústrias fictícias que produzem lucros polpudos e fáceis para seus felizes empreendedores" já estaria "inteiramente esgotada".[33] Entidades representativas do setor industrial, como CNI e Fiesp, defenderam-se dizendo que não teriam sido consultadas pelo Conclap para a redação do memorial.[34] De fato, em comunicado ao ministro da Fazenda, o presidente da CNI não havia feito oposição à permanência do programa de defesa do café, sob a ressalva de que os "recursos para a compra dos excedentes de produção" continuassem a ser extraídos dos próprios cafeicultores via deságio nas taxas de câmbio.[35]

---

29 Memorando, Lunardi a Mariani, março 1961, CPDOC-FGV, p.1-5. Posição semelhante pode ser encontrada no periódico da CNI. Ver DC, Desinflação, deflação e desenvolvimento, out. 1960, ano IV, n.10, p.2-8.

30 Ver, por exemplo, Ata, 33ª Reunião da Diretoria Plena da ACSP, 22 nov. 1960, p.19.

31 Oesp, Subsídios do Conclap para a política de desenvolvimento, 7 mar. 1961, p.2.

32 Oesp, Protesta a SRB contra o memorial da Conclap, 9 mar. 1961, p.20.

33 Idem. Ver também AR, Defesa do café: obrigação nacional, mar. 1961, ano XLI, n.472, p.3.

34 Boletim Informativo Fiesp-Ciesp, 15 mar. 1961, n.597, p.480; Oesp, Conclap: a indústria não foi consultada, 10 mar. 1961, p.20.

35 Memorando, Lunardi a Mariani, 6 fev. 1961, CPDOC-FGV, p.4.

Independentemente de eventuais desavenças, pode-se dizer que houve apoio dos grupos empresariais à aplicação de uma política de estabilização e liberalização cambial pelo governo Quadros. As entidades representativas dos trabalhadores, por sua vez, também não se opuseram a essas diretrizes, pelo menos no início da nova administração. Em memorial entregue pelo Conselho Sindical dos Trabalhadores de São Paulo (CSTSP) ao presidente da República no final de janeiro de 1961, os sindicalistas não fizeram qualquer referência contrária às conhecidas intenções do governo em relação as políticas monetária e cambial. Houve demandas sobre contenção da alta da inflação (auxílio à produção de bens de subsistência), melhoria das condições de vida dos trabalhadores (isenção do Imposto de Renda sobre salários, projetos de construção de casas populares), respeito à liberdade sindical e reforma da Justiça do Trabalho (rapidez no trâmite dos processos judiciais), mas nada foi mencionado acerca de aumentos salariais ou da manutenção do câmbio de custo.[36] É possível que a rodada de reajustes de salários ocorrida no final de 1960 tenha contribuído para a aparente (e, à primeira vista, surpreendente) negligência dos líderes sindicais paulistas por uma explícita demanda de maiores salários ao presidente recém-eleito. Mas a popularidade de Quadros junto aos trabalhadores e o espaço ocupado pelos janistas no movimento sindical parecem ter sido determinantes também para esse resultado.

O Conselho Sindical dos Trabalhadores de São Paulo, que se destacava na época como um dos principais órgãos do sindicalismo do país, tinha um janista, Dante Pelacani, como seu secretário-geral. Foi o próprio Pelacani quem lançou com sucesso a ideia no Conselho de realizar um "Encontro Nacional de Dirigentes Sindicais" na cidade de São Paulo em fevereiro de 1961 – uma possível tentativa de dar maior legitimidade às demandas contidas no memorial recém-apresentado ao presidente Quadros, e que, até aquele momento, eram fruto apenas de uma articulação dos líderes sindicais paulistas.[37] O projeto de realização do encontro foi bem acolhido por outras organizações de trabalhadores, principalmente pelas entidades não oficiais de âmbito estadual, tais como os Conselhos Sindicais dos Estados de Minas Gerais e do Rio de Janeiro, e a Comissão Permanente das Organizações Sindicais (CPOS). A CPOS representava os trabalhadores do estado da Guanabara, tendo significativa presença de comunistas em sua Comissão Executiva, tais como Giovanni Romita e Hércules Correia dos Reis. Dias antes do encontro em São Paulo, os principais nomes do sindicalismo carioca, entre os quais alguns dirigentes da CPOS, manifestaram-se a favor de uma "luta por maiores salários" em nome dos trabalhadores.

36 Oesp, Dirigentes sindicais aprovam texto de memorial solicitado pelo futuro chefe da nação, 22 jan. 1961, p.3.
37 Oesp, Alterações no memorial dos sindicatos, 28 jan. 1961, p.12.

Segundo esses líderes dirigentes, "emissários de Jânio Quadros" estariam manobrando para transformar o evento paulista em um "ato de adesão à política de congelamento de salários".[38] Havia a possibilidade, portanto, de o encontro virar a primeira grande crítica da classe trabalhadora ao governo recém-empossado, mas não foi isso que aconteceu.

O "I Encontro Nacional de Dirigentes Sindicais" reuniu representantes de 17 unidades da Federação. O líder janista Dante Pelacani foi escolhido para presidir os trabalhos. No manifesto final, apesar da inclusão de demandas genéricas sobre a necessidade de uma melhor redistribuição do "peso do processo de desenvolvimento", retirando o "encargo mais pesado" das costas dos trabalhadores, não houve posicionamento crítico sobre a política econômica do governo. Além disso, redigiu-se apenas um item sobre salários, que demandava a "instituição de uma escala móvel", ou seja, a criação de um mecanismo automático de reajuste dos salários de acordo com a inflação. O documento não apresentou, porém, maiores detalhes sobre as características dessa escala – uma omissão proposital, como ficaria evidente meses depois. Por coincidência, o único projeto relativo à questão salarial que vinha sendo defendido em público pelo ministro do Trabalho Castro Neves era exatamente o da escala móvel. As demandas envolvendo a contenção do aumento do custo de vida apresentadas pelo manifesto, por sua vez, não incluíram qualquer referência ao câmbio de custo, o que implicitamente significava um aval às intenções do governo em reformar o sistema cambial.[39]

Dias após o término do encontro, representantes sindicais de todas as delegações presentes em São Paulo, capitaneados por Pelacani, foram a Brasília entregar o manifesto ao presidente Quadros. A reunião foi fechada à imprensa. Os dirigentes relataram que Jânio teria lhes pedido "um crédito de confiança de um ano", durante o qual eles deveriam abster-se de fomentar greves ou conflitos sociais. Nesse período, o presidente prometeu "arrumar a casa, botar as coisas nos seus devidos lugares". Jânio teria afirmado ainda que as "portas do Palácio" estariam abertas aos sindicalistas: "seja o que for, entrem em contato comigo, venham aqui, discutamos as questões, me escrevam e tudo será resolvido, sem delongas, sem protocolos burocráticos". O presidente concluiu assinalando que sabia que a maioria dos líderes ali presentes havia apoiado outros candidatos nas eleições de

---

38 *Última Hora* (doravante UH), Trabalhadores da Guanabara respondem a Jânio: basta de sacrifício, 16 fev. 1961, 1c, p.7.

39 Oesp, Contrários ao Fundo Sindical trabalhadores de todo o país, 18 fev. 1961, p.21; *O Metalúrgico* (doravante OM), Memorial dos sindicatos ao Presidente da República, Arquivo Edgard Leuenroth, Universidade Estadual de Campinas (doravante AEL-Unicamp), mar. 1961, n.193, p. 4-7; *Novos Rumos* (doravante NR), Os trabalhadores reivindicam, Cedem-Unesp, n.103, 24 fev.-2 mar. 1961, p.3 e UH, Grandioso acontecimento o encontro de São Paulo, 22 fev. 1961, 2c, p.6.

1960 (basicamente, Marechal Lott e Ademar de Barros), mas que, naquele momento, eventuais diferenças político-ideológicas deveriam ser deixadas para trás em prol do desenvolvimento nacional.[40] A reunião surtiu efeito. Os dirigentes cariocas que estiveram em Brasília disseram ter "abaixado a espada" contra o presidente ou que "esperariam para ver" pelo cumprimento das promessas.[41] Parece que o encontro em São Paulo não foi apenas exitoso no sentido de impedir possíveis críticas dos trabalhadores à política econômica do governo, mas, também, e essa teria sido sua função principal, por ter aberto portas para maiores contatos entre o presidente Quadros e os líderes sindicais de outras regiões do país e de diferentes correntes políticas.[42]

As perspectivas do governo no flanco interno estavam abertas, portanto, tanto do lado dos empresários como do lado dos trabalhadores, para a busca da estabilização monetária e da unificação cambial, o que foi feito no mês seguinte com a Instrução 204.

2.3. A Instrução 204 na visão das entidades de empresários e trabalhadores

Em coerência com as posições expressas no início do governo Quadros, a decretação da Instrução 204 pela Sumoc, em meados de março de 1961, foi bastante elogiada pelas entidades empresariais. O presidente da Associação Comercial paulista, Camilo Ansarah, afirmou que os comerciantes aplaudiam a decisão de acabar com o "odioso câmbio de custo, benefício de poucos em detrimento de muitos". Ansarah também apoiou o início do processo de "unificação total das taxas cambiais" que "fortificará as nossas exportações". De modo semelhante, o líder da Fiesp, Antônio Devisate, congratulou em telegrama o presidente Quadros pela "medida corajosa e necessária, há muito reclamada pelos setores conscientes da opinião pública brasileira". A CNI, por sua vez, chamou a Instrução 204 de "transcendental medida", enquanto o presidente da Federação das Indústrias da Guanabara (Fiega), Zulfo Mallmann, elogiou a "corajosa atitude do governo para estancar a inflação". A Sociedade Rural Brasileira, igualmente, parabenizou o presidente Quadros pela "execução da principal etapa para a verdade do câmbio, que constitui aspiração profunda e generalizada da agricultura". Até o líder da Confederação Nacional do Comércio, Charles Mortiz, que

---

40 UH, O que disse Jânio aos dirigentes sindicais, 1º mar. 1961, 2c, p.4. Ver, também, Oesp, Dirigentes sindicais no Palácio, 22 fev. 1961, p.6.

41 UH, Debates e resoluções no encontro com Jânio Quadros, 2 mar. 1961, 2c, p.8.

42 Essa interpretação coincide com a análise de Richard Morris, adido trabalhista britânico no Brasil. Ver Report s.n., Rio de Janeiro to Foreign Office, 27 dez. 1961, LAB 13/1490, TNA, p.1.

antes havia alertado as autoridades sobre os perigos da extinção do câmbio de custo, compareceu no gabinete do ministro Clemente Mariani com outros representantes do empresariado para "prestar solidariedade e apoio" à Instrução.[43]

A recepção da reforma cambial pelos empresários, todavia, não foi marcada apenas por elogios. Algumas entidades do setor rural, como a Federação da Agricultura do Estado de São Paulo (Faresp), reclamaram da "timidez" da medida no que se referiu ao grau de unificação do câmbio. A Federação pleiteou igualdade imediata entre as taxas de exportação e de importação, como prometido por Quadros na campanha eleitoral.[44] Em sentido semelhante, a SRB demandou elevação do dólar-café de Cr$ 90,00 para Cr$ 150,00, sob justificativa de que os acréscimos nos preços de fertilizantes, então importados pelo regime da taxa preferencial, exerceriam pressão de custos para a cafeicultura, "ora em vias de insolvência". O Conselho Superior das Classes Produtoras de São Paulo (Conclap/SP), em radical contraste com as posições assumidas pelo seu congênere carioca antes da publicação da Instrução 204, lembrou o presidente Quadros dos "sacrifícios que continuam sendo exigidos a esse magno setor da economia nacional [cafeicultura]". Queria-se a redução do "confisco" extraído dos exportadores pelo câmbio.[45] De certa forma, isso seria contemplado pela Instrução 205, que deixaria os cafeicultores paulistas bastante satisfeitos.[46]

Até mesmo os produtores de cacau baianos, que aparentemente não tinham muito do que reclamar da Instrução 204, na medida em que foram contemplados com o acréscimo da taxa de conversão para suas divisas de Cr$ 90,00 para Cr$ 210,00 por dólar, levantaram algumas objeções às autoridades.[47] O subchefe do Gabinete Civil da Presidência da República da Bahia informou ao seu superior na capital federal que vários produtores locais estariam irritados com o governo porque tinham fechado negócio antes da publicação da medida da Sumoc. Pleiteava-se o "direito

---

43 Ata, 46ª Reunião de Diretoria Plena da ACSP, 14 mar. 1961, p.12; Boletim Informativo Fiesp-Ciesp, 5 abr. 1961, n.600, p.38; DC, A Instrução 204, mar. 1961, ano V, n.3, p.41; Ata, Reunião de Diretoria da SRB, 21 mar. 1961, p.28-9; UH, Reforma cambial: opiniões contraditórias, 15 mar. 1961, 1c, p.2; Oesp, Aplausos à Instrução 204, 22 mar. 1961, p.23.

44 JB, Faresp acha reforma muito tímida, 15 mar. 1961, 1c, p.5.

45 As demandas da SRB e do Conclap-SP encontram-se em AR, Instrução n.204, maio 1961, ano XLI, n.474, p.16.

46 Ata, Reunião de Diretoria da SRB, 22 maio 1961, 37-9 e AR, Reformulação da política cafeeira, maio 1961, n.474, ano XLI, p.10-1.

47 Autoridades justificaram a desvalorização do dólar-cacau pelo fato de o produto não estar mais submetido a um programa de compra de excedentes. A diferença entre o dólar-cacau (Cr$ 210,00) e a taxa do mercado livre (Cr$ 266,00, segundo valor de março de 1961) seria utilizada como um fundo de reserva para fins de sustentação dos preços do produto no mercado interno em caso de queda de sua cotação internacional. Ver Relatório, Diretor da Carteira de Comércio Exterior do Banco do Brasil (doravante Cacex-BB) ao Conselho da Sumoc, 27 mar. 1961, CMa mfc 1961.03.27/1, CPDOC-FGV.

ao ressarcimento dessa diferença de preços".[48] O ministro da Fazenda Clemente Mariani cedeu às demandas, deixando os "interessados satisfeitos com a solução", conforme relato do presidente da Comissão de Comércio de Cacau da Bahia ao diretor da Carteira de Comércio Exterior do Banco do Brasil (Cacex).[49] A surpreendente decisão de Mariani explica-se, em primeiro lugar, pelo fato de o ministro ser um banqueiro baiano com vínculos diretos com atividades cacaueiras; e, segundo, como dito pelo próprio Mariani em carta ao ex-governador da Bahia, Juracy Magalhães, datada de 1959, o confisco cambial sofrido pela economia baiana até a Instrução 204 "autoriza[ria] e justifica[ria] todas as atitudes que tomarmos para corrigi-lo".[50] Nada surpreendente, portanto, ao final do exercício de Mariani no Ministério da Fazenda, que o próprio Juracy Magalhães lhe tivesse agradecido por tudo que fizera "para a Bahia e para o Brasil", restabelecendo a "normalidade do comércio exportador de cacau".[51]

Além do setor agrícola, empresários industriais e comerciais demonstraram reservas com um aspecto da Instrução 204: a criação das letras de importação e suas consequências para o mercado de crédito. Na realidade, a primeira reação do empresariado sobre o assunto foi de dúvida quanto ao exato funcionamento desses títulos. Isso talvez explique o porquê de as críticas à medida terem sido inicialmente pouco divulgadas, concentrando-se em debates nas entidades empresariais. Na Associação Comercial de São Paulo, por exemplo, após a festa pela publicação da Instrução 204, houve intenso debate entre dois dos seus mais importantes diretores sobre a obrigatoriedade de realização de um duplo pagamento para o fechamento de contratos de importação. Para Giulio Lattes, o único desembolso que o importador teria de fazer de imediato referia-se ao depósito no Banco do Brasil, que seria transformado em letras negociáveis ao público. Os contratos de câmbio a prazo, segundo ele, só seriam pagos na data de vencimento contratual, normalmente em até 180 dias. Lattes ressaltou ainda que o pagamento do câmbio poderia ser realizado com os próprios recursos provenientes da venda das letras de importação no mercado. O diretor Nivaldo Ulhoa Cintra pensava diferente: "meu ponto de vista é que o importador vai ter que ir ao câmbio livre, pagar as divisas, a quem

---

48 Ofício, Sub-Chefe do Gabinete Civil da Presidência da República na Bahia, Milton Santos, ao Chefe do Gabinete Civil da Presidência da República, Francisco de Paula Quintanilha Ribeiro, 27 maio 1961, CMa mfc 1961.03.27/1, CPDOC-FGV.

49 Ofício, Diretor da Cacex-BB, Antônio Taveira, ao ministro da Fazenda, Clemente Mariani, 14 jul. 1961, CMa mfc 1961.03.27/1, CPDOC-FGV. Para as atividades empresariais de Mariani, ver Abreu et al., 2001, p.3565-8; NR, Jânio nomeou ministério reacionário e entreguista, 3-9 fev. 1961, n.101, p.3.

50 Carta, Clemente Mariani a Juracy Magalhães, 31 dez. 1959, CMa cg 1951.07.20, CPDOC-FGV, p.1.

51 Carta, Juracy Magalhães a Clemente Mariani, 22 set. 1961, CMa cg 1951.07.20, CPDOC-FGV, p.3.

as oferecer" e, além disso, "fazer um empréstimo compulsório ao Banco do Brasil, mas [esse empréstimo] volta imediatamente porque ele vende as letras". Em outras palavras, concluiu Cintra: além do pagamento imediato pelo contrato de câmbio, haveria também o depósito em cruzeiros de valor idêntico no Banco do Brasil. Após longa discussão, o presidente em exercício da entidade, Paulo Barbosa, decidiu que as comissões técnicas da Associação Comercial de São Paulo (ACSP) deveriam entrar em contato com a Cacex para esclarecer a controvérsia.[52]

O surgimento das letras de importação também causou debates e reservas na Fiesp. O diretor do Departamento de Economia Industrial da Federação, Sérgio Roberto Ugolini, após elogiar diversos aspectos da Instrução 204, entre os quais a extinção do câmbio de custo ("medida neutra" para a inflação no longo prazo, segundo ele), comentou sobre as mudanças que adviriam do fim dos leilões cambiais da categoria geral e da criação das letras de importação. Ugolini salientou que restariam três alternativas aos importadores a partir de então: primeira, realizar dois pagamentos, um referente ao fechamento do contrato de câmbio e outro correspondente ao depósito de valor idêntico em cruzeiros no Banco do Brasil – depósito este restituível após 150 dias (6% juros a.a.); segunda, manter os mesmos dois pagamentos (câmbio e depósito), mas acompanhados da negociação imediata das letras com deságio no mercado; e, por fim, fazer apenas um pagamento, correspondente ao depósito no Banco do Brasil e fechar um contrato de câmbio para liquidação em até 180 dias. Neste caso, vencidas as letras de importação, o importador as restituiria ao Banco do Brasil, recebendo seu valor de face acrescido de juros e ainda lhe sobrariam 30 dias para pagar o câmbio comprado.[53] Como se vê, a segunda hipótese equivalia à solução defendida por Ulhoa Cintra no debate da ACSP; enquanto a terceira, à proposta de Giulio Lattes.

Para melhor compreender o caso, imaginemos que uma determinada casa comercial importasse bens no valor de US$ 10.000. Convertendo-se essa quantia a Cr$ 266 por dólar (taxa do mercado livre em março de 1961), segue-se que, de acordo com a primeira hipótese, o importador teria que desembolsar de imediato Cr$ 5,32 bilhões: Cr$ 2,66 bilhões referentes ao pagamento do câmbio e mais Cr$ 2,66 bilhões correspondentes ao depósito no Banco do Brasil, sendo que este lhe seria devolvido acrescido de juros após cinco meses.[54] Na segunda hipótese, o importador desembolsaria

52 Ata, 46ª Reunião da Diretoria Plena da ACSP, 14 mar. 1961, p.13-5, 21-5.

53 Boletim Informativo Fiesp-Ciesp, Analisado o texto da Instrução 204 da Sumoc na Federação das Indústrias, 29 mar. 1961, n.599, p.10-1.

54 Para se ter uma ideia da magnitude do rendimento negativo proporcionado pelas letras, se o importador tivesse empregado a mesma quantia em um investimento que lhe garantisse uma taxa de juros equivalente à inflação média do período (3,2%, IPA-DI), receberia ao final o equivalente a Cr$ 3,11 bilhões, ao invés de Cr$ 2,73.

imediatamente Cr$ 2,93 bilhões: Cr$ 2,66 bilhões referente ao câmbio e Cr$ 266 milhões correspondente ao deságio perdido pela negociação imediata das letras de importação no mercado.[55] Na terceira alternativa, o importador desembolsaria somente Cr$ 2,66 bilhões, relativo ao depósito no Banco do Brasil. O câmbio seria pago posteriormente, por meio do próprio dinheiro recebido com a liquidação das letras.

Durante o debate na Fiesp, o diretor Sérgio Ugolini afirmou que a primeira hipótese seria inviável, na medida em que o importador precisaria "de um capital de giro bastante superior ao de que dispõe hoje". A terceira alternativa – a única que não acarretaria prejuízos aos empresários envolvidos – também estaria fora de cogitação, "segundo informações que temos de diversos bancos". Ugolini ressaltou que as instituições bancárias privadas não poderiam vender dólar a termo "com essa flutuação da moeda". Sobraria, portanto, apenas a segunda hipótese, na qual o encarecimento das importações seria equivalente ao deságio da venda das letras de importação. Como consequência disso, completou, surgirá uma "pressão no mercado de crédito, exercida pelos importadores para negociarem suas letras". Afirmou-se ainda que, "evidentemente, o espírito da Instrução é dificultar o crédito", sendo grandes os reflexos que adviriam dessa situação para a indústria.[56]

Em um primeiro momento, as reclamações da Fiesp não chegaram a ser formalmente transmitidas às autoridades (pelo menos por canais que nos tenham sido possível averiguar). Alguns industriais, no entanto, falando por si mesmos, tomaram atitude oposta. O proprietário das Indústrias Votorantim, José Ermírio de Moraes, assinalou em carta ao ministro Clemente Mariani que a Instrução 204 teria sido "omissa" com a indústria brasileira, impondo-lhe obstáculos ainda maiores para seu desenvolvimento. O empresário argumentou que a "exigência de duplo depósito para a importação" de matérias-primas, equipamentos e máquinas representaria uma "competição desigual com as firmas estrangeiras, que sempre contam com rede bancária financiadora muito vasta". Isso reforçaria ainda mais, segundo ele, os "impatrióticos" dispositivos da Instrução 113 – algo que também havia sido concluído pelo Departamento de Economia Industrial da Fiesp.[57] O empresário assinalou, por fim, que estava "sinceramente receoso de que, na presente conjuntura nacional, grupos do exterior, interessados em criar confusão no país, venham tomar parte ativa em nossos programas".[58]

---

55 Supôs-se aqui um deságio de 10% no valor de face das letras, que era o deságio médio cobrado pelo mercado pelos títulos em março de 1961.

56 Boletim Informativo Fiesp-Ciesp, Analisado o texto da Instrução 204, 29 mar. 1961, p.11-2.

57 Para Sérgio Ugolini, as vantagens do investidor estrangeiro com a Instrução 204, agregados aos dispositivos da Instrução 113, "se acumulam tremendamente". Idem, p.13.

58 Carta, José Ermírio de Moraes a Clemente Mariani, 15 mar. 1961, CMa mfc 1961.02.21/3, CPDOC-FGV.

O ministro Clemente Mariani rebateu duramente as críticas feitas por Ermírio de Moraes. Ao contrário do que fora defendido pelo empresário, Mariani argumentou que a nova medida da Sumoc teria eliminado "os inconvenientes que a Instrução 113 representava para os interesses da indústria nacional", devido à extinção da disparidade de câmbio entre o mercado livre e a categoria geral.[59] Essa foi a mesma percepção do presidente da CNI, Lídio Lunardi, que salientou em memorial ao próprio Mariani que a Instrução 204 teria corrigido "os erros da Instrução 113" em benefício dos "empresários nacionais".[60] De fato, a análise do volume de investimentos estrangeiros ingresso no Brasil após março de 1961 por meio da Instrução 113 comprova que Mariani e Lunardi estavam certos.[61] Por outro lado, parece estranho imaginar que Ermírio de Moraes e o próprio Departamento de Economia Industrial da Fiesp tivessem simplesmente cometido um erro de análise. Se havia uma entidade empresarial que conhecia bem as alternativas capazes de neutralizar os efeitos da Instrução 113 era a federação industrial paulista, que vinha argumentando contra a medida desde a segunda metade dos anos 1950. Parece mais razoável supor que Ermírio de Moraes utilizou a Instrução 113 como uma ferramenta tática para reforçar suas críticas às letras de importação – interpretadas como o novo símbolo das condições desiguais de concorrência entre capital nacional e capital estrangeiro no país.

Clemente Mariani assinalou ainda que não conseguia entender de que modo a Instrução 204 poderia eliminar "as possibilidades de expansão da indústria brasileira", como argumentado por Ermírio de Moraes em referência direta às letras de importação. Segundo o ministro da Fazenda, "o mecanismo do novo regime cambial é essencialmente idêntico ao anterior", na medida em que "o que anteriormente se pagava no ato de emissão das PVCs, hoje se paga sob a forma de aquisição de letras emitidas pelo Banco do Brasil". Percebe-se que o que Mariani considerava como a única alternativa de funcionamento desses títulos era exatamente o que o Departamento de Economia Industrial da Fiesp havia antes classificado como impraticável. O futuro mostraria que a Fiesp estava certa. As instituições bancárias privadas demandariam pagamento imediato do câmbio, mesmo em compras a prazo. Provavelmente Mariani sabia dessa limitação, tendo em vista seus contatos com a comunidade financeira, mas talvez não quis reconhecê-la, até porque a Instrução 204 tinha acabado de ser editada.

---

59 Carta, Clemente Mariani a José Ermírio de Moraes, mar. 1961, CMa mfc 1961.02.21/3, CPDOC-FGV, p.1.
60 Memorial, Lídio Lunardi a Clemente Mariani, 15 mar. 1961, CMa mfc 1961.02.21/3, CPDOC-FGV, p.1.
61 A esse respeito, ver dados dos boletins da Sumoc sistematizados por Caputo, 2007, p.53-4.

As críticas feitas pelo empresariado a aspectos pontuais da reforma cambial, como a "timidez" do grau de unificação do câmbio e, principalmente, o estabelecimento das letras de importação, não podem ofuscar o fato de os elogios à Instrução 204 terem sido maiores do que as reclamações. O fim dos leilões da categoria geral e do câmbio de custo, por exemplo, foi amplamente aplaudido pelos empresários. O mesmo já não pode ser dito com relação às entidades trabalhistas. Como era de esperar, as organizações sindicais de trabalhadores demonstraram apreensão quanto aos impactos no custo de vida que surgiriam como decorrência da desvalorização cambial. Mesmo assim, as manifestações radicalmente contrárias ou inteiramente favoráveis à Instrução 204 ficaram restritas a grupos comunistas e anticomunistas, respectivamente, demonstrando a eficácia da aproximação janista junto aos sindicatos.[62] O jornal do Sindicato dos Metalúrgicos de São Paulo, por exemplo, criticou a "elevação brutal do custo de vida" que adviria da reforma no câmbio, e sua consequente restrição no nível de consumo da classe trabalhadora, mas ressaltou, por outro lado, que seria "inegável que [a reforma] trar[ia] um desafogo financeiro muito grande para o governo federal".[63] Da mesma maneira, líderes do "Fórum Sindical de Debates" (FSD) encontraram-se com Jânio em Brasília dias após a publicação da Instrução 204. O presidente do FSD, Expedito Guedes Rodrigues, afirmou ao final do encontro que seria "preferível sacrificarmo-nos um pouco agora para termos um futuro melhor". Expedito ressaltou que os trabalhadores suportariam os efeitos da reforma cambial "por uns dez meses ou um ano, porque, depois desse prazo, podemos esperar melhora da situação do país".[64] Vê-se que o discurso presidencial de "sacrifício por um ano" foi em parte incorporado por líderes de importantes organizações sindicais.

No entanto, conforme os impactos da Instrução 204 foram se fazendo sentir no custo de vida, passou a ser cada vez mais difícil ao governo manter o mesmo nível de apoio das organizações de trabalhadores. Em apenas dois meses, março e abril de 1961, o IPA-DI acumulou alta de 8% (Apêndice, Tabela A9). O termômetro da relação entre Quadros e o movimento sindical foi dado pelo posicionamento do CSTSP. Já no final de março, líderes desse Conselho (muitos dos quais janistas) foram a Brasília informar o presidente Quadros "da apreensão dos trabalhadores paulistas em face das perspectivas do aumento do custo de vida". Quadros não os recebeu, deixando-lhes apenas um "bilhetinho", entregue pelo chefe da Casa Civil, Quintanilha Ribeiro. Neste, o presidente pedia apoio à candidatura do

---

62 Para os posicionamentos de líderes sindicais comunistas e anticomunistas sobre o tema, ver, respectivamente, NR, Verdade cambial do FMI é falsa para o Brasil, 17-23 mar. 1961, n.106, p.3 e *Ação Democrática* (doravante AD), A Instrução 204, jul. 1961, n.26, AEL-Unicamp, p.6-7.
63 OM, A política cambial do novo governo, abr.- maio 1961, n.199, p.3
64 Oesp, Reforma cambial: Quadros pede apoio de líderes sindicais, 18 mar. 1961, p.17.

deputado federal Emílio Carlos (Partido Trabalhista Nacional, PTN/SP) à prefeitura de São Paulo, cujas eleições ocorreriam em breve.[65] Os líderes sindicais manifestaram a Quintanilha Ribeiro apreensão diante dos recentes aumentos de preços e ressaltaram que o "sacrifício" requerido pelo governo estaria acima das possibilidades dos trabalhadores.[66] A negligência demonstrada por Quadros diante da visita dos líderes sindicais fortaleceu aqueles dentro do sindicalismo contrários à Instrução 204; ou outros, como o vice-presidente João Goulart, que tinham interesses eleitorais em aproveitar o momento para se consolidar como referência política na luta por reajuste de salários.[67] Na Guanabara, por exemplo, passou-se a criticar abertamente a política econômica do governo. Félix Cardoso, presidente do Sindicato dos Trabalhadores Têxteis do estado, afirmou em uma reunião de líderes sindicais em fins de março de 1961 que os trabalhadores não poderiam mais "apertar o cinto" diante da alta do custo de vida. "Os patrões que apertem os deles", concluiu.[68]

Nesse contexto, acirrou-se a disputa política entre janistas e antijanistas no interior do Conselho Sindical de São Paulo, com os primeiros ganhando o apoio das lideranças ditas "democráticas" (isto é, anticomunistas). A primeira reunião convocada especificamente para votar o posicionamento da entidade sobre a Instrução 204 foi marcada por forte embate entre os grupos, e terminou sem que o Conselho chegasse a uma decisão.[69] Em encontro realizado na semana seguinte, dois técnicos do governo foram chamados para explicar a reforma cambial, mas, segundo relatos, teriam sido impedidos de falar por "elementos extremistas". O presidente do Sindicato dos Gráficos de São Paulo, Rocha Mendes, disse aos técnicos que "em minha casa eu não vou convencer a minha mulher de esperar mais um ano para, conforme diz Jânio, tudo melhorar, os preços baixarem, a felicidade chegar". Apoiado por parte dos delegados do Conselho, Rocha Mendes afirmou que "ou o governo revoga a Instrução 204, ou o governo e os patrões concedem aos trabalhadores aumento salarial em

---

65 Oesp, Dirigentes sindicais foram buscar outro bilhetinho, 23 mar. 1961, p.3.

66 UH, Líderes sindicais a Jânio Quadros: Não podemos mais apertar os cintos, 23 mar. 1961, 1c, p.2.

67 Era consenso nos meios políticos da época o interesse de Goulart em se candidatar ao governo do estado de São Paulo para as eleições gerais de outubro do ano seguinte. Nesse sentido, é interessante observar que, a partir do final de março de 1961, as reportagens sobre a questão salarial do periódico *Última Hora* ganharam um tom marcadamente panfletário contra a política econômica do governo Quadros. Para os objetivos eleitorais de Goulart, ver a própria UH, Novo esquema em São Paulo: Jango candidato à sucessão de Carvalho Pinto, 6 jun. 1961, 1c, p.2.

68 UH, Sindicatos a postos contra alta de preços, 24 mar. 1961, 1c. Ver ainda Oesp, Reivindicações dos dirigentes sindicais, 25 mar. 1961, p.7.

69 Oesp, Sindicatos debatem a reforma cambial, 29 mar. 1961, p.9.

correspondência à elevação do custo de vida".[70] No meio da discussão, vários delegados abandonaram o encontro em sinal de protesto – 29 dos 61 membros presentes, majoritariamente elementos "democráticos", segundo dados divulgados pelo jornal *O Estado de São Paulo*.[71] No final, votou-se um manifesto a favor da "revogação pura e simples da Instrução 204" e da mobilização dos trabalhadores em assembleias para reivindicar "reajustamento geral de salários".[72]

A divisão ocorrida no CSTSP completou o racha político iniciado no III Congresso Sindical Nacional de agosto de 1960, isto é, a separação entre os sindicatos que admitiam e os que não admitiam alianças de ordem tática, ou mesmo a manutenção de diálogo, com grupos sindicais comunistas. Nesse contexto, no final de abril de 1961, surgiu em São Paulo o "Movimento Sindical Democrático" (MSD), liderado pelo comerciário Antônio Pereira Magaldi.[73] Em meados de maio, foi fundada na Guanabara, sob patrocínio do governador Carlos Lacerda, a "Resistência Democrática dos Trabalhadores Livres" (Redentral).[74] Ambas entidades nasceriam para enfrentar o CSTSP e a CPOS carioca. Os janistas decidiram permanecer no Conselho paulista, representados sobretudo por Dante Pelacani, mas tinham claramente perdido espaço para líderes contrários à Instrução 204, entre os quais comunistas e janguistas. Como se verá a seguir, o mês de maio de 1961 marcaria o aparecimento de fortes críticas à política econômica, protagonizadas não somente pelos trabalhadores.

2.4. As mudanças no plano de estabilização do governo Jânio Quadros

Dois meses após a publicação da Instrução 204, os comentários elogiosos dos empresários da indústria e comércio à política econômica janista deram lugar a críticas cada vez mais contundentes. As letras de importação e a escassez da oferta de crédito foram transformadas na principal preocupação do empresariado, ganhando crescente espaço nos debates das entidades patronais. A Fiesp e a ACSP tornaram-se porta-vozes da defesa

---

70 NR, São Paulo: sindicatos reagem à política de fome de Jânio e exigem a revisão salarial, 14-20 abr. 1961, p.2.
71 Oesp, Reacendem-se as divergências nos círculos sindicais, 8 abr. 1961, p.9.
72 Para a íntegra do manifesto, ver NR, São Paulo: sindicatos reagem à política de fome de Jânio, p. 9.
73 Oesp, O manifesto do grupo sindical democrático, 30 abr. 1961, p.24; 22 sindicatos deixam o Conselho Sindical, 12 maio 1961, p.12.Ver também Colistete, 2012, p.696.
74 Oesp, Manifestação anticomunista de sindicatos cariocas, 12 maio 1961, p.5; Movimento anticomunista na Guanabara, 13 maio 1961, p. 5; AD, Trabalhadores livres prontos para a luta: desalojar comunistas dos sindicatos, jul. 1961, n.26, p.14-6.

do relaxamento do programa de estabilização. Já no início de maio de 1961, o líder da Federação das Indústrias paulista, Antônio Devisate, abordou a questão da insuficiência de empréstimos com o presidente do Banco do Brasil, João Batista Leopoldo Figueiredo. Acertou-se que Figueiredo participaria de uma "palestra" sobre o assunto em São Paulo no final do mês.[75] A ocasião representaria um momento privilegiado para pressionar as autoridades a modificar o rumo da política creditícia.

No dia 23 de maio de 1961, o presidente do Banco do Brasil compareceu à sede da ACSP para discutir a questão da oferta doméstica de crédito. No início da sessão, o líder da Fiesp entregou-lhe um documento que resumia o pensamento de industriais e comerciantes sobre o tema. Em resumo, argumentou-se que a reforma cambial do governo Quadros teria acrescido substancialmente custos na indústria e no comércio, ao mesmo tempo em que o volume de empréstimos ofertado a esses setores teria decrescido em "proporções alarmantes". Segundo o memorial, como as autoridades não desejariam "colocar em risco" a produção das empresas, fomentando ainda mais o processo inflacionário, seria preciso tomar medidas imediatas capazes de contrabalançar "os efeitos depressivos da presente política financeira". Entre essas medidas, destacavam-se a "expansão, dentro de certos limites, do redesconto aos bancos particulares"; a "atualização das margens de empréstimos do Banco do Brasil às empresas privadas"; a diminuição dos depósitos compulsórios dos bancos particulares à ordem da Sumoc e a "redução, ou ainda eliminação" das letras de importação. Segundo o documento, atenção especial deveria ser concedida a esses títulos, que "têm perturbado as taxas vigentes de juros e descontos, além de provocarem uma escassez de numerário que já ultrapassa as normas de uma prudente desinflação". Por fim, industriais e comerciantes assinalaram que "uma política desinflacionária precisa ser aplicada com grande cautela no Brasil"; caso contrário, agravar-se-iam "os males existentes da inflação que se procura combater".[76]

Em longa resposta, o presidente do Banco do Brasil afirmou que a escassez de crédito não teria raízes na "política desinflacionária do governo", mas em "fatores de natureza psicológica", como o conservadorismo dos bancos particulares para emprestar, apesar da existência de "certa folga nos encaixes bancários". Figueiredo foi particularmente incisivo na defesa das letras de importação, alvo de tantas críticas do empresariado: antes da Instrução 204, segundo ele, "o recolhimento de ágios retirava dos caixas dos bancos, sem nenhuma possibilidade de mobilização de recursos, somas fabulosas". E perguntou: "Por que agora a retirada de recursos bancários,

---

75 Boletim Informativo Fiesp-Ciesp, Diretoria plenária, 17 maio 1961, n.606, p.248.
76 Boletim Informativo Fiesp-Ciesp, Insuficiência de crédito bancário, 7 jun. 1961, n.609, p.157-8.

apenas como depósito compulsório a substituir os ágios, está a causar tanta intranquilidade, sendo ainda esses depósitos mobilizáveis através das letras?". De qualquer maneira, completou Figueiredo, as autoridades monetárias estavam sentindo "certa inquietação a respeito do financiamento" dos "legítimos negócios e transações", apressando-se a "trazer uma palavra de confiança e de tranquilidade" ao empresariado. O presidente do Banco do Brasil anunciou, então, a decisão da Sumoc de publicar a Instrução 206, que aumentaria o limite para aquisição semanal de divisas de importação de US$ 20.000 para US$ 50.000 às pessoas físicas e jurídicas, além de apontar para a disposição do governo em conceder redescontos adicionais aos bancos privados. Nada foi anunciado, porém, quanto à alteração do nível de compulsório às instituições bancárias particulares e, principalmente, com relação às letras de importação. A timidez da Instrução 206 desagradou os empresários, como ficaria evidente nas semanas seguintes.[77]

No início de junho de 1961, a pressão dos grupos industrial e comercial de São Paulo sobre o governo aumentaria ainda mais. Na Associação Comercial, duas semanas após a palestra proferida pelo presidente do Banco do Brasil, um dos diretores da entidade, Ulpiano de Almeida Prado, disse que "a situação do crédito esta[va] se tornando verdadeiramente caótica". O presidente da ACSP, Camilo Ansarah, apoiou de imediato a reclamação e afirmou que reforçaria diálogos com autoridades federais e estaduais no sentido de reverter o quadro.[78] Problema semelhante foi debatido pela diretoria da Fiesp em reunião de 7 de junho. Salientou-se que a escassez de crédito continuava a preocupar as classes produtoras e que contatos seriam intensificados com o secretário da Fazenda de São Paulo, o ministro da Fazenda e o presidente do Banco do Brasil.[79] No mesmo período, a Federação do Comércio de Minas Gerais apresentou duras críticas ao presidente do Banco do Brasil sobre a gestão do governo na área de crédito. Os grupos empresariais mineiros estariam "solidári[o]s com a política financeira do Sr. Jânio Quadros", destacou um diretor, "porém o saneamento das finanças públicas não deve[ria] representar sacrifícios" para as empresas, muitas das quais "estavam na iminência de paralisar suas atividades, em virtude das dificuldades para obtenção de crédito".[80] Coincidência ou não, dias após esse bombardeio de críticas e pressões, a Sumoc publicou sua Instrução de número 207, que reduziu o percentual dos compulsórios dos bancos comerciais à ordem da Superintendência – uma das principais demandas apresentadas pelo memorial da Fiesp ao

---

77 Para o discurso do presidente do Banco do Brasil e a discussão que se seguiu ao anúncio da Instrução 206, ver Ata, 56ª Reunião da Diretoria Plena da ACSP, 23 maio 1961.
78 Ata, 58ª Reunião da Diretoria Plena da ACSP, 6 jun. 1961, p.4-7.
79 Boletim Informativo Fiesp-Ciesp, 14 jun. 1961, n.610, p.112.
80 Oesp, O Presidente do Banco do Brasil examina a Instrução 204, 9 jun. 1961, p.6.

presidente do Banco do Brasil. Mais uma vez, porém, nada foi feito com relação às letras de importação.

As entidades patronais paulistas mantiveram sua posição crítica perante a política creditícia do governo. Considerou-se que as Instruções 206 e 207 ainda eram insuficientes para resolver o problema. Para a diretoria da Fiesp, essas medidas "proporcionarão resultados, quando muito, a prazos longo e médio, enquanto as dificuldades creditícias enfrentadas pela produção constituem uma situação atual e que carecem de ser vencidas de imediato".[81] Na Associação Comercial, a Instrução 207 foi caracterizada como um mero "paliativo psicológico". Um de seus diretores mais ativos, Paulo Barbosa, enviou novo telegrama às autoridades cobrando ações contra as letras de importação – para muitos, o verdadeiro foco do problema creditício.[82]

Críticas às letras de importação não vinham apenas do empresariado paulista, mas também de dentro do governo. Em abril de 1961, Jânio Quadros enviou um "bilhetinho" ao Ministério da Fazenda demandando "exame atento e urgente, com medidas cabíveis" de um memorial que lhe havia sido entregue por um técnico da assessoria presidencial sobre o assunto. O documento sugeria a substituição do sistema de letras de importação por depósitos a serem feitos pelos importadores no Banco do Brasil sob as mesmas condições de prazo e rendimento (150 dias e 6% a.a.). Segundo o memorial, como depósitos não podem ser negociados, a "especulação" e "agiotagem" provocadas pelas letras desapareceriam. Argumentou-se que a combinação de elevada rentabilidade com segurança de liquidação semelhante a qualquer outro papel do Tesouro teriam transformado as letras de importação no ativo mais atraente do mercado brasileiro, provocando efeitos negativos sobre a oferta doméstica de crédito. As instituições bancárias privadas estariam desviando fundos de empréstimos para a compra desses títulos. "Consta que até grandes levas de capitais estrangeiros estão sendo atraídas pelo negócio da China que é a aquisição de letras de importação", concluiu o documento. Em resposta ao presidente Quadros, o ministro da Fazenda admitiu que "é possível que alguns bancos particulares estejam retendo letras de importação para se beneficiarem com os juros", mas afirmou que o Conselho da Sumoc já estaria tomando medidas para evitar que isso acontecesse, particularmente limitando o acesso dessas instituições a empréstimos da Carteira de Redescontos. Quanto à sugestão de trocar as letras por depósitos, Mariani assinalou que isso não seria possível, na medida em que obrigaria o importador a "imobilizar o dobro do valor do câmbio, agravando ainda mais o preço das mercadorias importadas". Durante o governo Goulart, o que não era possível virou realidade: as letras foram primeiro complementadas e depois praticamente substituídas por um sistema

---

81 Boletim Informativo Fiesp-Ciesp, Diretoria plenária, 21 jun. 1961, n.611, p.144.
82 Ata, 59ª Reunião de Diretoria Plena da ACSP, 13 jun. 1961, p.8-14.

de depósito compulsório, assemelhando-se à recomendação oferecida a Quadros pelos técnicos da assessoria presidencial mais de um ano antes.[83]

A análise da evolução do ativo dos bancos comerciais aponta para uma queda acentuada do nível de depósitos após a publicação da Instrução 204 (Gráfico 2.1). É razoável supor que parte dessa queda tenha se devido ao interesse dos agentes econômicos em investir em letras de importação. Já que o rendimento desses títulos mostrava-se muito superior a qualquer outro tipo de aplicação financeira, era mais racional proceder desse modo do que manter fundos em depósitos para serem corroídos pela inflação.[84] O mesmo tipo de raciocínio certamente se aplicou aos proprietários de bancos. "Se as letras do Banco do Brasil, com garantia do Banco do Brasil, que opera por ordem do governo federal, estão sendo vendidas, em São Paulo, hoje, a 36% ao ano", assinalou Paulo Barbosa, diretor da ACSP em reunião da Associação do mês de abril, "qual é o presidente de banco sensato que vai trocar sua carteira de letras, a 36% ao ano, por duplicatas, de valor comercial, a 12%?".[85] De fato, parece haver pouca dúvida de que as letras de importação, se não necessariamente contribuíram para a "agiotagem", como acusou o jornal *Última Hora*, no mínimo concorreram para diminuir a oferta de crédito, seja porque os bancos estavam receosos a emprestar em razão da queda no nível de depósitos (em parte ocasionada pelas letras), e/ou porque as próprias instituições bancárias estavam preferindo investir nesses títulos do que em operações creditícias.[86]

Nesse contexto de fortes pressões empresariais para o relaxamento do programa de estabilização, chama atenção a falta de interesse e de participação dos empresários cariocas, e mesmo da própria CNI, no debate. As diretorias da Fiega e da Associação Comercial do Rio de Janeiro (ACRJ) discutiram muito pouco em suas reuniões semanais a questão da escassez de crédito e o problema das letras de importação. Outros temas monopolizaram a atenção dessas entidades, como a regulamentação do direito de greve e, principalmente, a aprovação do projeto de lei antitruste, que será discutido no próximo capítulo. Na realidade, a decretação da Instrução 204

---

83 A complementação das letras por depósitos deu-se com a Instrução 226 de maio de 1962, enquanto a substituição de um sistema por outro, com a Instrução 229 de novembro de 1962. Essa questão será discutida no Capítulo 5.

84 Não é possível argumentar que a queda dos depósitos dos bancos comerciais tenha se devido apenas à elevação do nível geral de preços ocorrida no período. Em 1960, apesar da inflação, os depósitos mantiveram-se em patamares relativamente estáveis, com exceção do mês de julho.

85 Paulo Barbosa refere-se a um deságio de 28,3% do valor diante das letras mais os 6% de juros ao ano embutidos nos títulos. O desconto de duplicatas configura-se como uma operação de empréstimo bancário, estando submetido ao teto legal de 12% de juros anuais. Para a citação completa, ver Ata, 50ª Reunião de Diretoria Plena da ACSP, 11 abr. 1961, p.23-4.

86 UH, Letras de importação: estímulos à agiotagem, 16 jun. 1961, 1c, p.7. Ver também *Revista Brasileira de Bancos* (doravante RBB), Letras de Importação, 30 jun. 1961, ano 29, n.342, p.1-2.

Gráfico 2.1 – Nível de depósitos dos bancos comerciais, Brasil, 1961 (valores reais, janeiro 1960 = 100)

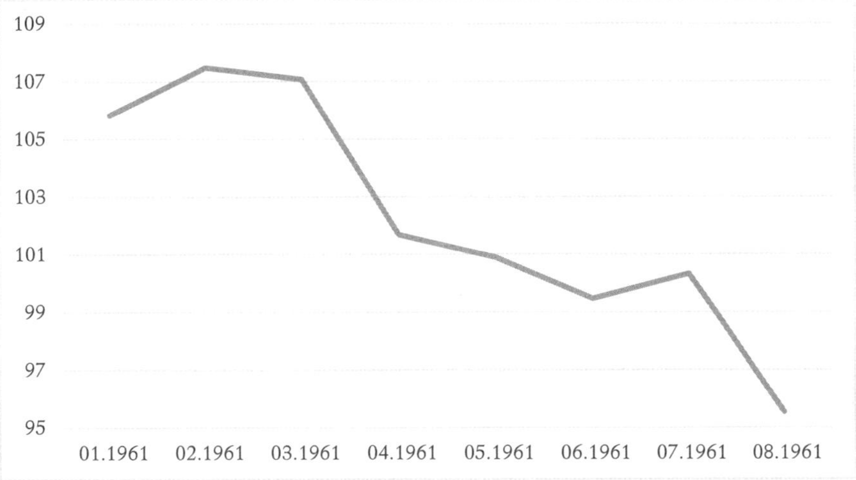

Fonte: Sumoc, *Boletim*, mar. 1962, Quadro I.7, s.p.

foi aplaudida quase sem restrições por ambos os órgãos. Zulfo de Freitas Mallmann, presidente da Fiega, chegou até a afirmar que o fim da "farsa cambial" faria com que a indústria sentisse a "dura realidade" – algo que se parecia mais com um comentário proveniente de setores agrários do que de uma associação de industriais.[87] Do mesmo modo, a edição da Instrução 207, vista como medida insuficiente pelos grupos empresariais paulistas para resolver o problema da oferta de empréstimos, foi interpretada pela Fiega como "adequada". Segundo o chefe do Departamento Econômico da entidade, José Carlos Vieira de Figueiredo, a medida permitiria "um desafogo para a indústria, que já sentia uma certa falta de crédito".[88] Um diretor da ACRJ, Luiz Cabral de Menezes, chegou a assinalar, até mesmo, que lhe pareciam "precipitadas as referências às restrições ao crédito bancário".[89]

A explicação para tamanha diferença de percepção entre as entidades empresariais cariocas e paulistas sobre a questão da oferta de crédito talvez esteja na maior representatividade de empresários estrangeiros nas associações do Rio de Janeiro. Os presidentes da Fiega e da ACRJ, Zulfo Mallmann e Rui Gomes de Almeida, respectivamente, eram empresários notoriamente associados a empresas internacionais.[90] Na medida em que filiais de

---

87 UH, Reforma cambial: opiniões contraditórias, 15 mar. 1961, 1c, p.2.

88 Oesp, É desinflacionária a Instrução n.207, 20 jun. 1961, p.23.

89 Oesp, As instruções da Sumoc e a procura de créditos, 28 jul. 1961, p.20.

90 Gomes de Almeida estava ligado, entre outras empresas, à Companhia Rio Light S.A. e ao Banco Delta S.A., enquanto Mallmann, ao Laboratório Silva-Araújo Roussel e à Companhia Continental de Seguros. Esses empreendimentos estavam associados ao capital estrangeiro.

companhias estrangeiras "sempre contam com rede bancária financiadora muito vasta", como apontara Ermírio de Moraes ao ministro Clemente Mariani em março de 1961, é possível que isso explique o porquê de tais empresas não terem ficado tão preocupadas com a questão do aperto creditício quando comparadas às firmas nacionais.[91] Ao contrário, pode-se argumentar que políticas de estabilização constituiriam o ambiente ideal para a consolidação de companhias estrangeiras no mercado doméstico, seja por meio da falência de empresas locais concorrentes, seja pela própria fusão entre essas firmas e suas congêneres multinacionais.

À primeira vista, porém, há dois problemas nessa explicação: em primeiro lugar, a liberalização do câmbio trazida pela Instrução 204 diminuiu consideravelmente os subsídios para a importação de bens sem cobertura cambial. Apesar disso, as entidades empresariais cariocas elogiaram bastante a medida, algo que poderia ser interpretado como contraditório à luz dos interesses do capital estrangeiro. Na realidade, isso não era contraditório porque a situação do balanço de pagamentos do Brasil estava tão crítica em 1961 que fazia mais sentido aos defensores do capital externo ter um sistema cambial que estimulasse as exportações – garantindo divisas para remessas de lucros e de dividendos – do que manter a situação como estava, isto é, com os subsídios da Instrução 113, mas sem garantias de que o país produziria divisas suficientes para o retorno desse capital. Um segundo problema reside no fato de que interesses estrangeiros também estavam representados na ACSP e na Fiesp, sobretudo na Associação Comercial, ao que tudo indica. Paulo Barbosa, presidente da Associação Comercial paulista entre 1962 e 1964, também era diretor da Esso S.A. do Brasil, além de manter frequentes contatos com empresários de outros países, até mesmo com o próprio embaixador dos Estados Unidos no Brasil.[92] Apesar disso, há vários indícios que apontam para a maior força de interesses externos nas associações do Rio de Janeiro do que nas de São Paulo. As diferenças já citadas entre os Conclaps paulista e fluminense, e a força que viria a apresentar a sede do Instituto de Pesquisas e Estudos Sociais (Ipes) na antiga capital federal, constituem dois fortes exemplos nesse sentido.[93]

Gomes de Almeida e Mallmann eram também atuantes na American Chamber of Commerce. Ver Dreifuss, 1981, p.502, 526.

91 Carta, José Ermírio de Moraes a Clemente Mariani, 15 mar. 1961, CPDOC-FGV.

92 Para exemplos desses contatos, ver Memorandum of Conversation (doravante MemCon), Paulo Barbosa, Niles Bond, 8 mar. 1961, CGR, p.1941-73, folder "Brazil-US, 1961", Box 121, RG 84, Nara; Telegram 977, Rio de Janeiro to Department of State, 16 out. 1961, CGR, 1941-73, folder "Labor Affairs, General, 1959-1961", Box 131, RG 84, Nara.

93 O Ipes seria fundado em novembro de 1961, transformando-se em uma das entidades mais importantes de representação de interesses do capital estrangeiro no Brasil. Ver Dreifuss, 1981, p.163-5.

A relação entre empresários de São Paulo e do Rio de Janeiro durante o governo Quadros torna-se ainda mais enigmática após a queda do presidente da CNI, Lídio Lunardi, no início de abril de 1961. Lunardi foi acusado de desviar verbas do Sistema Social da Indústria-Serviço Nacional de Aprendizagem Industrial (Sesi-Senai), resultando em intervenção na entidade por decreto do Ministério do Trabalho. A diretoria provisoriamente empossada tinha como presidente um diretor da Fiesp (José Vilela de Andrade Júnior) e dois membros da Fiega como vices (Osmário Ribas e o Zulfo Mallmann). O posicionamento da Confederação mudou com a posse da nova diretoria. Até então, a entidade havia apresentado uma postura absolutamente elogiosa com relação à política econômica do governo Quadros. A Instrução 204 fora caracterizada por Lídio Lunardi como um instrumento de equalização das condições de concorrência entre o capital nacional e o estrangeiro – opinião que, como vimos, contrastava frontalmente com a da Fiesp. Após a intervenção federal, a sintonia entre CNI e Fiesp aumentaria bastante. A Confederação passou a reforçar coros por maior oferta de crédito, tendo seu presidente, Vilela Júnior, marcado presença constante em reuniões com autoridades governamentais ao lado de Antônio Devisate, presidente da Federação paulista. Essa aproximação entre CNI e Fiesp não era nada óbvia, tendo em vista a aparente divisão de poder instaurada entre industriais paulistas e cariocas após a queda de Lunardi. De qualquer forma, o próprio presidente da Fiega, Zulfo Mallmann, observara em reunião da diretoria da entidade que a "crise administrativa" da CNI havia transferido "a liderança [...] para o Estado de São Paulo".[94] A influência dos membros da Fiega sobre a diretoria da CNI parecia, portanto, limitada. Mesmo assim, é complicado determinar até que ponto a intervenção na Confederação teria sido fruto de uma eficiente manobra da Fiesp para controlar a entidade máxima da indústria brasileira – algo que, ao que tudo indica, acabou ocorrendo de fato. As informações sobre o acontecimento são muito escassas. Sabe-se apenas que o pedido de intervenção veio de São Paulo.[95] De qualquer modo, parece pouco verossímil o argumento de que a questão do desvio de verbas teria sido o único responsável pela primeira intervenção federal na história da CNI.

---

94 Ata, Reunião do Conselho de Representantes do Cierj e da Fiega, 30 maio 1961, p.2.

95 JB, Decretada intervenção federal no Sesi, no Senai e na CNI, 1º jul. 1961, 1c, p.3; Oesp, Decreta o governo intervenção na CNI, no Sesi e no Senai, 1º julho 1961, p.2. Leopoldi dá a entender que Mallmann e Vilela Júnior seriam próximos politicamente, e que o segundo teria se aliado ao "grupo nacionalista" da Fiesp apenas nas eleições de 1962 da entidade. Os indícios por nós encontrados parecem apontar para a existência de uma afinidade entre Vilela Júnior e o "grupo nacionalista" já em 1961. De qualquer modo, mesmo que muito superficialmente, Leopoldi é a única a abordar o tema da intervenção na CNI. Leopoldi, 2000, p.274-5. Em estudo sobre o sistema Sesi-Senai, Weinstein, 2000, não faz referência ao assunto. Para um clássico trabalho sobre grupos econômicos no Brasil do período, ver Queiroz, 1972.

Com o reforço da estrutura da CNI, a Fiesp intensificou pressões sobre as autoridades governamentais em junho de 1961 no sentido de serem implementadas medidas capazes de aumentar a oferta doméstica de crédito. Primeiro, por volta do dia 20, um dos diretores da Federação, Manoel da Costa Santos, e o próprio presidente em exercício da CNI, José Vilela de Andrade Júnior, encontraram-se em São Paulo com o presidente do Banco do Brasil. Dias depois, um grupo de diretores da Fiesp, entre os quais Lélio Piza Filho, Nadir Dias de Figueiredo, Sérgio Ugolini e Raphael Noschese, ao lado de José Vilela de Andrade Júnior, reuniram-se com o governador paulista Carvalho Pinto e o secretário da Fazenda Gastão Vidigal. No encontro, os industriais salientaram a "gravidade da conjuntura, que poderá refletir-se, inclusive, num decréscimo da produção nacional", além de contribuir para a escalada da inflação.[96] Carvalho Pinto prometeu intensificar contatos com as autoridades federais. O governador, de fato, telegrafou ao ministro Mariani reivindicando isenção das letras de importação para determinados setores do parque industrial paulista.[97] No dia 24 de junho, o empresário José Ermírio de Moraes foi à Brasília para se encontrar com o presidente Quadros, expressando mais uma vez queixas sobre a escassez de crédito.[98] Finalmente, no dia 26, foi marcada uma reunião em Brasília entre o ministro da Fazenda, os presidentes da Fiesp e da CNI e vários diretores da Federação paulista. Humberto Reis Costa, empresário de importante atuação nas décadas de 1940 e 1950, e presidente emérito do Centro das Indústrias do Estado de São Paulo (Ciesp), também compareceu.[99] Ao final da reunião, Mariani prometeu "urgentes providências" e afirmou que o problema do crédito seria resolvido "até o final do mês".[100] Certamente não foi coincidência o fato de no dia seguinte, 27 de junho, o Conselho da Sumoc ter se reunido extraordinariamente e aprovado a publicação da Instrução 208, que foi exatamente ao encontro dos interesses dos empresários. A medida estabeleceu nova redução do compulsório para os bancos comerciais, isentou máquinas e equipamentos de indústrias em construção ou em fase de ampliação da necessidade de adquirir letras de importação (o mesmo valendo para importações latino-americanas em geral), e autorizou a Sumoc a atuar no mercado aberto para conter a alta do deságio das letras do Banco do Brasil.

---

96 Boletim Informativo Fiesp-Ciesp, Diretoria plenária, 28 jun. 1961, n.612, p.176; Industriais paulistas e o governador acertam medidas sobre a atual insuficiência do crédito, 5 jul. 1961, n.613, p.213.
97 Telegrama, Carvalho Pinto a Clemente Mariani, maio 1961, CMa mfc 1961.02.21/3, CPDOC-FGV.
98 Oesp, Recebido pelo presidente o industrial, 24 junho 1961, p. 7.
99 Oesp, Delegação paulista tratará da insuficiência de crédito com o Ministro da Fazenda, 25 jun. 1961, p.34; Boletim Informativo Fiesp-Ciesp, Diretoria plenária, 12 jul. 1961, n.614, p.240.
100 Oesp, Até o fim do mês será resolvida a insuficiência de crédito, 27 jun. 1961, p.27.

As entidades empresariais da indústria e do comércio de São Paulo demonstraram satisfação com a decisão do governo. O diretor do Departamento de Economia Industrial da Fiesp afirmou que a redução do compulsório dos bancos privados estabelecida pela Instrução 208 iria "melhorar a situação do crédito solicitada pelas nossas entidades". Sobre a isenção de máquinas e equipamentos importados da obrigatoriedade de recolhimento das letras de importação, ressaltou-se que "o dispositivo engloba [...] aspectos que há muito vinham sendo debatidos pela Casa".[101] Esse ponto também foi bastante elogiado pela Associação Comercial de São Paulo. O diretor Nivaldo Cintra assinalou que a medida procurava atender "a uma exigência que estava havendo de todos nós". Apesar disso, os membros da ACSP criticaram a manutenção do percentual de depósito das letras de importação. O próprio Nivaldo Cintra argumentou que o governo deveria financiar seu déficit somente via operações de mercado aberto e não por meio da extração de recursos dos importadores. "Eu gostaria de saber", disse Cintra "o que aconteceria se o governo amanhã resolvesse estabelecer um empréstimo compulsório sobre os aluguéis pagos pelos locatários em todo o país". E perguntou: "Que tal entregar compulsoriamente 50% dos aluguéis ao governo o qual, em contrapartida, emitiria a favor dos lançadores letras a 150 dias com juros de 6% ao ano?". Apesar da crítica, a ACSP enviou telegrama ao ministro da Fazenda congratulando-o pela medida, seguindo atitude da Fiesp.[102]

A observação dos dados sobre a oferta real de empréstimos ao setor privado aponta melhora para a indústria já a partir de junho de 1961, enquanto para o comércio isso se daria apenas no mês seguinte (Tabela 2.5). Vê-se que o relaxamento da política creditícia aos setores manufatureiro e comercial ocorreu exatamente no contexto em que industriais e comerciantes exerciam forte pressão para que as autoridades adotassem medidas nessa direção. As ameaças feitas pelos órgãos empresariais, em especial pela Fiesp, no sentido de que haveria aumento do desemprego e elevação inflacionária como decorrência do aperto do crédito parecem ter surtido efeito na atitude dos formuladores de política econômica. É provável, por exemplo, que a rápida expansão do Índice de Preços ao Atacado em abril de 1961 (5,46%) tenha mostrado ao governo que os empresários estavam dispostos a manter suas margens de lucro por meio de aumento de preços, repassando aos consumidores a elevação de custos originária da reforma do câmbio. Uma das formas de amenizar esse quadro seria por meio da liberalização de empréstimos, compensando a alta de custos sofrida pelas empresas – o que foi realizado pelas Instruções 207 e 208.

---

101 Oesp, Reconhecidos pela indústria os méritos da Instrução 208, 11 jul. 1961, p.26.
102 Ata, 62ª Reunião de Diretoria Plena da ACSP, 4 jul. 1961, 6-7, 13c-d, p.26-8.

É importante destacar, por outro lado, que o nível de expansão do crédito à indústria e ao comércio não foi tão significativo quanto as entidades empresariais desejavam, acumulando alta real de 2,3% e 2,1% nos meses de junho e julho de 1961, respectivamente. A fraqueza dessa expansão é ainda mais clara quando se olham os índices dessazonalizados: no caso do setor industrial, a elevação de 2,3% transforma-se em queda real acumulada de 0,1% (Apêndice, Tabela A18). Esse desempenho deveu-se à retração de recursos ofertados pelos bancos privados. O Banco do Brasil teve papel importante para impedir que a disponibilidade de crédito ficasse negativa. Explica-se o porquê de empresários terem reclamado da falta de providências do governo. Além disso, o modesto desempenho dos bancos privados na área do crédito ratifica as reservas empresariais sobre as letras de importação, que, de fato, parecem ter desviado recursos do segmento de crédito produtivo para aplicações financeiras. De qualquer modo, a pressão das entidades empresariais pelo relaxamento do crédito, agregada à percepção dos formuladores de política econômica de que a solução encontrada para substituir o antigo saldo de ágios cambiais estaria provocando efeitos indesejados, parecem ter sido fundamentais na decisão das autoridades de relaxar os controles sobre a política creditícia.

É de se enfatizar ainda a evolução dos empréstimos ao setor agrícola entre maio a julho de 1961, que apresentou a maior alta entre todos os setores (8,7%) (Tabela 2.5). Há um componente sazonal nessa expansão, relacionado à necessidade de financiamento das safras agrícolas. Mas esse fator não consegue explicar sozinho tamanho crescimento. Será que o *lobby* da agricultura por crédito teria sido mais eficiente do que o dos setores industrial e mercantil? Não parece ter sido o caso. Afora situações específicas, como a do cacau, não foram encontradas evidências de uma pressão sistemática do setor agrário junto às autoridades. De um modo geral, o tema que mais envolveu os órgãos representativos da agricultura foi a liberalização do câmbio e não o da expansão do crédito.

Ao que parece, dois fatores foram fundamentais para determinar o bom desempenho da oferta de crédito à lavoura durante a administração Quadros: primeiro, a própria intenção do governo em apoiar o crescimento do setor agrário, principalmente devido à necessidade de obtenção de divisas via exportações de bens primários. Durante a campanha eleitoral, Jânio foi enfático ao defender melhores condições de crédito para a agricultura. As iniciativas nessa direção, como a Comissão de Amparo à Produção Agropecuária (Capa), e as diretrizes para que a Carteira de Crédito Agrícola e Industrial do Banco do Brasil (Creai) expandisse os recursos à lavoura, sugere que Quadros buscou cumprir suas promessas.[103] Um segundo e

---

103 Para as promessas de Quadros, ver JB, Diretrizes de Jânio falam em saúde, educação, e bem-estar, 20 set. 1960, 1c, p.10. Para as medidas governamentais, ver Oesp, Amparo à produção

Tabela 2.5 – Oferta de crédito ao comércio, à indústria e à agricultura, Brasil, janeiro a agosto de 1961 (valores reais, janeiro 1960 =100)*

	Comércio	Indústria	Agricultura
	Banco do Brasil (var. %)		
Janeiro	103	94	101
Fevereiro	95 (-7,4)	93 (-1,7)	104 (2,9)
Março	85 (-11,1)	94 (1,9)	104 (0,3)
Abril	79 (-7,2)	96 (1,1)	98 (-5,6)
Maio	79 (0,1)	95 (-1,1)	100 (2,4)
Junho	81 (2,4)	99 (4,3)	105 (4,6)
Julho	86 (7,0)	99 (0,1)	110 (4,8)
Agosto	97 (12,0)	97 (-1,6)	109 (-1,4)
	Bancos privados (var. %)		
Janeiro	105	109	92
Fevereiro	104 (-1,5)	110 (1,5)	93 (1,1)
Março	102 (-1,8)	113 (2,8)	94 (1,1)
Abril	98 (-3,8)	111 (-2,2)	91 (-3,0)
Maio	97 (-1,6)	108 (-2,3)	93 (2,0)
Junho	96 (-1,0)	107 (-1,4)	90 (-3,3)
Julho	97 (2,0)	110 (2,6)	93 (4,2)
Agosto	96 (-1,3)	108 (-1,0)	96 (2,7)
	Total (var. %)		
Janeiro	105	103	97
Fevereiro	102 (-2,4)	104 (0,3)	99 (2,2)
Março	99 (-3,2)	106 (2,5)	100 (0,6)
Abril	95 (-4,3)	105 (-1,1)	95 (-4,7)
Maio	94 (-1,3)	103 (-1,9)	97 (2,3)
Junho	93 (-0,6)	104 (0,6)	99 (1,7)
Julho	96 (2,7)	105 (1,7)	104 (4,5)
Agosto	96 (0,7)	104 (-1,2)	104 (0,0)

Fonte: Sumoc, *Boletim*, mar. 1963.

*Créditos à indústria, à lavoura e ao comércio concentraram 87,6% da oferta agregada de crédito em 1961. A parcela restante (12,4%) referiu-se à pecuária (4,4%) e créditos a particulares (8,0%).

importante fator foi a determinação do Banco do Brasil de ampliar o teto de redesconto dos bancos privados à agricultura, seguindo determinações da Instrução 206 de maio de 1961. A medida servia como forma de liberar recursos dessas instituições à indústria e ao comércio – o que não acabou acontecendo de imediato, em parte devido à especulação gerada pelas letras de importação. Pode-se dizer, portanto, que a pressão das entidades

agropecuária, 8 jun. 1961, p.26; JB, Creai estabelece novas diretrizes para difundir crédito à agricultura, 9 jul. 1961, 1c, p.9.

industriais e comerciais por um relaxamento creditício favoreceu indiretamente o setor agrícola.

É interessante que se para industriais e comerciantes a expansão da oferta de crédito constituía uma política de combate à inflação, na medida em que sustentava o crescimento da produção e dos investimentos, o mesmo já não se dava com relação ao aumento de salários. As entidades patronais posicionaram-se radicalmente contra o estabelecimento de um "salário móvel" para os trabalhadores – ou seja, de um mecanismo automático de reajustes dos salários conforme a evolução do nível de preços. O projeto do deputado Fernando Ferrari (Movimento Trabalhista Renovador, MTR-RS) previa reajustes de seis em seis meses toda vez que a inflação atingisse 5% no semestre anterior, de acordo com os índices do Conselho Nacional de Economia (CNE).[104] O presidente da ACSP, Camilo Ansarah, afirmou que a proposta "não se coadunaria com as diretrizes básicas da política econômica, que vem sendo tomadas no sentido de conter a inflação". Ansarah destacou ainda que o projeto não era de interesse dos próprios trabalhadores, além de contribuir para o clima de intranquilidade social, contrário à manutenção do desenvolvimento econômico.[105] A Fiesp foi ainda mais longe, classificando o projeto de "inconstitucional" e "inconveniente". O assessor jurídico da entidade, Wilson Batalha, argumentou que a proposta seria "unilateral", pois previa reajustes apenas para cima. Se fosse implementado um "salário móvel" de fato, ressaltou, deveria haver também redução dos salários em uma eventual queda do custo de vida. A principal crítica da Fiesp estava na manutenção dos dissídios coletivos com a escala móvel. Afirmou-se que, se transformado em lei, o projeto "tornaria impossível o exercício do poder normativo da Justiça do Trabalho". Além disso, o órgão incumbido de definir os índices de inflação sobre os quais se baseariam os reajustes (o CNE) seria transformado no "verdadeiro barômetro do sistema e exerceria autêntica ditadura salarial". Semelhante à ACSP, o assessor jurídico da Fiesp concluiu dizendo que o projeto seria contrário "aos reais interesses de empregadores e trabalhadores".[106]

A insistência das entidades patronais quando ao suposto desinteresse dos trabalhadores no projeto de salário móvel estava longe de ser realidade. Desde abril de 1961 a maioria das organizações sindicais reivindicava um imediato reajuste de ordenados, como forma de repor o aumento do custo de vida provocado pela reforma cambial. Além disso, os sindicatos visavam a implementação do salário móvel para evitar futuras perdas salariais diante da inflação. Essa iniciativa recebeu apoio do vice-presidente João Goulart.

---

104 Para a íntegra do projeto, ver Oesp, Apresentado projeto na Câmara Federal sobre salário móvel, 29 abr. 1961, p.3.
105 Oesp, A adoção da escala móvel de salários, 6 maio 1961, p.16.
106 Oesp, Crítica ao projeto que institui o salário móvel, 22 jun. 1961, p.22.

Jango encontrou-se com líderes sindicais trabalhistas e comunistas em seu apartamento no Rio de Janeiro para discutir um programa de reivindicações para a classe trabalhadora em meados de abril. Entre os itens desse programa estavam, exatamente, a aprovação de "uma bonificação salarial de emergência" e a instituição do salário móvel. Criou-se também nessa reunião uma "Frente Parlamentar Operária" com o intuito de agilizar o trâmite e a aprovação das reivindicações dos trabalhadores no Congresso Nacional.[107] Vale lembrar que a ideia de criação de um salário móvel estava sendo discutida pelo próprio ministério do Trabalho. Em meados de maio de 1961, o ministro Castro Neves apresentou um projeto em linhas semelhantes às do projeto Ferrari. Neves destacou, porém, que a implementação da medida não poderia ocorrer imediatamente, a fim de não comprometer os esforços do governo contra a inflação.[108]

A proposta salarial do governo Quadros não era o que os principais representantes dos trabalhadores tinham em mente, como ficaria claro no II Encontro Nacional de Dirigentes Sindicais, realizado na cidade de Belo Horizonte entre os dias 20 e 21 de maio de 1961. Diferentemente do evento anterior, que havia sido mantido mais ou menos sob controle da facção janista do sindicalismo, e tinha evitado fazer críticas diretas ao governo, o II Encontro adotou postura muito mais contundente em oposição à política econômica da administração Quadros, em especial à Instrução 204. O evento reuniu aproximadamente 600 delegados, de cunho predominantemente trabalhista e comunista, provenientes de 17 unidades da Federação. A delegação de São Paulo foi liderada pelo comunista Luiz Tenório de Lima; a da Guanabara, pelo trabalhista e membro do CPOS Benedito Cerqueira; e a de Minas, pelo mais destacado líder janguista e deputado estadual pelo PTB, Clodsmith Riani.[109] A facção anticomunista do sindicalismo (MSD, Redentral) decidiu boicotar o Encontro.[110] Os dirigentes sindicais presentes em Minas resolveram, entre outras pontos, "lutar por um aumento imediato dos salários, ordenados e vencimentos", além de "recomendar ao Congresso Nacional" a suspensão do trâmite do projeto de salário móvel "até que os trabalhadores [pudessem] discutir amplamente o problema e apresentar

---

107 Oesp, Jango organiza a agitação, 16 abr. 1961, p.6; Sérias resistências à liderança de Goulart, p.4; UH, Operários vão iniciar a batalha pelo aumento, 18 abr. 1961, 1c, p. 2. Goulart justificou para o adido trabalhista norte-americano que seria necessário tomar a dianteira na questão do reajuste salarial para impedir que o movimento operário caísse no domínio dos comunistas. Ver MemCon, João Goulart, John Fishburn, 3 maio 1961, CGR, 1941-73, folder "Brazil, April-June 1961", Box 125, RG 84, Nara, p.1.

108 Oesp, O MT anuncia: primeiro salário móvel em janeiro, 18 abr. 1961, p.18.

109 Oesp, Belo Horizonte: foi iniciado ontem o congresso sindical, 21 maio 1961, p.8; NR, Milhões de trabalhadores clamarão por um aumento geral de salários, n.116, 26 maio-1º jul.1961, p.2.

110 Oesp, Recusam-se a participar do Encontro Nacional em Minas 53 sindicatos de São Paulo, 19 maio 1961,p.14.

uma solução amadurecida para a questão". Os projetos sobre o assunto apresentados até aquele momento, conforme o manifesto, teriam sido discutidos "no ministério do Trabalho e na Câmara Federal sem o assessoramento dos órgãos representantes dos trabalhadores, que são os interessados diretos na fórmula de fixação do salário móvel no país". Resolveu-se ainda "lutar pelo Abono de Natal na forma de um mês de salário" a ser pago ao final de cada ano.[111] O vice-presidente João Goulart, no discurso de encerramento do Encontro, afirmou que a "verdade cambial" trazida pela Instrução 204 deveria dar lugar à "verdade salarial". Jango ressaltou a importância da revisão dos salários em razão do aumento da inflação.[112]

As demandas do movimento sindical por um reajuste salarial generalizado e imediato não foram atendidas durante o governo Quadros. O projeto de salário móvel, por exemplo, ficou apenas no papel. A chamada "bonificação de emergência", que visava compensar a perda dos trabalhadores com a inflação dos primeiros meses do ano, sequer chegou a ser discutida pelo Congresso Nacional. Não parece também que um número significativo de categorias tenha obtido compensações salariais pelo aumento do nível de preços decorrente da reforma do câmbio. Apesar de o número de greves ter crescido a partir de maio de 1961, e de a maior parte dos movimentos paredistas ter apresentado questões de reajuste salarial como motivação principal, o nível de paralisações manteve-se relativamente baixo no período.[113] Ao que tudo indica, portanto, apesar das críticas do movimento sindical à política econômica do governo, e do crescente afastamento de Quadros dos principais representantes dos trabalhadores, os conflitos entre capital e trabalho medidos pelo número de greves foram pouco intensos no período (algo destacado pela imprensa, aliás).[114] As mudanças exigidas pelos empresários junto ao governo no sentido do relaxamento da política creditícia não parecem ter tido relação, portanto, com pressões altistas do lado dos custos com mão de obra.

* * *

O enfraquecimento do programa de estabilização do governo Quadros relacionou-se a dois fatores principais: ao poder de pressão dos empresários e ao reconhecimento por parte dos formuladores da política econômica de que uma das principais medidas da reforma cambial (a criação das letras de

---

111 Oesp, Esquerdistas lançam manifesto no II Encontro Sindical, 23 maio 1961, p.9; NR, Milhões de trabalhadores clamarão, 26 maio-1° jul.1961, p.2.
112 UH, Encontro de Minas: nova política econômica, 19 maio 1961, 1c, p.9; Denunciado líderes sindicais a soldo dos trustes, 23 maio 1961, 1c, p.8; NR, Milhões de trabalhadores clamarão, 6 maio-1° jul.1961, p. 2.
113 Ver Apêndice, tabelas A25, A26 e A27.
114 Oesp, Jânio Quadros registra êxitos na contenção de greves, 16 maio 1961, p.4.

importação) teria ocasionado efeitos inesperados nos níveis de depósitos e empréstimos dos bancos comerciais junto ao público. Foi a confluência desses dois aspectos que levou autoridades, a partir de maio de 1961, a relaxar metas de controle do crédito do Banco do Brasil, a reduzir percentuais de depósitos compulsórios e tetos da Carteira de Redescontos às instituições bancárias privadas, a isentar certos tipos de bens da necessidade de adquirir letras de importação e a autorizar a Sumoc a atuar no mercado aberto visando diminuir a especulação provocada por esses títulos cambiais.

É difícil dizer até que ponto a criação das letras de importação foi um erro de cálculo dos formuladores políticos, ou uma medida que atendeu a deliberados interesses particulares. O ministro Clemente Mariani e o presidente do Banco do Brasil João Batista Leopoldo Figueiredo tinham vínculos empresariais com bancos privados (Banco da Bahia e Banco Sul-Americano, respectivamente). Afirmações categóricas sobre as motivações de Mariani e de Figueiredo para o estabelecimento das letras de importação requerem uma análise minuciosa do próprio desempenho financeiro dos bancos sob propriedade desses políticos, algo que foge ao escopo desta obra. O importante, porém, é que as letras de importação afetaram negativamente o mercado de crédito. Esses efeitos, somados à forte pressão do empresariado paulista, que ameaçou o governo com o repasse da elevação de custos da reforma cambial para os preços dos bens (o que, de fato, aconteceu), e com a possibilidade de redução da produção e aumento do desemprego, foram importantes para que as autoridades flexibilizassem a política de estabilização a partir de maio de 1961. Por fim, do ponto de vista fiscal, o descumprimento das metas de déficit público pelo governo parece ter tido mais relação com o passivo financeiro deixado pela administração Kubitschek, principalmente em termos da necessidade de resgate de *swaps*, do que a pressões de grupos de interesse.

Em termos gerais, as interpretações apresentadas pela literatura são pouco convincentes à luz das evidências empíricas. Caso a modificação da política econômica tivesse sido fundamentalmente produto de uma mudança ideológica de Quadros, como defendem Skidmore, Lago e Moniz Bandeira, esta mudança já deveria ter ficado evidente desde maio de 1961, quando as políticas creditícia e orçamentária começaram a ser relaxadas, e não apenas em agosto, data de fundação do Conselho Nacional de Desenvolvimento (CND) – principal indício da suposta guinada desenvolvimentista do presidente Quadros. Ao que parece, o CND serviu muito mais à necessidade de criação de um órgão de planejamento, tal como recomendado pelos norte-americanos como condição para liberar fundos da Aliança para o Progresso (o programa de ajuda econômica do governo Kennedy para a América Latina), do que por um convencimento ideológico de Jânio exercido por assessores desenvolvimentistas. Não por acaso a conferência que lançou oficialmente a Aliança para o Progresso, como será tratado no quarto capítulo, deu-se no mês de agosto, em Punta del Este, Uruguai.

A tese de Sérgio Monteiro, por sua vez, à primeira vista é compatível com as evidências coletadas. De fato, após Quadros ter obtido sucesso nas negociações financeiras internacionais em maio de 1961 (ou elevado a "credibilidade" de sua administração, como quer Monteiro), o governo brasileiro começou a relaxar as metas do seu programa econômico. O problema é que, do jeito que é apresentada, essa mudança programática parece ter sido fruto de um plano deliberado e isolado do presidente, dentro de condições fixas do sistema político populista, e da necessidade de o governante manter apoio social junto a "eleitores". A análise das evidências, porém, mostra uma realidade mais complexa. Grande parte das decisões técnicas envolvendo a liberalização do crédito – a redução dos percentuais de compulsório e dos tetos da Carteira de Redesconto, por exemplo – parecem ter sido tomadas pelas autoridades monetárias com pouca (ou nenhuma) participação do presidente. O próprio "bilhetinho" de abril de 1961 no qual Quadros questiona Mariani sobre os malefícios das letras de importação sugere que Jânio não tinha conhecimento (e, portanto, poder) sobre questões mais específicas de política econômica. Em sua resposta, Mariani argumentou a favor dos títulos cambiais e apenas comunicou Quadros de que o Conselho da Sumoc havia decidido mantê-los, apesar das reclamações dos empresários. É óbvio que o presidente tinha poder de decisão sobre questões básicas de política econômica (e, até mesmo, poder de demissão sobre os membros do Conselho da Sumoc), mas o que parece é que o modelo de Monteiro negligencia a capacidade de determinados agentes, para além do próprio presidente, de guiar o rumo do processo de implementação da política econômica. Além disso, Monteiro não consegue explicar – caso a preocupação de Quadros tenha sido, de fato, obter apoio dos "eleitores" a partir de maio de 1961 – o porquê de o presidente não ter atendido às demandas por reajuste salarial dos principais líderes sindicais do país. Isso acontece porque Monteiro leva pouco em consideração as diferenças relativas de força entre grupos sociais na determinação dos resultados da política econômica.

As hipóteses de Lourdes Sola sobre os motivos do enfraquecimento do programa de estabilização janista também são pouco convincentes. Como se mostrou, é errado afirmar que os atores políticos e sociais da época teriam ficado surpresos com a reforma cambial. Não só as diretrizes fundamentais concretizadas pela Instrução 204 já estavam sendo aguardadas, como a maior parte do empresariado manifestou apoio à liberalização e unificação cambiais antes mesmo de a Instrução ter saído. Da mesma forma, não parece razoável imaginar que a mera existência de um banco central, por si só, teria sido capaz de frear pressões empresariais pelo relaxamento do crédito, ou diminuído as reclamações e as ameaças de empresários quanto à impossibilidade de suportar a elevação de custos sem repassá-los aos preços. Por outro lado, apesar de a autora não ter discutido o tema, pode-se argumentar que as letras de importação constituíram um erro de cálculo das autoridades, e que isso contribuiu para o enfraquecimento do programa de estabilização. Isso é verdade, porém, apenas no sentido de que tal erro teria potencializado pressões empresariais a favor do relaxamento da oferta de crédito.

É dentro dessa discussão que a hipótese de Mário Mesquita ganha pertinência. O autor assinala que o governo Quadros teria flexibilizado suas políticas creditícia e orçamentária (mas não abandonado o plano de estabilização) pois subestimara a capacidade de influência das empresas na formação de preços no mercado doméstico. Imaginava-se, afirma Mesquita, que a reforma cambial implicaria em menor impacto inflacionário. Como isso não ocorreu, a política econômica teve que ser modificada. Apesar de o autor ter imputado a responsabilidade desse erro aos técnicos, Mesquita pressupõe implicitamente a relação entre resultados da política econômica e contexto social. A pergunta que resta é saber se formuladores da política econômica pressupunham que a economia brasileira estava sendo regida por "um cenário de concorrência perfeita", que impediria que as firmas pudessem "interferir diretamente na formação de seus preços". Se esse foi o caso, sem dúvida houve um erro de cálculo enorme. Tal conclusão não se sustenta, porém. Mesquita construiu seu argumento baseando-se apenas em discursos do ministro da Fazenda sobre os impactos da Instrução 204, o que é insuficiente. É razoável supor que as autoridades desejassem expressar ao público a ideia de que a Instrução 204 não traria impactos expressivos no nível geral de preços, como forma de evitar expectativas inflacionárias. Isso não significa que o ministro da Fazenda acreditasse que os impactos seriam pequenos quanto à inflação ou, muito menos, que a economia brasileira fosse regida por um cenário de "concorrência perfeita". Na realidade, uma análise mais atenta das atitudes do governo mostra que a administração Quadros acreditava que uma política de estabilização eficiente só poderia se dar com o correspondente controle dos "trustes". O fato, no entanto, é que tal controle não aconteceu, e as reações do empresariado em oposição ao governo foram fundamentais a esse respeito, como será analisado no próximo capítulo.

3
A LEI ANTITRUSTE

O esforço de estabilização promovido pela administração Quadros enxergou na implementação de medidas complementares ao universo da política econômica um caminho fundamental para o sucesso do plano de combate à inflação. Um dos aspectos nesse sentido foi punir atividades empresariais que ferissem o princípio da livre concorrência. Temia-se que os custos econômicos provocados pelas alterações no regime cambial fossem transferidos aos consumidores por meio de um reajuste generalizado dos preços. O impedimento dessa e de outras práticas nocivas à "economia popular" seria feito pela chamada lei antitruste, submetida em forma de projeto ao Congresso Nacional em abril de 1961. A proposta previa severas punições às firmas que se utilizassem de condições monopolistas ou oligopolistas de oferta de produtos para controlar preços e auferir lucros excessivos. A mensagem do projeto era a de que o esforço em prol da estabilização econômica deveria ser repartido pelas classes sociais e não apenas por aqueles que tinham menores condições para suportá-lo, ou seja, pelos trabalhadores.

Os objetivos do governo, porém, não foram bem recebidos pelos empresários. Representantes do comércio e da indústria de diferentes regiões do país uniram-se contra a aprovação do projeto. Alegou-se que a medida seria nociva aos interesses do desenvolvimento nacional, além de representar um sério perigo às instituições democráticas. De fato, a análise da proposta sugere que a administração Quadros estava interessada em muito mais do que simplesmente regular atividades monopolistas e oligopolistas. Pretendia-se empregar o novo enquadramento jurídico para

punir empresas que, na visão do governo, estivessem sendo pouco cola-
borativas com o plano de estabilização, tal como por meio da estocagem
de produtos, de repasses considerados excessivos da elevação de custos
aos preços dos bens, ou do encerramento de atividades por motivos vistos
como alheios aos de uma falência econômica. Argumenta-se neste capítulo
que, por mais que os objetivos das autoridades pudessem ser legítimos, na
medida em que, de fato, empresários utilizavam-se de ameaças de aumento
de preços e de cessação de atividades como forma de obter concessões do
governo (vide a pressão a favor da mudança da política de crédito sofrida
pela própria administração Quadros durante a implementação do plano
de estabilização), o modo como esse objetivo foi perseguido esteve longe
de ser adequado. Caso tivesse sido aprovada em seu formato original, a
lei antitruste traria sérias implicações para o desenvolvimento de longo
prazo do país, podendo acarretar depressão do nível de investimentos
e, consequentemente, redução do crescimento econômico e do nível de
renda *per capita*. Por causa desse e de outros motivos, a derrubada do projeto transformou-se em verdadeira obsessão das entidades empresariais,
que uniram forças para modificá-lo. Após duros embates no Congresso, o
texto foi alterado em diversos pontos importantes. Quando aprovada em
setembro de 1962, a lei parecia-se pouco com a proposta original, o que
representou uma significativa vitória para os empresários.

A história do projeto da lei antitruste do governo Quadros é importante
também por uma outra razão. A capacidade de resistência demonstrada
pelos empresários diante desse tema evidencia a força que os órgãos
empresariais do período tinham para lutar por questões consideradas
fundamentais para a classe, em contraste do que é sugerido por alguns
estudiosos.[1] É digno de nota, particularmente, as articulações patrocinadas
pelas entidades empresariais com integrantes do Congresso Nacional, que
desempenharam papel fundamental para o bloqueio da proposta janista
no Parlamento.

É nesse contexto geral que se justifica a necessidade de discussão do
projeto de lei antitruste. Apesar da importância dada ao tema pelo governo
Quadros, que via na aprovação da lei condição básica para o sucesso de seu
programa de estabilização, o assunto recebeu pouca atenção da literatura.
O capítulo busca contribuir para o preenchimento dessa lacuna. Nas primeira e segunda seções, apresentam-se as características da proposta de lei
antitruste e as críticas feitas pelos empresários sobre a matéria. A terceira
parte acompanha o trâmite legislativo do projeto, que culminou com a sua
aprovação pelo Parlamento em setembro de 1962.

---

1 Ver, por exemplo, Cardoso, 1964, e Leff, 1977, cap.6.

3.1. O projeto de lei antitruste do governo Jânio Quadros

A ideia de regulamentação das atividades empresariais no Brasil para preservar a livre concorrência datava do final do Estado Novo. Em junho de 1945, o ministro da Justiça de Getúlio Vargas, Agamenon Magalhães, decretou a "Lei dos Atos Contrários à Economia Nacional", popularmente conhecida como "Lei Malaia". Inspirada na legislação antitruste norte--americana, a "Lei Malaia" proibiu atividades empresariais que fossem de encontro ao bom funcionamento da economia de mercado, tais como fusões de caráter monopolístico, acordos de preços entre companhias e retenção de estoques com fins especulativos. Determinou-se também a criação de um órgão regulador, o Conselho Administrativo de Defesa Econômica (Cade), responsável pela fiscalização e julgamento das empresas. O Cade teria, inclusive, o poder de intervir e desapropriar firmas nacionais e estrangeiras que desrespeitassem à legislação. A "Lei Malaia" foi duramente combatida pelo empresariado e não chegou a sair do papel. Após o golpe que deu fim ao Estado Novo, a iniciativa foi anulada em novembro de 1945 por decreto do presidente José Linhares.[2]

O início da República do pós-guerra trouxe novas perspectivas para o surgimento de uma legislação antitruste no país. A Constituição Federal de 1946 estabeleceu em seu artigo 148 que a lei deveria coibir "toda e qualquer forma de abuso do poder econômico". Objetivava-se, com isso, impedir práticas empresariais que tivessem "por fim dominar os mercados nacionais, eliminar a concorrência e aumentar arbitrariamente os lucros". Foi nesse contexto que o ex-ministro da Justiça, Agamenon Magalhães (Partido Social Democrático, PSD-PE), então deputado federal, propôs um projeto de lei antitruste à Câmara em 1948. O projeto não recebeu apoio suficiente do governo Dutra (1946-51) para entrar na pauta de votação do Parlamento. Alguns deputados, como o próprio filho de Agamenon, Paulo Magalhães, chegaram a apresentar substitutivos ao texto na década de 1950, mas também não conseguiram levá-los adiante.[3]

As administrações presidenciais subsequentes preferiram lidar com o tema do abuso do poder econômico por meio de controles diretos sobre os preços dos bens de primeira necessidade. A criação da Comissão Federal de Abastecimento e Preços (Cofap) pelo governo Vargas (1951-54) em dezembro de 1951, por exemplo, aprovada em conjunto com uma legislação que

---

2 Para a Lei Malaia, ver Abreu et al., 2001, p.3062-3; Bastos, 2003, p.253; Branco e Barreto, 1963, cap.2; Corsi, 2008, p.86-8, e Silva, 1979, p.27-8. Para a legislação antitruste norte--americana, ver Branco e Barreto, 1963, cap.6; Gheventer, 2004, p.336-8; Moscogliato, 2005, p.172-7 e Posner, 2001, cap.2.

3 Para um histórico do projeto antitruste, na década de 1950, ver Ata, 48ª Reunião de Diretoria Plena da ACSP, 28 mar. 1961, 4a-4f; e Branco e Barreto, 1963, cap.2.

definia crimes contra a "economia popular", cumpriu exatamente essa função, apesar de ter se mostrado cada vez mais ineficaz ao longo do tempo. A estocagem de produtos com fins especulativos tornou-se prática comum na década de 1950, intensificando-se conforme cresciam as diferenças entre o nível de inflação e dos preços de bens tabelados. Apesar de a Cofap ter recebido a prerrogativa de desapropriar produtos em prol de interesse social, o órgão pouco podia fazer para além disso a fim de coibir empresários que continuavam especulando com estoques. A entidade não possuía atribuições mais abrangentes de fiscalização e, principalmente, de intervenção em empresas.[4] Mesmo com as nítidas deficiências do sistema de tabelamento de preços, os governos Vargas e Kubitschek não reacenderam o debate sobre a necessidade de aperfeiçoá-lo, ou sobre a importância de promulgação de uma legislação antitruste. Parecia que a questão do abuso do poder econômico seria mais um dos vários itens da Constituição de 1946 que virariam letra morta devido à falta de regulamentação.

Essa situação mudou com a subida de Jânio Quadros à presidência da República. Na campanha eleitoral, Quadros não discutiu o tema em profundidade. Como candidato, colocou-se favorável apenas a "disciplinar o livre empreendimento, impedindo-o de ferir ou de se contrapor aos superiores interesses da comunidade", mas não especificou como esse "disciplinamento" seria feito.[5] Uma vez empossado, porém, Quadros passou a relacionar a liberalização do câmbio com a necessidade de uma correspondente fiscalização das empresas, para evitar que companhias monopolistas repassassem elevações de custos aos consumidores acima de patamares estritamente necessários para manter suas margens de lucro. Nesse sentido, em fevereiro de 1961, o ministro da Indústria e Comércio anunciou que o governo não teria mais interesse em prorrogar a existência da Cofap, e que em breve uma proposta de lei antitruste seria encaminhada ao Congresso.[6] No mês seguinte, o próprio presidente da Cofap, Maurício Cibulares, afirmou que a lei que estava em discussão no governo permitiria às autoridades "controlar o lucro das empresas em todas as fases, desde a produção, e não apenas na fase de venda no varejo", como supostamente ocorreria até então. Apesar de não ter dado maiores detalhes sobre o projeto, Cibulares destacou que em pouco tempo o governo disporia "de uma lei que não estabelece multas, mas, ao contrário, estipula penas criminais" a dirigentes e proprietários de empresas faltosas.[7] Em abril de 1961, envolto no contexto de aumento de preços decorrente da recém-publicada Instrução

---

4 Para a Cofap, ver Abreu et al., 2001, p.466; Gordon e Grommers, 1962, p.85-6, e Mata, 1980, p.915-6.
5 JB, Diretrizes de Jânio, 20 set. 1960, p.10.
6 Oesp, Lei contra abusos econômicos, 22 fev. 1961, p.5; UH, Governo vai desengavetar a lei antitruste, 22 fev. 1961, 1c, p.4.
7 Oesp, Fiscalizar lucros e não preços será a nova arma, 25 mar. 1961, p.14.

204, o governo finalmente apresentou ao Congresso seu projeto de lei antitruste.[8] Quadros argumentou em cadeia nacional de rádio e televisão que o projeto seria "enérgico, rude, mas indispensável" – um complemento fundamental à reforma do câmbio, destacou o presidente.[9]

De fato, a análise da proposta de lei antitruste entregue pelos ministros da Justiça e de Minas e Energia aos deputados federais mostra que Quadros havia sido preciso quando se referiu ao caráter "enérgico" e "rude" do projeto.[10] Para começar, a definição de "abuso de poder econômico" contida no texto era bastante abrangente, englobando desde noções clássicas de atividades nocivas à livre concorrência – tais como a formação de cartéis e de monopólios verticais e horizontais – até conceitos genéricos que permitiriam o enquadramento de uma gama variada de situações envolvendo produção e comercialização de bens e serviços como ilegais. Por exemplo, conforme o projeto, constituiria abuso de poder econômico "promover a cessação total ou parcial de atividades" visando "[à] elevação de preços, [à] despedida em massa, ou [ao] desnível de mercado para proveito próprio ou de terceiros"; ou ainda "elevar abusivamente preços de mercadorias de consumo para obter lucros maiores do que os normais"; ou até "reajustar preços de vendas de mercadorias de consumo sem que tenha ocorrido a efetiva majoração de qualquer de seus componentes". Note-se que as definições sobre o que seriam "lucros maiores do que os normais" ou "efetiva majoração" de custos ficariam, em última instância, a cargo das autoridades. O projeto também considerava abuso de poder econômico o fracionamento de pessoas jurídicas para fins de sonegação de impostos; a destruição ou inutilização de mercadorias, "sem autorização legal", visando ao proveito próprio ou de terceiros; a estocagem de produtos e de matérias-primas "com o fito de dominar mercados ou promover a alta de preços"; a imposição da compra de "determinado produto como condição de aquisição de outro"; e, por fim, buscando enquadrar todas as possibilidades remanescentes, "qualquer ato semelhante aos mencionados neste artigo e que objetive as consequências nele previstas".

O poder de fiscalização e julgamento administrativo sobre a existência de crime de abuso de poder econômico ficaria a cargo da Comissão Administrativa de Defesa Econômica (Cadec), composta por cinco membros designados diretamente pelo presidente da República. Em âmbito local, as atribuições da Comissão seriam delegadas aos prefeitos dos municípios. Durante o processo de investigação, as empresas seriam obrigadas a exibir

---

8 Oesp, O projeto de lei contra o abuso de poder econômico, 6 abr. 1961, p.20; UH, Jânio encaminha ao Congresso projeto de lei antitruste, 6 abr. 1961, 1c, p.4.

9 Oesp, O discurso do Presidente da República, 5 abr. 1961, p.7.

10 O texto completo do projeto de lei pode ser encontrado em Oesp, O projeto de lei contra o abuso de poder econômico, 6 abr. 1961, p.20.

aos funcionários da Cadec "todos os seus livros, documentos, papéis e arquivos". Em caso de recusa, a Comissão poderia "fazer apreensão desses elementos, sem prejuízo das penalidades fixadas nesta lei". Na possibilidade de "recomendação" de crime pela Comissão, o Ministério Público poderia requerer à Justiça "o sequestro dos bens móveis e imóveis" da empresa indiciada, bem como a prisão preventiva de seus gerentes e diretores. Ressalta-se que essas decisões ocorreriam no âmbito do Judiciário, e não da Cadec.

No que diz respeito a penalidades, o projeto previa a reclusão de um a cinco anos daqueles considerados diretamente responsáveis pelas infrações (no caso, diretores e gerentes). Não havia menção à imputação de responsabilidade a proprietários devido ao problema jurídico das sociedades anônimas com ações ao portador. Aliás, esse foi um dos motivos pelos quais o governo Quadros apresentou concomitantemente ao Congresso Nacional um projeto de extinção dessas ações, deixando a entender que, no futuro, a lei antitruste também poderia abranger a responsabilização de proprietários.[11] Para além da prisão de diretores e gerentes, previa-se também o pagamento de multa de dez a cem vezes o valor do maior salário mínimo em vigência no país pela pessoa jurídica indiciada. Se houvesse reincidência, as penas incorreriam em dobro. Por fim, estrangeiros considerados culpados por crime de abuso de poder econômico seriam expulsos do território nacional.

Vê-se que o projeto de lei antitruste do governo Quadros era extremamente amplo. Na realidade, o governo estava interessado em aprovar uma lei capaz de controlar lucros das empresas em geral, e não somente daquelas que exercessem práticas de monopólio ou oligopólio. Com isso, objetivava-se restringir ao máximo os impactos inflacionários da Instrução 204 por meio de controles administrativos sobre preços, baseando-se em rígidos instrumentos de julgamento de empresas infratoras.

3.2. O projeto antitruste e o empresariado

Como era de esperar, a reação da classe empresarial ao projeto de lei antitruste foi bastante negativa. Em contraste com a questão da política de crédito do governo Quadros, quando se assistiu a uma divisão de opiniões entre entidades paulistas e cariocas, o tema do antitruste uniu os principais órgãos de representação do empresariado em uma voz uníssona contra a

---

11 Oesp, O projeto sobre as ações ao portador, 5 abr. 1961, p.5. Ações ao portador são ações não nominativas, isto é, que não trazem expresso o nome de quem as possui. Nesse caso, o anonimato dos acionistas ao portador impediria que o governo os responsabilizassem perante a lei.

proposta governamental, independentemente das regiões econômicas ou da origem nacional ou estrangeira dos investimentos. Para a Federação das Indústrias do Estado de São Paulo (Fiesp), por exemplo, a aprovação do projeto traria "consequências nocivas para a economia nacional", gerando "retração de capitais, atraso técnico [e] redução da produção". Já para Jorge Bhering de Matos, membro da Federação das Indústrias do Estado da Guanabara (Fiega) e futuro presidente do Conselho Superior das Classes Produtoras (Conclap-Rio), a lei antitruste, caso aprovada, seria a "demonstração insofismável de uma ditadura econômica em nosso país". O presidente da Associação Comercial do Rio de Janeiro (ACRJ), José Augusto Bezerra de Medeiros, caracterizou a proposta como "inconstitucional, demagógica e nociva aos interesses legítimos da iniciativa privada". Para Luiz Tomi, diretor da Associação Comercial paulista, uma iniciativa semelhante à antiga "Lei Malaia" conduziria apenas a "condições opostas às almejadas", além de se constituir em "fonte permanente de toda a sorte de protecionismos e de injustiças".[12]

As críticas dos empresários à iniciativa da administração Quadros abrangeram grande número de temas. Destacaram-se as censuras à justificativa empregada pelo governo para a apresentação do projeto antitruste; as supostas especificidades da economia brasileira quanto à questão do monopólio; a conceituação de "abuso de poder econômico"; os efeitos da lei sobre incentivos para inovação e investimento; as atribuições conferidas ao órgão regulador (Cadec); e, finalmente, a pertinência das sanções estabelecidas pelo projeto. Analisamos a seguir cada um desses aspectos.

O primeiro ponto relacionava-se aos motivos que teriam levado o governo a trazer à tona o projeto antitruste. Os empresários argumentaram que as razões apresentadas pelas autoridades, referentes à importância de serem controlados potenciais abusos que adviriam da reforma cambial, seriam equivocadas, demonstrando a impertinência da proposta. Antônio Oscar Gomes, escrevendo em periódico identificado com o posicionamento dos bancos privados nacionais, afirmou que a "insinuação" de que "o galopante aumento o custo de vida" se deveria ao "abuso do poder econômico pelos particulares" configuraria apenas "bode expiatório". O governo estaria procurando desviar sua própria responsabilidade na questão da alta de preços. Para Gomes, as "emissões irresponsáveis" de papel-moeda constituiriam o principal "abuso" que se deveria conter, e não a livre iniciativa das empresas.[13] De modo semelhante, em relatório aprovado por quinze entidades de comércio do país e entregue ao próprio presidente Quadros,

---

12 Oesp, Pronuncia a Fiesp sobre o abuso do poder econômico, 22 abr. 1961, p.14; Ata, Reunião do Conselho de Representantes do Cierj e da Fiega, 11 abri.1961, p.1; Ata, Reunião de Diretoria da ACRJ, 2 maio 1961, p.2; Ata, 48ª Reunião de Diretoria Plena da ACSP, 28 mar. 1961, p.4a.

13 RBB, Poder econômico, 30 maio 1961, Ano 29, n.341, p.3.

a Federação das Associações Comerciais do Brasil (FACB) sustentou que o projeto antitruste teria negligenciado totalmente "o abuso do Poder Executivo na fabricação de moedas", ou os "desmandos da Previdência Social" quanto aos gastos. Estes problemas, segundo a FACB, teriam tido papel preponderante "em todos os desequilíbrios que hoje se pretende atribuir unicamente ao poder econômico, que, na verdade, em nosso país não existe com a relevância que se lhe quer emprestar".[14] O presidente da ACRJ também argumentou que "neste país só existe monopólio no âmbito governamental". Segundo José Bezerra de Medeiros, o foco de uma lei antitruste deveria ser o combate à intervenção do Estado na economia, e não criar impedimentos ao desenvolvimento da "iniciativa privada".[15]

Um segundo aspecto bastante enfatizado pelas entidades empresariais foi a suposta inadequação de uma rígida legislação antimonopólio diante das especificidades da economia brasileira. No relatório entregue ao presidente Quadros, a Federação das Associações Comerciais admitiu o fato de que havia "uma centena de atividades importantes do País [...] exercidas apenas por meia dúzia de empresas", mas que esse baixo nível de competitividade se explicaria pela "escassez de capitais, característica de um país subdesenvolvido". Por isso, prosseguiu, "a eliminação dos monopólios e oligopólios" não poderia ser feita por meio de "processos repressivos ou punitivos", mas "através de um programa de desenvolvimento que [tivesse] como uma de suas finalidades o incentivo ao aparecimento de novas empresas, ou seja, de novas aplicações de capitais nesses setores".[16] A Fiesp apresentou posição semelhante, destacando que a mera existência de poucas empresas em um determinado setor econômico não configuraria monopólio. Elas poderiam ser "empresas pioneiras", salientou o diretor da Federação, Sérgio Ugolini. Apontou-se ainda que, no Brasil, haveria "sempre a concorrência estrangeira", o que descaracterizaria a existência de monopólios mesmo em ramos tradicionais.[17] O Presidente da Associação Comercial paulista, Camilo Ansarah, fortaleceu coros com a Fiesp, acrescentando ao debate o tema das limitações do mercado doméstico. Segundo Ansarah, "num mercado relativamente estreito como o nosso, há importantes setores que não admitem um número muito grande de empresas, mas isso não significa necessariamente que elas estejam operando em termos de monopólio".[18]

---

14 Oesp, Manifestações do comércio a propósito da repressão aos abusos do poder econômico, 26 abr. 1961, p.22.
15 Ata, Reunião de Diretoria da ACRJ, 2 maio 1961, p.2.
16 Oesp, Manifestações do comércio, 26 abr. 1961, p.2.
17 Oesp, Pronuncia a Fiesp, 22 abril 1961, p.14. Ver também Boletim-Informativo Fiesp-Ciesp, Diretoria Plenária, 26 abr. 1961, n.603, p.144.
18 Oesp, Manifesta-se o comércio de São Paulo contra a lei antitruste, 3 maio 1961, p.21.

Um terceiro aspecto criticado pelos empresários foi a abrangência considerada excessiva das definições de crimes de abuso de poder econômico do projeto. Talvez esse tenha sido o ponto mais censurado. Miguel Reale, em parecer feito a pedido da Fiesp, destacou que o texto proposto pelo governo Quadros teria invadido "o campo da inconstitucionalidade". Reale foi particularmente enfático sobre o inciso 16 do primeiro artigo, que considerava crime de abuso de poder econômico "qualquer ato semelhante aos [previamente] mencionados" pelo projeto. Segundo o jurista, essa imputação de "crimes por semelhança" só teria sido feita "duas vezes na [história das] legislações modernas: na Rússia Soviética e na Alemanha Nazista". Em suma, destacou Reale, "a figura criminosa é muito larga e sem definição precisa".[19] A Federação das Associações Comerciais salientou a arbitrariedade do conceito de "lucros normais". Segundo a FACB, "o maior lucro que possa ser conseguido, normalmente, por uma empresa" não se caracterizaria como abuso de poder econômico, pois estaria enquadrado na "essência do regime capitalista liberal democrata aceito em nossa Carta Magna, e tecnicamente decorrente da racionalização do trabalho e da produção". Nesse sentido, perguntou-se: "o que é lucro normal em base do qual girará toda a pretendida repressão? Não há princípio de economia que permita a sua fixação".[20]

Um quarto tema levantado pelos empresários referiu-se ao suposto efeito negativo do projeto antitruste para o desenvolvimento da economia de mercado no país, com implicações em relação à queda de eficiência produtiva e dos investimentos. A ênfase aqui recaiu nos artigos que versavam sobre as condições legais para a realização de reajuste de preços e, mais uma vez, sobre o conceito de "lucros normais". Considerou-se que a imposição de tetos à formação de preços, restringindo-os ao aumento estrito de custos sofrido pelas empresas, retiraria dos agentes todo interesse em aperfeiçoar seus negócios. Os preços "devem seguir suas leis naturais", ressaltou o diretor do Departamento Econômico da Fiesp, Sérgio Ugolini.[21] O assessor Jurídico da Federação, Oscar Barreto Filho, destacou as consequências da "subordinação" dos preços ao aumento de custos, desrespeitando o "livre jogo do mercado": isso acarretaria, segundo o jurista, a promoção da "estagnação técnica – porque ninguém [teria] o maior interesse em diminuir seus custos – como também o desestímulo à entrada de novos concorrentes".[22] Em sentido semelhante, várias entidades empresariais argumentaram que a restrição do nível de lucros a um patamar considerado "normal" seria

---

19 Boletim Informativo Fiesp-Ciesp, Quatro juristas analisam o projeto da lei antitruste, 26 abr. 1961, n.603, p.134-36.
20 Oesp, Manifestações do comércio, 26 abr. 1961, p.22.
21 Oesp, Pronuncia a Fiesp, 22 abr. 1961, p.14.
22 Oesp, A livre-concorrência e o projeto de lei antitruste, 9 maio 1961, p.27.

maléfico para o desenvolvimento econômico do país. "Se se impede a flutuação das taxas de lucros de acordo com as condições do mercado", assinalou a Federação das Associações Comerciais, "perde-se exatamente o sentido orientador do investimento".[23] Antônio Delfim Neto, que nesse período trabalhava como consultor do Departamento Econômico da Associação Comercial de São Paulo (ACSP), enfatizou aspecto idêntico em relatório apresentado aos diretores da Associação. De acordo com Delfim, um dos maiores problemas do projeto era exatamente o de conter "uma alta dose de contradição entre o *desejo de estabelecer* a concorrência e o de *permitir com ela se estabeleça*, pois [seria] claro que, sem lucros acima da média, nenhum setor [poderia] receber doses substanciais de capital a curto prazo". Ao estabelecer essa limitação, concluiu Delfim, o projeto destruiria "uma das maiores vantagens da economia de mercado".[24]

O quinto objeto de crítica dos empresários relacionava-se às atribuições vistas como exorbitantes, para alguns até "ditatoriais", da Cadec, órgão responsável pela fiscalização e julgamento administrativo das empresas no âmbito da legislação antitruste. A Federação das Associações Comerciais afirmou que esse órgão concentraria "poderes arbitrários na pessoa do Estado e de seus delegados", algo contraditório com o "desejo do povo" em manter "o regime democrático".[25] Os pareceres requeridos pela Fiesp a renomados juristas foram ainda mais enfáticos. Miguel Reale afirmou que a lei antitruste criaria, "em cada município, uma espécie de 'Comitê de Salvação Pública', com grande concentração de poderes".[26] Oscar Barreto Filho apontou para o perigo de "dispositivos de cunho violento e excepcional" contidos no projeto, tais como "a intervenção nas empresas". Segundo Barreto Filho, isso tenderia "a implantar um dirigismo extremado nas atividades econômicas, com prejuízo de toda a coletividade".[27] Em memorial entregue ao presidente Quadros, o Conclap-Rio ressaltou o mesmo aspecto: a Cadec representaria um "perigo" para a sobrevivência da livre iniciativa e, portanto, para a manutenção da própria democracia brasileira.[28] Um dos diretores da Associação Comercial do Rio de Janeiro (ACRJ) José Luiz de Oliveira, chegou a dizer que a lei de criação da Cadec estaria no âmbito dos "regimes comunistas" e não dos "democrático-ocidentais". Para a

---

23 Oesp, Manifestações do comércio, 26 abr. 1961, p.22.
24 Ata, 48ª Reunião de Diretoria Plena da ACSP, 28 mar. 1961, p.7b (grifos no original).
25 Oesp, Manifestações do comércio, 26 abr. 1961, p.22.
26 Boletim Informativo Fiesp-Ciesp, Quatro juristas, 26 abr. 1961, p.134-36. O "Comitê de Salvação Pública" foi um órgão político criado em 1792 pela Convenção Nacional, no contexto da Revolução Francesa (1789-1799), que concentrou poderes de forma ditatorial. O Comitê ficou particularmente identificado com a ditadura dos jacobinos, representada pela figura de Maximilien Robespierre. Ver Azevedo, 1999, p.110-1.
27 Oesp, A livre-concorrência e o projeto de lei antitruste, 9 maio 1961, p.27.
28 UH, A Conclap e o abuso do poder econômico, 3 maio 1961, 1c, p.2.

Confederação Nacional do Comércio (CNC), os empresários não poderiam "confiar" em um "órgão administrativo composto de elementos alheios à natureza das atividades econômicas". Além disso, destacou a Confederação, caso aprovada, a lei atentaria contra o "esforço honesto de muitas empresas", que teriam confiado "no regime de livre concorrência", mas que poderiam "a qualquer instante, ser chamadas às barras do tribunal, ou ter suas atividades invadidas, seus livros e arquivos apreendidos e vasculhados, com as piores repercussões no meio da clientela e acabando em ruinoso desfecho".[29] Em uma discussão ainda mais pragmática, Ulpiano de Almeida lembrou seus colegas na Associação Comercial paulista sobre os perigos de serem delegadas as atribuições da Cadec para as prefeituras municipais. "Os senhores sabem o que significa política no interior", apontou Ulpiano. "Um prefeito, se tivesse que autuar um adversário político seu", faria isso sem maiores problemas. A Comissão seria transformada em arma de "perseguição política" e de "perturbação social", concluiu.[30]

Por fim, os empresários criticaram a natureza das penalidades estabelecidas pelo projeto antitruste, em especial a possibilidade de prisão de gerentes e diretores, bem como o sequestro dos bens de pessoas jurídicas infratoras. Dois foram os argumentos utilizados contra a imputação de sanções do Código Penal aos mandatários das empresas: em primeiro lugar, como a própria lei indicaria em seu título, sugeriu um dos diretores da ACSP, crimes de abusos "econômicos" deveriam estar sujeitos apenas a penalidades "econômicas" (multas, essencialmente); e, em segundo, conforme argumentou a Federação das Associações Comerciais, deveria existir "anterioridade da lei penal" para que aqueles considerados culpados pela Cadec e pela Justiça pudessem estar sujeitos à prisão.[31] O tema do sequestro dos bens das empresas também foi considerado "inaceitável" pela Assessoria Jurídica da ACSP, destacou o relatório do jurista Morallo Neto. A principal questão levantada era a possibilidade de estender a prerrogativa de desapropriação não somente a bens imóveis (como definido pelo Código Penal), mas também a bens móveis, inclusive àqueles que já teriam sido transferidos a terceiros. Isso causaria, segundo Morallo Neto, um "verdadeiro tumulto legislativo".[32]

Alguns aspectos dos argumentos usados pelas entidades empresariais contra a aprovação da lei antitruste merecem ser ressaltados. Por exemplo, a equiparação feita entre "democracia" e "livre empresa", ou entre "ditadura" e "intervenção" econômica estatal. Em suas críticas, os empresários

---

29 Oesp, Pronuncia-se a CNC sobre o anteprojeto da lei antitruste, 3 maio 1961, p.21; UH, Contra a lei antitruste a Confederação do Comércio, 27 abr. 1961, 1c, p.2.
30 Ata, 51ª Reunião de Diretoria Plena da ACSP, 18 abr. 1961, p.13.
31 Ata, 48ª Reunião de Diretoria Plena da ACSP, 28 mar. 1961, p.15; Oesp, Manifestações do comércio, 26 abr. 1961, p.22.
32 Ata, 48ª Reunião de Diretoria Plena da ACSP, 28 mar. 1961, p.11-h.

traduziam imediatamente para o universo político – isto é, para o âmbito das relações de poder – qualquer tipo de intervenção do Estado sobre a iniciativa econômica privada, desde a obrigatoriedade de apresentação de dados sigilosos às autoridades até o sequestro de bens de firmas infratoras. Na realidade, essa ampla utilização a conceitos políticos pelo empresariado revela a natureza de transferência de poder que estava presente no projeto antitruste, em especial no que referia à determinação do nível de preços pelas empresas.[33] Tal temor fundamentava-se nos próprios discursos das autoridades governamentais.[34] De acordo com a perspectiva apresentada por membros do governo, se o poder público não tomasse providências enérgicas contra "trustes" e "tubarões", empresas monopolistas e oligopolistas poderiam aproveitar o contexto de elevação de custos, decorrente da reforma cambial, para capitalizarem-se, recompondo margens de lucro por meio de repasses excessivos de aumento de custos a consumidores.

De fato, a preocupação do governo Quadros tinha fundamento. Em entrevista com executivos das principais companhias norte-americanas com filiais no Brasil, Lincoln Gordon e Engelbert Grommers descobriram que era prática comum de empresas no país repassar aumentos de custos aos consumidores antes mesmo que elevações de gastos tivessem ocorrido. De acordo com os entrevistados, cujas identidades foram preservadas pelos autores, previa-se o nível de inflação para um determinado período e, com base nisso, aumentavam-se automaticamente os preços.[35] Para Gordon e Grommers, o principal responsável por essa prática seria a baixa competitividade do setor industrial no Brasil, decorrente dos incentivos estatais ao processo de industrialização substitutiva de importações, em especial benefícios garantidos pela chamada lei dos similares. Essa legislação foi promulgada no início do século XX, mas seus efeitos fizeram-se sentir principalmente no período após a Segunda Guerra Mundial. A lei determinava que produtos domésticos similares aos importados, e que satisfizessem requisitos de qualidade e quantidade da demanda local, estariam sujeitos a elevações tarifárias para protegê-los da concorrência estrangeira. Segundo os autores, o problema da lei de similares é que se houve incentivo ao surgimento de vários ramos industriais no Brasil, contribuiu-se também

---

33 Os debates sobre planificação econômica no Brasil dos anos 1940 e 1950 também transbordaram para discussões políticas, em especial no que tangia à suposta implicação autoritária, ou mesmo "comunizante", do conceito de plano econômico. A diferença é que, naquele contexto, tal posição não foi unanimidade. Parcelas importantes do empresariado defenderam a importância da planificação para o desenvolvimento nacional. Ver Bielschowsky, 2000, p.58-60, 84-5.

34 Ver, por exemplo, os discursos do ministro da Indústria e do Comércio, do presidente da Cofap e do próprio presidente Quadros em, respectivamente, Oesp, Lei contra abusos econômicos, 22 fev. 1961, p.5; Fiscalizar lucros e não preços será a nova arma, 25 mar. 1961, p.14 e O projeto de lei contra o abuso de poder econômico, 6 abr. 1961, p.20.

35 Gordon e Grommers, 1962, p.83.

para a formação de oligopólios e monopólios, na medida em que muitos dos setores beneficiados com o protecionismo dos similares enfrentavam pouca ou nenhuma competição doméstica. Os autores argumentam que a dimensão relativamente reduzida do mercado nacional não possibilitava o aparecimento de muitas empresas em ramos manufatureiros de consumo mais restrito, tais como o de bens intermediários, bens de capital e bens de consumo duráveis.[36]

As conclusões de Gordon e Grommers são confirmadas pela percepção de alguns empresários do comércio do período. Na Associação Comercial de São Paulo, era comum a reclamação a respeito da facilidade com que o Conselho de Política Aduaneira (CPA) incluía determinados produtos na lista de similares, contemplando-os com benefícios de uma elevada proteção alfandegária e transformando seus fabricantes nos principais (ou mesmo nos únicos) ofertantes do produto no mercado nacional. Em um desses debates, um dos diretores da ACSP, Giulio Lattes, chegou a defender o CPA, assinalando que a culpa dessa "facilidade" de concessão do registro de similares seria dos consumidores, que não responderiam adequadamente às perguntas da Carteira de Comércio Exterior do Banco do Brasil (Cacex) sobre características da produção local quanto à quantidade, à qualidade e ao preço. Outro diretor rebateu imediatamente as críticas de Lattes, argumentando que "essa omissão [seria] intencional, porque os elementos consultados sab[iam] que na eventualidade do produto ter registro de similar concedido, se eles tive[ssem] feito oposição na fase administrativa do processo, correr[iam] o risco de não ter mais o fornecimento, porque o fabricante poder[ia] marcá-los". Outros diretores da ACSP confirmaram esse relato. Ao final da discussão, aprovou-se um estudo que demandava ao governo alterações no processo de inclusão de produtos na lista de similares.[37]

Além dessa questão envolvendo os efeitos da lei de similares, outras evidências qualitativas fortalecem a hipótese de que os temores do governo Quadros tinham fundamento. No auge da discussão do projeto da lei antitruste, os diretores da Associação Comercial de São Paulo debateram dois estudos confidenciais sobre o assunto. O primeiro desses trabalhos, preparado pelo Centro de Estudos Sociais e Políticos da ACSP, argumentou que o projeto antitruste seria "uma medida drástica [do governo Quadros visando] complementar à sua reforma cambial [isto é, à Instrução 204]". Por mais que fosse "perigosa" a perspectiva de o Estado intervir em empresas consideradas irregulares, assinalou o estudo, "é preciso reconhecer, de outro lado, que não é possível o governo desaparelhar-se para resistir a possíveis manobras condenáveis de interesses privatistas, prejudiciais à coletividade".

---

36 Idem, p.36-9.
37 Ata, 57ª Reunião de Diretoria Plena da ACSP, 30 maio 1961, p.6-8.

Isso porque, prosseguiu, "é indiscutível que a reforma cambial cria condições de evidente privilégio a vastos setores industriais, eliminando possíveis concorrentes, pela duplicação do câmbio dos equipamentos necessários. Não seria justo permitir-se que os privilegiados aumentassem o preço dos seus produtos, com o fito exclusivo de ampliação de lucros". Caso a ACSP quisesse posicionar-se contra a lei antitruste, o estudo recomendou que isso fosse feito "com o mais ponderado cuidado, para que não procurem ver em sua atitude mera preocupação de fugir à responsabilidade geral" de apoio ao esforço do governo no combate à inflação.[38]

O segundo dos estudos confidenciais debatidos pela ACSP, preparado pelo Departamento Econômico da Associação e assinado pelo economista Delfim Neto, era ainda mais claro sobre a necessidade de uma lei antitruste no país, devido à existência do que o autor denominou de "elementos de monopólio" no mercado brasileiro. Apesar de ter se colocado contrariamente a alguns artigos da proposta antitruste do governo Quadros, Delfim admitiu a necessidade de uma iniciativa a respeito para coibir a prática de controle de preços por empresas e grupos econômicos:

> Se atentarmos para a situação em São Paulo e Rio de Janeiro no momento [...], verificaremos que existem inegáveis elementos de monopólio prejudicando a distribuição mais eficiente dos escassos recursos nacionais. O acordo de preço é hoje uma realidade palpável em quase todos os setores. Esses acordos – não há como negar – foram em parte decorrência das incertezas introduzidas no mercado pelo rápido processo inflacionário que domina a nossa economia e em parte promovidos pelas próprias empresas a medida que iam ganhando experiência. Neste setor, aliás, a competição entre subsidiários estrangeiros no Brasil é inconcebível, quando lembramos que as próprias matrizes têm seus acordos em seus países de origem. Isso deu lugar a amplos acordos de preço em quase todos os setores importantes de nossa economia. [Além disso], a unificação financeira de certos grupos [...] está dando lugar a integrações financeiras que acabam por limitar seriamente o estabelecimento de um regime competitivo. A defesa da economia de mercado exige, obviamente, que tais entendimentos para a sustentação dos preços, para a redução do número de concorrentes, para divisão geográfica das operações sejam severamente combatidos. *Neste sentido, portanto, justifica-se plenamente uma lei que limite o abuso do poder econômico.*[39]

Diante dessas evidências, torna-se difícil acreditar no presidente da Associação Comercial do Rio de Janeiro, José Augusto Bezerra de Medeiros, quando afirmou que a proposta antitruste do governo Quadros seria "demagógica", pois "neste país só exist[iria] monopólio no âmbito

---

38 Ata, 51ª Reunião de Diretoria Plena da ACSP, 18 abr. 1961, p.9a-9b.
39 Idem, p.7b (grifos no original).

governamental".[40] A posição de Medeiros recebeu apoio de várias entidades de comércio do país, inclusive da própria ACSP, que na mesma semana havia discutido confidencialmente os estudos antes mencionados sobre o projeto antitruste, e que apontavam para uma direção contrária aos dizeres do dirigente carioca.[41]

De qualquer forma, mesmo que os motivos levantados pela administração Quadros para apresentar o projeto antitruste tivessem fundamento, como evidências sugerem, disso não se segue que a ferramenta proposta para resolver o problema fosse eficiente ou, muito menos, a mais adequada. Havia várias fragilidades no projeto. Em primeiro lugar, controles administrativos sobre preços para conter a inflação tendem a ser pouco eficazes. A lei pressupunha uma ampla fiscalização sobre as empresas – a mesma fiscalização que faltava para que as determinações da Cofap e da lei de crimes contra a economia popular fossem cumpridas. Em segundo, o projeto continha graves inconsistências jurídicas, que dariam margem a atitudes discricionárias das autoridades – a não ser que fossem votadas posteriormente regulamentações estritas para a interpretação do texto da lei. Incluem-se aqui desde o conceito de "lucros normais", que não é definido no projeto, até a imputação de crimes por semelhança. Isso é reforçado pelo frágil mecanismo de defesa garantido aos réus e pela celeridade dos processos administrativos. É razoável supor que empresários com maior influência política utilizariam seu poder para criminalizar empresas concorrentes, gerando no mercado efeitos inversos àqueles visados pela lei. Em terceiro, mesmo que todas essas fragilidades jurídicas fossem suprimidas, as consequências de longo prazo para a economia brasileira tenderiam a ser bastante negativas, tendo em vista o poder que empresários detêm sobre recursos produtivos em uma economia de mercado. Em última instância, o controle sobre lucros tenderia a depreciar investimentos, causando impactos no crescimento econômico e no crescimento da renda *per capita*. Para impedir que empresas repassassem custos aos consumidores além da conta, melhor seria se o governo Quadros tivesse investido seja no aparelhamento da Cofap, fazendo valer a lei de crimes contra a economia popular, seja em um processo de abertura comercial progressiva e responsável, diminuindo a margem de proteção relativa a setores econômicos locais, embora sem inviabilizá-los por meio de um excessivo e brusco aumento da competição estrangeira, e respeitando-se especificidades setoriais e interesses estratégicos do país. É evidente que ambas alternativas seriam difíceis de ser implementadas (em especial a segunda, devido à reação do empresariado), mas provavelmente teriam consequências menos danosas para a economia no longo prazo.

---

40 Ata, Reunião de Diretoria da ACRJ, 2 maio 1961, p.2.
41 Oesp, Manifesta-se o comércio de São Paulo contra a lei antitruste, 3 maio 1961, p.21.

Salienta-se, por outro lado, que se as entidades empresariais foram bastante críticas ao projeto antitruste do governo Quadros, o mesmo não pode ser dito das organizações de trabalhadores. Os manifestos dos principais encontros trabalhistas ocorridos no primeiro semestre de 1961 apoiaram a aprovação da proposta governamental.[42] Até os comunistas, que vinham criticando duramente a política econômica do governo, manifestaram solidariedade ao projeto antitruste, apesar de defenderem a versão do deputado Jacob Franz (Partido Trabalhista Brasileiro, PTB-PB) sobre a matéria, a qual classificava latifúndio como empresa passível de ser julgada por crime de abuso de poder econômico.[43] A participação dos representantes dos trabalhadores no trâmite do projeto antitruste no Congresso Nacional, porém, foi praticamente nula – algo bem diferente do que se daria com os líderes empresariais, como apresentado a seguir.

3.3. A tramitação do projeto antitruste no Congresso Nacional

As entidades empresariais acompanharam de perto o processo de discussão do projeto antitruste no Congresso Nacional. Os argumentos defendidos pelos empresários foram reproduzidos em inúmeros relatórios distribuídos ao presidente da República, aos presidentes da Câmara e do Senado, e a parlamentares, em especial líderes de partido e políticos com maior inserção nos debates sobre o tema. A assessoria da Fiesp em Brasília assumiu liderança destacada nesse sentido, particularmente por meio do economista Israel Gubermann. A Federação paulista contava ainda com a presença do deputado e empresário Horácio Lafer (PSD/SP), que participou ativamente das principais fases de discussão do projeto. As atuações da Fiega e da Associação Comercial de São Paulo também foram importantes para promover o ponto de vista do empresariado.[44]

Em conformidade com o regimento interno da Câmara dos Deputados, os projetos de lei deveriam tramitar pelas comissões especiais da Casa para depois serem submetidos à votação em plenário. O texto era analisado primeiro pela Comissão de Constituição e Justiça (CCJ), onde se discutia sua adequação aos princípios constitucionais. Depois o projeto era encaminhado às comissões especializadas (no caso do projeto de antitruste,

---

42 Ver, por exemplo, o manifesto do II Encontro Nacional Sindical. NR, Milhões de trabalhadores, maio 1961, p.2.

43 NR, Lei antitruste (com emendas) é instrumento de luta, 2-8 jun. 1961, n.117, p.3.

44 Boletim Informativo Fiesp-Ciesp, Diretoria plenária, 19 abr. 1961, n.602, p.112; Ata, Reunião do Conselho de Representantes do Cierj e da Fiega, 18 abr. 1961, p.3; 27 abr. 1961, p.1; 30 maio 1961, p.2; Ata, 50ª Reunião de Diretoria Plena da ACSP, 11 abr. 1961, p.11-2; Ata, 59ª Reunião, 13 jun. 1961, p.23.

Comissão de Economia e Comissão de Finanças). Em cada um desses órgãos os parlamentares detinham a prerrogativa de apresentar substitutivos à proposta inicial do governo, que deveriam ser votados pelos membros das comissões para serem aceitos como alternativas legais. Uma vez terminado o trâmite no interior das comissões, as propostas eram levadas a plenário. Algumas vezes havia acordos entre seus relatores no sentido de fundir projetos; em outras, no entanto, os acordos não eram possíveis. Neste caso, todos os projetos eram submetidos à votação.

Ficou evidente desde o início que a proposta oferecida pelo governo Quadros ao Congresso Nacional não seria aceita pelos parlamentares. O tema causou acirradas discussões entre os congressistas. O presidente da CCJ, Oliveira Brito (PSD-BA), criticou de imediato o teor do projeto, particularmente a determinação de sanções penais aos infratores, "quando estas deveriam ser de ordem econômica". Brito assinalou ainda que a proposta seria ineficiente para conter os "grandes abusos", já que os "poderosos", em contraste com os pequenos comerciantes, desfrutariam de melhor estrutura para defender-se contra as acusações.[45] O presidente da Comissão de Economia, deputado Daniel Faraco (PSD-RS), apresentou críticas à excessiva concentração de poderes no órgão de fiscalização (Cadec). Além disso, Faraco considerou prudente discriminar "grandes" e "pequenos abusos", dando competência à União somente para combater os primeiros tipos de crimes. Caso contrário, argumentou, deixar a um "órgão federal o controle dos preços das hortaliças nas feiras" seria tão ineficiente como "tentar caçar lebres com canhões".[46]

A primeira das comissões onde o projeto antitruste tramitou, a Comissão de Constituição e Justiça, apresentou um substitutivo de teor bem diferente da proposta original do governo. O substitutivo do deputado Ulysses Guimarães (PSD/SP) cedeu, em parte, às demandas do empresariado, apesar de ainda não ter agradado completamente entidades da indústria e do comércio.[47] A nova proposta, redigida em parceria com o deputado Santiago Dantas (PTB-MG), suprimiu algumas das definições genéricas de "abuso de poder econômico" contidas no texto governamental. Segundo palavras do próprio Ulysses Guimarães, na nova formulação a apuração de "aumentos arbitrários de lucros" seria feita pelas autoridades a partir de "casos concretos", "deixando de lado toda e qualquer preocupação de definir 'lucro normal' e 'preço justo'; questões estas insolúveis".[48] O substitutivo também diferenciou "abusos de poder econômico" de "crimes contra a economia

---

45 Oesp, Encaminhado o projeto, 6 abr. 1961, p.2; UH, Antitruste: Câmara não aceita teses de Jânio Quadros, 12 abr.1961, 1c, p.4.

46 Oesp, Repressão aos abusos do poder econômico, 7 abr. 1961, p.3.

47 A Fiesp, por exemplo, ainda considerou as mudanças tímidas demais. Ver Oesp, A livre concorrência, 9 maio 1961, p.27.

48 Oesp, Será iniciado hoje o exame do projeto da lei antitruste, 25 maio 1961, p.5.

popular". Os primeiros, que corresponderiam a irregularidades cometidas por empresas com faturamento superior a Cr$ 200 milhões por ano, seriam fiscalizados pela União mediante órgão competente (Cade); os segundos, por sua vez, ficariam sob a jurisdição de agências estaduais.[49]

Terminado o trâmite na CCJ, o projeto foi encaminhado à Comissão de Economia, onde recebeu um polêmico substitutivo do deputado Jacob Franz (PTB-PB). A proposta contrastava radicalmente com o substitutivo Ulysses Guimarães: além de suprimir a diferenciação entre "abusos de poder econômico" e "crimes contra a economia popular", tratando todas as infrações como "abusos", o projeto Franz recolocou poderes extraordinários nas mãos da Cade. Em seus artigos 22 e 23, o substitutivo garantiu prerrogativa à Comissão Administrativa para "efetuar pesquisas" com o intuito de determinar objetivamente quais seriam os níveis de "lucro normal", de "reinvestimento" e de "depreciação" correspondentes a cada setor da economia. A Cade também definiria o que seriam "métodos de concorrência desleal". Os "resultados" dessas pesquisas teriam que ser enviados ao presidente da República, "que os oficializaria por decreto".[50] Se os grupos empresariais tinham reclamado da falta de definição de "lucros normais" contida na proposta do governo Quadros, o substitutivo Franz mudou o foco do problema, dando superpoderes à Comissão Administrativa – solução que, obviamente, não agradou em nada os empresários. O substitutivo considerou ainda "abuso de poder econômico" a manutenção de terras improdutivas que, por sua "extensão e localização", criassem dificuldades seja para o desenvolvimento da produção, seja para o abastecimento do povo. A cobrança de arrendamentos a agricultores superior a 20% ao valor de produção da terra também seria considerada ilegal.[51]

O aparecimento do projeto Jacob Franz fez com que as entidades empresariais intensificassem esforços em Brasília para acabar com qualquer chance de sobrevida ao substitutivo da Comissão de Economia. As Federações das Indústrias de São Paulo e da Guanabara passaram a travar contatos frequentes com o próprio Jacob Franz, bem como com os deputados Santiago Dantas, Ulysses Guimarães e outros membros das comissões do Congresso.[52] No final de maio, organizou-se uma sessão

---

49 O substitutivo Guimarães alterou a sigla da agência federal de fiscalização da lei antitruste de Cadec para Cade. O nome oficial do órgão, porém, continuaria a ser Comissão Administrativa de Defesa Econômica. Para o substitutivo Guimarães, ver Oesp, Novo substituto à lei antitruste, 18 abr. 1961, p.4.

50 Oesp, Será apresentado novo substitutivo à lei antitruste, 23 maio 1961, p.5; Será iniciado hoje, 25 maio 1961, p.5.

51 NR, Lei antitruste, jun.1961, p.3; UH, Lei antitruste incluirá o combate ao latifúndio, 17 maio 1961, 1c, p.4.

52 Ver, a respeito, os encontros organizados por representantes dos industriais cariocas com parlamentares federais. Ata, Reunião de Diretoria Conjunta do Cierj e da Fiega, 27 abr. 1961, p.1.

especial na Comissão de Economia reunindo os principais relatores do projeto antitruste (Franz, Dantas e Guimarães), além de representantes da Fiesp e da Fiega. O próprio vice-presidente da Federação das Indústrias de São Paulo, Mário Toledo de Moraes, compareceu ao encontro. Os debates foram extremamente acirrados, conforme relatos da imprensa.[53] Um dos mais ativos defensores da proposta moderada de lei antitruste – em maior consonância, portanto, com os interesses empresariais – foi Santiago Dantas. O deputado mineiro argumentou que os poderes concedidos à Cade pelo substitutivo Franz fariam com que esta Comissão se transformasse em "órgão dirigente da economia do país, quer para as condições de concorrência, quer para as de monopólio". Dantas também se bateu contra a ideia (contida no substitutivo Franz e no projeto do governo) de nomear interventores com função de administração para empresas consideradas infratoras. Segundo Dantas, os interventores deveriam possuir apenas o cargo de fiscais; caso contrário se estaria conferindo "a uma pessoa menos habilitada do que aquelas pacientemente selecionadas pelos seus proprietários" a "importante função" de administrar a empresa. As respostas de Franz aos argumentos de Dantas e dos representantes empresariais não foram publicadas pelos jornais. De qualquer maneira, dias após a reunião, Franz deu declarações à imprensa sobre a importância da presença de "grupos populistas" nas reuniões da Comissão de Economia para impedir com que pontos importantes do seu substitutivo (particularmente os artigos 22 e 23, que versavam sobre os poderes da Cade) fossem barrados por deputados que, segundo ele, estariam a serviço de empresários.[54]

Os apelos de Jacob Franz foram inócuos, mas acabaram não sendo necessários. No dia seguinte às declarações, em sessão ordinária da Comissão de Economia, Franz e outros parlamentares favoráveis ao substitutivo aproveitaram a ausência dos deputados contrários ao projeto e aprovaram os polêmicos artigos 22 e 23. A ausência desses parlamentares explica-se pela delicada conjuntura política do período, relacionada a uma greve de estudantes universitários em Recife e ao "abandono" da capital federal pelo presidente Quadros, teoricamente após ter sido constrangido em suas diretrizes de política externa por forças não identificadas.[55] De qualquer modo, na reunião seguinte da Comissão de Economia, quando a crise institucional já havia sido contornada, houve protesto pelo fato de certos artigos do substitutivo terem sido aprovados em uma sessão esvaziada da Comissão. Um dos membros da casa, o deputado Gileno de Carli (PSD-PE),

---

53 Oesp, Lei antitruste: debate entre deputados e as classes produtoras, 26 maio 1961, p.5; UH, Antitruste: choque de tendências no debate, 26 maio 1961, 1c, p.4.
54 UH, Relator denuncia ameaça à lei antitruste, 12 jun. 1961, 2c, p.4.
55 UH, Alarma nos meios políticos: abandonada a capital do país, 12 jun. 1961, 1c, p.4. Para a crise da greve dos estudantes de Recife, ver Loureiro, 2009 p.197-200.

encontrou uma brecha no regimento interno da Câmara que proibia vota-
ções em comissões especiais sem que determinada proporcionalidade de
representantes partidários estivesse presente. Carli levantou essa questão
de ordem, exigindo a impugnação da reunião anterior. Levada à votação
pelo presidente do órgão, e com decidido apoio do empresário e parlamentar Horácio Lafer, também membro da Comissão, a impugnação foi
aprovada. Após essa decisão, Jacob Franz disse-se "moralmente impedido"
de continuar como relator do projeto antitruste, abandonando a Comissão
de Economia. Em solidariedade, liderados por Bocaiuva Cunha (PTB/RJ),
outros membros do PTB também deixaram o órgão.[56] Grupos empresariais aplaudiram a atitude do "nosso estimado amigo deputado" Gileno de
Carli, segundo palavras de Ulpiano Almeida, um dos diretores da Associação Comercial de São Paulo. A ACSP enviou inclusive um telegrama
ao parlamentar, congratulando-o pela iniciativa. Segundo o presidente da
Associação, a partir daquele momento a entidade teria um "dever para com
esse deputado [Carli], dando-lhe cobertura, apoiando-o no que fez em prol
da empresa privada".[57]

As acusações golpistas lançadas por setores parlamentares de esquerda
sobre o episódio Gileno de Carli, que curiosamente abstraíram a manobra
petebista de votação do substitutivo Franz em uma sessão esvaziada da
Comissão de Economia, certamente não eram boas para a legitimidade das
discussões envolvendo o projeto antitruste. Esse talvez tenha sido um dos
motivos que levaram o deputado Daniel Faraco, presidente da Comissão,
a articular com a bancada do PTB e com o próprio Jacob Franz o retorno
dos parlamentares dissidentes da Comissão, o que, de fato, acabou acontecendo.[58] Superada a crise institucional, Faraco propôs um novo formato
ao famigerado artigo 22 do substitutivo Franz, tornando-o menos avesso
aos interesses empresariais. De acordo com a nova redação, à Cade caberia
a realização de pesquisas não para estabelecer quais seriam os níveis de
"lucros normais", "reinvestimentos", "distribuição de dividendos"; mas
"para determinar a influência que, sobre a economia nacional, [exerceriam]
as margens de lucros obtidas pelas empresas e a sua aplicação em lucros
distribuídos e lucros reinvestidos".[59] Vê-se que a nova redação retirou a
objetividade do artigo, que antes dava claros instrumentos à Comissão
Administrativa para punir aquilo que fosse considerado lucro excessivo. Em
troca, lançou-se mão de uma formulação ainda menos precisa, favorecendo

---

56 Oesp, Lei antitruste: relator da matéria renuncia ao cargo, 28 jun. 1961, p.4; UH, Golpe contra a lei antitruste: Comissão de Economia em crise, 28 jun. 1961, 1c, p.4; Bocaiuva denuncia
golpe contra lei antitruste, 29 jun. 1961, 1c, p.4; Mazzilli chamado a intervir na crise da
Comissão de Economia, 7 jul. 1961, 1c, p.4.

57 Ata, 62ª Reunião da Diretoria Plena da ACSP, 4 jul. 1961, p.4-5.

58 UH, Apelo de Daniel Faraco acerca da lei antitruste, 7 jul. 1961, 1c, p.4.

59 UH, Antitruste: aprovado controle dos lucros, 12 jul. 1961, 1c, p.4.

o empresariado. Posta em votação, a proposta Faraco foi vitoriosa, apesar dos votos contrários de alguns membros da Comissão de Economia, inclusive do próprio Jacob Franz.[60] Ao final, o principal objetivo dos grupos empresariais havia sido atingido: o bloqueio da aprovação do artigo 22 em seu formato original. Melhor ainda o fato de isso ter acontecido com a presença daqueles que antes tinham renunciado aos cargos na Comissão de Economia, conferindo legitimidade à decisão. De qualquer modo, mesmo se o resultado tivesse sido diferente, a Comissão de Constituição e Justiça já havia votado a inconstitucionalidade dos artigos 22 e 23 do substitutivo Franz – o que, por si só, dificultaria a tramitação do projeto no plenário da Câmara dos Deputados caso ele tivesse sido aprovado.[61]

Paralelamente à crise que havia atingido a Comissão de Economia, parlamentares da União Democrática Nacional (UDN), capitaneados por Menezes Cortes, formaram um grupo de trabalho *ad hoc* e começaram a produzir um novo substitutivo para o projeto antitruste.[62] Essa iniciativa foi interpretada por importantes lideranças partidárias, tal como Santiago Dantas, como a melhor solução para superar os problemas ocorridos no trâmite do assunto pela Comissão de Economia.[63] Ao que parece, um acordo tácito entre os partidos fez com que o projeto não fosse enviado imediatamente à próxima comissão (Finanças), que era a última antes de o tema ser finalmente submetido ao plenário da Câmara. Possivelmente, aguardava-se a finalização do substitutivo que estava sendo preparado pelo grupo de Menezes Cortes. Nesse ínterim, Quadros renunciou à presidência da República. A grave crise política que se sucedeu colocou a questão do antitruste em segundo plano.

O governo João Goulart não concedeu a mesma prioridade dada por Quadros ao tema do abuso de poder econômico. Apesar disso, diferentemente do que ocorrera nos anos 1950, a matéria prosseguiu em tramitação no Parlamento – com uma cobertura bem mais limitada da imprensa.[64] Em poucas semanas, o projeto foi enviado à Comissão de Finanças, recebendo imediato substitutivo dos deputados Humberto de Lucena (PSD-PB) e Jaime Araújo (UDN-AM).[65] A rapidez com que a proposta Lucena-Araújo foi apresentada sugere que os deputados possivelmente basearam-se nos trabalhos da Comissão Especial criada por Menezes Cortes em julho de 1961.[66] No

---

60 Idem, p.4; Oesp, Lei antitruste: a Comissão de Economia aprova o substitutivo, 12 jul. 1961, p.4.
61 Oesp, Lei antitruste: parecer contrário ao art.22 do substitutivo, 7 jul. 1961, p.3.
62 Oesp, Lei antitruste, 17 jun. 1961, p.3; Novo substitutivo ao projeto da lei antitruste, 26 jul. 1961, p.5.
63 Oesp, Estuda-se novo substitutivo à lei antitruste, 5 ago. 1961, p.5.
64 Oesp, Antitruste: reiniciados os estudos, 13 set. 1961, p.5.
65 Oesp, Foi à Comissão de Finanças a Lei Antitruste, 22 set. 1961, p.5.
66 Oesp, O projeto antitruste entrou em debate na Câmara, 23 set.1961, p.4.

final de setembro, os três substitutivos (Ulysses Guimarães, Jacob Franz [após emendas de Daniel Faraco] e Lucena-Araújo) foram finalmente ao plenário da Câmara para votação. A versão vitoriosa foi a da Comissão de Finanças, ou seja, o substitutivo Lucena-Araújo.[67]

O projeto antitruste aprovado pelos deputados divergia da proposta enviada pelo governo Quadros ao Parlamento. Os temas mais polêmicos, como o poder da Cade de determinar em que consistiam "lucros normais", não constavam do texto.[68]Apesar disso, o projeto ainda não havia sido considerado totalmente adequado pelos empresários, que mantiveram forte *lobby* sobre o Senado para que fossem feitas mais mudanças.[69] O recém-fundado Instituto de Pesquisas e Estudos Sociais (Ipes), entidade que reunia principalmente representantes de firmas estrangeiras, chegou a redigir um projeto sobre o assunto, utilizando um dos parlamentares financiados pela organização (Sérgio Marinho, PSD-RN) como testa de ferro para apresentá-lo em forma de substitutivo à Comissão de Economia do Senado.[70] O substitutivo Marinho representava, de certa forma, a versão ideal de lei antitruste para o empresariado. Todos os aspectos da proposta do governo Quadros que tinham sido criticados pelas entidades empresariais foram incorporados no substitutivo: da extinção da Cade (função que seria exercida pelo Conselho Nacional de Economia (CNE), órgão notadamente mais conservador) à estipulação de penalidades somente para pessoas jurídicas, sem comprometer civil ou criminalmente diretores ou gerentes de empresas.[71] Quando questionado por senadores trabalhistas sobre o caráter conservador do projeto, Sérgio Marinho declarou que seu substitutivo teria visado apenas dar "maior precisão" ao conceito de abuso de poder econômico.[72]

Após tramitar pelas comissões especiais do Senado, a matéria finalmente chegou ao plenário em meados de 1962. O contexto era de grave crise política no país. O então gabinete ministerial de Brochado da Rocha havia solicitado uma delegação de poderes ao Congresso que incluía a

---

67 JB, Câmara dos Deputados aprovou o projeto da lei antitruste, 28 set. 1961, 1c, p.1; Oesp, Aprovada na Câmara a lei antitruste, 28 set. 1961, p.4.

68 Oesp, Aprovada na Câmara, 28 set. 1961, p.4. O deputado nacionalista Sérgio Magalhães (PTB-GB) considerou o texto aprovado muito "tímido". Ver UH, Câmara aprova a lei antitruste, 29 out. 1961, 1c, p.4.

69 Oesp, Industriais de São Paulo irão debater a lei antitruste, 7 out. 1961, p.4.

70 Ata, Reunião da Comissão Diretora do Ipes Rio-São Paulo, 22 maio 1962, Pacotilha 5, Caixa 63, Arquivo Pessoal (doravante AP) 25, Arquivo Nacional, Rio de Janeiro (doravante ANRJ), p.3-4.

71 O CNE era um órgão técnico criado pela Constituição de 1946 com a finalidade de "estudar a vida econômica do país e sugerir ao Poder competente as medidas que considerar necessárias" (art. 205, §2). Seus membros eram nomeados pelo presidente da República com ratificação pelo Senado Federal. Para exemplo de posicionamento conservador do CNE, ver Oesp, O parecer do CNE sobre o projeto da lei antitruste, 9 jun. 1961, p.21.

72 Oesp, Aprovado substitutivo ao projeto antitruste, 5 jul. 1962, p.18.

prerrogativa de o Poder Executivo regulamentar por decreto a questão do abuso de poder econômico. Talvez para evitar com que um texto radical sobre a matéria fosse promulgado pelo Conselho de Ministros, um acordo entre as lideranças no Senado aprovou, em agosto de 1962, com pequenas modificações, o projeto de lei antitruste que havia sido enviado à Casa meses antes pela Câmara (isto é, o substitutivo Lucena-Araújo), apesar dos fortes protestos do senador Sérgio Marinho. Em setembro de 1962, a lei antitruste foi sancionada pelo presidente João Goulart.[73]

A análise da lei antitruste mostra que parte das críticas feitas pelos empresários ao projeto original do governo Quadros foi incorporada ao texto. Na conceituação dos crimes de abuso de poder econômico, por exemplo, suprimiu-se o artigo que considerava atividade passível de punição o aumento de preços acima do montante de elevação de custos. De acordo com a nova redação, somente incorreria em crime a empresa que elevasse os preços de seus produtos "sem justa causa", "nos casos de monopólio natural ou de fato" e "com o objetivo de aumentar arbitrariamente os lucros sem aumentar a produção". Nota-se a quantidade de condições que deveriam ser satisfeitas – algumas das quais tão subjetivas quanto antes ("justa causa", "monopólio de fato") – para que a elevação de preços fosse caracterizada como crime de abuso de poder econômico. Isso certamente transformaria a lei em uma regra de difícil aplicação, abrindo margem para várias contestações por parte das empresas.

O poder do órgão responsável pela execução da lei antitruste (Cade) também foi reduzido.[74] A seção da lei sobre as pesquisas a serem efetuadas pelo Cade ficou idêntica à proposição sugerida pelo deputado Daniel Faraco à Comissão de Economia da Câmara, ou seja, o Cade determinaria apenas a "influência" que as "margens de lucro" exerceriam "sobre a economia nacional", mas não teria a prerrogativa de definir o que seriam "lucros normais". Outra vitória importante do empresariado deu-se na proibição de o Cade requerer intervenção de empresas à Justiça em casos de primeiro delito. Além disso, o procedimento processual seria longo e burocrático, garantindo condições suficientes aos empresários para evitar a perspectiva de uma intervenção. Uma descrição mais detalhada dos procedimentos

---

73 Oesp, Aprovado pela Câmara Alta o projeto da lei antitruste, 18 ago. 1962, p.4; Sancionadas a lei antitruste e a lei sobre desapropriação, 12 set. 1962, p.2. Goulart impôs dez vetos à legislação antitruste, sendo o mais importante aquele que retiraria do Senado a prerrogativa de confirmar os membros do futuro Conselho Administrativo de Defesa Econômica (Cade). O Senado aceitou parte dos vetos, mas não este que o privaria da confirmação dos membros do Cade. Ver Oesp, Íntegra dos vetos à lei antitruste, 13 set. 1962, p.7; Lei antitruste: vetos rejeitados pelo Congresso, 16 nov. 1962, p.16.

74 Apesar de mantida a sigla (Cade), a lei antitruste mudou o primeiro termo de designação do órgão de fiscalização e apuração dos abusos de poder econômico: de "Comissão" para "Conselho Administrativo de Defesa Econômica".

previstos no projeto original e no texto efetivamente aprovado pelo Congresso permite esclarecer melhor o porquê de os empresários terem sido favorecidos com a nova formulação.

Segundo a lei antitruste, em caso de suspeita de crime de abuso de poder econômico, o Cade realizaria "investigações preliminares" sobre o possível réu. As investigações seriam concluídas em até trinta dias, contariam com um relator (membro do próprio Conselho) e não precisariam ser notificadas à empresa em litígio (apesar de a legislação não proibir o contrário). Após o término desse inquérito preliminar, se o Conselho decidisse pela instauração de processo administrativo, haveria nomeação de um novo relator e obrigatoriedade de notificação do réu. A fase de provas, que envolvia o recolhimento de depoimentos das testemunhas, deveria começar entre 10 e 45 dias após o início do inquérito. A lei não estipulava prazo máximo para a finalização do processo administrativo. Determinava-se apenas que este deveria ser "conduzido e concluído com a maior brevidade compatível com o pleno esclarecimento dos fatos". No final do processo, se o Cade julgasse pela existência de crime de abuso de poder econômico, a empresa seria notificada da necessidade de cessação do ato ilícito apurado, bem como multada de cinco a dez mil vezes o valor do maior salário mínimo em vigência no país. O réu teria até dez dias para informar o Cade sobre "sua disposição ou não de realizar as providências ordenadas". Em caso negativo (algo improvável de acontecer, diga-se de passagem), o Conselho poderia determinar intervenção imediata da empresa à Justiça; em caso contrário, o Cade estabeleceria um prazo ao réu para regularizar suas operações, que depois seriam fiscalizadas por técnicos do próprio Conselho. Mesmo que a empresa não tivesse intenção de cessar o ato ilícito, ela não teria motivos para declarar isso ao Cade, pois a omissão da verdade adiaria a chance de uma intervenção. Se a empresa no futuro incidisse em novo abuso de poder econômico, reproduzir-se-ia o mesmo procedimento processual, com a diferença de que haveria multa em dobro e que, caso houvesse reincidência no crime, o Cade poderia pedir intervenção imediata à Justiça. Isso representou outra vitória para as empresas. Devido às definições subjetivas de abuso de poder econômico contidas na lei, seria uma batalha judicial definir até que ponto determinado delito teria sido igual a outro. Ao final do processo administrativo, o caso seria encaminhado ao Poder Judiciário, tramitando de acordo com as normas dos Códigos do Processo Civil e Penal.

Esse longo e burocrático procedimento estabelecido pela lei antitruste contrastava com a rapidez das etapas previstas pelo projeto original do governo Quadros (Figura 3.1). Neste, não haveria necessidade de "investigações preliminares". Em caso de suspeita de crime, instaurar-se-ia imediatamente processo administrativo contra a empresa. Concluída a investigação da Cadec, seria concedido o direito de vista aos autos tanto ao acusado quando ao ofendido (se houvesse um) no período de até três dias, para "alegarem o que entenderem, a bem de seus direitos". Acusado e ofendido também poderiam requerer a produção de provas, em prazo de

Figura 3.1 – Quadro comparativo dos procedimentos processuais do projeto do governo Quadros de combate ao abuso do poder econômico e da lei antitruste, 1961-1962

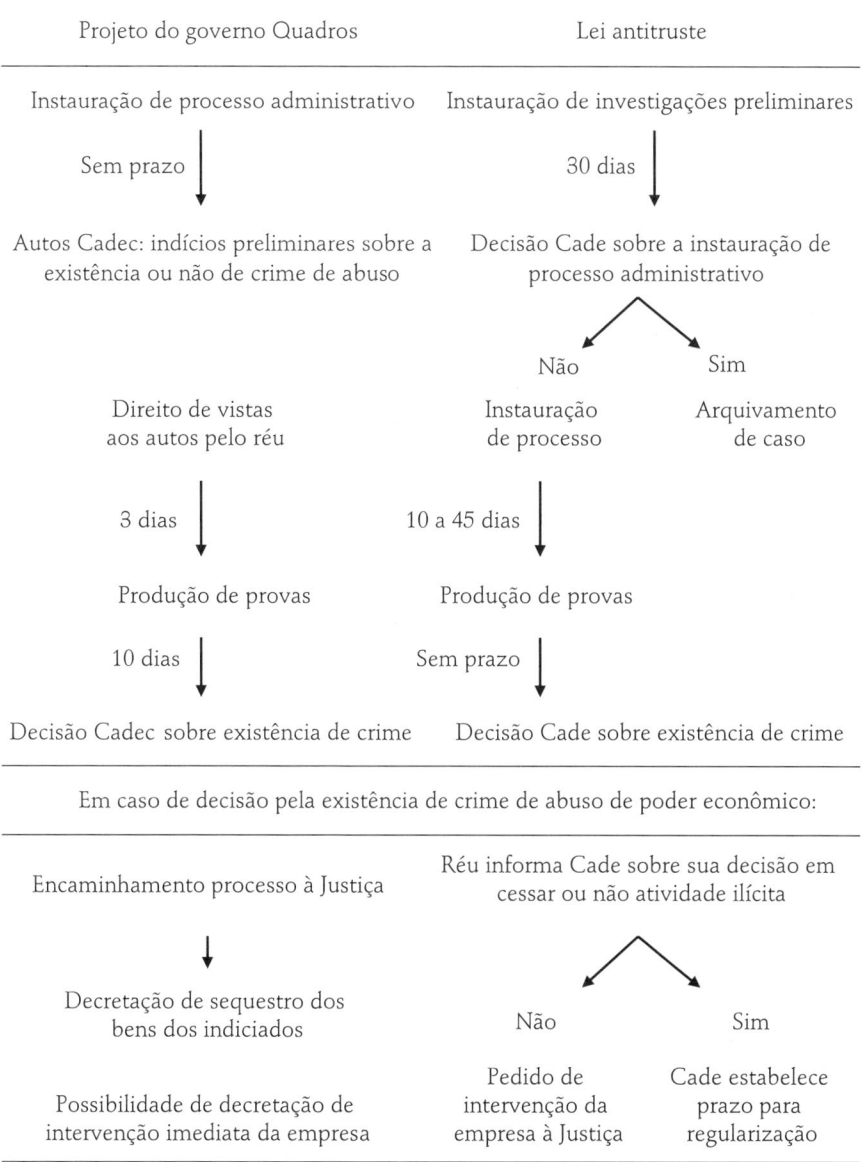

Fonte: Elaborada pelo autor.

até dez dias. Após isso, a Cadec proferiria decisão em sessão pública sobre a existência ou não de crime de abuso de poder econômico. Em caso positivo, o processo seria encaminhado à Justiça comum. Além disso, mediante representação do Ministério Público e do próprio Cadec, o juiz decretaria sequestro dos bens dos indiciados e, se necessário, intervenção pública da empresa. A proposta original previa um procedimento bem mais célere de investigação e julgamento dos fatos: de um lado, como já se ressaltou, isso poderia abrir margem para graves arbitrariedade; de outro, garantiria um mecanismo de pressão por parte do governo sobre empresas que tentassem se aproveitar da reforma cambial para aumentar lucros.

É importante salientar, por outro lado, que a legislação antitruste não satisfez todas as demandas do empresariado. Por exemplo, de acordo com a lei, o Cade ainda teria a prerrogativa de definir o que seriam "termos de concorrência desleal" – prerrogativa esta interpretada como arbitrária pelas entidades empresariais. Da mesma forma, manteve-se a responsabilização civil e criminal de diretores e gerentes acusados de praticar atos de abuso de poder econômico (e não somente das pessoas jurídicas). Apesar disso, em termos gerais, pode-se dizer que o texto final mais incorporou do que rejeitou as demandas do empresariado. Segundo palavras de Giulio Lattes, diretor da Associação Comercial de São Paulo, a lei aprovada pelo Congresso era "muito mais suave e menos repressiva, educativa", apresentando "melhora sensível quando comparada com os outros projetos, quase de caráter policial". Lattes destacou também o aperfeiçoamento do processo de investigação e de julgamento dos réus. Conforme o diretor da ACSP, haveria "toda uma série de possibilidades prévias, antes de se chegar a penalidades, de um entendimento, para que [houvesse] mudança no modo de agir da empresa".[75] A própria Fiesp, que tanto havia combatido o projeto original da lei antitruste, destacou, em memorial enviado ao presidente Goulart em dezembro de 1961, que a proposta aprovada pela Câmara poderia "ser um instrumento útil nas mãos do governo" no combate à inflação.[76] Apenas a Fiega, pelo o que pudemos identificar, manteve uma postura crítica. Os industriais da Guanabara desejavam a aprovação do projeto formulado pelo Ipes e apresentado no Congresso pelo senador Sérgio Marinho.[77]

A determinação exata do peso exercido pelos empresários na modificação da lei antitruste é difícil de ser aferida. Diante das evidências coletadas, porém, parece razoável supor que as mudanças feitas no texto só foram possíveis por causa do grande esforço realizado pelas entidades

---

75 Ata, 21ª Reunião de Diretoria Plena da ACSP, 26 ago. 1962, p.8.
76 Boletim Informativo Fiesp-Ciesp, Medidas para reduzir o impacto inflacionário do salário mínimo, n.635, 6 dez. 1961, p.115.
77 Ata, Reunião do Conselho de Representantes da Cierj-Fiega, 8 ago. 1962, p.3.

empresariais com o Congresso. Vê-se que o poder de mobilização do empresariado era grande para opor-se a medidas consideradas nocivas aos seus interesses da classe.

* * *

O debate em torno da necessidade de uma legislação antitruste no Brasil mostrou que a administração Quadros acreditava que o controle inflacionário precisava mais do que simples medidas de estabilização econômica: na visão do governo, seria preciso também controlar o poder das empresas, especialmente de monopólios e oligopólios, na determinação de preços, com o intuito de dividir os custos do combate à inflação entre as classes sociais. Se, de um lado, esse problema era real, como comprovam os relatos confidenciais dos empresários, de outro, a proposta apresentada pelo presidente Quadros para resolvê-lo era não apenas pouco factível, como também tenderia a resultar, caso executada à risca, em sérias consequências para a economia brasileira no longo prazo, em especial do ponto de vista da redução do ritmo de crescimento do produto e do nível de renda *per capita*. Por outro lado, a frágil base jurídica do projeto favoreceu o trabalho dos empresários, que se mobilizaram de maneira contundente contra a iniciativa, bloqueando seus aspectos radicais.

Na versão original do projeto, o governo poderia penalizar empresas que aumentassem preços dos produtos acima da elevação de custos, ou que auferissem lucros acima do "normal". Ambas provisões foram extintas no texto final. O mesmo se deu com o processo de julgamento das empresas. Em contraste com a proposta do governo Quadros, a lei antitruste tornou o procedimento de penalização das companhias infratoras algo burocrático, lento e passível de inúmeras protelações táticas. Além disso, o poder de fiscalização da agência competente (Cade) foi diminuído. O artigo que previa a prerrogativa de o Conselho determinar a apreensão de livros e arquivos empresariais foi extinto, assim como se dificultou a possibilidade de decretação de intervenção em empresas. No conjunto geral, os empresários foram contemplados não apenas com uma definição bem menos severa de "crimes de abuso de poder econômico", como também o próprio mecanismo de sanção legal tornou-se mais lento para fazer valer as penalizações previstas na lei.

Se a lei original dificilmente teria condições de ser cumprida, pode-se argumentar que não haveria como explicar o esforço realizado pelas entidades empresariais para bloqueá-la no Congresso. Apesar de importante, esse aspecto não desqualifica as conclusões do capítulo. Uma coisa é o esforço pela aprovação da lei; outra (em especial tratando-se de um texto contrário aos interesses das elites), pelo cumprimento da lei. Uma vitória no primeiro caso não garante sucesso no segundo, mas certamente conquistas no plano jurídico não são de todo inúteis. Mudanças nos planos legal e institucional podem levar a alterações nas estratégias utilizadas por representantes de classes e grupos sociais na luta por seus interesses (e, portanto, uma modificação da própria correlação de forças entre grupos). Um protesto de grupos da sociedade por uma agenda extralegal é muito diferente de outro que se dá pelo cumprimento da lei. A legitimidade do ato muda. Esse aspecto ficará evidente, por exemplo, na análise do cumprimento da lei do 13º salário (junho de 1962), que será feita no capítulo sete. Após sua aprovação, o *status* das greves de trabalhadores urbanos que lutavam pelo pagamento de um salário extra ao final do ano não apenas se modificou, mas também o número de paralisações que reivindicavam o pagamento do 13º salário cresceu. Foi provavelmente para evitar que situações análogas ocorressem que os empresários mobilizaram-se para obstruir aspectos considerados maléficos da legislação antitruste. No formato original, apesar de suas fragilidades e deficiências, ela poderia ser utilizada como base de protesto contra aumento dos preços de produtos, ainda mais em contexto de execução de um programa de estabilização e de possíveis manifestações da sociedade civil. Não foi à toa que setores da esquerda, inclusive os comunistas, apoiaram o projeto antitruste da administração Quadros e o substitutivo Jacob Franz.

Em resumo, a administração Quadros tinha um problema real para lidar, e que se repetiria com o governo Goulart no futuro: as ameaças das entidades empresariais de transferir custos dos programas de estabilização para os consumidores via aumento de preços na hipótese de o governo não ceder diante das reivindicações dos empresários, especialmente no que se referia à flexibilização da política de crédito. A questão é que o instrumento proposto para resolver o problema não era adequado, podendo se transformar em foco de sérias instabilidades para a economia brasileira em médio e longo prazos, além de ser de difícil operacionalização. É bem possível que o próprio presidente Quadros, que tanto louvou a iniciativa em seus discursos, não acreditasse que ela pudesse funcionar a contento. Se essa hipótese for verdadeira, o projeto antitruste teria sido muito mais um recurso retórico para justificar aos trabalhadores e classes médias a necessidade de estes apoiarem o programa de estabilização – curvando-se à tese janista de trégua salarial de um ano e de contenção das greves – do que uma medida viável para controlar os "trustes" e os "tubarões". Dessa perspectiva, portanto, a ideia teria se enquadrado nos moldes de uma proposta demagógica, na estrita acepção do termo.

Para concluirmos a avaliação do programa de estabilização do governo Quadros, resta-nos levar em consideração o contexto internacional. O próximo capítulo aborda as relações entre Brasil e seus principais credores estrangeiros, notadamente os Estados Unidos, durante o processo de renegociação da dívida externa brasileira. Essa renegociação ocorreu durante um momento histórico para a América Latina: um momento no qual os Estados Unidos, sob a liderança de um novo presidente, propuseram a construção de uma "Aliança para o Progresso" entre os países do hemisfério americano.

4
O Brasil e a Aliança para o Progresso[1]

No dia 13 de março de 1961, em uma recepção dada aos embaixadores latino-americanos na Casa Branca, o presidente dos Estados Unidos, John F. Kennedy, anunciou a formação de uma "Aliança para o Progresso" entre os Estados Unidos e a América Latina. O governo norte-americano estava disposto a fornecer "assistência econômica de longo prazo" aos países do hemisfério que se comprometessem a promover uma "revolução" em suas sociedades. Essa revolução consistia no fomento ao desenvolvimento econômico e "reformas sociais de caráter vital", por meio de planejamento e com respeito à democracia. A partir de então, a ajuda financeira dos Estados Unidos dependeria do desempenho dos países latino-americanos com relação às metas da Aliança para o Progresso. Sem isso, concluiu Kennedy, "nossa revolução e o nosso sonho terão falhado".[2]

Ao final do discurso, o clima na Casa Branca era de entusiasmo. Segundo Arthur Schlensinger Jr., assessor do presidente Kennedy, o embaixador da Venezuela o teria tomado pelos braços e dito: "Nós não escutamos tais palavras desde Franklin Roosevelt".[3] Havia anos que os países da América Latina reivindicavam dos Estados Unidos um programa de assistência econômica similar ao Plano Marshall. O chamado Ponto IV do governo Harry Truman (1945-53), apesar das esperanças que suscitou, no final das contas

---

1 Uma versão preliminar e resumida deste capítulo foi publicada na revista *Economia e Sociedade*. Ver Loureiro, 2013.

2 Discurso, presidente John Kennedy, 13 mar. 1961, CMa mfd 1956.11.28, Pasta 1, CPDOC-FGV, p.3-8.

3 Schlesinger Jr., 1992, p.194.

forneceu poucos recursos ao continente.[4] Durante o período Eisenhower (1953-61), a postura norte-americana manteve-se conservadora: na visão de Washington, a América Latina não precisaria de investimentos de longo prazo do governo dos Estados Unidos para se desenvolver, mas de investimentos externos privados. Os investidores estrangeiros seriam atraídos ao continente por meio do estímulo a um "clima propício", o que envolvia garantia de equilíbrio fiscal, estabilidade monetária, liberdade cambial e mínima interferência estatal na economia. A América Latina, diferentemente da Europa, não havia sido destruída por uma guerra. Por isso, argumentavam as autoridades norte-americanas, as abordagens também deveriam ser distintas.[5]

O perigo de comunização da América Latina, trazido à tona pela Revolução Cubana, mudou essa realidade. Já ao final do governo Eisenhower tornara-se evidente que os Estados Unidos estavam dispostos a ceder a velhos pleitos latino-americanos sobre assistência econômica.[6] Mas foi com a administração Kennedy (1961-63) que essa guinada ficaria perceptível. A Aliança para o Progresso representou a admissão pelo governo dos Estados Unidos de que apenas investimentos privados externos e um "clima propício" a investidores estrangeiros não seriam suficientes para promover desenvolvimento econômico no continente. Seria preciso garantir financiamento de longo prazo para projetos essenciais e promover reformas de estrutura, a fim de produzir crescimento com equidade na América Latina e, portanto, deixar o hemisfério longe do comunismo. Como o próprio presidente Kennedy salientou a assessores: "Se as únicas alternativas para o povo da América Latina são o *status quo* e comunismo, então eles irão inevitavelmente escolher comunismo".[7]

Meses após o famoso discurso de Kennedy na Casa Branca, o projeto da Aliança parecia ganhar maior concretude, apesar (ou por causa) do fracasso da Baía dos Porcos de abril de 1961.[8] Em agosto, em uma sessão

---

4 Durante a administração Truman a América Latina recebeu apenas 3% da ajuda econômica fornecida pelos Estados Unidos ao mundo. Rabe, 1999, p.154. Sobre o Ponto IV e a pouca importância a ele dada pelos próprios Estados Unidos, ver Malan, Bonelli e Abreu, 1984, p.87, e Patterson, 1972. Para um histórico das relações Brasil-EUA no pós-guerra, ver Hilton, 1981, e Smith, 2010, cap.5.

5 O'Brien, 2007, cap.6; Rabe, 1999, cap.4; 2016, p.105-13; Weis, 1993, caps.4-5; 2001. Com o Plano Marshall, os Estados Unidos forneceram aproximadamente US$ 13 bilhões para a Europa Ocidental entre 1948 e 1952, sendo 90% constituídos por doações. Ver Hogan, 1987, p.414-24, e Wood, 1986, p.29-30.

6 Sewell, 2010.

7 Levinson e Onis, 1970, p.56. Para perspectivas que analisam a Aliança para o Progresso a partir dos aspectos modernizante e missionário do programa, ver Ekbladh, 2010; Latham, 2000; 2011. Para uma revisão historiográfica sobre a Aliança, ver Dunne, 2013, Part I; 2016, Part II.

8 No dia 15 de abril de 1961, os Estados Unidos patrocinaram uma invasão de exilados cubanos anticastristas na Baia dos Porcos, em Cuba, com intuito de retirar Fidel Castro do poder.

extraordinária do Conselho Interamericano Econômico e Social da Organização dos Estados Americanos (Cies-OEA), realizada em Punta del Este, Uruguai, os delegados da OEA aprovaram uma "Declaração aos Povos da América" contendo os princípios fundamentais da Aliança para a América Latina. Entre esses princípios, destacaram-se, em ordem de apresentação: apoio a regimes democráticos, aceleração de crescimento econômico e desenvolvimento social, estímulo a reformas estruturais (entre as quais reformas agrária e tributária), melhoria das condições educacionais e de saúde da população, aplicação de políticas monetária e fiscal que impedissem "os desastrosos efeitos da inflação" para os trabalhadores, e incentivo a empresas privadas.[9] Nenhuma menção foi feita à criação de um "clima propício" para investimentos externos, o que desagradou a comunidade empresarial norte-americana.[10] Além disso, pela primeira vez, os Estados Unidos comprometiam-se com um projeto de assistência econômica de longo prazo para a América Latina. Douglas Dillon, secretário do Tesouro do governo Kennedy, assegurou em Punta del Este que o continente receberia US$ 20 bilhões em dez anos, sendo que metade desse valor corresponderia a financiamento público norte-americano.[11] A partir disso, entende-se o porquê de muitos terem interpretado a Aliança como o "Plano Marshall" da América Latina.[12]

Na realidade, a Aliança para o Progresso ficaria muito aquém das promessas. Tomando-se apenas o caso do Brasil, é perceptível que o clima de otimismo demonstrado no início de 1961 por autoridades brasileiras e norte-americanas havia se transformado, em meados de 1962, em ceticismo ou total descrença. Roberto Campos, por exemplo, que aparentara entusiasmo com o lançamento da Aliança, escreveria, em carta de

O plano, formulado pelo governo Eisenhower e ratificado por Kennedy, faliu fragorosamente, enfraquecendo a legitimidade da Aliança para o Progresso. Para mais informações, ver Schlesinger Jr., 1992, p.214-78.

9 Official Documents Emanating from the Special Meeting of the Inter-American Economic and Social Council at the Ministerial Level (Punta del Este, Uruguay), 05-17 ago. 1961, Papers of Teodoro Mosoco (doravante PTM), folder 8/61, Box 2, JFKL, p.3-4.

10 Ver entrevistas realizadas sobre o tema com diretores de empresas multinacionais norte-americanas em Levinson e Onis, 1970, p.72-3.

11 Relatório da Delegação do Brasil à Reunião Extraordinária do Conselho Interamericano Econômico e Social em Nível Ministerial, Punta del Este, 5-16 ago., 1961, Cma mfd 1956.11.28, Pasta IV, CPDOC-FGV, p.3-4.

12 Adolf Berle, chefe da força-tarefa responsável pela formulação da Aliança para o Progresso, afirmou, no início de 1961, que a Aliança seria um "equivalente moral" ao Plano Marshall. Schlesinger Jr., 1992, p.91. Após a Conferência de Punta del Este, em razão do montante de financiamento norte-americano anunciado por Douglas Dillon, as comparações entre os dois programas aumentaram. Ver Relatório da Delegação do Brasil, 5-16 ago. 1961, CPDOC-FGV; Transcrição do discurso do Presidente Goulart ao Congresso dos EUA, Secretaria de Estado das Relações Exteriores à Embaixada do Brasil em Washington, 30 mar. 1962, Arquivo Roberto Campos (doravante RC), d/bem 61.10.19, Pasta I, CPDOC-FGV, p.5.

setembro de 1962 a um alto membro do governo norte-americano, que a administração Kennedy parecia estar convencida "das vantagens da *linha dura*" sobre a assistência financeira ao Brasil. Segundo Campos, os Estados Unidos estavam preocupados apenas com o "primado da estabilização" e não com o desenvolvimento econômico e social brasileiro.[13] De maneira semelhante, o mesmo Kennedy que, em março de 1961, havia discursado sobre a necessidade de uma "revolução" na América Latina, bem como sobre a importância da consolidação de regimes democráticos no continente, discutiria abertamente, em julho de 1962, em uma reunião na Casa Branca com o embaixador norte-americano no Brasil, Lincoln Gordon, a possibilidade de os Estados Unidos apoiarem grupos e organizações favoráveis à queda de João Goulart, desrespeitando a mesma democracia que ele havia prometido consolidar.[14] Não é a toa que, em pouco tempo, muitos latino-americanos já se referiam ao programa como a aliança que bloqueava o progresso, ao invés de estimulá-lo.[15]

Diante desse quadro, este capítulo discute até que ponto a Aliança para o Progresso teria sido implementada no Brasil, mesmo que por pouco tempo; e, se sim, quais teriam sido os motivos responsáveis por essa mudança de percepção dos funcionários dos governos brasileiro e norte-americano no período 1961-62. Essas questões serão abordadas tomando como referência as relações financeiras entre os governos do Brasil e dos Estados Unidos entre 1961 e meados de 1962, especialmente o processo de negociação e implementação dos acordos de maio de 1961 e seus impactos na política econômica dos governos Quadros e Goulart.[16]

A primeira parte do capítulo analisa o processo de negociação da dívida externa brasileira durante a administração Quadros, com foco no auxílio norte-americano concedido em maio de 1961 no contexto da Aliança para o Progresso. A segunda parte apresenta a maneira pela qual o acordo que resultou dessas negociações foi implementado, o que corresponde ao período que vai dos últimos meses do governo Quadros até o fim do primeiro ano da administração Goulart. Com este capítulo, fecha-se a análise sobre a política econômica janista, abrindo-se ao mesmo tempo uma discussão sobre os resultados da política econômica do governo Jango.

---

13 Carta, Roberto Campos, embaixador do Brasil nos Estados Unidos, a Herbert K. May, delegado assistente do secretário de Estado para Assuntos Latino-Americanos, 19 set. 1962, Arquivo Hermes Lima (doravante HL), c 62.09.19/2, CPDOC-FGV, p.1-2 (grifos no original).
14 Naftali, 2001, p.16-7.
15 Levinson e Onis, 1970, p.101-2. Para referência às limitações e contradições apresentadas pela Aliança em outros países latino-americanos, ver também Brands, 2010, cap.2; O'Brien, 2007, cap.6; Rabe, 1999; 2016, cap.5.
16 Para outros aspectos relevantes da relação entre o Brasil e a Aliança para o Progresso, tal como os projetos envolvendo o Nordeste brasileiro, ver Roett, 1972.

4.1. As negociações financeiras de maio de 1961

Em diversas ocasiões, John Kennedy deixou claro que o sucesso de seu programa para a América Latina dependia do desempenho do Brasil. E não poderia ser diferente: um país de dimensões continentais, com abundância de recursos físicos e que compartilha fronteiras com outras dez nações sul-americanas precisava receber atenção especial dos Estados Unidos, principalmente devido ao aguçamento das tensões da Guerra Fria na região após a Revolução Cubana. "Se o Brasil virar comunista, teremos uma segunda China no mundo, e não uma segunda Cuba", afirmava Lyndon B. Johnson, então vice-presidente norte-americano.[17]

Kennedy pareceu ter compreendido a máxima de Lyndon Johnson como ninguém. Dias após as eleições presidenciais nos Estados Unidos, Kennedy ordenou a um dos seus assessores, Hickman Price Jr., um relatório sobre Jânio Quadros, com ênfase nos problemas que este teria de enfrentar.[18] Da mesma maneira, após assumir o poder na Casa Branca, em 20 de janeiro de 1961, Kennedy fez questão de acompanhar a situação brasileira de perto, recebendo frequentes memorandos do Departamento de Estado.[19] Todos esses relatórios enfatizavam a frágil posição financeira brasileira em 1961, bem como a urgente necessidade de o país renegociar seu passivo externo. Para John Moors Cabot, então embaixador norte-americano no Brasil, essa renegociação seria imprescindível para impedir um "caos econômico", o que envolveria, conforme sua avaliação, declaração de moratória seguida de fechamento de relações comerciais e financeiras do Brasil com nações credoras.[20]

Diante desse contexto, Kennedy enviou ao Brasil em fevereiro de 1961 Adolf Berle, ex-embaixador norte-americano no país (1945-46), e chefe da força-tarefa da Aliança para o Progresso. Berle recebeu a rara autoridade de oferecer a Quadros um empréstimo de US$ 100 milhões do Eximbank sem qualquer contrapartida econômica, como símbolo de confiança da administração norte-americana no novo presidente brasileiro. É evidente que essa oferta possuía motivação política. Berle foi enviado à América

---

17 Smith, 2000, p.157.
18 Carta, Margaret Price a John F. Kennedy, 16 nov. 1960; Memorandum, Hickman Price Jr. to president Kennedy, 16 nov. 1960, folder 1, Box 112A, President Office's Files (doravante POF), JFKL.
19 Ver, por exemplo, Memorandum for the President (doravante MemPres), Financial Assistance for Brazil, fev. 1961, folder 15, Box 112, POF, JFKL; Report s.n., Establishing Relations with the New Brazilian Administration, fev. 1961, folder "Brazil, General 1/26/61-2/24/61", Box 12, National Security Files (doravante NSF), JFKL, p.1-2.
20 Carta, John M. Cabot a Leverett Saltonstall, 17 jan. 1961, The Diplomatic Papers of John Moors Cabot (doravante DPJMC), Part 1, Reel 5, JFKL, 2; Telegram 100, Rio de Janeiro to Foreign Office, 14 abr. 1961, Treasury Papers (doravante T), 312 / 22, TNA, p.1.

Latina com o intuito de recrutar aliados contra Cuba.[21] Isso não impediu, todavia, que a comunidade financeira internacional reclamasse da postura do novo presidente dos Estados Unidos. Segundo o embaixador britânico no Brasil, o diretor administrativo do Fundo Monetário Internacional (FMI), Per Jacobsson, teria ficado "furioso" quando soube que um empréstimo norte-americano havia sido oferecido a Quadros sem que antes o Brasil tivesse reatado relações com o FMI.[22] Jacobsson queria que o Brasil se comprometesse primeiramente a aplicar uma política macroeconômica aprovada pelo Fundo para depois ser elegível a receber empréstimos da comunidade internacional. Para a embaixada britânica, "razões políticas parecem ter ditado uma *linha branda* para Jânio, ordenada pelo próprio Kennedy".[23] O próprio adido do Tesouro da embaixada norte-americana no Brasil, Herbert May, "não ficou contente" com a atitude da Casa Branca. May também considerava melhor aguardar o Brasil "pacificar suas relações" com o FMI antes de Washington oferecer empréstimo.[24]

No entanto, essas divergências entre a Casa Branca e a comunidade financeira internacional perderam momentaneamente importância diante de um fato inusitado: a negativa do empréstimo por parte de Jânio. O presidente brasileiro argumentou que os compromissos do Brasil no exterior eram tão grandes que só faria sentido ao país receber empréstimos dentro de um acordo global com os credores, e não de maneira isolada. Por esse motivo, o governo do Brasil enviaria "em breve" missões diplomáticas aos Estados Unidos e à Europa Ocidental, com o intuito de renegociar a dívida do país. Essas missões seriam chefiadas, respectivamente, pelos embaixadores Walter Moreira Salles e Roberto Campos.[25] Por fim, quando questionado por Berle acerca de Cuba, Jânio deixou claro que o Brasil não teria condições de tomar quaisquer ações contra o regime castrista no momento. Segundo o presidente brasileiro, fazia-se necessário, em primeiro lugar, "controlar a situação econômica e social doméstica" para depois agir no plano internacional.[26] Subtende-se disso que Jânio estaria utilizando a sua Política Externa

---

21 John Cabot referiu-se ao empréstimo oferecido por Berle a Quadros como um "suborno". Entrevista, John Moors Cabot, Oral Project, JFKL, *apud* Rabe, 1999, p.65.

22 Report s.n., Rio de Janeiro to John Ward, Buenos Aires, 3 mar. 1961, Foreign Office Papers (doravante FO), 371/155829, TNA. O presidente Kubitschek havia rompido negociações com o FMI em junho de 1959, opondo-se ao receituário recomendado pelo Fundo ao Brasil. Ver Lima, 2006, p.55-9.

23 Report, Rio de Janeiro to John Ward, 3 mar. 1961, TNA 1 (grifos no original). Ver, também, Carta, K. S. Weston a R. S. Isaacson, 2 mar. 1961, T312 / 21, TNA.

24 Carta, Isaacson a Weston, 22 fev. 1961, T312 / 21, TNA.

25 Jânio também enviaria uma terceira missão à Europa Oriental, chefiada por João Dantas, com o intuito de negociar acordos comerciais com os países do bloco socialista. Ver Hershberg, 2015; Young, 1972, p.91-2; Victor, 1965, cap.12.

26 Report 781, Rio de Janeiro to Department of State, 8 mar. 1961, CGR 1941-73, folder "Brazil, April-June 1961", Box 125, RG 84, Nara.

Independente (PEI), vista como progressista pelas esquerdas, como proteção diante das críticas ao seu programa de austeridade econômica.[27]

Apesar de não ter aceitado o empréstimo do Eximbank, o governo Quadros aproveitou a visita de Adolf Berle para iniciar formalmente negociações com os Estados Unidos sobre os compromissos externos do Brasil. Em uma recepção oferecida ao representante norte-americano pelo ministro das Relações Exteriores, Afonso Arinos de Melo Franco, Berle recebeu uma proposta do governo brasileiro sobre o montante de ajuda que o país considerava necessário para superar suas dificuldades financeiras.[28] Redigido pelo diretor executivo da Superintendência da Moeda e do Crédito (Sumoc), Octávio Gouveia de Bulhões, o documento afirmava que o governo Quadros estaria disposto a implementar uma política econômica "completamente diferente" daquela seguida pela administração Kubitschek. Essa política se basearia nos mesmos princípios aplicados pelo economista liberal Eugênio Gudin quando de sua passagem pelo ministério da Fazenda em 1955: austeridade monetária e fiscal, fim dos controles cambiais e promoção das exportações. No entanto, isso só poderia ser realizado, segundo o documento, se o Brasil recebesse "novas facilidades creditícias internacionais". Dos Estados Unidos, demandavam-se ao total 840 milhões de dólares, sendo 440 milhões em refinanciamentos de fontes públicas e privadas norte-americanas. Além disso, solicitou-se a liberação de créditos antigos no valor de 140 milhões junto ao FMI (Tabela 4.1). Isso significava que o governo brasileiro estava disposto a reatar relações com o Fundo, seguindo o desejo da comunidade financeira internacional.

Essa demanda por créditos, porém, não foi feita sem contrapartida do governo brasileiro. A embaixada norte-americana no Rio vinha acompanhando de perto a formulação da política econômica da administração Quadros. Sabia-se que um programa de austeridade econômica e de extinção dos controles cambiais estava sendo elaborado pelos técnicos do governo. Herbert May, adido do tesouro da embaixada, mantinha contatos frequentes com as principais autoridades financeiras, especialmente Casimiro Ribeiro, diretor do Departamento Econômico da Sumoc. Sempre que possível, May ressaltava aos membros do governo brasileiro a importância de o país formular um plano aceitável ao FMI antes de iniciar negociações internacionais. Isso ajuda a explicar o porquê de o adido ter

---

27 A Política Externa Independente, lançada por Jânio Quadros e mantida sob a administração Goulart, possuía três linhas básicas de ação: estreitamento do vínculo do Brasil com nações do Terceiro Mundo, restabelecimento de relações diplomáticas com países do bloco socialista e defesa do princípio de autodeterminação dos povos. Baseado nesse terceiro princípio, o Brasil opôs-se à adoção de medidas contra o regime cubano. Ver Streeter, 1994, p.211-3; Storrs, 1973, p.304-85. Para a PEI como proteção às críticas da esquerda, ver Weis, 2001, p.327-28.

28 Telegram 748, Rio de Janeiro to Department of State, 28 fev. 1961, CGR 1941-73, folder "Financial Matters, Jan.-Mar. 1961", Box 129, RG 84, Nara.

Tabela 4.1– Primeira proposta de financiamento ao governo dos Estados Unidos, Brasil, fevereiro de 1961 (milhões US$)

	Total	Liberação imediata
I. Refinanciamento		
Eximbank	230	–
Bancos privados EUA	210	–
II. Empréstimos novos		
Eximbank	400	300
FMI	140	140
Total (I + II)	980	440

Fonte: Report s.n., Foreign Financial Assistance, fev. 1961, Nara, p.1-3.

ficado irritado quanto soube que Kennedy havia autorizado a Berle a oferecer unilateralmente US$ 100 milhões ao Brasil. De qualquer forma, esses contatos de May com as autoridades brasileiras foram importantes do ponto de vista de Washington não apenas para manter o governo norte-americano informado sobre a evolução dos acontecimentos, mas também para influenciá-los de acordo com as diretrizes do Departamento do Tesouro. Um claro exemplo disso deu-se com a questão da reforma cambial do governo Quadros.

Em fevereiro de 1961, o ministro da Fazenda de Jânio, Clemente Mariani, não havia decidido ainda de que forma extinguir os controles cambiais, em particular no que se referia ao câmbio de custo. Inicialmente, Roberto Campos, Octávio Bulhões e Casimiro Ribeiro pressionaram o ministro da Fazenda a abolir todos os controles de uma só vez. Mariani negou-se a fazer isso, sob o argumento de que ele queria negociar com credores a partir de uma reforma cambial em andamento. Implícito aqui estava a ideia de que o ministro desejava manter um trunfo nas mãos: se a ajuda financeira internacional viesse como esperado, a reforma seria finalizada; caso contrário, os instrumentos de controle cambial ainda estariam em vigência, possibilitando um retorno à situação anterior. Com essa primeira questão resolvida, faltava decidir sobre o ritmo de eliminação dos controles cambiais. Quanto ao câmbio de custo, a primeira opção consistia extingui-lo em duas fases: em um primeiro momento, elevar o câmbio de Cr$ 100,00 para Cr$ 200,00 por dólar e depois eliminá-lo por completo. A segunda alternativa previa três fases: um aumento inicial mais moderado (de Cr$ 100,00 para Cr$ 150,00 por dólar), elevação para Cr$ 200,00 e, por fim, extinção do câmbio de custo.[29] Campos, Bulhões e Ribeiro, desta vez

---

29 Alguns economistas, como Celso Furtado, argumentam que um dos motivos responsáveis pela aceleração da inflação brasileira a partir de 1961 foi a rapidez com que controles cambiais foram eliminados pela administração Quadros. Segundo Furtado, mesmo com a criação

com sucesso, pressionaram Mariani a escolher a primeira opção, concretizada nas Instruções 204 e 208.[30]

Durante todo o período de discussões, Herbert May argumentou várias vezes com Casimiro Ribeiro sobre a importância de o governo brasileiro extinguir o quanto antes as restrições cambiais. Derrotada a possibilidade de eliminação desses controles de uma só vez, Herbert May passou a insistir com Casimiro e Bulhões sobre a preferência, para o bom andamento das negociações financeiras internacionais, de isso acontecer pelo menos em duas fases, ao invés de três. Dias antes de a Instrução 204 ter sido publicada, a embaixada norte-americana tinha não apenas conhecimento do conteúdo da mais importante medida de política econômica do governo Quadros, mas, talvez, tenha sido uma das forças determinantes na sua formulação.[31]

Além da reforma cambial, a embaixada também seguiu de perto a evolução de outras áreas da política econômica, tais como políticas fiscal e monetária. Desde o início de fevereiro de 1961, Herbert May vinha pressionando Casimiro Ribeiro e Octávio Bulhões a apresentar aos credores um plano de austeridade "integrado", isto é, com prognósticos que englobassem todas as áreas da política econômica, e com metas quantitativas claras a serem perseguidas para cada uma delas. Na verdade, o adido norte-americano estava apenas transmitindo críticas feitas pela comunidade financeira internacional, em especial pelo FMI, ao plano de renegociação de empréstimos apresentado pelo Brasil a Adolf Berle. Dois aspectos desse plano desagradaram ao Fundo: a ausência de metas sobre déficit público, expansão creditícia e política cafeeira para 1961; e a inclusão da liberação de créditos do FMI no pedido de auxílio, sendo que a entidade ainda não havia sido formalmente consultada pelo governo brasileiro.[32]

A modificação do primeiro aspecto do plano esbarrou na oposição do diretor da Sumoc. Apesar de concordar sobre a importância de limitar gastos públicos e impor controles à expansão do crédito do Banco do Brasil, Octávio Bulhões relutava em comprometer-se com metas quantitativas para

---

das letras de importação pela Instrução 204, o governo não teria conseguido recuperar a perda de receitas decorrente do fim dos leilões. Ver Furtado, 1997, p.167-8.

30 Telegram 673, Rio de Janeiro to Department of State, 1º fev. 1961; MemCon, Casimiro Ribeiro, Herbert May, 8 fev. 1961; MemCon, Cassimiro Ribeiro, Herbert May, 23 mar. 1961; Telegram 740, Rio de Janeiro to Department of State, 24 fev. 1961; MemCon, Ribeiro, Herbert May, Octávio Gouveia de Bulhões, 3 mar. 1961, CGR 1941-73, folder "Financial Matters, Jan.-Mar. 1961", Box 129, RG 84, Nara.

31 Idem. Informações sobre o processo de formulação da Instrução 204 também foram fornecidas por Eduardo Gomes, chefe da Divisão de Estudos Monetários da Sumoc, a John Kirzay, segundo secretário da embaixada dos EUA no Brasil. Ver Report 756, Rio de Janeiro to Department of State, 2 mar. 1961, CGR 1941-73, folder "Brazil, Jan.-March 1961", Box 125, RG 84, Nara, p.1-2.

32 MemCon, Herbert May, Casimiro Ribeiro, 2 mar. 1961; MemCon, May, Walter Moreira Salles, 6 mar. 1961; Carta, Herbert May a John M. Cabot, 17 mar. 1961, CGR 1941-73, folder "Financial Matters, Jan.-Mar. 1961", Box 129, RG 84, Nara.

essas áreas. Casimiro Ribeiro e Herbert May tentaram em vão convencê-lo a mudar de ideia antes de as missões Moreira Salles e Roberto Campos iniciarem seus trabalhos nos Estados Unidos e na Europa Ocidental, respectivamente, mas foi em vão. Bulhões manteve-se firme na ideia de que o Brasil já havia prometido muito no passado, e que o momento deveria ser mais de ação do que de promessas. O controle do déficit público e da expansão do crédito iria ser feito, segundo ele, em uma "base diária", mas sem metas a serem seguidas de acordo com um calendário previamente acordado com credores.[33]

Sobre a segunda das questões, porém, relativa à necessidade de abertura de negociações com o FMI, o governo Quadros cedeu parcialmente. Logo após a publicação da Instrução 204, em 13 de março de 1961, Clemente Mariani instruiu o representante brasileiro no Fundo, Maurício Bicalho, a requerer uma reunião dos membros do FMI para analisar a reforma cambial implementada pela administração Quadros.[34] Na reunião, a entidade concluiu que não fazia "objeção, em caráter temporário, à proposta do governo brasileiro", e que permaneceria "em consulta" com as autoridades do Brasil.[35] Ao mesmo tempo, deixaram claro que não considerariam a possibilidade de reatamento de laços antes de uma missão do Fundo ser convidada para visitar o país.[36] A visita serviria para os funcionários do FMI recolherem dados sobre economia e finanças, com ênfase no setor público. Por motivos políticos, porém, as autoridades brasileiras relutavam em fazer o convite. Temia-se que a missão fosse utilizada por grupos de esquerda para criticar o governo Quadros, acusando-o de estar se submetendo às "imposições da grande finança internacional". De fato, tendo em vista a tônica nacionalista dada por Juscelino Kubitschek quando do rompimento das relações com o Fundo em 1959, e as explicações que Clemente Mariani teve de proferir sobre a Instrução 204, suspeita de ter sido "negociada com o imperialismo antes de sua publicação", é de se compreender a cautela demonstrada pelo governo brasileiro quando se tratava de FMI.[37]

---

33 MemCon, May and Ribeiro, 2 mar. 1961, p.3; MemCon, May, Ribeiro and Bulhões, 3 mar. 1961, Nara.
34 Telegrama, Bicalho a Mariani, 14 mar. 1961; Telegrama, Mariani a Bicalho, 15 mar. 1961, CMa mfc 1961.01.31/4, CPDOC-FGV.
35 Telegrama, Per Jacobsson a Clemente Mariani, mar. 1961, CMa mfc 1961.01.31/4, CPDOC-FGV.
36 O diretor executivo dos Estados Unidos no FMI, Frank Southard, comunicou ao adido do tesouro norte-americano no Brasil, Herbert May, sobre esse ponto. May informou, então, as autoridades do governo brasileiro. Carta, Herbert May a John M. Cabot, 17 mar. 1961, Nara, p.2.
37 NR, Verdade cambial do FMI é falsa para o Brasil, 17-23 mar. 1961, n.106, p.3; A reforma é uma dádiva ao capital estrangeiro, 24-30 mar. 1961, n.107, p.3. Para o discurso do ministro da Fazenda argumentando que a Instrução 204 não teria sido "uma imposição do FMI", ver Oesp, Restrição das importações por meio de medidas de ordem puramente econômica, 14 mar. 1961, p.6. Para o viés nacionalista dado por JK no processo de rompimento com o FMI em 1959, ver Campos, 2007, p.100-2.

Enquanto o imbróglio entre Brasil e FMI não se resolvia, o embaixador Moreira Salles partiu para a sua primeira viagem de negociações nos Estados Unidos em meados de março de 1961. Salles travou inúmeros diálogos com representantes de bancos privados e do governo norte-americano. Em poucos dias, telegrafou para Clemente Mariani dizendo ter encontrado em Washington "interesse para a solução dos problemas econômicos brasileiros", além de uma "atitude compreensiva com relação aos mesmos". É evidente, assinalou o embaixador, que "a Casa Branca está seguindo atentamente as conversações".[38] Segundo Casimiro Ribeiro, esse clima de "compreensão" do governo Kennedy teria sido "extraordinário". Em referência à proposta apresentada pelo Brasil a Adolf Berle em fevereiro de 1961, Ribeiro afirmou que os funcionários do ministério da Fazenda e da Sumoc tinham pensado em "pedir logo um negócio grande, com prazos confortáveis". Porém, imaginava-se que Washington não aceitaria esse pedido e que uma renegociação seria necessária. Ao final, "aceitaram a primeira proposta e nos arrependemos por não termos pedido mais".[39] Na realidade, diferentemente do que afirma o então chefe do Departamento Econômico da Sumoc, não houve "arrependimento". O governo brasileiro chegou a "pedir mais".

No final de março de 1961, Moreira Salles recebeu de Brasília uma segunda proposta para financiamento do passivo externo brasileiro (Tabela 4.2). Em termos de valores, a primeira e a segunda propostas eram equivalentes. O Brasil estava pedindo dos Estados Unidos e do FMI, entre refinanciamentos e créditos novos, aproximadamente 1 bilhão de dólares. Neste último pedido, porém, previa-se uma queda significativa da participação de bancos privados no esquema de financiamento. Caso a nova proposta fosse aceita, isso melhoraria os termos de consolidação da dívida. Bancos públicos tendem a oferecer melhores condições quando comparados às instituições privadas, especialmente no que se refere a juros e prazos de maturação. O governo norte-americano não deu uma resposta imediata a Moreira Salles. Mesmo assim, antes de retornar ao Brasil e de se dizer "muito satisfeito" com o curso das negociações, Salles recebeu garantias do presidente Kennedy e do secretário Douglas Dillon de que os Estados Unidos estariam "prontos a dar inteira colaboração" ao Brasil.[40]

Dias depois, em visita ao Rio de Janeiro para participar de uma reunião do Banco Interamericano de Desenvolvimento (BID), Douglas Dillon e outros funcionários norte-americanos aproveitaram a ocasião e

38 Telegrama, Moreira Salles a Clemente Mariani, 5 abr. 1961, CMa mfc 1961.01.31/4, CPDOC-FGV.
39 Entrevista, Casimiro Ribeiro I (depoimento 1975-1979), 1981, CPDOC-FGV, p.81.
40 Comunicado, Embaixador do Brasil em Washington à Secretaria de Estado, 22 mar. 1961, Pasta VIII, RC d/emb 61.10.19, CPDOC-FGV, p.1; Oesp, Os EUA prontos para emprestar inteira cooperação ao Brasil, 7 abr. 1961, p.2.

Tabela 4.2 – Segunda proposta de financiamento ao governo dos Estados Unidos e ao Fundo Monetário Internacional, Brasil, março de 1961 (milhões US$)*

	Créditos		Débitos
I. Refinanciamento			
Eximbank	51,0	Estimativa do déficit externo (1961)	614,3
FMI	54,8	Débitos comerciais vencidos	180,0
II. Empréstimos novos		Recomposição de linhas de crédito	60,0
FMI	117,7	Margem de segurança (importações)	100,0
Fontes públicas EUA (1° quadro)	730,9		
Fontes públicas EUA (2° quadro)	673,9		
Bancos privados EUA	57,0		
Total (1° quadro)	954,3		954,3
Total (2° quadro)	1011,3		–

Fonte: Financial policy of the Brazilian Government, 29 mar. 1961, CMa mfc 1961.01.31/4, CPDOC-FGV.

*A proposta incluía duas possibilidades de valores para os empréstimos de fontes públicas norte-americanas. Essas possibilidades estão indicadas na tabela pelas expressões 1° e 2° quadros.

encontraram-se com Jânio Quadros e Clemente Mariani. Mais uma vez, o secretário do Tesouro confirmou o interesse dos Estados Unidos em ajudar o Brasil e afirmou que esperava concluir os acordos financeiros o quanto antes, a fim de criar um clima favorável com credores europeus. Acordou-se que o ministro da Fazenda iria aos Estados Unidos no início de maio apenas para finalizar as negociações. Jânio, por sua vez, disse esperar "total compreensão dos Estados Unidos" sobre os problemas financeiros brasileiros. Além disso, também como fizera com Berle, o presidente deu a entender que suas ações em termos de política externa visavam apenas fortalecê-lo no "*front* doméstico", e que os Estados Unidos não precisavam preocupar-se com a questão de infiltração comunista no Brasil. Em telegrama enviado ao Departamento de Estado, Dillon afirmou ter considerado a justificativa de Jânio sincera, mas comentou que temia que a Política Externa Independente pudesse sair do controle do presidente, gerando "resultados inesperados".[41]

Enquanto isso, em viagem à Europa Ocidental desde fins de março, Roberto Campos deparava-se com sérias dificuldades para renegociar o passivo externo brasileiro. Em todos os países que visitou, Campos encontrou uma resposta padrão: novos empréstimos e refinanciamento de dívidas antigas só aconteceriam depois de o Brasil completar um acordo com o FMI.[42] Essa postura contrastava com a linha moderada seguida pelos Estados Unidos e ditada diretamente pela Casa Branca, apesar da conhecida oposição de alguns funcionários do Departamento do Tesouro. O acordo entre Brasil e FMI, porém, ainda esbarrava em um obstáculo primário: a necessidade de o governo brasileiro estender um convite ao Fundo para o envio de uma missão ao país. Devido às dificuldades enfrentadas nas negociações europeias, bem como ao temor de que os setores favoráveis ao FMI dentro do governo norte-americano pudessem atrapalhar o acordo entre Brasil e Estados Unidos, Clemente Mariani decidiu finalmente oficializar

---

41 Telegram 1384, Rio de Janeiro to Department of State, Section I, 13 abr. 1961, folder 15, Box 112, POF, JFKL. Alguns órgãos de impressa, como *O Estado de S. Paulo*, apresentaram uma visão completamente distorcida sobre esse encontro. Segundo o jornal, os funcionários norte-americanos teriam ficado impressionados com a atitude do presidente brasileiro, pois este "não [teria citado] um só número, um só algarismo, não [teria feito] reivindicação alguma a respeito de assistência financeira". Com essa atitude, Jânio teria invertido "os papéis que, tradicionalmente, segundo as normas consagradoras há milhares de anos, desempenham credores e devedores". Como se sabe, antes desse encontro, o Brasil já havia feito dois pedidos formais de auxílio financeiro aos Estados Unidos. Ver Oesp, O presidente nada pediu a Dillon; êxito psicológico, 14 abr. 1961, p.6.

42 Telegrama, Embaixada do Brasil em Berna, Suíça, ao Itamaraty, 2 abr. 1961; Relatório preliminar das conversações na Itália, 4 abr. 1961; Relatório preliminar das conversações na Suíça, 4 abr. 1961; Telegrama, Embaixada do Brasil em Paris, França, ao Itamaraty, 8 abr. 1961; Telegrama, Embaixada do Brasil em Bonn, Alemanha Ocidental, ao Itamaraty, 26 abr. 1961, CMa mfc 1961.02.01/6, CPDOC-FGV; Report, Meeting held at the Treasury Chambers, Campos' visit in the U.K., 11 abr. 1961, T 312 / 21, TNA, p.4-5. Para uma descrição do processo de negociação na Europa Ocidental, ver Campos, 2004, p.391-417.

um convite à entidade em abril de 1961. Mariani exigiu, porém, que a visita fosse mantida sob sigilo. Ao que parece, nem Jânio havia sido informado da decisão de seu ministro da Fazenda. O Fundo concordou com os termos e iniciou preparativos imediatos para o envio de uma missão ao Brasil.[43]

Em meados de abril, chefiados por Henry Constanzo, os técnicos do FMI desembarcaram no Rio de Janeiro. A expectativa do grupo era permanecer pelo menos duas semanas no país. Poucos dias depois, porém, conforme relato da diplomacia britânica, Mariani teria pedido a Constanzo para antecipar o retorno do grupo, pois "dificuldades políticas emergiriam se a presença da missão se tornasse conhecida".[44] Apoiado pelo embaixador norte-americano John Cabot, Constanzo conseguiu negociar com Mariani a permanência por mais "alguns dias".[45] Por fim, no dia 21 de abril, a missão deixou o país. Constanzo protestou que o grupo não teria recebido permissão de se encontrar com um número adequado de funcionários da administração Quadros, devido à preocupação das autoridades em manter a missão em sigilo. Além disso, ainda de acordo com a diplomacia britânica, Constanzo teria reclamado da falta de dados apresentados pelo governo, especialmente sobre orçamento público e política cafeeira.[46]

Dias depois da partida da missão do FMI do Brasil, o embaixador Moreira Salles voltou para os Estados Unidos com o objetivo de finalizar as negociações com o governo Kennedy e preparar o terreno para a chegada de Clemente Mariani.[47] Em 24 de abril de 1961, em reunião com Douglas Dillon, Salles recebeu uma contraproposta de financiamento norte-americana (Tabela 4.3).[48] O memorando de Dillon assemelhava-se bastante ao primeiro plano entregue pela administração Quadros a Adolf Berle em fevereiro de 1961. Isso significava que o governo Kennedy havia decidido não ceder às novas demandas brasileiras. Segundo o documento apresentado por Dillon, o governo norte-americano dispunha-se a oferecer US$ 628 milhões ao Brasil entre refinanciamentos e créditos novos. Bancos privados, porém, não foram incluídos no esquema de financiamento, sinalizando

---

43 Telegram Eager 1, Rio de Janeiro to Foreign Office, 13 abr. 1961; Telegram 100, Rio de Janeiro to Foreign Office, 14 abr. 1961 T 312/22, TNA.

44 Telegram Eager 2, Rio de Janeiro to Foreign Office, 20 abr. 1961, T 312/22, TNA, p.1-2.

45 Em conversa com Clemente Mariani, John Cabot ameaçou o Ministro da Fazenda sobre a possibilidade de o FMI rejeitar um acordo com o Brasil caso a missão fosse interrompida antes do prazo. Segundo Cabot, isso inviabilizaria os acordos com credores e governos europeus. É interessante que o embaixador nada mencionou sobre a possibilidade de problemas semelhantes ocorrerem com relação ao governo e credores dos Estados Unidos. Telegram 1434, Rio de Janeiro to Department of State, 13 abr. 1961, CGR 1941-73, folder "Financial Matters, Jan.-Mar. 1961", Box 129, RG 84, Nara.

46 Telegram Eager 2, Rio de Janeiro to Foreign Office, TNA.

47 Comunicação, Embaixada brasileira nos EUA a Clemente Mariani, 24 abril 1961, CMa mfc 1961.01.31/4, CPDOC-FGV.

48 Carta, Casimiro Ribeiro a Clemente Mariani, 20 abril 1961, CPDOC-FGV.

que as autoridades brasileiras teriam que negociar separadamente com tais instituições. Além disso, na contraproposta norte-americana, o Eximbank deixou de ser a única fonte pública de crédito dos Estados Unidos ao Brasil. Como se analisará adiante, essa mudança não foi fortuita. O governo Kennedy esperava ainda que o Brasil fosse capaz de obter outros US$ 569 milhões do FMI e de credores europeus e japoneses.[49]

Tabela 4.3 – Contraproposta norte-americana de financiamento, Brasil, abril de 1961 (milhões US$)

Fontes públicas EUA		Outras fontes (expectativa)	
I. Refinanciamentos	290	I. Refinanciamentos	329
Eximbank	200	FMI	102
Débitos comerciais EUA*	90	Credores europeus e japoneses	227
II. Novos empréstimos	338	II. Novos empréstimos	240
Eximbank	168	FMI	140
Usaid**	100	Credores europeus e japoneses	100
Departamento do Tesouro	70		
Total (I+II)	628	Total (I+II)	569

Fonte: Telegram 1549, Department of State to Rio de Janeiro, Nara.

*Débitos a serem financiados por fontes públicas não discriminadas no memorando; ** The United States Agency for International Development (Usaid) era uma nova agência de auxílio econômico internacional criada pelo governo dos Estados Unidos, tendo sido formalmente ratificada pelo Congresso norte-americano em novembro de 1961.

Apesar de o memorando norte-americano ter se distanciado bastante da segunda proposta brasileira, ele ainda impressionava pela dimensão de seus valores, em especial quando se levam em conta as dificuldades na negociação entre Brasil e FMI. Mesmo assim, é preciso destacar que esse documento representou um compromisso entre as alas pragmática e conservadora do governo Kennedy. Tal como a Casa Branca desejava, seguindo o impulso da Aliança para o Progresso, grande parte da cooperação financeira ao Brasil seria dada sem a condicionalidade de um acordo com o FMI. Por outro lado, como concessão aos grupos mais conservadores do governo, enfatizou-se no memorando que os Estados Unidos "esperavam" que o Brasil finalizasse suas negociações com o Fundo o quanto antes. Além disso, estabeleceu-se que uma parte dos novos empréstimos só poderia ser liberada após o término das negociações. Essa parte referia-se, não por acaso, aos US$ 70 milhões do Departamento do Tesouro. Outro aspecto negativo

49 Telegram 1549, Department of State to Rio de Janeiro, 25 abr. 1961, CGR 1941-73, folder "Ambassador Cabot", Box 121, RG 84, Nara.

para o Brasil foi a diminuição da participação do Eximbank no esquema, que significava uma piora das condições de captação de recursos.[50]

As autoridades brasileiras não ficaram satisfeitas com as mudanças propostas pelos norte-americanos. Como Casimiro Ribeiro já havia dito a Clemente Mariani, o aumento da participação de entidades que só operam, na melhor das hipóteses, com créditos de médio prazo, tais como bancos privados e o próprio Departamento do Tesouro, faria o Brasil transferir "problemas imediatos para os próximos exercícios". Com isso, seria preciso ir a Washington diversas vezes nos anos seguintes, "dando a impressão de termos provocado desequilíbrios novos, quando, na verdade, seria apenas o esforço de compor, no tempo, a liquidação de compromissos herdados".[51] Essa era uma outra corrente que estava se fortalecendo no governo norte--americano: a de que a administração Quadros, devido à Política Externa Independente e a algumas propostas legislativas em tramitação no Congresso, tais como a lei antitruste, não seria confiável para receber uma ajuda financeira de longo prazo dos Estados Unidos. O embaixador John Cabot, por exemplo, em telegrama ao Departamento de Estado antes da segunda viagem de Moreira Salles a Washington, enfatizou a importância de se aplicar uma "política de rédea curta" [policy of tight rein] com o Brasil, obrigando autoridades brasileiras a irem com frequência aos Estados Unidos em busca de empréstimos. Assim, "nós podemos lembrá-los efetivamente de qualquer coisa essencial que eles deixaram de fazer".[52]

Esse relativo endurecimento do governo Kennedy surtiu efeito. Seguindo os desejos da comunidade financeira internacional, o governo Quadros apresentou uma requisição formal de empréstimo stand-by ao FMI em 10 de maio de 1961, cedendo em alguns aspectos de sua política econômica.[53] Nesse documento, o governo Quadros finalmente aceitou perseguir metas quantitativas referentes ao déficit público e à expansão nominal do crédito para 1961 – algo que, até então, Octávio Bulhões havia se negado a fazer (Tabela 2.2).[54] No entanto, as dificuldades enfrentadas pela missão do FMI no Brasil no mês anterior e a falta de um claro compromisso das autoridades brasileiras sobre política cafeeira e prazos para a extinção

---

50 Idem, p.1-2.

51 Carta, Casimiro Ribeiro a Clemente Mariani, 20 abr. 1961, CPDOC-FGV, p.1-2.

52 Telegram 1447, Rio de Janeiro to Department of State, 20 abril 1961, CGR 1941-73, folder "Ambassador Cabot", Box 121, RG 84, Nara, p.3.

53 Em um stand-by agreement ("acordo de reserva"), permite-se que o país beneficiário saque créditos do Fundo, normalmente com fins de regularização de desequilíbrios do balanço de pagamentos, conforme o desempenho em metas pré-acordadas de política econômica. Ver Barro e Lee, 2005, p.1247-8.

54 Report s.n., Brazilian Government Memorandum on Economic Policy, 10 maio 1961, CGR 1941-73, folder "Financial Matters, General, May 1961", Box 129, RG 84, Nara, p.1-7. Ver também Report s.n., Brazil's Request for a Stand-by Arrangement to IMF, 10 maio 1961, CMa mfc 1961.01.31/4, CPDOC-FGV.

dos controles cambiais ainda dificultavam o acordo. "Confesso-lhe que o Fundo continua a me preocupar", afirmou Casimiro Ribeiro em carta a Clemente Mariani em 20 de abril de 1961. Segundo o diretor da Sumoc, continuavam "inalterados os modos de agir do Fundo como instituição, bem como a mentalidade do Sr. Jacobsson". Além de não considerar as especificidades políticas de cada país, o Fundo mantinha-se preso "[à] rigidez de suas concepções de política monetária". Ribeiro temia pelo pior: se o FMI demorasse para dar o seu aval para a política econômica de Jânio, o Brasil poderia assistir às suas negociações serem comprometidas não apenas na Europa, mas também, nos Estados Unidos.[55]

Dessa vez, no entanto, quem teve de ceder foi o FMI. Conforme relato da diplomacia britânica, o governo Kennedy teria aplicado forte pressão sobre o Fundo Monetário para que este "relaxasse as suas regras em favor do Brasil".[56] De fato, em 17 de maio de 1961, o FMI assinou um acordo *stand-by* com o governo Quadros, basicamente ratificando a carta de compromissos apresentada dias antes por Clemente Mariani.[57] Diferentemente de outros países latino-americanos que tinham concluído negociações recentes com o Fundo, o governo brasileiro não teve de se comprometer com uma agenda para liberalizar o câmbio.[58] Além disso, o governo Quadros não precisou estabelecer um plano de gastos para os setores considerados "críticos" pelo FMI do ponto de vista do controle do déficit público, tais como empresas estatais e política cafeeira. Por fim, a participação do Fundo no esquema de financiamento seria maior do que a esperada: US$ 140 milhões em refinanciamentos e US$ 160 em novos empréstimos. O embaixador britânico no Brasil, Geoffrey A. Wallinger, considerou "perturbadora" a atitude do governo Kennedy. Segundo Wallinger, isso poderia gerar reação por parte dos países que tinham contratos *stand-by* em vigência com o Fundo, além de abalar a legitimidade da instituição para operações futuras.[59] O que estava por detrás das críticas do embaixador era a concepção de que o FMI constituía (e ainda constitui) um importante instrumento de garantia do cumprimento de contratos por parte de países devedores. A flexibilização das recomendações do Fundo em favor de interesses políticos poderia acarretar sérios prejuízos a credores.[60]

---

55 Carta, Casimiro Ribeiro a Clemente Mariani, 20 abr. 1961, CPDOC-FGV, p.1-2.
56 Telegram 103, Rio de Janeiro to Foreign Office, 24 abr. 1961, T 312 / 22, TNA, p.1.
57 IMF Press Release 352, 17 maio 1961, CMa mfc 1961.01.31/4, CPDOC-FGV.
58 O presidente argentino Arturo Frondizi, em sua carta de intenções ao FMI datada de dezembro de 1958, comprometeu-se a liberar a taxa de câmbio, a suprimir controles de preços, a retirar subsídios dos bens de consumo essenciais, a aumentar as taxas dos serviços públicos e a implementar políticas fiscal e monetária fortemente contracionistas. Ver Manzetti, 1991, p.41-3, e Sczusterman, 1993, p.126-9.
59 Telegram 103, Rio de Janeiro to Foreign Office, 24 abr. 1961, TNA.
60 Diferentemente do mercado de dívidas privadas, o mercado de empréstimos entre Estados nacionais não possui mecanismos legais de sanção de contratos. Até a Segunda Guerra

No mesmo dia da divulgação do acordo com o FMI, Douglas Dillon e Clemente Mariani anunciaram em Washington os termos da negociação entre Brasil e Estados Unidos.[61] Desde fins de abril, Moreira Salles vinha tentando "melhorar os números" e as condições da contraproposta norte-americana (ver Tabela 4.3), porém com reduzido sucesso.[62] O acordo concluído por Dillon e Mariani manteve-se semelhante aos termos daquela contraproposta: US$ 304 milhões em refinanciamentos e US$ 338 milhões em novos empréstimos (Tabela 4.4).[63] Além disso, o refinanciamento de US$ 200 milhões promovido pelos bancos privados norte-americanos teve seu esquema de liquidação prorrogado por apenas dois anos, o que provavelmente acarretaria novas pressões cambiais a partir de 1963 – como, de fato, aconteceu.[64]

Tabela 4.4 – Resultado dos acordos financeiros com os principais credores internacionais, Brasil, maio de 1961 (milhões de US$)

I. Refinanciamentos	Valor	II. Novos empréstimos	Valor
Eximbank *Program Financing*	212	Eximbank	168
Eximbank *Project Financing*	92	AID	100
Bancos privados EUA	200	Dep. Tesouro EUA*	70
Cia. petróleo (EUA / Europa)	45	Bancos privados EUA	48
FMI	140	FMI*	160
Credores europeus e japoneses	300	Credores europeus*	110
Subtotal I	989	Subtotal II	656
Total (I+II)	1.645	–	–

Fonte: Joint Announcement Dillon and Mariani, 17 maio 1961; IMF Press Release 352, 17 maio 1961; Comunicado, Campos a Mariani, 29 abr. 1961; Procès-verbal de la réunion, 24 mar. 1961, CPDOC-FGV.

*Liberação dependente da manutenção de acordo *stand-by* com o Fundo Monetário Internacional.

Mundial, diversas práticas foram adotadas pelos credores para assegurar o cumprimento dos acordos por parte dos países devedores: da invasão territorial (*gunboat policy*) até a constituição de companhias responsáveis pela arrecadação de tributos nas nações insolventes. Desde 1944, porém, o FMI passou a exercer indiretamente o papel de fiador dos prestamistas via recomendações de política econômica. Ver Panizza et al., 2009; Mitchener e Weidenmier, 2010, e Tunçer, 2015, cap.1.

61 Joint announcement by Secretary of the Treasury Douglas Dillon and the Minister of Finance of Brazil Clemente Mariani, 17 maio 1961, CMa pi Mariani, C. 1961.05.17, CPDOC-FGV.

62 Moreira Salles conseguiu apenas aumentar os refinanciamentos do Eximbank de US$ 290 para US$ 304 milhões. Carta, Casimiro Ribeiro a Clemente Mariani, 27 abr. 1961, CMa mfc 1961.01.31/4, CPDOC-FGV, p.1.

63 Em suas memórias, Roberto Campos assinala que somente de recursos dos Estados Unidos o Brasil teria adquirido US$ 1.576 milhões em maio de 1961 (ou US$ 2.118 milhões contando-se com a Europa e o Japão). A documentação diplomática brasileira, norte-americana e britânica, incluindo memorandos assinados pelo próprio Campos enviados ao Itamaraty, não confirmam os dados apresentados pelo autor. Campos, 2004, p.411-2.

64 Oesp, A exposição feita ontem na Câmara pelo Presidente do Conselho de Ministros, 15 nov. 1961, p.5.

Apesar disso, as autoridades brasileiras voltaram satisfeitas de Washington.[65] O refinanciamento das dívidas do Brasil com o Eximbank foi feito em longo prazo (20 anos), com prestações a serem pagas somente a partir de novembro de 1963.[66] Além disso, a maior parte dos novos empréstimos estava desvinculada dos termos definidos com o FMI. Assim, se o Fundo decidisse suspender a ajuda financeira ao Brasil, em teoria os Estados Unidos não poderiam fazer o mesmo, com exceção dos créditos do Departamento do Tesouro. Alguns funcionários norte-americanos reclamaram dos termos do acordo. O embaixador John Cabot, por exemplo, que entendeu que sua "política de rédeas curtas" havia sido ignorada, demonstrou "preocupação quanto a evidente tendência de dar a Jânio tudo o que ele quer [...], apesar das suas constantes manifestações de neutralismo".[67] Segundo as autoridades britânicas, outros funcionários dos Departamentos do Estado e do Tesouro do governo Kennedy também teriam ficado insatisfeitos com o resultado final das negociações.[68] É importante ressaltar que os recursos dos acordos de maio de 1961 não constituíam a totalidade da ajuda que a Aliança para o Progresso forneceria ao Brasil. O governo Quadros esperava que em financiamentos de projetos setoriais e regionais – a serem preparados por uma comissão de planejamento e submetidos para Washington – os Estados Unidos poderiam oferecer US$ 500 milhões extra ainda em 1961.[69]

Após a conclusão dos acordos com o FMI e com os Estados Unidos, faltava ao Brasil fechar negócio com a Europa Ocidental e Japão. De maneira semelhante ao que ocorreu com o FMI, o governo norte-americano também pressionou europeus e japoneses a serem flexíveis com a administração Quadros. Como produto da missão Roberto Campos, uma primeira reunião entre os representantes do Brasil, dos países da Europa Ocidental e do Japão foi marcada para o dia 24 de abril de 1961 em Paris. Segundo o delegado britânico, esse encontro foi marcado "pela massiva intervenção dos americanos em uma tentativa de persuadir a Europa a agir tão generosamente com o Brasil quanto os Estados Unidos se propuseram a fazer".[70]

---

65 Telegrama, Clemente Mariani a Jânio Quadros, 13 maio 1961, CPDOC-FGV, CMa mfc 1961.01.31/4.

66 A parcela referente ao financiamento de projetos (*Eximbank project financing*, ver Tabela 4.4) teria prazo de carência ainda maior, com pagamento de prestações apenas a partir de maio de 1967. Oesp, A exposição feita ontem na Câmara, 15 nov. 1961, p.5.

67 Telegram1579, Rio de Janeiro to Department of State, 12 maio 1961, CGR 1941-73, folder "Brazil-US, 1961", Box 121, RG 84, Nara, p.1.

68 Carta, R. H. Bonham Carter a L. F. Crick, 15 maio 1961, T 312 / 23, TNA.

69 Telegram 96, Montevideo to Department of State, 3 ago. 1961, folder "Brazil, General, 8/61 – 9/61", Box 12, NSF, JFKL, p.1.

70 Carta, K. S. Weston a L. Petch, 2 maio 1961, T 312 / 23, TNA, p.1.

Os funcionários europeus e japoneses, porém, resistiram à pressão norte-
-americana e decidiram que qualquer auxílio ao Brasil só ocorreria após o
aval do FMI.[71]

Com a assinatura dos acordos entre o governo Quadros e o Fundo em
meados de maio, a situação mudou. A insistência dos Estados Unidos
passou desde então a se concentrar menos na questão da ajuda europeia
e mais na melhoria das condições de financiamento. Douglas Dillon, em
carta ao chanceler do Tesouro britânico, salientou que os Estados Unidos
esperavam que a Europa aumentasse o valor do seu empréstimo, além de
estender o prazo de pagamento de débitos antigos, a fim de que "mínimos
pagamentos" tivessem de ser feitos pelo governo brasileiro entre 1961 e
1962. "Em nosso ponto de vista", concluiu Dillon, "o desenvolvimento do
Brasil tem importância política para a América Latina comparável ao da
Índia com relação à Ásia".[72] De fato, no final de maio de 1961, na segunda
reunião realizada entre representantes brasileiros, europeus e japoneses em
Paris, decidiu-se que os credores refinanciariam US$ 300 milhões de débitos
brasileiros em dez anos. Além disso, estabeleceu-se que "seriam realizados
arranjos de maneira a reduzir substancialmente os montantes a serem pagos
pelo Brasil no restante de 1961 e nos anos de 1962 e 1963".[73] Em meados
de junho, os países europeus (sem o Japão) assinariam um acordo com o
governo brasileiro que garantiria US$ 110 milhões em novos empréstimos.[74]
A pressão norte-americana sobre europeus e japoneses havia rendido frutos.

No final de junho de 1961, o Brasil já havia concluído acordos financeiros
com todos os principais credores: de bancos privados ao FMI, dos governos
europeus ao governo norte-americano. No total, entre refinanciamentos e
novos empréstimos, o governo Quadros obteve mais de US$ 1,6 bilhão,
sendo 55% provenientes dos Estados Unidos (Tabela 4.4). Adolf Berle,
chefe da força tarefa da Aliança para o Progresso, descreveu o pacote de
ajuda norte-americana como o "mais generoso da história".[75] Para Casimiro Ribeiro, essa teria sido "a melhor negociação financeira que o Brasil
já fez" – opinião também compartilhada por Roberto Campos.[76] De fato,
os recursos obtidos pelo governo brasileiro representavam mais de 12%
dos fundos que tinham sido fornecidos à Europa Ocidental durante todo
o Plano Marshall.

---

71 Comunicado, Roberto Campos a Clemente Mariani, 29 abr. 1961, CMa mfc 1961.02.01/6,
CPDOC-FGV.

72 Carta, Douglas Dillon a Selwyn Lloyd, 11 maio 1961, T 312 / 23, TNA, p.1.

73 Procès-verbal de la réunion du 24 Mai 1961, Comunicado, Embaixada do Brasil em Paris ao
ministro das Relações Exteriores, 29 maio 1961, RC d/md 61.04.02, CPDOC-FGV, p.1-2.

74 Telegrama, Embaixada do Brasil em Paris ao Ministério das Relações Exteriores, 20 jun.
1961, RC d/md 61.04.02, CPDOC-FGV, p.1.

75 Weis, 1993, p.146.

76 Depoimento, Casimiro Ribeiro I, CPDOC-FGV,82; Campos, 2004, p.411.

Segundo o ministro da Fazenda Clemente Mariani, dois fatores teriam sido responsáveis pelo considerável sucesso dos acordos financeiros entre Brasil e Estados Unidos: a Política Externa Independente de Jânio, que teria atemorizado Washington sobre um possível crescimento da influência dos países socialistas no Brasil, e a "política audaciosa de Kennedy", responsável por vencer tendências no interior do Estado norte-americano contrárias à magnitude do acordo.[77] É inegável que Kennedy esperava que essa generosidade fosse recompensada politicamente. Logo após a conclusão das negociações, o presidente norte-americano lembrou Clemente Mariani de que os Estados Unidos tinham evitado discutir questões políticas com o Brasil até então. Com as decisões de empréstimos já tomadas, porém, disse Kennedy, os Estados Unidos esperavam que o Brasil compreendesse a importância de isolar Cuba e frustrar os planos do comunismo internacional na América Latina. Mariani respondeu que a ajuda financeira norte-americana daria, "com o tempo", o suporte que o presidente Quadros precisava para poder tomar uma "posição firme" sobre comunismo em Cuba.[78] Para John Cabot, a afirmação de Mariani não correspondia à realidade.[79] Como ficaria claro mais adiante, o embaixador norte-americano estava certo.

É preciso destacar que os acordos de maio de 1961 também contiveram pontos não tão positivos para o Brasil. Enquanto os recursos fornecidos à Europa Ocidental pelo Plano Marshall foram compostos, em sua maior parte, por doações, no caso brasileiro deu-se o oposto: a maioria absoluta foi formada por empréstimos. Além disso, a Europa não teve que se comprometer com metas de estabilização para receber fundos do governo Truman. O Brasil, diferentemente, precisaria cumprir os termos do acordo com o FMI para continuar tendo o direito de sacar empréstimos europeus e do Departamento do Tesouro dos Estados Unidos.

De qualquer maneira, tendo em vista os parâmetros latino-americanos, pode-se dizer que os acordos de maio de 1961 abriram a possibilidade para um aporte considerável de recursos ao Brasil. Mesmo que o zelo demonstrado pelo governo norte-americano com relação à estabilidade econômica tenha sido maior do aquele anunciado pela Carta de Punta del Este, é fato que a Aliança para o Progresso teve um papel importante para o resultado das negociações. Sem a pressão exercida pela Casa Branca, o Brasil não teria obtido termos de financiamento semelhantes. Infelizmente, porém, o processo de implementação desses acordos evoluiria de um modo bastante diferente.

---

77 Carta, Clemente Mariani a Carlos Lacerda, 7 out. 1964, CPDOC-FGV, p.3.
78 MemCon, John Kennedy, Clemente Mariani, 16 maio 1961, Box 12, folder "Brazil, General, 2/25/61 – 5/31/61", Box 12, NSF, JFKL, p.1-2.
79 Telegram 1733, Rio de Janeiro to Department of State, 31 maio 1961, folder "Brazil, General, 2/25/61 – 5/31/61", Box 12, NSF, JFKL.

4.2. A implementação dos acordos financeiros de maio de 1961

Um dos principais objetivos do governo Kennedy com o Brasil era transformar Jânio Quadros em um fiel aliado norte-americano e em símbolo da Aliança para o Progresso no hemisfério. Isso explica o significativo auxílio financeiro oferecido ao governo brasileiro em maio de 1961. As intenções de Kennedy, porém, não se concretizaram. Após o término das negociações em Washington, a administração Quadros não apenas apresentou claros sinais de que não seguiria à risca o seu próprio programa de austeridade econômica, como consolidou as linhas de sua Política Externa Independente, ampliando relações com países socialistas e mantendo sua postura de respeito à autodeterminação de Cuba.[80] Jânio Quadros chegou até a planejar o boicote à Conferência de Punta del Este (a mesma que lançaria oficialmente a Aliança para o Progresso, em agosto de 1961). O presidente queria barganhar o apoio do Brasil em troca de recursos suplementares do governo Kennedy para o financiamento de projetos considerados essenciais para o desenvolvimento brasileiro. Ao final, o boicote não ocorreu.[81] Em compensação, dias depois do término da conferência, Jânio condecorou em Brasília aquele que havia sido o representante cubano em Punta del Este, Ernesto Che Guevara. Esse ato representou uma clara provocação aos Estados Unidos e, particularmente, à Aliança para o Progresso.[82]

Apesar das inúmeras indicações de que Jânio Quadros estaria longe de ser o líder que Kennedy gostaria de ter no maior país da América Latina, os Estados Unidos mantiveram o apoio ao governo brasileiro. No final de julho de 1961, como prova de que as relações entre os dois países continuavam amigáveis, Kennedy convidou Quadros para visitar Washington; convite

---

80 Storrs, 1973, p.304-85 e Victor, 1965, cap.12.

81 Em uma primeira reunião com os delegados brasileiros antes da conferência, Quadros ordenou ao governador Leonel Brizola que fizesse um discurso informando a saída do Brasil do encontro. Em uma segunda reunião, todavia, na qual Brizola não compareceu, Quadros mudou o tom de suas recomendações, apesar de não ter dito expressamente que a tática do boicote havia sido cancelada. Durante a conferência, Clemente Mariani, chefe da delegação brasileira, decidiu manter o Brasil em Punta del Este, apesar dos veementes protestos de Brizola, que acusou o ministro da Fazenda de desrespeitar uma ordem presidencial. Essa versão dos fatos é de Luciano Machado, então secretário particular de Mariani. A embaixada norte-americana no Brasil já havia sido informada sobre as intenções de Jânio por meio de outras fontes. Ver MemCon, Luciano Machado, Philip Raine, 18 out. 1961, CGR 1941-73, folder "Brazil, July-August 1961", Box 124, RG 84, Nara, p.2; Weis, 1993, p.148. Para a insatisfação de Quadros com relação à Aliança para o Progresso, especialmente sobre a falta de dados dos recursos que seriam oferecidos ao Brasil, ver Telegram 96, Montevideo to Department of State, 3 ago. 1961, JFKL, p.1.

82 Telegram 447, Rio de Janeiro to Department of State, 22 ago. 1961, CGR 1941-73, folder "Brazil, July-August 1961", Box 124, RG 84, Nara.

este prontamente aceito pelo presidente brasileiro.[83] No mesmo período, o FMI anunciou a suspensão do acordo *stand-by* com o Brasil sob alegações de que o programa econômico de Quadros estaria desrespeitando os compromissos assumidos com o Fundo.[84] Até então, o Brasil havia sacado apenas US$ 60 milhões do FMI. O governo Kennedy cumpriu aquilo que tinha sido estabelecido em maio: empréstimos norte-americanos continuariam disponíveis ao Brasil. Os europeus, diferentemente, seguindo o FMI, anunciaram a suspensão da sua parte no esquema, o que representou o congelamento de mais de US$ 75 milhões.[85] Mesmo o episódio da condecoração de Guevara, em 19 de agosto de 1961, parece não ter modificado a posição norte-americana. Dias depois da condecoração, o Banco do Brasil solicitou a liberação da primeira parcela dos créditos do Departamento do Tesouro. Ao que parece, se não fosse pela renúncia de Quadros, que ocorreria 24 horas depois desse pedido, a liberação seria processada normalmente.[86]

Diante das atitudes de Jânio Quadros, "que desrespeitava os Estados Unidos em cada uma de suas ações", é de se questionar o porquê de o governo Kennedy ter mantido seu apoio ao presidente brasileiro. Essa foi exatamente a pergunta feita por Frederico Schmidt, assessor de Juscelino Kubitschek, a Phillip Raine, membro da embaixada norte-americana no Brasil. A resposta de Raine foi curta e objetiva: "os Estados Unidos ajudaram o Brasil apesar de Quadros". Na realidade, havia outro elemento em jogo: em termos gerais, Kennedy aceitou a justificativa do presidente brasileiro de que a Política Externa Independente, em especial a defesa do princípio de autodeterminação de Cuba, seria apenas um recurso tático para angariar apoio doméstico – e, implicitamente, barganhar vantagens dos próprios Estados Unidos. Essa estratégia, conforme Jânio explicou a Adlai Stenvenson, embaixador norte-americano na Organização das Nações Unidas (ONU), não causaria perigo algum "às bases cristãs" da sociedade brasileira, e, mais importante, não significaria disposição do governo brasileiro em aliar-se com comunistas no plano doméstico. A maneira pela qual o governo havia reprimido uma greve estudantil em Recife, supostamente organizada por comunistas, constituiria prova disso. Porém, "enquanto eu não por a minha casa em ordem", teria afirmado Quadros, "será difícil para eu agir

---

83 A visita foi programada para ocorrer em dezembro de 1961. Ver Telegram 206, Rio de Janeiro to Department of State, 25 julho 1961, folder "Brazil, General, 6/61 – 07/61", Box 12, NSF, JFKL.

84 Report 139, Rio de Janeiro to Department of State, 22 ago. 1961, CGR 1941-73, folder "Labor Affairs, General, 1959-1961", Box 131, RG 84, Nara, p.1. Em contraste com as informações confidenciais prestadas por autoridades diplomáticas norte-americanas, Roberto Campos afirma que o rompimento do FMI com o governo brasileiro teria ocorrido apenas depois da renúncia de Quadros. Ver Campos, 2004, p.414.

85 Report 193, Rio de Janeiro to Department of State, 14 set. 1961, CGR 1941-73, folder "Labor Affairs, General, 1959-1961", Box 131, RG 84, Nara, p.1-2.

86 Telegram 22, Rio de Janeiro to Department of State, 1º set. 1961, CGR 1941-73, folder "Labor Affairs, General, 1959-1961", Box 131, RG 84, Nara, p.1-2.

internacionalmente". Stevenson voltou de Brasília convencido de que Jânio estava sendo sincero em suas intenções, tal como Douglas Dillon concluíra meses antes.[87] Assim, conforme apontaria posteriormente o embaixador Roberto Campos, o governo Kennedy teria operado uma verdadeira "racionalização pragmática" para lidar com Jânio. Em termos gerais, os Estados Unidos interpretaram a PEI como uma política "de alcance meramente tático, sem qualquer contaminação ideológica".[88]

Com a renúncia de Jânio, em 25 de agosto de 1961, a postura do governo norte-americano mudou. Já durante a crise política que se seguiu à renúncia, quando os ministros militares opuseram-se à ascensão do vice-presidente João Goulart, Kennedy mostrou-se favorável à ruptura do regime constitucional no Brasil – dado que contrasta com posições até hoje defendidas pela literatura.[89] O Marechal Odílio Denys, ex-ministro da Guerra de Jânio e líder do movimento golpista, enviou um representante aos Estados Unidos com o intuito de obter ajuda armada. No dia 31 de agosto, Kennedy ordenou aos seus assessores que escolhessem uma pessoa "muito amigável" para receber o representante do Marechal brasileiro. "Nós não queremos encorajá-lo ou desencorajá-lo antes de sabermos até aonde ele [Denys] vai". Do mesmo modo, ao discutir com assessores os termos do telegrama a ser enviado ao presidente Ranieri Mazzilli, que havia assumido temporariamente o poder na ausência de Goulart do Brasil (Jango estava em missão comercial na China quando Quadros renunciou), Kennedy pediu para retirar a última sentença do texto, que versava sobre o respeito à ordem constitucional. "Parece que nós estamos dizendo a ele [Mazzilli] para apoiar Goulart. Não vamos fazer isso". E concluiu: "nós não queremos esse camarada [Goulart] por quatro anos e meio [no poder]".[90] No dia seguinte, porém, quando ficou claro que as ações de Denys não tinham suporte generalizado nas Forças Armadas brasileiras, o governo norte-americano recuou, mantendo-se publicamente neutro.[91] "Nós estaríamos em uma

---

87 Telegram 25, Santiago to Department of State, CGR 1941-73, folder "Quadros, 1960", Box 121, RG 84, Nara, p.1. Para a greve dos estudantes de Recife e a desproporcional repressão desencadeada pelo governo, ver Loureiro, 2009, p.196-200.

88 Roberto Campos, Kennedy e o Brasil, s. d., Pasta VII, RC d/emb 61.10.19, CPDOC-FGV, p.3-4.

89 O trabalho mais importante sobre o tema, por exemplo, argumenta que a Casa Branca teria sido "veementemente" contrária a qualquer tipo de golpe contra Goulart. Ver Labaki, 1986, p.63.

90 Telecom, Kennedy, McGeorge Bundy, George Ball, 31 ago. 1961, folder "Brazil 4/20/61 – 7/10/63", Box 1, Personal Papers of George Ball (doravante PPGB), JFKL, p.1-2. No mesmo dia, Goulart recebeu garantias de Lincoln Gordon, já indicado para substituir John Cabot como embaixador norte-americano no Brasil, de que o governo Kennedy adotaria uma "postura estritamente neutra" na crise brasileira. MemCon, Goulart, Gordon, Carlos Bernardes, 31 ago. 1961, CGR 1941-73, folder "Brazil July-Aug. 1961", Box 124, RG 84, Nara. O encontro entre Goulart e Gordon ocorreu no aeroporto de Idlewild (atualmente JFK), Nova Iorque, EUA.

91 Telecom, Ball, Wilson, 1° set. 1961, folder "Brazil 4/20/61 – 7/10/63", Box 1, PPGB, JFKL.

posição onde o governo dos Estados Unidos [...] teria aplaudido um militar por interferir nos processos constitucionais de um país e provavelmente contra a vontade do povo", disse o subsecretário de Estado para Assuntos Econômicos, George Ball, ao término da crise.[92] Semanas após a Conferência de Punta del Este, vê-se que o respeito à democracia que Kennedy e sua Aliança para o Progresso pregavam para a América Latina parecia relativo.

A limitação dos poderes presidenciais de João Goulart, mediante a instauração de um regime parlamentarista, não alterou o ceticismo da administração Kennedy perante o novo governo brasileiro. Sobre a questão do auxílio econômico, os Estados Unidos seguiriam, em parte, as recomendações de sua embaixada no Rio de Janeiro: segundo Niles Bond, embaixador em exercício, Washington deveria adotar posturas diferentes com relação a novos e velhos compromissos financeiros com o Brasil. Novos empréstimos deveriam ser aprovados "lentamente", ou até mesmo evitados, apesar das recentes promessas norte-americanas de aumentar recursos em favor do desenvolvimento do hemisfério por meio da Aliança para o Progresso. Por outro lado, segundo Bond, antigos compromissos tinham que ser mantidos; caso contrário, poderiam surgir sérios problemas na relação entre os dois países, fortalecendo àqueles que acusavam os Estados Unidos de boicotar o governo Goulart e de ter apoiado a tentativa golpista do Marechal Denys.[93]

E assim parcialmente se sucedeu. Com a exceção de créditos de curto prazo e de empréstimos voltados para projetos no Nordeste, a administração Kennedy não assinou novos acordos financeiros com o governo brasileiro nos anos subsequentes.[94] Por outro lado, sobre os antigos compromissos, a atitude de Washington foi inicialmente mais dura do que a que havia sido recomendada pela embaixada: os Estados Unidos deixaram de sinalizar que estavam dispostos a cumprir os acordos de maio de 1961. O Brasil ainda não havia recebido um tostão sequer dos US$ 338 milhões em novos recursos negociados por Clemente Mariani e Douglas Dillon. A burocracia envolvendo a assinatura de contratos impediu que esses empréstimos estivessem regularizados antes de meados de agosto. Ironicamente,

---

92 Telecom, Ball, Richard W. Woodward, 7 set. 1961, folder "Brazil 4/20/61 – 7/10/63", Box 1, PPGB, JFKL.
93 Telegram 157, Rio de Janeiro to Department of State, 8 set. 1961, CGR 1941-73, folder "Labor Affairs, General, 1959-1961", Box 131, RG 84, Nara. Ver, também, Telegram 6105, Rio de Janeiro to Department of State, 9 set. 1961, folder "Brazil, General, 8/61 – 9/61", Box 12, NSF, JFKL.
94 A maior parte dos empréstimos para o Nordeste, no entanto, seria administrada pelos governos estaduais, em razão da deterioração do relacionamento entre a agência norte-americana responsável pela liberação dos créditos (Usaid) e a Superintendência do Desenvolvimento do Nordeste (Sudene), órgão vinculado ao governo federal. Para mais informações, ver Roett, 1972, cap.7. Além disso, como se verá no capítulo 8, os acordos concluídos por San Tiago Dantas nos Estados Unidos em março de 1963 não resultaram, na prática, em novos recursos ao país.

porém, dias após o Banco do Brasil ter requerido a liberação do primeiro lote de empréstimos, Jânio Quadros renunciou à presidência. Os pedidos do Banco estavam sendo processados em Washington quando a crise política explodiu no Brasil. Apesar da alegação de que novos trâmites burocráticos estariam bloqueando a conclusão do processo, o governo Kennedy decidira, na realidade, congelar os empréstimos por razões estritamente políticas. Em outras palavras: o problema não era a burocracia norte-americana, mas João Goulart. O próprio diretor da Carteira de Câmbio do Banco do Brasil, Werther de Azevedo, apoiou a decisão dos Estados Unidos: "O Eximbank está absolutamente certo e o Tesouro deve fazer o mesmo", disse Werther a Herbert May. "Vocês não dariam dinheiro a Fidel Castro. Por que vocês devem dar dinheiro a Goulart?", afirmou o diretor do Banco do Brasil.[95]

Mesmo após o fim da crise política e a nomeação de um gabinete ministerial de cunho moderado pelo presidente Goulart, o governo Kennedy ainda parecia disposto a manter congelados os recursos ao Brasil. Segundo o secretário de Estado norte-americano Dean Rusk, os empréstimos só seriam liberados quando Brasília se comprometesse a perseguir as metas negociadas pelo governo Quadros com o FMI. Essa foi a primeira vez que o Departamento de Estado, com o aval da Casa Branca, assinalava que a manutenção do auxílio financeiro norte-americano ao Brasil dependeria do cumprimento de recomendações acordadas junto ao Fundo.[96] Isso significava que os Estados Unidos estavam dispostos a manter os acordos de maio de 1961, porém sob outras condições.

Essa mudança de atitude da administração Kennedy talvez explique o porquê de o diretor da Sumoc ter procurado reatar relações com o FMI no mesmo período. Em carta ao diretor administrativo do Fundo, Octávio Bulhões analisou os motivos pelos quais o Brasil teria descumprido parte das metas acordadas com o FMI em 1961. Apesar de reconhecer que a expansão do crédito excedera os limites planejados pelo governo, Bulhões argumentou que esse acréscimo teria sido fundamental para evitar uma recessão na economia, na medida em que o nível de depósitos dos bancos comerciais teria diminuído perigosamente a partir de maio de 1961. Segundo Bulhões, "nenhum conjunto de metas pode ser o único guia [...] para uma ação responsável das autoridades em uma emergência". Além disso, o diretor da Sumoc mostrou-se confiante de que o limite de Cr$ 50 bilhões de déficit público para 1961 ainda poderia ser alcançado até o final do ano. Bulhões lembrou ao diretor administrativo do FMI que a maior parte do dinheiro injetado no sistema bancário durante a crise política de

---

95 Telegram 92, Rio de Janeiro to Department of State, 1º set. 1961, CGR 1941-73, folder "Labor Affairs, General, 1959-1961", Box 131, RG 84, Nara, p.1.
96 Telegram 815, Department of State to Rio de Janeiro, 13 set. 1961, CGR 1941-73, folder "Labor Affairs, General, 1959-1961", Box 131, RG 84, Nara.

agosto seria recolhido pela Sumoc, a fim de evitar novas pressões inflacionárias. Por fim, a carta assinalou que se esperava que o FMI compreendesse a especificidade da situação do Brasil e que a instituição reconsiderasse a suspensão do acordo *standy-by*.[97]

Para demonstrar a seriedade das intenções da nova administração em reatar laços com o Fundo Monetário, o gabinete Tancredo Neves submeteu ao Congresso Nacional, no final de setembro de 1961, um plano de governo assumindo o compromisso de dar continuidade ao programa de austeridade econômica iniciado por Jânio Quadros. O plano foi aprovado por ampla maioria no Legislativo.[98] Além disso, em várias ocasiões, o novo ministro da Fazenda, Walter Moreira Salles, concedeu garantias ao adido do Tesouro norte-americano de que o governo seguiria os termos do memorando assinado com o FMI em maio de 1961 (ver Tabela 2.2). Como prova dessa intenção, argumentou Salles, o governo brasileiro havia decidido manter as medidas de liberalização cambial estabelecidas por Clemente Mariani (Instruções 204 e 208). O novo ministro da Fazenda também afirmou que o gabinete Tancredo Neves estaria estudando a possibilidade de apresentação de um projeto de reforma tributária ao Congresso, o que permitiria aumentar as receitas do Estado e, com isso, diminuir o déficit público.[99]

As garantias dadas pelo governo brasileiro, porém, pareceram não sensibilizar a administração Kennedy. Diante da manutenção do congelamento dos créditos, Moreira Salles e Octávio Bulhões convocaram Niles Bond para uma reunião no dia 19 de setembro de 1961. Nesse encontro, Salles teria afirmado ao embaixador norte-americano que a "considerável pressão" que o cruzeiro estava sofrendo no mercado cambial devia-se fundamentalmente a rumores espalhados nos círculos financeiros de que a política econômica do gabinete Tancredo Neves não estava sendo "firme". O ministro argumentou que era de "conhecimento comum" que o problema, na realidade, relacionava-se à recusa do Eximbank em liberar os fundos prometidos ao Brasil. Durante as negociações de maio de 1961, disse Salles, o governo Quadros havia deixado claro que a extinção dos controles cambiais só poderia ocorrer concomitantemente ao aporte de recursos externos. Sem isso, concluiu, o mercado cambial brasileiro poderia ficar sujeito a sérias instabilidades, tal como a que estava ocorrendo naquele momento. Caso o governo Kennedy não reconsiderasse a posição sobre empréstimos ao Brasil, haveria a possibilidade de reintrodução de controles cambiais como

---

97 Carta, Octávio Gouveia de Bulhões a Per Jacobsson, 12 set. 1961, Nara.
98 Esboço de programa de governo, documento de Trabalho para análise e crítica do Conselho de Ministros, Brasília, 21 set. 1961, RC e/ag 61.09.21 I-1, CPDOC-FGV; Oesp, Com restrições ao programa foi concedida confiança ao Gabinete, 30 set. 1961, p.3.
99 MemCon, Moreira Salles, Herbert May, 12 set. 1961; Telegram 764, Viena to Department of State, 15 set. 1961, CGR 1941-73, folder "Labor Affairs, General, 1959-1961", Box 131, RG 84, Nara.

forma de proteger o cruzeiro contra especulações do mercado, ameaçou Salles. Niles Bond compreendeu a mensagem do ministro da Fazenda: em comunicado enviado no mesmo dia ao Departamento de Estado, o embaixador pediu do governo norte-americano uma posição sobre o tema "o mais rápido possível".[100]

De fato, a resposta veio rapidamente. Apesar de muitos altos funcionários do governo norte-americano estarem em Viena participando de uma reunião do FMI, Niles Bond foi informado, ainda no próprio dia 20 de setembro, de que o governo Kennedy permitiria que Eximbank e Departamento do Tesouro "fossem adiante" com suas primeiras parcelas de empréstimo ao governo brasileiro. No entanto, na medida em que os Estados Unidos "não pretendiam financiar uma fuga de capitais do Brasil", o governo norte-americano estaria agindo com base na hipótese de que Moreira Salles iria "implementar um satisfatório programa de estabilização", manter a política cambial de Quadros e consultar formalmente o FMI para negociar novas metas de desempenho econômico. Dois dias depois, em encontro com Herbert May, Salles expressou entendimento de que os créditos norte-americanos estavam sendo liberados em troca do compromisso do governo brasileiro em "cumprir o plano de estabilização acordado com o FMI". Entre os dias 22 e 25 de setembro, finalmente, Ney Galvão, presidente do Banco do Brasil, assinou contratos com o Eximbank e com o Departamento do Tesouro para recebimento da primeira parcela dos empréstimos de maio de 1961.[101]

O término do congelamento dos créditos norte-americanos ao Brasil não trouxe mais do que um breve período de tranquilidade para o governo Goulart. Em poucos dias, ficou evidente que Brasil e FMI não chegariam a um acordo no curto prazo. O Fundo mostrava-se cético sobre as previsões feitas pelas autoridades brasileiras acerca dos índices macroeconômicos para 1961. A entidade considerava, por exemplo, que o déficit público ao final do ano seria de Cr$ 125 e 150 bilhões, enquanto membros do governo brasileiro falavam de Cr$ 60 a 80 bilhões. O diretor da Sumoc, Octávio Bulhões, considerava possível até mesmo atingir o patamar estabelecido com o FMI nas negociações de maio, ou seja, Cr$ 50 bilhões.[102] Segundo os técnicos do Fundo, essas disparidades nas previsões mostravam a necessidade de o Brasil convidar uma missão do FMI para visitar o país. Argumentava-se que as dúvidas da entidade poderiam ser saneadas com uma estadia de duas a três semanas. Mais uma vez, no entanto, tal como ocorrera com

100 Telegram 764, Viena to Department of State, 15 set. 1961, Nara.
101 Telegram 525, Viena to Department of State, 20 set. 1961; Telegram 808, Rio de Janeiro to Department of State, 22 set. 1961; Report 227, Rio de Janeiro to Department of State, 25 set. 1961, Nara.
102 Report 301, Rio de Janeiro to Department of State, 11 out. 1961; Telegram 1179, Rio de Janeiro to Department of State, 10 nov. 1961, Nara.

Clemente Mariani, Moreira Salles negou-se a aceitar uma missão do FMI no Brasil antes que o empréstimo *stand-by* estivesse formalmente reatado. Segundo Salles, por razões políticas, fazia-se necessário que a consulta ao Fundo ocorresse "em um contexto mais favorável em termos de reservas cambiais, evitando a aparência de negociação sob pressão".[103] Isso, porém, era inaceitável para a cúpula do FMI. O impasse estava criado.

Em um primeiro momento, o governo Kennedy parecia decidido a manter as ameaças de que novos fundos norte-americanos ao Brasil só seriam liberados depois que o país reatasse relações com o FMI. Porém, sucessivas ameaças e atitudes de Moreira Salles fizeram com que os Estados Unidos reconsiderassem sua posição. Inicialmente, o ministro da Fazenda declarou-se pronto a renunciar ao cargo caso novos recursos não fossem autorizados. Isso significaria o abandono das tentativas de estabilização do gabinete Tancredo Neves. Com o aval do novo embaixador norte-americano no Brasil, Lincoln Gordon, que considerava fundamental manter Salles no comando da área financeira, o governo Kennedy decidiu liberar uma segunda (e pequena) parcela do empréstimo do Eximbank.[104] Essa concessão foi considerada insuficiente por Salles. A especulação contra o cruzeiro continuava forte, inflada pelos rumores de que Washington não estava apoiando o governo brasileiro. O ministro da Fazenda argumentou com Gordon que seria compreensível se os Estados Unidos quisessem congelar apenas os fundos do Departamento do Tesouro – contratualmente condicionados à manutenção do *stand-by* do Brasil com o FMI –, mas que seria "complicado não liberar os fundos remanescentes". No entanto, o governo Kennedy decidiu fazer exatamente o contrário: ao invés de autorizar recursos do Eximbank, liberou ao Brasil um empréstimo do Tesouro de curtíssimo prazo (45 dias).[105] A chamada "política de rédeas curtas" do ex-embaixador John Moors Cabot estava finalmente sendo implementada, mesmo que com um governo de atraso.

---

103 Telegram 1341, Rio de Janeiro to Department of State, 8 nov. 1961, CGR 1941-73, folder "Labor Affairs, General, 1959-1961", Box 131, RG 84, Nara.

104 Moreira Salles declarou-se disposto a renunciar em conversa com Paulo Barbosa, vice-presidente da Esso do Brasil e representante no Conselho das Câmaras de Comércio Estrangeiras de São Paulo. Barbosa informou a decisão de Salles a Lincoln Gordon, que, por sua vez, entrou em contato com o Departamento de Estado pedindo nova liberação de recursos. Para a conversa entre Barbosa e Gordon, e para a decisão de Kennedy, ver, respectivamente, Telegram 977, Rio de Janeiro to Department of State, 16 out. 1961; Telegram 1145, Department of State to Rio de Janeiro, 17 out. 1961, CGR 1941-73, folder "Labor Affairs, General, 1959-1961", Box 131, RG 84, Nara.

105 Para o encontro entre Salles e Gordon, ver Telegram 1023, Rio de Janeiro to Department of State, Section I, 22 out. 1961, folder "Brazil, General, 10/61 – 11/61", Box 12, NSF, JFKL, 1. Para a decisão do empréstimo do Tesouro, ver Telegram 1236, Department of State to Rio de Janeiro, 27 out. 1961, CGR 1941-73, folder "Labor Affairs, General, 1959-1961", Box 131, RG 84, Nara.

A decisão do governo Kennedy parece ter irritado as autoridades brasileiras. No dia seguinte a confirmação do empréstimo do Tesouro, Salles jogou o trunfo com o qual ameaçara Niles Bond semanas antes: o restabelecimento de um sistema de taxas cambiais múltiplas, por meio da Instrução 219.[106] Essa decisão representou uma verdadeira surpresa para as autoridades norte-americanas. Em conversa com Moreira Salles no dia seguinte, Lincoln Gordon demonstrou "profundo desapontamento" com a atitude do governo brasileiro. O ministro da Fazenda argumentou que a medida teria sido tomada para evitar a aprovação de uma legislação no Congresso regulamentando o assunto. Segundo Salles, a Instrução 219 seria "administrativamente revogável"; uma lei, não. Além disso, alegando "falta de tempo", o ministro desculpou-se por não ter "avisado Gordon com antecedência".[107] Gordon provavelmente compreendeu o que "falta de tempo" queria dizer.

As semanas seguintes foram marcadas por intensas negociações entre Brasil e Estados Unidos. De um lado, as autoridades brasileiras argumentavam que o governo Kennedy estaria descumprindo sua parte nas negociações, pois os recursos do Eximbank e da AID não tinham sido vinculados ao aval do FMI; de outro, os norte-americanos insistiam que os acordos estariam baseados no pressuposto de que um "consórcio de credores" liberaria recursos "no mesmo ritmo". Assim, se o Departamento do Tesouro não poderia mais seguir o acordo, o Eximbank e a AID também teriam de congelar suas parcelas. Além disso, conforme o presidente do Eximbank, Harold Linder, por mais que os recursos do banco não estivessem condicionados em contrato à manutenção do *stand-by* do Brasil com o FMI, o Eximbank "não poderia ignorar" as opiniões do Fundo.[108] Como forma de tentar superar esse impasse, o governo brasileiro chegou a propor a extinção imediata da Instrução 219 em troca da concessão de US$ 40 milhões do empréstimo *stand-by* com o FMI. Diante da negativa do Fundo, Salles apareceu com outra oferta: os US$ 40 milhões do *stand-by* em troca do convite para uma missão do FMI visitar o Brasil. Mais uma vez, porém, a entidade recusou a proposta.

106 Oesp, Regulamenta a Instrução 219 o mercado nacional de câmbio, 27 out. 1961, p.22.
107 O adido financeiro da embaixada norte-americana no Brasil, Ralph Korp, também pressionou Casimiro Ribeiro pelo fato de não ter sido avisado com antecedência sobre a Instrução 219. No dia 9 de setembro, porém, Ribeiro tinha informado John Kirzay, segundo secretário da embaixada, de que o governo estaria sofrendo "pressões" para o restabelecimento do câmbio de custo. Ver Report 290, Rio de Janeiro to Department of State, 9 out. 1961; Telegram 1068, Rio de Janeiro to Department of State, 27 out. 1961, CGR 1941-73, folder "Labor Affairs, General, 1959-1961", Box 131, RG 84, Nara.
108 Telegram 1146, Rio de Janeiro to Department of State, 6 nov. 1961; MemCon, Dias Carneiro, Roberto Campos, Harold Linder, 7 nov. 1961, CGR 1941-73, folder "Labor Affairs, General, 1959-1961", Box 131, RG 84, Nara.

Nesse contexto, diante dos constantes elogios feitos por Lincoln Gordon à equipe econômica do gabinete Tancredo Neves – a qual, segundo o embaixador norte-americano, estaria "sem dúvida" fortalecendo os esforços em favor da estabilização econômica –, o governo Kennedy decidiu ceder, rompendo o impasse.[109] Por recomendação de Gordon e Herbert May, os Estados Unidos forneceriam os US$ 40 milhões requeridos pelo Brasil junto ao FMI em troca de um convite do governo Goulart para o envio de uma missão do Fundo ao país.[110] Salles aceitou a oferta. Desta vez não se solicitou que a missão ficasse sob sigilo. Definiu-se apenas que "seria melhor evitar publicidade jornalística".[111] Com o pacto selado, os US$ 40 milhões foram autorizados pelos Estados Unidos. Em seguida, não coincidentemente, o governo brasileiro emitiu a Instrução 221, desfazendo parte dos controles cambiais que tinham sido criados pela Instrução 219.[112]

A missão do FMI chegou ao Brasil no início de janeiro de 1962 e permaneceu até o final do mês. Diferentemente da experiência anterior, ocorrida durante o governo Quadros, os funcionários do Fundo informaram a um representante norte-americano que as autoridades brasileiras tinham, "desta vez, colaborado completamente com a missão". Apesar disso, as perspectivas de o Brasil obter um *stand-by* seriam pequenas. Os técnicos estavam preocupados com o crescimento do déficit público, o qual havia fechado o ano de 1961 em Cr$ 130 bilhões (coincidindo com as previsões do FMI). Para 1962, caso medidas fiscais suplementares não fossem tomadas, os membros da missão esperavam um déficit de Cr$ 250 bilhões, no mínimo. Além disso, havia também a questão do câmbio. Os membros do FMI aplaudiram a reunificação do sistema cambial instituída pela Instrução 221, mas criticaram o controle do governo na determinação do valor da taxa de câmbio livre.[113]

Após o término dos trabalhos da missão do FMI, Lincoln Gordon ratificou a Moreira Salles o compromisso de que novos saques dos recursos

---

109 Ainda segundo Lincoln Gordon, o "novo regime precisa de nosso apoio e estímulo". Telegram 1213, Rio de Janeiro to Department of State, Section III, 15 nov. 1961, folder "Brazil, General, 10/61 – 11/61", Box 12, NSF, JFKL, p.1.

110 MemCon, Lincoln Gordon, Harold Linder, Herbert May, 27 nov. 1961; Telegram 1569, Department of State to Rio de Janeiro, 5 dez. 1961, CGR 1941-73, folder "Labor Affairs, General, 1959-1961", Box 131, RG 84, Nara.

111 Telegram 1569, Department of State to Rio de Janeiro, 5 dez. 1961; Telegram 109, Rio de Janeiro to Department of State, 11 dez. 1961, CGR 1941-73, folder "Labor Affairs, General, 1959-1961", Box 131, RG 84, Nara. De fato, a cobertura jornalística da missão foi limitada. Um dos poucos exemplos a respeito encontra-se em Oesp, Mantidas sob rigoroso sigilo as negociações da missão do FMI com o nosso governo, 23 jan. 1962, p.23 e NR, Misteriosa missão do FMI e o congelamento de salários, 9-15 fev. 1961, n.157, p.3.

112 Oesp, Divulgada pela Sumoc a Instrução 221, 16 dez. 1961, p.2.

113 Report s.n., Rio de Janeiro to Department of State, 25 jan. 1962, p.1-2; Report 607, Rio de Janeiro to Department of State, 26 jan. 1962, CGR 1941-73, folder "Labor Affairs, General, 1959-1961", Box 131, RG 84, Nara.

norte-americanos só poderiam ser feitos com o restabelecimento do acordo *stand-by* com o Fundo. Para tanto, segundo o embaixador, seria necessário que o governo brasileiro iniciasse o quanto antes a implementação de um novo plano de estabilização econômica.[114] Salles seguiu as recomendações de Gordon. Em meados de março de 1962, antes de viajar aos Estados Unidos para discutir mais uma vez questões financeiras com integrantes do FMI e do governo Kennedy, o ministro da Fazenda apresentou um programa de estabilização ao Conselho de Ministros, que foi aprovado por unanimidade. Esse programa previa um corte significativo dos gastos públicos, além de aumentar impostos e estabelecer a colocação de títulos públicos indexados à inflação no mercado. Com essas medidas, planejava-se fechar o ano de 1962 com um déficit de apenas Cr$ 31 bilhões.[115] Além disso, Salles comprometeu-se com Gordon a liberar completamente a taxa de câmbio na hipótese de o Brasil receber suporte financeiro adequado.[116] Em resumo: o ministro da Fazenda estava disposto a aplicar as exatas recomendações feitas pela missão do FMI, com o intuito de reatar o *stand-by* com o Fundo e, assim, regularizar a situação do Brasil com seus demais credores.

Membros do governo norte-americano ressaltaram a seriedade e valor do plano Salles ao presidente Kennedy e funcionários do FMI. Lincoln Gordon, por exemplo, acreditava que o "esforço brasileiro pela estabilização [era] sério", além de estar "bem melhor respaldado" política e tecnicamente em comparação às tentativas anteriores.[117] Os membros do Conselho de Ministros, segundo Gordon, tinham consciência de que "a sobrevivência do governo" dependia da contenção inflacionária.[118] Os memorandos do Departamento de Estado também foram elogiosos. Um desses relatórios reconheceu que os problemas financeiros do Brasil deviam-se a fatores que estavam "para além do controle das autoridades brasileiras", tal como a renúncia de Jânio Quadros e a recusa do Congresso Nacional em aprovar uma reforma tributária no final de 1961. Afirmou-se ainda que "as intenções brasileiras para recomeçar um programa de estabilização financeira vinham

114 Telegram 1934, Rio de Janeiro to Department of State, 23 fev. 1962, CGR 1941-73, folder "Financial Matters, General – Jan. – Mar. 1962", Box 137, RG 84, Nara.
115 O programa havia sido apresentado antes a Lincoln Gordon para recomendações. Ver Telegram 1947, Rio de Janeiro to Department of State, 25 fev. 1962; Telegram 2017, Rio de Janeiro to Department of State, 3 mar. 1962; Telegram 2051, Rio de Janeiro to Department of State, 9 mar. 1962; Telegram 723, Rio de Janeiro to Department of State, 15 mar. 1962; Telegram 2129, Rio de Janeiro to Department of State, 19 mar. 1962, CGR 1941-73, folder "Financial Matters, General – Jan. – Mar. 1962", Box 137, RG 84, Nara.
116 Telegram 2149, Rio de Janeiro to Department of State, 20 mar. 1962, CGR 1941-73, folder "Financial Matters, General – Jan. – Mar. 1962", Box 137, RG 84, Nara.
117 Telegram 2222, Rio de Janeiro to Department of State, 24 mar. 1962, folder "Brazil, General, 3/16/62 – 3/31/62", Box 12A, NSF, JFKL, p.1.
118 Telegram 11, Rio de Janeiro to Department of State, 27 mar. 1962, folder 2, Box 112A, POF, JFKL, p.2-3.

sendo amplamente demonstradas".[119] No entanto, segundo o memorando, o governo norte-americano só deveria liberar recursos ao Brasil *"pari passu"* aos demais credores, em especial o FMI. Isso significava que, sem o aval do Fundo, a recomendação era a de que os Estados Unidos mantivessem uma política de contingenciamento de recursos a Goulart.[120]

Apesar das medidas em favor da estabilização implementadas por Moreira Salles antes de viajar para Washington, o FMI deliberou em abril de 1962 por não reatar um *stand-by* com o Brasil. A entidade considerou que o plano econômico do governo ainda estaria em uma fase incipiente de implementação e que o Fundo desejava ver "resultados concretos" antes de regularizar o *stand-by*. Mesmo assim, fizeram-se duas pequenas concessões ao Brasil: prorrogou-se uma dívida de US$ 20 milhões do país junto ao próprio FMI e "sugeriu-se" aos credores europeus que liberassem uma parcela dos créditos definidos em maio de 1961 também no valor de US$ 20 milhões.[121] Essa liberação viria com uma importante condição: se o reatamento das relações entre o FMI e o governo Goulart não ocorresse até 31 de dezembro de 1962, o Brasil seria obrigado a pagar imediatamente esse empréstimo à Europa, além de assistir seus fundos serem bloqueados mais uma vez.[122] Por fim, seguindo a política *"pari passu"* recomendada pelo Departamento de Estado, o governo Kennedy liberou ao Brasil apenas US$ 35 dos US$ 129 milhões remanescentes das negociações de maio.[123] Moreira Salles chegou a pedir ao secretário do Tesouro Douglas Dillon que aumentasse esse valor para US$ 50 milhões, mas não obteve sucesso. Segundo Dillon, "devido à falência" do programa de estabilização de Quadros, o governo Kennedy teria que "agir mais cautelosamente nesse momento", a fim de manter o apoio do Legislativo à Aliança para o Progresso.[124]

Até mesmo o tão aguardado acordo referente ao Nordeste, que asseguraria US$ 131 milhões da Aliança para o Progresso para a região em cinco anos, ficou aquém das expectativas. Desavenças entre as delegações brasileira e norte-americana sobre a exata relação que deveria prevalecer entre a Superintendência para o Desenvolvimento do Nordeste (Sudene)

---

119 Position Paper, Additional Financial Assistance for Brazil, 30 mar. 1962, folder 2, Box 112A, POF, JFKL.

120 Idem, p.1.

121 Report, Summary Record of U.S. – Brazilian Financial Discussions, Mar. 28-Apr. 3, abr. 1962, CGR 1941-73, folder "Financial Matters, General – Jan. – Mar. 1962", Box 137, RG 84, Nara. Ver também Oesp, Concluídas as negociações com o FMI, 5 abril 1962, p.9.

122 Telegram 48, Paris to Department of State, 5 jul. 1962, CGR 1941-73, folder "Financial Matters, General – Jan. – Mar. 1962", Box 137, RG 84, Nara.

123 Position Paper, Additional Financial Assistance for Brazil, 30 mar. 1962, JFKL. Há estudiosos que afirmam, erroneamente, que Jango teria voltado "com as mãos vazias" dessa viagem. Ver Melo, Bastos e Araújo, 2007, p.90.

124 MemCon, Moreira Salles, Douglas Dillon, John Leedy, 4 abr. 1962, folder "Brazil, General, 4/62", Box 12A, NSF, JFKL, p.1-2.

e United States Agency for International Development (Usaid) impediram que as negociações fossem concluídas enquanto Goulart ainda estava nos Estados Unidos.[125] No final, ao que as evidências apontam, a delegação brasileira cedeu: os termos do acordo deixaram em aberto a possibilidade de a Usaid realizar parcerias com outros órgãos e agências do Estado brasileiro que não exclusivamente a Sudene.[126] Isso permitiria que os recursos norte-americanos, em vez de serem concedidos ao governo federal, fossem canalizados diretamente para administrações estaduais vistas como "democráticas" por Washington, isto é, como aliadas na luta contra o comunismo no hemisfério. Nasceriam, assim, as bases da política de "ilhas de sanidade administrativa", segundo termo consagrado de Lincoln Gordon.[127]

Após o retorno de Moreira Salles ao Brasil, o esforço de estabilização do ministro da Fazenda esmoreceu. Com a falência do programa de Salles, motivada pela crise política de junho de 1962, as possibilidades de acordo entre Brasil e FMI desapareceram, bloqueando os créditos europeus e norte-americanos ao país (Tabela 4.5). O pacote econômico do governo Kennedy estaria agora completamente condicionado ao aval do Fundo. Com exceção de um empréstimo de 90 dias liberado pelo Departamento do Tesouro em janeiro de 1963, tendo como garantia as últimas reservas de ouro brasileiras, os Estados Unidos só aceitariam novamente negociar o fim do congelamento dos acordos de maio quando o governo Goulart mostrou-se disposto a dialogar com o FMI em março daquele mesmo ano. Segundo o então embaixador Roberto Campos, a nova filosofia norte-americana poderia ser resumida em uma frase: "na hora do aperto vou lhe ensinar uma lição".[128]

Diferentemente do que ocorrera com Jânio Quadros, o governo Kennedy colocou o princípio da estabilidade econômica muito acima de

---

125 Page, 1972, p.73-4; Roett, 1972, p.82-6.
126 No Artigo I, Parágrafo A do acordo, lê-se que "a Usaid pode assinar contratos de projetos individuais com a SUDENE ou com outras agências e organizações apropriadas conforme as regulamentações aplicáveis". Ver Agreement on the Cooperation of the Government of the United States of America for the Promotion of Economic and Social Development in the Brazilian Northeast, 13 abr. 1962, United Nations Treaty Series (doravante UNTS), volume 445, document 6391, p.232. No entanto, baseados no Artigo II, Parágrafo B, funcionários da Sudene argumentariam posteriormente que o acordo teria estabelecido a necessidade da participação da entidade na aprovação de projetos. Roett, 1972, p.83.
127 Ao que se pode averiguar, o embaixador norte-americano usou o termo pela primeira vez referindo-se a governos estaduais e a certos órgãos federais em telegrama ao Departamento de Estado datado de 19 de julho de 1962. Ver Telegram 171, Rio de Janeiro to Department of State, 19 jul. 1962, folder "Brazil, General, 7/62", Box 13, NSF, JFKL, p.4. Nem dois meses após a conclusão do acordo, a Usaid assinaria um contrato para o financiamento da construção de escolas primárias com o governador de Pernambuco, Cid Sampaio (União Democrática Nacional, UDN), sem a participação da Sudene. Segundo Riordan Roett, os termos desse contrato já tinham sido acertados antes mesmo da viagem de Goulart aos Estados Unidos. Roett, 1972, p.112.
128 Carta, Roberto Campos a Herbert K. May, 19 set. 1962, CPDOC, p.14.

qualquer outro critério para a concessão de empréstimos a João Goulart. Sob a administração Quadros, a austeridade monetária e fiscal havia sido um dos objetivos de Washington, mas não o principal. Com Jango, ela tornou-se elemento básico. Essa nova abordagem manifestou-se na prática de condicionar novos recursos à execução do memorando assinado entre Brasil e FMI em maio de 1961, apesar de a maior parte dos fundos dos EUA não terem sido vinculados ao cumprimento desse documento. No geral, as reclamações feitas pelas autoridades brasileiras de que os Estados Unidos estariam desrespeitando os termos negociados em Washington foram ignoradas. Outro aspecto marcante foi a mudança na abordagem do governo Kennedy com o próprio FMI. Se durante a administração Quadros os Estados Unidos pressionaram o Fundo a flexibilizar parâmetros em favor do Brasil, com Goulart a situação mudou: em abril de 1962, o FMI teve maior liberdade para negar o reatamento do empréstimo *stand-by* com o governo brasileiro, frustrando as intenções de Moreira Salles em liberar parte remanescente dos recursos que ele mesmo havia negociado um ano antes.

Tabela 4.5 – Desembolso dos empréstimos norte-americanos de maio de 1961, Brasil, setembro de 1961 a janeiro de 1963 (milhões US$)

Data	Valor	Fonte	Maturação
22 setembro 1961	35	Tesouro	–
25 setembro 1961	42	Eximbank	–
17 outubro 1961	21	Eximbank	–
27 outubro 1961	30	Tesouro (Usaid)*	45 dias
30 novembro 1961	21	Eximbank	–
Dezembro 1961	40	Usaid (15) / Eximbank (25)†	–
4 abril 1962	35	Usaid (9.5) / Eximbank (16) / Tesouro (9.5)†	–
3 janeiro 1963	30	Usaid (20) / Eximbank (10) †	90 dias
Total desembolsado	254	–	–
Valor remanescente	84	–	–
Total de empréstimos	338	–	–

Fontes: Telegram 891, Department of State to Rio de Janeiro, 22 set.1961; Telegram 227, Rio de Janeiro to Department of State, 25 set.1961; Telegram 1236, Department of State to Rio de Janeiro, 27 out.1961, folder "Labor Affairs, General, 1959-1961", Box 131; Telegram 431, Rio de Janeiro to Department of State, 30 nov. 1961, folder "Financial Matters, July-Dec. 1961", Box 129; Telegram 2909, Department of State to Rio de Janeiro, 9 abr. 1962, folder "Financial Matters, General, Jan. – Mar. 1962", Box 137, RG 84, Nara; Telegram 1352, Department of State to Rio de Janeiro, folder "Financial Aid Brazil, 1962-63", Box 135. Todos esses documentos encontram-se no CGR 1941-73,RG 84, Nara.

*Empréstimo concedido em nome da Agência Norte-americana de Desenvolvimento Internacional (Usaid), que seria legalmente constituída em novembro de 1961; †Os números entre parênteses representam a contribuição de cada agência, em milhões de US$, para os referidos empréstimos.

É de questionar quais teriam sido os motivos dessa mudança de atitude do governo Kennedy com relação ao Brasil. Várias razões podem ser citadas nesse sentido. É possível argumentar, por exemplo, tal como Douglas Dillon fizera diante de Moreira Salles em abril de 1962, que os Estados Unidos adotaram uma abordagem mais conservadora com Goulart devido à "falência" do programa de estabilização janista. Em outras palavras: o governo Kennedy havia confiado nas promessas feitas pela administração Quadros, por isso concedera tantos recursos ao país em maio de 1961. No entanto, como parte dessas promessas não foi cumprida, desejavam-se agora garantias do governo brasileiro de que novos esforços de estabilização não seriam temporários. O problema desse argumento é que o programa de estabilização de Jânio Quadros já estava apresentando deficiências antes mesmo de Goulart assumir o poder – tanto é que o FMI havia rompido o *stand-by* com o Brasil no final de julho de 1961. Assim, se fosse para os Estados Unidos tomar uma atitude mais firme, isso já deveria ter sido feito enquanto Quadros ainda estava na presidência. A questão fundamental, portanto, não estava no desrespeito às metas de estabilização por parte do governo brasileiro; mas, sim, na inversão de prioridades da própria administração Kennedy: o conservadorismo na liberação de recursos tornou-se hegemônico somente após João Goulart assumir o poder.

Dessa maneira, as razões da mudança de atitude de Washington devem ser procuradas no próprio governo Goulart. Nos primeiros meses do novo regime, os Estados Unidos depararam-se com três sérios problemas. O primeiro deles foi a aprovação de um projeto de lei de limitação de remessa de lucros pela Câmara dos Deputados em novembro de 1961. O texto previa a criação de severas restrições ao capital estrangeiro no Brasil, tais como a imposição de um limite anual para a remessa de lucros e dividendos correspondente a 10% do capital social das empresas. Apesar de ainda precisar passar no Senado para virar lei, o projeto tornou-se verdadeira obsessão do governo Kennedy e representantes do capital estrangeiro. O secretário de Estado Dean Rusk, por exemplo, interpretou-o como uma séria "ameaça" aos interesses norte-americanos no Brasil.[129]

O segundo problema enfrentado pelo governo Kennedy relacionou-se à atitude da delegação brasileira na Conferência de Punta del Este de janeiro de 1962. Essa conferência, que reuniu ministros de Relações Exteriores dos Estados-membros da OEA, havia sido convocada no mês anterior com o intuito de "analisar ameaças à paz e à independência política dos países americanos" – um eufemismo para se referir à questão do comunismo em

---

129 Telegram 1326, Rio de Janeiro to Department of State, 1º dez. 1961; Telegram 1583, Department of State to Rio de Janeiro, 6 dez. 1961, CGR 1941-73, folder "Financial Matters, July-Dec. 1961", Box 129, RG 84, Nara.

Cuba.[130] A principal intenção dos Estados Unidos era aprovar medidas contra o regime de Fidel Castro por meio da Organização dos Estados Americanos. No entanto, uma das resoluções fundamentais nesse sentido, que determinava a expulsão de Cuba da OEA, foi ratificada apenas pelo número mínimo de votos. Liderados por Santiago Dantas, ministro das Relações Exteriores do governo Goulart, os maiores países do continente (Brasil, Argentina, Chile e México) abstiveram-se, comprometendo a legitimidade e o alcance da resolução.[131] Não foi coincidência que, dias antes do início da Conferência, a embaixada brasileira em Washington foi manchada de tinta vermelha.[132] Apesar de o Departamento de Estado norte-americano ter lamentado oficialmente o ocorrido, é fato que o governo Kennedy não ficou satisfeito com os resultados de Punta del Este – resultados estes que, em grande parte, foram consequência da atuação brasileira.

A terceira questão difícil que o governo Kennedy enfrentou referiu-se à encampação de empresas norte-americanas. Em fevereiro de 1962, após meses de negociações frustradas entre o governo estadual do Rio Grande do Sul e a Companhia Telefônica Nacional (CTN) – subsidiária da International Telephone and Telegraph (ITT) –, o governador Leonel Brizola (Partido Trabalhista Brasileiro, PTB) decidiu decretar a encampação da empresa, alegando precariedade na prestação de serviços, obsolescência da infraestrutura de telefonia do estado e remissão ilegal de lucros ao exterior. Como indenização, Brizola depositou Cr$ 149 milhões (aproximadamente U$S 500 mil) na conta da companhia.[133] Os representantes da CTN consideraram o valor irrisório. Harold Green, presidente da ITT, apelou diretamente ao alto escalão da administração Kennedy e a membros do Congresso norte--americano. Green exigiu represálias ao governo brasileiro até que uma "justa compensação" fosse paga.[134] Para piorar, as reclamações da ITT

---

130 Franchini Neto, 2005, p.139-40.

131 Bolívia e Equador também se abstiveram. Idem, p.130-31, e Weis, 1993, p.150-2. Para as justificativas da abstenção brasileira sobre o tema da expulsão de Cuba da OEA, ver Discurso, Chanceler Santiago Dantas, VIII Reunião de Consulta dos ministros das Relações Exteriores da América, Punta del Este, Uruguai, fev. 1962, Pacotilha 2, Caixa 2, Arquivo Santiago Dantas (doravante AP47), ANRJ.

132 Comunicado, Embaixador Roberto Campos ao ministro das Relações Exteriores do Brasil, Santiago Dantas, 8 fev. 1962, Pasta 1, RC d/bem 61.10.19, CPDOC-FGV, p.4-5.

133 Oesp, Encampado pelo governo gaúcho o serviço telefônico, 17 fev. 1962, p.6; A CTN reclama do governo gaúcho justa indenização, 22 fev. 1962, p.7. Ver, também, Bandeira, 1983, p.49-52; Miranda, 2006, p.114-31; e Leacock, 1990, p.85-8. John Foster Dulles informa que o governo gaúcho teria depositado apenas Cr$ 20 milhões como indenização na conta da CTN. Dulles, 1970, p.170-1.

134 Telegram 3564, Department of State to Rio de Janeiro, 7 mar. 1962, folder "Brazil, General, 3/1/62 – 3/15/62", Box 12A, NSF, JFKL, p.1-2. Segundo Jeffrey Taffet, Harold Green teria solicitado ao senador Burke Hickenlooper a introdução de uma emenda no *Foreign Act* de 1962 com o intuito de impedir novas expropriações de empresas norte-americanas no exterior. A emenda Hickenlooper, aprovada pelo Congresso em julho de 1962, estipulou que o

foram engrossadas pelos protestos de outra empresa norte-americana: a American & Foreign Power (Amforp), responsável por subsidiárias do setor elétrico em vários estados brasileiros. Pertencente à *holding* Bond and Share, a Amforp também havia tido uma de suas subsidiárias encampadas pelo governador Brizola em 1959. Na época, a companhia decidira seguir a legislação estadual, apelando para a justiça do Rio Grande do Sul. Após a receptividade demonstrada pela administração Kennedy às demandas da ITT, os executivos da Amforp mudaram de estratégia: ao invés de esperar a decisão da justiça gaúcha, a empresa passou a pressionar o governo norte-americano para que a administração Goulart encampasse todas as suas subsidiárias no Brasil sob a contrapartida de uma "justa indenização".[135]

Esses três problemas poderiam ser identificados como os principais motivos por de trás da mudança do governo Kennedy com relação ao Brasil. Não há dúvida de que eles tiveram um papel nesse sentido, porém não tão fundamental como se poderia pensar em um primeiro momento. Apesar da insatisfação gerada em Washington pela lei de remessa de lucros, pela manutenção da linha independente da política exterior brasileira e pela encampação de empresas norte-americanas, o governo Kennedy pareceu ter compreendido que essas questões estariam sendo determinadas por fatores mais amplos, localizados fora da alçada de responsabilidades da administração Goulart. Em numerosas ocasiões, a embaixada norte-americana assinalou que o projeto Celso Brant da lei de remessa de lucros havia sido aprovado na Câmara de Deputados não por causa do Poder Executivo, mas apesar dele. Conforme a embaixada, depois da passagem do projeto em primeira instância, o governo teria se empenhado em uma articulação no Congresso para impedir que a proposta original fosse ratificada no Senado.[136] No que se refere à Política Externa Independente, a própria Central de Inteligência norte-americana (Central Intelligence Agency, CIA) admitiu que a administração Goulart estaria tendo uma atuação mais "responsável" no plano internacional em comparação ao governo anterior. De acordo com a CIA, apesar de a delegação brasileira ter agido contrariamente aos interesses dos Estados Unidos na Conferência de Punta de Este, "o governo [Goulart]

governo dos Estados Unidos estaria proibido de conceder auxílio econômico a países que expropriassem companhias norte-americanas sem uma "justa e imediata indenização". A validade legal da emenda foi propositadamente retrocedida para 1º de janeiro de 1962, a fim de que o caso da ITT fosse coberto pelas disposições da nova lei. Taffet, 2007, 102. Sobre a emenda Hickenlooper, ver Vandevelde, 1998.

135 MemCon, Henry B. Sargent, William Rogers, 27 fev. 1962, Records Relating to Brazil, compiled 1954-63 (doravante RRB 1954-63), folder "Balance of Payment Assistance, Jan. – Mar. 1962", Box 2, RG 59, Nara.

136 Telegram 1326, Rio de Janeiro to Department of State, 1º dez. 1961, p.2; Telegram 1390, Rio de Janeiro to Department of State, 11 dez. 1961, CGR 1941-73, folder "Financial Matters, July – Dec. 1961", Box 129, RG 84, Nara, 2. Esse tema será tratado em detalhes no próximo capítulo.

vem demonstrando pouco interesse em desenvolver uma relação próxima com Cuba, certamente bem menos do que Quadros apresentou quando era presidente".[137] Por fim, sobre a questão das encampações de empresas norte-americanas, Lincoln Gordon relatou a Washington que não seria razoável esperar que o governo Goulart passasse por cima das administrações estaduais, tal como o presidente da ITT havia deixado a entender em carta ao secretário Dean Rusk. Segundo Gordon, o Brasil era uma república federativa e a expropriação da Companhia Telefônica Nacional ocorreu de acordo com a legislação do Rio Grande do Sul. Assim, a proposta de Green seria "irreal, impraticável e talvez impossível para o governo brasileiro".[138] Em declaração dada em 7 de março de 1962, o próprio presidente Kennedy reiterou a posição expressa pelo seu embaixador sobre o assunto.

Portanto, se esses três episódios não parecem ter comprometido seriamente a administração Goulart aos olhos do governo norte-americano, quais teriam sido, então, os verdadeiros motivos da abordagem mais cautelosa de Washington no que se referiu à liberação de recursos ao Brasil? A resposta estava no próprio presidente João Goulart. Desde a crise da renúncia de Jânio Quadros, quando o governo Kennedy mostrou-se favorável ao rompimento da normalidade constitucional no Brasil, ficou evidente que o principal motivo do congelamento de créditos ao governo brasileiro relacionava-se, exclusivamente, à ascensão de Goulart ao poder. Em contraste com Quadros, cuja Política Externa Independente foi interpretada pelos Estados Unidos apenas como um recurso tático, incapaz de contaminar sociedade e governo com o comunismo, com Goulart a administração Kennedy já não tinha essa mesma certeza. Tal desconfiança norte-americana não era recente, remontando desde a época em que Jango havia sido ministro do Trabalho de Getúlio Vargas entre 1953 e 1954. O histórico do novo presidente no meio sindical, identificado pelo seu apoio a alianças entre grupos trabalhistas e comunistas, e a indicação de "comunistas ou simpatizantes" a postos governamentais, foram os principais motivos que levaram Washington a ser mais precavido na concessão de fundos ao Brasil. Segundo a embaixada norte-americana, "as associações passadas de Goulart com os comunistas" justificariam essa mudança na política de auxílio econômico.[139] Da mesma maneira, ao analisar a pertinência de estender a Goulart o convite que havia sido feito a Quadros para visitar os Estados Unidos, a embaixada reiterou que não haveria dúvida de que "Goulart possu[iria] uma relação com os comunistas". A dúvida estaria apenas "na natureza dessa relação". Se Goulart estivesse vinculado aos comunistas

---

137 CIA Memorandum, The Situation in Brazil, 2 abr. 1962, folder 16, Box 112, NSF, JFKL, p.4.
138 Telegram 1948, Rio de Janeiro to Department of State, 26 fev. 1962, folder "Brazil, General, 1/17/62 – 2/28/62", Box 12A, NSF, JFKL, p.3.
139 Telegram 157, Rio de Janeiro to Department of State, 8 set. 1961, Nara.

para entregar-lhes o poder, afirmou Niles Bond, o convite não deveria ser feito; no entanto, se essa aliança fosse apenas um meio usado por Goulart para atingir determinados objetivos, como Bond considerava mais provável, então a visita poderia ser útil para convencer o presidente brasileiro de que essa estratégia não seria aceitável para o governo Kennedy.[140]

Ao longo de seus primeiros meses na presidência, Goulart compreendeu que precisava convencer os Estados Unidos de que seus vínculos com "elementos extremistas" seriam de natureza exclusivamente pragmática. Segundo Goulart explicou ao embaixador Lincoln Gordon, os contatos da presidência com a esquerda possibilitariam o estabelecimento de uma "paz social" no Brasil, impedindo a ascensão dos comunistas ao poder.[141] Por certo tempo, esse discurso convenceu algumas autoridades norte-americanas. A mesma embaixada que, no início de outubro de 1961, manifestou dúvidas sobre o novo presidente brasileiro, afirmaria, um mês depois, que "não achava que Goulart fosse comunista". De acordo com Lincoln Gordon, Goulart parecia "sincero em suas intenções, mesmo que suas ações ajudem mais do que inibam os comunistas".[142] No ano seguinte, o embaixador informaria a Washington que ele estava "impressionado" com a quantidade de brasileiros pró-Estados Unidos e anticomunistas apoiando Goulart. Gordon se disse ainda "convencido" de que o presidente brasileiro estava se esforçando para lançar uma base construtiva de relações entre Brasil e Estados Unidos.[143] Como resultado dessas avaliações positivas, em dezembro de 1961 o Departamento de Estado decidiu convidar Goulart para visitar os Estados Unidos.

Não há dúvida de que essa postura colaborativa de Goulart, aliada à instauração do regime parlamentarista e à nomeação de um Conselho de Ministros de orientação política moderada, contribuiriam para relaxar as diretrizes de Washington sobre auxílio financeiro ao Brasil. Isso explica o retorno da liberação dos fundos de maio de 1961 após o congelamento momentâneo feito em setembro. No entanto, como se viu, os termos dessas autorizações foram bem mais rígidos do que aqueles impostos a Quadros. Isso ocorreu porque muitos funcionários norte-americanos ainda mantinham sérias dúvidas sobre intenções e atitudes do novo presidente brasileiro. Esse era o caso, por exemplo, do adido trabalhista John Fishburn, cuja preocupação estava na ligação entre Goulart e

---

140 Telegram 946, Rio de Janeiro to Department of State, 11 out. 1961, CGR 1941-73, folder "Goulart 1960-61", Box 121, RG 84, Nara, p.1-2.

141 Telegram 1353, Rio de Janeiro to Department of State, 6 dez. 1961, CGR 1941-73, folder "Brazil, Sept.-Dec. 1961", Box 124, RG 84, Nara.

142 Telegram 1280, Rio de Janeiro to Department of State, Section II, 24 nov. 1961, folder "Brazil, General, 10/61 – 11/61", Box 12, NSF, JFKL, p.1-2.

143 Telegram s.n., Rio de Janeiro to Department of State, 1º mar. 1962, CGR 1941-73, folder "Brazil, Jan. – Mar. 1962", Box 135, RG 84, Nara, p.1.

"comunistas" no movimento sindical.[144] A visão do adido estava longe de ser isolada no governo norte-americano. Dias antes da visita de Goulart aos Estados Unidos, o Departamento de Estado enviou um memorando à Casa Branca informando quais membros da delegação que acompanharia o presidente seriam "comunistas ou simpatizantes". Clodsmith Riani, o líder sindical mais próximo de Goulart e presidente da Confederação Nacional dos Trabalhadores da Indústria (CNTI), aparecia em primeiro lugar na lista.[145]

A visita de João Goulart aos Estados Unidos tendia a ser um divisor de águas na relação entre os dois países. Somente a partir dela é que o governo Kennedy poderia formar uma opinião mais sólida sobre as possibilidades de transformar o presidente brasileiro em um dos símbolos da Aliança para o Progresso. A impressão inicial deixada pela visita foi muito boa. Goulart comprometeu-se a apoiar o programa de estabilização de Moreira Salles e a resolver a questão da encampação das empresas norte-americanas.[146] Além disso, os contatos entre Clodsmith Riani e líderes sindicais norte-americanos fortaleceram esperanças de reintegrar a maior organização sindical da América Latina (CNTI) à "ala democrática" do sindicalismo do hemisfério.[147] Apesar de todas essas impressões positivas, o governo Kennedy manteve-se cauteloso na concessão de recursos ao Brasil. Washington mostrou que ainda não estava disposto a apoiar Goulart do mesmo modo que fizera com Quadros. Antes de oferecer ajuda financeira, desejava-se que Goulart apresentasse resultados, especialmente na questão da sua aliança com os comunistas. Esse preço, porém, como ficaria evidente em pouco tempo, o presidente brasileiro não estava disposto a pagar.

* * *

No final de julho de 1962, meses após a visita de João Goulart aos Estados Unidos, o embaixador norte-americano no Brasil, Lincoln Gordon,

---

144 MemCon, João Goulart, Lincoln Gordon, John Fishburn, 20 mar. 1962, RRB 1954-63, folder "Labor General 1962", Box 2, RG 59, Nara, p.1-2.

145 Memorandum for Mr. McGeorge Bundy, Members of President Goulart's Party with Known Communist Associations or Sympathies, mar. 1962, folder 3, Box 112A, POF, JFKL. Além do Departamento de Estado, a CIA também apresentou opiniões semelhantes sobre o tema. Ver CIA Memorandum 5064, Communist Inroads in the Brazilian Government, 27 set. 1961, folder "Brazil General 8/61-9/61, Box 12, NFS, JFKL.

146 MemCon, John Kennedy, João Goulart, 4 abr. 1962; MemCon, Moreira Salles, Douglas Dillon, John Leedy, 4 abr.1962, folder "Brazil, General, 4/62", Box 12A, NSF, JFKL. O compromisso de Goulart com a encampação das subsidiárias foi duramente criticado pelos comunistas. Ver NR, Vender caro o ferro velho é política da Bond and Share na América Latina, 13-19 abr. 1962, n. 165, p.3.

147 MemCon, George Meany, Walter Reuther, Clodsmith Riani, Gilberto Crockat de Sá, 4 abr. 1962, folder "Brazil, 3/62 – 9/62", Box 390, Papers of Ralph Dungan (doravante PRD), NSF, JFKL.

viajou a Washington para prestar contas ao presidente Kennedy. No encontro, Gordon mostrou-se preocupado com a situação brasileira: o plano de estabilização de Moreira Salles havia falhado fragorosamente. Kennedy perguntou quanto os Estados Unidos já tinham concedido de dinheiro ao Brasil. Surpreso com a cifra de "US$ 200 milhões", o presidente questionou se o auxílio já havia sido "congelado". A resposta foi positiva. Novos fundos, segundo Gordon, somente após o governo brasileiro apresentar "resultados"; caso contrário, seria como "jogar água em uma peneira". Além disso, o embaixador demonstrou profundo incômodo com a posição política de Goulart: "ele [Jango] está entregando o maldito país para [...]" "os comunistas", completou Kennedy. E Gordon disse: "Exatamente". O embaixador recomendou ao presidente norte-americano que fortalecesse o "front militar" no Brasil: "Os militares, eu posso ver que eles estão do nosso lado: bem anticomunistas, bem desconfiados de Goulart". Atendendo ao pedido de Gordon, Kennedy escolheu nessa reunião o nome do novo adido militar norte-americano no Brasil: o experiente coronel Vernon Walters, que trabalhara diretamente com militares brasileiros na Segunda Guerra Mundial. "Nós precisamos ter alguém lá embaixo que possa fazer essa ligação rapidamente", concluiu Kennedy.[148]

Pode-se pensar que as posições expressas pelo presidente dos Estados Unidos nesse encontro seriam provas de sua falta de sinceridade um ano antes, quando do lançamento da Aliança para o Progresso. Na realidade, Kennedy estava sendo bastante coerente com a orientação central da política externa norte-americana desde o início da Guerra Fria, isto é, a de ser intolerante com grupos políticos que mantivessem alianças com comunistas (em outras palavras, pró-soviéticos), por mais pragmáticas que essas alianças fossem. Isso aconteceu na Europa durante a implementação do Plano Marshall e repetiu-se na América Latina da Aliança para o Progresso.[149] Antes de ser um programa de ajuda econômica, a Aliança constituía uma estratégia de médio e longo prazos para conter a expansão do comunismo no hemisfério. Segundo a lógica da administração Kennedy, Goulart estaria rompendo com um princípio básico da Aliança ao juntar forças com comunistas. Logo, Washington via-se também no direito de romper com outros compromissos de seu programa, entre os quais a priorização do crescimento em detrimento da estabilização econômica, como critério básico para a concessão de recursos ao Brasil. É a partir dessa perspectiva

---

148 Naftali, 2001, p.11-2, 18-9, 21-2. A reunião entre Kennedy e Gordon, ocorrida no dia 30 de julho de 1962, foi a primeira gravada pelo sistema de áudio da Sala Oval da Casa Branca, instalado pelo agente da CIA Robert Bouck sob ordens diretas do presidente norte-americano.
149 Para uma análise da política externa norte-americana na Guerra Fria, ver Gaddis, 2005, caps.2-3.

que se deve ler a mudança de posicionamento dos Estados Unidos com as administrações Quadros e Goulart.[150]

Durante o governo Quadros, Washington comprometeu-se com um substancial pacote de ajuda econômica, além de ter tido um papel importante no convencimento dos demais credores a flexibilizar condições de financiamento ao Brasil. Isso não quer dizer que os Estados Unidos tenham negligenciado o princípio da estabilização como critério de concessão de recursos. Ao contrário, a atenção dada por autoridades norte-americanas ao tema foi considerável, certamente mais do que havia sido apresentado pelo programa da Aliança para o Progresso. Nos acordos de maio de 1961, questões como reformas sociais e crescimento econômico não foram sequer mencionadas no processo de negociação. Por outro lado, seria pouco razoável afirmar que os Estados Unidos tenham condicionado fundos à implementação de um rígido programa de austeridade econômica. Devido a considerações estritamente políticas, o governo Kennedy mostrou-se disposto a ceder, abrindo margem para que autoridades brasileiras implementassem uma política econômica menos conservadora em caso de necessidade. Além disso, Washington pressionou o FMI a agir de modo semelhante, irritando segmentos da comunidade financeira internacional. Ao término das negociações, enquanto o Fundo flexibilizou parte de suas exigências, Quadros comprometeu-se com a implementação de metas de política econômica. Apesar disso, diante da frágil situação financeira do Brasil e em comparação com outros acordos negociados pela entidade, o programa brasileiro mostrou-se mais suave do que se poderia esperar. Com Quadros, portanto, a Aliança para o Progresso fez diferença, apesar de menos do que se propagandeara, especialmente no tocante à promoção de reformas sociais.

A ascensão de Goulart à presidência, mesmo com poderes limitados, foi acompanhada de uma modificação nas atitudes da administração Kennedy. A partir de então, o governo norte-americano apegou-se ao primado da estabilização econômica: concessão de novos empréstimos só seria feita após a aplicação de um programa de austeridade com o aval do FMI. Houve apenas um momento em que essa situação não se aplicou: entre outubro e dezembro de 1961, quando os Estados Unidos estavam negociando o convite de uma missão do Fundo para visitar o Brasil. Além disso, sob a administração Goulart, Washington deixou de pressionar o FMI para relaxar condições em benefício do Brasil. Agora, o *stand-by* com a entidade só seria renovado caso o governo brasileiro aceitasse estritamente as condições do Fundo Monetário, o que significava, ao menos no curto prazo, uma desaceleração nas taxas de crescimento econômico. O governo Kennedy

---

150 Para contribuições recentes sobre a Aliança para o Progresso que enfatizam a faceta de estratégia anticomunista do programa, ver, sobretudo, Field Jr., 2014.

tinha consciência de que a democracia brasileira talvez não fosse sólida o suficiente para suportar um período de recessão na economia, em especial naquele momento, nem um ano após a crise da renúncia de Quadros. Mesmo assim, Washington cedeu relativamente pouco. O limitado sucesso das negociações de Moreira Salles em abril de 1962 constitui prova disso.

É evidente que o abandono da tentativa de estabilização lançada por Quadros contribuiu para o endurecimento norte-americano na concessão de empréstimos ao Brasil. É fato também que os problemas enfrentados pelos Estados Unidos no início da administração Goulart, especialmente a aprovação da lei de remessas de lucros e a encampação da Companhia Telefônica Nacional por Brizola, concorreram para aumentar o *lobby* privado em Washington contrário à ajuda ao governo brasileiro. Porém, esses fatores não conseguem explicar sozinhos a mudança de postura de Washington. Evidências diplomáticas sugerem que o grande diferencial estava na interpretação de que João Goulart não seria confiável para receber fundos da Aliança para o Progresso. Na visão de muitos membros do governo Kennedy, mesmo não sendo comunista, Goulart estava criando condições para o fortalecimento dos comunistas no Brasil. A Política Externa Independente de Quadros era o máximo que os Estados Unidos poderiam aceitar: um movimento tático, mas com garantias de que não haveria contaminação ideológica na sociedade. Os vínculos de Goulart com os comunistas no meio sindical, porém, indicavam outra direção. Até a visita de Goulart aos Estados Unidos em abril de 1962, o governo norte-americano manteve esperanças de convencer o presidente brasileiro a romper com os comunistas – apesar das desconfianças históricas que Washington nutria por Jango. Após a visita, porém, essas esperanças diminuíram significativamente, levando a um maior endurecimento na concessão de empréstimos.

A mudança de postura norte-americana contribuiu para o enfraquecimento dos programas de estabilização da fase parlamentarista do governo Goulart. Apesar disso, fatores externos não podem ser apontados como determinantes a esse respeito. Para a compreensão dos motivos que levaram ao fracasso da política econômica do período, também é preciso considerar questões de ordem doméstica, que serão analisadas em detalhes no capítulo seguinte.

5
A POLÍTICA ECONÔMICA DO GOVERNO PARLAMENTARISTA DE JOÃO GOULART

A renúncia do presidente Jânio Quadros em 25 de agosto de 1961 abriu uma aguda crise político-institucional no Brasil. Após duas semanas de tensão, com reais perspectivas de eclosão de uma guerra civil, o setor golpista das Forças Armadas aceitou uma solução de compromisso, permitindo que o vice-presidente João Goulart subisse à presidência da República com poderes limitados. O Congresso Nacional aprovou uma emenda à Constituição de 1946, instituindo um sistema parlamentarista de governo. Mantiveram-se, porém, importantes prerrogativas nas mãos presidenciais, tal como a decisão sobre nomeação de cargos. Esse parlamentarismo híbrido duraria pouco (ele seria derrubado por plebiscito popular em janeiro de 1963), além de ter sido marcado por acentuada instabilidade política. Um dos sinais dessa instabilidade apareceu nas constantes trocas de Conselho de Ministros. No período de apenas um ano e cinco meses, houve três gabinetes diferentes: o primeiro, comandado por Tancredo Neves (Partido Social Democrático, PSD-MG), de setembro de 1961 a junho de 1962; o segundo, por Brochado da Rocha (Partido Trabalhista Brasileiro, PTB-RS), de julho a setembro de 1962; e o terceiro, por Hermes Lima (PTB-GB), de setembro de 1962 a janeiro de 1963.[1]

---

[1] A melhor descrição dos eventos que vão da crise da renúncia à adoção do parlamentarismo ainda está em Labaki, 1986, apesar de a obra apresentar incongruências sobre o papel supostamente neutro do governo Kennedy durante o episódio. Sobre o período parlamentarista, ver Dulles, 1970, livro 5; Figueiredo, 1993, cap.2; Skidmore, 2000, p.259-73; Victor, 1965, caps.19-24; Young, 1972, caps.7-8.

A essa instabilidade política juntaram-se problemas de natureza socioeconômica. A economia brasileira já dava sinais de desaceleração em 1962. O crescimento do Produto Interno Bruto (PIB) neste ano (6,6%) foi inferior à média dos anos anteriores. Além disso, a inflação intensificou-se no período. O Índice de Preços ao Atacado (IPA-DI) mais do que dobrou em comparação a 1961. Houve também piora da situação das contas do governo e do balanço de pagamentos. O déficit público fechou o ano em Cr$ 280 bilhões (crescimento nominal de 115%), enquanto o desempenho das contas externas foi ainda mais desanimador. Após o saldo positivo de 1961, em parte resultado dos acordos financeiros com o governo Kennedy, as contas externas voltaram a apresentar um vultoso déficit (US$ 340 milhões), puxado pela queda das exportações e pela redução do influxo de recursos estrangeiros.[2] Esse difícil quadro econômico foi acompanhado pela intensificação das tensões sociais na cidade e no campo, em especial por greves de trabalhadores urbanos e por conflitos de posse de terra.[3]

Houve um momento, porém, em que a implementação de uma política de estabilização econômica pareceu viável nos quadros do novo sistema de governo. Dois programas foram apresentados pelo gabinete Tancredo Neves a esse respeito: um "Plano de Emergência", em setembro de 1961, e um "Plano de Economia", em março de 1962. Em ambos os casos, sugeriram-se medidas visando à contenção dos gastos públicos, ao aumento das receitas governamentais e à limitação da oferta de crédito do Banco do Brasil para o setor privado. Pretendia-se mostrar ao governo norte-americano que a nova administração estava comprometida com o combate à inflação – condição agora apresentada como indispensável por Washington para liberação de recursos. Em pouco tempo, todavia, essas iniciativas foram abandonadas. O gabinete Brochado da Rocha, que tomou posse em julho, ainda manteve um compromisso formal com a continuidade do Plano de Economia, tanto é que o ministro da Fazenda do gabinete Tancredo Neves, o banqueiro Walter Moreira Salles, foi mantido no cargo. O pedido de demissão de Salles em setembro, no entanto, apenas selou o abandono de um plano já enfraquecido. Perdeu-se, assim, pela segunda vez em um intervalo de apenas dois anos, mais uma oportunidade para dar início a um processo de estabilização da economia. Isso significava o acúmulo de maiores problemas para a consolidação de uma democracia já fortemente abalada pela renúncia de Jânio Quadros.

Este capítulo pretende explorar os motivos que levaram ao malogro dos Planos de Emergência e de Economia do gabinete Tancredo Neves. Se a formulação de uma política econômica de estabilização durante o

---

2 Ver Apêndice, Tabela A2.
3 Para conflitos trabalhistas em áreas urbanas, ver Harding, 1973, cap.10; para conflitos em áreas rurais, ver Page, 1972, cap.11; e Welch, 1999, cap.7.

interregno parlamentarista foi em grande parte determinada pela pressão dos credores internacionais, em especial pelo governo Kennedy, o mesmo não se pode dizer sobre os fatores responsáveis pela dificuldade na execução desses programas. Certamente os escassos resultados financeiros da viagem de Moreira Salles aos Estados Unidos em abril de 1962 contribuíram para o enfraquecimento do esforço de estabilização, mas não parecem ter constituído seu aspecto fundamental. Isso porque a situação do balanço de pagamentos do Brasil nesse período, se não poderia ser caracterizada como tranquila, também não era crítica – graças às rolagens de prazos das obrigações externas obtidas no ano anterior. Para compreender, portanto, as dificuldades enfrentadas pelo gabinete Tancredo Neves na implementação de uma política de estabilização, é preciso voltar a atenção à situação doméstica, em especial às reações de classes sociais, além da própria fragilidade política do recém-implantado sistema parlamentarista. As evidências sugerem que o papel desempenhado pelos trabalhadores na alteração dos resultados da política econômica foi maior nesse período do que durante o governo Quadros – sem prejuízo, porém, ao peso da influência dos empresários. Outro aspecto importante foi o impacto das recorrentes crises políticas do parlamentarismo para o enfraquecimento dos planos de estabilização, em especial no que se refere ao Plano de Economia, cujo abandono foi determinado pela instabilidade político-institucional que se abriu com o anúncio da renúncia do gabinete Tancredo Neves no início de junho de 1962. Um último assunto abordado pelo capítulo refere-se à aprovação da lei de limitação de remessas de lucros pela Câmara dos Deputados em novembro de 1961. Apesar de o tema não apresentar uma relação direta com os fracassos dos Planos de Emergência e de Economia, ele é de fundamental importância para nós, pois a aprovação da lei contribuiu para o aumento de divergências no seio do empresariado que teriam impacto nas condições sobre as quais operaria a política econômica a partir de então.

O capítulo está dividido em três seções. Na primeira parte, analisam-se as atitudes de empresários e trabalhadores diante do Plano de Emergência do gabinete Tancredo Neves; na segunda, são investigados os fatores que determinaram a aprovação da lei de remessa de lucros, bem como as consequências da lei sobre a organização dos interesses do empresariado estrangeiro e associado no Brasil; por fim, na terceira parte, estuda-se o Plano de Economia, enfatizando-se as reações dos grupos sociais e os efeitos produzidos pela crise política de meados de 1962 no desempenho do programa.

5.1. O Plano de Emergência do gabinete Tancredo Neves

Ao assumir a chefia do Conselho de Ministros em setembro de 1961, Tancredo Neves afirmou à imprensa que sua prioridade era "por ordem na casa".[4] A crise aberta pela renúncia de Jânio Quadros havia deixado marcas na economia. Nas duas semanas de impasse entre forças golpistas e legalistas, o governo foi obrigado a baixar um pacote emergencial de medidas para evitar uma recessão. Recorreu-se a uma maciça emissão de papel-moeda, contemplando a forte demanda por liquidez dos agentes, que correram aos bancos para sacar depósitos. Entre o final de agosto e o início de setembro, emitiram-se mais cruzeiros do que durante todo o ano de 1960. Foi necessário lançar mão, até mesmo, da importação de notas dos Estados Unidos, devido ao esgotamento dos estoques da Caixa de Amortização do Tesouro Nacional. Outras providências também foram tomadas, entre as quais a permissão para que empresas adiassem o pagamento de determinados impostos, a prorrogação do recolhimento de juros de empréstimos de bancos privados junto à Carteira de Redesconto, a imposição de teto semanal às transferências financeiras internacionais e a ampliação do controle do Banco do Brasil sobre a oferta de divisas.[5] Muitas dessas medidas nasceram de demandas empresariais feitas às autoridades.[6] Ao final da crise, os empresários elogiaram bastante a postura do governo, creditando à rapidez de ação dos órgãos públicos a responsabilidade por ter evitado impactos negativos no ritmo de atividade produtiva.[7] Apesar de a inflação de agosto ter sido alta (o IPA-DI do mês cresceu 5,9%), acompanhada por desvalorização de 13% do dólar no mercado livre, pode-se dizer que as providências adotadas foram bem-sucedidas, tendo em vista a profundidade da crise política enfrentada pelo país.[8]

Com a posse de Goulart na presidência, as primeiras ações do gabinete Tancredo Neves foram no sentido de diminuir as restrições impostas ao mercado cambial e, principalmente, impedir que o papel-moeda emitido durante a crise permanecesse em circulação. Pretendeu-se mostrar a Washington que o novo governo estava comprometido com a estabilização

---

4 Oesp, Anunciam-se intenções austeras do novo governo, 12 set. 1961, p.2.
5 Para mais informações sobre as medidas de política econômica executadas pelas autoridades durante a crise, ver Mesquita, 1992, p.113-7.
6 Ver, por exemplo, as recomendações da Fiesp e ACSP a esse respeito em Boletim Informativo Fiesp-Ciesp, Diretoria plenária, 6 set. 1961, n.622, p.240 e Ata, 71ª Reunião de Diretoria Plena da ACSP, 5 set. 1961, p.9-47. Para os contatos travados pelos empresários cariocas com autoridades em Brasília durante a crise, ver Ata, Conselho Diretor da ACRJ, 6 set. 1961, p.3-12.
7 Oesp, Figueiredo agradece à Fiesp, 16 set. 1961, p.12.
8 Mesquita, 1992, Anexo estatístico, tabelas II.3 e II.4a, s.p.

da economia.[9] Foi nesse contexto que a Superintendência da Moeda e do Crédito (Sumoc) emitiu a Instrução 214, estipulando o recolhimento compulsório de 80% dos aumentos de depósitos efetuados em bancos comerciais desde 31 de julho de 1961. Houve protesto dos grupos empresariais paulistas, que consideraram a medida precipitada. Como alternativa, propôs-se que o recolhimento de depósitos fosse feito à base de 40% em setembro, enquanto o percentual restante poderia ser recolhido "sucessivamente nos meses seguintes", até que atingisse os 80% requeridos.[10] Na teoria o governo não cedeu, mantendo o texto da Instrução como estava, mas na prática adotou uma solução de compromisso. Os recolhimentos de setembro e outubro corresponderam a um pouco mais de 40% dos depósitos feitos nos bancos comerciais desde julho. Somente em novembro é que os 80% estipulados pela Sumoc foram de fato cumpridos.[11] O que deveria ser recolhido em um mês, portanto, o foi em três meses, como desejava a Federação das Indústrias do Estado de São Paulo (Fiesp). Outros fatores podem ter influído nessa decisão, mas certamente a pressão empresarial foi um deles. Considera-se o caso sintomático para entendermos a natureza das dificuldades que seriam enfrentadas pelo gabinete Tancredo Neves na implementação de sua política de estabilização. Havia claro interesse do governo em executá-las, principalmente com o intuito de liberar recursos financeiros dos Estados Unidos, mas a fragilidade institucional do parlamentarismo também tornava necessário o cultivo de uma base social entre empresários e trabalhadores para dar sustentação e legitimidade ao novo regime. Isso ficaria claro com o Plano de Emergência, apresentado ao Congresso Nacional em setembro de 1961. De um lado, reforçou-se aqui o compromisso com uma política de estabilização; de outro, a reação das classes sociais obrigaria o governo a ceder em vários aspectos durante a execução do programa.[12]

---

9 Em conversa com o adido-financeiro norte-americano, o ministro da Fazenda Walter Moreira Salles garantiu que daria prosseguimento ao programa de estabilização de Clemente Mariani. Salles chegou a dizer que tinha vontade de "queimar" os Cr$ 30 bilhões emitidos durante a crise. Em resposta, Herbert May afirmou que, "psicologicamente", essa seria uma ótima solução. Ver MemCon, May, Salles, 12 set. 1961, Nara, p.3.

10 Oesp, Apelo dos produtores paulistas, 22 set. 1961, p.19.

11 Ver Apêndice, Tabela A13.

12 O Plano de Emergência inseria-se em um amplo "Programa de Governo", cujas metas incluíam elevação da taxa de crescimento do PNB para 7,5% ao ano, melhoria da distribuição de renda, diminuição da desigualdade regional e aprovação de reformas de base, entre as quais as reformas agrária e bancária. Apesar da variada gama de objetivos, o foco principal do Conselho de Ministros estava na estabilização da economia, como pode ser atestado pelas medidas adotadas nos primeiros meses de execução do programa. A prioridade dada à estabilização pelo Conselho foi amplamente reconhecida por membros da embaixada norte-americana no Brasil. Ver, por exemplo, Memo, Financial measures taken by the Government of Brazil in 1961, dez. 1961, RRB 1954-63, folder 130.5, Box 1, RG 59, Nara; Telegram 1213, Rio de Janeiro to Department of State, Section III, 15 nov. 1961, JFKL.

O Plano de Emergência enxergava no combate à inflação uma arma fundamental para conter conflitos sociais e consolidar o regime parlamentarista. Defendeu-se para tanto a adoção de medidas contracionistas clássicas, tais como limitação da oferta de crédito, concessão de reajustes salariais aos trabalhadores de acordo com a evolução da produtividade da economia, e gradual diminuição do déficit público via contenção de gastos e expansão de receitas. O Plano não apresentou detalhes, porém, sobre como essas metas seriam alcançadas. Quanto à política creditícia, seriam criados limites quantitativos para os empréstimos do Banco do Brasil ao setor privado, mas não foram divulgadas informações sobre o valor desses limites. De maneira semelhante, apesar de o governo ter afirmado que executaria uma política de crédito seletiva, a fim de não prejudicar atividades que estivessem crescendo acima da média do produto nacional, o modo pelo qual isso seria posto em prática também não foi apresentado. Deu-se mais atenção ao tratamento da questão do déficit público. Anunciou-se o objetivo de fechar o ano de 1961 com déficit semelhante ao prometido pelo governo Quadros ao Fundo Monetário Internacional (FMI) (Cr$ 50 bilhões).[13] Para 1962, porém, previa-se forte desequilíbrio nas contas públicas caso não houvesse considerável elevação das receitas. Com o objetivo de aumentar a arrecadação, o governo comprometeu-se a enviar ao Congresso Nacional um projeto de reforma tributária, cuja aprovação até dezembro de 1961 era considerada prioridade. Por fim, sobre a política cambial, estabeleceu-se a meta de manter o processo de liberalização do mercado de divisas iniciado pela Instrução 204.[14]

O desempenho do Plano de Emergência foi bastante desigual nas diferentes áreas de política econômica. No caso da política cambial, houve disparidade entre os objetivos que constavam no Plano e o que foi executado pelo gabinete Tancredo Neves. A meta de aprofundar o processo de liberalização, por exemplo, foi rompida em outubro de 1961 com a Instrução 219, que separou o mercado de divisas em "mercado livre comercial" e "mercado livre financeiro".[15] Segundo as autoridades, a medida visava

---

13 O ministro da Fazenda Moreira Salles trabalhava com a perspectiva de um déficit entre Cr$ 60 e 80 bilhões para 1961. Já o superintendente da Sumoc, Octávio Gouveia de Bulhões, considerava possível respeitar a meta original acordada com o FMI. Ver MemCon, Salles, Lincoln Gordon, 18 out. 1961, CGR 1941-73, folder "Labor Affairs, General, 1959-61", Box 131, p.2; Report 301, Rio de Janeiro to Department of State, 11 out. 1961, Nara, p.1; Report 301, Rio de Janeiro to Department of State, Brazil's Foreign Exchange Budget and Credit Policies, 11 out. 1961, RRB 1954-63, folder 130.5, Box 1, RG 59, Nara, p.4.

14 Oesp, Programa de governo apresentado ao Parlamento pelo Conselho de Ministros, 29 set. 1961, p.21-2.

15 O "mercado livre comercial" correspondia às divisas usadas para pagar importações da categoria geral, enquanto o "mercado livre financeiro", monopolizado pelo Banco do Brasil, destinava-se aos demais tipos de importação e às remessas financeiras. Para mais

conter a forte especulação sofrida pelo cruzeiro.[16] Em três meses, a taxa cambial do mercado livre sofreu uma desvalorização de 16,7%, saltando de Cr$ 263,00 por dólar no final de julho para Cr$ 307,00 no início de outubro.[17] A separação do mercado de divisas isolaria as importações dos produtos considerados essenciais dos efeitos dessa desvalorização, canalizando-os para os bens vistos como supérfluos e remessas financeiras.

Em dezembro de 1961, porém, o governo reunificou o mercado de câmbio por meio da Instrução 221, mas sem permitir que a taxa do mercado livre flutuasse. Tal como ocorrera no período Kubitschek, essa taxa passou a ser controlada pelo Banco do Brasil, que tinha o poder de determinar seu valor na medida em que recebia parcela substancial da oferta de divisas do mercado.[18] Com isso, foi possível manter a taxa do mercado livre em Cr$ 310,00 por dólar entre janeiro e abril de 1962, apesar de o IPA-DI do mesmo período ter acumulado elevação superior a 7%.[19] Como forma de compensar essa sobrevalorização, os bancos privados passaram a cobrar um ágio nas transações de venda de divisas em benefício dos exportadores. Essa operação, denominada "boneco", apesar de seu caráter ilegal, foi tolerada pelas autoridades. É provável que isso tenha ocorrido porque o "boneco" oferecia um mínimo de flexibilidade ao sistema – algo importante em um contexto de elevação inflacionária, especialmente para não desestimular exportações que apresentassem curva de oferta elástica em relação aos preços.[20] Por fim, a política cambial do gabinete Tancredo Neves também acabou recriando subsídios para a importação de bens considerados indispensáveis para o país, em especial petróleo e derivados.[21]

As políticas monetária e creditícia apresentaram uma evolução um pouco mais condizente com as metas do Plano de Emergência. Nos

---

informações, ver Oesp, Regulamenta a Instrução 219 o mercado nacional de câmbio, 27 out. 1961, p.22.

16 Oesp, A exposição feita ontem na Câmara pelo Presidente do Conselho de Ministros, 15 nov. 1961, p.5.

17 Mesquita, 1992, Apêndice estatístico, tabela II.3, s.p.

18 A Instrução 212, publicada no auge da crise da renúncia, em 28 de agosto de 1961, garantiu ao Banco do Brasil o privilégio de adquirir divisas dos bancos comerciais toda vez que a posição comprada dessas instituições ultrapassasse US$ 25.000 por semana. Antes, esse limite tinha sido estabelecido em US$ 130.000. Oesp, Suspensas as vendas de câmbio, 29 ago. 1961, p.5. Sobre a Instrução 221, ver Oesp, Divulgada pela Sumoc a Instrução 221, 16 dez. 1961, p.2.

19 Ver Apêndice, Tabela A9.

20 Essa hipótese também é sustentada por Mesquita, 1992, p.131.

21 A Instrução 208 estipulou que o Banco do Brasil deveria contratar a cada trimestre a venda de câmbio para a importação de trigo, petróleo e derivados com base na taxa de mercado livre. Na medida em que essa taxa passou a ser controlada pelo próprio Banco do Brasil, e tendo em vista que a importação desses bens não estava sujeita a outros encargos, como a tomada compulsória de letras de importação ou o "boneco", houve recriação *de facto* do subsídio para essas importações a partir de outubro de 1961. Ver Report 290, Rio de Janeiro to Department of State, 9 out. 1961, Nara, p.2.

primeiros meses de execução do Plano, a oferta real de empréstimos ao setor privado acumulou queda de 7,4% (Tabela 5.1). Uma observação mais atenta dos dados, porém, mostra que esse desempenho foi puxado quase que totalmente pelos bancos privados – com exceção do mês de outubro, que teve uma alta atípica nos preços (10,51%, IPA-DI), derrubando os empréstimos do Banco do Brasil em termos reais. O gabinete Tancredo Neves utilizou-se do aumento do compulsório para controlar a oferta de crédito das instituições particulares, mas a prometida imposição de limites às operações das carteiras do Banco do Brasil não se concretizou.[22] Em uma reunião do Conselho da Sumoc no início de novembro, chegou-se a aprovar uma resolução determinando que os créditos do Banco do Brasil até o final do ano não poderiam ultrapassar os níveis atingidos em 17 de setembro; e que, para 1962, a Sumoc teria a prerrogativa de votar limites bimestrais sobre essas operações. O embaixador norte-americano Lincoln Gordon telegrafou entusiasmado a Washington para informar o governo Kennedy sobre a notícia. Gordon salientou que a decisão havia sido tomada de maneira unânime pelo Conselho, o que incluía o voto de membros de alto escalão do Banco do Brasil.[23] A determinação do Conselho da Sumoc, porém, não chegou a ser cumprida nem no próprio mês de novembro, muito menos em dezembro, quando a expansão real do crédito da instituição atingiu 4,4%. No início de 1962 já se reconhecia que a meta do Plano de Emergência de limitar a oferta de crédito ao setor privado havia saído do controle e que um novo esforço nesse sentido fazia-se necessário.[24] A política monetária também evoluiu de modo semelhante. Até dezembro, houve contração na oferta real dos meios de pagamento; a partir de então, quando se analisam os índices dessazonalizados, percebe-se uma expansão, que durou até abril de 1962 (Apêndice, Tabela A12).

A política fiscal foi a que apresentou o melhor desempenho durante os meses iniciais de execução do Plano de Emergência. Até novembro, as perspectivas apontavam para um déficit público em 1961 dentro das previsões do ministro da Fazenda, isto é, com um saldo negativo entre Cr$ 60 e 80 bilhões (Tabela 5.2). Tal desempenho só foi possível devido a um controle de gastos determinado pelo Conselho de Ministros.[25] Além disso, foram tomadas medidas para impedir uma queda potencial nas receitas. Isso porque em setembro venciam as primeiras letras de importação criadas pela Instrução 204, o que significava que grande parte dos recursos que o governo arrecadou com a colocação desses títulos no mercado teria de

---

22 Para as medidas governamentais de controle sobre a oferta de crédito privado, ver Report 301, Rio de Janeiro to Department of State, Brazil's Foreign Exchange Budget and Credit Policies, 11 out. 1961, Nara.

23 Telegram 1179, Rio de Janeiro to Department of State, 10 nov. 1961, Nara, p.1-3.

24 Position Paper, Additional Financial Assistance for Brazil, 30 mar. 1962, JFKL, p.1.

25 Memo, Financial measures taken by the Government of Brazil in 1961, dez. 1961, Nara, p.6.

Tabela 5.1 – Empréstimos do Banco do Brasil e dos bancos particulares ao setor privado, Brasil, agosto de 1961 a dezembro de 1962 (valores reais, janeiro 1961 = 100)

	Banco do Brasil	Bancos privados	Total
Agosto 1961	100	94	96
Setembro 1961	103 (2,6)	90 (-4,1)	94 (-2,0)
Outubro 1961	99 (-3,8)	86 (-5,4)	90 (-4,9)
Novembro 1961	101 (2,0)	84 (-1,6)	89 (-0,4)
Dezembro 1961	106 (4,4)	85 (0,6)	91 (1,9)
Janeiro 1962	103 (-2,0)	85 (0,3)	90 (-0,5)
Fevereiro 1962	104 (0,1)	87 (2,7)	92 (1,8)
Março 1962	106 (2,9)	89 (1,8)	94 (2,1)
Abril 1962	107 (0,4)	90 (1,9)	95 (1,4)
Maio 1962	104 (-3,1)	90 (-0,5)	94 (-1,4)
Junho 1962	105 (1,0)	89 (-1,5)	93 (-0,7)
Julho 1962	104 (-1,0)	87 (-1,5)	92 (-1,3)
Agosto 1962	108 (4,7)	92 (5,2)	97 (5,0)
Setembro 1962	114 (4,9)	92 (0,5)	99 (2,0)
Outubro 1962	117 (3,0)	96 (3,6)	102 (3,4)
Novembro 1962	114 (-2,6)	93 (-2,6)	99 (-2,6)
Dezembro 1962	124 (8,9)	92 (-1,7)	101 (1,9)

Fonte: Sumoc, *Boletim*, mar. 1963, p.19.

ser utilizada para resgatar papéis antigos. Visando solucionar o impasse, a Instrução 218, de 9 de outubro de 1961, elevou de 100% para 150% o valor de recolhimento das letras de importação nas operações de fechamento de câmbio.[26] Em outras palavras: antes o importador era obrigado a adquirir 100% do valor do contrato cambial em títulos do Banco do Brasil; agora teria de desembolsar em letras o equivalente a 150% do valor da transação. Além dessa medida, no final de outubro o governo determinou que a compra de câmbio para operações financeiras deveria ser acompanhada de um depósito no Banco do Brasil correspondente a 50% do valor do negócio. Os depósitos seriam resgatáveis em seis meses, mas, diferentemente das letras, não poderiam ser revendidos a terceiros.[27] Ambas iniciativas foram importantes para manter as receitas públicas em crescimento no final de 1961.[28]

---

26 JB, Mais 50% em letras de importação, 10 out. 1961, p.1.
27 Essa medida foi estabelecida pela Instrução 219, a mesma que separou o mercado de divisas nos segmentos "comercial" e "financeiro". Ver Oesp, Regulamenta a Instrução 219, 27 out. 1961, p.22.
28 Report 301, Rio de Janeiro to Department of State, Brazil's Foreign Exchange Budget and Credit Policies, 11 out. 1961, Nara, p.4.

Tabela 5.2 – Evolução financeira da União, agosto de 1961 a dezembro de 1962 (valores nominais e reais, em bilhões de Cr$)

	Nominal			Real (janeiro 1961)		
	Receita	Despesa	Saldo	Receita	Despesa	Saldo
Agosto 1961	182,9	239,4	-56,5	153,1	200,5	-47,3
Setembro 1961	216,8	270,1	-53,3	172,8	215,3	-42,5
Outubro 1961	250,1	311,6	-61,5	180,4	224,8	-44,4
Novembro 1961	275,6	341,9	-66,3	190,5	236,4	-45,8
Dezembro 1961	324,6	455,0	-130,4	216,6	303,6	-87,0
Janeiro 1962	19,4	28,7	-9,3	12,4	18,4	-6,0
Fevereiro 1962	47,1	61,1	-14,0	29,6	38,4	-8,8
Março 1962	72,0	93,3	-21,3	45,0	58,3	-13,3
Abril 1962	99,0	123,6	-24,6	61,7	77,0	-15,3
Maio 1962	127,6	175,0	-47,4	76,6	105,0	-28,4
Junho 1962	172,7	236,6	-63,9	100,9	138,3	-37,3
Julho 1962	210,0	296,8	-86,8	117,0	165,4	-48,4
Agosto 1962	257,1	357,3	-100,2	140,8	195,7	-54,9
Setembro 1962	298,9	415,5	-116,6	159,8	222,2	-62,3
Outubro 1962	350,0	486,1	-136,1	181,7	252,4	-70,7
Novembro 1962	382,8	559,9	-177,1	184,5	269,9	-85,4
Dezembro 1962	497,8	778,7	-280,9	228,1	356,8	-128,7

Fonte: *Conjuntura Econômica*, fev. 1963.

O desempenho das contas públicas em dezembro, no entanto, colocou em xeque todo o esforço de política fiscal realizado desde o início da execução do Plano de Emergência. De janeiro a novembro de 1961, os cofres públicos acumularam um saldo negativo de Cr$ 66 bilhões. Essa cifra dobrou em dezembro (Tabela 5.2). Com isso, chegou-se ao final do ano com um rombo total de Cr$ 130 bilhões – muito acima da meta estipulada pelo Ministério da Fazenda. Apesar de dezembro ser um mês tradicionalmente conhecido pela tendência ao aumento de gastos, o déficit apresentado em 1961 não deixa de ser surpreendente, tendo em vista o esforço que vinha sendo realizado para contrair despesas.[29] Para piorar, ainda em dezembro, o Congresso Nacional não apenas vetou a proposta de reforma tributária apresentada pelo Conselho de Ministros, como também negou qualquer

---

29 Para as várias medidas que estavam sendo postas em prática pelo gabinete Tancredo Neves no sentido de reduzir gastos públicos, ver Ata, 8ª Reunião do Conselho de Ministros, 26 out. 1961, CPDOC-FGV, Arquivo Ulysses Guimarães (doravante UG) mic 61.09.14, p.2.

tipo de aumento de impostos ao governo.[30] Isso significava que as perspectivas para o erário em 1962 seriam ainda mais difíceis. Foi a partir dessa constatação, pressionado pelo governo norte-americano e pelo FMI, que o ministro da Fazenda Moreira Salles passou a trabalhar na formulação de um Plano de Economia para 1962.

A compreensão dos fatores responsáveis pelo descumprimento das metas do Plano de Emergência requer uma análise aprofundada das reações de grupos de interesse nacionais e internacionais. No caso da política cambial, o freio imposto pelo gabinete Tancredo Neves à continuidade do processo de liberalização iniciado com a Instrução 204 deve ser interpretado quase que totalmente à luz das negociações entre os governos brasileiro e norte-americano pela liberação de verbas dos acordos de maio de 1961. É evidente que a especulação sofrida pelo cruzeiro nos dois primeiros meses do regime parlamentarista foi fundamental para a decisão de separar o mercado de divisas em dois segmentos distintos, um comercial e outro financeiro. Até porque quanto maior e mais prolongada fosse a especulação, maior a tendência de desvalorização da moeda doméstica frente ao dólar, causando impacto nos preços dos bens importados e, portanto, no nível da inflação. O controle da inflação era considerado pelos membros do gabinete como fator-chave para a sobrevivência do regime parlamentarista. Nesse sentido, a decisão de aumentar a intervenção do Estado sobre o câmbio era lógica. Mas a especulação contra o cruzeiro só ganhou força exatamente porque havia dúvidas por parte dos investidores quanto ao grau de apoio que estava sendo oferecido pela administração Kennedy ao recém-constituído gabinete Tancredo Neves.[31] Se Washington tivesse declarado desde o início a sua intenção de cumprir o que foi decidido nos acordos financeiros de maio, deixando recursos livres para serem sacados pelo governo brasileiro, talvez esse movimento especulativo não tivesse ocorrido, ou tivesse sido menos intenso. Sem essa segurança, porém, investidores temeram pela imposição de controles sobre o câmbio. Daí a corrida para a troca de cruzeiros por dólar que se deu entre setembro e outubro de 1961, gerando acentuada desvalorização da moeda.[32]

Há evidências bastante sólidas sobre a relação entre o estabelecimento de controles cambiais pelo gabinete Tancredo Neves e o processo de negociação de recursos com o governo norte-americano. Por exemplo, em uma

---

30 Oesp, Impede o PTB um acordo em torno da reforma fiscal, 13 dez. 1961, p.3; O Congresso entra em recesso sem ter votado os projetos de maior interesse do governo, 16 dez. 1961, p.5.

31 Ver argumentação do ministro Moreira Salles a esse respeito ao embaixador norte-americano em exercício no Brasil, Niles Bond, em Telegram 764, Viena to Department of State, 15 set. 1961, Nara.

32 Para uma boa exposição do quadro de especulação contra o cruzeiro que levaria à publicação da Instrução 219, ver NR, Verdade cambial era mentira: foi reconhecida, 3-9 nov. 1961, n.143, p.3.

reunião em Washington no início de novembro de 1961 entre membros da embaixada brasileira nos Estados Unidos e integrantes do governo Kennedy, o embaixador Roberto Campos ausentou-se por alguns minutos para atender a um telefonema do ministro da Fazenda Walter Moreira Salles. Ao retornar para a reunião, Campos transmitiu um recado de Moreira Salles aos norte-americanos: se o FMI decidisse liberar US$ 40 milhões de seu pacote de ajuda econômica ao Brasil (o que levaria Eximbank e AID a terem que liberar fundos também), a Instrução 219 da Sumoc "poderia ser rescindida imediatamente".[33] Todavia, não foi possível chegar a um acordo naquele momento. Apenas um mês depois, quando Washington decidiu flexibilizar sua conduta, liberando US$ 40 milhões ao Brasil independentemente do reatamento do *stand-by* com o FMI, é que a separação do mercado de divisas foi abolida pela Instrução 221 de dezembro de 1961. Essa medida da Sumoc ainda deu outro passo rumo a uma maior liberalização do câmbio: estabeleceu-se que as letras de importação e os depósitos compulsórios em operações financeiras seriam reduzidos progressivamente a cada mês, até que fossem completamente extintos.[34] É de reconhecer que o Banco do Brasil ainda manteria controle sobre o valor da taxa do mercado livre, mas isso não desqualifica o fato de que a Instrução 221 significou uma retomada do processo de liberalização cambial quando comparada à Instrução 219, e que essa retomada ocorreu exatamente no momento em que os Estados Unidos decidiram flexibilizar sua postura na concessão de ajuda econômica ao governo Goulart.

A compreensão dos fatores que levaram à mudança das metas do Plano de Emergência em suas áreas creditícia, monetária e fiscal requer menos uma análise das relações entre Brasil e Estados Unidos e mais um estudo sobre as atitudes dos grupos de interesse domésticos. Quanto à política de crédito, a elevação dos custos de produção foi um dos aspectos que dificultaram a limitação da oferta de empréstimos do Banco do Brasil ao setor privado, na medida em que intensificou demandas por um maior relaxamento do crédito, colocando o governo em difícil situação. Quais foram as reclamações mais frequentes do empresariado em termos da elevação de custos? Em primeiro lugar, o encarecimento de insumos importados, que se deveu tanto à especulação sofrida pelo cruzeiro entre setembro e outubro de 1961, quanto ao aumento do percentual da compra compulsória

---

33 MemCon, Campos, Marcílio Moreira, Barall, Wilson, Crane e Dawson, 7 nov. 1961, CGR 1941-73, folder "Labor Affairs, General, 1959-61", Box 131, RG 84, Nara, p.2.

34 O percentual referente às letras de importação e aos depósitos – que, naquele momento, correspondiam a 150% e 50% do valor do contrato de compra de câmbio, respectivamente – seriam reduzidos em parcelas mensais de 10%. Com isso, em teoria, os depósitos financeiros deixariam de existir a partir de maio de 1962; enquanto a compra de letras de importação, de maio de 1963 em diante.

das letras de importação.[35] E, em segundo, o acréscimo no custo da mão de obra; tema que motivou os mais intensos debates nas entidades empresariais no período.

A pressão dos trabalhadores urbanos por reajustes salariais iniciou-se tão logo Goulart foi empossado na presidência. No início de setembro de 1961, dirigentes sindicais paulistas de diversas categorias reuniram-se no Sindicato dos Metalúrgicos de São Paulo para fixar as diretrizes de uma campanha de reivindicação salarial. Após o encontro, divulgou-se um manifesto demandando um reajuste imediato dos salários, a fim "de repor o poder aquisitivo perdido com a elevação assustadora do custo de vida".[36] Dias depois, na solenidade de posse no Ministério do Trabalho, o novo titular da pasta, o deputado federal Franco Montoro (PDC/SP), proferiu um exaltado discurso a favor de uma "revisão salarial", mas ressaltou que providências deveriam ser tomadas para evitar uma espiral entre salários e preços. "Como chefe de família, assalariado e pai de sete filhos, não posso compreender como se possa viver hoje em dia com o salário de nove mil cruzeiros", assinalou o novo ministro, seguido de aplausos dos líderes sindicais presentes na cerimônia.[37]

O apoio do ministro do Trabalho às manifestações dos trabalhadores paulistas deixou vários representantes da classe empresarial irritados. Na Associação Comercial do Rio de Janeiro, um dos diretores da entidade, Luiz Cabral de Menezes, salientou que "o aceno às classes operárias" feito por Franco Montoro não poderia ter sido mais "inoportuno", tendo em vista os objetivos do governo de controlar a inflação. Cabral de Menezes enfatizou que aumento de salários faria com que empresas privadas descarregassem "de imediato" tal peso sobre consumidores.[38] O Conselho das Classes Produtoras de São Paulo considerou "leviana" a atitude de Montoro, que teria "açulado o operariado nacional com o patrocínio de reivindicações [...] ainda carentes de oportunidade".[39] Outros órgãos empresariais apresentaram uma postura menos intransigente sobre o tema. Em encontro com o presidente João Goulart no início de outubro, a diretoria da Fiesp colocou-se favorável à revisão do salário mínimo, mas ressaltou que esse reajuste não deveria "exceder os aumentos apurados do custo de vida",

35 Para as críticas empresariais à Instrução 218, que elevou de 100% para 150% o percentual dos títulos do Banco do Brasil a ser adquiridos pelo importador em contratos de fechamento de câmbio, ver Ata, Reunião da Diretoria da ACRJ, 25 out. 1961, p.3; Ata, 77ª Reunião de Diretoria Plena da ACSP, 17 out. 1961, p.5-12; Boletim Informativo Fiesp-Ciesp, Medidas para impedir o impacto inflacionário do salário mínimo, 6 dez. 1961, n.635, p.125.
36 Oesp, Trabalhadores dão início à campanha salarial, 7 set. 1961, p.16.
37 UH, Franco Montoro reafirmou: para já o aumento do salário mínimo, 13 set. 1961, 1c, p.4.
38 Ata, Conselho Diretor da ACRJ, 13 set. 1961, p.4.
39 As deliberações da reunião do Conclap-SP sobre o tema foram comunicadas pelo Presidente da ACSP, Paulo Barbosa, em reunião da Associação Comercial paulista. Ver Ata, 74ª Reunião de Diretoria Plena da ACSP, 26 set. 1961, p.30-1.

caso contrário "esta[ríamos] estimulando a corrida de preços".[40] Na mesma ocasião, Corinto Goulart, presidente do Sindicato dos Bancos do Estado de São Paulo, fez um apelo ao presidente Jango para que fossem fixados o quanto antes os novos índices do salário mínimo. Segundo o empresário, seria melhor "que o governo e as classes produtoras fossem ao encontro das classes trabalhadoras do que o inverso".[41]

De fato, o governo seguiu a recomendação dada pelos banqueiros paulistas. Uma semana após o encontro de Goulart com os empresários, o Conselho de Ministros aprovou a concessão de um reajuste de 40% para o salário mínimo.[42] O problema é que os estudos sobre a elevação do custo de vida do Ministério do Trabalho ainda não tinham sido concluídos, sendo que o governo tradicionalmente os aguardava para basear sua decisão. Quando as análises foram divulgadas, acusando acréscimo de 27,31% no custo de vida entre setembro de 1960 e agosto de 1961, as reclamações empresariais contra o governo se fizeram sentir.[43] O líder da Fiesp, Antônio Devisate, observou que no encontro com o presidente Goulart a entidade teria deixado clara a sua posição de que a revisão do salário mínimo "não deveria processar-se sem as cautelas e o ordenamento prescritos em lei". No entanto, disse Devisate, "o governo, impulsionado por motivos que ignoramos, entendeu abstrair o aspecto legal do problema" e decretou um reajuste "em bases que consideramos acima dos níveis apurados do aumento do custo de vida".[44] Os diretores da Federação das Indústrias da Guanabara (Fiega) ficaram igualmente indignados com a decisão, caracterizada como uma atitude "desprovida de amparo legal".[45] Na Associação Comercial do Rio de Janeiro (ACRJ), a reclamação também foi generalizada. O presidente em exercício da entidade, José Augusto Bezerra de Medeiros, pronunciou-se

40 Por "aumentos apurados do custo de vida", os industriais referiam-se à necessidade de o governo respeitar os estudos feitos pelo Serviço de Estatística e Previdência do Trabalho (Sept), órgão vinculado ao Ministério do Trabalho e tradicionalmente acusado por representantes dos trabalhadores de subestimar os cálculos de inflação. Oesp, A indústria paulista e o salário mínimo, 3 out. 1961, p.26.

41 O relato do apelo de Corinto Goulart foi feito por Paulo Barbosa em reunião da ACSP. Ver Ata, 75ª Reunião da Diretoria Plena da ACSP, 3 out. 1961, p.23. A ideia de que o governo deveria conceder o quanto antes o reajuste salarial do mínimo para os trabalhadores também era compartilhado pelo ministro da Fazenda Moreira Salles. Em conversa com Herbert May, logo após a instalação do gabinete, Salles disse que queria promover esse reajuste "imediatamente", tentando vinculá-lo, porém, a um percentual "muito abaixo do aumento do custo de vida". MemCon, Moreira Salles, Herbert May, 12 set. 1961, Nara.

42 Oesp, Decreta o governo majoração de 40% no salário mínimo, 7 out. 1961, p.2. Para mais informações sobre a reunião do Conselho de Ministros que decidiu sobre a questão, ver Ata, 5ª Reunião do Conselho de Ministros, 6 out. 1961, CPDOC-FGV, UG mic 61.09.14.

43 Para os estudos da Sept sobre o aumento do custo de vida, ver UH, Ronda sindical, 12 out. 1961, 1c, p.12.

44 Boletim Informativo Fiesp-Ciesp, Não trarão benefícios ao povo os novos níveis do salário mínimo, 25 out. 1961, n.629, p.163.

45 Ata, Reunião Extraordinária Conjunta do Cierj e da Fiega, 9 out. 1961, p.1.

a favor do reajuste, mas não no montante anunciado pelo Conselho de Ministros. Segundo Medeiros, "a política do poder público [...] tem sido unilateral e tomada no intuito de agradar à grande massa de eleitores".[46] Debates semelhantes sucederam-se na Associação Comercial paulista.[47] No geral, a crítica do empresariado estava no fato de o governo propor um plano de contenção da inflação e, ao mesmo tempo, ignorar a sua própria estatística oficial sobre alta do custo de vida para reajustar salários.

Apesar das reclamações dos empresários, os representantes dos trabalhadores que não recebiam o piso do salário mínimo começaram a exigir aumentos bem superiores aos dos índices de inflação. Em reunião no Sindicato dos Metalúrgicos de São Paulo, líderes sindicais de diversas categorias decidiram que os trabalhadores deveriam mobilizar-se para lutar por reajustes maiores do que os concedidos ao salário mínimo, bem como garantir novos direitos, entre os quais obrigatoriedade do pagamento do 13º salário, aumento das férias remuneradas de 20 para 30 dias, e a instituição do salário-família.[48] Dias depois, em encontro no Sindicato dos Bancários de São Paulo, decidiu-se pelo lançamento de uma campanha intersindical por aumento geral de 60% nos salários.[49] Algumas categorias, como a dos metalúrgicos, gráficos, têxteis e trabalhadores em indústrias de papel, chegaram a ameaçar deflagrar greve. O ministro do Trabalho interveio nas negociações, impedindo que isso ocorresse. No geral, concederam-se reajustes aos trabalhadores na casa dos 45%.[50] No entanto, houve casos em que negociar não foi possível. Observa-se que o número de greves no país cresceu significativamente a partir de outubro, apesar de ter se mantido ainda em nível inferior ao do final de 1960.[51] Um dos movimentos mais importantes desse período foi a greve nacional dos bancários, que começou na rede particular e espalhou-se para o Banco do Brasil. O movimento durou quase uma semana e resultou em vitória histórica para a categoria. Em média, os trabalhadores obtiveram entre 50% e 70% de reajuste salarial, além da criação de uma comissão, presidida pelo próprio ministro do

---

46 Ata, Reunião de Diretoria da ACRJ, 4 out. 1961, 9-10.

47 Ata, Reunião de Diretoria Plena da ACSP, 10 out. 1961, p.10-33.

48 Por salário família, entendia-se a concessão de uma bonificação ao salário do trabalhador para cada filho seu menor de 12 anos. Oesp, O ministro do Trabalho falou sobre o novo salário mínimo, 8 out. 1961, p.25.

49 Oesp, Campanha intersindical para aumento de salários, 18 out. 1961, p.13; Sindicatos preparam grande passeata, 24 out. 1961, p.5.

50 Ver, nesse sentido, Oesp, Chegou-se a um acordo no setor metalúrgico: aumento de 45%, 31 out. 1961, p.16; Assinado acordo salarial no setor de papel, 1º nov. 1961; Proposta de 45% de aumento para o setor têxtil, 4 nov. 1961, p.9; Acordos salariais evitam greves anunciadas, 5 nov. 1961, p.23.

51 Ver Tabela 6.1. A questão das greves no governo Goulart será analisada no próximo capítulo. Tivemos oportunidade de publicar um artigo aprofundando o tema na *Canadian Journal of Latin American and Caribbean Studies*. Ver Loureiro, 2016.

Trabalho, que apresentaria em até três meses um estudo sobre a criação de um salário profissional para os bancários.[52] Assim, por meio de ameaças de greve e de paralisações de fato, muitos trabalhadores urbanos conseguiram reajustar seus ordenados em níveis até superiores aos do salário mínimo.[53]

No geral, empresários reagiram ao aumento dos custos de mão de obra por meio da elevação dos preços dos produtos. Os debates nas entidades de classe apresentam evidências de que essa majoração de custos teria sido simplesmente transferida aos consumidores, contribuindo para a elevação inflacionária do final de 1961. Uma semana antes da divulgação do aumento do salário mínimo, um dos mais influentes diretores da ACRJ, Antônio Carlos do Amaral Osório, denunciou à entidade o "comportamento criminoso" de alguns comerciantes, que estariam elevando subitamente seus preços "a simples ameaça de um reajustamento de salários".[54] A diretoria da Fiega, por sua vez, salientou que a indústria da Guanabara não teria condições de absorver o impacto dos aumentos salariais, o que levaria a um "novo impulso nos preços e, portanto, [a um] incremento do processo inflacionário arraigado à nossa economia". A Fiesp mostrou-se particularmente preocupada com a possibilidade de o governo ceder a outras demandas dos sindicatos, tais como o 13º salário ou as férias de 30 dias. Os industriais de São Paulo afirmaram que "qualquer novo aumento, direto ou indireto, de salário" provocaria necessariamente um "novo encarecimento geral dos produtos, a ser pago por toda a população", pois "não poderá ser absorvido por melhora de produtividade imediata".[55]

A ameaça dos empresários de repasse dos aumentos de custos para os preços dos produtos foram acompanhadas de reivindicações pelo relaxamento da política creditícia, como já havia ocorrido durante o governo Quadros, só que desta vez de modo ainda mais explícito. Em telegrama enviado ao primeiro-ministro Tancredo Neves, a diretoria da Fiesp enfatizou que "o programa de estabilização" do Conselho de Ministros não deveria "afetar o crédito à indústria". No final da mensagem, os industriais paulistas notaram que estariam "prontos a cooperar com a administração

---

52 Na realidade, os bancários obtiveram reajuste de 40%, mas com piso de sete mil cruzeiros por trabalhador. Foi esse piso que garantiu, em média, os percentuais de 50 a 70% de reajuste. A cláusula de salário profissional assegurava aos trabalhadores com ordenados mais elevados o princípio de que reajustamentos posteriores seriam acordados sem teto, mantendo as diferenças de hierarquia salarial entre os que recebiam mais e os que recebiam menos. Oesp, Um acordo põe fim à greve dos bancários no país, 27 out. 1961, p.2; *Folha Bancária* (doravante FB), Bancários: greve vitoriosa, dez. 1961, AEL-Unicamp, p.1.

53 Para os resultados dos principais acordos salariais efetuados no estado de São Paulo nesse período, ver *Revista de Estudos Socioeconômicos do Dieese* (doravante *Revista Dieese*), Noticiário sindical, nov. 1961, ano I, p.22-34.

54 Ata, Reunião de Diretoria da ACRJ, 27 set. 1961, p.11.

55 Boletim Informativo Fiesp-Ciesp, Medidas para impedir o impacto inflacionário do salário mínimo, 6 dez. 1961, n.635, p.107.

do país sempre que nela encontr[assem] [...] compreensão e espírito de justiça ao esforço que estamos realizando no sentido de ampliar e fortalecer a economia nacional". Em outras palavras: caso não houvesse "compreensão e espírito de justiça" das autoridades quanto à elevação dos empréstimos, a Fiesp não teria alternativa a não ser deixar de "cooperar" com o governo, abandonando o esforço de estabilização.[56] A impressionante elevação dos preços ocorrida em outubro (IPA-DI, 10,51%) mostrou que as ameaças empresariais eram reais. Como as próprias autoridades da Sumoc reconheceram ao adido financeiro norte-americano, as pressões empresariais por maiores empréstimos colocaram dificuldades intransponíveis ao gabinete, ainda mais tratando-se de um governo recém-empossado e de um regime político ainda em consolidação.[57] Sabia-se que sem o apoio dos empresários, a sustentação do Conselho de Ministros ficaria comprometida.

A atitude do governo com relação à greve dos trabalhadores paulistas pelo 13º salário, que paralisou dezenas de milhares de operários em dezembro de 1961, também pareceu ter respondido a um raciocínio semelhante. As entidades empresariais já tinham advertido ao gabinete Tancredo Neves sobre as consequências que uma medida como o 13º salário traria ao país, isto é, nova rodada de aumento de preços e necessidade de revisão da política creditícia. A Fiesp foi particularmente clara a esse respeito: se o Congresso Nacional resolvesse aprovar a obrigatoriedade de pagamento do 13º salário, "que [tivesse] pelo menos coragem de assumir a responsabilidade de prover os meios financeiros necessários às empresas que deverão cumprir a lei e das consequências que daí advirão".[58] Visando evitar um enfraquecimento ainda maior do já combalido Plano de Emergência, o governo decidiu reprimir duramente o movimento grevista, recebendo fortes aplausos das entidades empresariais.[59]

As alterações das metas de política fiscal contidas no Plano de Emergência também estiveram fortemente relacionadas às reações de grupos sociais domésticos. Um dos principais motivos que levaram ao brusco aumento do déficit público em dezembro de 1961 foi o pagamento de aumentos salariais retroativos a julho de 1960 a trabalhadores de empresas autárquicas de transporte. Segundo cálculos da embaixada

---

56 Boletim Informativo Fiesp-Ciesp, Indústria se pronuncia sobre o discurso do Primeiro-ministro, 29 nov. 1961, n.634, p.83.
57 Report 301, Rio de Janeiro to Department of State, 11 out. 1961, Nara, p.4.
58 Oesp, Contra a obrigatoriedade do abono de Natal, 10 dez. 1961, p.39; Declarada ilegal a greve que se pretende deflagrar esta noite em São Paulo, 13 dez. 1961, p.2.
59 Oesp, Industriais aplaudem o governador Carvalho Pinto, 17 dez. 1961, p.6; UH, Governo enfrenta greve em São Paulo, 14 dez. 1961, 1c, p.2. Lincoln Gordon, em comunicado a Washington, assinalou que a derrota da greve "fortaleceu o cruzeiro notavelmente e diminuiu boatos sobre a queda do governo". Telegram 1441, Rio de Janeiro to Department of State, Section I, 18 dez. 1961, folder "Brazil General 12/1/61-1/16/62", Box 12, NSF, JFKL, p.2.

norte-americana, apenas em ordenados atrasados, o governo gastou Cr\$ 24 bilhões, o que representou 37% do saldo negativo apresentado no último mês de 1961.[60] O pagamento desses compromissos só foi efetuado após ameaça de greve lançada pelo Pacto de Unidade e Ação (PUA), entidade que congregava ferroviários, marítimos, estivadores e portuários de todo o país.[61] O PUA nascera de uma bem-sucedida paralisação realizada em 1960 visando à aprovação da lei de paridade de salários entre os funcionalismos civil e militar. A chamada "greve da paridade" contou com a participação de cerca de 300 mil trabalhadores (segundo os cálculos mais modestos) e quase levou o presidente Juscelino Kubitschek a declarar estado de emergência no país, em razão dos distúrbios criados no sistema de transporte. No final, porém, o Congresso comprometeu-se a estudar o projeto em caráter de urgência, dando cabo à crise. A lei da paridade foi aprovada em 23 de novembro de 1960.[62] É evidente que o gabinete Tancredo Neves não tinha condições políticas para suportar uma paralisação semelhante. Ceder ao PUA parecia ser a resposta mais lógica, mesmo às expensas das metas de déficit público para 1961.

Pode-se questionar o porquê de o governo não ter agido da mesma maneira com relação à greve do 13º salário, que malogrou devido à repressão ordenada pelas autoridades. Nesse caso, porém, as condições eram diferentes. Em primeiro lugar, se o 13º salário fosse aprovado pelo Congresso, os encargos seriam não apenas maiores do que os do pagamento de atrasados referentes à lei da paridade, como recairiam principalmente sobre o setor privado, podendo colocar em xeque o apoio do empresariado ao gabinete Tancredo Neves. Em segundo lugar, por mais grave que fosse a eclosão de uma greve geral nas indústrias do estado de São Paulo, uma paralisação do setor de transportes de âmbito nacional tendia a ser ainda mais perigosa para a manutenção da ordem pública, exatamente por envolver questões de abastecimento de insumos e gêneros de primeira necessidade às regiões urbanas. Não foi por acaso que a Consolidação das Leis do Trabalho (CLT) determinou que o setor de transportes fosse organizado, do ponto de vista da representação sindical, em duas confederações distintas: uma apenas para os transportes terrestres (Confederação Nacional dos Trabalhadores em Transportes Terrestres, CNTTT) e outra para os transportes marítimo e aéreo (Confederação Nacional dos Trabalhadores em Transportes Marítimos, Fluviais e Aéreos, CNTTMFA). O surgimento do PUA em 1959

60 Report 816, Rio de Janeiro to Department of State, 16 abr. 1962, CGR 1941-73, folder "Financial Matters, General, Jan.-March 1962", Box 137, RG 84, Nara, p.1.
61 Para o surgimento do PUA, ver Report 27/59, Rio de Janeiro to Foreign Office, 1959, LAB 13/1339, TNA.
62 Para a greve da paridade, ver NR, 1 milhão de trabalhadores foram à greve por aumento de salários, 25 nov.-1º dez. 1960, 2 e Harding, 1973, p.466-70.

visou superar o artificialismo e arbitrariedade dessa divisão.[63] Em terceiro, o PUA já havia demonstrado sua capacidade de organização e eficiência em 1960. E, em quarto, era mais difícil reprimir uma ação paredista no setor de transportes do que no setor fabril. Nas indústrias, as paralisações eram geralmente garantidas por piquetes, que podiam ser contidos com uma eficiente proteção policial na porta das fábricas (que foi, de fato, o que ocorreu com a greve pelo 13° salário). No setor de transportes, por outro lado, em especial no caso das ferrovias, muitas vezes a eficácia das greves era garantida pela adesão de um pequeno número de trabalhadores, cujas posições-chave diante do controle de certos equipamentos determinavam o funcionamento de todo o sistema. Segundo Rafael Martinelli, então presidente da Federação Nacional dos Ferroviários, "com oito trabalhadores a gente parava a [Estrada de Ferro] Santos-Jundiaí".[64] Foi esse conjunto de fatores, portanto, que deve ter influenciado a decisão do governo de ceder diante da ameaça do PUA e de reprimir a greve do 13° salário em São Paulo.

A principal derrota do gabinete Tancredo Neves no que diz respeito a política fiscal, porém, não esteve tanto na execução orçamentária de 1961, mas no fracasso em aprovar um projeto de reforma tributária. Nenhum outro tema havia recebido tamanha atenção do Conselho de Ministros. A iniciativa era considerada essencial para a contenção do déficit público e da inflação em 1962. Em discurso de apresentação do Plano de Emergência ao Congresso Nacional, o primeiro-ministro Tancredo Neves enfatizou que as cifras das despesas do governo não poderiam ser comprimidas, restando às autoridades a saída de aumentar receitas como forma de evitar emissões.[65] Além desta finalidade, a reforma tinha como objetivo incentivar o reinvestimento dos lucros na economia e contribuir para a diminuição do caráter regressivo do sistema tributário, diminuindo o peso dos impostos indiretos no total das receitas públicas. O governo apresentou um projeto nesse sentido ao Congresso em meados de novembro de 1961. Entre as suas principais propostas estavam o aumento das alíquotas dos impostos de consumo, renda, selo, energia elétrica e combustíveis. No caso do imposto de consumo, todos os produtos estariam sujeitos à majoração de alíquota, até mesmo os de primeira necessidade, o que constituía uma clara contradição com a meta de reduzir a regressividade da estrutura tributária. Quanto ao imposto de renda, por outro lado, os encargos recairiam sobre as pessoas jurídicas, especialmente sobre aquelas que priorizassem a distribuição de dividendos ao invés da reinversão dos lucros. Os investidores

---

63 Tanto é que a CNTTMFA foi criada em 1960 sob o incentivo do Ministério do Trabalho para unir forças com a CNTTT e contrapor-se ao PUA. Ver Report 36/59, Rio de Janeiro to Foreign Office, 20 nov. 1959, LAB 13/1339, TNA.

64 Rafael Martinelli, entrevista ao autor, 2 jul. 2009, São Paulo (SP).

65 Oesp, A exposição feita ontem na Câmara pelo presidente do Conselho de Ministros, 15 nov. 1961, p.5.

com posse de ações ao portador que não quisessem identificar-se também seriam fortemente taxadas.[66] As autoridades estimavam que essas medidas produziriam um aumento de arrecadação da ordem de Cr$ 70 bilhões – cifra que representava metade do déficit potencial do orçamento de 1962 aprovado pelo Congresso Nacional.[67]

As entidades empresariais posicionaram-se fortemente contrárias à aprovação desse projeto de reforma tributária. A diretoria da Fiesp, por exemplo, expressou seu "veemente desacordo" diante da proposta, considerada inadequada à "realidade econômico-financeira que o país hoje atravessa".[68] O diretor do Departamento Econômico da Federação, Sérgio Roberto Ugolini, afirmou que o projeto incidiria "em grave erro e mesmo em injustiça tributária", devido ao estabelecimento de tributação progressiva sobre o lucro distribuído a acionistas. Conforme Ugolini, o governo deveria compreender que, "para haver investimento, é necessário que o capital receba uma parcela razoável de retribuição, sob a forma de dividendos".[69] As Associações Comerciais do Rio e São Paulo apontaram críticas semelhantes, enfatizando que aprovação do projeto geraria necessariamente uma nova rodada de aumento de preços na economia. As empresas teriam atingido o "limite da saturação", segundo memorial enviado pela Associação Comercial de São Paulo (ACSP) e ACRJ à Câmara dos Deputados.[70] A *Revista Brasileira de Bancos*, por sua vez, salientou que em um país como o Brasil, "em plena fase de formação de capitais", não faria sentido aprovar uma reforma tributária que aumentasse o imposto de renda sobre pessoas jurídicas, desestimulando investimentos.[71]

O empresariado não ficou apenas no âmbito das críticas. As entidades da indústria e comércio concentraram grande parcela de energia para impedir que a reforma tributária fosse aprovada pelo Congresso Nacional – semelhante ao que ocorreu no primeiro semestre de 1961 com a proposta da lei antitruste. No início, porém, houve empresários que demonstraram descontentamento com a negligência de suas associações na promoção dos interesses de classe. O Conselho Superior das Classes Produtoras de

---

66 Oesp, O projeto governamental de reforma tributária, 16 nov., 7-8; 18 nov., p.16; 19 nov., p.38; 21 nov., p.27 e 22 nov. 1961, p.25; UH, Taxação violenta do luxo dará bilhões para obras, 15 nov. 1961, 1c, p.4.

67 As autoridades monetárias já trabalhavam, no entanto, com a perspectiva de um déficit de Cr$ 200 bilhões. Oesp, Deliberação do Conselho; o Primeiro-ministro defende o projeto de reforma tributária, 25 nov. 1961, p.5; Tancredo pede apoio à reforma tributária e afirma ser o déficit de 200 bilhões, 12 dez. 1961, p.5.

68 Oesp, Contrária a indústria paulista ao projeto de reforma tributária, 24 nov. 1961, p.22. Ver também Boletim Informativo Fiesp-Ciesp, Indústria se pronuncia sobre o discurso do Primeiro-ministro, 29 nov. 1961, n.634, p.83.

69 Oesp, Críticas à reforma do imposto de renda, 1º dez. 1961, p.19.

70 Oesp, Críticas ao projeto de reforma de impostos, 29 nov. 1961, p.24.

71 RBB, Reforma tributária, 30 dez. 1961, ano 30, n.348, p.5.

São Paulo foi um dos mais criticados nesse sentido. Durante debate na ACSP, vários diretores apontaram falhas na atuação do Conselho Superior das Classes Produtoras (Conclap/SP). O empresário Henrique Olavo Dias, por exemplo, afirmou que o Conselho seria um "eminente adormecido. Dorme, ressona [...]. É uma criança que nasceu, gastou-se dinheiro com ela, escola e hoje é inútil". O presidente da ACSP, Paulo Barbosa, respondeu que o Conclap havia redigido um "Manifesto à Nação" posicionando-se contra a reforma tributária. "Sr. Presidente", rebateu Olavo Dias, "não é um manifesto à nação, é um telegrama a cada deputado, a cada senador, mostrando a insanidade de cada um deles".[72] No final da reunião, decidiu-se que a Associação Comercial ficaria em estado de alerta permanente durante o mês de novembro para evitar a aprovação do que se caracterizou como "confisco" tributário. Determinou-se também que os funcionários da ACSP em Brasília intensificariam esforços sobre parlamentares.[73] No mesmo período, a Fiesp enviou à capital federal uma comissão chefiada por um dos seus vice-presidentes, Mário Toledo de Moraes, para tratar do tema. A entidade contava com o deputado Horácio Lafer como seu principal articulador junto aos congressistas.[74] Em dezembro, foi a vez do próprio presidente da Federação, Antônio Devisate, comparecer ao Palácio do Planalto para mostrar ao *premier* Tancredo Neves a inviabilidade da proposta do governo.[75]

A pressão empresarial sobre deputados e senadores, aliada à falta de interesse de muitos políticos em aprovar em ano pré-eleitoral uma reforma que significaria aumento de impostos para contribuintes, convenceram o governo de que seria importante ceder. Logo após a reunião entre o presidente da Fiesp e o primeiro-ministro, Tancredo Neves reuniu os líderes dos partidos no Congresso e sugeriu o abandono da proposta de reforma tributária original mediante aprovação, em seu lugar, de um aumento de 15% nas alíquotas para todos os impostos. Seria eliminada, com isso, uma das principais críticas empresariais ao projeto: a mudança das regras da tributação sobre distribuição de lucros. Por outro lado, a nova fórmula representaria a manutenção do caráter regressivo do sistema tributário. A bancada do PTB colocou-se contrária à proposta, inviabilizando o acordo.[76] Restou ao governo, então, tentar aprovar o seu primeiro projeto. A Câmara passou a trabalhar em regime de sessões contínuas, até mesmo aos domingos.[77] Quatro dias antes do início do recesso parlamentar, Tancredo compareceu ao Parlamento clamando pela aprovação urgente da reforma.

---

72 Ata, 82ª Reunião de Diretoria Plena da ACSP, 21 nov. 1961, p.20.
73 Idem, p.30-1.
74 Boletim Informativo Fiesp-Ciesp, Diretoria plenária, 29 nov. 1961, n.634, p.88.
75 Oesp, No Planalto o presidente da Fiesp, 7 dez. 1961, p.10.
76 Oesp, Tancredo Neves propõe aumento de 15% nos impostos, 7 dez. 1961, p.6.
77 Oesp, A Câmara vai entrar em regime de sessões contínuas, 9 dez. 1961, p.6.

Em resposta, o deputado Horácio Lafer deixou claro que o governo sairia derrotado. "Nós queremos contribuir para o Tesouro Nacional, mas não queremos aniquilar a iniciativa privada", afirmou o deputado. De fato, o recesso parlamentar foi aberto sem que o tema tivesse sido levado à votação.[78] A partir de então, sem a esperada receita extra, o Ministério da Fazenda e a Sumoc passariam a trabalhar em conjunto na formulação de um rígido Plano de Economia para 1962.

De um modo geral, portanto, com exceção da política cambial, cuja dinâmica foi determinada pelo processo de negociação de recursos com os Estados Unidos, as evidências sugerem que o malogro do Plano de Emergência em suas áreas fiscal, creditícia e monetária deveu-se, em grande parte, às reações de classes sociais domésticas às medidas de estabilização. De certa maneira, isso já havia ocorrido durante o governo Quadros, mas há aqui uma importante diferença. A eficácia das reações de grupos sociais ao Plano de Emergência foi bastante potencializada pela fragilidade política do gabinete Tancredo Neves. Sem condições de impor uma postura mais rígida a empresários e trabalhadores, particularmente aos primeiros, o governo cedeu para não criar um ambiente que levasse o recém-criado sistema parlamentarista a uma crise institucional. Outro aspecto a ser ressaltado é o crescimento da influência dos trabalhadores nas mudanças de rumo da política econômica, em especial quando comparado ao período da administração Quadros. Pode-se creditar isso, da mesma maneira, à fragilidade institucional do parlamentarismo, mas parece ter havido também outro componente nessa história: o fortalecimento do movimento sindical, algo perceptível pela observação das estatísticas sobre greves.[79]

Antes de prosseguir com a análise da segunda tentativa de estabilização realizada pelo gabinete Tancredo Neves (o Plano de Economia de Moreira Salles), é fundamental analisar de modo mais detido as implicações que um episódio ocorrido no final de 1961 teria sobre a organização dos interesses do capital estrangeiro no Brasil. Referimo-nos à aprovação do projeto Celso Brant da lei de remessa de lucros. Apesar de essa iniciativa não ter tido relação direta com o fracasso do Plano de Emergência, o entendimento de suas implicações sobre as atitudes dos empresários estrangeiros e a eles associados é fundamental para compreender o quadro de forças sociais que seria enfrentado pelo governo Goulart em suas tentativas posteriores de estabilização, notadamente ao longo do próprio Plano de Economia e, em especial, durante o Plano Trienal de 1963.

---

78 Oesp, Tancredo Neves pede apoio à reforma tributária, 7 dez. 1961, p.6.
79 Ver Apêndice, tabelas A25, A26 e A27. Mesmo que se suponha que o fortalecimento das demandas dos sindicatos tenha sido um fenômeno sazonal – devido à tendência de exacerbação dos conflitos entre capital e trabalho no segundo semestre do ano, quando vencem a maioria dos acordos de salário –, isso não altera o fato de que a aceitação de um programa de estabilização pelos trabalhadores foi mais difícil nesse período.

5.2. A lei de limitação de remessa de lucros e o empresariado estrangeiro[80]

O projeto Celso Brandt da lei de limitação de lucros, aprovado na seção do dia 29 novembro de 1961 da Câmara dos Deputados, estabeleceu severas restrições à atuação do capital externo no Brasil. Entre as suas principais determinações, a mais famosa foi a imposição de um limite anual para remessa de lucros e dividendos correspondente a 10% do capital social das empresas estrangeiras. O texto da lei proibia, ainda, a contabilização de qualquer tipo de reinvestimento como parte dos ativos das empresas, o que influiria negativamente no cálculo das remessas que poderiam ser transferidas ao exterior. Além disso, o projeto estabeleceu que bancos estrangeiros estariam impedidos de possuir carteiras de depósito em território nacional, respeitando-se o princípio da reciprocidade. Vetou-se também a possibilidade de firmas estrangeiras adquirirem empresas brasileiras em funcionamento.[81] O radicalismo do projeto Brandt pode ser atestado pelos efusivos elogios feitos pelos comunistas à atitude da Câmara dos Deputados. Conforme o Partido Comunista Brasileiro (PCB), o projeto Brandt teria representado a vitória das forças nacionalistas sobre o imperialismo no Brasil.[82]

As críticas do empresariado ao projeto Brandt, notadamente das empresas estrangeiras ou a elas associadas, foram contundentes. Dias após a passagem do texto na Câmara, membros do Conselho Nacional de Comércio Exterior norte-americano fizeram uma visita ao secretário de Estado Dean Rusk para expressar censuras ao texto, ressaltando a necessidade de impedir sua aprovação no Senado.[83] Entidades empresariais no Brasil também manifestaram profundo descontentamento com a atitude da Câmara, vista como "ruinosa" para a tarefa de atrair capitais externos ao país.[84] Para o presidente da Fiesp, caso fosse ratificada pelos senadores, a lei de remessa de lucros condenaria o Brasil à "estagnação".[85] Giulio Lattes, diretor da Associação Comercial Paulista e representante chileno no Conselho das Câmaras de Comércio Estrangeiras de São Paulo, classificou o texto como

---

80 Uma versão estendida do conteúdo desta seção foi publicada na *Revista Brasileira de História*. Ver Loureiro, 2016.

81 Segundo o princípio da reciprocidade, a proibição para o funcionamento de bancos estrangeiros no Brasil só seria aplicada a países cujas legislações determinassem o mesmo tipo de limitação para bancos brasileiros. Ver Oesp, Câmara aprova a lei que limita a remessa de lucros, 30 nov. 1961, p.2.

82 NR, Que é o projeto de limitação de remessa de lucros, 8-14 dez. 1961, p.3.

83 Telegram 1583, Department of State to Rio de Janeiro, 6 dez. 1961, CRG 1941-73, folder "Financial Matters, July-Dec. 1961", Box 129, RG 84, Nara, p.1.

84 Ata, Reunião do Conselho de Representantes do Cierj e da Fiega, 24 jul. 1962, p.2.

85 Oesp, Remessa de lucros: estagnação da economia nacional, 1º dez. 1961, p.19.

"o caminho aberto para a introdução do comunismo no Brasil".[86] Para Rui Gomes de Almeida, presidente da ACRJ, o projeto Brandt já teria criado "problemas insuperáveis" à economia nacional. Mesmo que o Senado anulasse a "nefasta proposta" vinda da Câmara, afirmou Gomes de Almeida, não seria possível retomar de imediato a confiança que os investidores internacionais tinham perdido no Brasil.[87]

Para além de analisar a percepção do empresariado sobre a aprovação da lei de limitação de lucros, ou de considerar as implicações econômicas que esse episódio trouxe ao país – em parte responsável pela queda do influxo de investimentos externos diretos ocorrida a partir de 1961[88] –, interessa-nos compreender, particularmente, dois aspectos: identificar as condições que viabilizaram a aprovação do projeto Brandt na Câmara dos Deputados e examinar as implicações que esse ato teve sobre a organização do empresariado estrangeiro e associado quanto à sua atuação no cenário político nacional.

A questão sobre as razões da aprovação da lei de limitação de lucros ainda não recebeu um tratamento adequado da literatura. Muitos estudiosos parecem assumir que o projeto Celso Brant foi aprovado simplesmente porque a presidência da República estava nas mãos de João Goulart, isto é, de um presidente identificado no imaginário nacional com a luta pelas reformas de base, com um ideário político nacionalista e com a defesa dos interesses dos trabalhadores.[89] Há problemas nesse tipo de interpretação. Primeiro, as evidências apontam para uma pequena participação de Goulart no processo de negociação para aprovação do projeto.[90] Diante da sua ainda delicada e instável situação política, o presidente parecia mais interessado em cultivar um bom relacionamento com as elites, até mesmo com grupos associados ao capital estrangeiro, do que em pressionar o Parlamento a aprovar reformas de base ou propostas de cunho fortemente

---

86 Ata, 84ª Reunião de Diretoria Plena da ACSP, 5 dez. 1961, p.7.

87 Oesp, Ressaltada a posição das Federações Comerciais, 6 dez. 1961, p.34. Críticas semelhantes sobre o assunto foram feitas pela diretoria da Fiega. Ver Ata, Diretoria do Cierj e da Fiega, 30 nov. 1961, p.1-2.

88 Mesquita contesta a perspectiva de que a aprovação da lei de lucros teria sido parcialmente responsável pela queda do afluxo de IEDs no Brasil a partir de 1961. O autor afirma que esse processo estaria relacionado, em grande parte, ao esgotamento do ciclo de investimentos do Plano de Metas. O problema é que Mesquita leva em conta apenas a data final da aprovação da lei (julho de 1962), desconsiderado o fato de que o projeto Brandt já havia sido apreciado pela Câmara no final de 1961. Mesquita, 1992, p.145-6. Para uma perspectiva que atribui maior peso à aprovação da lei de lucros na queda de IEDs, ver Monteiro, 1992, p.79.

89 Para exemplo desse posicionamento, ver Genari, 1999.

90 Ver investigação realizada pela Embaixada dos Estados Unidos no Brasil sobre o tema, que concluiria por absolver Goulart e o Conselho de Ministros da responsabilidade do episódio. Telegram 1326, Rio de Janeiro to Department of State, 1º dez. 1961, p.2; Telegram 1390, Rio de Janeiro to Department of State, 11 dez. 1961, CRG 1941-73, folder "Financial Matters, July-Dec. 1961", Box 129, RG 84, Nara, p.2.

nacionalista.[91] Segundo, mesmo que Goulart tivesse atuado secretamente junto a congressistas nesse sentido, é fato que o Conselho de Ministros, que dividia autoridade com Jango, havia marcado clara posição a favor de uma versão mais moderada sobre o tema da limitação da remessa de lucros. As evidências sugerem que a ordem dada pela liderança do governo no Parlamento contra o projeto Brandt havia sido desrespeitada pela base dos partidos aliados, sobretudo pelo PSD.[92] E, por fim, e este talvez seja o aspecto mais relevante, mesmo que se suponha, hipoteticamente, que até o próprio Conselho de Ministros tivesse aderido à luta pela aprovação do projeto, sua passagem pela Câmara não poderia ter sido obtida com margem tão ampla – 150 votos a favor e apenas 61 contra –, tendo em vista a significativa presença de parlamentares conservadores no Congresso.[93] Aliás, foi exatamente essa presença que impediu a aprovação da versão original da lei antitruste em meados de 1961 e que impediria a aprovação de vários projetos de caráter reformista apresentados pela administração Goulart até março de 1964 – entre os quais o da reforma agrária. É preciso, portanto, procurar razões mais sólidas para explicar os motivos que levaram a Câmara dos Deputados a aprovar o projeto Brandt.

Uma alternativa para a abordagem do problema é analisar a percepção apresentada pelos representantes do empresariado sobre o assunto. Chama a atenção o fato de que a mesma surpresa causada ainda hoje também havia sido demonstrada no período por grupos empresariais e até por políticos em atuação no Parlamento. Em debate na Fiega com a presença de Othon Mader (UDN-PR), deputado federal e membro da Ação Parlamentar Democrática (ADP), a diretoria da Federação carioca mostrou-se chocada com a passagem do projeto Brandt, principalmente pelo fato de 72 dos 155 integrantes da ADP terem votado favoravelmente à proposta.[94] Mader respondeu que o isolamento da recém-inaugurada capital federal e o fato de maior parte dos congressistas só pensar em interesses eleitoreiros

---

91 Para a moderação política demonstrada por Goulart nos primeiros meses de governo, ver Embtel s.n., 1º março 1962, CGR 1941-73, folder "Brazil, Jan.-March 1962", Box 135, RG 84, Nara, p.1; Oesp, Inovações do projeto de lei complementar do Ato Adicional, 23 set. 1961, p.2.

92 Oesp, Remessa de lucros: a orientação do governo teria sido contrariada, 1º dez. 1961, p.5; Telegram 1326, Rio de Janeiro to Department of State, 1º dez. 1961, Nara; Telegram 1390, Rio de Janeiro to Department of State, 11 dez. 1961, Nara, p.2.

93 Lincoln Gordon classificou a folgada aprovação do projeto Celso Brandt pela Câmara dos Deputados como um "fator perturbador". Telegram 1326, Rio de Janeiro to Department of State, 1º dez. 1961, Nara, p.2.

94 A "Ação Democrática Parlamentar" (ADP) era um bloco interpartidário criado em 1961 com o intuito "de combater a infiltração comunista na sociedade brasileira". Seu contraponto ideológico no Parlamento era a "Frente Parlamentar Nacionalista" (FPN), formada em 1956 para defender "políticas e soluções nacionalistas para os problemas do desenvolvimento" no país. Ver Abreu et al., 2001, p.24-5, 2397.

teriam permitido que a "liderança esquerdista" controlasse o Congresso.[95] Na Associação Comercial paulista, os diretores demonstraram o mesmo senso de desorientação. Um dos conselheiros da ACSP, Azevedo e Sá, disse que teve a oportunidade de conversar com "vários deputados" e que havia ficado impressionado com o fato de muitos não terem estado "a par da importância da deliberação e do imenso prejuízo que essa lei traria ao Brasil". Aliás, afirmou Azevedo e Sá, vários deles lhe teriam perguntado: "por que vocês não nos esclareceram antes?". O diretor da ACSP concluiu em linhas semelhantes àquelas apresentadas por Othon Mader à Fiega: "Quando vem um projeto desses, os comunistas se unem [...] procurando, numa cortina de fumaça, encobrir o que tem [n]esse projeto e apresentam o aspecto do nacionalismo e os indivíduos os ouvem".[96] Do mesmo modo, durante as investigações feitas pela embaixada norte-americana, um dos representantes diplomáticos ouviu do deputado José de Souza Nobre (PTB-MG) explicação parecida. Conforme Souza Nobre, a maior parte daqueles que teriam votado a favor do projeto havia sido "levada" pelas tabelas e gráficos sobre remessas de lucros apresentados pelos "comunistas" momentos antes da votação, ou teria tido simplesmente o intuito de ganhar popularidade junto a grupos progressistas da sociedade, jogando o custo político de barrar ou modificar a lei sobre o Senado.[97]

A astúcia de grupos esquerdistas dentro do Parlamento, aliadas ao interesse eleitoreiro de alguns deputados, certamente contribuíram para aprovar a lei de remessa de lucros em novembro de 1961, mas há evidências de que outro aspecto teria sido ainda mais determinante, em particular para garantir uma vitória folgada na votação: o *lobby* de industriais nacionalistas, notadamente o chamado "grupo nacionalista" da Fiesp.[98] Em conversa com o embaixador Lincoln Gordon no início de dezembro, Augusto Schmidt, assessor do senador e ex-presidente Juscelino Kubitschek, comentou que muitos deputados conservadores, tais como Mendes de Moraes (sem partido-GB), teriam "vendido seus votos para os industriais de São Paulo".[99] No mesmo sentido, em encontro com funcionários do Departamento de Estado, uma delegação de banqueiros norte-americanos disse ter conversado sobre o tema com o embaixador Roberto Campos, e que este teria afirmado que a aprovação do projeto Brandt teria seria fruto de uma "aliança profana entre nacionalistas, elementos esquerdistas e industriais

---

95 Ata, Reunião do Conselho de Representantes do Cierj e da Fiega, 5 dez. 1961, p.1-2.

96 Ata, 84ª Reunião de Diretoria Plena da ACSP, 5 dez. 1961, p.18-9.

97 MemCon, Nobre, Eugenio Delgado Arias, 1º dez. 1961, CGR 1941-73, folder "Brazil, Sept.--Dec. 1961", Box 124, RG 84, Nara, p.1-2.

98 Esse termo é utilizado por Leopoldi, 2000, p.275-6.

99 MemCon, Juscelino Kubitschek, Sebastião Paes de Almeida, Augusto Schmidt, Lincoln Gordon, 7 dez. 1961, CGR 1941-73, folder "Brazil, Sept.-Dec. 1961", Box 124, RG 84, Nara, 2.

brasileiros".[100] Por fim, Lincoln Gordon notou em comunicado a Washington que "alguns grandes industriais, notadamente de São Paulo", por meio de "esforços provavelmente coordenados com esquerdistas-nacionalistas, incentivam o Congresso e o Executivo a aprovar uma legislação nacionalista, tal como a lei de limitação de lucros, a fim de reduzir a competição estrangeira".[101]

A hipótese de que industriais nacionalistas teriam se empenhado na aprovação do projeto Brandt não ficou restrita a comunicados secretos da embaixada norte-americana. Um dia após a aprovação da lei, o jornal carioca *Correio da Manhã* publicou notícia de que a Fiesp teria entregado um memorial ao presidente Goulart e ao primeiro-ministro Tancredo Neves com propostas sobre o disciplinamento do capital estrangeiro em linhas semelhantes àquelas contidas no projeto Brandt. O periódico também identificou o industrial José Ermírio de Moraes Filho, herdeiro do grupo Votorantim, como um dos principais defensores da lei de limitação de remessas de lucros.[102] Em resposta, o presidente da Fiesp, Antônio Devisate, afirmou que, de fato, a Federação havia oferecido um memorial às autoridades federais, mas que as sugestões nele contidas sobre investimentos estrangeiros não coincidiriam com as linhas do projeto Brandt.[103] Para a Fiesp, concluiu Devisate, a lei aprovada pela Câmara condenaria "o nosso país, pela redução de investimentos que vai ocasionar, a uma estagnação na marcha de seu desenvolvimento", na medida em que não se teria distinguido "o falso investimento do legítimo capital estrangeiro".[104] José Ermírio de Moraes Filho também veio à impressa reforçar as palavras de Devisate e desmentir acusações de que ele teria liderado uma pressão sobre os deputados para que a lei de lucros fosse aprovada.[105]

A análise do polêmico memorial da Fiesp sobre o assunto, porém, redigido por um grupo de trabalho organizado pelo próprio José Ermírio de Moraes Filho, mostra que a entidade havia proposto várias medidas visando disciplinar o "retorno dos capitais estrangeiros" aos países de origem. Se, por um lado, não constava no memorial um dos mais polêmicos artigos do projeto Brandt (o que estabeleceu a limitação da remessa anual de lucros de empresas estrangeiras a 10% do capital registrado, sem levar em conta reinversões); por outro, a Fiesp pleiteou às autoridades que "o retorno ou transferência do equivalente do investimento estrangeiro sem

---

100 MemCon, Frank Mitchell, Jack Camp, 5 dez. 1961, CGR 1941-73, folder "Brazil, Sept.-Dec. 1961", Box 124, RG 84, Nara, p.1.
101 Telegram 1441, Rio de Janeiro to Department of State, Section I, 18 dez. 1961, JFKL, p.1-2.
102 Oesp, A Fiesp e a remessa de lucros, 15 dez. 1961, p.18. José Ermírio de Moraes ainda estava vivo nesse período, sendo a principal liderança do grupo Votorantim.
103 Oesp, A indústria paulista e a remessa de lucros, 6 dez. 1961, p.34
104 Oesp, Remessa de lucros: estagnação da economia nacional, 1º dez. 1961, p.19.
105 Oesp, Objeções à lei sobre remessa de lucros, 7 dez. 1961, p.28.

cobertura cambial [...] só pode[ria] ser autorizado decorridos cinco anos de seu ingresso no país, em parcelas anuais de 20%". Tendo em vista que os investimentos externos sem cobertura cambial (isto é, feitos por meio da Instrução 113) atingiram montantes consideráveis durante o governo Kubitschek, o acatamento da demanda do "grupo nacionalista" da Fiesp provavelmente desagradaria interesses estrangeiros e associados no Brasil. Até que ponto essa demanda foi negociada com deputados de esquerda, sendo trocada por outras que constaram na versão final do projeto, não foi possível saber, mas é fato que um grupo importante da Federação defendeu a imposição de controles mais rígidos sobre capitais estrangeiros, e que esse segmento do empresariado teve algum tipo de peso (aparentemente determinante) para a aprovação do projeto Brandt.

As declarações do presidente Antônio Devisate contra a lei de remessas podem ser interpretadas como uma forma de despistar a relação da entidade com a aprovação do projeto, ou como uma manifestação da "ala estrangeira" da Fiesp contra a medida. A atuação de Fernando Gasparian, representante dos industriais têxteis paulistas e então presidente da Confederação Nacional da Indústria (CNI) – associação que ainda se encontrava sob intervenção do Ministério do Trabalho –, também parece ter sido fundamental para pressionar congressistas em favor da aprovação do projeto Brandt.[106] Ao que tudo indica, havia uma nítida divisão de posicionamento entre empresários nacionais e estrangeiros/associados em temas importantes. Essa divisão já havia aparecido em meados dos anos 1950 com a questão da Instrução 113, manteve-se no governo Quadros com o tema da escassez de crédito e foi reforçada neste período com o debate sobre a lei de limitação de lucros.[107]

A reação do empresariado estrangeiro-associado a essa ofensiva nacionalista não demorou a ocorrer. No mesmo dia da aprovação do projeto Brandt, 29 de novembro de 1961, fundou-se o Instituto de Pesquisas e Estudos Sociais (Ipes) – entidade que ficaria marcada, juntamente com o Instituto Brasileiro de Ação Democrática (Ibad), pela congregação de interesses empresariais estrangeiros no Brasil e, principalmente, pela participação na organização do golpe de março de 1964 contra o presidente Goulart.[108] É

---

106 João Pinheiro Neto, em editorial no periódico Última Hora, identificou Fernando Gasparian e José Ermírio de Moraes Filho como as duas figuras principais na luta pela aprovação do projeto Celso Brandt. Ver UH, Rearticulam-se os grupos de pressão: remessa de lucros, 5 jan. 1962, 1c, p.5. Segundo José Gregori, que seria assessor de San Tiago Dantas no Ministério da Fazenda em 1963, Gasparian teria tido um papel importante no *lobby* exercido sobre os deputados para a aprovação da lei de lucros no final de 1961. José Gregori, entrevista ao autor, 6 abr. 2010, São Paulo (SP).

107 Para reclamações de empresários nacionais contra a Instrução 113, ver Leopoldi. 2000, cap.5.

108 O Ibad foi fundado no final da década de 1950 com o objetivo de apoiar candidatos conservadores e anticomunistas para as eleições gerais de 1960. A contribuição acadêmica importante sobre o chamado "complexo Ipes-Ibad" está em Dreifuss, 1981.

fato, porém, que a fundação do Ipes não se deveu apenas à passagem da lei de remessas de lucros. Outros fatores, tais como o reatamento dos laços diplomáticos com a União Soviética (que também ocorreu em novembro de 1961), as supostas infiltrações comunistas dentro do governo, o aguçamento dos conflitos capital-trabalho nas cidades, e o fortalecimento das reivindicações a favor da reforma agrária em diversas áreas rurais, também parecem ter contribuído para o surgimento do órgão. Em seus primórdios, porém, diferentemente do que argumenta a literatura especializada, o que se percebe é um Instituto menos preocupado em combater e desestabilizar a figura do presidente João Goulart – que chegou até a travar contatos cordiais com membros do Ipes em um primeiro momento[109] – e mais em impedir que eventos ocorridos no final de 1961 se repetissem no futuro, seja no que se referia à própria lei de remessas de lucros, cujo veto no Senado era considerado fundamental, seja com relação a outros temas, especialmente àqueles envolvendo as questões agrária, bancária, tributária e antitruste.[110]

O Ipes nasceu com duas finalidades básicas: aprimorar o sistema de assessoria parlamentar a deputados e senadores em Brasília e apoiar "candidatos democráticos" para as eleições de 1962. Essas eleições renovariam a Câmara dos Deputados e 2/3 do Senado, além dos Executivos em estados-chave da Federação, como São Paulo, Rio Grande do Sul e Pernambuco.[111] Esse apoio ocorreria de modo indireto, via disseminação de informação e propaganda anticomunistas, e suporte a entidades

---

109 Em janeiro de 1962, por iniciativa do gabinete da Presidência da República, João Goulart e Rui Gomes de Almeida, presidente da ACRJ e um dos fundadores do Ipes-Rio, encontraram-se no Palácio das Laranjeiras no Rio de Janeiro. Gomes de Almeida comunicou à diretoria da Associação Comercial fluminense que a reunião teria sido "satisfatória" e que o "empresariado democrático" havia decidido abrir "um crédito ao governo". Esse clima de relativa cordialidade duraria apenas alguns meses. A partir do segundo trimestre de 1962, o Ipes passaria a adotar uma posição cada vez mais crítica com relação à Goulart. Ver Ata, Reunião de Diretoria da ACRJ, 17 jan. 1962, p.3-10. Para mais informações sobre o encontro, ver Ata, 88ª Reunião de Diretoria Plena da ACSP, 16 jan. 1962, p.7-8; Telegram, Brasília to Department of State, The New Goulart Faces 1962, 22 jan. 1962, CGR 1941-73, folder "Brazil, Jan.-Mar. 1962", Box 135, RG 84, Nara, p.2.

110 O papel determinante da aprovação da lei de remessa de lucros para o surgimento do Ipes foi confidenciado pelos fundadores do Instituto em São Paulo aos membros da Câmara de Comércio norte-americana. Ver Telegram 368, São Paulo to Department of State, 23 jan. 1962, CGR 1941-73, folder "Brazil, Jan.-March 1962", Box 135, RG 84, Nara, p.1. O banqueiro e deputado federal Herbert Levy (UDN-SP) disse a Lincoln Gordon que a aprovação da lei de remessas "teria acordado as classes produtoras" sobre a importância de se "organizarem". MemCon, Levy, Gordon, jan. 1962, CGR 1941-73, folder s.n., Box 135, RG 84, Nara.

111 Idem e Report 560, Rio de Janeiro to Department of State, 12 jan. 1962, CGR 1941-73, folder "Brazil, Jan.-March 1962", Box 135, RG 84, Nara. Em reunião de diretoria da Fiega, um dos diretores da Federação, José Rymer, foi explícito nesse sentido. Segundo Rymer, o "objetivo imediato" do Ipes seria o de "ganhar as eleições no Congresso". Ata, Reunião Conjunta da Fiega e Cierj, 25 jan. 1962, p.2.

"democráticas" da sociedade civil, entre os quais grupos de trabalhadores, estudantes e mulheres.[112] O financiamento direto de campanha de candidatos seria feito essencialmente pelo Ibad. Essa divisão de trabalho não era fortuita, pois visava impedir que uma possível descoberta das atividades ibadianas – como, de fato, ocorreria em 1963, levando ao fechamento do órgão – contaminasse a legalidade do Ipes.[113] A legislação eleitoral brasileira proibia o uso de fontes financeiras internacionais para candidatos e partidos políticos. Essa havia sido a justificativa utilizada pelo governo Dutra em 1947 para colocar o PCB na ilegalidade. Na época, alegou-se que o partido recebia fundos da União Soviética.[114] No caso do Ibad, conseguiu-se provar que o financiamento veio dos Estados Unidos, mas não se identificou a fonte financiadora. Os relatos de ex-agentes da Central Intelligence Agency (CIA), Philip Agee e Stansfield Turner, apresentam evidências de que o dinheiro teria sido provavelmente garantido pela CIA.[115]

A questão da participação do governo dos Estados Unidos na fundação do Ipes, porém, tomada hoje quase como um lugar-comum pela literatura, não é tão simples quanto parece. Se essa tese é verdadeira – como, de fato, algumas evidências apontam[116] –, é seguro dizer também que a embaixada dos Estados Unidos no Brasil e o Departamento de Estado não tinham conhecimento da iniciativa, o que colocaria toda a responsabilidade sobre a CIA – supondo-se, obviamente, que o Instituto tenha sido criado sob ordens da administração Kennedy. Segundo relatórios da embaixada norte--americana, o surgimento do Ipes teria sido iniciativa, na realidade, de um grupo de empresários brasileiros ligados a empresas multinacionais.[117] De fato, várias organizações de cunho anticomunista apareceram nesse período por iniciativa do empresariado, sendo que muitas procuraram membros do governo norte-americano para pedir apoio financeiro.[118] A maior parte desses grupos não vingou, diferentemente do Ipes. É possível, portanto, que

---

112 MemCon, James McKee, Daniel Braddock, John Ricards e Paulo Ayres Filho, 13 mar. 1962, CGR 1941-73, folder "Brazil, Jan.-March 1962", Box 135, RG 84, Nara, p.1.

113 Para a Comissão Parlamentar de Inquérito (CPI) formada para investigar Ibad e Ipes, e que culminaria no fechamento do Ibad em agosto de 1963, ver Bandeira, 1983, p.72-5, 120-21; Dreifuss, 1981, p.206-10, e UH, Fugiu para evitar a CPI o chefe ibadiano do movimento sindical, 15 ago. 1963, 1c, p.4.

114 Chilcote, 1982, p.100-1 e Harding, 1973, p.222.

115 Agee, 1978, p.321 e Turner, 2005, p.99.

116 Ver, a esse respeito, Bandeira, 1983, p.6.

117 Report s.n., Rio de Janeiro to Department of State, American Chambers of Commerce Appeals to Members for Support of Projects within Ipes Program to Counter Communism, 15 mar. 1962, CGR 1941-73, folder "Brazil, Jan.-March. 1962", Box 135, RG 84, Nara.

118 Ver, nesse sentido, os apelos de Carlos Latorre, líder da "Associação de Cultura Brasileira de Convívio" (ACBC), a funcionários da embaixada norte-americana em MemCon, Latorre, Guy Fasoli, fev. 1962, CGR 1941-73, folder "Brazil, Jan.-March 1962", Box 135, RG 84, Nara. Para outros exemplos, ver MemCon, Brazilian Democratic Action, 12 jan. 1962; MemCon, Political Plans of General Macedo Soares, 29 jan. 1962; MemCon, Meeting with Officers of

o Instituto tenha surgido dessa forma. Por outro lado, também é razoável imaginar que a CIA tenha agido de modo completamente secreto, escondendo suas ações até mesmo de órgãos do próprio governo Kennedy – algo não de todo improvável de acontecer, como relata Philip Agee.[119] As suspeitas a respeito são reforçadas pelo fato de que muitos documentos da agência sobre o Brasil nesse período ainda estão indisponíveis para pesquisa. Logo, conclusões mais sólidas sobre os responsáveis pela fundação do Ipes ainda demandarão tempo para ser esclarecidas.

Um último aspecto importante sobre o Ipes refere-se à colaboração financeira de empresas estrangeiras para a entidade. No início, o Instituto foi basicamente organizado por diretores de firmas associadas ao capital externo, entre os quais Rui Gomes de Almeida, João Batista Leopoldo Figueiredo e Paulo Ayres Filho.[120] Queria-se passar a imagem de que o órgão era comandado apenas por brasileiros. Apesar disso, algumas matrizes internacionais de firmas associadas não permitiram que seus subordinados se vinculassem ao Instituto, como ocorreu com Zulfo Mallmann.[121] Os empreendimentos de propriedade 100% estrangeira demonstraram receio de dar dinheiro ao Ipes em um primeiro momento. O presidente da Câmara de Comércio dos Estados Unidos no Brasil, John Richards, estipulou várias condições para que empresas norte-americanas contribuíssem financeiramente com a iniciativa, entre as quais o anonimato das doações, que seria garantido por meio da transferência de fundos para outras "organizações cívicas, industriais e comerciais brasileiras" (em suma, empresas de fachada), com o objetivo de impedir o rastreamento do doador.[122] Depois de meses de muita negociação e encontros, sob a consultoria de membros do Departamento de Estado, firmas norte-americanas

the Ação Democrática Brasileira, 13 fev. 1962, CGR 1941-73, folder ECO 2, Box 2, RG 84, Nara.

119 Agee, 1978, p.142.

120 Report 560, Rio de Janeiro to Department of State, 12 jan. 1962, Nara.

121 Dreifuss identifica Mallmann como membro do Conselho Orientador do Ipes-Rio. Apesar de não indicar a fonte exata de onde retirou tal informação, o autor provavelmente baseou-se em uma lista de membros do Instituto datada de 9 de junho de 1962, a qual, de fato, incluía Mallmann como um dos integrantes da entidade. Essa fonte traz evidências, porém, de que Mallmann não ficaria muito tempo no Ipes. Do outro lado do nome de Haroldo Junqueira, lê-se: "proposto por GH [Gilberto Huber?] para o lugar de ZFM [Zulfo de Freitas Mallmann?]". Em uma reunião da Comissão Diretora do Ipes-Rio, ocorrida três dias após a divulgação da lista, confirma-se a suspeita de que Mallmann não era membro do Instituto. Nessa reunião, Rui Gomes de Almeida afirmou que "ZFM está fora da jogada, [pois ele] diz que suas antenas não aceitam Ipes". O termo "antena" provavelmente se refere à matriz estrangeira que é coproprietária da firma dirigida por Mallmann no Brasil (Laboratório Silva-Araújo Roussel). Ver Dreifuss, 1981, p.526; Membros atuais do Ipes, 9 junho 1962, Caixa 29, Pacotinha 2, AP 25, ANRJ; Ata, Reunião da Comissão Diretoria do Ipes, 12 junho 1962, Caixa 63, Pacotilha 5, AP 25, ANRJ, p.2.

122 Memo, E. J. Bash para Lincoln Gordon, 13 fev. 1962, CGR 1941-73, folder "Brazil, Jan.-March 1962", Box 135, RG 84, Nara, p.1. Para as dificuldades dos representantes do Instituto para

passaram a contribuir para o Instituto. Ao que parece, as primeiras doações ocorreram a partir do segundo trimestre de 1962, intensificando-se consideravelmente até o golpe de 1964.[123]

Independentemente das controvérsias envolvendo o surgimento e o financiamento do Ipes, o fato é que não se pode dissociar a criação do Instituto do contexto de aprovação do projeto Celso Brandt. Isso é importante para nós na medida em que a apresentação da nova tentativa de estabilização econômica do gabinete Tancredo Neves no início de 1962, o chamado Plano de Economia, ocorreu dentro em um quadro de acirramento das tensões entre empresários nacionais e estrangeiros. A próxima seção trata dos motivos que levaram ao abandono do Plano de Economia do ministro da Fazenda Moreira Salles.

5.3. O Plano de Economia do gabinete Tancredo Neves

A queda dos investimentos externos sofrida pelo Brasil a partir do final de 1961, em parte como decorrência da aprovação da lei de remessa de lucros pela Câmara dos Deputados, trouxe a perspectiva de sérios problemas para o balanço de pagamentos no médio prazo.[124] Nessa conjuntura, a liberação das verbas remanescentes dos acordos de maio de 1961 com os Estados Unidos impunha-se como necessidade fundamental. O governo brasileiro já havia sido informado, porém, que essa liberação só ocorreria caso o país mostrasse disposição em implementar uma política econômica que contasse com o aval do FMI, ou seja, um programa de estabilização capaz de reprimir a alta da inflação via medidas de contenção fiscal, monetária e creditícia. Além disso, o crescente desequilíbrio das finanças públicas e o impacto que o aumento de preços estava causando na exacerbação dos conflitos sociais também parecem ter convencido autoridades sobre a importância de aplicar um novo esforço de estabilização. Como o Congresso Nacional havia vetado a aprovação de uma reforma tributária em 1961, não sobrara alternativa ao Conselho de Ministros a não ser considerar um programa de contenção de gastos para o ano de 1962. Se isso não fosse feito, a única saída seria financiar o déficit potencial do exercício (Cr$ 180 bilhões) por meio de expansão primária da moeda, gerando novas pressões inflacionárias. Foi nesse contexto que a equipe do ministro Moreira Salles,

---

conseguir fundos de empresas norte-americanas, ver Ata, Reunião da Comissão Diretora do Ipes, 27 mar. 1962, Caixa 63, Pacotilha 5, AP 25, ANJR, p.6.

123 Ata, Reunião da Comissão Diretora do Ipes, 22 maio 1962, Caixa 63, Pacotilha 5, AP 25, ANJR, p.2.

124 O investimento externo líquido reduziu-se em mais de 36% entre 1961 e 1962. Ver Apêndice, Tabela A2.

assessorada por técnicos da embaixada norte-americana, formulou o chamado "Plano de Economia".[125]

O Plano de Economia foi apresentado oficialmente em março de 1962, após receber aprovação unânime dos membros do Conselho de Ministros.[126] O Plano estabeleceu metas rígidas para a contenção do déficit da União, que seria reduzido dos potenciais Cr$ 180 bilhões para Cr$ 40 bilhões. Essa economia seria alcançada por meio de um substancial corte de gastos e pelo adiamento de dispêndios para os anos seguintes. Além disso, tendo em vista a necessidade de reajustar os salários do funcionalismo, cujo aumento foi estipulado em 40%, planejaram-se medidas para elevar receitas públicas, tais como a criação de um empréstimo compulsório sobre contribuintes – a ser obtido pela elevação de alíquotas do Imposto de Renda e restituível em cinco parcelas a partir de 1964 – e de um "empréstimo voluntário", constituído por títulos de dívida pública com correção monetária para a inflação. Com essas medidas, esperava-se arrecadar Cr$ 110 bilhões em 1962, vistos como suficientes para cobrir o aumento dos ordenados dos funcionários do governo e ainda compensar gastos inesperados. Durante a visita de Moreira Salles aos Estados Unidos em abril, porém, as autoridades brasileiras foram obrigadas a aceitar metas fiscais ainda mais austeras como contrapartida para a liberação de fundos norte-americanos. Essas metas envolveram novos cortes de gastos, promessa de desvalorização do dólar-petróleo, agenda de reajuste das tarifas de serviços públicos e eliminação dos subsídios às empresas de transporte, e até utilização dos saldos da contribuição cambial do café para o programa de estabilização (Tabela 5.3).

O Plano de Economia também estabeleceu objetivos austeros para a evolução das políticas monetária e creditícia durante o ano de 1962. Quanto à oferta de crédito, definiram-se metas trimestrais para os empréstimos do Banco do Brasil ao setor privado (algo que havia sido anunciado, mas nunca executado, durante a execução do Plano de Emergência de 1961). Esperava-se que a oferta de crédito nominal do Banco do Brasil não ultrapassasse em 10% o teto apresentado no ano anterior. Limitou-se também o nível de redesconto que seria oferecido aos bancos comerciais, que deveria atingir, no máximo, o mesmo nível nominal de dezembro de 1961. Por fim, as autoridades monetárias assumiram o compromisso de elevar a taxa de recolhimento do compulsório dos bancos privados à ordem da Sumoc (Tabela 5.3). Restringiram-se, assim, tanto pela via do

---

125 Para o papel desempenhado pelo embaixador Lincoln Gordon e por outros membros da embaixada norte-americana no assessoramento de Moreira Salles durante a formulação do Plano de Economia, ver Telegram 1947, Rio de Janeiro to Department of State, 25 fev. 1962, Nara; Telegram 2017, Rio de Janeiro to Department of State, 3 mar. 1962, Nara; Report 723, Rio de Janeiro to Department of State, 15 mar. 1962, CGR 1941-73, folder "Financial Matters, General, Jan.-March 1962", Box 137, RG 84, Nara.

126 Oesp, O Conselho aprovou ontem o plano para reduzir o déficit, 16 mar. 1962, p.4.

Banco do Brasil quanto das instituições financeiras privadas os canais para a expansão do crédito.[127]

As entidades empresariais reagiram de maneira diferente ao anúncio do Plano de Economia. Alguns órgãos, como a Associação Comercial do Rio de Janeiro, mostraram-se favoráveis ao Plano. O Presidente da ACRJ, Rui Gomes de Almeida, classificou as medidas de corte de gastos e criação de receitas como "imprescindíveis" ao país.[128] Gomes de Almeida já havia até assegurado ao ministro Moreira Salles o apoio das "classes produtoras" às ações anunciadas pelo governo, com a ressalva de que o programa deveria ser aprovado "no seu todo" pelo Congresso.[129] Outras entidades, porém, como a Fiesp e a CNI, apresentaram posturas iniciais mais críticas. O diretor do Departamento Econômico da Fiesp, Sérgio Ugolini, fez duras observações contra a proposta de criação de um empréstimo compulsório. Conforme Ugolini, o gabinete Tancredo Neves deveria procurar meios para dar assistência à produção e não estipular novos encargos sobre as empresas. Mais uma vez, ameaçou-se repassar possíveis aumentos de custos aos consumidores por meio do reajuste de preços.[130] Em seu periódico mensal, a CNI reconheceu a importância de políticas capazes de conter o déficit público, visando impedir uma escalada inflacionária. Ressaltou-se, entretanto, que seria impossível ao governo reduzir o nível geral de preços no curto prazo sem que se instalasse uma recessão na economia. Isso porque o montante de corte de gastos proposto no orçamento seria elevado demais, afetando investimentos básicos. Além disso, segundo a CNI, a restrição ao crédito e a colocação de títulos públicos indexados à inflação tenderiam a "carrear poupanças do setor privado", deprimindo investimentos. Como alternativa a essas medidas, propôs-se uma abordagem "gradualista" de combate à inflação (três a quatro anos), o que permitiria uma flexibilização das metas de austeridade contidas no programa.[131]

---

127 Não foram estabelecidas medidas diretas, porém, para controlar o mercado paralelo de crédito, principalmente representado pelas "financeiras".
128 Oesp, Apoio da Associação Comercial do Rio ao Plano de Economia, 22 mar. 1962, p.23.
129 O Presidente da ACRJ referia-se aqui, provavelmente, à necessidade de o Congresso ratificar a proposta do governo sobre o nível de reajuste do funcionalismo. Ver Ata, Reunião de Diretoria da ACRJ, 21 mar. 1962, p.3.
130 Boletim Informativo Fiesp-Ciesp, Diretoria plenária, 28 mar. 1962, n.651, p.368.
131 A CNI queria que o governo dispensasse Cr$ 50 bilhões em corte de gastos, outros Cr$ 50 bilhões na colocação de títulos públicos no mercado, além de aumentar o teto de oferta de crédito do Banco do Brasil ao setor particular de Cr$ 35 para Cr$ 70 bilhões no ano. Ver DC, O novo programa de estabilização, abril 1962, n.4, p.5-15. Em discurso no início de 1962, Fernando Gasparian, Presidente da CNI na época, já havia apresentado ideias semelhantes às teses contidas nesse documento. Ver Oesp, Falou o Presidente da CNI sobre a livre empresa e o desenvolvimento econômico, 24 jan., p.18; 27 jan., p.17; 28 jan., p.28; e 30 jan. 1962, p.22. Um dos conselheiros da entidade, Newton Antônio da Silva Pereira, afirmou que a Confederação deveria apoiar as medidas de austeridade fiscal do Plano de Economia apenas se governo não concedesse reajuste salarial ao funcionalismo. Ata, Reunião da Diretoria da CNI, 20 mar. 1962, p.1.

Tabela 5.3 – Metas de política econômica assumidas com o governo dos Estados Unidos, Brasil, março de 1962 (bilhões Cr$)*

Política fiscal	Valor
Corte de gastos	60
Adiamento de gastos para outros exercícios fiscais	80
Outros cortes ou adiamentos sem especificação	38
Desvalorização do dólar-petróleo**	30
Empréstimo compulsório	20
Empréstimo voluntário†	90
Em caso de impossibilidade de empréstimo voluntário:	–
Saldo mínimo de letras de importação	38
Sobretaxa de 10% em transações de venda de câmbio	–
Receita extra para 1963 (reforma tributária)	100
Saldo na conta-café do Banco do Brasil	20
Buscar eliminação do déficit das autarquias de transporte por meio do(a):	–
Aumento de taxas de ferrovias suburbanas	–
Até 31 de abril	Cr$ 5,0
Até 31 de dezembro	Cr$ 20,0
Aumento de taxas das demais ferrovias (até 31 de junho)	40%
Aumento de taxas da marinha mercante§	–
Até 31 de junho	40%
Até 31 de outubro	40%
Eliminação de subsídios às companhias marítimas	–
Dívida líquida do Tesouro com Banco do Brasil (em qualquer mês do ano)§	50
Dívida líquida do Tesouro com Banco do Brasil (final do ano)§	31
Políticas monetária e creditícia	
Elevação do compulsório dos bancos comerciais	50
Oferta de crédito das carteiras do Banco do Brasil (exceto café)	35
Até 31 maio	290
Até 31 agosto	300
Até 31 dezembro	315
Créditos a governos municipais e estaduais	15
Créditos a autarquias e companhias mistas	5
Redescontos do Banco do Brasil para outros bancos (exclusive conta-café)	33
Política cambial	
Liberação do câmbio	sem data-limite

Fonte: Memo s.n., Record of Discussions with Brazilian Officials Relating to the Stabilization Program of Brazil, abr. 1962, CGR 1941-73, folder "Financial Matters, General, Jan.-March 1962", Box 137, RG 84, Nara.

*A não ser que se informe outra unidade de valor; **Acréscimo esperado de receita do Imposto sobre Combustíveis e Lubrificantes em razão da desvalorização cambial; †Colocação de títulos públicos com cláusula de garantia contra inflação; § Em comparação aos níveis apresentados em 31 de dezembro de 1961.

É difícil esclarecer com segurança os motivos que levaram a essa divisão de opiniões. Coincidência ou não, as entidades que apresentaram as críticas mais incisivas ao Plano de Economia também eram aquelas que contavam com as mais destacadas lideranças nacionalistas (CNI e Fiesp), enquanto as que o elogiaram, por sua vez, tinham maiores vínculos com o Ipes e com o capital estrangeiro (ACRJ). A Confederação Nacional da Indústria, por exemplo, aparentemente mantinha uma linha ideológica de defesa à "indústria nacional", apesar de não ser mais presidida nesse período por Fernando Gasparian (um dos símbolos da elite industrial nacionalista).[132] O mandato *ad hoc* de Gasparian na CNI havia terminado em janeiro de 1962, quando cessou a intervenção do Ministério do Trabalho sobre a entidade.[133] Por intermédio de Hugo de Farias, membro do Conselho de Representantes da CNI, o presidente João Goulart apoiou com sucesso a nomeação de um industrial paraibano, Domício Veloso, para as eleições da presidência da Confederação.[134] Apesar de ter-se declarado "ex-janista" para um funcionário do governo dos Estados Unidos, Domício Veloso não cortou os vínculos da CNI com representantes da esquerda nacionalista.[135] Em junho de 1962, por exemplo, a comissão diretora do Ipes ficou enfurecida com o fato de a

---

132 Para mais informações sobre Fernando Gasparian, ver Abreu et al., 2001, p.2497.

133 Quando a intervenção na CNI foi decretada pelo governo Quadros, no final de junho de 1961, José Vilela Andrade Júnior foi nomeado presidente de uma Junta Executiva constituída pelo ministro do Trabalho Castro Neves. Em outubro, todavia, por motivos que desconhecemos, tal Junta pediu demissão, obrigando o ministro do Trabalho do gabinete Tancredo Neves, Franco Montoro, a substituí-la. A nova Junta Executiva da CNI foi presidida por Fernando Gasparian, tendo Paulo Mário Freire e Paulo Figueiredo Barreto como vices. Ver Oesp, Sesi, Senai e CNI: novos interventores, 18 out. 1961, p.5.

134 Ver Oesp, Cessou a intervenção federal na CNI, Sesi e no Senai, 26 jan. 1962, p.6; e A CNI elegerá hoje sua nova diretoria, 1º fev. 1962, p.2. No contexto dessas eleições, o ex-presidente da entidade, Lídio Lunardi, afastado por corrupção desde julho de 1961, tentou voltar à presidência do órgão por meio de uma liminar do Supremo Tribunal Federal (STF). Todas as federações industriais assinaram um manifesto em protesto à atitude do STF, menos as de São Paulo e do Rio Grande do Norte. O Presidente da Fiesp, Antônio Devisate, posteriormente alegou que não teria assinado o manifesto porque alguns diretores da Fiesp não teriam sido encontrados para opinar sobre o assunto. Infelizmente, não foi possível averiguar a veracidade da versão de Devisate, mas é razoável supor que outros motivos tenham também desempenhado papel importante nessa decisão. No final, a Federação paulista foi representada na nova diretoria da CNI por Mário Francisco Di Pierro. Ver Oesp, Lunardi volta à CNI com liminar; Federações protestam, 30 jan. 1962, p.2; Não permitem à volta de Lunardi à CNI, 31 jan. 1962, p.2.

135 MemCon, Domício Veloso e William Simonson, 3 abr. 1962, folder "POL 2.3 President (Jan.--Aug. 1962), Box 3, RG 59, Nara. Dreifuss identifica Domício Veloso como membro do Conselho Orientador do Ipes-Rio. É certo, porém, que até junho de 1962 Veloso não fazia parte do Instituto, como pode ser atestado pela análise do inventário dos integrantes do Ipes da mesma data. É possível que Veloso tenha ingressado na entidade após esse período, apesar de não termos encontrado qualquer evidência nesse sentido no Arquivo Nacional do Rio de Janeiro. De qualquer forma, como Dreifuss não especifica claramente as fontes utilizadas, torna-se difícil conferir a informação apresentada pelo autor. Ver Dreifuss, 1981, p.569 e Membros atuais do Ipes, 9 jun. 1962, Pacotilha 2, Caixa 29, AP 25, ANRJ.

CNI ter cedido seu tempo de televisão ao deputado Almino Afonso (PTB--AM), integrante da Frente Parlamentar Nacionalista (FPN). Na discussão que se seguiu, um dos membros do Instituto, Glycon de Paiva, afirmou que seria "difícil separar a Confederação da política, pois o Presidente [da CNI] é um pelego de grande categoria".[136] Entende-se o porquê de os vínculos da CNI com o Ipes não terem sido tão significativos, pelo menos quando se comparam a lista de empresários associados ao Instituto no Rio e em São Paulo com a dos membros da diretoria da Confederação.[137] É possível, portanto, apesar de não terem sido encontradas evidências explícitas a respeito no período de execução do Plano de Economia, que o posicionamento crítico da CNI ao programa de Moreira Salles também tenha se baseado na perspectiva de que as empresas nacionais, diferentemente de suas congêneres associadas ou de filiais de matrizes estrangeiras, não disporiam de acesso fácil a recursos externos em um contexto de aperto do crédito. Caso essa hipótese tenha fundamento, ficariam ainda mais claros os motivos que levaram à entidade reivindicar a execução de um programa gradualista de combate à inflação.[138]

A situação da Fiesp é bem mais complexa do que a da CNI. Ao que tudo indica, havia dois grupos dentro da Federação paulista nesse período: o "grupo nacionalista", composto por empresários cujos negócios apresentavam pouco ou nenhum contato com o capital externo; e o "grupo estrangeiro", constituído por empresários associados a firmas multinacionais.[139] No primeiro estavam José Ermírio de Moraes Filho (Votorantim), Fernando Gasparian (setor têxtil), Ramiz Gattás (setor de peças automobilísticas) e Dilson Funaro (setor de plásticos e peças industriais); no segundo, Mário Toledo de Moraes (Cia. Melhoramentos de Papel, Cia. Universal de Fósforos), Paulo Reis Magalhães (Rhodia, Valisière) e Eduardo Garcia Rossi (Sociedade Técnica de Fundições Gerais, Fiat Lux).[140] Segundo Leopoldi, Antônio Devisate foi apenas um presidente formal da Fiesp entre 1960 e

---

136 Ata, Reunião da Comissão Diretora do Ipes, 12 jun. 1962, Pacotilha 5, Caixa 63, AP 25, ANRJ, p.1. Em outra reunião do Instituto, dá-se a entender que Domício Veloso seria apenas um presidente de fachada da CNI, a qual estaria sendo controlada *de facto* por Hugo de Farias e, consequentemente, por Goulart. Ver Ata, Reunião da Comissão Diretora do Ipes, 19 jun. 1962, Pacotilha 5, Caixa 63, AP 25, ANRJ, p.2.

137 Para os membros da diretoria da CNI eleita no final de janeiro de 1962, ver Oesp, Realizadas eleições na CNI; toma posse a nova diretoria, 2 fev. 1961, p.5. Para os integrantes dos Conselhos Orientador e Diretor do Ipes Rio e São Paulo, ver Membros atuais do Ipes, 9 jun. 1962, Pacotilha 5, Caixa 63, AP 25, ANRJ.

138 Para uma referência explícita nesse sentido, mas no contexto do Plano Trienal de 1963, ver Carta, Santiago Dantas a Ney Galvão, 27 fev. 1963, Pacotilha 1, Caixa 27, AP 47, ANRJ.

139 Mantém-se aqui os termos utilizados por Leopoldi, 2000, p.275.

140 A autora chega a definir a existência de um grupo intermediário, mas fornece poucas informações sobre o assunto. Ver Leopoldi, 2000, p.88, 284. Sobre a "ala estrangeira" da Fiesp, vale lembrar que Mário Toledo de Moraes era associado a British Match Co. (Cia. Universal de Fósforos) e Eduardo Garcia Rossi, a Daimler Benz (Sofunge), a British Match Co. (Fiat

1962. Sua eleição teria representado um compromisso político entre as alas nacionalista e estrangeira da entidade. Processo semelhante teria ocorrido com Raphael Noschese, escolhido para a presidência da Federação em 1962. Na chapa de Noschese, havia representantes de ambos os grupos: pelo lado nacionalista, Ermírio de Moraes Filho; pelo lado estrangeiro, Jorge Resende (vinculado à Associação Brasileira de Indústrias de Base, Abidb).[141] A questão, porém, é que não apenas os chamados membros da "ala estrangeira" da Fiesp estavam vinculados ao Ipes paulista, como também José Ermírio de Moraes Filho fazia parte da Comissão Diretora do Instituto em São Paulo. Essa contradição levou Dreifuss a afirmar que os ataques da "direita" ao herdeiro do grupo Votorantim, basicamente provenientes do Ipes-Rio e do Ibad, serviriam apenas como "cortina de fumaça", a fim de manter abertas as perspectivas de apoio de setores progressistas à "burguesia nacional" e as possibilidades de uma "malfadada estratégia de reformismo social".[142] Se essa hipótese for verdadeira, as críticas apresentadas pela Fiesp ao Plano de Economia precisariam ser interpretadas de modo diferente em comparação à apreciação da CNI. O problema é que existem evidências sobre a atuação de um "grupo nacionalista" na Federação Industrial paulista nesse período, para além dos indícios apresentados por Leopoldi e do próprio episódio da aprovação da lei de remessa de lucros.

Em maio de 1962, numa reunião conjunta das Comissões Diretoras do Ipes do Rio e de São Paulo, Gilberto Huber mencionou o nome de José Ermírio de Moraes Filho. Após ouvir a exposição, que não foi registrada em ata, Rui Gomes de Almeida respondeu a Huber: "Conversa com ele [Ermírio de Moraes]. Se não ceder, ataquemo-lo. Ele não resiste, é meio bom. Estão dispostos?". Ao final, metade dos presentes apoiou a proposta de Gomes de Almeida.[143] Do jeito que está apresentado, o tema do debate entre os diretores do Ipes é praticamente ininteligível. Além de escassas, muitas informações aparecem cifradas. Apesar disso, o episódio é importante porque sugere que a campanha da "direita" contra Ermírio de Moraes não se constituiu apenas em uma "cortina de fumaça" para confundir as esquerdas, caso contrário a sugestão de "ataque" ao empresário paulista não teria sido debatida confidencialmente em uma reunião do Instituto. Havia, portanto, motivos reais que a justificaram, mesmo que esses motivos, por razões de sigilo, não tenham sido explicitamente mencionados.[144]

Lux), a Bristol Meyers (Quimasa S.A., Química Industrial Santo Amaro), entre outras. Para mais informações, ver Dreifuss, 1981, p.543-4, 549, 560.

141 Leopoldi, 2000, p.234, 275.

142 Dreifuss, 1981, p.167-8.

143 Ata, Reunião da Comissão Diretora do Ipes Rio/São Paulo, 22 maio 1962, Pacotilha 5, Caixa 63, AP 25, ANRJ, p.3.

144 Em outra reunião do Ipes-Rio, após a discussão de um tema específico, que também não é registrado em ata, Huber afirmou: "Posso dar lista de nomes. Quem me ataca é a mesma

Outros episódios desse período apontam para a mesma direção. Em informe ao Departamento de Estado, Lincoln Gordon registrou que José Ermírio de Moraes pai seria conhecido no Brasil não apenas por financiar a campanha do "protocomunista Miguel Arraes [para o governo estadual] em Pernambuco", mas também por ser "violentamente hostil [*violently antagonistic*] a investimentos norte-americanos".[145] Da mesma forma, em fevereiro de 1962, quando o cônsul norte-americano de São Paulo perguntou a um dos líderes do Ipes paulista, João Batista Leopoldo Figueiredo, qual seria "a atitude dos empresários brasileiros [notadamente paulistas] diante do empresariado externo", Figueiredo admitiu que havia, de fato, "algum sentimento hostil [*some antagonistic feeling*]" da parte da "burguesia nacional" contra o capital estrangeiro, sem dar maiores detalhes, porém, sobre as características desse "sentimento".[146] Por fim, outra evidência importante refere-se à entrevista dada por Paulo Ayres Filho, um dos fundadores do Ipes-São Paulo, ao jornalista Philip Siekman logo após o golpe de 1964. Ao discutir o contexto de formação do Ipes, Ayres Filho analisou o ambiente de animosidade entre o Instituto e empresariado nacional. Segundo ele, as concepções de sociedade e de economia do Ipes não teriam sido bem recebidas "pelos industriais ineficientes que já esta[riam] perturbados com o número crescente de companhias estrangeiras que vinham introduzindo no Brasil técnicas avançadas e *marketing* agressivo".[147]

De um lado, se todas essas evidências não são suficientes para explicar a razão da presença de um dos mais destacados líderes do "grupo nacionalista" da Fiesp (Ermírio de Moraes Filho) na Comissão Diretora do Ipes-São Paulo; de outro, elas sugerem que os antagonismos entre empresários nacionais e estrangeiros, até mesmo na Fiesp, não constituíram apenas "cortina de fumaça" para enganar as esquerdas, como aponta Dreifuss. É fundamental, portanto, que as críticas lançadas pela Federação Industrial paulista ao Plano de Economia de Moreira Salles – em contraste com os elogios da ACRJ de Rui Gomes de Almeida, ou com o silêncio da Fiega de Zulfo de Freitas Mallmann, por exemplo – sejam colocadas em seu devido contexto, ou seja, no de uma associação que possuía um "grupo nacionalista" importante e atuante. Até que ponto as críticas ao Plano deveram-se

---

pessoa que ataca GT [Garrido Torres] etc. Nomes: José Ermírio de Moraes (pai), [Mário Henrique] Simonsen, [Gastão] Vidigal, [Theodoro ou Paulo Lacerda?] Quartim Barbosa, [Israel] Klabim, etc.". Todos os nomes citados faziam parte do Ipes, com exceção de Ermírio de Moraes (pai). Ver Ata, Reunião do Comitê Executivo do Ipes-Rio, 14 jun. 1962, Pacotilha 5, Caixa 63, AP 25, ANRJ, p.2.

145 Telegram 171, Rio de Janeiro to Department of State, 19 julho 1962, JFKL, p.1.

146 MemCon, Figueiredo, Boyd Burnquist [sic], José Luiz Morais de Barros, Scott C. Lyon, 8 fev. 1962, Folder ECO 2, Box 2, RG 59, Nara, p.2.

147 *Fortune*, Quando homens de empresa viraram revolucionários, set. 1964, Pacotilha 3, Caixa 21, AP 25, ANRJ, p.6.

à existência desse grupo é difícil dizer. No entanto, tendo como base associações empresariais que também estavam sofrendo divisões parecidas nesse período, como a Associação Comercial de Minas Gerais (ACMG), é bastante provável que algum peso no posicionamento da diretoria da Federação esse "grupo nacionalista" teve.[148] Se essa suposição for verdadeira, torna-se compreensível o porquê de ter sido Sérgio Ugolini, então chefe do Departamento Econômico da Fiesp, e identificado por Leopoldi como "aliado" desse grupo nacionalista, a figura que oficialmente apresentou as advertências da Fiesp ao Plano de Moreira Salles.[149] De qualquer modo, conclusões mais sólidas dependem da abertura dos arquivos particulares da Fiesp aos pesquisadores. O mesmo pode-se dizer com relação ao entendimento das atitudes tomadas por José Ermírio de Moraes e por tantos outros empresários do órgão com relação ao Ipes.

Independentemente do posicionamento dos órgãos do empresariado sobre o Plano de Economia, o fato é que o gabinete Tancredo Neves demonstrou vontade política para executar os objetivos traçados no plano de estabilização nos primeiros meses após seu anúncio. A oferta de crédito real do Banco do Brasil ao setor privado, por exemplo, apresentou declínio entre abril e maio de 1962, evoluindo conforme as metas trimestrais programadas (Tabela 5.1).[150] Ainda no mês de abril, por meio de um esforço de articulação política do primeiro-ministro com parlamentares, o Congresso Nacional aprovou uma lei que deu ao governo a prerrogativa de dobrar o percentual de depósitos compulsórios dos bancos privados junto à Sumoc.[151] Em sua maioria, as medidas de ajuste fiscal também foram executadas de acordo com as diretrizes do Plano. Em março de 1962, o gabinete Tancredo Neves enviou ao Legislativo os projetos de criação do empréstimo compulsório, de regulamentação do lançamento no mercado de títulos públicos indexados à inflação e do reajuste salarial do

---

148 A existência de uma "ala nacionalista" na ACMG com poder de influência sobre as decisões da entidade foi tema de diversos debates dentro do Conselho das Câmaras de Comércio Estrangeiras de São Paulo (CCCESP). Ver, por exemplo, Ata, 5ª Reunião do CCCESP, 8 ago. 1962, p.3. As evidências também apontam para uma divisão no interior da ACSP, apesar de, neste caso, a ala "internacional", liderada pelos membros da CCCESP (Paulo Barbosa, Giulio Lattes, Henry Colinvaux, Paulo Egídio Martins, Nivaldo Ulhoa Cintra), deter hegemonia sobre a entidade. Para um exemplo de disputa na ACSP, que envolveu a questão da falta (Moacir Concílio, Dante Pelegrino) ou não (Paulo Barbosa, Giulio Lattes) da oferta de crédito durante a execução do Plano de Economia, ver Atas, 10ª e 13ª Reuniões de Diretoria Plena da ACSP, 12 jun. 1962, p.5-6; e 3 jul. 1962, p.16-21. O termo "grupo internacionalista" foi usado pelo próprio presidente da ACSP, Paulo Barbosa, em reunião da Associação. Ver Ata, 16ª Reunião de Diretoria Plena da ACSP, 24 jul. 1962, p.13.

149 Leopoldi, 2000, p.273-74.

150 Para dados da oferta nominal do crédito nesse período, ver Apêndice, Tabela A15.

151 Oesp, Aprovado o projeto que eleva depósitos bancários à Sumoc, 26 abr. 1962, p.23.

funcionalismo em 40%.[152] Além disso, em conformidade com parte dos compromissos adicionais secretamente assumidos com a administração Kennedy, o governo propôs ao Instituto Brasileiro do Café (IBC) um esquema de financiamento da safra cafeeira que permitiria ao Estado captar parte dos recursos da contribuição cambial feita pelos cafeicultores, além de ter determinado o aumento de tarifas para algumas (mas não todas) empresas de transporte, como a Estrada de Ferro Leopoldina.[153]

Em determinados aspectos, no entanto, o Conselho de Ministros viu-se impossibilitado de seguir as metas do Plano de Economia, sendo impelido a adotar medidas fiscais e monetárias de cunho expansionista. Dois exemplos foram o reajuste salarial do funcionalismo e o esquema de financiamento do café. No primeiro caso, apesar dos apelos feitos pelo primeiro-ministro Tancredo Neves aos parlamentares, o Congresso Nacional acabou aprovando um reajuste salarial para os funcionários públicos acima do determinado pelo Conselho de Ministros.[154] Essa decisão pode ser explicada, de um lado, pela forte pressão exercida pelo funcionalismo civil e militar sobre o Congresso – que envolveu até manifestações públicas promovidas pelo PUA[155] –; e, de outro, pelos interesses eleitorais dos parlamentares, que não queriam indispor-se com parcela importante do eleitorado meses antes do pleito geral de outubro.[156] De acordo com cálculos da embaixada norte--americana, a derrota sofrida pelo gabinete no Parlamento representaria um gasto extra da ordem de Cr$ 12 bilhões para os cofres públicos, ou seja, 30% do déficit total estabelecido pelo Plano de Economia para 1962.[157]

---

152 Oesp, Síntese dos projetos de lei que o Ministro da Fazenda apresentará ao Conselho, 15 mar. 1962, p.23; Aprovou o Conselho os anteprojetos de empréstimos voluntário e compulsório, 16 mar. 1962, p.24; O funcionalismo vai receber mais 40% a partir de 1º de março, 14 mar. 1962, p.2.

153 Report A-56, Rio de Janeiro to Department of State, 13 julho 1962, CGR 1941-73, folder "Financial Matters, July-Dec. 1962", Box 135, RG 84, Nara, p.2.

154 O Congresso concordou com a concessão de 40% de reajuste para o funcionalismo, mas emendou a proposta do governo para elevar o benefício garantido aos servidores por dependente. Ver Oesp, Tancredo Neves pede ao Senado que reduza o aumento dos servidores, 11 maio 1962, p.2; Aprovou o Senado com emendas o projeto de aumento, 18 maio 1962, p.2; Concluiu a Câmara a votação do aumento ao funcionalismo; a proposta já subiu à sanção, 31 maio 1962, p.4.

155 UH, Trabalhadores: passeata hoje pró-aumento, 24 maio 1962, p.11; *Ferroviário em Marcha* [doravante FM], Tudo pelos 50%, fev. 1962, ano 1, n.4, AEL-Unicamp, p.1. Para as pressões dos militares sobre o Congresso Nacional, ver Oesp, Os militares querem um aumento de 60%, 11 mar. 1962, p.6.

156 Estavam autorizados a votar nesse período apenas os cidadãos alfabetizados. Tendo em vista que praticamente todos os funcionários públicos civis e militares sabiam ler e escrever – salvo, talvez, uma parcela dos trabalhadores em empresas autárquicas –, vê-se que o impacto eleitoral de um reajuste salarial abaixo do demandado pela categoria tendia a ser significativo.

157 Telegram 2612, Rio de Janeiro to Department of State, 5 maio 1962, CGR 1941-73, folder "Financial Matters, General, Jan.-March 1962", Box 137, RG 84, Nara, p.1.

O segundo caso refere-se à bem-sucedida manobra dos cafeicultores para impedir que o esquema de financiamento do café proposto pelo governo fosse aprovado na Junta Administrativa do IBC. Em 18 de maio de 1962, por meio da Instrução 227, as autoridades já haviam alterado a cota de contribuição recolhida dos cafeicultores por saca de café exportada, elevando-a de US$ 22,00 para US$ 23,00.[158] Além disso, o Conselho de Ministros queria que o IBC aprovasse uma redução do preço pago pelo governo aos cafeicultores nas compras do excedente do produto. Entidades do empresariado agrícola, particularmente a Sociedade Rural Brasileira (SRB) e a Federação Agrícola do Estado de São Paulo (Faresp), mobilizaram-se contra a atitude do governo, exercendo pressão sobre os membros do IBC – a maior parte dos quais era formada por representantes da lavoura – para que a proposta fosse vetada.[159] Segundo um dos principais diretores da SRB, Sálvio de Almeida Prado, as autoridades estariam buscando apenas desviar o saldo "verificado com a arrecadação da cota de contribuição [do café] para cobertura do déficit orçamentário"; postura descrita como "inadmissível e inaceitável".[160] Em uma das últimas tentativas de negociação entre as partes, representantes do governo pediram "patriotismo" dos cafeicultores, apelando para a débil situação financeira do Estado. Ao propor para que empresários rurais aceitassem um "indecoroso confisco", segundo palavras de Geraldo Martins de Azevedo, diretor da Faresp, o governo estaria negligenciando "as posições de centenas de milhares de sitiantes e de colonos e de peões descamisados", os quais dependeriam da cultura do café para sobreviver.[161] Por fim, na reunião do dia 14 de maio, a Junta Administrativa do Instituto Brasileiro do Café votou favoravelmente aos interesses dos cafeicultores. Com isso, estabeleceu-se uma séria crise entre o presidente do órgão, que se demitiu após a derrota da proposta do governo, e os demais membros da cúpula do Instituto.[162] Para o presidente da SRB, porém, a Junta teria agido apenas em "defesa dos

158 Oesp, Divulga a Sumoc nova Instrução referente ao café, 22 maio 1962, p.24.
159 O Instituto Brasileiro do Café (IBC), criado pelo governo Vargas em dezembro de 1952, substituiu o antigo Departamento Nacional do Café (DNC), que fora extinto em março de 1946 pelo presidente Dutra. O IBC possuía uma diretoria de cinco membros (três dos quais, necessariamente, "lavradores de café") e uma Junta Administrativa. A Junta era composta por um representante do governo federal (presidente); cinco representantes do comércio do café (um para cada uma das quatro principais praças de comercialização do produto [Santos, Rio de Janeiro, Vitória e Paranaguá], e outro para o restante das praças); sete representantes de governos estaduais (um para cada um dos principais estados produtores [SP, MG, PR, RJ e ES], e dois para um conjunto restante de estados [PE, BA, GO, SC e MT]); e um número variado de "representantes da lavoura cafeeira", determinado segundo o volume de sacas de café exportadas por cada estado, mas que não poderia ultrapassar dez delegados por estado. Para mais informações, ver Abreu et al., 2001, p.2785-9.
160 Ata, Reunião de Diretoria da SRB, 12 abr.1962, p.58.
161 Oesp, Café: contrária a lavoura à orientação dada pelo IBC, 24 maio 1962, p.18.
162 Oesp, O presidente do IBC pede exoneração, 31 maio 1962, p.2.

lídimos interesses da cafeicultura".[163] O novo esquema de financiamento, segundo a embaixada norte-americana, corresponderia a uma redução de, no mínimo, 4,5% na cota de contribuição paga pelos cafeicultores ao Instituto por saca de café exportada (ou de, no máximo, 18,1%).[164] Em outras palavras: supondo-se que o *quantum* das exportações cafeeiras de 1961 fosse mantido, o governo deixaria de arrecadar, na melhor das hipóteses, aproximadamente Cr$ 5,7 bilhões em 1962 (ou, na pior, Cr$ 23,1 bilhões).[165]

As derrotas sofridas pelo governo nos episódios do reajuste do funcionalismo e do esquema de financiamento do café impuseram sérios desafios para a continuidade do Plano de Economia. Os problemas localizavam-se, em primeiro lugar, no setor fiscal, já que os gastos extras com salários dos funcionários públicos e com a compra dos excedentes cafeeiros representariam, no mínimo, 45% do total do déficit orçamentário previsto para o ano inteiro. Além disso, havia o impacto que essas medidas causariam quanto à elevação da demanda, com a tendência de intensificação de pressões inflacionárias. O paradoxo é que o descumprimento das metas do Plano de Economia estava ocorrendo não por causa de uma decisão deliberada do Conselho de Ministros, mas devido a resoluções tomadas por órgãos de poder juridicamente independentes das vontades do Executivo (Congresso Nacional e IBC) – tanto é que atuaram em desobediência às ordens do Ministério da Fazenda. Isso mostra o quão frágil é a constatação de Sérgio Monteiro, segundo a qual o gabinete Tancredo Neves teria abandonado o programa de estabilização quando havia ficado "claro para seus integrantes", a partir de maio de 1962, que o governo seria dissolvido. Desde então, afirma Monteiro, "inflacionar" tornara-se mais atraente para os membros do Conselho de Ministros do que manter a aparência de "governo forte" (isto é, de uma administração comprometida com a estabilidade econômica), já que a busca de popularidade imediata, via fomento do crescimento a qualquer custo, teria se transformado no mais importante objetivo do gabinete.[166] Um dos principais problemas dessa explicação está na atribuição de um poder quase que onipotente para o Conselho de Ministros, cujas vontades

---

163 Ata, Reunião de Diretoria da SRB, 23 maio 1962, p.61-2.

164 Essa variação se dava porque o resultado dependia do desempenho de variáveis independentes, tais como o preço internacional do café e a taxa de câmbio. Ver Report A-56, Rio de Janeiro to Department of State, 13 julho 1962, Nara, p.2.

165 Para chegar a esse valor, multiplicou-se o número de sacas de café exportadas pelo Brasil em 1961 (16 milhões e 970 mil) pelos resíduos mínimo e máximo que deixariam de ser arrecadados pelo governo com a cota de contribuição por saca (US$ 1,00 e US$ 4,00, respectivamente). Depois, converteu-se o resultado com base na taxa de câmbio livre de maio de 1962 (Cr$ 340,00/dólar). Para os dados de exportação de café em 1961, ver Sumoc, *Boletim*, mar. 1962, p.20.

166 Monteiro, 1999, p.81-2, 109-10, 131-32. Em trabalho em coautoria com Pedro Dutra Fonseca, Monteiro mantém a mesma perspectiva teórico-metodológica, chegando a conclusões semelhantes. Ver Monteiro e Fonseca, 2012.

(ou "função preferência", como quer o autor) corresponderiam a uma plena capacidade política de implementá-las da parte de quem está no Executivo. Desconsideram-se, assim, não apenas os papéis exercidos pelos grupos sociais (inseridos no modelo como variáveis dependentes), mas, também, a heterogeneidade e as contradições do Estado, que muitas vezes limitam, quando não impedem, a capacidade de agir do governo.[167]

Há ainda um segundo problema na explicação de Monteiro. Mesmo que se admita, como quer o autor, que o Conselho de Ministros tenha decidido deliberadamente abandonar o Plano de Economia a partir de maio de 1962, é difícil encontrar nas atitudes do gabinete evidências a esse respeito. O que se percebe, ao contrário, é um governo adotando medidas para contrabalançar, e não reforçar, os potenciais desequilíbrios causados pelas decisões do Congresso Nacional e do IBC. Do ponto de vista da contenção da demanda, por exemplo, publicou-se a Instrução 225 em 19 de maio de 1962, que aumentou substancialmente o compulsório dos bancos comerciais na Sumoc (depósitos à vista, 7% para 14%; depósitos a prazo, de 14% para 22%). O artigo III dessa mesma Instrução estabeleceu, porém, que esses recolhimentos só se tornariam "obrigatórios para os estabelecimentos cujos totais de depósitos ultrapa[ssassem] o maior saldo de depósitos dos seus balancetes mensais do primeiro quadrimestre".[168] Em outras palavras: bancos que não apresentassem crescimento de ativos em depósitos a partir do mês de abril (quando passariam a valer os novos salários do funcionalismo) não precisariam recolher nada perante a Sumoc; aqueles, no entanto, que apresentassem evolução positiva em seus depósitos de abril em diante (o que muito provavelmente estaria relacionado ao aumento dos ordenados dos funcionários públicos), deveriam repassar excedentes às autoridades monetárias. Como bem expressou um dos editoriais da *Revista Brasileira de Bancos*, por meio da Instrução 225 o governo preparou "o mercado financeiro para receber, sem maiores abalos, as emissões que terão de ser feitas [...] por força do pagamento do aumento de vencimentos ao pessoal civil e militar da União".[169]

O Conselho de Ministros também tomou providências, do ponto de vista fiscal, para evitar que os gastos extras com o reajuste do funcionalismo e com o novo esquema de financiamento do café, que estava para ser votado pelo IBC, produzissem um déficit ainda maior no orçamento. No mesmo dia da publicação da Instrução 225, em 19 de maio de 1962, a Sumoc também editou a Instrução 226. Com essa medida, estabeleceu-se

---

167 Para uma boa discussão teórica sobre as diferenças conceituais entre Estado e governo, bem como acerca das contradições presentes no Estado capitalista, ver Milliband, 1972, cap.1.

168 Oesp, Distribuiu a Sumoc novas instruções regulamentando a política de crédito, 20 maio 1962, p.33.

169 RBB, Confiança no futuro, 30 maio 1962, ano 30, n.353, p.1.

o fim do processo de extinção gradual das letras de importação, que havia sido iniciado pela Instrução 221 de dezembro do ano anterior.[170] Mantinha-se nas mãos do Estado, assim, uma importante fonte de receita, que estava fadada a extinguir-se em meados de 1963. O próprio compromisso assumido por Moreira Salles nos Estados Unidos havia estabelecido que se deveria garantir um saldo mínimo com letras de importação caso a colocação de títulos de dívida pública no mercado ocorresse abaixo das expectativas (Tabela 5.3). O lançamento desses títulos ainda não havia sido iniciado, mas a perspectiva na época era a de que isso ocorresse em breve, tendo em vista a iminente aprovação da Lei Orgânica do Crédito Público.[171] É possível, no entanto, que a tendência ao aumento de gastos tenha mostrado ao governo a importância de reverter imediatamente o processo de extinção das letras de importação; algo que foi concretizado pela Instrução 226. Além disso, Moreira Salles chegou a informar ao embaixador Lincoln Gordon que o governo estaria estudando vetar partes da lei de reajuste do funcionalismo, visando limitar o impacto da medida no orçamento.[172] O problema dessa solução é que o veto presidencial voltaria ao Parlamento para ser apreciado. Tendo em vista que foi o próprio Congresso que votara a lei, a probabilidade de derrubada do veto era alta.[173]

A Instrução 226 também foi importante por outro motivo, que não estava diretamente relacionado a questões de ordem fiscal. A partir de então, nas transações de fechamento de câmbio, o importador não poderia mais receber todo o valor depositado no Banco do Brasil em letras de importação. Apenas a menor parte desse valor (30%) seria dada em forma de letras. Os 70% restantes, resgatáveis também em seis meses e com rendimento de 6% a.a. de juros, ficaram depositados no Banco do Brasil, não podendo ser negociados com terceiros.[174] Essa alteração é muito importante

---

170 A Instrução 221 havia estabelecido um sistema de diminuição progressiva do percentual que deveria ser depositado em forma de letras pelo importador. Em um ano e meio, esse percentual seria zerado, o que acabaria com a obrigatoriedade da aquisição de letras em contratos de compra de câmbio.

171 A lei em questão seria aprovada em 11 de junho de 1962. Nesse contexto, porém, o gabinete Tancredo Neves já havia anunciado sua iminente renúncia, levando ao abandono da meta de colocação desses títulos no mercado. Para o conteúdo da lei, ver Oesp, A íntegra do projeto da Lei Orgânica do Crédito Público, 20 mar. 1962, p.8.

172 Telegram 2764, Rio de Janeiro to Department of State, 23 maio 1962, folder "Brazil General 5/62", Box 12A, NSF, JFKL, p.1.

173 Gordon informaria a Washington no início de junho que não teriam sido poucas as providências adotadas pelo Conselho de Ministros para conter a inflação, mas que estas teriam sido seriamente "contrabalançadas por medidas inflacionárias motivadas por fins eleitorais da parte do Congresso". Telegram 2818, Rio de Janeiro to Department of State, Section I, 7 jun. 1962, folder "Brazil General 6/62", Box 13, NSF, JFKL, p.3-4.

174 Mesquita afirma que os bancos comerciais teriam criado, no final de 1962, um "mercado secundário que descontava os recibos de depósitos de importação". Infelizmente, o autor não cita referências e nem fornece mais informações sobre o assunto. Se esse mercado

porque sugere que os técnicos do governo aprenderam com a experiência do plano de estabilização do governo Quadros, quando o manejo da política de crédito foi prejudicado pela especulação financeira fomentada pelas letras de importação. Pode-se questionar, no entanto, o porquê de essa medida não ter sido executada antes. Não há condições aqui de tratar esse tema devidamente, mas é possível levantar uma hipótese.

Há evidências de que o valor de deságio pago aos importadores pela compra de letras teria se estabilizado no segundo semestre de 1961, apesar de as razões responsáveis para tanto não serem claras.[175] Dada a inflação do período, é razoável supor que essa queda real no valor do deságio tenha diminuído a atração das letras junto a investidores, liberando poupança para o crédito à iniciativa privada.[176] O relativo desinteresse dos agentes por esse tipo de ativo deve ter sido reforçado com o sistema de extinção progressiva das letras, criado pela Instrução 221. No entanto, uma vez que o governo passou aos investidores o sinal de que esse processo levaria mais tempo do que se esperava, é possível que tenha havido por parte das autoridades um receio de que tal informação pudesse reacender o movimento especulativo da compra dos títulos do Banco do Brasil. Essa é uma forma de entender a alteração criada pela Instrução 226.[177] A outra, que não exclui a hipótese anterior, refere-se ao estabelecimento de um desincentivo para importar, já que a transformação de 70% das letras em depósitos representaria uma desvalorização cambial *de facto*, aumentando o custo das importações. Essa hipótese também é pertinente dada a frágil situação do balanço de pagamentos no período. De uma forma ou de outra, a medida enquadrava-se dentro do "espírito anti-inflacionário" imprimido pelo governo ainda em maio de 1962 – bastante evidente, a nosso ver, nas demais ações anunciadas

---

existiu de fato, então o propósito das autoridades monetárias com a transformação das letras em depósitos foi frustrado. Mesquita, 1992, p.135.

175 Para evidências nesse sentido, ver Ata, 50ª Reunião de Diretoria Plena da ACSP, 11 abr. 1961, p.23-4 e Oesp, A exposição feita ontem na Câmara pelo presidente do Conselho de Ministros, 15 nov. 1961, p.5.

176 As reclamações empresariais sobre o efeito especulativo causado pelas letras de importação diminuíram bastante a partir do segundo semestre de 1961. Para um exemplo dessas críticas, ver Ata, 92ª Reunião de Diretoria Plena da ACSP, 13 fev. 1962, p.10-1.

177 É importante ressaltar que se os títulos públicos indexados à inflação tivessem sido lançados ao mercado, como desejava Moreira Salles, haveria tendência de drenagem de poupanças antes destinadas a créditos para a compra desses títulos, em razão de sua rentabilidade real positiva. Esse aspecto já havia até sido levantado pela CNI em sua apreciação do Plano de Economia. Vale lembrar, porém, que tal efeito poderia ser mais bem controlado pelo poder público na medida em que o próprio governo decidiria sobre o montante de títulos que seriam oferecidos. No caso das letras de importação, por outro lado, a quantidade ofertada dependia, exclusivamente, da evolução do comércio exterior – a não ser que houvesse alteração para cima ou para baixo do percentual de letras que os importadores fossem obrigados a adquirir.

a fim de conter a demanda e de manter o nível de receitas públicas.[178] A forte reação do empresariado contra essas iniciativas, principalmente por parte da Fiesp, uma das entidades mais críticas às diretrizes do Plano de Economia, dá a medida do quanto o Plano não havia sido abandonado pelo Conselho de Ministros, pelo menos até esse momento.[179]

Houve uma área, porém, em que o desempenho das autoridades desviou-se consideravelmente dos compromissos assumidos com o governo dos Estados Unidos: o combate ao déficit das autarquias de transporte. O embaixador Lincoln Gordon chegou a informar ao Departamento de Estado em maio de 1962 que o Conselho de Ministros havia decidido reajustar tarifas de alguns segmentos da Rede Ferroviária Federal, apesar de não termos encontrado informação a esse respeito na imprensa brasileira.[180] De qualquer maneira, mesmo que esses reajustes tenham ocorrido – o que é difícil, dado que o ramo ferroviário foi responsável pela maior parcela do desequilíbrio fiscal do governo no primeiro semestre de 1962, seguido pela marinha mercante[181] –, o fato é que a promessa feita por Moreira Salles em Washington a fim de implementar um amplo reajuste tarifário nos serviços públicos não se concretizou.[182] Explica-se, assim, o porquê de o déficit orçamentário de maio ter superado a cifra dos Cr$ 40 bilhões, que correspondia à meta estipulada pelo Plano de Economia para o ano inteiro (tabelas 5.2 e 5.3). A grande questão, porém, é saber se isso pode ser considerado como um sinal de que o Plano havia sido abandonado. A nosso ver, as evidências sugerem que não.

O governo tinha consciência de que reajustes em tarifas ferroviárias e marítimas gerariam impacto no custo de vida, o que poderia desencadear pressões por aumentos salariais e, consequentemente, colocaria sérios impedimentos para a continuidade do programa de estabilização. Por isso mesmo, antes de decretar esses reajustes, decidiu-se controlar de modo mais severo os preços dos bens de primeira necessidade (leite, feijão, trigo), visando, talvez, amortecer os impactos no custo de vida que seriam

---

178 Essa análise é compartilhada, por exemplo, por editoriais de periódicos associados aos interesses dos banqueiros. Ver RBB, Confiança no futuro, 30 maio 1962, ano 30, n.353.

179 As reclamações do empresariado industrial concentraram-se contra a Instrução 225, que estabeleceu o aumento no compulsório dos bancos. A Instrução 226, por sua vez, foi mal recebida pelos empresários do comércio, em especial pela ala importadora da ACSP. Ver Boletim Informativo Fiesp-Ciesp, Diretoria plenária, 30 maio 1962, n.660, p.176; Ata, 7ª Reunião de Diretoria Plena da ACSP, 22 maio 1962; Oesp, Críticas à Instrução 225, 25 maio 1962, p.19; Solicitado o reexame da Instrução 226, 3 jun. 1962, p.27.

180 Para o informe de Gordon, ver Telegram 2612, Rio de Janeiro to Department of State, 5 maio 1962, Nara, p.2.

181 Report A-56, Rio de Janeiro to Department of State, 13 jul. 1962, Nara, p.2. Monteiro também apresenta dados a esse respeito. Monteiro, 1999, p.83.

182 Lincoln Gordon apresentou reclamações a Moreira Salles nesse sentido no final de maio. Ver Telegram 2764, Rio de Janeiro to Department of State, 23 maio 1962, JFKL, p.1.

provocados pelo aumento de tarifas de serviços públicos. O resultado foi catastrófico. Houve reação de produtores rurais e comerciantes, que passaram a especular com estoques, gerando carestia nos principais centros urbanos.[183] No auge da crise de abastecimento, o presidente da Comissão Federal de Abastecimento e Preços (Cofap) renunciou ao cargo. Seu substituto desencadeou uma onda de demissões na agência, sob a justificativa de que a maioria dos funcionários estaria comprometida com especuladores.[184] No final das contas, o governo teve de ceder aos empresários rurais, liberando preços de certos produtos. O caso do leite na Guanabara, que envolveu negociações com a própria diretoria da CRB, foi emblemático nesse sentido. O abastecimento de leite na antiga capital federal só foi restabelecido quando se autorizou um reajuste nos preços.[185] Diante da conjuntura, e tendo em vista a crescente mobilização dos trabalhadores nas cidades contra a alta no custo de vida, um amplo reajuste tarifário nos serviços públicos poderia desencadear consequências sociais imprevisíveis.[186] A decisão de manter congeladas as tarifas de transporte, portanto, não pode ser interpretada como uma evidência de que "o governo não esta[ria] realmente interessado em cortar gastos", tentando apenas "aparentar que esse [teria sido] seu interesse" enquanto lhe havia sido "útil".[187] Na realidade, o gabinete Tancredo Neves viu-se conduzido por uma situação de fato. Além do mais, as medidas de política econômica implementadas pelo Conselho de Ministros nesse período (aumento da cota de contribuição do café, fim do processo de extinção das letras de importação, elevação do compulsório dos bancos privados junto à Sumoc) sugerem que a decisão de não reajustar tarifas teria sido muito mais fruto de um recuo tático, dada a séria crise de abastecimento, do que produto de um cálculo deliberado das autoridades com o intuito de desistir do programa de estabilização.

---

183 As referências na imprensa sobre a crise de abastecimento nas cidades são frequentes a partir de abril de 1962. Para alguns exemplos, ver Oesp, Feijão e farinha de trigo: cresce o mercado negro, 25 abr. 1962, p.9; Não há mais feijão no Triângulo Mineiro, 4 maio 1962, p.5; Trigo: necessidade de importações adicionais, 4 maio 1962, p.18; Continua escasso o feijão; açúcar não é encontrado, 5 maio 1962, p.8; Ainda sem solução o mercado negro e a falta de gêneros, 9 maio 1962, p.9; Minas: agrava-se a crise de gêneros, 10 maio 1962, p.7; Abastecimento: em estudo pela Cofap soluções urgentes, 16 maio 1962, p.2.

184 Oesp, Novo presidente da Cofap; o Brasil importará feijão, 5 maio 1962, p.5; Exonerado todo o plenário da Cofap; prosseguem as apreensões de estoques, 22 maio 1962, p.9; UH, Jango demitiu todo o plenário da Cofap, 22 maio 1962, p.2.

185 Oesp, Leite: *lock out* total na Guanabara: malogra a Cofap, 5 abr. 1962, p.6; Leite: suspenso o *lock out*; 280 mil litros chegarão hoje, 8 abr. 1962, p.14; Sustada a portaria; liberado o preço do leite *in natura*, 13 abr. 1962, p.5; Leite: encaminhada no Diário Oficial a liberação de preços, 19 abr. 1962, p.7; Protesta a CRB contra a atuação do Presidente da Cofap, 4 maio 1962, p.5.

186 Para a mobilização de sindicatos nesse sentido, ver UH, Ronda sindical, 19 maio 1962; Trabalhadores vão ajudar Cofap: combate aos sonegadores, 24 maio 1962, p.2; Ronda sindical, 29 maio 1962, p.11.

187 Monteiro, 1999, p.135.

O abandono do Plano de Economia começou, efetivamente, em junho de 1962, intensificando-se nos três meses seguintes. O desequilíbrio das contas públicas, por exemplo, experimentou forte escalada em julho (Tabela 5.2). O mesmo pode-se dizer sobre a oferta de crédito do Banco do Brasil ao setor privado, que ultrapassou a meta nominal do ano (Cr$ 35 bilhões) também em julho, mas que já havia saído do controle no mês anterior. O total de meios de pagamento, por sua vez, teve em agosto seu mês de maior crescimento real (4%).[188] Até mesmo o objetivo de lançar títulos indexados à inflação para cobrir os gastos do governo – medida considerada primordial por Moreira Salles – deixou de ser discutido de junho em diante, sinalizando a possibilidade de um sério descontrole do déficit público em 1962. A partir daqui, portanto, sob todos os ângulos, a evolução dos indicadores macroeconômicos demonstrava que o Plano de Economia já havia se transformado em peça do passado.

Pode-se pensar que seja preciosismo enfatizar que o programa de Moreira Salles tenha sido abandonado a partir de junho e não de maio de 1962. Afinal, está-se discutindo uma diferença de apenas um mês. Esse detalhe, no entanto, é crucial para que se compreendam devidamente as razões que levaram ao malogro do Plano. Sugere-se aqui que o fator fundamental não teria sido uma suposta falta de vontade política das autoridades em executar as medidas de estabilização, ou, até mesmo, a reação de classes e grupos sociais. É evidente que a pressão de funcionários públicos sobre o Congresso por um maior reajuste salarial, o eficiente *lobby* dos cafeicultores sobre o IBC para a alteração do esquema de financiamento do café e a especulação com bens de primeira necessidade feita por empresários rurais e do comércio em reação aos tabelamentos da Cofap contribuíram para enfraquecer o Plano. Entretanto, como se percebeu nas atitudes da equipe do governo em maio, quando ainda houve tentativas de implementar medidas que circunscrevessem os impactos dessas políticas, a resposta para entender os motivos que levaram ao fim do programa de estabilização de 1962 não parece residir na capacidade de alteração da política econômica exercida por classes e grupos sociais sobre o governo.

Qual foi, então, o fator crucial responsável pela falência do Plano de Economia? A rápida perda de autoridade do gabinete Tancredo Neves ocorrida a partir de junho. Em termos gerais, pode-se dizer que, até o final de maio de 1962, apesar de sucessivas crises pelo controle do Poder Executivo entre o presidente Goulart, o *premier*, os ministros e setores do próprio Congresso Nacional (para o qual, teoricamente, o Conselho de Ministros devia prestar contas), ainda havia um governo sob controle da política econômica e com alguma capacidade para resistir às pressões de grupos sociais pela mudança do programa de estabilização – diferente do que ocorrera no final de 1961,

---

188 Ver Apêndice, Tabela A11.

quando não apenas o gabinete estava politicamente mais fraco, como o próprio contexto social era distinto (período tradicional de renegociação salarial dos trabalhadores, por exemplo). No dia 31 de maio de 1962, porém, quando o Senado derrubou projeto que dava aos membros do Conselho de Ministros a prerrogativa de candidatarem-se às eleições de outubro sem terem de deixar seus postos no governo, o gabinete Tancredo Neves passou a ter dias contados.[189] Até então, ainda havia esperanças de que o Congresso Nacional, em prol da governabilidade e da estabilidade políticas, isentaria os integrantes do Conselho de Ministros do compromisso legal da descompatibilização. Porém, quando ficou decidido que isso não iria acontecer, o primeiro-ministro Tancredo Neves declarou, no dia seguinte à votação do Senado, que renunciaria ao seu cargo até 7 de julho (isto é, exatamente 90 dias antes das eleições, como determinava a lei), já que ele e outros ministros não deixariam de sair candidatos nas eleições de outubro.[190]

A partir desse momento, o já frágil poder do gabinete Tancredo Neves – que, bem ou mal, vinha conseguindo manter o Plano de Economia em vigência – foi rápida e amplamente enfraquecido. Os poucos traços de unidade do governo deram lugar, como argutamente expressou Hugo de Farias, assessor de Goulart e membro do Conselho de Representantes da CNI na época, a um "regime medieval", onde "o duque de Viação e Obras Públicas mandava no seu setor; o conde do Trabalho mandava no seu; o barão das Relações Exteriores, no seu"; e assim por diante.[191] Após um mês de descontrole administrativo, com o governo envolto em rumores e articulações sobre a composição do novo gabinete, Tancredo Neves e seus "subordinados" finalmente pediram demissão em 26 de junho.[192] Começou aqui uma longa agonia pela escolha do novo *premier*.[193] No dia 28, o Congresso rejeitou o nome de San Tiago Dantas, apresentado por Goulart para o posto. No início de julho, um segundo nome indicado por Jango, Auro de Moura Andrade, apesar de ter sido aprovado com ampla maioria pelo Parlamento, misteriosamente renunciaria ao cargo 24 horas depois. Finalmente, no dia 9 de julho, após mais de duas semanas de aguda crise política, o Parlamento rendeu-se às vontades do presidente, aceitando o terceiro nome indicado por Goulart, o de Brochado da Rocha. Mesmo assim,

---

189 Oesp, Aprovada com emendas a Lei Complementar, 31 maio 1962, p.2.

190 Oesp, Tancredo assegura que renunciará, 1º junho 1962, p.3; A escolha do novo gabinete antecederia a de seu chefe; Tancredo oferece sua colaboração, 5 jun. 1962, p.3.

191 Apesar de Hugo de Farias referir-se aqui ao período do gabinete Tancredo Neves como um todo – o qual, segundo ele, "não [teria sido] um governo só", mas, sim, "vários governos que se interligavam pela necessidade de terem um orçamento comum" –, considera-se o comentário particularmente adequado para a caracterização do período final de vida do gabinete. Para o depoimento de Farias, ver Ferreira e Gomes, 2007, p.154-7.

192 Oesp, O gabinete apresenta hoje a sua renúncia à Câmara dos Deputados, 26 jun. 1962, p.2.

193 Para informações gerais sobre a crise política de julho de 1962, ver Figueiredo, 1993, p.76-9; Skidmore, 2000, p.267-9 e Victor, 1965, cap.22.

o novo gabinete não trouxe estabilidade política para o país. Brochado da Rocha concentrou energias na aprovação de uma ampla agenda de reformas de base e, sobretudo, na antecipação do plebiscito sobre a manutenção do regime parlamentarista. Após quase dois meses e meio de embates entre o primeiro-ministro e o Congresso Nacional, que mantiveram o país em estado de tensão quase permanente, a crise atingiu seu ápice em setembro, quando o Parlamento, mais uma vez, cedeu diante das vontades de Goulart, aprovando a antecipação do plebiscito para janeiro de 1963. Somente depois disso é que foram recriadas condições mínimas para a gestão da política econômica.

A relação entre a rápida perda de autoridade do Conselho de Ministros a partir de junho, quando Tancredo Neves declarou oficialmente que renunciaria, e a falta de bases políticas para a manutenção do Plano de Economia mostrou-se evidente para vários personagens da época. Para a embaixada dos Estados Unidos, por exemplo, as "medidas encorajadoras" de política econômica implementadas pelo Conselho de Ministros desde março não puderam ser sustentadas porque a "autoridade do gabinete [...] sofreu um rápido declínio quando ficou claro, por volta do final de maio, que, devido a razões políticas e constitucionais, uma reorganização do gabinete seria inevitável antes de 7 de julho". Desde então, concluiu o relatório, "o programa de estabilização tem estado virtualmente inoperante", pois "o pequeno grupo financeiro em volta de Octávio Bulhões [Superintendente da Sumoc]" e do Ministério da Fazenda perdeu rapidamente poder de comando sobre as demais esferas do governo".[194] No dia em que o Senado vetou a emenda que permitiria aos membros do gabinete Tancredo Neves permanecer em seus cargos e concorrer às eleições, o ministro das Relações Exteriores San Tiago Dantas disse ao embaixador Lincoln Gordon que seria imprescindível trocar de Conselho de Ministros o quanto antes, dado que o atual Conselho estaria perdendo rapidamente a sua já "fraca autoridade".[195] A premonição de Dantas foi ratificada por Gordon ao Departamento de Estado uma semana depois.[196] O próprio ministro Moreira Salles chegaria

---

194 Report A-56, Rio de Janeiro to Department of State, 13 julho 1962, Nara, p.1-2. Já no final de maio Gordon expressou preocupações a Moreira Salles sobre o impasse da questão das inelegibilidades para a continuidade do Plano de Economia. Ver Telegram 2764, Rio de Janeiro to Department of State, 23 maio 1962, JFKL, p.1.

195 Telegram 2818, Rio de Janeiro to Department of State, 31 maio 1962, JFKL, p.2.

196 Segundo as palavras de Gordon, a "questão das inelegibilidades" teria diminuído as capacidades administrativa e política do governo. "Por essa razão, o Conselho perdeu a maior parte de sua autoridade, e a maioria dos ministros está primordialmente ocupada com considerações eleitorais". A crítica sobre a "ausência de uma autoridade efetiva" seria, portanto, plenamente "justificada", na medida em que "[o] presidente possui poder político, mas não [poder] administrativo; [o] Conselho possui pouco poder no momento, enquanto os ministros detêm considerável autonomia". Embtel 2818, Section I, 7 jun. 1962, JFKL, NSF, Box 13, Folder Brazil General 6/62, p.2-3.

a dizer ao embaixador norte-americano em agosto que qualquer nova tentativa de estabilização econômica pressupunha a contenção imediata da crise política iniciada no país em junho, quando do anúncio da demissão do gabinete Tancredo Neves.[197] Aliás, de acordo com empresários paulistas, uma das condições impostas por Moreira Salles a Goulart para continuar no cargo de ministro da Fazenda no gabinete Brochado da Rocha teria sido exatamente a de o governo "colocar ênfase na restauração de relações entre Brasil e Estados Unidos".[198] Isso significava, na prática, dar sustentação política ao Ministério da Fazenda e à Sumoc para implementar um rígido programa de estabilização, como exigido pelo governo Kennedy. O pedido "irrevogável" de demissão de Moreira Salles no meio da crise política de setembro deixou claro que essa sustentação não havia sido dada.[199]

Logo, em nosso entender, qualquer análise sobre o falência do Plano de Economia que não leve em consideração o delicado contexto político iniciado a partir de junho de 1962 não é capaz de explicar o problema adequadamente. É fato que estudiosos em geral notaram a importância da instabilidade política do regime parlamentarista, ou mesmo da divisão de autoridade entre presidente e primeiro-ministro, para compreender os resultados da política econômica. O problema é que isso aparece na literatura mais como um elemento do contexto histórico do que como fator determinante para o fracasso da tentativa de estabilização liderada por Moreira Salles.[200] Em outras palavras: na medida em que se caracteriza o interregno parlamentarista por inteiro como um período marcado por crises políticas, perde-se a ideia do quanto essa instabilidade contribuiu com pesos distintos para o malogro das diferentes tentativas de estabilização aplicadas naquele contexto, entre as quais o Plano de Emergência, o Plano de Economia e os preparativos realizados pelo último gabinete ministerial (Hermes Lima) para o Plano Trienal, que serão objeto de análise mais adiante. De fato, o regime parlamentarista foi marcado por permanente instabilidade política, o que atrapalhou a execução do Plano de Emergência em 1961. Apesar disso, é fundamental reconhecer que a conjuntura havia se tornado crítica, efetivamente, a partir de junho de 1962, e que isso não teria apenas dificultado a execução do Plano de Economia, mas a teria inviabilizado por completo. Segue-se, portanto, em termos contrafactuais, que se o gabinete Tancredo Neves não tivesse sido obrigado a renunciar em

---

197 Telegram 353, Rio de Janeiro to Department of State, 10 ago. 1962, CGR 1941-73, folder "Financial Matters, July-Dec. 1962", Box 136, RG 84, Nara, p.4.

198 Os nomes dos empresários paulistas que prestaram informações à embaixada não são revelados no relatório. Report s.n., Rio de Janeiro to Department of State, 30.1962, CGR 1941-73, folder "Financial Aid Brasil 1962-1963", Box 135, RG 84, Nara, p.2.

199 Telegram 534, Rio de Janeiro to Department of State, 4 set. 1962, folder "Brazil General 9/62", Box 13, NSF, JFKL, p.1-2.

200 A única exceção a esse respeito é o trabalho de Mesquita, 1992, p.134, 160-2.

junho, o programa de estabilização continuaria a ser implementado – com imperfeições, obviamente, mas continuaria.

Para finalizar, é importante esclarecer uma última questão: se a crise política aberta em junho de 1962 com o anúncio da demissão do gabinete Tancredo Neves teria sido tão fundamental para a falência do Plano de Economia, e se isso já era claro para os próprios atores da época, por que, então, não se tentou evitar a demissão do Conselho de Ministros antes de tudo, permitindo aos ministros candidatarem-se às eleições sem ter que deixar seus cargos? A resposta encontra-se na bem-sucedida campanha de desestabilização ao regime parlamentarista liderada pelo presidente Goulart, e que recebeu apoio decisivo de inúmeros personagens políticos importantes do período, em especial governadores e potenciais candidatos às eleições presidenciais de 1965, tais como Juscelino Kubitschek e Magalhães Pinto. A compreensão de como se deu esse processo de desestabilização do regime parlamentarista – algo também apresentado pela literatura como mera informação de contexto histórico, sem uma análise mais detida – é fundamental não tanto para entender os motivos da falência do programa econômico de Moreira Salles, mas, principalmente, para situar o leitor sobre as condições políticas e, sobretudo, sociais em que se dariam a última grande tentativa de estabilização proposta pelo governo Goulart, o Plano Trienal, no início de 1963. O contexto das crises políticas de junho a setembro de 1962 legaria ao país importantes consequências, tais como uma maior e melhor organização dos trabalhadores urbanos e rurais, uma forte desconfiança por parte de membros do Congresso Nacional quanto aos métodos que Goulart seria capaz de lançar mão para atingir seus objetivos, e a ruptura de elementos do empresariado vinculados ao capital estrangeiro (Ipes) com Jango. Sem uma análise mais profunda dessas questões, que nascem do contexto de crise política do parlamentarismo, as dificuldades enfrentadas durante a aplicação do Plano Trienal em 1963 serão inteligíveis.

* * *

A fase parlamentarista do governo João Goulart testemunhou duas grandes tentativas de estabilização da economia: o Plano de Emergência de setembro de 1961 e o Plano de Economia de março de 1962. Essas iniciativas foram resultado de uma dupla inspiração: de um lado, a convicção por parte das autoridades de que seria necessário controlar o ritmo da inflação, a fim de evitar um acirramento dos conflitos sociais; e, de outro, uma grande pressão exercida pela administração Kennedy, que passou a vincular a liberação de fundos à implementação de um rígido programa de estabilização. Ao final de 1962, porém, era perceptível que ambas tentativas tinham malogrado. Não apenas a inflação dobrara em relação ao ano anterior, como, do ponto de vista do balanço de pagamentos, o país havia voltado à mesma situação do final do governo Kubitschek, isto é, a um quadro de passivo externo muito acima da capacidade de pagamento nacional.

Ao longo do capítulo, argumentou-se que os motivos que levaram à falência dos Planos de Emergência e de Economia foram semelhantes – basicamente, a pressão de empresários e trabalhadores contra as medidas de estabilização, e a fragilidade e instabilidade políticas do regime parlamentarista –, mas que esses fatores teriam tido importâncias e pesos distintos em cada um desses momentos. No caso do Plano de Emergência, juntou-se um governo que havia subido ao poder após uma das maiores crises institucionais da história do país – e, portanto, frágil politicamente e carente de legitimidade social – com um momento do ano em que, tradicionalmente, políticas de austeridade tendem a ser mais difíceis, devido ao vencimento dos acordos salariais de muitas categorias de trabalhadores. Para piorar, a desconfiança norte-americana com a administração Goulart, perceptível no contingenciamento de recursos negociados durante o período Quadros, produziu uma forte especulação contra o cruzeiro em outubro de 1961, encarecendo importações. A elevação dos custos de produção, intensificada pelo reajuste do salário mínimo e aumentos de salários de diversas categorias (muitos dos quais obtidos por meio de greves), abriram lugar para uma escalada nos preços. O governo cedeu à pressão dos empresários, liberando tetos nominais estabelecidos pela Sumoc nas carteiras de crédito do Banco do Brasil. Além disso, do lado fiscal, o gabinete sofreu duas derrotas importantes: primeiro, o pagamento de salários atrasados aos trabalhadores de autarquias de transporte, após ameaça de greve do PUA, e que levou o déficit público em dezembro a dobrar com relação ao mês anterior; e, segundo, o bloqueio da proposta de reforma tributária no Parlamento, vista como essencial pelo Conselho de Ministros para elevar as receitas estatais. Sugeriu-se que interesses de cunho eleitoral da parte dos congressistas associados a um eficiente *lobby* empresarial no Legislativo teriam sido os dois grandes responsáveis por esse resultado.

A fragilidade e a instabilidade políticas do recém-instaurado regime parlamentarista certamente colaboraram para a falência do Plano de Emergência, mas não podem ser interpretadas como os principais e nem como os únicos elementos nesse sentido. É evidente que se o gabinete Tancredo Neves tivesse surgido como produto de um movimento amplo da sociedade – livrando-o, portanto, da obrigação de buscar suporte quase que imediato dos grupos sociais para legitimar-se –, talvez tivesse sido possível postergar a concessão do reajuste do salário mínimo, ou tê-la feito em níveis mais modestos, evitando a espiral de preços que obrigou o governo a revisar os tetos do crédito do Banco do Brasil em resposta às veladas ameaças empresariais de aumento de preços. O mesmo se pode dizer sobre a questão da reforma tributária no Parlamento. A reforma poderia ter sido aprovada caso houvesse em apoio ao projeto um governo coeso e consolidado para bancá-la entre os congressistas, e não do modo como foi, com uma administração cujo poder estava dividido de maneira ambígua entre primeiro-ministro e presidente da República. Essa análise estende-se, obviamente, para a questão da aprovação da versão radical da lei de remessa de lucros em novembro de 1961, contra a qual o Conselho de Ministros lutou e perdeu no Parlamento. O episódio trouxe implicações não apenas no seio da organização do empresariado (vide o surgimento do Ipes, por exemplo), mas, em parte, também contribuiu para afugentar investidores, diminuindo investimentos externos diretos e de portfólio.

Todos esses aspectos sugerem que a instabilidade política do regime parlamentarista contribuiu, de fato, para o abandono do Plano de Emergência. No entanto, as evidências sobre as reações de empresários e trabalhadores contra a política de estabilização – potencializadas, obviamente, pelo contexto em que se deram, em especial no caso dos trabalhadores, e pela própria fragilidade política do gabinete – mostram que o papel dos grupos sociais também precisa ser igualmente considerado. Observe-se, por exemplo, a escalada do número de greves no final de 1961, bem como as ameaças de paralisações em setores-chave da economia (as quais, ao que parece, só não se consolidaram porque o governo cedeu às demandas dos trabalhadores). Mesmo um governo que dispusesse de força política no Congresso e de apoio na sociedade já encontraria sérias dificuldades para manter as linhas de seu programa de estabilização diante desse tipo de pressão; o que diria um governo como o do recém-inaugurado gabinete Tancredo Neves, alicerçado em um sistema político híbrido e produto de um compromisso entre os setores legalista e golpista das Forças Armadas para evitar uma guerra civil. É evidente que não restou ao governo outra opção a não ser ceder às demandas sociais. Em suma: a instabilidade política do regime parlamentarista foi condição importante, mas não necessária, para o abandono do Plano de Emergência. Ao lado disso, deve-se considerar o papel exercido por grupos sociais nas mudanças de política econômica.

No caso do Plano de Economia de março de 1962, ocorreu o inverso. Aqui, a crise política do parlamentarismo, que ganhou contornos dramáticos a partir de junho, exerceu um papel preponderante no malogro do programa, enquanto a pressão de grupos sociais, um papel secundário. Até o anúncio da renúncia iminente do gabinete Tancredo Neves, ainda havia, bem ou mal, um governo que mantinha as diretrizes planejadas da política econômica. Prova disso é que as ações que representaram desvios às metas do Plano de Economia, como a aprovação de um reajuste acima do esperado para os funcionários públicos e a rejeição da proposta do governo de financiamento do café, foram contrabalançadas quase que imediatamente por medidas de contenção da demanda (elevação do compulsório dos bancos comerciais) e manutenção do nível de receita pública (fim do processo de extinção gradual das letras de importação). Por outro lado, dessa vez as tradicionais reclamações do empresariado industrial (Fiesp e CNI) por um relaxamento da política de crédito foram contidas com eficácia, tanto é que as metas nominais das carteiras do Banco do Brasil ficaram sob controle até maio. O fato de o início do ano não ser um período de renegociação salarial – mantendo estáveis, portanto, os custos das empresas com mão de obra – provavelmente facilitou esse trabalho, mas não desqualifica a hipótese de que o compromisso do Conselho de Ministros com a aplicação do Plano de Economia só foi rompido a partir do momento que ficou claro que o governo renunciaria. O esvaziamento da autoridade do gabinete, que foi acompanhada, logo em seguida, por uma aguda crise política e social do regime parlamentarista, enterrou de vez as chances de ressurreição do já combalido Plano de Economia.

A análise da evolução da política econômica durante a fase parlamentarista do governo Goulart fica incompleta sem que seja dada atenção aos fatores da crise responsável pela derrubada do parlamentarismo em 1962. Além desse aspecto, os embates travados entre Jango e Congresso Nacional pela antecipação do plebiscito resultariam em importantes consequências em termos das condições sob as quais se dariam a formulação e, principalmente, a implementação do Plano Trienal em 1963. Esses dois grandes temas serão objeto de análise do próximo capítulo.

6
GOULART E A LUTA PELO FIM DO PARLAMENTARISMO

Um dos poucos consensos da literatura sobre o governo João Goulart é o reconhecimento de que o principal objetivo de Jango ao assumir a presidência da República em setembro de 1961 foi desfazer o esquema montado para limitar seus poderes. Nas palavras de Marco Antônio Villa, a derrubada do Ato Adicional, que instituiu o sistema parlamentarista, teria sido uma verdadeira "fixação presidencial". Para Argelina Figueiredo, Jango teve "frequentes reações negativas" diante de "qualquer sinal de consolidação do governo" parlamentar. Thomas Skidmore assinala que Goulart manobrou desde o início "cuidadosamente a fim de recuperar os poderes". Até mesmo Jorge Ferreira, cuja obra apresenta uma visão apologética de Jango, reconhece que o presidente elaborou uma "estratégia de desgastar o parlamentarismo".[1]

Apesar desse consenso, são raras as análises que se preocuparam em entender quais teriam sido as consequências trazidas pelas manobras de Goulart para restaurar o presidencialismo.[2] Isso é particularmente problemático quando se levam em conta as implicações na capacidade do governo em executar metas de política econômica. Estudiosos parecem pressupor

---

1 Ferreira, 2011, p.304; 2015; Skidmore, 2000, p.264; Figueiredo, 1993, p.62; Villa, 2003, p.66-7. Para outras referências no mesmo sentido, ver Bandeira, 1983, p.60; Dulles, 1970, p.171; Monteiro, 1999, p.75; Mesquita, 1992, p.119-28, 165; Santos, 1986, p.63; Young, 1972, p.128-31.

2 A obra de Argelina Figueiredo constitui uma exceção a esse respeito. No entanto, a autora preocupou-se em pensar as consequências das manobras janguistas para a promoção da agenda das reformas de base, explorando pouco a área da política econômica. Figueiredo, 1993, cap.2. Mesquita é outro que reconhece impactos nesse sentido, mas explora muito pouco o tema. Mesquita, 1992, p.170.

que a retomada de plenos poderes executivos por Jango teria trazido, por si só, um aperfeiçoamento das condições institucionais de implementação de políticas públicas, já que teria deixado de existir a dubiedade de poder entre presidente e primeiro-ministro característica do antigo sistema parlamentarista. Por mais que essa hipótese tenha fundamento, uma investigação cuidadosa do esforço realizado por Goulart para recriar o presidencialismo sugere um quadro um pouco mais complexo. Parcela substancial das dificuldades encontradas pelo governo na execução do Plano Trienal em 1963 estaria relacionadas a desdobramentos dessas manobras de Jango. Isso é verdade, por exemplo, nas relações entre Goulart e Congresso Nacional, no posicionamento de segmentos do empresariado diante do governo e, principalmente, nas consequências que o esforço de derrubada do parlamentarismo teria do ponto de vista do fortalecimento do movimento operário.

É dessa perspectiva que este capítulo pretende analisar a história da luta de Jango pelo fim do parlamentarismo. Sabendo-se que os trabalhadores urbanos desempenharam aqui um papel importante, atenção especial será dada às relações entre Goulart e o movimento sindical, bem como às consequências desse relacionamento para a organização e mobilização da classe trabalhadora. Sugere-se que as transformações ocorridas no interior do movimento operário nesse período tiveram implicações significativas na diminuição da capacidade do governo em implementar políticas de estabilização dentro de um quadro institucional democrático. Os trabalhadores fortaleceram sua capacidade de resistência contra a corrosão dos salários, freando pressões empresariais no sentido de reduzir a participação da classe trabalhadora na distribuição do excedente social. Esse resultado contribuiu para elevar a intensidade do conflito distributivo na sociedade, com potencial para bloquear futuras tentativas governamentais de estabilização da economia.

Uma advertência deve ser feita antes de iniciarmos o capítulo. A análise a seguir não nega a legitimidade das motivações de Jango ao buscar o retorno do sistema presidencialista. Afinal, o Ato Adicional que instituiu o parlamentarismo foi produto de uma tentativa malsucedida de golpe de Estado e, portanto, nunca poderia ser legítimo perante a Constituição de 1946. O intuito aqui não é o de emitir juízos de valor sobre processos históricos em estudo, mas o de tentar explicar, nos limites da objetividade cabíveis a um historiador, o porquê de esses processos terem evoluído de um modo e não de outro, principalmente no que se refere à evolução da política econômica do período. Nesse sentido, o cerne da questão é reconhecer que, independentemente do caráter legítimo das motivações de Jango, as táticas usadas pelo presidente para retomar plenas prerrogativas constitucionais tiveram importantes consequências. E é a compreensão dessas consequências que justificam a relevância do tema para o desenvolvimento do argumento geral da obra.

O capítulo está dividido em seis partes. Na primeira, apresentam-se as manobras de Goulart contra forças oposicionistas no Congresso para impedir a institucionalização de um efetivo sistema parlamentarista; na segunda, faz-se um histórico das relações de Jango com o movimento sindical urbano; na terceira, são analisadas as eleições de 1961 para as duas maiores confederações de trabalhadores do país (Confederação Nacional dos Trabalhadores da Indústria, CNTI, e Confederação Nacional dos Trabalhadores do Comércio, CNTC), bem como o papel desempenhado por Goulart em ambos os pleitos; na quarta seção, descreve-se o processo que levou à queda do gabinete Tancredo Neves e a crise política gerada pela necessidade de escolha de um novo primeiro-ministro; na quinta parte, realiza-se análise semelhante, mas com foco no gabinete Brochado da Rocha e na crise de setembro de 1962, que acabou culminando com a vitória de Goulart sobre o Congresso na questão da antecipação do plebiscito; e, por fim, na sexta seção, faz-se um balanço das consequências das manobras de Goulart contra o parlamentarismo e sobre o relacionamento do presidente com o Congresso Nacional, os empresários e trabalhadores.

6.1. Preparando o terreno

"Comandante, querem me fazer rainha da Inglaterra?". Essas teriam sido as primeiras palavras pronunciadas por João Goulart em telefonema a Amaral Peixoto, presidente nacional do Partido Social Democrático (PSD), durante o auge da crise política que se seguiu à renúncia de Jânio Quadros. Jango havia acabado de ingressar em território brasileiro, após um longo trajeto de retorno da China, que incluiu escalas em Paris, Nova York, Buenos Aires, Montevidéu e, finalmente, Porto Alegre. O país vivia a perspectiva de eclosão de uma guerra civil. Em Brasília, articulava-se uma solução de compromisso no Congresso Nacional para superar o impasse: o estabelecimento de um sistema parlamentarista *ad hoc*, que garantiria poderes tanto para o presidente da República quanto para o Conselho de Ministros. Como chefe do partido que possuía a maioria das cadeiras no legislativo, Amaral Peixoto entrou em contato com Goulart por telefone para acertar os últimos detalhes da "solução parlamentarista", a qual já havia sido apresentada em Montevidéu a Jango pelo deputado Tancredo Neves (PSD-MG). Diante da ríspida pergunta de Goulart sobre a similaridade de seu novo posto com o da "rainha da Inglaterra", Amaral Peixoto teria respondido: "Não, Jango. O parlamentarismo que estamos criando aqui não é assim. Você ficará com muita força. O Tancredo não está aí com você? Ele explicará tudo".[3] Apesar

---

3 O depoimento de Amaral Peixoto está transcrito em Ferreira e Gomes, 2007 p.162.

da veemente discordância do governador do Rio Grande do Sul e principal articulador do movimento pela legalidade, Leonel Brizola (Partido Traba-lhista Brasileiro, PTB), que desejava que Jango rejeitasse qualquer solução que não fosse a de assumir a presidência da República com plenos poderes executivos, Goulart acabou concordando com a fórmula arquitetada pelo Congresso.[4] Com isso, no dia 2 de setembro de 1961, o Parlamento votou o Ato Adicional número 4 à Constituição 1946, estabelecendo um regime parlamentarista no país.[5]

A análise da emenda constitucional comprova que Amaral Peixoto não estava ludibriando Goulart ao dizer que o novo sistema de governo mante-ria a "força" do presidente, apesar de terem sido deixadas brechas no texto em sentido contrário. Por exemplo, passagens importantes da lei foram redigidas de modo propositadamente genérico, permitindo interpretações ambíguas sobre a separação das atribuições entre presidente e primeiro--ministro.[6] Uma boa ilustração encontra-se nos artigos que versam sobre a prerrogativa de nomeação de cargos políticos – uma das maiores e mais tradicionais fontes de poder do Executivo no Brasil. De acordo com o segundo artigo da emenda, caberia ao presidente "prover, na forma da lei [...], os cargos públicos federais"; e de "nomear", após aprovação do Senado, o prefeito do Distrito Federal e os membros do Conselho Nacional de Economia (CNE). Nos artigos sexto e sétimo, entretanto, lê-se que o Conselho de Ministros seria responsável "pela política do governo e pela administração federal", além de possuir a atribuição de referendar "todos os atos do presidente da República". A dificuldade aqui se encontra nas diferenças de interpretação jurídica entre os verbos "prover" e "nomear", para além do exato significado das frases que versam sobre as responsa-bilidades do Conselho de Ministros. Em outras palavras: a nomeação de cargos da União, excetuando-se o prefeito de Brasília e os membros do CNE (prerrogativas indubitáveis do presidente), seria de responsabilidade do primeiro-ministro, já que este "responde[ria]" pela administração federal; ou do presidente, dado que este possuiria o direito de "prover" cargos? Para os defensores do fortalecimento do parlamentarismo – grande parte das bancadas da União Democrática Nacional (UDN) e do PSD,

---

4 Ver, nesse sentido, o depoimento de Brizola reproduzido também em Ferreira e Gomes, 2007, p.133-7. Para o então deputado federal Wilson Fadul (PTB-MT), Goulart teria recusado a proposta de Brizola não apenas para evitar derramamento de sangue, mas também visando impedir que o governador gaúcho se transformasse no "grande vencedor" da crise e em um "sujeito insubstituível" no governo. *Apud*, Ferreira e Gomes, 2007, p.107-8.

5 Para mais informações, ver Labaki, 1961, e Victor, 1965, cap.19.

6 Esse aspecto foi notado desde o início pela embaixada norte-americana no Brasil. Ver Tele-gram 1065, Rio de Janeiro to Department of State, Section I, 26 out. 1961, folder "Brazil General 10/61-11/61", Box 12, NSF, JFKL, p.1.

essencialmente –, não haveria dúvida de que a primeira interpretação seria a correta; para os partidários de Goulart, seria o inverso.[7]

Independentemente de quem estava certo, o fato é que nos primeiros meses após a instauração do novo regime Goulart tomou para si a prerrogativa de nomear cargos federais, gerando conflitos entre o primeiro-ministro e alguns membros do Congresso. Em reunião da bancada do PSD em outubro de 1961, presidida por Amaral Peixoto, o partido decidiu lançar um ultimato ao *premier*: ou Tancredo Neves assumia os poderes de chefe do governo, particularmente no que se referia ao controle da nomeação de cargos, ou devolvia o posto à legenda.[8] No mesmo mês, o presidente da UDN, deputado Herbert Levy de São Paulo, afirmou que a atitude "subserviente" de Tancredo diante de Goulart, que estaria colocando pessoas "do bolso do colete" nos diversos órgãos da administração federal, já constituiria motivo para que o Conselho de Ministros tivesse sua "confiança" posta em xeque pelo Parlamento.[9] Em resposta a aliados, Tancredo alegou que seria "perigoso e inconveniente" pressionar Goulart no período de consolidação do parlamentarismo, evitando-se, com isso, uma precoce "crise institucional". É difícil averiguar a sinceridade dessas justificativas. De qualquer modo, segundo a embaixada norte-americana, seria preciso considerar também que Tancredo Neves não detinha naquele momento nem prestígio e nem recursos políticos necessários para enfrentar Goulart de igual para igual. Ou seja, mesmo que o *premier* desejasse entrar na briga, haveria pouco o que fazer.[10]

A "subserviência" demonstrada por Tancredo diante de Goulart, todavia, não foi razão suficiente para que PSD e UDN desistissem de dar maior poder ao Conselho de Ministros. Dois aspectos atuaram aí como motivadores: para o PSD, sendo a maior bancada do Congresso, a criação de um genuíno sistema parlamentarista, no qual a composição do gabinete respeitasse o peso das diferentes forças políticas do Parlamento, significaria o retorno do partido ao controle do Poder Executivo, interrompido com a derrota de Lott (PSD) para Quadros (UDN) nas eleições de 1960. Para a UDN, por sua vez, qualquer solução que pudesse enfraquecer Jango, herdeiro e maior representante de Vargas, tendia a ser bem-vinda. Havia dissidências dentro desses partidos, porém. Parlamentares vinculados a figuras com interesse na

---

7 Oesp, Estruturam-se os trabalhos da Comissão Especial para o exame das leis complementares, 22 out. 1961, p.4; Prenuncia-se a disputa em torno da delimitação de poderes, 11 nov. 1961, p.3.

8 Oesp, O primeiro-ministro será advertido pelo PSD: ou assume suas funções ou devolve o posto ao partido, 13 out. 1961, p.3.

9 Oesp, Seria revista a posição da UDN face ao gabinete, 18 out. 1961, p.3.

10 Vale lembrar que Goulart manteve o cargo de Presidente do PTB mesmo após assumir a presidência da República. Telegram 1065, Rio de Janeiro to Department of State, Section I, 26 out. 1961, JFKL, p.1.

restauração do presidencialismo, tais como o ex-presidente e então senador Juscelino Kubitschek (PSD), e os governadores udenistas Magalhães Pinto (Minas Gerais) e Juracy Magalhães (Bahia), adotavam um posicionamento diferente. De qualquer maneira, no geral PSD e UDN tenderam mais a defender do que a atacar o novo regime.[11] Isso ficou claro nos primeiros meses de vigência do Ato Adicional, quando ambos partidos realizaram uma ofensiva para institucionalizar um parlamentarismo que não fosse de fachada, enquanto Goulart articulou-se para manter o *status quo*.

O objetivo primordial de Jango ao assumir a presidência foi impedir que as ambiguidades contidas na emenda do parlamentarismo fossem traduzidas em maior poder para o Conselho de Ministros. A primeira ofensiva do Congresso ocorreu logo em setembro de 1961, quando PSD e UDN mobilizaram-se para aprovar uma "lei complementar" ao Ato Adicional, com o intuito de delimitar as atribuições do presidente e do primeiro-ministro.[12] Uma comissão de parlamentares foi nomeada para elaborar uma proposta, redigida em três dias pelo deputado Nestor Duarte (UDN-BA).[13] O projeto de lei complementar determinava, entre outras coisas, que o primeiro-ministro deteria a prerrogativa de nomear cargos e que os integrantes do Conselho de Ministros não precisariam deixar seus postos para concorrer a eleições.[14] A fim de acelerar o processo de aprovação da lei, a Câmara decidiu designar uma comissão especial para estudar o projeto. Todavia, sob ordens de Goulart, por mais de um mês o PTB negou-se a indicar os nomes dos seus representantes nessa comissão, travando o debate.[15] Era evidente que a aprovação da lei complementar demoraria mais tempo do que imaginavam seus defensores.

Como forma de contornar esse impasse, a liderança do PSD decidiu formular dois projetos de decreto administrativo para garantir maior poder político ao Conselho de Ministros. O primeiro decreto estabelecia um regimento interno para o Conselho, delimitando poderes do primeiro-ministro; já o segundo criava uma secretaria particular, composta por subchefes de

---

11 Argelina Figueiredo argumenta que as tendências contrárias ao parlamentarismo seriam majoritárias dentro do PSD e da UDN. Se assim fosse, Goulart não precisaria pressionar da maneira como pressionou o Congresso em 1962 para antecipar o plebiscito sobre a manutenção do Ato Adicional. Figueiredo, 1993, p.58-9. Lourdes Sola afirma, sem apresentar evidências suficientes, que "a maioria dos congressistas empenhou-se pouco em fazer o sistema funcionar [...] até junho de 1962", e que teria sido somente após da queda de Tancredo Neves que parlamentares teriam percebido "o fortalecimento dos poderes do Congresso em detrimento do Executivo" como decorrência do Ato Adicional. Sola, 1998, p.330.

12 Oesp, Necessária lei complementar para o novo regime, 15 set. 1961, p.2.

13 Oesp, Comissão elabora lei complementar ao Ato Adicional, 21 set. 1961, p.2.

14 Oesp, Inovações do projeto de lei complementar do Ato Adicional, 23 set. 1961, p.3.

15 Oesp, Dificuldades criadas entre o presidente e o primeiro-ministro, 24 set. 1961, p.3; Câmara: designada a comissão que vai elaborar a legislação complementar ao Ato Adicional, 20 out. 1961, p.4.

gabinete, assessores técnicos, secretários de imprensa e três assistentes militares.[16] Essas medidas igualariam o Conselho de Ministros na disputa por esferas de poder com Jango. O estabelecimento de uma secretaria particular, por exemplo, tornaria redundante as subchefias dos gabinetes civil e militar da presidência da República, tendendo a enfraquecer os vínculos de Goulart com Congresso e Forças Armadas. Esses decretos foram aprovados em reunião do dia 19 de outubro do Conselho de Ministros, sem que o presidente tivesse sido consultado.[17] Ao tomar conhecimento do episódio, caracterizado como "exorbitante" por membros do PTB, Jango determinou a sua assessoria que formulasse projetos semelhantes para a área da presidência, incluindo-os na pauta da reunião seguinte do Conselho de Ministros.[18] Goulart teve que encurtar uma visita a Belém para poder presidir tal reunião.[19] Ao final das contas, porém, segundo divulgação oficial, o presidente não chegou a participar do encontro e nem a questão dos decretos foi discutida pelo gabinete. Na verdade, houve uma pré-reunião entre Goulart e Tancredo Neves.[20] O que exatamente se decidiu ali não foi possível descobrir. O fato é que, após esse episódio, as questões do regimento interno e da criação de uma secretaria particular para o Conselho de Ministros foram engavetadas. A experiência de limitar os poderes de Goulart por meio de decretos administrativos, portanto, também se mostrou infrutífera. Restava ao PSD e a UDN intensificar esforços para a regulamentação do Ato Adicional no Congresso.

Apesar disso, os trabalhos da comissão especial da Câmara incumbida de analisar o tema da lei complementar não estavam evoluindo do modo como gostariam os adversários de Goulart. O projeto do relator da comissão, deputado Pedro Aleixo (UDN-MG), continha dois pontos polêmicos, que estavam emperrando os trabalhos: o primeiro retirava do presidente a prerrogativa de nomeação de cargos; o segundo determinava prazos e normas para que as unidades da federação adequassem suas constituições ao sistema parlamentarista.[21] Os representantes do PTB, Almino Afonso e

---

16 Oesp, O projeto Oliveira Brito trará a delimitação de poderes, 15 out. 1961, p.3.

17 Ata, 7ª Reunião do Conselho de Ministros, 19 out. 1961, CPDOC-FGV, UG mic 61.09.14, p.1-11, e Oesp, Conselho aprova Regimento Interno e cria sua secretaria, 20 out. 1961, p.2.

18 O Ato Adicional garantia ao presidente a prerrogativa de presidir as reuniões do Conselho de Ministros. Oesp, O presidente tenta manter as suas atribuições, 24 out. 1961, p.2; Goulart tentaria revogação de decreto que limita seu poder, 25 out. 1961, p.4.

19 Oesp, Defronta-se o Conselho com sua primeira crise, 26 out.1961, p.3; O gabinete fixará hoje as atribuições do Presidente Goulart, 26 out.1961, p.2.

20 Oesp, O Conselho não tratou do decreto que fixa as funções do Presidente, 27 out. 1961, p.2.

21 Oesp, Estruturam-se os trabalhos da comissão especial para o exame das leis complementares, 22 out. 1961, p.4; Comissão especial procura resguardar o Congresso em face de iniciativas do governo, 1º nov. 1961, p.3; Prenuncia-se a disputa em torno da delimitação de poderes, 11 nov. 1961, p.3; Com modificações, entregue o projeto de lei complementar, 11 nov. 1961, p.5.

Wilson Fadul, ameaçaram levar o tema das nomeações, interpretado como inconstitucional pelos dois deputados, para a Comissão de Constituição e Justiça (CCJ). Se o projeto fosse encaminhado à CCJ, retardaria ainda mais seu trâmite.[22] Por isso, chegou-se a um acordo, retirando-se o artigo da proposta. O mesmo não ocorreu, porém, com a questão do parlamentarismo nos estados, apesar dos protestos de parlamentares que argumentaram a favor do respeito à autonomia das unidades federativas.[23] Quando o tema chegou finalmente ao plenário da Câmara para apreciação, formou-se uma aliança entre os partidários de Goulart, que não queriam que a questão das nomeações voltasse à tona, e os governadores, que, por temerem que seus poderes fossem limitados pela introdução do parlamentarismo, pressionaram bancadas estaduais para que este tema também fosse retirado da pauta. E assim ocorreu. O projeto de lei complementar foi aprovado pela Câmara em meados de dezembro de 1961 sem que ambas as questões (nomeações e parlamentarismo nos estados) tivessem sido objeto de regulamentação.[24] O regime estava sendo institucionalizado sem ofender as prerrogativas do presidente e dos governadores. Goulart havia ganhado mais uma importante batalha.

Mas não interessava a Jango apenas manter o *status quo*. O que Goulart queria, na realidade, era recuperar plenos poderes presidenciais – algo que já havia ficado claro desde seu discurso de posse.[25] Para isso havia duas saídas: derrubar o Ato Adicional que criou o parlamentarismo, de preferência por meio de uma nova assembleia constituinte, para dar maior legitimidade ao processo; ou antecipar a data do plebiscito que decidiria pela manutenção do novo regime, originalmente marcada para meados de 1965, apenas seis meses antes do fim do mandato de Jango. A concretização de qualquer uma dessas hipóteses exigiria a passagem de uma emenda constitucional pelo Congresso, ou seja, a obtenção do apoio da maioria absoluta (2/3 mais um) de ambas as casas do Parlamento. Isso era algo improvável de acontecer diante da aliança PSD-UDN em torno da defesa do parlamentarismo. Jango só tinha chances de reaver plenos poderes presidenciais, portanto, por meio de intimidação do Legislativo. Para que isso fosse possível, duas condições eram importantes: angariar amplo suporte de setores da sociedade, dando legitimidade ao objetivo de retorno do presidencialismo; e garantir, se não o apoio, ao menos a neutralidade de parcela significativa das Forças Armadas, a fim de impedir que a pressão popular sobre o Congresso pudesse

---

22 Oesp, Aprofundam-se as divergências entre Goulart e Congresso, 12 nov. 1961, p.3; Ponto crítico na disputa em torno da lei complementar, 21 nov. 1961, p.3; Goulart opõe-se à regulamentação das nomeações, 23 nov. 1961, p.2.

23 Oesp, Lei complementar: a comissão especial rejeita a maioria das emendas, 14 dez. 1961, p.3

24 Oesp, Íntegra da Lei Complementar aprovada pela Câmara Federal, 15 dez. 1961, p.5; A Câmara aprova por 179 a 1ª a Lei Complementar, 15 dez. 1961, p.2.

25 Ver a respeito, Figueiredo, 1993, p.56.

ser usada como justificativa para um golpe de Estado. Era imprescindível também que Jango mantivesse uma postura de estrito respeito à legalidade, lançando mão das contradições e ambiguidades inscritas no próprio Ato Adicional como meio de desestabilizar o parlamentarismo.

As atitudes tomadas por Jango sugerem que o presidente havia decidido colocar essa estratégia em prática. No início, porém, seu interesse estava mais em consolidar posição, tendo em vista que as confabulações golpistas da direita ainda eram expressivas no final de 1961.[26] É preciso interpretar as articulações de Jango com os setores populares e as Forças Armadas também como uma forma de proteger-se contra novas tentativas de golpe. Afinal, se não fossem as manifestações dos trabalhadores após a renúncia de Quadros e, principalmente, a adesão do III Exército ao movimento da legalidade liderado pelo governador gaúcho Leonel Brizola, Jango não teria sequer assumido a presidência da República.[27] Com o tempo, todavia, conforme as tramas golpistas foram perdendo fôlego, principalmente no início de 1962, o papel defensivo da estratégia janguista (que nunca deixou de existir, diga-se de passagem) começou a perder espaço para seu lado ofensivo, isto é, para a sua capacidade de pressionar e de intimidar o Congresso Nacional, visando à mudança da Constituição e ao retorno do presidencialismo. É por meio dessa perspectiva que consideramos que devem ser lidas as relações de Jango com setores militares e, principalmente, com o movimento sindical urbano.[28]

Desde o momento em que assumiu a presidência da República, Goulart utilizou-se do *status* de comandante-em-chefe das Forças Armadas para realizar uma gradual, porém ampla, modificação das posições da oficialidade no interior da hierarquia militar. Jango promoveu, progressivamente, figuras identificadas com posturas nacionalistas e/ou legalistas para os cargos mais importantes da estrutura de defesa, diminuindo a capacidade de mobilização de oficiais identificados com o golpismo.[29] O estratégico I Exército, por exemplo, correspondente às regiões do Rio de Janeiro e de Minas Gerais, e munido com uma das maiores tropas do país, foi entregue ao general Osvino Ferreira Alves, símbolo da oficialidade nacionalista e

---

26 O embaixador norte-americano Lincoln Gordon relatou a Washington em dezembro de 1961 que a "extrema direita" ainda estaria conspirando contra Goulart e que o presidente teria conhecimento dessas articulações. Ver Telegram 1441, Rio de Janeiro to Department of State, Section I, 18 dez. 1961, JFKL, p.2.

27 Ver Harding, 1973, p.508-23; Labaki, 1986, cap.4; Skidmore, 2000, p.252-64.

28 Goulart também estreitaria contatos nesse período com movimentos de trabalhadores rurais. Entretanto, na medida em que a atuação de camponeses e de trabalhadores do campo teria um papel bem menos destacado no processo de retorno do presidencialismo, decidiu-se por não abordar essa questão aqui. Para mais informações sobre as relações de Goulart com os trabalhadores rurais, ver Pereira, 1997, cap.1; Welch, 1999, cap.7, e Page, 1972, p.83-4.

29 Salvo referências adicionais, as informações a seguir encontram-se em Abreu et al., 2001, p.181-2, 799-800, 2947-50, 3284-6, 3731-2, 5727-9 e 5395-401.

posteriormente identificado como o "general do povo". O II Exército, responsável por São Paulo, ficou com Nelson de Melo, ex-chefe do Gabinete Militar do governo Kubitschek e um dos integrantes do grupo de generais que se posicionou a favor da solução arquitetada pelo Congresso para a crise política de agosto de 1961. O III Exército, correspondente às regiões do Rio Grande do Sul, Santa Catarina e Paraná, continuou nas mãos do general Machado Lopes, que desempenhou papel primordial na defesa do movimento a favor da posse de Jango. No final de setembro de 1961, aparentemente por razões pessoais, Machado Lopes pediu transferência para o Rio de Janeiro ao ministro da Guerra Segadas Viana, sendo então nomeado chefe do Departamento de Provisão Geral do Exército (DPGE) – outro posto estratégico.[30] O III Exército foi entregue ao também legalista Nestor Penha Brasil. Apenas o IV Exército, com sede em Recife, e que respondia pela área do Nordeste, ficou nas mãos de um oficial que apoiou ativamente a frustrada tentativa de golpe em 1961: Artur da Costa e Silva. De resto, a tendência foi a de que postos-chave fossem ocupados por generais nacionalistas ou, no mínimo, legalistas; abordagem vista com preocupação por alguns membros do governo norte-americano.[31]

Do outro lado, encontram-se as relações de Jango com os trabalhadores, principalmente com o sindicalismo urbano, que também desempenhariam papel fundamental no processo de derrubada do parlamentarismo. O mais importante aqui, porém, é destacar o fato de que esses contatos teriam profundas consequências dentro do movimento trabalhista, contribuindo para uma melhor organização e maior autonomia dos sindicatos perante o Estado, mesmo que essa não tenha sido a intenção de Goulart. Ressalta-se também as implicações que o fortalecimento da classe trabalhadora traria em termos da queda da capacidade do governo na implementação da política econômica – algo que ficaria evidente, por exemplo, durante a fracassada tentativa de execução do Plano Trienal em 1963. Principalmente por causa desse aspecto, que tem grande relevância para o argumento desenvolvido na obra, justifica-se uma análise aprofundada sobre a questão dos contatos de Goulart com o movimento sindical.[32] Esse tema será analisado em detalhes nas duas seções seguintes do capítulo. Inicia-se com a apresentação de um longo, porém necessário, histórico da relação de Jango com os trabalhadores.

---

30 Oesp, Machado Lopes exonerado do comando do III Exército, 30 set. 1961, p.7.
31 CIA Memo 5064, 27 Sept. 1961, folder "Brazil General 8/61-9/61", Box 12, NSF, JFKL.
32 O ideal seria realizar uma análise semelhante sobre as relações de Goulart com as Forças Armadas. No entanto, tendo em vista que isso extrapolaria os limites do trabalho, decidiu-se por deixar essa questão de lado.

6.2. Goulart e os trabalhadores[33]

Desde o período em que atuou como ministro do Trabalho de Vargas, entre junho de 1953 a fevereiro de 1954, passando pelos anos como vice- -presidente de Juscelino Kubitschek e de Jânio Quadros (1956-61), até assumir a presidência da República, Goulart destacou-se por três características no trato com o movimento sindical: relacionamento frequente e informal com líderes trabalhistas; respeito aos resultados das eleições sindicais e ao direito de organização e de manifestação dos trabalhadores; e diálogos com as mais diferentes correntes político-ideológicas do sindicalismo. Isso quer dizer que, no geral, uma vez no poder, Jango negou-se a intervir em sindicatos, a reprimir greves e manifestações públicas, e a isolar ou romper contatos com grupos que tivessem representatividade entre trabalhadores, mesmo que fossem comunistas.[34]

Independentemente das razões que teriam impulsionado Jango a atuar dessa maneira, seja sua "natural vocação democrática", como quer Clodsmith Riani, sindicalista que lhe era bastante próximo no período, sejam interesses eleitorais e políticos, expressos por métodos que visariam cooptar e controlar a classe trabalhadora, o fato é que as práticas de Jango simbolizaram, na visão de muitos, principalmente para os setores mais conservadores da sociedade, uma ruptura com o modo pelo qual deveriam ser processadas as relações capital-trabalho.[35] Daí as frequentes acusações aos seus supostos interesses em instigar o "clima de agitação e exacerbação do conflito de classes", em "destilar" nos trabalhadores o "espírito da insubordinação", em incentivar "greves ilegais" e em planejar o estabelecimento de uma "república sindicalista" ou de uma "ditadura sindical" no país.[36] É importante compreender melhor a lógica dessas denúncias, que estavam presentes até no manifesto dos ministros militares de agosto de 1961, usado para justificar a necessidade de impedimento da posse de Goulart à presidência da República.[37]

Durante o governo Dutra (1946-51), grande parte dos sindicatos sofreu intervenção por fins políticos, isto é, com o intuito de impedir a posse ou

---

33 Uma versão modificada da discussão apresentada nesta e na próxima seções foi publicada na revista *História*, São Paulo, online. Ver Loureiro, 2017.

34 Para um histórico das relações entre Jango, PTB e o movimento sindical, ver D'Araújo, 1996.

35 Clodsmith Riani, entrevista ao autor, 18 julho 2009, Juiz de Fora-MG. Como exemplo daqueles que defendiam que Goulart teria intenções de "controlar" e de "dominar" a classe operária agindo por meio de uma pretensiosa inclinação para o consenso, ver o posicionamento do ex-ministro do Trabalho Alírio Salles Coelho em MemCon, Lincoln Gordon, John Fishburn e Coelho, 16 jan. 1962, folder ECO 2, Box 2, RG 59, Nara, p.1.

36 A primeira referência é do *Diário de Notícias*, 9 set. 1953, p.4; enquanto as demais são do *Tribuna de Imprensa*, 20 out. 1953, 3, *apud* Ferreira, 2011, p.105-7.

37 Oesp, Os militares dão a razão do veto, 31 ago. 1961, p.2. A íntegra do manifesto também pode ser encontrada em Victor, 1965, p.347-8.

permanência de líderes que não fossem alinhados à orientação do governo. Tanto as lideranças de esquerda, entre as quais comunistas e socialistas, como os líderes independentes foram perseguidos.[38] Com o retorno de Getúlio Vargas à presidência em 1951, houve mudanças importantes, apesar de essas mudanças terem ocorrido de modo lento e gradual e de terem sido influenciadas por pressões operárias. Acabou-se, por exemplo, com a necessidade de apresentação do atestado de ideologia em eleições sindicais, o que permitiu o retorno da participação de lideranças de esquerda, inclusive comunistas, aos pleitos.[39] Os dois primeiros ministros do Trabalho de Vargas, porém, não se notabilizariam por defender posicionamentos tão progressistas nesse sentido. José de Segadas Viana, o titular da pasta anterior a Jango, era conhecido pelo seu ferrenho anticomunismo e pela disposição em manter a qualquer custo lideranças que lhe fossem fiéis nos órgãos de representação dos trabalhadores. Irregularidades encontradas nas eleições dos sindicatos, ou mesmo na administração do dia a dia da entidade, por menores que fossem, podiam ser usadas como justificativa legal para a intervenção, se assim desejasse o ministro. Isso era facilitado pela minúcia dos procedimentos burocráticos requeridos às diretorias sindicais, muitas vezes difíceis de serem cumpridos mesmo pelos mais zelosos dirigentes. Na prática, portanto, apesar de algumas concessões, o espectro do atestado de ideologia ainda pairava sobre a cabeça de muitos sindicalistas mesmo no início do governo Vargas.[40]

O período pós-guerra no Brasil também foi marcado por uma falta de liberdade legal com relação às greves. Apesar de a Constituição de 1946 ter garantido em seu Artigo 158 o direito de greve aos trabalhadores, essa questão nunca chegou a ser regulamentada durante a República do pós-guerra (1946-64). A única lei então existente sobre o tema era o Decreto n.9.070, editado pelo governo Dutra em março de 1946. Essa medida havia praticamente proibido o direito de greve no país, em evidente contradição com a Carta Magna que seria promulgada ainda naquele ano. Segundo o Decreto n.9.070, trabalhadores pertencentes a atividades econômicas "fundamentais" (setor de transportes, comunicações, água e esgoto, minas e energia, bancário, farmacêutico, hospitalar, serviços funerários, lavoura e pecuária, comércio de "gêneros essenciais à vida das populações" e "indústrias básicas de defesa nacional") estavam proibidos de decretar greves. Enquanto isso, os demais trabalhadores, isto é, aqueles vinculados a atividades "acessórias", estavam autorizados a paralisar seus serviços, porém apenas em circunstâncias determinadas.[41] Essas condições eram

---

38 Colistete, 2001, p.56-8; Harding, 1973, cap.6.

39 Harding, 1973, p.243-8.

40 Para a atuação de Segadas Viana no Ministério do Trabalho, ver Gomes, "Memórias em disputa", in Ferreira, 2006, p.36-7, 41.

41 Paralisações em "atividades acessórias" só eram permitidas nas seguintes condições: primeiramente, trabalhadores e empresários deveriam tentar atingir um acordo via Justiça do

tão estreitas e específicas que seria possível ao governo, caso fosse o seu interesse, enquadrar a maior parte dos movimentos grevistas no rótulo de "ilegais" – como, de fato, havia sido feito pelo governo Dutra.

Nesse contexto, entende-se o porquê de ter gerado tanta polêmica a posse de um ministro do Trabalho – e, depois, de um vice-presidente – que se mostrava aberto ao diálogo com diferentes correntes do sindicalismo e que, na maioria dos casos, negava-se a defender intervenções e o uso de repressão contra movimentos grevistas, mesmo que pudessem ser enquadradas na legalidade vigente. Note-se, portanto, que a acusação lançada sobre Jango de que ele seria conivente com "greves ilegais" não era de todo sem fundamento. De fato, a maioria absoluta das greves ocorrida no período 1946-64 teve caráter ilegal, no sentido de que esses movimentos desrespeitaram as determinações do Decreto n.9.070. A questão é que a partir da presidência de Vargas (1951-54), principalmente após a nomeação de Jango para a pasta do Trabalho, o governo passou a adotar uma interpretação mais flexível do conceito de legalidade no que se referia às greves. O mesmo ocorreu em relação a uma maior tolerância à presença de comunistas nas diretorias de sindicatos e federações. Essas decisões estiveram relacionadas à intensificação das manifestações de trabalhadores no primeiro semestre de 1953, em particular à eclosão em março da "greve dos 300 mil" na cidade de São Paulo. O emprego da repressão pura e simples nesse caso, como queria o então ministro do Trabalho Segadas Viana, não só parecia insuficiente para resolver o problema, como ainda poderia mostrar-se politicamente danoso para Vargas. A nomeação de Jango para o posto simbolizou a escolha de outra abordagem diante do movimento operário, que seria mantida, com oscilações, pelas administrações Kubitschek e Quadros, e intensificada pela própria presidência de Goulart.[42] Vale ressaltar, no entanto, que os instrumentos jurídicos que permitiam ao governo reprimir greves e intervir em sindicatos não foram formalmente abolidos, nem mesmo durante o período janguista. Isso quer dizer que, em teoria, as autoridades ainda possuíam mecanismos legais para adotar uma postura mais rígida no tratamento do movimento sindical caso assim desejassem.

Concomitantemente a esse processo de garantia de maiores liberdades aos sindicatos, houve uma importante mudança de posicionamento no interior do Partido Comunista. Em 1952, o Partido Comunista Brasileiro (PCB) lançou uma resolução sindical afastando-se da abordagem revolucionária e isolacionista adotada com o "Manifesto de Agosto" de 1950.

Trabalho (dissídio coletivo arbitral). Caso o acordo não fosse viável, as partes deveriam submeter-se às disposições determinadas pela Justiça (dissídio coletivo compulsório). Apenas na hipótese de os empresários se negarem a aceitar as determinações judiciárias é que os trabalhadores teriam o direito de declarar greve. Ver Harding, 1973, p.187-92.

42 Para o período de Goulart como ministro do Trabalho de Vargas, ver Gomes, "Memória em disputa", in Ferreira, 2006.

Voltou-se a defender a construção de alianças junto a segmentos progressistas da sociedade e a necessidade de os membros do partido atuarem
dentro dos sindicatos oficiais, usando-os em prol da conscientização da
classe trabalhadora. Os resultados dessa nova orientação foram significativos. Em pouco tempo, em razão de sua disciplina, treinamento e
considerável dedicação, os líderes sindicais vinculados ao PCB passaram a
controlar importantes sindicatos dos setores fabril e de serviços nos estados de São Paulo e da Guanabara, em muitos casos por meio de alianças
com os trabalhistas.[43]

Os comunistas dedicaram suas energias ao controle de entidades que
respondiam a setores industriais com elevado número de trabalhadores
e à conquista de sindicatos em serviços essenciais, principalmente transportes e comunicações.[44] Essa escolha não foi fortuita. O controle sobre
ferrovias, trens, portos e embarcações marítimas era estratégico em vários
sentidos. Um conjunto extenso de atividades econômicas dependia da
rede de transportes para manter seu ritmo normal de funcionamento. A
paralisação do porto de Santos, ou da ferrovia Santos-Jundiaí, por exemplo, afetava tanto cafeicultores do interior de São Paulo, que não podiam
exportar sua produção, quanto industriais da capital paulista, que se viam
impossibilitados de importar insumos para suas fábricas. A paralisação
também gerava efeitos sobre o abastecimento urbano, principalmente
no caso das grandes cidades. Além disso, o sucesso de uma greve geral
dependia da adesão dos trabalhadores do ramo de transportes. Entre o
final da década de 1950 e início dos anos 1960, a presença dos comunistas
em diretorias sindicais começou a ser complementada com a conquista
de importantes federações, mantendo-se o mesmo padrão setorial. Entidades como a Federação Nacional dos Ferroviários (Rafael Martinelli) e
Federação Nacional dos Estivadores (Osvaldo Pacheco da Silva) foram
conquistadas pelos comunistas.[45] O mesmo ocorreu, por exemplo, com
as federações paulistas dos têxteis (Antônio Chamorro), dos químicos
(Floriano Dezen) e das indústrias de alimentos (Luiz Tenório de Lima).[46]
Como notou um relatório produzido pela embaixada norte-americana
no Brasil, "o impacto dos comunistas sobre os trabalhadores não deve ser
medido tanto pelo número de sindicatos sob controle do partido", mas

---

43 A diferença em relação ao preparo e à dedicação entre os líderes comunistas e aqueles
filiados a outras correntes do sindicalismo era ressaltada com frequência em relatórios diplomáticos britânicos e norte-americanos sobre o Brasil. Ver, por exemplo, Memo, Brazilian
Political System Study, s.d. [março 1963], folder Brazil 3/63-5/63, Box WH-26, Papers of
Arthur Schlesinger (doravante PAS), JFKL, p.46-7. Sobre a mudança de orientação sindical do
PCB em 1952, ver Chilcote, 1982, p.111-4.
44 Rafael Martinelli, entrevista ao autor, 2 jul. 2009, São Paulo-SP.
45 Report 36/59, Rio de Janeiro to Foreign Office, 20 nov. 1960, TNA, p.2.
46 Report 8/60, Rio de Janeiro to Foreign Office, s.d., LAB 13/1391, TNA; Harding, 1973, p.537.

pela sua influência em organismos "chave", principalmente nos setores fabril e de transportes.[47]

A crescente influência dos comunistas no meio sindical certamente não passou despercebida a Jango. As evidências sugerem que Goulart enxergava como pré-condição para o sucesso de seu próprio projeto político a realização de alianças com grupos que possuíam representatividade junto aos trabalhadores. Segundo Hércules Correia dos Reis, um dos mais destacados líderes sindicais comunistas do Rio de Janeiro nesse período, "Jango sempre pautou a vida dele, como nós comunistas, pela ideia de que você não pode avançar se não tiver força. Então, precisa fazer alianças".[48] Para Hugo de Farias, a partir do momento em que Jango assumiu o Ministério do Trabalho em 1953, houve junção "[d]a fome com a vontade de comer". De um lado, os comunistas estavam propensos a aliar-se com setores progressistas; de outro, havia um ministro e presidente do PTB que se mostrava interessado em dialogar com líderes sindicais que tivessem apoio na base operária, "sem se preocupar se aquele dirigente era comunista, socialista, trabalhista, petebista ou o que fosse".[49] O resultado foi frutífero para ambos os lados: os comunistas ampliaram sua influência sobre o movimento sindical, passando do domínio de sindicatos para federações, e ganharam, até mesmo, o controle sobre uma confederação; enquanto Jango consolidou-se como herdeiro de Vargas dentro do PTB e elegeu-se vice-presidente em 1955, recebendo mais votos do que o próprio presidente Kubitschek.[50]

Mas as perspectivas para Goulart nas eleições de 1960, quando mais uma vez ele sairia candidato à vice-presidência, não eram tão promissoras. Seu companheiro e líder de chapa, Henrique Teixeira Lott, não tinha nem carisma e nem popularidade comparáveis as do opositor Jânio Quadros. O ex-governador de São Paulo surgia como o maior fenômeno político nacional do pós-guerra. As chances de Quadros conseguir emplacar o seu próprio companheiro de chapa, o deputado Milton Campos (UDN-MG), não pareciam pequenas. Para piorar, Goulart começou a encontrar sérias dificuldades nas fileiras do partido que ele mesmo presidia. O deputado federal Fernando Ferrari (PTB-RS), que havia recebido o maior número de votos para deputado nas eleições de 1958, desafiou a decisão do Diretório Nacional do PTB de indicar Goulart à vice-presidência. Uma vez derrotado no partido, Ferrari acabou sendo expulso do PTB e saiu como candidato a vice-presidente pelo "Partido Democrata Cristão" (PDC), formando, ao mesmo tempo, o "Movimento Trabalhista Renovador" (MTR) – uma

---

47 Memo, Brazilian Political System Study, s.d. [março 1963], JFKL, p.46-7.
48 *Apud* Ferreira e Gomes, 2007, p.107.
49 Idem, p.93.
50 Sobre o domínio exercido pelos comunistas na Confederação dos Trabalhadores em Empresas de Crédito (Contec), ver Report 26/59, Rio de Janeiro to Foreign Office, 11 ago. 1959, LAB 13/1339, TNA.

organização "cívico-apartidária" cujo objetivo era institucionalizar o apoio que Ferrari vinha recebendo de sindicatos paulistas e gaúchos.[51]

Nesse contexto, as relações entre Goulart e os comunistas estreitaram--se. O PCB decidiu apoiar a chapa Lott-Goulart para as eleições de 1960. Além disso, sob o beneplácito de Jango, o partido ampliou esforços em favor da constituição de uma central sindical, algo formalmente proibido pela Consolidação das Leis do Trabalho (CLT). O objetivo do PCB era criar um mecanismo de ampla mobilização da classe operária sem ter a necessidade de ocupar as diretorias das principais confederações de traba-lhadores, como a CNTI. Essas entidades estavam há anos sob o controle das mesmas lideranças sindicais – na maioria dos casos, "pelegas". Isso porque o sistema eleitoral de escolha das diretorias das confederações (e também das federações) era baseado em restritos colégios eleitorais, abrindo espaço para vários tipos de chantagens e pressões sobre os delega-dos, incluindo suborno.[52] Goulart e outros membros do PTB, por sua vez, precisavam "desesperadamente" de apoio popular para vencer as eleições de 1960. Assim, um organismo sindical capaz de aglutinar trabalhadores de várias regiões em apoio às chapas da legenda trabalhista adequava-se aos objetivos do partido e aos de Jango.[53] A oportunidade para a criação desse organismo veio com o 3º Congresso Nacional Sindical, convocado pelas diretorias das Confederações dos Trabalhadores na Indústria (CNTI), no Comércio (CNTC) e em Transportes Terrestres (CNTTT) para ocorrer no Rio de Janeiro em agosto, apenas três meses antes das eleições presidenciais de 1960.[54] O evento também constituiria um palanque para a chapa Lott--Goulart. Tanto é que o presidente da República, Juscelino Kubitschek, além do próprio Jango, eram aguardados para o encerramento do encontro.[55]

O 3º Congresso Nacional Sindical, porém, não foi palco do surgi-mento de uma central sindical no Brasil. Antes mesmo de seu início, os

---

51 Report 73, 2182/60, Rio de Janeiro to Foreign Office, jun. 1960, LAB 13/1391, TNA, 2; Abreu et al., 2001, p.2151-3.

52 Os delegados dos colégios eleitorais eram escolhidos, no caso das federações, pelos sindica-tos que as compunham; e, no caso das confederações, pelas federações que estavam sob a jurisdição das mesmas. Cada entidade só tinha direito a um delegado, independentemente do número de filiados. Trabalhadores sindicalizados só poderiam votar diretamente nas eleições para a diretoria de seu próprio sindicato. Para mais informações sobre o sistema elei-toral dos órgãos corporativos de representação dos trabalhadores, ver Mericle, 1974, cap.1.

53 Report 73, 2182/60, Rio de Janeiro to Foreign Office, jun. 1960, TNA.

54 Desde o final da década de 1950, as diretorias da CNTI, da CNTC e da CNTTT vinham tentando adotar posturas menos conservadoras para melhorar sua imagem diante dos tra-balhadores. Visava-se, com isso, neutralizar a influência de comunistas e trabalhistas junto à base operária. A convocação de "Congressos Sindicais" fazia parte dessa nova abordagem, assim como o apoio a certos tipos de greves. Para mais informações, ver Report 14/59, Rio de Janeiro to Foreign Office, 26 maio 1959, LAB 13/1339, TNA.

55 Report 191, Rio de Janeiro to Department of State, 1º out. 1960, CGR 1941-73, folder "Labor Affairs, General, 1959-61", Box 131, p.1-2.

presidentes da CNTI, CNTC e CNTTT, alinhados ao sindicalismo internacional "democrático" – isto é, à Organização Regional Interamericana dos Trabalhadores (Orit)-Confederação Internacional das Organizações Sindicais Livres (CIOSL), de orientação anticomunista e pró-Estados Unidos –, lançaram nota posicionando-se contra a criação de uma entidade unificada no Brasil.[56] Isso porque era evidente que o surgimento de uma central sindical naquele contexto implicaria, na melhor das hipóteses, na formação de uma diretoria de composição entre lideranças "democráticas", trabalhistas e comunistas – algo visto como inaceitável pela cúpula da Orit-CIOSL e por membros do próprio governo norte-americano.[57]

Havia, porém, dois problemas. Primeiro, o 3º Congresso Sindical já havia sido convocado. E, segundo, o critério de votação escolhido para determinar as deliberações do evento era altamente prejudicial para os interesses das diretorias das confederações.[58] Ao invés do sistema tradicional, no qual cada sindicato ou federação, independentemente do número de filiados, tinha direito a apenas um voto, estabeleceu-se que a votação seria proporcional à quantidade de membros das entidades participantes (um voto para cada mil membros). Como a maior parte dos sindicatos e federações com grande número de filiados estava sob controle de comunistas e/ou trabalhistas, os "democráticos" tinham pouco o que fazer a não ser abandonar o Congresso, privando-o de sua legitimidade.[59] Aos políticos trabalhistas, porém, não interessava a criação de uma central sindical, ou mesmo o uso do evento para qualquer outro fim político, nessas circunstâncias, tanto é que, segundo o adido trabalhista norte-americano, Goulart tentou convencer as lideranças das confederações a reconsiderarem a decisão até o último momento, mas não conseguiu.[60] No terceiro dia de trabalhos, os presidentes da CNTI, CNTC e CNTTT abandonaram o Congresso, levando consigo 400 dos 2 mil delegados presentes.[61] Com isso, Kubitschek e Goulart acabaram não comparecendo à cerimônia de encerramento do encontro. Mesmo

56 Oesp, Dirigentes da CNTI contra a criação da primeira central sindical, 5 ago. 1960, p.14; UH, Ronda sindical, 5 ago. 1960, p.8. Para maiores informações sobre a Organização Regional Interamericana do Trabalho (Orit), braço latino-americano da Confederação Internacional das Organizações Sindicais Livres (CIOSL), ver Carew, 1984, e Colistete, 2012, p.671-80.
57 Colistete, 2012, p.693-5.
58 Os presidentes da CNTI, CNTC e CNTTT estavam participando de um evento em Bruxelas quando se deu a reunião da comissão organizadora do 3º Congresso Sindical que decidiu sobre o sistema de votação. Report 53, 2182/60, Rio de Janeiro to Department of State, set. 1960, LAB 13/1391, TNA, p.3.
59 De acordo com a legislação, um "Congresso Nacional Sindical" só poderia ocorrer na medida em que fosse convocado e realizado sob a anuência de todas as confederações de trabalhadores. Com isso, na hipótese de os dirigentes "democráticos" abandonarem o evento, este deixaria de ter o status de "Congresso Nacional Sindical".
60 Report 191, Rio de Janeiro to Department of State, 1º out. 1960, Nara, p.4-5.
61 Oesp, Cisão no Congresso: 400 delegados abandonam os trabalhos, 14 ago. 1960, p.11. Além dos delegados vinculados à Orit-CIOSL, um grupo de sindicalistas de São Paulo,

assim, o evento prosseguiu. No último dia, aprovou-se uma declaração de princípios em defesa de medidas consideradas essenciais para a melhoria das condições de vida da classe trabalhadora. A resolução não incluiu uma moção pela criação de uma central sindical. Determinou-se apenas que o "Congresso Nacional" seguinte deveria deliberar sobre o assunto.[62] Para Richard Morris, adido trabalhista britânico, o evento teria representado um "golpe mortal" para as pretensões eleitorais do PTB. Segundo o adido, além do fracasso do surgimento da central sindical e da constituição de um amplo palanque para a candidatura Lott-Jango, as relações do partido com os comunistas teriam ficado evidentes.[63]

As conclusões do adido britânico, porém, estavam equivocadas. Goulart venceria as eleições para a vice-presidência em outubro de 1960, superando o segundo lugar, o deputado Milton Campos, por uma diferença de apenas 300 mil votos (ou 0,006%). Apesar disso, percebe-se que Jango aprendeu lições importantes com o 3° Congresso Nacional Sindical. O encontro havia deixado claro que o surgimento de uma central única no Brasil seria muito difícil sem o apoio das diretorias das principais confederações de trabalhadores – ou, ao menos, da mais importante delas (CNTI). A crise político-militar aberta com a renúncia de Quadros em agosto de 1961 colocou ainda mais em evidência para Jango a necessidade de criar mecanismos institucionais capazes de articular uma rápida e ampla mobilização da classe operária. Esses mecanismos serviriam, primordialmente, para defender o regime contra novas possíveis tentativas de golpe. Com o tempo, porém, tornou-se claro que eles também poderiam ser utilizados para pressionar o Parlamento na questão da restituição do presidencialismo. É difícil dizer até que ponto esse segundo objetivo fazia parte das motivações de Jango desde sua posse na presidência da República. De qualquer forma, as evidências mostram que, uma vez no Palácio do Planalto, Goulart elegeu como prioridade a derrubada das lideranças das diretorias da CNTC e da CNTI. Apesar de ter falhado no primeiro caso, o tempo mostraria que as condições para a criação de uma central sindical tinham sido abertas com a conquista da CNTI.

---

liderado pelo janista Dante Pelacani, e outro formado por lideranças católicas, também deixaram o evento. Idem, p.4-5.

62 Para a íntegra da declaração, ver NR, Trabalhadores conquistaram no III Congresso uma vitória histórica, 19-25 ago. 1960, p.2.

63 Report 53, 2182/60, Rio de Janeiro to Department of State, set. 1960, TNA, p.5-7.

6.3. Goulart e as eleições da CNTC e da CNTI no final de 1961

Em discurso pronunciado durante o 2° Encontro Nacional Sindical, realizado em Belo Horizonte em maio de 1961, o então vice-presidente João Goulart deu sinais de que os "pelegos" que controlavam as direções da CNTC (Ângelo Parmegiani) e da CNTI (Deocleciano de Holanda Cavalcanti, Ary Campista) enfrentariam forte oposição nas eleições de suas entidades, programadas para setembro e dezembro daquele ano, respectivamente. Goulart afirmou que esses líderes estariam "executando uma política reacionária, porque são simples assalariados de grupos econômicos e potências estrangeiras".[64] Meses mais tarde, no auge da crise política de agosto, os "democráticos" dariam seu troco. Antônio Pereira Magaldi, vice-presidente da CNTC e líder do Movimento Sindical Democrático (MSD), lançou um manifesto com o aval das diretorias das Confederações dos Trabalhadores da Indústria (Cavalcanti), do Comércio (Parmegiani) e de Transportes Terrestres (Sindulfo de Azevedo Pequeno) em apoio aos ministros militares contra a posse de Jango. Segundo o documento, a classe trabalhadora deveria "confiar na vocação democrática das Forças Armadas" e manter o "trabalho tranquilo nas fábricas, nas ferrovias e nas casas comerciais". Somente assim, concluiu Magaldi, os trabalhadores contribuiriam para a "preservação d[e um] Brasil uno, democrático e cristão".[65] Com a superação da crise político-militar, era de esperar que Jango atuasse incisivamente para retirar esses líderes sindicais do poder de suas confederações. E foi exatamente isso que aconteceu.

A primeira oportunidade que Goulart teve para destronar o "império dos pelegos" deu-se com as eleições para diretoria da CNTC, realizadas no final de setembro de 1961.[66] A entidade era considerada pela embaixada norte-americana como o "coração do sindicalismo democrático no Brasil".[67] Além dos estreitos vínculos mantidos pelo seu presidente, Ângelo Parmegiani, com entidades sindicais "democráticas" internacionais, em especial com a Orit-CIOSL, o vice-presidente da Confederação, Antônio Pereira

---

64 UH, Denunciados líderes sindicais a soldo de trustes, 23 maio 1961, 1c, p.8.

65 Oesp, Dirigentes sindicais democráticos recomendam aos operários que não atendam aos comunistas, 29 out. 1961, p.8. Para as entidades sindicais que apoiaram a posse de Jango, ver NR, Trabalhadores de todo o Brasil: liberdade com Jango no Palácio do Alvorada, 1°-7 set. 1961, p.2.

66 Um mês antes da renúncia de Quadros, em julho de 1961, ocorreram eleições para a diretoria da Confederação Nacional dos Trabalhadores em Transportes Terrestres (CNTTT). O candidato "democrático", Mário Lopes de Oliveira, apoiado por Sindulfo de Azevedo Pequeno, sagrou-se vitorioso. Ver Report 6/61, Rio de Janeiro to Foreign Office, 15 dez. 1961, LAB 13/1490, TNA, p.1.

67 Telegram 938, Rio de Janeiro to Department of State, 10 out. 1961, CGR 1941-73, folder "Labor Affairs, General, 1959-61", Box 131, p.1.

Magaldi, era a principal liderança anticomunista do país, recebendo, para tanto, financiamento de fontes internacionais, até mesmo de órgãos do governo dos Estados Unidos.[68]

Por intermédio do assessor sindical da presidência da República, Gilberto Crockat de Sá, Goulart tomou duas providências para tentar vencer as eleições da CNTC. Primeiro, o presidente estimulou a formação de uma chapa trabalhista-comunista em torno de Jaime Correia da Silva, líder comerciário do Rio de Janeiro, para enfrentar Ângelo Parmegiani. Segundo, Crockat de Sá enviou telegramas em nome de Goulart a todos os delegados que participariam nas eleições pedindo "colaboração" para a vitória do candidato presidencial. "Normalmente", assinalou John Fishburn, adido trabalhista norte-americano, "essa pressão já seria mais do que suficiente".[69] Porém, nesse caso, não foi. As eleições terminaram empatadas em 9 votos a 9, levando a uma intensificação de esforços de ambos os lados para "convencer" delegados a mudar de opção no segundo turno, programado para ocorrer no final de outubro.[70]

Dois exemplos ilustram o caráter acirrado que caracterizou a campanha nessa fase decisiva. O primeiro envolve a mudança de posicionamento da Federação Nacional dos Empregados Vendedores e Viajantes do Comércio, liderada na época pelo próprio Ângelo Parmegiani, presidente da CNTC e candidato "democrático" à reeleição. No primeiro turno, o delegado dessa federação havia votado surpreendentemente na chapa oposicionista. Conforme John Fishburn, tal resultado só poderia ser explicado pela "evidente pressão" exercida por assessores de Goulart. Os "democráticos" revidaram, porém. No intervalo entre os dois turnos, ocorreram eleições para a diretoria da própria Federação dos Vendedores, que sagraram Parmegiani de novo como seu presidente, só que dessa vez de modo ainda mais unânime. Com apoio majoritário da diretoria da entidade, Parmegiani trocou o delegado da federação no colégio eleitoral, garantindo um voto extra a seu favor para o pleito da CNTC. Nessas condições, a previsão era a de que os "democráticos" vencessem por 10 a 8.[71] A iniciativa passaria agora para a assessoria sindical de Goulart.

Visando levar às eleições da CNTC pelo menos para um novo empate no segundo turno, Jango e seus assessores realizaram forte pressão sobre o presidente da Federação dos Trabalhadores em Empresas de Combustíveis

68 Report A-90, Rio de Janeiro to Department of State, 20 jul. 1962, folder Brazil 3/62-9/62, Box 390, PRD, NSF, JFKL, p.4.

69 Report 383, Rio de Janeiro to Department of State, 7 nov. 1961, CGR 1941-73, folder "Labor Affairs, General, 1959-61", Box 131, RG 84, Nara, p.3-4. A confiança na vitória da chapa de Jaime Correia da Silva era grande nos círculos sindicais trabalhistas e comunistas antes das eleições. Ver a respeito UH, Ronda sindical, 22 set. 1961, p.8.

70 UH, Ronda sindical, 18 out. 1961, p.12.

71 Report 383, Rio de Janeiro to Department of State, 7 nov. 1961, Nara, p.1-5.

Minerais, Alberto Bettamio. Desejava-se que Bettamio trocasse o delegado indicado pela entidade no colégio eleitoral da CNTC. No primeiro turno, o dito representante, Lourival Portal da Silva, "como resultado de sua coragem pessoal e convicção", havia decidido votar a favor de Parmegiani. A intensidade das pressões feitas por Goulart aumentou a participação da embaixada norte-americana a favor da vitória da chapa "democrática". Para impedir que Bettamio sucumbisse à influência janguista, o embaixador em exercício, Niles Bond, telegrafou ao Departamento de Estado pedindo para que contatos "imediatos" fossem estabelecidos com o presidente da Federação Internacional de Trabalhadores Petrolíferos, O. A. Knight. Desejava-se que Knight entrasse em contato com Bettamio e intercedesse a favor da manutenção de Lourival no cargo.[72] Todavia, as pressões não adiantaram. Por meio de uma hábil manobra, Bettamio articulou para que ele próprio fosse indicado delegado nas eleições, substituindo Lourival. Imediatamente, o advogado de Parmegiani entrou com recurso ao Ministério do Trabalho requerendo a anulação do esquema. "Apesar de o Ministério do Trabalho normalmente demorar semanas para processar uma ação", relatou o adido norte-americano, "esta foi processada dentro de um dia a favor do Sr. Portal". Com a manutenção de Lourival no posto, Parmegiani venceu as eleições da CNTC por 10 a 8, sustentando a confederação sob domínio "democrático".[73]

O resultado do pleito da CNTC certamente representou uma derrota para Goulart, mas não de todo decisiva. Muito mais importante para o presidente era impedir que a diretoria da CNTI, controlada por Deocleciano de Holanda Cavalcanti desde a fundação da entidade, fosse mantida no cargo nas eleições que ocorreriam em dezembro de 1961.[74] Mais uma vez, por intermédio de seu assessor sindical, Goulart articulou a formação de uma chapa constituída por trabalhistas e comunistas, tendo como cabeça um fiel aliado, o líder sindical mineiro e então também deputado estadual pelo PTB Clodsmith Riani.[75] O número de federações controladas pelo grupo,

---

72 Telegram 938, Rio de Janeiro to Department of State, 10 out. 1961, Nara, p.1-2.
73 Report 383, Rio de Janeiro to Department of State, 7 nov. 1961, Nara, p.1-5; e Oesp, Importante vitória dos democráticos no pleito da CNTC, 29 out. 1961, p.27. Não cabe aqui aprofundar as razões que teriam levado o ministro do Trabalho Franco Montoro (PDC-SP) a agir de tal modo. É provável, porém, que dois aspectos tenham pesado nessa decisão: as disputas entre trabalhistas e democratas cristãos pelo controle de espaços de influência no movimento sindical, e a discordância de Montoro diante dos métodos de Goulart no sindicalismo, particularmente no que se refere à construção de alianças táticas com líderes comunistas. Essa divergência ficou clara, por exemplo, nas declarações dadas por Montoro ao adido trabalhista norte-americano, John Fishburn. MemCon, Fishburn, Montoro, 10 jan. 1962, folder ECO 7.4, Box 2, RG 59, Nara.
74 Cavalcanti já havia encontrado dificuldades para manter-se no poder nas eleições de 1959 da CNTI. Tanto é que Clodsmith Riani, líder sindical janguista, integrou a chapa de Cavalcanti como vice-presidente. Colistete, 2012, p.692-4.
75 Oesp, Seriam tumultuadas as eleições na CNTI, 1º dez. 1961, p.7.

porém, ainda era insuficiente para vencer Deocleciano no colégio eleitoral. O problema só foi resolvido a partir do momento em que duas figuras fundamentais foram convencidas a integrar a chapa da oposição: Heracy Fagundes Wagner, então primeiro-secretário da CNTI; e Dante Pelacani, líder sindical janista e presidente da Federação Nacional dos Gráficos. A cabeça da chapa foi entregue a Wagner, que controlava o voto de cinco federações no Rio Grande do Sul.[76] Com essas articulações, Deocleciano não teria chance de reeleger-se presidente da CNTI.

Mas um evento mudou o curso da disputa. Poucos dias antes das eleições, Deocleciano abdicou da liderança da chapa da situação, oferecendo-a a Heracy Wagner, que aceitou prontamente a oferta. Segundo o embaixador Lincoln Gordon, Wagner temia ser "traído" por Pelacani após as eleições. Isso porque a decisão sobre o nome do presidente da CNTI só podia ser tomada oficialmente na primeira reunião da nova diretoria. Wagner achava que Pelacani romperia o compromisso selado entre os dois, convencendo os demais membros da chapa a votar nele próprio para a presidência da CNTI. De qualquer modo, a repentina mudança na composição das chapas, que podia criar sérios problemas para Goulart, não foi nada fortuita. Funcionários do governo norte-americano vinham pressionando Jango desde novembro a abandonar o projeto de formação de uma chapa em aliança com os comunistas para a CNTI. O adido trabalhista dos Estados Unidos chegou a recomendar ao embaixador Lincoln Gordon que advertisse Jango sobre os impactos negativos que as atitudes do governo brasileiro criariam na liberação de recursos financeiros ao país.[77] Quando Gordon transmitiu os receios norte-americanos a Goulart, o presidente argumentou que a chapa sob seu apoio contaria apenas com a presença de alguns "elementos extremistas" (mas não comunistas), deixando a entender que a estratégia seria mantida.[78] Não coincidentemente, dias depois desse encontro ocorreu o racha com a saída de Wagner.

O que motivou esse episódio, na realidade, foi a pressão que Deocleciano Cavalcanti vinha recebendo de líderes do sindicalismo "democrático" internacional, principalmente de Serafino Romualdi da Orit-CIOSL, para renunciar ao seu posto na chapa da situação, dada as perspectivas de uma iminente derrota.[79] A saída de Deocleciano abriria espaço para a entrada de Wagner e, talvez, até para a formação de uma ampla composição

76 Telegram 1353, Rio de Janeiro to Department of State, 6 dez. 1961, 2; Telegram 1392, Rio de Janeiro to Department of State, 9 dez. 1961, CGR 1941-73, folder "Brazil, Sept.-Dec. 1961", Box 124, RG 84, Nara, p.1; Campos e Paula, 2005, p.212; UH, CNTI: chapa de unidade contra Deocleciano, 6 dez. 1961, p.14.

77 Report s.n., Rio de Janeiro to Department of State, 17 nov. 1961, CGR 1941-73, folder "Labor Affairs, General, 1959-61", Box 131, RG 84, Nara, p.1.

78 Telegram 1353, Rio de Janeiro to Department of State, 6 dez. 1961, Nara, p.1.

79 Report s.n., Rio de Janeiro to Department of State, 17 nov. 1961, Nara, p.2.

anticomunista, condição vista como imprescindível pelo ministro do Trabalho Franco Montoro para vencer o grupo articulado por Goulart.[80] Nesse contexto, a vitória de Jango dependia da permanência de Dante Pelacani na chapa oposicionista – algo que não estava assegurado devido ao assédio feito pelos líderes "democráticos" em sentido contrário.[81] Para evitar que essa saída se concretizasse, ao que tudo indica Pelacani passou a encabeçar a chapa da oposição, tendo Clodsmith Riani como vice.[82] No dia da eleição, a oposição venceu os "democráticos" por 29 votos a 23.[83] A manobra de última hora de Deocleciano mostrou-se inútil. Faltava apenas a confirmação de que Pelacani seria escolhido presidente da CNTI na primeira reunião da nova diretoria. Quando o encontro ocorreu, porém, no início de janeiro de 1962, dos sete novos diretores da Confederação, cinco votaram em Riani, um em Pelacani e outro em branco. Ao final das contas, Pelacani foi aquele quem acabou sendo "traído".[84] Com Clodsmith Riani na presidência da CNTI, Jango contava agora com um líder de sua mais "absoluta confiança" no comando da mais importante organização trabalhista do país.[85]

---

80 Segundo John Fishburn, Arturo Jauregui teria concordado em colocar Ari Campista, então primeiro-secretário da CNTI e candidato a reeleição, na "folha de pagamento da ORIT" em troca da saída deste da chapa "democrática". Campista era visto, junto com Deocleciano, como uma figura por demais "pelega", o que atrapalharia a formação de frente ampla contra os comunistas. Por outro lado, como Campista controlava o voto de uma das federações, era necessário mantê-lo a favor dos "democráticos". Daí o porquê da necessidade de incluí-lo na "folha de pagamento" da Orit-CIOSL. Idem, p.2.

81 Segundo o adido britânico, os trabalhistas e comunistas gostariam de "ter relegado [Pelacani] a uma posição subordinada [na chapa]", mas como o voto dos janistas decidiria para qual lado recairia a vitória, eles não puderam fazê-lo. Ver Report 6/61, Rio de Janeiro to Foreign Office, 15 dez. 1961, TNA, p.2-3.

82 A história dessa negociação constitui um dos capítulos mais obscuros das eleições da CNTI. Clodsmith Riani nega-a peremptoriamente. Segundo o líder mineiro, estava acertado desde o início que ele, Riani, seria o presidente, e que teria sido Pelacani quem o traíra, assinando em uma lista que serviria de base para o noticiário da imprensa como líder da chapa. O problema é que as evidências recolhidas pelos adidos trabalhistas britânico e norte-americano sustentam a versão de que Pelacani é quem teria, de fato, encabeçado a chapa antes das eleições. Clodsmith Riani, entrevista ao autor, 18 jul. 2009; Campos e Paula, 2005, p.209; Entrevista [Dante Pelacani], s.d., Fundo Fábio Munhoz [doravante FFM], Pasta 8, Cedem-Unesp, p.14; Telegram 1387, Rio de Janeiro to Department of State, 8 dez. 1961, CGR 1941-73, folder "Brazil, Sept.-Dec. 1961", Box 124, RG 84, Nara, p.1.

83 NR, Caiu o império dos pelegos: trabalhadores conquistam a CNTI, 15-21 dez. 1961, 2; Oesp, Venceu a chapa de oposição na CNTI, 10 dez. 1961, p.5.

84 Pelacani teria entregue uma carta de renúncia a Riani depois da escolha da diretoria, mas, segundo Riani, teria se arrependido, assumindo o cargo de vice-presidente da entidade. Campos e Paula, 2005, p.208-9.Ver também Oesp, Disputa pela presidência da CNTI, 30 dez. 1961, p.12; Os comunistas tentam obter o domínio total da CNTI, 2 jan. 1962, p.2; Golpe dos comunistas na CNTI, 12 jan. 1962, p.6.

85 O termo foi empregado pelo próprio Goulart em conversa com Lincoln Gordon e John Fishburn. MemCon, Goulart, Gordon e Fishburn, "Communism in Brazilian Labor", 20 mar. 1962, Nara, RG 59, Box 2, Folder Eco 2, p.1.

No geral, diplomatas e representantes do empresariado demonstraram clara percepção sobre os efeitos que a eleição de uma chapa trabalhista-comunista para a CNTI poderia produzir no futuro. De acordo com o adido trabalhista britânico, esse episódio tenderia a "fortalecer consideravelmente o movimento sindical tanto como força política, quanto como força fabril", além de "montar o palco para o surgimento de uma Confederação Geral dos Trabalhadores".[86] Impressões semelhantes foram apresentadas pelo adido norte-americano John Fishburn, que enxergou na mudança de diretoria da CNTI o prenúncio do surgimento de uma central sindical brasileira.[87] O Instituto de Brasileiro de Ação Democrática (Ibad), por sua vez, concluiu que a CNTI teria caído "nas mãos dos inimigos da pátria e, o que é mais grave, com a conivência do próprio presidente da República".[88] Para o Departamento de Estado norte-americano, a embaixada deveria manter uma atitude apenas "correta" com a CNTI – ou seja, "amigável", mas "fria" – e "cooperar proximamente com a CNTC e com as [federações] filiadas à CNTI que votaram contra a presente diretoria".[89]

O esforço empreendido por Goulart para influenciar os resultados das eleições das duas maiores confederações de trabalhadores do país também produziu especulações sobre os verdadeiros motivos que estariam por trás dessas manobras. Desde setembro de 1961, quando Jango começou a articular a composição de uma chapa de oposição para a CNTC, o embaixador norte-americano em exercício, Niles Bond, já considerava "óbvia" as reais intenções do presidente: Goulart estaria "construindo" uma base no movimento sindical tanto para fortalecer-se diante daqueles que objetivavam "limitar" os poderes presidenciais "por meio de uma adesão estrita ao sistema parlamentarista", como também para ampliar apoio social em seus "esforços para o retorno do presidencialismo".[90] A percepção demonstrada pelo ex-ministro do Trabalho Alírio de Salles Coelho era um pouco diferente da de Niles Bond. Em conversa com John Fishburn, Coelho afirmou que os objetivos de Goulart ao apoiar a ideia de criação de uma central sindical e de sustentar uma chapa trabalhista-comunista para a diretoria da CNTI seriam "usar o movimento dos trabalhadores como uma força de apoio em caso de o regime ser ameaçado", tal como Vargas fizera, "apesar de ele [Jango] não ser Vargas e de os tempos serem diferentes".[91] De fato,

---

86 Report 6/61, Rio de Janeiro to Foreign Office, 15 dez. 1961, TNA, p.1.

87 Report s.n., Rio de Janeiro to Department of State, 23 fev. 1962, CGR 1941-73, folder "Financial Aid Brasil 1962-1963", Box 135, RG 84, Nara.

88 *Ação Democrática* (doravante AD), CNTI nas mãos dos comunistas, fev. 1962, n. 32, p.21.

89 Report A-99, Department of State to Rio de Janeiro, 22 dez. 1961, CGR 1941-73, folder "Brazil, Sept.-Dec. 1961", Box 124, RG 84, Nara, p.1.

90 Telegram 372, Rio de Janeiro to Department of State, 23 set. 1961, CGR 1941-73, folder "Brazil, Sept.-Dec. 1961", Box 124, RG 84, Nara, p.2.

91 MemCon, Gordon, Fishburn e Coelho, 16 jan. 1962, folder ECO.2, Box 2, RG 59, Nara, p.1.

o próprio Jango reconheceu ao irmão do presidente John Kennedy em conversa no final de 1962 que ele teria sido "obrigado a organizar as forças populares [...] para permanecer no poder", pois os "conservadores" e as "elites" lhe teriam "virado as costas".[92]

A questão da capacidade de controle do presidente Goulart sobre a recém-eleita diretoria da Confederação dos Trabalhadores da Indústria também virou objeto de grande preocupação para o governo norte-americano. Em encontro realizado no mês de março de 1962, Goulart foi enfático ao responder dúvidas trazidas pelo embaixador Lincoln Gordon e pelo adido trabalhista John Fishburn. Conforme Gordon, "o presidente disse enfaticamente, e com grande clareza, que teria sido ele quem teria determinado a eleição da nova diretoria da CNTI, e que seria ele quem controla[ria] a Confederação, não os comunistas, ou outros". Jango teria afirmado também que conhecia o presidente da CNTI, Clodsmith Riani, há muitos anos e que podia assegurar que ele era "mais janguista do que comunista". Se uma "decisão final" tivesse que ser tomada, colocou Jango, Riani o escolheria ao invés de ficar com os comunistas. Goulart ressaltou ainda que poderia "parar qualquer greve ao primeiro sinal".[93] Argumentação semelhante foi apresentada pelo assessor sindical da presidência, Gilberto Crockat de Sá, em conversa com o embaixador Gordon.[94] Em linhas gerais, portanto, a ideia era a de que o movimento sindical estaria sob controle de Goulart, e não o contrário.

Essa não parecia ser a percepção exata dos mais importantes líderes sindicais do país. Dante Pelacani, por exemplo, que ficou com a vice-presidência da nova diretoria da CNTI, admitiu que "era muito difícil um dirigente sindical que ia conversar com o Jango e que não cedesse, independentemente de sua posição política". Para evitar que isso ocorresse, os sindicalistas decidiram "que nós só [iríamos] conversar com ele [Goulart] em grupo", a fim de fazer prevalecer as demandas do movimento sindical sobre as do presidente da República.[95] Mesmo lideranças que tinham posições político-ideológicas distintas das de Pelacani, tais como Antônio Chamorro, líder sindical comunista e presidente da Federação dos Trabalhadores Têxteis de São Paulo, apresentam um discurso convergente sobre as relações entre Goulart e movimento sindical. Segundo Chamorro, Jango detinha um poder quase mágico de influência sobre os trabalhadores; por outro lado, porém, subentende-se que as lideranças desenvolveram

92 Telegram A-710, Rio de Janeiro to Department of State, 19 dez. 1962, folder "Brazil, General, 12/16/62-12/31/62", Box 13A, NSF, JFKL, p.5-6.
93 MemCon, Goulart, Gordon e Fishburn, 20 mar. 1962, folder ECO.2, Box 2, RG 59, Nara.
94 Telegram 2062, Rio de Janeiro to Department of State, 10 mar. 1962, folder " Brazil General 3/1/62-3/15/62", Box 12A, NSF, JFKL.
95 Entrevista [Dante Pelacani], s.d., FFM, Pasta 8, Cedem-Unesp, p.13-4.

mecanismos de defesa contra as tentativas presidenciais de controlar o movimento operário:

> [...] eu reuni com o Jango muitas vezes e outros reuniram. E nunca houve presidente do Brasil pra tratar dirigente sindical igual a Jango. Não tinha. Ou você tinha um nível de consciência muito elevado pra resistir a Jango ou você saía de lá janguista. Nunca vi coisa igual. Eu dizia isto pro pessoal: "Não manda nem este, nem aquele, senão vira janguista". Já vi comuna com meia escrita: "Jango", dirigente sindical. Porque era de uma facilidade pra você trabalhar com ele. Impressionante. Agora, com tudo isso ele queria ter o movimento sindical sob o controle dele. Aí é que a briga começa.[96]

Hércules Correia dos Reis, outro importante líder sindical ligado ao PCB, tratou dessa questão de maneira ainda mais clara. Ao abordar o tema da aliança entre Goulart e os comunistas, Hércules observou que "para nós [comunistas], fazer alianças tinha um significado um pouco mais estreito, não é? Se você vai se aliar comigo, tem que fazer o que eu quero e eu não sou obrigado a fazer o que você quer". Apesar disso, Hércules admite que "Jango era um excelente aliado e intermediador de situações, o que nos facilitava a todos nos sindicatos. Era um cidadão que dialogava".[97]

Independentemente de ter tido ou não o movimento sindical sob seu controle, o fato é que Goulart havia conseguido garantir sindicalistas muito mais alinhados aos seus propósitos dentro da diretoria da CNTI. Essa importante vitória, ao lado da gradual nomeação de oficiais nacionalistas e/ou legalistas para postos estratégicos das Forças Armadas, deu a Jango não apenas a segurança para manter-se no poder, enfraquecendo conspirações golpistas da direita, como também permitiu que o presidente utilizasse esse apoio trabalhista-militar para pressionar o Congresso Nacional a antecipar o plebiscito do parlamentarismo. Para isso, no entanto, Goulart precisava impedir a consolidação política do gabinete Tancredo Neves. E foi isso o que o presidente fez a partir do início de 1962, como será analisado na próxima seção do capítulo.

6.4. A renúncia do gabinete Tancredo Neves e a crise política de julho de 1962

Entre setembro e dezembro de 1961, os esforços do presidente João Goulart concentraram-se em impedir a institucionalização de um efetivo sistema parlamentarista no país. Goulart já havia obtido duas vitórias importantes nesse sentido: o engavetamento dos decretos administrativos

96 Entrevista Antônio Chamorro, 28 mar. 1972, FFM, Pasta 8, Cedem-Unesp, p.39-40.
97 *Apud* Ferreira e Gomes, 2007, p.106-7.

destinados a dar maior estrutura e poder ao Conselho de Ministros, e a aprovação pela Câmara de uma lei complementar que mantinha com o presidente o direito de nomear funcionários civis e militares da União. A partir do início de 1962, porém, já contando com oficiais de sua confiança em postos-chave da estrutura das Forças Armadas, além do apoio de setores estratégicos do movimento sindical urbano, Goulart passou a atuar de modo mais incisivo contra o *status quo*, impedindo não apenas a institucionalização do parlamentarismo, mas também contribuindo para enfraquecer a legitimidade do Congresso Nacional e do gabinete Tancredo Neves. Isso foi feito a partir de dois instrumentos básicos: a exacerbação da retórica a favor das "reformas de base" e a manutenção do dever de descompatibilização eleitoral para membros do Conselho de Ministros.

A identificação de Goulart com a defesa das reformas de base não era recente. Referências nesse sentido podem ser encontradas pelo menos desde o final da década de 1950, principalmente no que se referia à necessidade de mudanças na estrutura agrária.[98] No discurso de encerramento do 2º Congresso Nacional Sindical, por exemplo, realizado em novembro de 1959, Jango afirmou que "as dificuldades da nação só poderiam ser superadas através de uma mudança radical na estrutura socioeconômica do país".[99] A defesa das "reformas de estrutura", como então eram chamadas, foi intensificada no início dos anos 1960, legitimada pelo próprio programa norte-americano da Aliança para o Progresso. A posse de Goulart na presidência da República fez com que alusões ao tema se tornassem ainda mais frequentes. Até então, todavia, Jango defendia a aprovação das reformas pelo Parlamento em condições ordinárias de legislatura.[100] Essa posição seria modificada em pronunciamento feito aos trabalhadores em Volta Redonda no dia 1º de maio de 1962.

No conhecido discurso do dia do trabalhador de 1962, Goulart defendeu a atribuição de poderes constituintes ao Congresso que seria inaugurado no ano seguinte, visando agilizar a aprovação das reformas de base.[101] Até onde se pode averiguar, essa foi a primeira vez que Goulart fez uma referência direta à necessidade de uma Constituinte para pôr em prática as reformas.[102]

---

98 Bandeira, 1983, p.42; Ferreira, 2007, p.201-5.

99 Report 10/60, Rio de Janeiro to Foreign Office, 3 jun. 1959, LAB 13/1391, TNA, p.2.

100 Ver, por exemplo, Oesp, Iniciado o Encontro Sindical Nacional: discurso de Goulart, 21 nov. 1961, p.6; Goulart pedirá a realização das reformas de base, 28 out. 1961, p.3; Goulart afirma que são necessárias modificações substanciais na nossa estrutura socioeconômica, 31 out. 1961, p.5.

101 Oesp, Goulart propõe emenda à Constituição para realizar reformas, 3 maio 1962, p.7.

102 Alguns parlamentares ligados a Goulart chegaram a fazer propostas a esse respeito no final de 1961, mas Jango nunca chegou a apoiá-las publicamente. Ver Oesp, Líder do PTB na Câmara tenta defender a tese da convocação da Constituinte, 10 nov. 1961, p.4; Leonel Brizola prega a reforma da Constituição, 11 nov. 1961, p.3; Deputado do PSD fala em favor da Constituinte, 14 nov. 1961, p.5; Aluísio Alves propõe uma Constituinte para reformas de

A proposta criou imediato mal-estar no Parlamento. Membros do PSD e da UDN interpretaram a "sugestão" presidencial como uma "grave ameaça" ao regime.[103] Isso porque uma Assembleia Constituinte tendia a dar origem a discussões na sociedade não apenas sobre as reformas de base, mas também, muito provavelmente, sobre a própria questão da manutenção do sistema parlamentarista de governo. De fato, a hipótese de que Jango estaria interessado em algo mais do que somente apressar a aprovação de reformas de base ganharia força entre parlamentares em razão de outro episódio.

Poucos dias depois do discurso de Volta Redonda, o Conselho de Ministros divulgou nota atestando que havia deliberado "solidarizar-se com o apelo do sr. Presidente, que julga traduzir a opinião geral do país". Como símbolo dessa solidariedade, o gabinete havia preparado um projeto de emenda constitucional de acordo com as diretrizes sugeridas pelo discurso de Goulart. Só que esse projeto delimitava claramente quais temas da Constituição poderiam ser modificados pela legislatura seguinte. Os artigos sobre sistema de governo, obviamente, não estavam incluídos na proposta.[104] Jango recebeu a iniciativa com pouco entusiasmo. Em discurso proferido dias depois para trabalhadores portuários em Santos, o presidente voltou a defender a importância das reformas de base, mas sob a ressalva de que sua "preocupação no discurso de Volta Redonda" não teria sido "exprimir o [seu] pensamento a respeito da coordenação jurídica ou constitucional [do problema], mas apenas mostrar a necessidade de que essas reformas se fizessem [...] respeitando o sentimento do povo e o desejo expresso da classe operária do país".[105] Em outras palavras: ao não oferecer apoio expresso à proposta de emenda constitucional do Conselho de Ministros, Jango evitou o assunto, dizendo-se interessado não na necessária "coordenação jurídica" da aprovação das reformas, mas na noção abstrata de respeito ao "sentimento do povo". O recado implícito parecia ser o de que uma reforma constitucional com restrições não interessava a Jango. O presidente queria discutir mudanças na Constituição de um modo geral e não apenas dentro de temáticas previamente delimitadas. Não por acaso, Goulart só voltou a dar atenção ao tema quando a conjuntura política lhe passou a ser amplamente favorável, ou seja, após a dissolução do gabinete Tancredo Neves.

Mas a queda do Conselho de Ministros ainda dependia de outro fator, que só seria decidido no final de maio de 1962: a manutenção do dever de descompatibilização eleitoral dos integrantes do Conselho. Desde a formação

---

base, 18 nov. 1961, p.3; Goulart neutro em face do movimento pró-Constituinte, 18 nov. 1961, p.2; Emenda para permitir a convocação da Constituinte, 21 nov. 1961, p.4.

103 Oesp, Repercute negativamente na Câmara a fala presidencial, 3 maio 1962, p.3; Consolida-se na Câmara a convicção de que o Congresso não votará a reforma constitucional, 4 maio 1962, p.3.

104 Oesp, O Conselho aprovou o anteprojeto de reforma constitucional, 5 maio 1962, p.2.

105 FSP, Goulart insiste, em Santos, na tese das reformas de base, 15 maio 1962, p.3.

do gabinete, sabia-se que os ministros sairiam como candidatos às eleições de outubro, na maioria dos casos visando estender seus próprios mandatos parlamentares. Esse era o caso, por exemplo, do primeiro-ministro Tancredo Neves, que já era deputado federal pelo PSD de Minas e pretendia concorrer à reeleição. Nenhum ministro estava disposto a permanecer no gabinete tendo como perspectiva a possibilidade de ostracismo político de quatro anos. O problema só poderia ser superado na medida em que os integrantes do Conselho ficassem livres da obrigatoriedade de deixar cargos políticos para concorrer a eleições. Essa possibilidade passou a ser interpretada como real pelo gabinete quando alguns senadores levantaram a hipótese de emendar a lei complementar ao Ato Adicional (a mesma que havia sido aprovada pela Câmara em dezembro de 1961 e que aguardava a apreciação do Senado), acrescentando um artigo que livraria os ministros da descompatibilização eleitoral. Uma emenda nesse sentido foi redigida pelo senador Mem de Sá.[106] A articulação no Congresso pela aprovação do texto estava avançada. Muitos deputados viam com maus olhos a possibilidade de alteração do *status quo*, que certamente adviria com a queda do gabinete Tancredo Neves, dando chance a Goulart para indicar um novo Conselho de Ministros.[107]

As últimas semanas de maio de 1962 foram marcadas por agitação no Congresso em torno da aprovação da emenda Mem de Sá e pela crescente tensão entre Goulart e Tancredo Neves. Enquanto o primeiro-ministro articulava a passagem do texto no Senado, o presidente e seus assessores lançavam boatos diários sobre a iminente renúncia do gabinete.[108] O *premier* não apenas taxou tais especulações como infundadas, como também tentou culpar Goulart pela crise que seria aberta no país caso o gabinete não fosse isento da obrigatoriedade da descompatibilização.[109] Apesar de todo o esforço de Tancredo, a emenda Mem de Sá foi derrotada no Senado por 33 votos a 10.[110] Dois fatores podem ter contribuído para esse resultado, além das próprias articulações de Goulart. Primeiro, a pressão exercida sobre os parlamentares por governadores e potenciais candidatos às eleições presidenciais de 1965, tais como Magalhães Pinto, Juscelino Kubitschek e Juracy Magalhães.[111] Esses e outros políticos não estavam

106 Oesp, Lei complementar: oferecidas no Senado 30 emendas ao projeto, 27 fev. 1962, p.5.
107 Oesp, Considera-se iminente a queda do gabinete; o PSD não aprova a ideia de Constituinte, 22 maio 1962, p.3.
108 Oesp, Antônio Balbino surge como possível substituto de Tancredo; Goulart volta a sua antiga linha, 16 maio 1962, p.3; As inelegibilidades são centro de todo tipo de manobras, 19 maio 1962, p.3.
109 Oesp, Diz Tancredo que não renunciou; caberia ao presidente decidir, 19 maio 1962, p.2.
110 Oesp, Aprovada como emendas a lei complementar, 31 maio 1962, p.2.
111 O apoio de governadores estaduais à agenda janguista de antecipação do plebiscito seria concretizado na resolução final da Conferência de Araxá, ocorrida em junho de 1962. Ver Oesp, Manobra Goulart para beneficiar-se da reunião, 10 jun. 1962, p.5; A tomada de posição favorável ao plebiscito foi a principal resolução da reunião de Araxá, 12 junho 1962, p.4.

interessados na institucionalização do parlamentarismo, seja porque não desejavam ver seus poderes como governadores reduzidos, seja porque não queriam ser presidentes sob as condições impostas pelo Ato Adicional. Segundo, o receio de alguns congressistas de que a isenção da obrigatoriedade de descompatibilização aos membros do Conselho de Ministros pudesse transformá-los em candidatos imbatíveis nas eleições.[112] De qualquer maneira, no dia seguinte à derrota da emenda Mem de Sá, Tancredo anunciou sua iminente renúncia.[113] Começariam, então, as articulações para a formação do novo gabinete.

De acordo com o Ato Adicional que instituiu o regime parlamentarista, cabia ao presidente da República a indicação de um novo *premier* ao Congresso em caso de dissolução do Conselho de Ministros. Todavia, Goulart declarou que não exerceria sua prerrogativa enquanto o gabinete não estivesse formalmente dissolvido. Tancredo Neves deu sinais de que só iria descompatibilizar-se do cargo no limite do prazo legal, ou seja, em 7 de julho, a fim de evitar um "hiato administrativo". Na visão de muitos congressistas, porém, esse "hiato" já estava acontecendo.[114] "Do jeito que está", disse Amaral Peixoto, líder do PSD no Parlamento, "o país encontra-se sem governo".[115] De fato, assistia-se a uma queda acelerada de autoridade dos já demissionários membros do Conselho de Ministros – colocando por terra vários dos programas anunciados pelo gabinete, entre os quais o Plano de Economia do ministro Moreira Salles. Enquanto isso, não se tinha uma perspectiva clara sobre quem seria o substituto de Tancredo, dificultando articulações para a composição do novo gabinete. Essa dúvida acerca dos nomes dos futuros membros ministeriais também se devia à crescente divergência entre Goulart e Congresso Nacional sobre quem deveria ser nomeado para ocupar o cargo de *premier*.

No início de junho, apesar de se negar a anunciar uma decisão oficial, Jango apresentou indícios de que estaria disposto a indicar o então chanceler San Tiago Dantas (PTB-MG) para o cargo de primeiro-ministro.[116] Dantas havia se destacado como membro do gabinete Tancredo Neves em razão de dois episódios: a conclusão do processo de reconhecimento diplomático da União Soviética em novembro de 1961, que havia sido

---

112 Esse posicionamento havia sido indiretamente defendido por parlamentares no início de 1962. Ver Oesp, Será examinado pelo Congresso o problema da desincompatibilização, 20 jan. 1962, p.3.

113 Oesp, Tancredo assegura que renunciará, 1º jun. 1962, p.3.

114 Oesp, Goulart quer a imediata renúncia de Tancredo para depois escolher o novo primeiro--ministro, 16 jun. 1962, p.3.

115 Oesp, Tenta o Congresso forçar o presidente a definir-se quanto à reforma do Conselho, 15 jun. 1962, p.3.

116 Oesp, Goulart tenta precipitar a queda do gabinete com a indicação de San Tiago; reação no PSD, 20 jun. 1962, p.3.

iniciado durante o governo Quadros, e a sua atuação na Conferência da Organização dos Estados Americanos (OEA) ocorrida em Punta del Este, Uruguai, no início de 1962. Nesse encontro, para o desgosto dos Estados Unidos, Dantas teve papel fundamental na liderança exercida pelo Brasil na defesa da autodeterminação de Cuba.[117] Ambos acontecimentos resultaram em protestos por parte de parlamentares anticomunistas, principalmente pelos membros da ADP, que chegaram a pedir a dissolução do gabinete devido aos posicionamentos de Dantas.[118] Apenas esse aspecto já seria suficiente para que Goulart repensasse sua decisão, caso o interesse do presidente fosse garantir uma rápida aprovação do nome do novo *premier* pelo Parlamento. Entretanto, ainda havia outro problema. O partido de Dantas (PTB) contava então com apenas o terceiro maior número de cadeiras no Congresso. Os líderes da legenda majoritária (PSD) deixaram claro a Jango que não largariam mão do princípio de que o posto deveria ser ocupado por um membro de suas fileiras. Desejava-se que o indicado fosse o presidente do Senado, Auro de Moura Andrade (PSD/SP).[119] Porém, quando Tancredo anunciou em meados de junho que apresentaria sua renúncia no dia 26, logo em seguida Goulart ratificou a indicação de Dantas para a chefia do gabinete.[120] Menos de 24 horas depois desse anúncio, as lideranças dos principais partidos do Congresso, com exceção do PTB, divulgaram nota confirmando que o nome de Dantas seria rejeitado pelo Parlamento.[121] Goulart tinha provas seguras de que sua indicação não passaria. Mesmo assim decidiu não recuar. O cenário estava pronto para a atuação do movimento sindical urbano.

Desde o início das especulações em torno do nome de Dantas, circulavam boatos entre as entidades de trabalhadores sobre a existência de articulações "golpistas" para evitar a formação de um gabinete comprometido com as reformas de base. Logo que Tancredo Neves anunciou que renunciaria para concorrer às eleições, Clodsmith Riani, presidente da CNTI, fez um discurso em Minas Gerais pedindo a operários têxteis para manterem-se atentos diante de qualquer tipo de manobra contra o governo Goulart. Riani ressaltou que o movimento sindical deveria ficar preparado para deflagrar uma greve geral no país caso fosse necessário.[122]

---

117 Weis, 1993, p.150-1.
118 Oesp, A comunicação do reatamento provoca viva reação na Câmara, 24 nov. 1961, p.6; A Ação Democrática colhe assinaturas para censurar Dantas, 25 nov. 1961, p.2; Weis, 1993, p.151-3.
119 Amaral Peixoto, líder do PSD, chegou ainda a passar essa informação em conversa privada com Goulart. Telegram 65, Brasília to Department of State, 21 jun. 1962, CGR 1941-73, folder "Financial Aid Brasil 1962-1963", Box 135, RG 84, Nara, p.3.
120 Oesp, Goulart comunica que indicará San Tiago para primeiro-ministro, 20 junho 1962, p.2.
121 Oesp, UDN, PSD e PSP decidem rejeitar o nome de San Tiago, 21 jun. 1962, p.3; PSD e UDN: rejeição formal de San Tiago, 22 jun. 1962, p.2.
122 Oesp, A CNTI apoia a política do governo, 1º jun. 1962, p.4.

Concomitantemente, a CNTI iniciou contatos com as demais confederações para promover o 4º Congresso Nacional Sindical em agosto. De acordo
com nota divulgada pela entidade, "o agravamento da situação política"
exigia "uma coordenação nacional das forças do movimento sindical para
enfrentar, em melhores condições, as tentativas de golpe". Todavia, as confederações sob domínio "democrático" (CNTC e CNTTT) não aceitaram o
chamado, alegando que a data programada para o evento estaria próxima
demais.[123] Na realidade, o que estava por de trás dessa resposta era a perspectiva de que a realização do 4º Congresso significaria o surgimento de
uma central sindical no país. Desconsiderando tal recusa, a CNTI começou
os preparativos de um "4º Encontro Sindical", em moldes semelhantes aos
três encontros organizados ao longo de 1961.

Dias depois da recusa das confederações "democráticas" ao chamado de
um 4º Congresso Sindical Nacional, Dante Pelacani, vice-presidente da CNTI,
leu um importante manifesto em evento na sede do Sindicato dos Metalúrgicos de São Paulo. A ocasião era especial porque o próprio chanceler San
Tiago Dantas estava presente. O documento conclamava os trabalhadores
a realizar "assembleias e reuniões nos locais de trabalho" para unir "esforços na preparação da greve geral", que seria "desencadeada no momento
em que ela se torn[asse] necessária, sob o comando de suas organizações".
Ainda de acordo com o manifesto, "nas vésperas [...] da composição do
novo Gabinete [...], na justa ocasião em que se reclamam, se exigem, num
clamor nacional, as reformas de base, de novo surgem das trevas, dos
conluios, os entreguistas, golpistas e traidores do povo brasileiro". Dessa
vez, porém, "as forças patrióticas e democráticas" estariam "com maior
experiência, com mais unidade, com firmeza e com mais organização"
para "derrotar os golpistas e entreguistas", colocando o Brasil no "caminho
do progresso [e] da conquista de sua independência econômica".[124] Na
semana seguinte, a diretoria da CNTI votou uma resolução que deixaria
ainda mais explícita as razões de sua demanda por uma "greve geral de
protesto": visava-se impedir "a inclusão de elementos comprometidos
com as forças golpistas na formação do novo Conselho de Ministros".
Decidiu-se ainda que se o nome indicado para o primeiro-ministro não
recebesse aprovação da entidade, a greve geral seria deflagrada em até 24
horas.[125] De fato, quando Goulart oficializou a indicação de Dantas para o
posto, um "comício-monstro" foi organizado pela CNTI no Rio de Janeiro
com a presença de líderes de outras entidades sindicais, tais como Pacto

---

123 UH, Conferência nacional, 1º junho 1962, 1c, p.9.
124 NR, Trabalhadores se lançam na luta por um governo que realize as reformas de base, 8-14
junho 1962, p.1; Oesp, CNTI trama uma greve geral no país, 6 jun. 1962, p.2.
125 Oesp, Diretor da CNTI ameaça com uma greve por razões políticas, 14 jun. 1962, p.7; UH,
Sindicatos: gabinete nacionalista ou greve, 15 jun. 1962, 1c, p.11; Trabalhadores preparam
greve por um gabinete popular, 16 jun. 1962, 1c, p.9.

de Unidade e Ação (PUA), Confederação Nacional dos Trabalhadores em Empresas de Crédito (Contec) e Comissão Permanente das Organizações Sindicais da Guanabara (CPOS), para ratificar simbolicamente a indicação de Dantas.[126] A mensagem que o evento queria passar, em particular para os congressistas em Brasília, era a de que se Dantas não tivesse sido "aprovado" pelos trabalhadores, uma greve geral seria declarada no dia seguinte.

As constantes ameaças de deflagração de greve geral estavam começando a deixar autoridades norte-americanas e entidades empresariais preocupadas. O embaixador Lincoln Gordon, por exemplo, comentou em telegrama ao Departamento de Estado que considerava curioso o fato de que as justificativas dadas pelas organizações trabalhistas para a preparação da greve ocorressem em contexto no qual "extremistas de ultra direita" contariam com poucas condições para derrubar o regime.[127] De fato, a leitura da comunicação diplomática norte-americana sugere que as conspirações "golpistas" voltaram a intensificar-se muito mais devido às ameaças de greve do que ao contrário.[128] Apreensões semelhantes foram apresentadas por membros do empresariado, em especial pela Associação Comercial do Rio de Janeiro (ACRJ).[129]

Além das ameaças de greve geral, outras questões também estavam provocando grande inquietude entre os empresários, particularmente o agravamento da crise de abastecimento doméstica. De acordo com o presidente do Conselho Superior das Classes Produtoras (Conclap-Rio) e diretor da Federação das Indústrias do Estado da Guanabara (Fiega), Jorge Bhering de Matos, o tabelamento de preços para bens de subsistência (feijão, arroz, açúcar, carne) determinado pela Comissão Federal de Abastecimento e Preços (Cofap) estaria sendo mantido em níveis propositadamente baixos para os grandes centros urbanos. Conforme Bhering de Matos, havia "grupos no país interessados na agitação e na subversão da ordem, visando atirar as massas contra as elites e homens de empresa".[130] Acusações parecidas foram feitas por diretores da Associação Comercial paulista. Em reunião de meados de junho, reivindicou-se uma "política mais sadia" de preços por parte da Cofap para viabilizar "a entrada de feijão e arroz em São Paulo". Vários comerciantes argumentaram que estados como Goiás, Santa Catarina e Rio Grande do Sul possuiriam estoques suficientes para abastecer a capital paulista, mas não o estariam fazendo em vista dos "preços

---

126 UH, Trabalhadores: comício-monstro hoje por gabinete nacionalista, 22 jun. 1962, p.9; Sindicatos reafirmam: greve geral contra golpistas, 23 jun. 1962, 1c, p.2.

127 Telegram 2818, Rio de Janeiro to Department of State, Section II, 7 jun. 1962, JFKL, p.2.

128 Para um exemplo, ver planos golpistas relatados a Gordon pelo marechal Ângelo Mendes de Moraes no início de julho. Telegram 74, Rio de Janeiro to Department of State, 7 jul. 1962, folder "Brazil General 7/62", Box 13, NSF, JFKL.

129 Ata, Reunião de Diretoria da ACRJ, 14 jun. 1962, p.8-9.

130 Oesp, Falta de gêneros integraria plano de subversão do país, 19 jun. 1962, p.5.

irrealistas" determinados pela Comissão. Um dos diretores chegou mesmo a dizer que existiria "um plano organizado [do governo] para aumentar a desorganização" social.[131]

Um último fato que também estava preocupando empresários era a apreciação da lei do 13º salário pelo Senado.[132] Além das críticas tradicionais ao projeto, quanto à elevação de custos empresariais e suposto incentivo à inflação, reclamou-se também da coincidência da data de apreciação da lei com o período de avaliação do nome de San Tiago Dantas pelo Congresso.[133] A questão tornou-se particularmente importante na medida em que várias entidades sindicais decidiram organizar uma "marcha a Brasília" para pressionar os senadores. Era evidente, porém, conforme reconheceu um dos diretores da CNTI, Francisco Plácido das Chagas, que a oportunidade seria aproveitada pela classe operária "para apresentar tanto ao presidente da República quanto aos parlamentares a nossa opinião sobre a composição do gabinete. Trata-se de um direito que não abrimos mão".[134]

A "marcha a Brasília" ocorreu, e com sobressaltos. O evento reuniu caravanas de representantes sindicais de seis estados diferentes, principalmente São Paulo e Rio de Janeiro. Ao chegarem na capital federal, os trabalhadores foram recepcionados por sete pelotões de paraquedistas, que receberam determinações do presidente da Câmara, deputado Ranieri Mazzilli, para bloquear a entrada dos manifestantes. Os pelotões só foram retirados por ordem do presidente Goulart.[135] De acordo com o periódico dos metalúrgicos paulistas, outro problema que gerou alguma "confusão" foi a presença de líderes do "Movimento Sindical Democrático" (MSD).[136] Segundo manifesto lançado pelo MSD, seus militantes viajariam à capital

---

131 Oesp, Debate sobre a escassez de gênero, 20 jun. 1962, p.18. Em reunião de diretoria da ACSP no início de julho, o diretor regional da Cofap em São Paulo, Cel. Alfredo Costa Júnior, explicou que as tabelas de preços aplicadas pela Comissão à capital paulista só não teriam sido reajustadas devido a uma determinação superior. Para Costa Júnior, porém, a fórmula utilizada pela Cofap para determinar preços nos grandes centros urbanos não daria estímulos suficientes aos produtores de outros estados para vender suas mercadorias. Ao final da exposição, um dos diretores da entidade, Ulpiano de Almeida Prado, afirmou que os comentários do diretor regional da Cofap constituiriam a comprovação de que as autoridades federais desejariam "botar fogo nesse país". Ata, Reunião de Diretoria Plena da ACSP, 10 jul. 1962, p.19-25.

132 Após o fracasso da greve paulista pela institucionalização do 13º salário em dezembro de 1961, a questão foi aprovada pela Câmara dos Deputados em maio de 1962, dirigindo-se para deliberação do Senado. Ver Oesp, Aprovado o 13º salário pela Câmara: pedida a sua sanção antes do Dia do Trabalho, 25 abr. 1962, p.5.

133 Para as críticas ao projeto de 13º salário, ver Oesp, A indústria adverte à Nação sobre a crise de autoridade, 26 maio 1962, p.14. Para a questão da coincidência das datas de apreciação do projeto do 13º salário e do nome de Dantas, ver UH, Trabalhadores hoje com Jango: gabinete nacionalista, 26 jun. 1962, 1c, p.11.

134 UH, Trabalhadores hoje com Jango, 26 jun. 1962, 1c, p.11.

135 OM, Destaques da conquista do 13º mês, jul. 1962, n.207, p.5.

136 Idem.

federal para "desagravar o Congresso da pressão sindicalista que vem sofrendo para aprovar sem maior exame o nome do Sr. San Tiago Dantas". Segurando faixas com slogans "Povo livre com Congresso livre", "Em vez de greve, trabalho pela grandeza do Brasil" e "Lembrai-vos da Tchecoslováquia", os líderes do MSD criticaram a "ameaça de greve geral" lançada pela CNTI, caracterizada como "um acinte à nobreza dos sentimentos cristãos dos verdadeiros sindicalistas brasileiros".[137] Ao final, os líderes da CNTI, Clodsmith Riani e Dante Pelacani, ao lado de outros representantes dos trabalhadores, foram recebidos por Goulart e pelos presidentes das casas do Congresso, além de terem "lotado as galerias" do Senado para acompanhar a votação do 13º salário, que terminaria vitoriosa.[138] Se nesse aspecto a pressão do movimento sindical foi bem-sucedida, o mesmo não ocorreu com relação à aprovação do nome de San Tiago Dantas. Como havia sido prometido pelas lideranças de vários partidos, a Câmara rejeitou a indicação do ex-chanceler por ampla margem de votos.[139]

Começaria, então, a primeira grande crise político-social do regime parlamentarista. No mesmo dia da rejeição do nome de Dantas, as diretorias das principais organizações dos trabalhadores urbanos (CNTI, Contec, PUA, CPOS) reuniram-se no Rio de Janeiro para decidir o que fazer. Antes, elas encontraram-se com o próprio candidato derrotado. O ex-chanceler fez "um apelo aos trabalhadores" em nome de Jango "para que não [fosse] deflagrada greve geral no país em consequência da atitude ontem assumida pelo Congresso".[140] As entidades respeitariam o "apelo" de Goulart. Determinou-se, porém, que os trabalhadores deveriam "permanecer em alerta" e que o novo indicado teria de ser um membro das "forças nacionalistas e democráticas". Caso contrário, a greve geral seria deflagrada.[141]

Mas a pessoa designada por Jango não cumpriria os requisitos mínimos demandados pelas entidades sindicais. Aparentemente rendido aos desejos do PSD e da UDN, Goulart indicou o presidente do Senado, Auro de Moura Andrade (PSD/SP), membro da elite agrária paulista, para a chefia do Conselho de Ministros. Para tal, Jango impôs duas condições, que teriam sido redigidas em um documento assinado pelo próprio Moura Andrade na Granja do Torto no dia 30 de junho. Primeiro, o novo *premier* se comprometeria a lutar pela aprovação no Congresso de uma lei de antecipação do plebiscito sobre o Ato Adicional; segundo, Goulart teria o direito de participar na composição do novo ministério por meio da indicação

---

137 Oesp, Sindicatos repudiam a greve geral e apoiam o Congresso, 26 jun. 1962, p.2.
138 Oesp, Goulart fala a delegação da CNTI sem citar Dantas, 27 jun. 1962, 4; Aprovado ontem o 13º mês de salário pela Câmara Alta, 28 jun. 1962, p.5.
139 Oesp, PSD e UDN deram juntos 80% dos votos contra Dantas: 139, 29 jun. 1962, p.4.
140 Oesp, Após derrota, Dantas falou à direção da CNTI no Rio, 29 jun. 1962, p.2.
141 UH, Sindicatos: apoio a Jango por Gabinete nacionalista, 29 jun. 1962, p.11.

de nomes, até mesmo no que se referia às pastas militares.[142] Dois dias depois, o Congresso Nacional aprovou por uma folgada margem a indicação de Moura Andrade.[143] Parecia uma grande vitória do Parlamento sobre o presidente, comemorada pelo empresariado. O líder da Associação Comercial paulista, Paulo Barbosa, "regozijou-se" com a escolha do novo primeiro-ministro, "depois desta fase perigosa de pressão esquerdista, sindicalista de toda ordem, para a investidura do Sr. San Tiago Dantas".[144]

No entanto, Goulart contra-atacou com rapidez. Insatisfeito com a resistência imposta pelo PSD e, principalmente, pela UDN aos nomes indicados para o gabinete, e supostamente temeroso de que Moura Andrade pudesse romper o acordo assinado dias antes na Granja do Torto, o presidente divulgou uma nota bombástica na noite do dia 3 de julho.[145] Nesta, Goulart afirmou que já teria "transigido" duas vezes às vontades do Congresso e que não pretendia "transigir mais", principalmente "neste momento em que o povo sofre nas filas de gêneros alimentícios" e "quando a inflação incontrolada aguça a voracidade dos beneficiários do empobrecimento coletivo".[146] Jango teria ainda deixado claro a auxiliares, segundo o periódico *Última Hora*, que "ninguém esperasse sua assinatura" para ratificar a nomeação de "ministros reacionários e golpistas". Em tom dramático, Goulart concluiu que não aceitaria outro gabinete que não fosse composto por figuras "nacionalistas".[147]

Essa era a senha que o movimento sindical precisava para agir. No dia seguinte à divulgação da nota presidencial, representantes dos principais órgãos dos trabalhadores marcaram reunião na sede da CNTI para deliberar sobre a deflagração de uma greve geral.[148] Nesse intervalo, porém, às 16 horas do dia 4 de julho, o líder da bancada do PTB na Câmara, deputado Almino Afonso, deu uma importante notícia ao plenário da casa, deixando parlamentares absolutamente perplexos: Auro de Moura Andrade havia renunciado à indicação para primeiro-ministro. De acordo com a própria

---

142 A existência desse acordo prévio entre Moura Andrade e Goulart foi noticiada por vários periódicos. Entretanto, a informação acerca da assinatura de um compromisso escrito apareceu apenas em reportagem do *Jornal do Brasil*. De acordo com este jornal, Moura Andrade teria se comprometido a lutar pela antecipação do plebiscito para o dia 7 de outubro, mesma data das eleições gerais. Ver JB, Auro renunciou: ministério impopular gerou crise, 5 jul. 1962, p.3; Oesp, Goulart teria imposto certas condições para indicar Moura Andrade, 3 jul. 1962, p.3.

143 Oesp, Só na noite de ontem os partidos decidiram-se a aceitar o nome indicado, 3 jul. 1962, p.2.

144 Ata, 13ª Reunião de Diretoria Plena da ACSP, 3 jul. 1962, p.11.

145 O principal problema teria sido a escolha dos dois ministros militares. Goulart queria que as pastas da Aeronáutica e da Marinha fossem ocupadas, respectivamente, pelo Brigadeiro Reis de Carvalho e pelo Almirante Suzano. Ambos, em especial o segundo, eram conhecidos por seus posicionamentos nacionalistas. JB, Auro renunciou, 5 jul. 1962, p.3.

146 Oesp, Goulart afirma que não mais transigirá com a Câmara e os partidos, 4 jul. 1962, p.2.

147 UH, Jango: não aprovarei ministros reacionários e golpistas, 4 jul. 1962, p.4.

148 UH, Sindicatos: greve de advertência de 24 horas, 5 jul. 1962, p.2.

carta de renúncia, Moura Andrade dizia-se impossibilitado em compor "um Conselho de Ministros que merecesse a aprovação da Câmara e da opinião nacional sem quebra do respeito" ao presidente Goulart, "a quem compete na forma da Constituição a chefia suprema das Forças Armadas".[149] Imediatamente após a divulgação da notícia, assessores sindicais do presidente Jango (Gilberto Crockat de Sá e Luis Costa Araújo) partiram para o Rio de Janeiro para tentar convencer as lideranças sindicais a não deflagrar greve geral. Apesar disso, em reunião presidida pelo vice-presidente da CNTI, Dante Pelacani, as entidades decidiram manter seu posicionamento, ordenando a deflagração de uma paralisação de 24 horas a partir da zero hora do dia seguinte como "advertência às forças golpistas". Estabeleceu-se também a criação de um Comando Geral da Greve (CGG), que congregaria as lideranças das principais organizações sindicais envolvidas no movimento, entre as quais a CNTI, a Contec, o PUA e a CPOS.[150] Apesar de não ter alcançado a dimensão de uma "greve nacional", a resposta da base dos trabalhadores ao chamado do Comando de Greve foi significativa.

No dia 5 de julho de 1962, os estados da Guanabara e as cidades de Fortaleza e Santos foram totalmente paralisadas. O movimento grevista envolveu o setor manufatureiro e serviços essenciais, como transportes e bancos. Nos estados de Alagoas, Espírito Santo, Maranhão, Pará, Pernambuco e Rio Grande do Sul a greve atingiu principalmente as capitais. Mesmo assim, somente alguns setores foram afetados, em particular transportes terrestres e atividades portuárias. No estado de São Paulo, com exceção de Santos, houve paralisação em fábricas da cidade de São Bernardo, mas o amplo destacamento policial mobilizado pelo governador Carvalho Pinto impediu a generalização do movimento. No estado do Rio de Janeiro, houve sérios conflitos. Apesar de a greve no Rio também ter sido parcial, abrangendo a capital Niterói e algumas cidades do interior, a crise de abastecimento que assolava o Centro-Sul há semanas acabou transformando a situação em um verdadeiro barril de pólvora. No município de Caxias, por exemplo, a população ficou irritada com a greve nos transportes públicos e passou a depredar ônibus e a saquear lojas comerciais do centro da cidade. A polícia local estava com apenas 40 homens de prontidão quando o tumulto começou. Estimativas apontam que mais de 20 mil pessoas teriam participado da manifestação. Cinco comerciantes que tentaram resistir ao arrombamento de suas lojas e armazéns foram assassinados e vários ficaram feridos. Apenas no final da tarde, quando o município já estava há quase 10 horas sob controle dos manifestantes, é que os reforços policiais

---

149 FSP, Auro renuncia ao governo, 5 jul. 1962, p.1. Para a íntegra da carta de renúncia, ver JB, Auro renuncia, 5 jul. 1962, p.3.

150 Oesp, Dirigentes sindicais decretam greve geral, 5 jul. 1962, p.2; UH, Sindicatos: greve de advertência, 5 jul. 1962, p.2.

enviados pelo governador do Rio, Celso Peçanha, chegaram à região. Problemas semelhantes ocorreram, mas com menor intensidade, em Niterói, Nilópolis e São João do Meriti. No total, segundo cálculos mais modestos, onze pessoas teriam sido assassinadas e mais de mil, feridas.[151] No final do dia, após terem participado de uma reunião a portas fechadas em Brasília com o presidente Goulart, os líderes da greve decretaram o fim da paralisação. Terminava, assim, segundo o jornal *Última Hora*, o "maior movimento paredista já registrado na história do Brasil".[152]

Com o Congresso passando por um período de evidente fraqueza e desgaste políticos, Goulart e outros interessados em um rápido retorno ao presidencialismo pressionaram o Parlamento para que o plebiscito sobre o Ato Adicional fosse antecipado para a mesma data das eleições gerais, a ser realizada em 7 de outubro de 1962. Três ações conjuntas foram postas em prática nesse sentido. Primeiro, elaborou-se uma emenda constitucional, sob coordenação do deputado Oliveira Brito (PSD), que determinava a antecipação do plebiscito para 7 de outubro, além de garantir à legislatura seguinte poderes constituintes sobre temas predeterminados, com o objetivo de viabilizar a implementação das reformas de base.[153] Segundo, o governador mineiro Magalhães Pinto (UDN) entrou com uma representação no Tribunal Superior Eleitoral (TSE) requerendo a antecipação do plebiscito também para outubro de 1962.[154] E, terceiro, Goulart reuniu-se com lideranças da UDN e apresentou um suposto ultimato que teria recebido de membros das Forças Armadas. De acordo com o documento anônimo apresentado por Jango aos deputados udenistas, os militares teriam dado quatro opções a Goulart para "restaurar a ordem", sendo a primeira a votação pelo Congresso da antecipação da data do plebiscito. As demais envolviam "medidas à margem da Constituição", conforme Jango as teria definido.[155] Enquanto isso, o presidente não se posicionava sobre o novo nome a ser indicado para a chefia do gabinete, mantendo a situação em estado de paralisia. Após dois dias de infindáveis conversas e articulações, chegou-se a um acordo: Goulart desistiria de obter naquele momento a antecipação do plebiscito via emenda constitucional (a consulta ao TSE,

---

151 Oesp, Mortos e feridos em graves desordens no interior fluminense, 6 jul. 1962, p.2; O saque no Rio causou mil feridos e onze mortos, 7 jul. 1962, p.2. O jornal *Última Hora* divulgou o número de 40 mortos. Ver UH, Forças Armadas intervêm contra chacina do povo, 6 julho 1962, p.2.
152 Para uma boa descrição das regiões e das atividades paralisadas, ver Oesp, A greve atingiu poucos estados e terminou as 24 horas, p.7; Tudo normal em São Paulo; houve greve em Santos, 6 jul. 1962, p.10; Custou quatro bilhões a greve; calma em todo o país, 7 jul. 1962, p.6; UH, Acabou a maior greve da história do país, p.2 e A greve nos estados, 6 jul. 1962, p.2.
153 Oesp, Duas manobras contra o parlamentarismo: uma emenda pelo plebiscito e um recurso ao TSE, 7 jul. 1963, p.3.
154 Idem.
155 Oesp, Goulart fez uma comunicação a deputados; reação, 8 jul. 1962, p.6.

porém, seria mantida), enquanto os grupos do PSD e da UDN cederiam à vontade do presidente aprovando um primeiro-ministro totalmente comprometido com a agenda política janguista (plebiscito e reformas de base).[156] Com isso, no dia 9 de julho, sob protestos de alguns parlamentares, que alertaram que essa "capitulação" do Congresso seria um "ato de suicídio", o Parlamento aprovou o nome de Brochado da Rocha, ex-secretário de Justiça do governo de Leonel Brizola no Rio Grande do Sul, para o posto de chefe do Conselho de Ministros.[157] Com isso, após 14 dias de profunda instabilidade, o país voltava a ter um gabinete ministerial.

Além de ter trazido sérias consequências negativas em termos político-administrativos, a crise de julho de 1962 também causou significativos impactos econômicos, como já chegamos a assinalar no capítulo anterior. Para conter a demanda por liquidez de agentes e impedir falências de bancos, o Tesouro ampliou consideravelmente a oferta monetária. O saldo de papel-moeda emitido entre junho e julho foi mais de duas vezes superior ao saldo apresentado nos cinco primeiros meses do ano.[158] A alta no Índice de Preços ao Atacado (IPA-DI) de julho (6,42%) superou até o crescimento de preços verificado em agosto de 1961 (6,22%), quando o país viveu as graves consequências da renúncia de Quadros. Tal como na crise da renúncia, a Sumoc também estabeleceu o monopólio das operações de câmbio ao Banco do Brasil por meio da Instrução 228 de 7 de julho.[159] Desta vez, porém, as autoridades mantiveram os controles cambiais por mais tempo, levando empresários ao desespero. A Fiesp e a Associação Comercial de São Paulo (ACSP) fizeram várias representações junto ao Ministério da Fazenda, ao Banco do Brasil e à Sumoc em favor da normalização do mercado de câmbio. Argumentou-se que firmas estariam tendo dificuldades para adquirir matérias-primas e que tal escassez estaria provocando impactos irreparáveis no nível de atividade das empresas.[160] Após muitas reclamações e ameaças acerca dos "perigos" do "impasse cambial", o governo decidiu normalizar o mercado de câmbio em meados de agosto com a Instrução 229.[161] Nesse contexto, o embaixador em exercício dos Estados Unidos, Niles Bond, concluiu em relato a Washington que o "estágio pré-revolucionário" experimentado pelo Brasil em julho de 1962 teria trazido

---

156 Oesp, Goulart desiste de obter da Câmara o plebiscito, 10 jul. 1962, p.3.
157 Idem.
158 Ver Apêndice, Tabela A11.
159 Oesp, Instrução da Sumoc sobre as compras de câmbio, 8 jul. 1962, 27.
160 Ata, 18ª Reunião de Diretoria Plena da ACSP, 7 ago. 1962, p.24-6; Oesp, Falta de cambiais para importações essenciais, 20 jul. 1962, p.18; Critica o comércio o impasse cambial, 9 ago. 1962, p.22; Perigos do impasse cambial, 10 ago. 1962, p.20.
161 Oesp, Atenuado pela Sumoc o artificialismo cambial, 16 ago. 1962, p.19.

"nuvens de tempestade fortes" para a economia do país, particularmente quanto à falência do Plano de Economia de Moreira Salles.[162]

Diante de tamanhas implicações econômicas, é natural que muitos tenham buscado compreender o peso das atitudes de Goulart na deflagração de toda essa crise. Para o Departamento de Estado norte-americano, não haveria dúvida de que o "presidente Goulart [teria aproveitado] a oportunidade [da demissão de Tancredo Neves] para criar uma crise artificial visando promover seu desejo de recuperar plenos poderes presidenciais". Apesar de não ter sido totalmente bem-sucedido, conclui o relatório, Jango "conseguiu instalar um primeiro-ministro e um gabinete de sua própria escolha".[163] Quais seriam os indícios capazes de apoiar tal conclusão? Além do próprio esforço realizado por Goulart e aliados, até mesmo por governadores estaduais, para a derrota da emenda Mem de Sá, há um conjunto de evidências que apontariam para o papel decisivo desempenhado por Goulart durante a crise.

Em primeiro lugar, a questão da indicação de San Tiago Dantas. As evidências sugerem que Jango indicou o ex-chanceler sabendo que sua escolha não seria aceita pelo Congresso. O objetivo da manobra consistia em enfraquecer ainda mais as instituições do sistema parlamentarista. Os líderes dos dois maiores partidos, PSD e UDN, já tinham comunicado a Goulart que Dantas não seria aceito. Apesar disso, o presidente não só insistiu na indicação, como também, segundo Renato Archer, que substituiria Dantas interinamente no ministério das Relações Exteriores, Goulart não teria feito "qualquer esforço para vê-lo [Dantas] eleito".[164] Em conversa com o então Consultor Geral da República, Antônio Balbino, Lincoln Gordon recebeu as mesmas impressões do episódio. Conforme Balbino, Jango não seria muito "entusiástico" com relação à figura do ex-chanceler.[165] O embaixador norte-americano também ouviu de uma "fonte credenciada" do Palácio do Planalto que Goulart não teria se esforçado junto a deputados pela aceitação do nome de Dantas.[166] Em relatório ao Departamento de Estado, Lincoln Gordon concluiu, após conversar com vários parlamentares, que "não haveria dúvida de que Goulart não trabalhou com tudo que tinha para a aprovação de Dantas".[167] Se a indiferença do presidente era tão evidente, e

---

162 Report A-83, Rio de Janeiro to Department of State, 19 julho 1962, folder "Brazil General 7/62", Box 13, NSF, JFKL, p.3.

163 Memorandum for Mr. McGeorge Bundy, 28 jul. 1962, folder 16, Box 112, POF, JFKL, p.1.

164 MemPres, 17 jul. 1962, RRB 1954-63, folder "Presidential Visit, Postponed July Visit (1962)", Box 3, RG 59, Nara, p.1-2.

165 MemCon, Balbino e Gordon, 4 jun. 1962, CGR 1941-73, folder "Financial Aid Brasil 1962-1963", Box 135, RG 84, Nara, p.1.

166 Telegram 11, Rio de Janeiro to Department of State, Section I, 2 jul. 1962, folder "Brazil General 7/62", Box 13, NSF, JFKL, p.2.

167 Idem, p.2.

sabendo-se da notável inteligência do ex-chanceler, por que Dantas aceitou ser utilizado por Goulart como mero instrumento para desestabilizar o sistema parlamentarista? Possivelmente porque essa era uma oportunidade única para que Dantas fortalecesse sua própria posição política, permitindo-o alçar voos mais altos no futuro, principalmente para cargos executivos. Tendo em vista a maneira pela qual Dantas conseguiu estreitar vínculos com importantes grupos progressistas na sociedade, particularmente com o movimento sindical urbano, durante o breve período de sua candidatura para a chefia do gabinete, parece indiscutível o fato de que a indicação lhe rendeu um razoável capital político junto às "massas".[168]

Em segundo lugar, há indícios que apontam para uma participação mais ativa de Goulart na obscura renúncia de Auro de Moura Andrade. O presidente sabia que, de acordo com o Ato Adicional, ele não poderia fazer uma terceira indicação para o cargo de primeiro-ministro após ter recebido duas rejeições seguidas do Parlamento. Nesse caso, seria o próprio Congresso quem escolheria o novo *premier*. Jango precisava selecionar uma pessoa que ele tivesse certeza que seria aceita pelos parlamentares. Daí o porquê de a indicação ter recaído sobre o presidente do Senado, cujo nome já havia sido oficialmente mencionado pelos líderes do PSD desde o início das negociações para a substituição do gabinete Tancredo Neves. Ao mesmo tempo, porém, era fundamental para Jango assegurar que seu indicado lutaria pela pauta de antecipação do plebiscito. Para tanto, o presidente tinha de controlar o restante do gabinete, em especial as pastas militares. Goulart tanto sabia que sua lista ministerial seria difícil de ser aceita pelo Congresso, em especial pela UDN, que condicionou a indicação de Moura Andrade à assinatura de um compromisso formal pelo próprio presidente do Senado a esse respeito. De acordo com o embaixador Lincoln Gordon, baseado em conversas com uma "fonte do gabinete presidencial", o importante nesse caso teria sido o apoio que Goulart angariou de setores estratégicos das Forças Armadas. Quando o recém-indicado primeiro-ministro falhou em convencer grupos conservadores do Congresso a aceitar as demandas de Jango sobre o preenchimento dos ministérios, Moura Andrade não teria tido alternativa a não ser renunciar, já que "os militares estavam apoiando o presidente".[169]

Há, ainda, um outro aspecto obscuro no episódio da renúncia de Moura Andrade. De acordo com o jornalista Carlos Castelo Branco, Goulart teria feito uma segunda demanda ao presidente do Senado para indicá-lo ao posto de primeiro-ministro: além de ter assinado um compromisso de lutar pela antecipação do plebiscito e permitir a participação de Jango na

---

168 Idem.
169 Telegram 30, Rio de Janeiro to Department of State, 4 jul. 1962, folder "Brazil General 7/62", Box 13, NSF, JFKL, p.1

escolha dos ministros, Moura Andrade também teria deixado uma carta de renúncia sem data com Goulart, que serviria como fiança do acordo selado entre os dois.[170] Implicitamente, Jango publicaria a carta caso Moura Andrade não cumprisse com o que fora acertado. Ainda segundo Castelo Branco, Goulart teria mandado o líder do PTB, Almino Afonso, ler a carta no plenário da Câmara no dia 4 de julho sem o conhecimento de Moura Andrade. Este só teria tomado conhecimento de sua própria "renúncia" na residência do deputado Arnaldo Cerdeira, no momento em que discutia com outros parlamentares a lista de ministros que comporiam seu futuro gabinete.[171] A versão da existência de uma carta de renúncia foi divulgada no próprio período pelo jornal *Correio da Manhã*. Moura Andrade negou-a, alegando que sua saída teria se dado por causa de uma "impossibilidade [...] total, absoluta, irremovível de organizar o gabinete", diante das divergências entre os nomes desejados por Goulart e aqueles desejados por líderes parlamentares. Jango, por sua vez, chamou a notícia do *Correio da Manhã* de "caluniosa".[172] De qualquer maneira, parece difícil imaginar que Carlos Castelo Branco, ou o próprio Almino Afonso, tenham simplesmente inventado tal história. A enorme surpresa demonstrada pelos parlamentares quando Almino Afonso leu a carta pode ser vista como um indicativo de que o tema não estava circulando pelos corredores do Congresso – o que é estranho, pois um primeiro-ministro demissionário em razão da intransigência do Parlamento em aceitar nomes para seu gabinete deveria ter deixado claro a seus pares as consequências que isso poderia trazer.[173] A não ser que, de fato, a carta existisse, e que próprio Moura Andrade considerasse que Goulart não seria tão audacioso a ponto de publicá-la tão rapidamente.

Por fim, é preciso analisar as relações entre Goulart e a eclosão da greve geral de 5 de julho. Em conversa com o prefeito de Brasília, José Sete Câmara, o embaixador norte-americano Niles Bond recebeu "seguras afirmativas" de que Jango teria sido o principal responsável pela orquestração da paralisação. Segundo Sete Câmara, quando a ameaça já havia servido aos propósitos janguistas, por meio da criação de um pano de fundo capaz de justificar a renúncia de Moura Andrade, Goulart teria tentado frear a greve, mas os comunistas da CNTI "conseguiram transformá-la em um teste de força por 24 horas" para mostrar sua independência diante do presidente.[174] A "insubordinação" da diretoria da CNTI foi facilitada pela

---

170 Castello Branco, 1975, p.19. Essa versão é confirmada pelo próprio Almino Afonso em seu livro de memórias. Afonso, 1988, p.63.
171 Castello Branco, 1975, p.19.
172 Oesp, Auro afirma que renunciou pela oposição dos partidos à formação do novo gabinete, 7 jul. 1962, p.7.
173 Sobre a surpresa demonstrada pelos parlamentares no momento da leitura da leitura da carta por Almino Afonso, ver JB, Auro renunciou, 5 jul. 1962, p.3.
174 Report A-83, Rio de Janeiro to Department of State, 19 jul. 1962, JFKL, p.3.

ausência de Clodsmith Riani, principal aliado de Goulart dentro da Confederação, que estava em Berlim participando de um congresso da CIOSL.[175] Depois desse episódio, conclui Niles Bond, "a embaixada não pode descartar inteiramente como sendo um possível objetivo final [do presidente] o estabelecimento de uma república sindicalista, tal como alguns brasileiros com memória de Vargas afirmam que seriam as intenções de Goulart".[176] Conclusões semelhantes foram apresentadas por John Fishburn, adido trabalhista norte-americano. Fishburn ressalta que o episódio da greve geral comprova que, do ponto de vista dos interesses presidenciais, Jango teria dado um passo tático "correto" ao intervir nas eleições para a diretoria da CNTI. Por outro lado, a "desobediência" demonstrada pelos líderes sindicais diante das ordens do presidente para frear o movimento paredista teria representado um "golpe severo" às "alegações" de Goulart de que o movimento sindical estaria sob seu controle.[177] Para Tancredo Neves, Jango não alimentaria sonhos de criar uma "república sindicalista". Ao contrário, o ex-*premier* afirmou a Lincoln Gordon que, depois da greve geral, Goulart teria percebido que "essa máquina formidável que ele tanto havia feito para desenvolver poderia facilmente escorregar de seu controle e ser usada contra ele".[178] No relato de Tancredo Neves estava implícita a ideia de que não seria possível compreender a deflagração da greve sem levar em conta o papel exercido por Jango, que teria incitado as lideranças dos trabalhadores a agir nessa direção.[179]

A análise dos relatos de líderes sindicais da época confirma a hipótese de que Goulart pretendeu, de fato, tutelar o movimento operário, mas também demonstra a complexidade da relação dos sindicalistas com Jango. O depoimento de Dante Pelacani, por exemplo, que presidiu a famosa reunião na sede da CNTI da noite de 4 de julho de 1962, e cuja decisão contrariou os apelos da assessoria sindical de Goulart, é muito interessante nesse sentido.

---

175 Apesar da vitória da chapa trabalhista-comunista para a diretoria da CNTI em dezembro de 1961, a entidade continuou filiada à Confederação Internacional das Organizações Sindicais Livres (CIOSL), órgão máximo do sindicalismo "democrático". No 7º Congresso da CIOSL, ocorrido em Berlim entre 5 a 13 de julho de 1962, houve uma cisão entre líderes "pelegos" (Ari Campista e João Wagner) e "comunistas" (Bruno Segala, Luiz Tenório de Lima) que participavam do encontro como membros do Conselho de Representantes da CNTI. Clodsmith Riani voltou ao Brasil assim que tomou conhecimento da deflagração da greve geral, mas chegou apenas quando o movimento já havia terminado. Riani, em seu depoimento, afirma que Dante Pelacani também teria participado do Congresso em Berlim. No entanto, as referências da imprensa mostram que Pelacani teria ficado no Brasil como presidente em exercício da CNTI. Campos e Paula, 2005, p.227; Oesp, A greve atingiu poucos estados e terminou em 24 horas, 6 jul. 1962, p.7.

176 Report A-83, Rio de Janeiro to Department of State, 19 jul. 1962, JFKL, p.1-3.

177 Report A-90, Rio de Janeiro to Department of State, 20 jul. 1962, JFKL, p.3.

178 MemCon, Neves, Gordon, 19 jul. 1962, CGR 1941-73, folder "Brazil-USP, 1962", Box 134, RG 84, Nara.

179 Idem.

Apesar de não se referir especificamente ao episódio da greve de julho, Pelacani afirma que não existiria dúvida de que "Jango tentava [tutelar o movimento], mas já não havia receptividade [...]. Várias vezes recebemos apelo do governo para que não fizéssemos greve porque era necessário na perspectiva do governo, etc. Mas nós, depois de discutirmos internamente com os sindicatos, se chegássemos à conclusão da necessidade da greve, nós fazíamos".[180] Outro relato interessante sobre as ambiguidades do relacionamento de Jango com o movimento sindical, em particular nesse contexto da greve geral de julho de 1962, é o de Vitelbino Ferreira de Souza, líder metalúrgico da Baixada Santista e futuro presidente do Fórum Sindical de Debates (FSD) de Santos. Apesar de longa, a citação do depoimento de Vitelbino é preciosa para esclarecer até que ponto Goulart tinha controle sobre o movimento operário e, em especial, em quais termos seria possível responsabilizá-lo pela deflagração da greve:

> No processo do plebiscito era facilmente explicável que fazer uma greve para que o Jango passasse a ser presidente de fato do que como era, a turma entendia perfeitamente naquela questão o que era mais benéfico para ela. Um porque o Jango era conhecido como ministro do Trabalho, até então fora o melhor, o que mais bem atendera a reivindicação operária. Tinha ainda muito próxima, muito patente, a luta no Rio Grande do Sul para que o Jango tomasse posse como presidente [...]. Ai evoluiu o seguinte: em 5 de junho [*sic*] tinha o problema do San Thiago Dantas, não sei o que ele era lá, primeiro ministro, qualquer coisa. Eu sei que ocorreu qualquer outro negocinho e deu pra ter outra greve geral em 5 de junho [sic]. Então, essas duas greves, que todo mundo afirma que foram pedidas pelo Jango, não foram pedidas pelo Jango. Eu não tenho nenhuma procuração para defender o Jango, pode até ser que ele tenha feito alguns pedidos, mas não para aquelas ["aproveitado", diz o entrevistador]. Aproveitado, o plebiscito foi aproveitado [...]. Então, afirma-se que ele mandou [ilegível]. O que eu acho é o seguinte: que determinadas reivindicações feitas a ele [por dirigentes sindicais], ele tinha dito que não podia atendê-las porque tinha o Conselho de Ministros que decidia em última análise o que fazer e como fazer. Se ele fosse o presidente realmente, de fato e de direito, ele então poderia atender.[181]

O relato de Vitelbino Souza indica que a responsabilização pura e simples de Goulart pela deflagração da greve geral não capta um aspecto crucial do episódio.[182] Se, de um lado, parece evidente que Jango incitou o

---

180 Entrevista [Dante Pelacani], s.d., Cedem-Unesp, p.4.
181 Entrevista [Vitelbino Ferreira de Souza], s.d., FFM, Pasta 8, Cedem-Unesp, p.23, 25.
182 A versão de que Goulart teria "ordenado" a greve geral logo se transformaria em uma das principais críticas do movimento sindical "democrático" e "renovador" contra o presidente. Ver Oesp, Denuncia o MRS os perigos que resultariam da criação do CGT, 7 abr. 1963, p.25.

movimento operário a lutar contra o parlamentarismo e a favor da antecipação do plebiscito; do outro, isso não significa que os trabalhadores não sabiam o que estavam fazendo quando decretaram a paralisação. Muitos líderes operários apresentavam clara consciência da conexão entre fazer uma greve política pela antecipação do plebiscito e garantir mais poderes para Goulart, identificado como uma figura que traria benefícios para a classe operária. Isso sem contar, obviamente, com o papel desempenhado pela deterioração das condições de vida da classe trabalhadora para a deflagração do movimento, sobretudo no que se referia à inflação crescente e à falta de gêneros de primeira necessidade nos principais centros urbanos.[183]

Em resumo: se de fato houve uma ordem vinda de Jango para que líderes sindicais lançassem uma ameaça de greve geral, a receptividade dessa ordem só ocorreu porque foi vista como algo que poderia beneficiar os próprios trabalhadores no futuro. O maior exemplo disso foi a aprovação da lei do 13º salário. A pressão sindical feita das galerias do Senado no dia da votação do projeto, por exemplo, só se concretizou porque Goulart ordenou a retirada dos regimentos de paraquedistas que estavam impedindo a entrada dos trabalhadores em Brasília. O episódio foi completado dias depois, quando Jango rapidamente sancionou a lei, concretizando uma das mais antigas demandas do movimento sindical do período pós-guerra.[184]

Em convergência, portanto, com os relatos de Sette Câmara e Tancredo Neves, é pertinente imaginar que Goulart tenha lançado mão do movimento operário para alcançar objetivos políticos. Mas, de certa forma, os trabalhadores também estavam utilizando Goulart como meio de obter suas reivindicações.[185] E era exatamente por esse motivo que o movimento sindical apresentava uma postura de relativa independência diante dos interesses do presidente, como ficou claro na greve geral de julho e ficaria ainda mais claro em episódios posteriores. Até porque, conseguindo indicar Brochado da Rocha como primeiro-ministro, Jango havia vencido uma batalha para a antecipação do plebiscito, mas não havia vencido a guerra. E para isso, como se verá na próxima seção, o apoio dos trabalhadores (e também das Forças Armadas) seria fundamental.

---

183 Essa é tese básica de Erickson, 1979, p.149-54.
184 Oesp, Sancionada a lei que institui o 13º salário, 14 jul. 1962, p.4.
185 Rodrigues, 1997, p.10. Em sua obra clássica, diferentemente, Rodrigues argumentara que o sindicalismo desse período teria dado "primazia aos problemas da nação" em detrimento "das exigências especificamente profissionais do proletariado". Ver Rodrigues, 1966, p.199-200.

6.5. O gabinete Brochado da Rocha e a crise política de setembro de 1962

Em contraste com a crise que assolou o país por mais de um mês entre junho e julho de 1962, as primeiras semanas do gabinete Brochado da Rocha foram marcadas por um clima de tranquilidade. O *premier* parecia totalmente absorvido pelos trabalhos de preparação de um pedido de delegação de poderes ao Parlamento. A justificativa era de que as reformas de base precisariam ser implementadas de imediato, não podendo aguardar os demorados trâmites legais do Congresso. A concessão de poderes extraordinários ao Conselho de Ministros serviria para agilizar a execução das reformas.[186] Por outro lado, as relações entre Goulart e o Parlamento tinham melhorado sensivelmente. O ambiente de tensão dos primeiros dias de julho havia dado lugar a um clima de trégua. Ao que parece, o principal motivo dessa distensão política foi a confiança demonstrada por Jango e seus aliados de que o TSE julgaria favoravelmente à representação homologada pelo governador mineiro Magalhães Pinto sobre a antecipação do plebiscito do Ato Adicional. Imaginava-se que o TSE decidiria por reagendar o plebiscito para a mesma data das eleições gerais de 1962, que aconteceriam no dia 7 de outubro. Enquanto o TSE não se pronunciasse, Goulart não teria motivos para pressionar o Congresso. A "solução jurídica", como se dizia, resolveria o problema do plebiscito, dispensando a "solução política".[187]

Mas não foi bem assim. No dia 25 de julho, em uma votação apertada (4 votos a 3), o TSE deliberou pela sua incompetência para antecipar a data do plebiscito. Fechava-se, com isso, a possibilidade de uma saída "jurídica" para o tema.[188] Fontes próximas ao Palácio do Planalto confirmaram que Goulart teria ficado irritado com a decisão e que "iria ao revide".[189] Não foi coincidência, portanto, o fato de que no dia seguinte à decisão do Tribunal Eleitoral o primeiro-ministro Brochado da Rocha faria declarações em tons ameaçadores à imprensa, trazendo a questão do plebiscito novamente para o centro da arena política – e, logo, simbolizando o fim da trégua entre Goulart e o Congresso. Segundo Brochado da Rocha, a partir daquele momento o Conselho de Ministros usaria "de todos os meios legais ao seu alcance para obter a realização do plebiscito", já que isso representaria "uma condição de legitimidade das instituições". Conforme o *premier*,

---

186 Oesp, Brochado inicia contatos sobre o gabinete e sobre a delegação de poderes, 11 jul. 1962, p.3; Pela intensidade do trabalho, impressiona bem o primeiro-ministro, 20 jul. 1962, p.3.

187 Oesp, Duas hipóteses sobre o plebiscito: realização em 7 de outubro ou novos adiantamentos no TSE, 22 jul. 1962, p.3.

188 Oesp, Por 4 votos a 3 o Tribunal Eleitoral decide que não pode fixar a data para consulta, p.2; Decisão do TSE contraria e surpreende os planos de Goulart, 26 jul. 1962, p.3.

189 Castello Branco, 1975, p.27.

"não podemos mais retardar a consulta ao povo, que é o verdadeiro titular de todos os poderes". O *premier* ressaltou ainda que se o Parlamento não votasse até 17 de agosto de 1962 a antecipação da data do plebiscito e os projetos de delegação de poderes que estavam em preparação pelo Conselho de Ministros, tal atitude seria compreendida como um "voto de desconfiança" ao gabinete, o qual não teria outra opção a não ser demitir--se.[190] O prazo de 17 de agosto era importante porque coincidia com o último dia do chamado "esforço concentrado" do Congresso. Após isso, havia um entendimento tácito em Brasília de que parlamentares estariam liberados para fazer campanha eleitoral em seus estados. Se o gabinete Brochado da Rocha apresentasse sua demissão nessa data, porém, começaria de novo todo o processo de escolha de um novo primeiro-ministro. Além das imprevisíveis consequências políticas e sociais que esse ato traria ao país, a queda do gabinete prenderia os congressistas no Distrito Federal, impedindo-os de trabalhar em suas campanhas. Nesse sentido, entende--se o porquê de Brochado da Rocha ter sido chamado por Carlos Castelo Branco de um *"premier* para o sacrifício".[191]

A resposta às ameaças do primeiro-ministro veio logo. No início de agosto, quatro partidos (PSD, UDN, Partido Social Progressista, PSP, e Partido Liberal, PL) assinaram um manifesto em protesto contra aqueles que pretenderiam "comprometer o Parlamento, no conceito do povo que representa, através da polêmica sobre a antecipação do plebiscito". Conforme o documento, "esta antecipação não resolve[ria] os problemas reais do povo, e as agitações que com este propósito se fazem somente estimula[ria]m desordens e desconfianças". Conclui-se que a questão precisaria que ser resolvida apenas na próxima legislatura, cujos congressistas, "pela outorga recente de seus mandatos", teriam condições mais legítimas "para traduzir em texto constitucional a mensagem popular".[192]

Até mesmo as lideranças sindicais criticaram o governo pela insistência excessiva no debate sobre a antecipação do plebiscito, deixando a entender que pouco havia sido feito no sentido de implementação das reformas de base. "Como dirigentes da classe operária", dizia o manifesto do Comando Geral da Greve (CGG), "temos o dever de alertar os trabalhadores [de] que, por si só, sem conteúdo social e econômico, o plebiscito não dará solução nenhuma aos problemas que afligem o novo povo". Reivindicou-se que o presidente Goulart, "com quem lutamos ombro a ombro há muitos anos", viesse a público "assumir o compromisso de organizar um governo

---

190 Oesp, Brochado condiciona o gabinete ao plebiscito e à delegação de poderes, 27 jul. 1962, p.2; UH, Sem plebiscito e poderes gabinete renunciará, 27 jul. 1962, p.4.
191 Castello Branco, 1975, p.21.
192 Oesp, Nota conjunta de quatro partidos condena o debate do plebiscito, 9 ago. 1962, p.2.

nacionalista e democrático, caso o povo lhe devolv[esse], pelo plebiscito, o poder que lhe foi furtado".[193]

No dia seguinte, provavelmente em resposta às críticas das entidades sindicais, o primeiro-ministro apresentou em detalhes ao Congresso Nacional os temas sobre os quais o Conselho de Ministros considerava imprescindível ser contemplado como uma delegação especial de poderes. A mensagem lida pelo *premier* ao Parlamento continha nada menos do que 22 projetos legislativos, abrangendo uma enorme variedade de questões. Entre os pedidos mais polêmicos, encontravam-se as chamadas "medidas de revisão agrária", que incluíam a elaboração de um Estatuto do Trabalhador Rural (ETR) e a regulamentação da desapropriação de terras por interesse social; a aprovação de uma legislação antitruste; o "disciplinamento do capital estrangeiro" por meio de uma lei de limitação de remessas de lucros; o exercício do monopólio da União, "quando necessário", no comércio e na exportação dos minerais preciosos e semipreciosos; a autorização para legislar sobre "controle monetário e estabelecimentos de créditos"; e a regulamentação do direito de greve.[194] Brochado da Rocha ainda entregou ao Congresso um projeto de lei sobre a antecipação do plebiscito. De acordo com a proposta, o TSE ficaria obrigado a marcar uma nova data para a consulta até o dia 20 de dezembro de 1962. O Parlamento teria apenas uma semana para apreciar e votar todos os pedidos de delegação de poderes, além do próprio projeto sobre o plebiscito. Caso o Congresso rejeitasse os pedidos ou bloqueasse a antecipação da consulta popular, isso seria interpretado como um "voto de desconfiança" ao gabinete, segundo reafirmou o *premier* à imprensa.[195]

A reação do empresariado à delegação de poderes foi extremamente negativa. Desde o episódio da proposta de lei antitruste da administração Quadros não se havia formado um coro empresarial tão uníssono contra uma determinada iniciativa governamental. As mais importantes entidades empresariais paulistas, entre as quais as Federações da Indústria e do Comércio, a ACSP, a Sociedade Rural Brasileira (SRB) e até a Bolsa de Mercadorias do estado, uniram-se na redação de um manifesto contra os pedidos do primeiro-ministro. O documento sustentou que pedidos de delegação de poderes deveriam ocorrer apenas em situações "de caráter eminentemente excepcional" e em uma conjuntura em que o Conselho de Ministros representasse "as forças da maioria parlamentar". A simples leitura do pedido de delegação, porém, tornaria "evidente" que o documento

---

193 Oesp, A CNTI quer governo com apoio operário e militar, 10 ago. 1962, p.2; UH, Trabalhadores lançam manifesto: governo nacionalista e democrático ao apoio do povo e das forças armadas, 10 ago. 1962, p.4.
194 Oesp, A mensagem do Conselho: 22 projetos de decretos legislativos em 8 capítulos, 11 ago. 1962, p.5.
195 Oesp, Entregue o pedido de poderes e projeto para antecipar o plebiscito, 11 ago. 1962, p.2.

teria "inspiração comunista", revelando um completo "divórcio entre as tendências do Conselho e as da maioria do Congresso". Na realidade, argumentaram as entidades empresariais, o problema do Brasil não estaria na "falta de leis", mas na "crise de autoridade" e em uma "crise moral". No fim do manifesto, reconheceu-se que se o Congresso considerasse "realmente necessária e urgente alguma das providências legislativas solicitadas", o Parlamento poderia "promulgar lei respectiva em curto prazo e dentro de sua missão específica", mas nunca conceder tal prerrogativa a um Conselho de Ministros que não possuiria "legitimidade para legislar".[196]

Certos atores políticos, por outro lado, viram nas atitudes de Brochado da Rocha menos uma ofensiva de "inspiração comunista" contra a sociedade e mais uma manobra para forçar a aprovação da antecipação do plebiscito pelo Parlamento. De acordo com essa perspectiva, o extenso pedido de delegação de poderes feito pelo *premier* constituiria uma maneira de colocar diante do Congresso uma agenda de reformas "inaceitável" e impossível de ser analisada em um curto espaço de tempo. Com isso, o governo objetivava não somente elevar o descrédito do legislativo aos olhos da população, mas também reforçar a ideia de que as reformas de base não poderiam ser implementadas no interior do sistema parlamentarista.[197]

Como forma de responder à ofensiva do primeiro-ministro, o Congresso montou comissões especiais para apreciar os pedidos de delegação de poderes, mostrando à sociedade que o Parlamento estava disposto a analisá--los com rapidez.[198] As demandas consideradas mais "inofensivas" pelos parlamentares foram aprovadas como demonstração da boa vontade do Congresso. Entre essas, destacam-se a formação de duas pastas ministeriais extraordinárias e a permissão para que o governo promulgasse leis visando resolver o problema de abastecimento no país.[199] O Ministério Extraordinário

---

196 Oesp, Classes produtoras contra a delegação especial de poderes, 16 ago. 1962, p.19. Para críticas mais específicas ao projeto de delegação de poderes, ver Ata, 19ª Reunião de Diretoria Plena da ACSP, 14 ago. 1962, p.13-30.

197 Ver as impressões colhidas por Gordon com congressistas em Telegram 410, Rio de Janeiro to Department of State, 16 ago. 1962, folder "Brazil General 8/16 – 8/31/62", Box 13, NSF, JFKL, p.1. Augusto Schmidt, ex-assessor de Kubitschek e membro do Ipes-Rio, afirmou a Gordon que tinha "absoluta certeza" de que o plano de Goulart seria ainda mais audacioso. Primeiro viria a apresentação de uma agenda legislativa "inaceitável" para o Parlamento. Disso se seguiria a renúncia de Brochado, acompanhada da renúncia do próprio Goulart, que voltaria ao poder com o apoio de segmentos nacionalistas das Forças Armadas e instalaria uma Assembleia Constituinte. Gordon ressaltou, no entanto, que não se poderia acreditar em tudo o que Schmidt dizia, tendo em vista que ele seria "bem conhecido" pelas suas "tendências de Cassandra". Ver Telegram 376, Rio de Janeiro to Department of State, 13 ago. 1962, folder "Brazil General 8/16 – 8/31/62", Box 13, NSF, JFKL.

198 Oesp, Compostas as oito comissões que estudarão as delegações solicitadas pelo Executivo, 12 ago. 1962, p.4; Escolhidos os presidentes das comissões especiais, 15 ago. 1962, p.4.

199 Oesp, As comissões ultimam seus pareceres aos projetos de Brochado; aprovados três, 16 ago. 1962, p.2; A Câmara aceita os dois ministros e repele o plano sobre capitais, 17 ago.

do Planejamento e a Superintendência Nacional de Abastecimento (Sunab), criados no final de 1962, foram produtos dessa prerrogativa conferida pelo Parlamento ao Conselho de Ministros. No caso dos temas considerados sensíveis, porém, o Congresso esforçou-se para aprovar leis ao invés de entregar competências ao gabinete. Os exemplos mais importantes nesse sentido foram as aprovações das leis antitruste e de limitação de remessa de lucros no último dia de "esforço concentrado" do Congresso, ou seja, em 17 de agosto de 1962.[200] Apesar de o conteúdo dessas legislações ter desagradado alguns setores da sociedade, em especial no caso da lei de lucros e em referência aos empresários estrangeiros e associados, não há dúvida de que os textos aprovados foram bem menos radicais do que aqueles que se poderiam esperar caso tivessem sido feitos pelo Conselho de Ministros.[201] O Parlamento só não cedeu no quesito da antecipação da data do referendo sobre o Ato Adicional. Assim, se Brochado da Rocha cumprisse a ameaça e apresentasse sua demissão em 18 de agosto, em teoria ficaria desmascarado o discurso do governo de que o plebiscito serviria apenas para viabilizar as reformas de base. Isso porque se o Parlamento estava aprovando leis que há muito vinham sendo reivindicadas por vários grupos da sociedade, o gabinete deveria colaborar com o Congresso ao invés de demitir-se.

Todavia, até as últimas horas do dia 17 de agosto, Brochado da Rocha parecia inabalável em sua decisão. Do seu lado estava o argumento de que o Legislativo havia cedido muito pouco. Nada tinha sido promulgado, por exemplo, no que diz respeito à reforma agrária, de regulamentação do direito de greve, de benefícios sociais para o trabalhador do campo, entre outras medidas. Além disso, o *premier* concordou com as críticas dos empresários ao dizer que o Brasil estaria vivendo, de fato, uma "crise de autoridade", mas a causa dessa crise estaria na própria ineficácia do sistema parlamentarista, daí a importância de antecipação do plebiscito. "Faltam ao governo poderes de governo para restabelecer-se a autoridade

---

1962, p.2; Dados mais dois poderes: para o abastecimento e Fundo Agropecuário, 18 ago. 1962, p.2.

200 Oesp, Aprovado pela Câmara Alta o projeto de lei antitruste, 17 ago. 1962, p.4; Aprovada pela Câmara a lei de remessa de lucros, 18 ago. 1962, p.14.

201 No caso da lei de lucros, o Senado havia expurgado todos os aspectos radicais do projeto Celso Brandt. Quando a proposta voltou à Câmara para ratificação, porém, os deputados reintroduziram o artigo que estabelecia que as empresas multinacionais estariam autorizadas a remeter apenas o correspondente a 10% do seu capital social (sem contar reinvestimentos) em forma de lucros e dividendos ao exterior. Para as reclamações dos empresários estrangeiros e associadas à lei de lucros, ver Oesp, Fiega e CIRJ criticam a lei de remessa de lucros, 31 ago. 1962, p.18 e Ata, Reunião da Comissão Diretora do IPES-Rio, 16 out. 1962, Pacotilha 5, Caixa 63, AP 25, ANRJ, 1. Mais uma vez sugeriu-se que a aprovação do projeto na Câmara teria sido produto de pressões de empresários nacionalistas. Ver a respeito as acusações lançadas por Paulo Egídio Martins em reunião da Associação Comercial de São Paulo em Ata, 20ª Reunião de Diretoria Plena da ACSP, 21 ago. 1962, 28. Tivemos oportunidade de explorar essas questões mais a fundo em Loureiro, "A aprovação da Lei de Remessa de Lucros".

da autoridade", dizia.[202] Iria mesmo demitir-se? Era a pergunta frequente dos jornalistas. "As palavras têm o seu valor e delas devem ser tiradas todas as suas consequências", respondia Brochado da Rocha.[203]

Nessa conjuntura, tensas negociações estenderam-se por toda a madrugada do dia 18 de agosto para evitar a renúncia do primeiro-ministro. No gabinete do presidente da Câmara, Ranieri Mazzilli, juntaram-se o próprio Brochado da Rocha; os presidentes do PSD e da UDN, Amaral Peixoto e Herbert Levy; o líder da bancada da UDN, Menezes Cortes; e o governador de Minas Gerais, Magalhães Pinto. Pela manhã, a imprensa divulgou a notícia que todos aguardavam: havia se chegado a um "entendimento entre o Executivo e a Câmara".[204] Em razão da decisiva intervenção de Magalhães Pinto, uma das figuras mais engajadas na antecipação do plebiscito, acertaram-se três compromissos entre o *premier* e os líderes dos dois maiores partidos do Congresso: primeiro, Brochado da Rocha desistiria de renunciar, liberando os parlamentares para fazer campanha em seus estados; segundo, um novo período de "esforço concentrado" seria realizado entre os dias 10 a 15 de setembro, com a garantia de que as bancadas partidárias fariam valer a presença de seus membros em Brasília em tal período; e, por fim, acertou-se que o principal objetivo desse "esforço" seria aprovar a emenda Oliveira Brito, acrescentando no texto da emenda artigos que estipulassem que o plebiscito do parlamentarismo ocorreria, no máximo, entre abril e agosto de 1963.[205] Vale lembrar que a emenda Oliveira Brito garantia poderes constituintes por seis meses à legislatura que seria inaugurada no ano seguinte. Esses poderes estariam circunscritos a pontos previamente determinados da Constituição de 1946, entre os quais o título de número cinco da Carta Magna, intitulado "ordem econômica e social", cujos artigos versavam sobre temas como intervenção da União no domínio econômico, desapropriação por interesse social, diretrizes sobre o uso de recursos hídricos e minerais, regulamentação de concessionárias de serviços públicos, regras sobre posse de terra e concessão de terras públicas, legislação social do trabalho, direito de greve, entre outros.[206] A ideia nesse caso era modificar aspectos da Constituição que facilitassem a posterior aprovação de reformas de base pelo Congresso, em especial a questão da obrigatoriedade do pagamento de indenização prévia e em dinheiro para casos de desapropriação por interesse social, vista por muitos como um

---

202 Oesp, O primeiro-ministro defende na Câmara os pedidos de delegação; já surgiram as primeiras restrições, 15 ago. 1962, p.5.
203 UH, Sem plebiscito e poderes o gabinete renunciará, 27 julho 1962, p.4; Sem plebiscito Brochado sairá, 9 ago. 1962, p.4.
204 Oesp, Surge entendimento entre o Executivo e a Câmara: o plebiscito será em abril ou agosto, 18 ago. 1962, p.3.
205 Idem.
206 Para a íntegra da emenda Oliveira Brito, ver Castello Branco, 1975, p.223-4.

entrave para a implementação de uma rápida e eficiente reforma agrária.[207] Com o chamado "acordo de Brasília", portanto, cuja versão escrita não foi divulgada à imprensa, estabeleceu-se uma "trégua" de um pouco mais de vinte dias entre Goulart e o Congresso Nacional.[208]

Enquanto isso, no mesmo dia em que esse acordo foi selado, iniciou-se em São Paulo um importante evento para a classe trabalhadora: o 4° Encontro Sindical Nacional. O principal motivo desse encontro era transformar o CGG – organismo criado para coordenar o movimento paredista de julho de 1962 e que congregava lideranças da CNTI, da Contec, do PUA e da CPOS – em uma central única permanente, denominada "Comando Geral dos Trabalhadores" (CGT). A recusa dos líderes do sindicalismo "democrático" em assinar a convocatória para a realização do encontro impediu que o mesmo recebesse a *status* de um "Congresso Nacional".[209] De qualquer maneira, essa limitação não impediu que o evento obtivesse legitimidade suficiente para aprovar uma longa lista de demandas, que incluíam desde reformas de base a medidas para contenção do custo de vida e aumento de salários, além de ratificar a criação do CGT. Em suas resoluções sobre "estrutura sindical", por exemplo, o 4° Encontro estabeleceu que o Comando Geral dos Trabalhadores seria um "órgão de orientação, coordenação e direção do movimento sindical brasileiro", sendo composto por dois representantes de cada uma "das Confederações, Federações e Sindicatos nacionais", além do CPOS da Guanabara. O secretariado do CGT seria instalado na sede da CNTI no Rio de Janeiro. Finalmente, após anos de marchas e contramarchas, nascia a tão aguardada central sindical. Em um "Manifesto à Nação" aprovado no fim do 4° Encontro, ressaltou-se que os trabalhadores lutariam "mais do que nunca [...] pela constituição de um governo nacionalista, capaz de executar as reformas que o país exige".[210] Segundo os líderes do CGT, a oportunidade para tanto viria com o período de "esforço concentrado" do Congresso Nacional.[211]

Os preparativos para a realização do "esforço concentrado" já estavam a todo vapor no final de agosto de 1962. De um lado, Goulart e Brochado da Rocha trabalhavam para garantir pontes aéreas entre as capitais estaduais e o Distrito Federal, visando assegurar quórum para a votação da emenda

---

207 Sobre o tema, ver Cehelsky, 1979, p.68-72; Page, 1972, cap. 6.

208 Oesp, Trégua, 19 ago. 1962, p.3.

209 Das cinco confederações, apenas três (CNTI, Contec e CNTTMFA) assinaram a convocação do 4° Encontro. É de estranhar a presença da CNTTMFA nessa lista, pois o presidente da entidade, Alfredo Nunes, possuía vínculos com o sindicalismo "democrático". Infelizmente, porém, não foram encontradas informações para explicar essa aparente contradição. Para as entidades que participaram da chamada para o 4° Encontro, ver NR, IV, Encontro decidiu: luta contra o imperialismo e o latifúndio, 24-30 ago. 1962, p. 2.

210 Para a íntegra das resoluções do 4° Encontro, ver NR, IV Encontro decidiu, p.2.

211 UH, Trabalhadores encerram o Congresso com plano de ação imediata, 21 ago. 1962, p.9. O único estudo sistemático sobre o CGT ainda é o de Delgado, 1986.

Oliveira Brito.[212] De outro, a diretoria do CGT articulava uma nova greve geral, ameaçando o Congresso a deflagrá-la caso o pedido de delegação de poderes do primeiro-ministro Brochado da Rocha não fosse aprovado pelo Parlamento até o dia 15 de setembro.[213] O presidente em exercício da CNTI, Dante Pelacani, participava de constantes viagens pelo país para planejar com lideranças estaduais os últimos detalhes do esquema de deflagração do movimento grevista.[214] Parecia que o governo finalmente conseguiria dobrar a resistência do Congresso na aprovação da antecipação do plebiscito. Até que em 6 de setembro ocorreu um grave imprevisto para os planos de Goulart. Nesse dia, o texto do chamado "acordo de Brasília" veio a público. A versão escrita do pacto selado em 18 de agosto entre Brochado da Rocha e as lideranças da UDN e do PSD sobre a votação da emenda Oliveira Brito havia sido guardada por Menezes Cortes (UDN). Até então, um detalhe que parecia secundário mostrou-se uma das mais hábeis manobras da oposição contra Goulart. Basicamente, o conteúdo do "acordo" era bem diferente daquilo que havia sido informado ao presidente pelo primeiro-ministro. O grande problema estava nos termos que foram escolhidos pelos redatores (Brochado da Rocha e Menezes Cortes) para explicitar o conteúdo do artigo sobre a antecipação do plebiscito – artigo este que seria acrescentado à emenda Oliveira Brito. As palavras exatas do polêmico artigo eram as seguintes:

> O sistema de governo instituído pelo Ato Adicional [de setembro de 1961] ou resultante de suas alterações, na forma desta emenda, será submetido à *referendum* popular até 15 de abril, na primeira hipótese, ou até 60 dias após a promulgação das alterações do Ato Adicional, na segunda hipótese.[215]

Levando-se em conta os interesses de Goulart, há aqui dois graves problemas. O primeiro é que seria muito maior a chance de o plebiscito ocorrer apenas no final de 1963 ao invés de em até 15 de abril. A "primeira hipótese" mencionada no artigo só seria válida se o futuro Congresso deliberasse por não alterar os termos do Ato Adicional que instituiu o parlamentarismo. Todavia, era muito mais provável que o contrário ocorresse. Caso decidissem propor mudanças no texto, os novos parlamentares teriam o prazo de até seis meses para fazê-las, o que empurraria o plebiscito para, pelo menos, meados de novembro de 1963.[216] O segundo problema era ainda mais grave

---

212 UH, Ponte aérea garantiria êxito do esforço concentrado, 21 ago. 1962, p.4.
213 Oesp, Pressão sindical contra o Congresso, 1º set. 1962, p.4.
214 Oesp, A CNTI prepara greve e exige revisão de salários, 6 set. 1962, p.8.
215 Oesp, Goulart poderá manifestar hoje sua nova linha de ação; insatisfeito com o acordo o presidente, 7 set. 1961, p.3.
216 O novo Congresso seria eleito em outubro de 1962, porém só tomaria posse em meados de março de 1963. Somando-se esses seis meses de prazo máximo para alterar o Ato Adicional

para as pretensões de Goulart. Do jeito como o "acordo de Brasília" foi redigido, não havia garantia alguma de que as opções que seriam oferecidas para a população no plebiscito se resumiriam entre parlamentarismo e presidencialismo. Na realidade, o artigo estabeleceu simplesmente que a sociedade escolheria entre, de um lado, o parlamentarismo híbrido criado pelo Ato Adicional; e, de outro, um novo sistema de governo, produto das modificações que seriam feitas no próprio Ato Adicional pelo futuro Congresso. Evidentemente, tendo em vista que o Parlamento deteria a prerrogativa de fazer tais modificações, o novo sistema de governo muito provavelmente não seria uma cópia do presidencialismo instituído pela Constituição de 1946. Ao contrário, era lógico supor que o Legislativo emendaria o Ato Adicional para criar um sistema parlamentarista *de facto*, acabando com as ambiguidades de poder entre presidente e Conselho de Ministros. Depois de tanto esforço para obter a antecipação do plebiscito, o referendo que Goulart conseguiu com o "acordo de Brasília" não apenas ocorreria muito mais tarde do que ele imaginava, como também lhe ofereceria a opção de continuar com um tipo de parlamentarismo que preservava certos poderes em suas mãos, ou de inaugurar outro que o transformaria, aí sim, em uma "rainha da Inglaterra".

A reação de Jango ao tomar conhecimento do que ele próprio classificou de "inconcebível inabilidade política" de Brochado da Rocha foi imediata.[217] No mesmo dia, a Rádio Nacional, controlada pelo governo, transmitiu um exaltado discurso de Leonel Brizola exigindo a antecipação do plebiscito para 7 de outubro de 1962, coincidindo com as eleições gerais.[218] Pouco depois, aliados de Goulart apresentaram duas iniciativas legislativas diferentes: de um lado, o deputado Bezerra Leite (PTB) começou a recolher assinaturas no Congresso para homologar um projeto de emenda constitucional;[219]; de outro, o deputado Osvaldo Lima Filho (PTB) propôs um substitutivo à emenda Oliveira Brito, estabelecendo que o plebiscito deveria ocorrer, impreterivelmente, até o dia 15 de abril de 1963, e que tal consulta teria como únicas opções o sistema de governo instituído pelo Ato Adicional e o sistema presidencialista consagrado pela Constituição de 1946.[220] De acordo com a embaixada norte-americana, com esses dois projetos e o discurso de Brizola Goulart teria estabelecido os termos máximos e mínimos de negociação com o Congresso Nacional: plebiscito entre 7 de

---

com o intervalo de sessenta dias entre a aprovação dessas alterações e a realização do plebiscito, segue-se que o referendo seria realizado somente após meados de novembro.

217 Oesp, Goulart poderá manifestar hoje sua nova linha de ação, 7 set. 1961, p.3.

218 Report A-400, Rio de Janeiro to Department of State, 9 out. 1962, folder "Brazil General 10/1 – 10/17/62", Box 13, NSF, JFKL, p.4.

219 Oesp, Com o rompimento do acordo os partidos tomarão novas posições sobre o plebiscito, 11 set. 1962, p.3.

220 Oesp, Rompido o acordo; dada nova redação à emenda Oliveira Brito, 11 set. 1962, p.2.

outubro de 1962 e 15 de abril de 1963, tendo como objeto necessariamente a escolha entre parlamentarismo e presidencialismo.[221]

Mas a oposição não parecia disposta a ceder. O líder da UDN, Menezes Cortes, ratificou que o descumprimento do acordo por Goulart seria algo "absurdo" e que a UDN não se afastaria "um milímetro dos limites do entendimento de Brasília".[222] O deputado Martins Rodrigues (PSD) afirmou que a recusa do governo em votar a emenda Oliveira Brito tal como havia sido acertado configuraria uma "traição do Executivo, empenhado em fabricar crises para fugir a uma derrota eleitoral".[223] Para mostrar que a oposição estava falando sério, no dia 11 de setembro a Comissão Especial encarregada de analisar a emenda Oliveira Brito rejeitou o substitutivo apresentado pelo deputado Lima Filho, enterrando, ao menos em teoria, a possibilidade de o plebiscito ocorrer em abril de 1963.[224] UDN e PSD articularam-se também para aprovar a recém-formulada lei Capanema, que autorizaria o presidente a nomear um Conselho de Ministros provisório em caso de vacância na chefia do gabinete.[225] Caso fosse aprovada, essa lei acabaria com a perspectiva de o país ficar sem governo durante trocas ministeriais, retirando uma das principais vantagens políticas de Goulart diante do Congresso. Quanto maior fosse o período de vácuo administrativo entre uma possível demissão do gabinete Brochado da Rocha e a instalação do futuro ministério, maior seria a possibilidade de adiamento ou até de cancelamento das eleições de outubro. Essa perspectiva era considerada catastrófica pelos parlamentares, a maior parte dos quais já havia investido muito dinheiro em campanhas eleitorais.[226] Isso sem contar, obviamente, com as consequências que uma nova acefalia governamental geraria no país quanto à instabilidade política – algo que já havia sido claramente demonstrado pela crise de julho. Não foi à toa, portanto, que os aliados de Goulart no Congresso tentaram de todos os jeitos possíveis minar a evolução da lei Capanema. Mas não conseguiram. No dia 12 de setembro ela foi aprovada na Câmara dos Deputados, sendo encaminhada ao Senado, onde as perspectivas de bloqueá-la não eram animadoras.[227] Nesse momento, entraram em cena novamente, e de modo decisivo, o apoio que o presidente possuía no movimento sindical urbano e nas Forças Armadas.

---

221 Report A-400, Rio de Janeiro to Department of State, 9 out. 1962, JFKL, p.4.
222 Oesp, Goulart poderá manifestar hoje sua nova linha de ação, 7 set. 1962, p.3.
223 Oesp, Os deputados querem evitar o agravamento da crise, 12 set. 1962, p.3.
224 Oesp, Aprofunda-se a crise; o governo tenta obter da Câmara o plebiscito, 12 set. 1962, p.2.
225 Oesp, Rompido o acordo, 11 set. 1962, p.2.
226 Telegram 554, Rio de Janeiro to Department of State, 6 set. 1962, Section I, folder "Brazil General 9/62", Box 13, NSF, JFKL, p.1-2.
227 Report A-400, Rio de Janeiro to Department of State, 9 out. 1962, JFKL, p.10.

Em 10 de setembro, o CGT lançou um ultimato de difícil (para não dizer impossível) cumprimento pelo Congresso Nacional. De acordo com o manifesto publicado pelo Comando Geral dos Trabalhadores, na hipótese de o Parlamento não aprovar um extenso conjunto de medidas até o último dia do "esforço concentrado", ou seja, até 15 de setembro, o CGT deflagraria uma greve geral no país. Entre as demandas apresentadas, destacavam-se a antecipação do plebiscito para 7 de outubro, a delegação de poderes para o Conselho de Ministros, a revogação da Lei de Segurança Nacional, um aumento de 100% no salário mínimo, a concessão do direito de voto para analfabetos e soldados, a implementação de uma "reforma agrária radical", o congelamento dos preços dos bens de primeira necessidade, e a aprovação do projeto de regulamentação do direito de greve.[228] Segundo palavras de um dos diretores da ACRJ, Júlio Poetzcher, a ameaça de paralisação lançada pelo CGT teria "absurdas reivindicações, impossíveis de serem atendidas, mesmo com apoio de super-homens". Poetzcher concluiu dizendo que considerava muito "estranho" as autoridades não terem se pronunciado contra o movimento, algo que o presidente da entidade, Rui Gomes de Almeida, concordou prontamente, emendando que tal ameaça grevista constituiria um evidente "atentado contra a lei".[229]

Do lado militar, as pressões sobre o Congresso foram ainda mais incisivas. No dia 11 de setembro, Goulart nomeou o general Peri Bevilacqua para o comando do II Exército em São Paulo. Em seu discurso de posse, Bevilacqua engrossou os coros dos comandantes do I e III Exércitos, generais Osvino Alves e Jair Dantas Ribeiro, respectivamente, pela antecipação do plebiscito.[230] No dia seguinte, o próprio general Dantas Ribeiro enviou um telegrama ao ministro da Guerra Nelson de Melo afirmando que, como chefe do III Exército, não teria condições de garantir a ordem pública em sua jurisdição "se o povo se insurgi[sse] pela circunstância de o Congresso recusar o plebiscito para antes ou, no máximo, simultaneamente com as eleições de outubro próximo".[231] Dantas referia-se indiretamente à ameaça de greve do CGT e aos seus impactos no Rio Grande do Sul. Apesar de Nelson de Melo já ter se demonstrado favorável ao regime presidencialista – por considerá-lo, segundo as palavras da embaixada norte-americana, "mais forte e, portanto, menos maleável ao fortalecimento dos comunistas do que o regime parlamentarista, no qual a autoridade [seria] fraca" –, o ministro da Guerra repreendeu duramente Jair Dantas Ribeiro, afirmando que "manifestações dessa natureza, partindo de escalões subordinados, não se

---

228 Oesp, Ameaça a CNTI declarar greve geral, 11 set. 1962, p.5.
229 Gomes de Almeida refere-se aqui, implicitamente, aos dispositivos do decreto 9.070. Ata, Reunião de Diretoria da ACRJ, 12 set. 1962, p.7-8.
230 Salvo referências extra, as informações contidas nos três parágrafos seguintes baseiam-se em Report A-400, Rio de Janeiro to Department of State, 9 out. 1962, JFKL, p.4-12.
231 Oesp, O Ministro da Guerra censura o comandante do III Exército, 14 set. 1962, p.2.

coaduna[ria]m com a disciplina". Além disso, completou, "com referência à manutenção da ordem pública em território de sua jurisdição, julgo Vossa Exa. em condições de realizá-la".[232] Diferentemente do posicionamento assumido pelo ministro, os comandantes dos demais Exércitos, com exceção do IV, ainda sob a liderança de Artur da Costa e Silva, apoiaram a declaração de Jair Dantas Ribeiro.[233] Coincidência ou não, no dia 13 Costa e Silva seria substituído pelo general Castelo Branco. Parecia claro que os chefes dos postos militares mais importantes do país, se não estavam apoiando abertamente a antecipação do plebiscito, também estavam longe de ser entusiastas da manutenção do parlamentarismo.

A situação atingiu o clímax no dia 13 de setembro de 1962. Em reunião com os presidentes da Câmara e do Senado, o *premier* Brochado da Rocha pediu para que fossem votadas naquele mesmo dia com *status* de "voto de confiança" as questões do pedido de delegação de poderes e da antecipação do plebiscito para 7 de outubro.[234] Como não houve acordo, horas mais tarde, na sessão noturna da Câmara dos Deputados, Brochado anunciou sua renúncia como primeiro-ministro.[235] Paralelamente, a direção do CGT reunida no Rio pediu aos trabalhadores que ficassem de prontidão.[236] No dia seguinte, declarou-se greve geral em protesto contra a demissão do primeiro-ministro. A repressão desencadeada pelas polícias estaduais, provavelmente aliada à falta de entusiasmo das bases trabalhistas em seguir as ordens da cúpula sindical, impediu o sucesso do movimento, cuja dimensão em termos regionais e setoriais mostrou-se bem inferior à paralisação de julho.[237] No estado de São Paulo, com exceção de Santos mais uma vez, a greve teve pouca adesão. A polícia invadiu sedes dos sindicatos dos metalúrgicos e dos gráficos na capital, prendeu seus líderes, impediu a formação de piquetes na porta de fábricas e ainda dissolveu um comício marcado pelo "Comando Estadual Sindical" na Praça da Sé. Na Guanabara, ocorreu situação semelhante.[238] Mais de 400 lideranças sindicais foram presas pela polícia do governador Carlos Lacerda sob a justificativa de violação da Lei de Segurança Nacional. A sede da CNTI – quartel-general do CGT – também foi invadida, mas tropas do I Exército impediram que os diretores do

---

232 Idem.
233 É de destacar que houve um grupo de oficiais de alta patente que se solidarizou com o ministro Nelson de Melo, entre os quais o ex-ministro da guerra Segadas Viana e o general Machado Lopes.
234 Telegram 608, Rio de Janeiro to Department of State, 13 set 1962, folder "Brazil, General 9/62", Box 13, NSF, JFKL, p.1.
235 Oesp, Decide renunciar o gabinete Brochado da Rocha, 14 set. 1962, p.2.
236 Oesp, CNTI convoca os sindicatos, 14 set. 1962, p.6.
237 Telegram 378, Rio de Janeiro to Department of State, 18 set. 1962, CGR 1941-73, folder "Brazil, Sept. 1962", Box 134, RG 84, Nara; Oesp, A greve restringe-se a focos dispersos; controlada a situação, 15 set. 1962, p.6.
238 Oesp, A greve restringe-se a focos dispersos, 15 set. 1962, p.6.

Comando fossem detidos.[239] Houve focos grevistas apenas em algumas indústrias e, principalmente, no setor de transportes. Nos demais estados a paralisação foi pouco abrangente.[240] De qualquer modo, é possível que o temor de uma possível expansão do movimento, associada às lembranças da greve de julho, tenha pressionado parlamentares a encontrar uma solução para o impasse político em Brasília.[241]

E, de fato, a solução foi encontrada. Na própria madrugada do dia 13, horas após a demissão de Brochado da Rocha e com a perspectiva de início de uma nova greve geral no país, o presidente do Senado, Auro de Moura Andrade, transformou em secreta uma sessão pública da casa. Nessa sessão, Auro teria supostamente alertado os parlamentares sobre os perigos de uma nova crise político-institucional para a manutenção da ordem no país. O senador Juscelino Kubitschek teria desempenhado nesse momento um papel fundamental para quebrar a aliança UDN-PSD que impedia a votação da antecipação do plebiscito. Ao lado do também senador Benedito Valadares (PSD-MG), Kubitschek negociou o acréscimo de uma emenda ao projeto de lei Capanema (então para ser votada pelos senadores), antecipando o referendo sobre o Ato Adicional para o início de janeiro de 1963. Após horas de negociação com Goulart por telefone, o acordo foi selado: o projeto Capanema-Valadares seria aprovado no Senado em troca da derrota da emenda Oliveira Brito (a mesma que havia causado tanta polêmica para Brochado da Rocha e que garantiria poderes constituintes ao novo Congresso por seis meses). Às 5 horas da manhã, o projeto Capanema--Valadares passou no Senado, sendo transferido no mesmo dia para ser apreciado pela Câmara.[242]

Nesse momento, a greve geral declarada pelo CGT já estava em andamento. Durante a tarde, segundo informações obtidas pela embaixada norte-americana junto ao deputado Bilac Pinto (UDN-MG), Almino Afonso teria trazido uma "mensagem secreta" de Goulart aos membros da comissão de deputados incumbida de analisar o projeto Capanema-Valadares: o presidente garantiria "ordem no país" e a "realização pacífica das eleições de outubro" se uma "solução política satisfatória fosse encontrada para a presente crise". Apesar disso, o projeto foi derrotado na comissão por 4 votos a 3. Isso constituiu "uma batalha ganha em uma guerra perdida", porém. Na sessão noturna da Câmara do dia 14, depois da meia-noite, aprovou-se o projeto Capanema-Valadares por 169 a 83 votos – apenas cinco votos a mais do que o necessário para emendar a constituição. Simultaneamente,

239 Telegram 378, Rio de Janeiro to Department of State, 18 set. 1962, Nara.
240 Oesp, Malograda a greve, o CGT prepara ordem de cessação, 16 set. 1962, p.5.
241 Essa hipótese é apresentada pela embaixada norte-americana. Report A-400, Rio de Janeiro to Department of State, 9 out. 1962, JFKL, p.4.
242 Oesp, A bancada do PSD cede aos propósitos de Goulart e desfaz sua aliança com a UDN, 15 set. 1962, p.3.

a emenda Oliveira Brito foi derrotada e engavetada. A antiga aliança PSD-PTB, fundamental para a estabilidade política da administração Kubitschek, havia voltado à tona pelas mãos do próprio ex-presidente para acabar com o imbróglio da antecipação do plebiscito. A partir de então, Goulart poderia nomear um gabinete provisório, liberando os parlamentares para concentrar suas atenções nas eleições. A crise de setembro de 1962 havia finalmente terminado.

A habilidade e astúcia demonstradas por Goulart durante a crise foram amplamente reconhecidas por contemporâneos, da mesma forma que também o foram seu pragmatismo e frieza ao privilegiar a reconquista de poderes presidenciais em detrimento da criação de um quadro institucional mais propício para a aprovação das reformas de base. Para o embaixador Lincoln Gordon, Jango havia "obtido uma enorme vitória política", fruto de uma "tática de jogo muito inteligente". Gordon considerou "irônico", porém, o fato de Jango, que havia construído parte de sua carreira política em cima da defesa das reformas de base, ter se mostrado "preparado para sacrificar a emenda Oliveira Brito" – "um sacrifício", concluiu o embaixador, "que aparentemente perturbou os seus amigos comunistas e os revolucionários do tipo Brizola".[243] Carlos Castelo Branco fez comentários semelhantes. Para o jornalista do *Jornal do Brasil*, Goulart teria jogado "no correr da crise com extremos de habilidade. Desapeou do sr. Brizola, um potro árdego, e subiu ao lombo do sr. Benedito Valadares, manso e manhoso, montaria velha mas segura". Porém, completou o jornalista, "em meio a tudo isso, desapareceu o problema das reformas de base, mansamente engolido pelo PSD".[244] Para Paulo Schilling, assessor de Brizola, Goulart teria agido como um "traidor". "De todo o episódio o único beneficiário foi Jango [...]. O que realmente interessava aos setores populares – as reformas – ficou no limbo".[245]

6.6. As consequências da luta de Jango pelo fim do parlamentarismo

É preciso analisar, por fim, as implicações desse longo embate travado por Jango pela antecipação do plebiscito. Como já havia sido destacado no capítulo anterior, a gestão da política econômica no período que vai desde o anúncio da demissão de Tancredo Neves (1° de junho) até a votação da emenda Capanema-Valadares (14 de setembro) tornou-se extremamente

---

243 Telegram 373, Rio de Janeiro to Department of State, 17 set. 1962, CGR 1941-73, folder "Brazil, Sept. 1962", Box 134, RG 84, Nara, p.1-2.
244 Castelo Branco, 1975, p.57-8.
245 Schilling, 1981, v.1, p.238.

difícil. Não é à toa que os principais agregados monetários e fiscais apresentaram descontrole nesse período, em particular durante as crises de julho e setembro.[246] Independentemente de quem estivesse sob controle da política econômica, ou do instrumental que fosse colocado à disposição das autoridades do Ministério da Fazenda, Sumoc e Banco do Brasil, a tentativa de aplicação de um programa de estabilização no quadro de extrema instabilidade política e social de meados de 1962 era inviável.

Mais importante do que analisar as implicações econômicas da luta de Goulart pelo fim do parlamentarismo é examinar as consequências desse embate para as esferas política e social. Olhando-se, primeiramente, para as relações entre Goulart e o Parlamento, não é difícil prever as dificuldades que o presidente encontraria no Congresso a partir de então, ainda mais quando precisasse aprovar projetos. Isso ficaria evidente durante a implementação do Plano Trienal em 1963, quando aspectos importantes do programa acabariam sendo desvirtuados em razão de ferrenha oposição parlamentar ao presidente. A própria agenda das reformas de base, contida também no Trienal, ficaria comprometida pelas relações cada vez mais tensas entre os Poderes Executivo e Legislativo. Muitos parlamentares acusariam Goulart de deflagrar a bandeira das reformas de base hipocritamente.[247] O argumento era o de que Jango teria tido a oportunidade de dar ao Congresso a prerrogativa de reformar a constituição com quórum de maioria simples (emenda Oliveira Brito), mas preferiu privilegiar a retomada dos poderes presidenciais (emenda Capanema-Valadares). Por que, agora, se perguntavam vários congressistas, viria o presidente jogar sobre o Parlamento a responsabilidade de entravar as reformas de base que o Plano Trienal considerava fundamentais ao país? Por mais que se possa argumentar que a reinstalação do presidencialismo constituísse fator essencial para a aprovação das reformas, tais críticas dão uma ideia dos obstáculos que Jango encontraria no Congresso a partir da vitória no plebiscito em janeiro de 1963.

A situação seria tão ou até mais difícil com os empresários, principalmente com aqueles vinculados ao capital estrangeiro. O relacionamento cordial desfrutado por Goulart com esse grupo no início de 1962 deu lugar a um clima de crescente tensão, que desembocaria, em alguns casos, para uma oposição aberta contra o presidente. Logo após a crise de julho de 1962, o líder da Associação Comercial do Rio de Janeiro, Rui Gomes de Almeida, deixou claro aos membros da diretoria da ACRJ que "as classes produtoras" já não mais poderiam contar com Jango:

---

246 Ver Apêndice, tabelas A10 e A11.
247 Ver, a esse respeito, Oesp, Pilla afirma estar o Congresso sob pressão demagógica, 10 abr. 1963, p.4; Parlamentar classifica o presidente de fanfarrão, 25 ago. 1963, p.5

[Até o final de abril de 1962], o presidente [Goulart] como que atendia às ponderações que lhe eram feitas, sobretudo no sentido de que ele não presidia a uma parcela da Nação, mas a toda a Nação, de que as classes produtoras eram uma parcela integrante [...]. A impressão que tivemos foi que, realmente, o Presidente queria imitar o Sr. Getúlio Vargas [...]. Lamentavelmente, os fatos mais recentes estão mostrando que nós perdemos nossas esperanças. Estamos diante de situações que exigem uma revisão de posição, não no sentido de fazer oposição ao governo, mas de encarar os problemas com um senso maior de sua objetividade, das possibilidades que teremos para fixar nossos pontos-de-vista ou ver atendidas nossas pretensões. Confesso aos senhores, com os elementos de que disponho, que nada me leva a crer numa solução extralegal.[248]

Na Associação Comercial de São Paulo, os diretores chegaram a conclusões parecidas. Segundo o presidente da casa, Paulo Barbosa, "seja ou não o sr. João Goulart um comunista, a verdade é que todos os seus atos, todas as suas maquinações, para a recuperação de um poder [...], estão levando o país à condição de campo aberto, fácil, para a instalação do regime comunista".[249] Em contraste, o diretor Ulpiano de Almeida Prado argumentou que Jango estaria tentando reaver direitos legítimos, apesar de os métodos utilizados para tanto – particularmente com relação ao "uso" do movimento sindical – não serem corretos.[250] De acordo com o empresário Lacê Brandão, a ACSP precisaria ser mais ativa "contra a marcha acelerada para a República Sindicalista" presente no país. "Somos um gigante, sr. Presidente, mas parece-me que, como todo gigante que se preza, sofremos com ligeira debilidade mental". Não adiantaria mais, segundo Brandão, que a entidade fizesse apenas pronunciamentos contra as atitudes de Jango e contra "essa pletora de decretos, que vem saindo, de um mês para outro" em prol da classe trabalhadora. Ao contrário, seria o momento, "sr. Presidente, de tomarmos atitudes radicais e definitivas, porque nós não nascemos livres para sermos escravizados pela ditadura da incompetência".[251]

Durante o gabinete Brochado da Rocha, particularmente no contexto da crise política de setembro de 1962, as relações entre Goulart e certos segmentos do empresariado ficaram ainda mais frágeis. Na semana anterior ao "esforço concentrado" do Congresso, Campos Salles, diretor da ACSP, afirmou em reunião da casa que havia "na presidência da República um homem que não nos merece toda confiança, em termos ideológicos". Por isso, acrescentou, "estamos em guerra, e é em termos de guerra que o

---

248 Ata, Reunião de Diretoria da ACRJ, 11 jul. 1962, p.20.
249 Ata, 15ª Reunião de Diretoria Plena da ACSP, 17 jul. 1962, p.5.
250 Idem, p.6-7.
251 Ata, 14ª Reunião de Diretoria Plena da ACSP, 10 jul. 1962, 3A-3B, p.7-8.

assunto [eleições de outubro de 1962] deve ser tratado; em termos de mobilização de recursos, mobilização de vontades, mobilização de organização
e capacidade empresarial".[252] Da mesma forma, em reunião do Instituto de
Pesquisa e Estudos Sociais (Ipes-Rio) do início de setembro, um de seus
diretores, H. Antunes, comentou: "Ninguém pode acreditar em João Goulart: dá um no cravo, outro na ferradura. Está cada dia consolidando mais
sua posição nas Forças Armadas e nos sindicatos".[253]

As evidências sugerem que Jango percebeu os perigos desse distanciamento com o empresariado. Um dia antes do início do período de "esforço
concentrado", Goulart chamou dois importantes integrantes do Ipes-São
Paulo e da ACSP, Paulo Barbosa e Paulo Egídio Martins, para conversar em
seu apartamento na Guanabara. Infelizmente, não foi possível saber detalhes sobre o conteúdo desse encontro, pois parte da anotação taquigráfica
da reunião da ACSP na qual o presidente Paulo Barbosa relatou o ocorrido
foi suspensa sob ordens do próprio Paulo Barbosa. É certo, no entanto, que
os empresários fizeram duas importantes reclamações a Goulart: primeiro,
a luta travada pelo presidente para antecipar o plebiscito estaria causando
traumas econômicos por demais agudos ao país. Conforme as palavras de
Egídio Martins, o contexto seria de "uma quase total ausência de direção
por parte do governo. Sentimos que, afinal de contas, o Ministério da
Indústria e do Comércio está vago, o Ministério da Fazenda está vago" e
até a gerência de câmbio do Banco do Brasil "da maior praça, que é a de
São Paulo", estava vaga. "Por quanto tempo conseguiremos aguentar esse
desgoverno que está aí?", concluiu. A segunda reclamação referiu-se à aprovação da lei de remessa de lucros. Sobre isso, Jango justificou suas razões
para não tê-la vetado. O presidente argumentou que seria mais inteligente,
ao invés de barrar o projeto radical, simplesmente aprovar outro de cunho
moderado, missão ao qual ele estaria comprometido a apoiar.[254] Por fim,
Paulo Barbosa externalizou na reunião da Associação Comercial paulista
os receios de Rui Gomes de Almeida, presidente da ACRJ e membro do
Ipes-Rio, de que o objetivo de Jango com esse encontro seria "dividir as
classes produtoras", ao qual Paulo Barbosa afirmou enfaticamente que tal
possibilidade não existiria.[255]

Logo após o término da crise de setembro, diretores da ACSP enxer-
garam nas atitudes de Jango ao longo do episódio uma comprovação de
que não seria possível "manter conversas particulares simpáticas" com o

252 Ata, 21ª Reunião de Diretoria Plena da ACSP, 26 ago. 1962, p.27.
253 Ata, Reunião da Comissão Diretora do Ipes-Rio, 4 set. 1962, p.2.
254 De fato, logo após a aprovação pelo projeto Celso Brandt pela Câmara em agosto de 1962, o
Senado passaria um outro projeto de lei de lucros, de cunho bem mais moderado, de autoria
do senador Daniel Krieger (UDN-RS). Essa proposta, porém, ficaria presa na Câmara sem ser
votada. Oesp, O Senado aprova alterações na lei de envio de lucros, 23 ago. 1962, p.5.
255 Ata, 23ª Reunião de Diretoria Plena da ACSP, 11 set. 1962, p.13-23.

presidente. De acordo com Henri Colinvaux, que também era integrante do Conselho das Câmaras de Comércio Estrangeiras, "hoje nós temos um governo realmente de esquerda. É inútil fechar os olhos a isto [...]. O fato é que temos diante de nós uma orientação puramente marxista".[256] O presidente da Câmara de Comércio Norte-Americana de São Paulo, John Richards, expressou de modo ainda mais claro para o embaixador Lincoln Gordon os sentimentos dos investidores norte-americanos com relação a Goulart. Segundo Richards, seria melhor para o Brasil e para os Estados Unidos que a situação atingisse logo "um clímax", dado que quanto mais a administração Goulart permanecesse no poder, "maior [seria] a chance de que ela [fosse] para o caminho errado, presumidamente para o comunismo". Gordon perguntou, então, o que Richards achava que deveria ser feito. O presidente da Câmara de Comércio Norte-Americana foi direto: os Estados Unidos deveriam "cortar todos os tipos de ajuda e de suprimentos para o governo brasileiro". A diretriz deveria ser a de fomentar uma "saída rápida do presidente Goulart" do poder.[257] De modo menos enfático, mas ainda assim pouco favorável às articulações de Jango para antecipar o plebiscito, Augusto de Trajano Antunes reclamou, em reunião do Ipes-Rio, das "jogadas políticas preparadas" feitas por segmentos das Forças Armadas durante a crise de setembro. "Quanto ao governo da República", concluiu, "estamos no desejo de lhe abrir um crédito, mas estamos na posição do negociante que já não pode mais fiar".[258]

Se o relacionamento de Jango com o empresariado ficou desgastado em razão das táticas empregadas pelo presidente para antecipar o plebiscito, o mesmo não pode ser dito com relação ao movimento operário. No início, de acordo com a embaixada norte-americana, teria havido um mal-estar entre Goulart e a cúpula da liderança sindical, principalmente por parte dos comunistas, devido ao pragmatismo demonstrado por Jango em sua disputa com o Congresso. Após conseguir seu principal objetivo, Goulart demonstrou pouca hesitação em colocar a agenda das reformas de base em segundo plano.[259] De qualquer maneira, esse não parece ter sido o sentimento geral do operariado. No caso dos trabalhadores de Santos, pelo menos, segundo Vitelbino Ferreira de Souza, a sensação após a antecipação do plebiscito era a de que Jango havia reunido condições para usufruir de plenos poderes como presidente e, por causa disso, teria a possibilidade de "fazer mais" pela classe operária.[260] É razoável supor, dentro das tradições paternalistas e clientelísticas das relações patrão-empregado no Brasil, que esse sentimento

---

256 Ata, 24ª Reunião de Diretoria Plena da ACSP, 18 set. 1962, p.13.

257 MemCon, Gordon, Richards, 27 set. 1962, folder Mis 5c (4), Box 3, RG 59, Nara, p.1-3.

258 Ata, Reunião Diretora do Ipes-Rio, 2 out. 1962, Pacotilha 5, Caixa 63, AP 25, ANRJ, p.1.

259 Telegram 373, Rio de Janeiro to Department of State, 17 set. 1962, Nara, p.1-2.

260 Entrevista [Vitelbino Ferreira de Souza], s.d., Cedem-Unesp, p.23.

não foi um fenômeno isolado. Ao contrário, podia-se até esperar que em Santos – cidade que possuía um movimento sindical bastante combativo para os padrões nacionais –, o posicionamento dos trabalhadores pudesse ter sido até um pouco mais crítico diante das atitudes de Jango; aparentemente, porém, nem em Santos isso se deu.[261]

É evidente, por outro lado, que os trabalhadores teriam mais expectativas sobre as medidas do governo a partir do momento em que Goulart recuperasse plenos poderes presidenciais. O fato de os sindicatos urbanos terem ocupado um espaço estratégico no esquema de apoio social do presidente contribuiu para o fortalecimento do movimento operário em pelo menos três maneiras distintas: primeiro, a queda de lideranças "pelegas" ou "anticomunistas" de importantes organismos sindicais de cúpula (CNTI); segundo, o fomento de entidades sindicais paralelas em várias unidades da federação e, principalmente, em nível nacional (CGT); e terceiro, a garantia de um clima de liberdade de atuação nos sindicatos. Esse último aspecto correspondia tanto ao funcionamento democrático das entidades sindicais (respeito às eleições, recusa do governo em intervir em sindicatos, etc.), como às manifestações sociais em geral, particularmente às greves. Houve situações, porém, em que isso não aconteceu. No início do período parlamentarista, quando Jango manteve relações cordiais com diferentes segmentos do empresariado, o presidente e o *premier* Tancredo Neves apoiaram a repressão desencadeada pelo governo estadual paulista contra a greve de dezembro de 1961 pela aprovação da lei do 13º salário. A atitude de Goulart não seria esquecida pelo Sindicato dos Metalúrgicos de São Paulo, que criticaria duramente o presidente em seu periódico.[262] De qualquer maneira, essa não foi uma atitude costumeira de Goulart como presidente da República. No geral, Jango manteve coerência com a abordagem que o caracterizou desde o início de sua carreira política. Ao invés de reprimir, Jango usava tropas do exército para garantir os direitos de associação, greve e manifestação pública que muitas vezes eram desrespeitados por forças públicas estaduais. Em 1963, por exemplo, durante evento na cidade de São Bernardo, Vitelbino Ferreira de Souza, então presidente do FSD, teria informado Jango das dificuldades encontradas pelo Fórum em reunir-se em Santos devido à atuação da polícia do governador Ademar de Barros. No mesmo momento, segundo Vitelbino, Goulart teria chamado o comandante do II Exército, general Peri Bevilacqua, e teria exigido proteção ao FSD. Conforme as palavras do líder sindical santista:

---

261 Para o movimento dos trabalhadores de Santos durante a 4ª República, ver Sarti, 1981; Silva, 1995.

262 OM, Aos trabalhadores metalúrgicos, abr.-maio 1962, n. 206, 2, p.8.

> Parece até que ele [Goulart] chamou "meu comandante", ou coisa assim, "esse pessoal tem um movimento em Santos e eu quero que o senhor mande garantir o direito de reunião. Que já que a polícia do estado quer impedir, o governo federal garante o que a Constituição assegura. Eles não são nossos inimigos!" E terminou a conversa. Jango entrou para outra sala e ele [Peri Bevilacqua], rapaz, só faltou nos bater na hora. Disse que ia cumprir porque era responsabilidade dele, mas que por ele mandava todo mundo para a cadeia.[263]

Esse clima de relativa liberdade garantido pelo governo Goulart ao movimento sindical acabou levando a um fortalecimento da capacidade de organização e de resistência dos trabalhadores. Segundo a definição de Hugo de Farias, "é como uma planta que não recebe água: quando começa a receber adubo e água, cresce". E, de fato, cresceu. Uma das evidências mais claras nesse sentido é a evolução do número de greves durante a administração Goulart (Gráfico 6.1). Observa-se que em 1960 e 1961 as paralisações tiveram um comportamento sazonal. A intensificação dos conflitos capital-trabalho deu-se no final do segundo semestre, coincidindo com o vencimento de grande parte dos acordos salariais do setor privado. Em 1962, porém, nota-se uma quebra nesse padrão. Já a partir de maio, o número de greves apresentou uma tendência ascendente, mesmo que marcada por fortes oscilações. O padrão sazonal voltou a repetir-se em 1963, mas em níveis superiores aos do biênio 1960-1961 – tanto em suas fases de baixa, quanto nas de alta. À primeira vista, portanto, o ano de 1962 testemunhou uma mudança importante no padrão do conflito capital--trabalho no Brasil.

Essa impressão é reforçada quando as greves são discriminadas em categorias espaciais e setoriais. A partir da análise da Tabela 6.1, vê-se que, quanto à localização, as paralisações do período 1960-1964 mantiveram-se como movimentos predominantemente municipais. Do ponto de vista da abrangência setorial, porém, houve uma significativa mudança de 1962 em diante. Greves unitárias, ou seja, aquelas que se davam dentro de apenas uma empresa, perderam lugar para greves setoriais, isto é, aquelas que abrangiam setores econômicos inteiros, tais como têxtil, metalúrgico, alimentício, portuário, marítimo, de transportes públicos, entre outros. Observa-se também uma elevação considerável das greves gerais. Isso significa que não apenas o número de paralisações cresceu a partir de 1962, como também o número de trabalhadores envolvido nas paralisações aumentou.

---

263 Entrevista [Vitelbino Ferreira de Souza], s.d., Cedem-Unesp, p.27.

Gráfico 6.1 – Número de greves de trabalhadores urbanos, Brasil, janeiro de 1960 a março de 1964

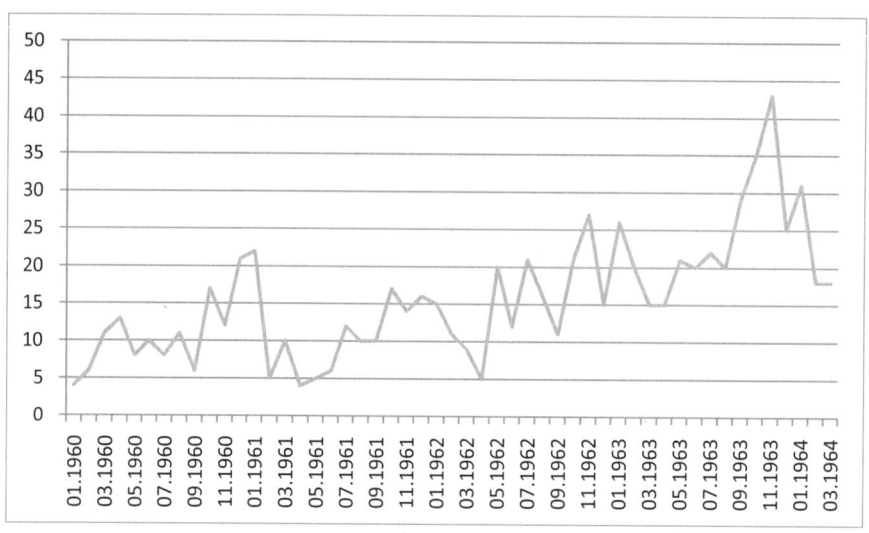

Fontes: *Novos Rumos*, *O Estado de S. Paulo* e *Última Hora*, jan. 1960 a mar. 1964.

Chega-se a conclusões ainda mais interessantes quando as categorias de localização e abrangência setorial são analisadas de forma combinada (ver Apêndice, Tabela A28). Entre 1960 e 1961, o tipo mais comum de paralisação no Brasil foi a municipal-unitária, ou seja, aquela que se dava dentro de apenas uma empresa, localizada, por sua vez, em uma determinada cidade. Uma paralisação feita por trabalhadores de uma fábrica têxtil em Campinas, por exemplo, constituía uma greve municipal-unitária. A partir de 1962, porém, esse tipo de greve deixou de ser a predominante, sendo substituída pela paralisação do tipo municipal-setorial, isto é, por aquela que abrangia um setor econômico em um dado município (o setor têxtil da cidade de Campinas, por exemplo). À primeira vista, essa constatação pouco acrescenta ao que já foi dito. Reforça-se apenas a ideia de que as greves de 1962 em diante teriam envolvido um número maior de trabalhadores, dada a crescente participação de paralisações setoriais. Porém, é importante considerar que o nível municipal-setorial era o primeiro nível no qual a legislação trabalhista permitia a constituição de uma organização de representação dos trabalhadores (no caso, os sindicatos). Representação em unidades produtivas, tais como comissões de fábrica, eram proibidas. Isso quer dizer que, muito provavelmente, no contexto da fase parlamentarista da presidência de Goulart, uma parte crescente da mobilização grevista passou a ser organizada e liderada por meio dos sindicatos, ou seja, por órgãos pertencentes à própria estrutura de representação corporativista de interesses.

Tabela 6.1 – Média anual do número de greves urbanas discriminadas por localização e abrangência setorial, Brasil, janeiro de 1960 a março de 1964

Categorias de greves*	1960	1961	1962	1963
Localização				
Municipal	7,9	8,3	11,2	18,7
Intermunicipal	0,6	1,2	1,3	0,8
Estadual	0,9	1,2	1,6	3,3
Interestadual	0,6	0,3	0,5	0,6
Nacional	0,6	0,1	0,8	0,9
Abrangência setorial				
Unitária	6,1	5,2	5,8	7,7
Setorial	4,0	5,3	8,7	14,7
Intersetorial	0,3	0,3	0,3	1,7
Geral	0,2	0,2	0,6	0,3
Média total	10,6	10,9	15,3	24,3

Fontes: *Novos Rumos, O Estado de S. Paulo* e *Última Hora*, jan. 1960 a mar. 1964.

*A discussão metodológica sobre as categorias de greves encontra-se no Anexo B.

É evidente que tal característica só foi possível por causa do clima de relativa liberdade e respeito às formalidades democráticas proporcionado pelo governo Jango. Mas isso não quer dizer que a crescente capacidade de mobilização dos trabalhadores atuasse necessariamente ao encontro dos interesses do presidente. Ao contrário, com maior poder de ação, é razoável imaginar que operários protestariam contra quem quer que fosse, caso sentissem que seus interesses estivessem sendo prejudicados ou negligenciados. De qualquer modo, haveria sempre a chance de essa mobilização trabalhista ser abruptamente enfraquecida, na hipótese de uma mudança de orientação do governo diante do movimento sindical, como de fato ocorreria a partir do golpe militar de 1964.

* * *

Em jantar com Afonso Arinos em Paris após o golpe de 1964, Juscelino Kubitschek fez uma importante confidência ao ex-chanceler. Ao discutir o contexto turbulento que se seguiu à vitória do presidencialismo no plebiscito de janeiro de 1963, Juscelino declarou-se arrependido, de acordo com Arinos, por "ter induzido Jango, talvez mais do que ninguém, a insistir na fórmula do plebiscito e da volta aos poderes presidenciais". Nesse momento, o ex-presidente confessara que teria dito uma "coisa brutal" a Jango, a fim de convencê-lo a entrar de cabeça na luta pelo plebiscito: "Seu filho vai ter vergonha de você quando você crescer, porque você foi o único presidente que se deixou castrar".[264]

Se verdadeira, a confidência de Kubitschek ilustra bem o quanto o tema da antecipação do plebiscito sobre o Ato Adicional não era algo que interessava apenas a Goulart. Havia um grande número de políticos, desde governadores a potenciais candidatos a presidente nas eleições de 1965, que desejavam o fim do parlamentarismo. Jango era apenas mais um deles. Porém era aquele cujas ações tinham mais poder para encerrar a curta experiência parlamentarista no Brasil pós-guerra. E não há dúvida de que Goulart desempenhou esse papel com maestria. Recuperou os poderes presidenciais em menos de um ano e meio, evitando o derramamento de sangue que adviria de uma guerra civil. Diante de tal habilidade política, chega a ser surpreendente o fato de Goulart ser muitas vezes retratado como uma figura "fraca" e "incapaz".[265] As manobras de Jango para derrubar o regime parlamentarista mostram, ao contrário, que Getúlio Vargas não havia transformado Goulart em seu "favorito" por mero acaso. Havia ali, como chegou a reconhecer Lincoln Gordon, um verdadeiro "animal político".[266]

Desde a instalação do parlamentarismo, Goulart trabalhou com dois objetivos: impedir a institucionalização do novo sistema de governo e criar condições para recuperar plenas prerrogativas presidenciais. A primeira meta foi concretizada por meio de um conjunto de medidas, tais como pressões contra a votação de uma lei complementar ao Ato Adicional que instituísse um parlamentarismo *de facto*, bloqueio aos decretos administrativos que dariam maior estrutura política ao Conselho de Ministros, e luta contra a emenda Mem de Sá. O segundo objetivo, por sua vez, que se mesclou com a necessidade de proteger o regime democrático contra novas tentativas de golpe, apareceu na cuidadosa indicação de oficiais nacionalistas e legalistas para os postos-chave das Forças Armadas, além do apoio a líderes trabalhistas e comunistas para as eleições dos órgãos de cúpula do sindicalismo brasileiro, que acabaria resultando na constituição do CGT.

O enfraquecimento das ameaças golpistas no início de 1962 levou Jango a lançar mão do seu "dispositivo sindical-militar" para pressionar o Congresso a antecipar o plebiscito. A seu favor estava o fato de que a maior parte dos militares com cargos estratégicos enxergava no presidencialismo um sistema de governo superior ao parlamentarismo, mesmo que essa convicção pudesse estar assentada em razões distintas – para alguns, como

---

264 Depoimento Afonso Arinos, 24 out. 1983, CPDOC-FGV, *apud* Ferreira e Gomes, 2007, p.151.

265 Villa, 2003, p.7.

266 Apesar disso, Gordon considerava Goulart "basicamente incapaz" de ser o "presidente de um grande país" como o Brasil. Ver Telegram 976, Rio de Janeiro to Department of State, 19 nov. 1962, folder 16, Box 112, POF, JFKL, p.2.

Osvino Silva, na viabilização de projetos nacionalistas; para outros, como Nelson de Melo, na contenção do comunismo. Ao seu lado também estava o fato de que muitos trabalhadores viam na retomada de plenos poderes presidenciais uma clara oportunidade de obter sucesso em suas reivindicações, além do fato de as lideranças comunistas da CNTI e do CGT terem vislumbrado chances de fortalecimento dentro do movimento sindical integrando-se aos objetivos de Jango. Nesse sentido, como bem assinala Leôncio Martins Rodrigues, "enquanto o governo Goulart procurava 'usar' o CGT, este também procurava 'usar' o governo".[267] O resultado dessas articulações deu-se com as crises políticas de julho e setembro de 1962: a primeira que garantiu a Jango um primeiro-ministro subserviente à agenda política presidencial; e a segunda que consagrou, nos dizeres do deputado Raul Pilla, a "capitulação do Congresso", por meio da antecipação da data do plebiscito do Ato Adicional.[268]

O problema é que as manobras de Jango para restabelecer o presidencialismo trouxeram consequências. De um lado, setores do empresariado mostraram crescente irritação diante das posturas de Goulart, principalmente com relação aos sindicatos, considerando-as perigosas para a manutenção da ordem na sociedade. Já ao final do regime parlamentarista tornara-se evidente a animosidade nutrida contra Jango por determinados grupos de empresários, em particular por aqueles vinculados ao capital estrangeiro, cujo ceticismo havia sido ampliado pela aprovação da lei de remessa de lucros em agosto de 1962 – produto, vale lembrar, da pressão exercida sobre o Congresso pelo pedido de delegação de poderes de Brochado da Rocha. De outro, encontravam-se trabalhadores mais bem mobilizados, lançando mão de órgãos da própria estrutura corporativa para deflagrarem greves e manifestações, além de contarem com uma recém-criada central sindical, a CGT, e de terem lideranças com maior representatividade junto à classe operária em órgãos de cúpula do sindicalismo, notadamente na CNTI. É evidente que não se pode atribuir apenas ao governo Goulart todas essas importantes transformações, que datavam do início da década de 1950, pelo menos. Apesar disso, sem considerar as relações de Jango com os sindicatos, bem como o papel desempenhado por essa aliança na vitória da antecipação do plebiscito, também não é possível compreender o notável impulso obtido pelo movimento dos trabalhadores urbanos na primeira metade dos anos 1960.

Apesar dessa delicada conjuntura social, algo tinha de ser feito para solucionar os problemas da economia brasileira. No final de 1962, a inflação já estava saindo do controle, dando origem a uma perigosa espiral preços-salários. Ao mesmo tempo, assistia-se a uma intensificação dos

---

267 Rodrigues, 1977, p.10.
268 Oesp, Goulart desiste de obter da Câmara o plebiscito, 10 jul. 1962, p.3.

desequilíbrios financeiros do setor público. Esse quadro completava-se com o reaparecimento de déficit no balanço de pagamentos e a perspectiva de vultosos compromissos externos para 1963. Foi nesse quadro difícil que Celso Furtado assumiu a pasta extraordinária do Planejamento. A missão de Furtado era formular um programa para os anos derradeiros da administração Goulart. Nasceria disso o famoso Plano Trienal, cuja trajetória é analisada no capítulo seguinte.

7
O PLANO TRIENAL

Este capítulo trata da última grande tentativa de estabilização da economia brasileira antes do golpe militar de março de 1964: o Plano Trienal de Desenvolvimento Econômico e Social (1963-65), elaborado por Celso Furtado entre setembro e dezembro de 1962. Diferentemente das experiências do período parlamentarista, o Plano Trienal foi executado pelo governo Goulart com plenas prerrogativas presidenciais, recuperadas após a maciça vitória do presidencialismo no plebiscito de janeiro de 1963. Conjugando um amplo leque de objetivos, que iam desde a manutenção de altas taxas de crescimento econômico até a contenção da inflação e a execução de reformas de base, muitos acreditaram que o programa de Celso Furtado pudesse significar o início da solução dos problemas socioeconômicos brasileiros. No entanto, programado para durar três anos, o Plano Trienal não durou sequer seis meses, sendo abandonado a partir de meados de 1963. Ao invés de crescimento sem inflação, no final do ano o país havia atingido maior inflação com menor crescimento. A expansão do produto doméstico reduziu-se de 6,6% para apenas 0,6% em 1963, enquanto a inflação saltou dos 50% ao ano para mais de 78%. Fortaleceram-se, com isso, as condições para o fim da democracia instaurada no país em 1946.

A possibilidade de o Plano Trienal aliviar os problemas da economia brasileira – contribuindo para a estabilização da ordem democrática – levou vários autores a refletir sobre as razões responsáveis pelo seu malogro. Muitas respostas relacionaram o seu fracasso a erros de cálculo dos técnicos, à ineficácia do instrumental de política econômica, à paralisia decisória fruto de conflitos entre órgãos governamentais ou à própria falta de interesse, ou mesmo falta de competência, do presidente Goulart para executar as medidas previstas. Com raras exceções, em especial o trabalho de Argelina Figueiredo, pouca ou nenhuma atenção foi dada ao papel desempenhado por classes e grupos sociais. Na maioria das obras, comentários sobre empresários e trabalhadores aparecem de modo excessivamente esquemático – em alguns casos, apenas ilustrativo –, alicerçando-se mais em hipóteses do que em dados empíricos. Ainda mais complicado, a nosso ver, é a pequena ênfase dada até então a eventos e processos do período de formulação do Plano Trienal para o mau desempenho do programa. O mesmo se pode dizer com relação ao papel de atores externos, principalmente do governo norte-americano. As negociações financeiras entre Brasil e Washington de 1963 muitas vezes aparecem como um dado exógeno ao Plano Trienal, ao invés de serem tratadas como um dos elementos fundamentais para esclarecer a falência do programa de estabilização.

Este capítulo pretende dar um enfoque doméstico para explicar o desempenho do Plano Trienal, enquanto o capítulo seguinte tratará das relações internacionais, notadamente das relações Brasil-Estados Unidos. Partindo-se do período de formulação do programa em setembro de 1962, analisa-se aqui a importância das reações de grupos sociais para os resultados da política econômica da fase presidencialista do governo Goulart. Por mais que outros fatores também tenham contribuído para a falência do Plano Trienal, argumenta-se que um dos aspectos fundamentais deve ser procurado no conflito distributivo que se desenvolveu na sociedade brasileira em 1963. Desta vez, não apenas empresários, mas também trabalhadores demonstraram capacidade para defender seus níveis de renda, o que levou ao surgimento de uma espiral preços-salários, no lugar da criação de condições para a estabilização da economia.

O capítulo está dividido em cinco seções. Na primeira seção, são apresentadas as características gerais do Plano Trienal e as diversas explicações da literatura para seu fracasso. Na segunda, analisa-se o papel de empresários e trabalhadores no período de formulação do Plano. Nas terceira e quarta seções, analisa-se o contexto de implementação do programa. E, na quinta seção, discute-se a intensificação do conflito distributivo na sociedade brasileira pós-Plano Trienal.

7.1. As características do Plano Trienal

Duas semanas após o término da tumultuada crise política de setembro de 1962, João Goulart nomeou o economista Celso Furtado, membro da Cepal e então superintendente da Sudene, como ministro extraordinário do Planejamento do terceiro e último gabinete do regime parlamentarista, chefiado por Hermes Lima. Furtado teria a missão de elaborar um programa econômico para os três últimos anos da presidência de Jango. Apresentado em apenas três meses, com o claro objetivo de contribuir para a campanha do retorno do presidencialismo, o chamado Plano Trienal de Desenvolvimento Econômico e Social (1963-65) foi a última grande tentativa de solucionar os desequilíbrios cada vez mais graves da economia brasileira.[1] Entre os seus principais objetivos, destacavam-se a obtenção de uma taxa de crescimento média de 7% ao ano, a redução gradual da inflação e a implementação de reformas de base, em especial de uma reforma agrária. A prioridade no curto prazo, porém, era a estabilização econômica. O programa pretendia reduzir a inflação dos 50% de 1962 para 25% em 1963, atingindo 10% em 1965. A agenda das reformas, por outro lado, apesar de vista como fundamental para a sustentabilidade do desenvolvimento, não foi explorada sistematicamente pelo Plano, por constituir "matéria [...] a ser apreciada pelo Congresso Nacional".[2] O crescimento do Produto Interno Bruto (PIB) foi compreendido como um processo que não precisava ser estimulado, pois já estaria em curso e assim tenderia a continuar. O problema imediato do país estava, portanto, na inflação, sendo esta a "preocupação central do planejamento" em um primeiro estágio. "Em outras palavras, trata-se de planejar a estabilização em condições de desenvolvimento".[3]

De acordo com o diagnóstico do Plano Trienal, dois fatores seriam os principais responsáveis pelo aumento da inflação no Brasil: o declínio relativo da capacidade para importar e os déficits do setor público. Ambos causariam desequilíbrios que se manifestavam na alta dos preços. O primeiro relacionava-se, principalmente, à deterioração dos termos de troca, que obrigava o país a realizar "permanentes modificações estruturais na oferta interna" para substituir importações, gerando "desequilíbrios em cadeia" na economia e, portanto, pressões inflacionárias.[4] Para manter a capacidade de importar do país, o Plano Trienal apontava para a necessidade de refinanciar a dívida externa, cujos encargos ao longo do triênio 1963-65 perfaziam mais de US$ 1,5 bilhão, ou seja, quase a metade do valor total da dívida. Caso esse refinanciamento não fosse possível, "o país teria que reduzir o nível de suas importações e sair para uma política de exportações ainda mais agressiva"; algo que dificilmente poderia ser conciliado "com a elevada taxa de desenvolvimento programada".[5] O sucesso

---

1 Para um bom resumo dos objetivos e políticas do Plano Trienal, ver Mesquita, 1992, p.168-82. As referências a seguir foram todas extraídas da síntese do Plano, publicada em dezembro de 1962.
2 Presidência da República, 1962, p.189.
3 Idem, p.18.
4 Ibidem, p.14, 38. Os termos de troca e a capacidade para importar reduziram-se em 6,4% e 13,4% em 1962, respectivamente. Ver Apêndice, Tabela A5.
5 O Plano Trienal também ressalta a importância de estimular as exportações por meio de uma adequada política cambial. Presidência da República, 1962, p.10-1, 21-2.

do Plano Trienal, de acordo com o próprio programa, dependia de uma atitude cooperativa por parte de credores externos, sem a qual importações provavelmente teriam de ser reduzidas, prejudicando o crescimento econômico e causando mais inflação.

Se, de um lado, a manutenção da capacidade para importar não dependia somente dos esforços da administração Goulart, o mesmo não poderia ser dito com relação ao segundo grande responsável pela inflação (de acordo com o diagnóstico do Plano): o déficit do governo e a constante expansão dos meios de pagamento decorrente de tal déficit. "O primeiro objetivo do planejamento deve ser, portanto, colocar recursos adicionais à disposição do setor público, de forma a permitir a redução progressiva das emissões de papel moeda".[6] Apesar da linguagem estruturalista presente ao longo do texto, o Plano Trienal previa a adoção de medidas tradicionais de política econômica para garantir recursos suplementares ao Estado, entre as quais a elevação da carga fiscal e a execução de um "plano de contenção" de gastos. Tal "plano de contenção" deveria afetar apenas gastos correntes, sem mexer no nível de investimentos estatais, além de "reduzir progressivamente" os diferentes subsídios ao consumo, em especial subsídios à importação de trigo e petróleo. Entre as restrições aos gastos correntes destacava-se o teto de 40% de reajuste salarial a ser concedido ao funcionalismo civil e militar da União em 1963. O programa chegou ainda a apontar a necessidade de reajustar tarifas de serviços públicos de transporte e comunicação, mas não se comprometeu com um calendário específico a respeito.

Com todas essas medidas, objetivava-se atingir o final de 1963 com um déficit de Cr$ 300 milhões (em vez dos potenciais Cr$ 775 milhões), mantendo a média dos anos anteriores de dispêndios do Tesouro como proporção do produto doméstico (14%). O financiamento do déficit deveria ser feito por três vias: depósitos compulsórios pagos pelos importadores em contratos de fechamento de câmbio (a fim de gerar recursos líquidos no valor de Cr$ 140 milhões), conversão de parte dos depósitos obrigatórios mantidos pelos bancos comerciais no Banco do Brasil em títulos do Tesouro (Cr$ 100 milhões) e expansão da base monetária (Cr$ 60 milhões). Imaginava-se que, com essas medidas, seria possível fechar o ano com uma inflação de 25%.

O cumprimento da meta de inflação dependeria também da evolução das políticas monetária e creditícia. Para tanto, diante de uma previsão de crescimento de 7% para o produto, calculou-se que os meios de pagamento deveriam crescer 34% no ano.[7] A oferta de crédito ao setor privado, por sua vez, teria de se expandir à mesma taxa de expansão do produto. Dentro

---

6 Idem, p.21.
7 Para uma crítica da metodologia empregada pela equipe de Furtado para atingir esse resultado, ver Mesquita, 1992, p.180.

desses parâmetros, o Plano Trienal estabeleceu limites quantitativos trimestrais para a evolução nominal dos empréstimos das Carteiras de Crédito Geral (Crege), de Redesconto (Cared) e Agrícola e Industrial (Creai) do Banco do Brasil ao longo de 1963, assim como para as posições de ativo e passivo dos bancos comerciais e para a oferta de meios de pagamento. Segundo o programa, os limites planejados tornariam "perfeitamente exequíve[is]" a consecução dos dois objetivos centrais do Plano: "estabilização em condições de desenvolvimento".[8]

No que diz respeito à política salarial, com exceção do teto de 40% para o reajuste do funcionalismo civil e militar da União, o Plano Trienal não estabeleceu metas quantitativas para a evolução dos salários dos trabalhadores. Registrou-se apenas que um dos "objetivos básicos" do programa seria garantir aos salários um crescimento "com taxa pelo menos idêntica à do aumento da produtividade do conjunto da economia, demais dos ajustamentos decorrentes da elevação do custo de vida". É importante salientar, no entanto, que o teto de 40% para o funcionalismo representaria um aumento real de salários dos funcionários públicos apenas se a inflação de 1962 não fosse levada em conta. Considerando-se o aumento de preços acumulado a partir do último reajuste concedido à categoria (maio de 1962), a participação do funcionalismo na renda agregada doméstica só seria mantida caso a meta de inflação do Plano Trienal para 1963 fosse cumprida à risca.[9]

A comparação entre os objetivos fiscais, creditícios e monetários do Plano Trienal com os resultados alcançados mostra que, em termos gerais, as diretrizes foram seguidas até o final do segundo trimestre de 1963, apesar de algumas importantes mudanças de percurso (Apêndice, Tabela A29). O déficit público, por exemplo, ultrapassou o limite estipulado para o primeiro trimestre. Isso ocorreu porque o "plano de contenção" de despesas ainda não havia sido totalmente implementado. Ao final dos três meses seguintes, porém, observa-se que a meta foi cumprida. Situação diferente ocorreu com os tetos das carteiras do Banco do Brasil, que não foram respeitados em momento algum do ano. É preciso atentar para o fato de que o desempenho dos bancos comerciais também divergiu das metas do Plano Trienal, mas em sentido inverso. As instituições particulares ofertaram menos empréstimos do que se esperava nos dois primeiros trimestres de 1963, devido à redução dos seus depósitos e, consequentemente, à queda de seus níveis de encaixe. É possível, portanto, que a atuação do Banco do

---

8 Presidência da República, 1962, p.61.
9 A inflação acumulada (IPA-DI) de junho a dezembro de 1962 foi de 27,6%. Com o cumprimento da meta de inflação do Plano Trienal em 1963 (25%), tem-se que a taxa de crescimento dos preços de janeiro a maio de 1963 apresentaria alta de 9,4%, resultando em uma inflação de 37% entre junho de 1962 e maio de 1963.

Brasil tenha se dado para compensar a queda do ritmo de operações do setor bancário privado, com o objetivo de evitar uma contração excessiva de crédito na economia.

A partir do terceiro trimestre de 1963, porém, vê-se que as metas do Plano Trienal já não estavam mais sendo cumpridas sob todos os ângulos. O déficit público da União em setembro de 1963, por exemplo, ficou mais de duas vezes acima do valor programado. Os tetos das carteiras do Banco do Brasil continuaram sendo descumpridos, porém dessa vez com uma intensidade ainda maior e, o mais importante, sem que fossem acompanhados de uma queda correspondente das operações dos bancos comerciais. Nota-se que, no final do terceiro trimestre, a oferta de crédito das instituições bancárias privadas ficou bem acima da meta estabelecida pelo Plano Trienal – algo que, até então, não havia ocorrido.

A evolução da inflação obedeceu a uma lógica diferente (Tabela 7.1). Logo nos dois primeiros meses do ano, o Índice de Preço ao Atacado (IPA-DI) acumulou alta de 17,44%. Tomando-se apenas como referência os preços dos bens industriais, essa elevação foi de 25,18%, superando a meta de inflação programada para o ano inteiro (25%). Em abril, porém, a escalada do nível dos preços deu um certo alento às autoridades. O IPA-DI fechou com alta de apenas 0,48%. No mês seguinte, devido à aceleração dos preços agrícolas, a inflação voltou a subir, acabando com qualquer perspectiva de cumprimento do objetivo inflacionário previsto para 1963. Somente os preços dos bens industriais já tinham acumulado alta de 43,52% até o final de junho. Seria nesse mesmo mês, aliás, que San Tiago Dantas e Celso Furtado deixariam o ministério, o que simbolicamente representaria o abandono do Plano Trienal pelo governo Goulart.

Há várias explicações sobre os motivos do fracasso do Plano Trienal. Um primeiro conjunto de estudiosos aponta para a responsabilidade direta do presidente Jango. Segundo Werner Baer, por exemplo, Goulart não teria tido "meios" nem "vontade" para impor as medidas de estabilização propostas por Celso Furtado. Para Leff, o problema estaria na falta de liderança do presidente, que seria "uma pessoa tão inábil que de fato perdia controle parcial de seu aparato político", além de demonstrar "pouco interesse pela política econômica". Marcelo de Paiva Abreu argumenta que as críticas dos grupos de esquerda teriam levado Goulart a desistir "de seus esforços de conciliação" entre as reformas de base e a estabilização da economia. Ainda dessa perspectiva está a abordagem do "populismo econômico", representada pelo trabalho de Paulo Castro e Márcio Ronci. Segundo esses autores, o líder populista tende a aplicar políticas que produzam resultados imediatos em termos de crescimento e distribuição de renda, a fim de ganhar o apoio das "massas". Assim, a execução de um programa como o Plano Trienal tendo Goulart como presidente da República nunca daria certo, pois Jango "não sab[eria] o bastante acerca dos limites do orçamento fiscal e das reservas de divisas", além de desconhecer os "limites do balanço de pagamentos".[10]

Tabela 7.1 – Índices de inflação mensal durante o Plano Trienal, Brasil, 1963 (%)

	IPA-DI	IPA-Agrícola	IPA-Industrial
Janeiro	9,87	6,73	12,34
Fevereiro	6,89	1,53	11,43
Março	6,16	9,82	2,13
Abril	0,48	-0,09	1,04
Maio	4,62	6,12	2,58
Junho	6,23	4,13	8,31
Julho	2,69	3,80	1,22
Agosto	4,11	5,81	2,01
Setembro	6,06	10,61	1,46
Outubro	6,09	7,48	5,32
Novembro	3,46	2,09	5,00
Dezembro	5,70	14,63	4,26

Fonte: *Conjuntura Econômica, apud* Mesquita, 1962, Apêndice, s.p.

Dialogando também com a perspectiva teórica do modelo de populismo, uma versão bem mais elaborada sobre o fracasso do Plano Trienal encontra-se nas obras de Sérgio Monteiro. O autor assinala que o programa de Celso Furtado teria representado mais uma tentativa da administração Goulart de obter "legitimidade" com credores externos por meio de uma política de estabilização. A partir do momento, porém, em que amadureceu a "possibilidade iminente de um golpe" – patrocinada tanto pela extrema esquerda quanto pela extrema direita – aliada às críticas e pressões de grupos sociais insatisfeitos com a política de estabilização, o governo teria ficado "indiferente entre inflacionar ou não", já que seu horizonte de mandato parecia cada vez mais incerto. Como todo político populista, conclui Monteiro, o presidente Goulart teria deixado de "parecer forte", voltando a privilegiar políticas expansionistas em favor da aceleração do crescimento.[11] Em linhas gerais, essa também é a perspectiva defendida por Pedro Dutra Fonseca. Ambos autores levam em consideração o papel exercido pelos grupos sociais na modificação da política econômica, mas

---

10 Castro e Ronci, 1992, p.187; Abreu, 1990, p.207-8; Leff, 1977, p.152; Baer, 1979, p.191. Para outros autores que defendem o conceito de "populismo econômico", ver Cardoso e Helwege, 1993, cap. 8, e Dornbusch e Edwards, 1992. Para uma crítica a esse modelo, ver Fonseca, 2011, e Loureiro, 2009.

11 Monteiro, 1999, p.137-8.

deixam a entender que o abandono do Plano Trienal teria ocorrido mais como decorrência da natureza "populista" do governo Goulart do que como fruto das pressões da sociedade. "Se fosse de 'tipo forte', e respaldado em maior legitimidade", conclui Fonseca, "o governo certamente se depararia com um quadro político no qual seriam menores as dificuldades para dar sustentação a uma trajetória de crescimento sem comprometer a estabilidade econômica".[12]

Há autores, por outro lado, que atribuem maior peso às próprias incongruências do Plano Trienal para explicar o fracasso do esforço de estabilização em 1963. Esse é o caso de Roberto Macedo. O autor assinala que, além de o diagnóstico do Plano Trienal sobre o processo inflacionário ter sido "bastante simplificado", a ausência de uma política salarial para o setor privado teria comprometido as chances de sucesso do programa. Macedo argumenta que "uma política anti-inflacionária que pretend[esse] atuar sobre todos os preços com exceção dos salários [era], por definição, inconsistente e, por qualificação, demagógica". Carlos Lessa, por sua vez, enfatiza a ausência de uma proposta sólida dentro do Plano Trienal de um esquema alternativo de financiamento para os investimentos.[13]

Outra abordagem importante é a dos estudiosos que atribuem a responsabilidade pelo fracasso do Plano Trienal ao manejo errôneo dos instrumentos de política econômica ou à inadequação desses instrumentos para combater a inflação. Antônio Sochaczewsky, por exemplo, considerou "surpreendente" o fato de as autoridades monetárias não terem aplicado medidas para restringir as operações dos bancos comerciais em 1963. "De fato", assinala o autor, "se se desejava realmente limitar a expansão dos meios de pagamento, teria sido necessário, pelo menos, elevar as taxas de recolhimento compulsório, o que não foi feito ao longo de todo o ano". Além disso, argumenta Sochaczewsky, o Banco do Brasil mostrou-se "difícil de ser controlado", o que explicaria a expansão de suas operações creditícias acima do previsto.[14] Mário Mesquita, por outro lado, ressalta que os técnicos do governo teriam subestimado os impactos das medidas de "inflação corretiva" sobre o nível de preços no início de 1963.[15] Em razão disso, teria

---

12 Fonseca, 2004, p.620.
13 Lessa, 1983, p.134; Macedo, 1987, p.63.
14 Sochaczewsky também identifica uma deficiência no Plano Trienal: a subestimação do "multiplicador bancário implícito", o que teria feito com que o déficit planejado do Tesouro ficasse 10% menor do que o déficit potencial. Segundo o autor, "aparentemente, a razão deste erro está na incompreensão, na época, da verdadeira definição de base monetária, que não inclui somente papel-moeda em poder do público e os depósitos dos bancos nas autoridades monetárias, mas também os depósitos do público no Banco do Brasil". Ver Sochaczewsky, 1991, p.211-2.
15 Convencionou-se denominar "inflação corretiva" o aumento do nível geral de preços decorrente de medidas implementadas com o objetivo de reduzir gastos do governo, evitando, assim, uma maior emissão de papel-moeda para cobrir os déficits do Tesouro. Exemplos

ocorrido um efeito dominó, na medida em que a subestimação dos níveis de inflação levara a uma subestimação das "metas para a expansão dos gastos públicos e dos agregados monetários e creditícios", inviabilizando o cumprimento dos demais objetivos do Plano Trienal pelas autoridades.[16]

Há estudiosos que atribuem maior ênfase ao papel desempenhado pelos grupos sociais no fracasso do Plano Trienal. Na realidade, as reações de trabalhadores e empresários contra o programa são citadas por diversos autores, porém de maneira muito breve e com pouca ou nenhuma base empírica.[17] Exceções nesse sentido são os trabalhos de Argelina Figueiredo e Ricardo Silva.[18] Apesar de terem explorado apenas documentos sob domínio público das associações empresariais, tais como boletins informativos e revistas, os autores argumentam que os motivos do fracasso do Plano Trienal deveriam ser procurados, em primeiro lugar, na reação negativa apresentada por grupos sociais às medidas de estabilização; e, em segundo, no caso específico de Figueiredo, na ausência de mecanismos institucionais capazes de garantir o cumprimento das metas do Plano pelos diferentes grupos da sociedade, em especial no que se refere ao controle de preços. "Faltava ao governo", assinala a autora, "uma máquina administrativa que lhe permitisse exercer um controle mais efetivo [de preços] em escala mais abrangente". Por outro lado, até havia instituições para o controle dos salários, conclui Figueiredo, "mas um governo apoiado pelos sindicatos e dependente deles para implementar seu programa de reformas não poderia utilizar desses instrumentos para garantir a execução de uma política salarial restritiva".[19] Ricardo Silva, por sua vez, atribui maior importância à interação das reações "corporativas" de trabalhadores e empresários com as críticas de grupos ideológicos de extrema direita e extrema esquerda ao Plano Trienal. Segundo o autor, o esforço de "convencimento" realizado pelo governo a fim de que grupos sociais cooperassem com o programa de estabilização teria sido "dificultado pelas reações [de grupos] doutrinári[o] s", particularmente o "anticomunismo" e o "nacionalismo radical".[20]

Há autores, por fim, que apontam para um número tão variado de razões para explicar o malogro do Plano Trienal que se torna difícil discernir qual

---

clássicos seriam a extinção dos subsídios para a importação de trigo e petróleo e o reajuste das tarifas de serviços públicos.

16 Em outro trecho, porém, Mesquita assinala que a escalada inflacionária do início de 1963 não teria se devido apenas às medidas de inflação corretiva, mas também às "remarcações preventivas" de preços feitas por empresários e aos efeitos do aumento do salário mínimo sobre a demanda, pressionando principalmente preços dos bens de primeira necessidade. Mesquita, 1992, p.187-9.

17 Ver, a respeito, Macedo, 1987, p.59; Mesquita, 1992, p.183-4; Monteiro, 1999, p.136-7.

18 Robert Daland também poderia ser incluído nessa lista, apesar de a ênfase dada pelo autor a grupos sociais ter sido bem menor. Ver Daland, 1969, p.151-56.

19 Figueiredo, 1993, p.109-13.

20 Silva, 1992, p.172, 174.

teria sido o fator determinante. Esse é o caso do trabalho de Lourdes Sola. A autora identifica, pelo menos, cinco motivos: "as limitações impostas pelo quadro institucional", particularmente a ausência de instrumentos adequados de política econômica capazes de exercer um "controle efetivo sobre o sistema monetário"; "o processo de exacerbação das tensões internas ao pacto social"; os conflitos no interior do Poder Executivo e deste com o Congresso Nacional, que teriam gerado uma "paralisia decisória que afetou a vida política brasileira"; os "erros de cálculo dos técnicos", notadamente a negligência quanto ao aumento do compulsório sobre os bancos comerciais; e "erros fatais" do Poder Executivo na questão do encaminhamento do reajuste salarial do funcionalismo ao Parlamento, que teriam levado à recusa da proposta presidencial pelo Legislativo.[21]

Em nosso modo de ver, há três limitações nos estudos sobre o Plano Trienal. A primeira é a pequena atenção dada ao papel desempenhado por grupos de interesse externos, notadamente o governo norte-americano. A segunda é a ausência de uma análise sobre os impactos do período de formulação do programa (setembro a dezembro de 1962) para as dificuldades que seriam enfrentadas pelo governo Goulart durante a execução do Plano. E a terceira, válida apenas para o trabalho de Argelina Figueiredo – a única que realizou uma pesquisa mais sistemática sobre as reações dos grupos sociais –, é a escassez de dados sobre os motivos que inspiraram os diferentes posicionamentos do empresariado.[22] Com exceção do primeiro aspecto, que será tratado em detalhes no próximo capítulo, as seções seguintes buscam analisar o papel exercido por trabalhadores e empresários nos períodos de formulação e implementação do Plano Trienal.[23] Considera-se que aqui estaria a chave, ao lado do posicionamento conservador do governo Kennedy na renegociação da dívida externa brasileira, para se compreender as razões do fracasso do programa de Celso Furtado. Argumenta-se que as deficiências do Plano Trienal, as limitações do aparato institucional de política econômica, os erros de cálculo dos técnicos, as divergências entre os Poderes Executivo e Legislativo, ou mesmo as características do governo Goulart – sua natureza "populista" para alguns, ou sua "falta de vontade" ou até mesmo "incompetência" para outros – desempenharam papéis secundários para os resultados da política econômica em 1963.

---

21 Sola, 1998, p.349-51, 368, 386-91, 397-9.
22 A dissertação de Ricardo Silva baseou-se, essencialmente, nos dados coletados por Figueiredo. Ver Silva, 1992, p.184.
23 Uma versão preliminar sobre esse tema foi publicada na revista *História Econômica e História de Empresas*. Ver Loureiro, 2010.

7.2. O período de formulação do Plano Trienal

Desde o momento em que foi nomeado ministro extraordinário do Planejamento do gabinete Hermes Lima, em setembro de 1962, Celso Furtado e sua equipe preocuparam-se não apenas em formular o Plano Trienal, mas também em criar condições que viabilizassem a sua execução a partir do ano seguinte. Dois temas receberam atenção imediata do governo: a aprovação de uma reforma tributária, visando aumentar a capacidade arrecadadora do Estado; e o encaminhamento das questões do reajuste do salário mínimo e da regulamentação do pagamento do 13° salário, que objetivava aliviar pressões inflacionárias para o início de 1963. As negociações entre a presidência da República, os grupos de Dantas e de Furtado, e o ministro da Fazenda Miguel Calmon, no período, demonstram que o governo Goulart estava agindo com uma unidade de propósitos sem precedentes.[24]

Como ressaltaria o próprio Plano Trienal, divulgado à sociedade no final de dezembro de 1962, "o primeiro objetivo do planejamento deve ser [...] colocar recursos adicionais à disposição do setor público, de forma a permitir a redução progressiva das emissões de papel-moeda".[25] E, de fato, esse foi o grande objetivo de Miguel Calmon em sua curta passagem pelo Ministério da Fazenda. Após um mês de trabalhos, que contou com o apoio de "diversos assessores técnicos" da Federação das Indústrias do Estado de São Paulo (Fiesp), o ministro apresentou um projeto de reforma tributária ao Congresso.[26] Entre as modificações propostas, destacavam-se o aumento das alíquotas do imposto de renda, principalmente sobre as faixas inferior e média de incidência tributária; a extinção do limite mensal de até quatro salários mínimos para o recolhimento em fonte do imposto de renda; a elevação do percentual do tributo cobrado sobre proprietários de ações ao portador que desejassem permanecer anônimos (de 28% para 45%); o aumento das alíquotas do imposto de consumo, em particular sobre bens de luxo e com a isenção dos produtos de primeira necessidade; a criação

---

24 Ver, nesse sentido, Report A-635, Rio de Janeiro to Department of State, 30 nov. 1962, folder "Financial Matters, July-Dec. 1962", Box 136, RG 84, Nara; Oesp, O planejamento preocupa Goulart, 10 out. 1962, p.3. Apesar de a nomeação oficial de San Tiago Dantas como ministro da Fazenda ter ocorrido apenas no final de janeiro de 1963, este já agia como futuro titular da pasta no período de formulação do Plano Trienal.

25 Presidência da República, 1962, p.21.

26 A participação da Fiesp no processo de formulação do projeto de reforma tributária foi confirmada pelo presidente da Federação, Raphael Noschese, em discurso aos membros da entidade. Ver Boletim Informativo Fiesp-Ciesp, Diretoria plenária, 10 out. 1962, n.679, p.541. Outras associações empresariais também prestaram sua "colaboração" ao ministério da Fazenda. A ACRJ de Rui Gomes de Almeida, por exemplo, teria enviado dois técnicos: um especializado em imposto de renda e outro em imposto de consumo. Oesp, A ACRJ sugere medidas para a reforma tributária, 18 out. 1962, p.21.

de um imposto de 15% sobre o valor de deságio de títulos negociados no mercado; e o reajuste do imposto único sobre consumo de energia elétrica.[27] Ao defender sua proposta na Comissão de Orçamento da Câmara, Calmon afirmou que, como "ministro interino", não teria tido condições de elaborar um "plano financeiro propriamente dito", mas tomara "a iniciativa de solicitar medidas de emergência" ao Congresso capazes de armar seu "substituto para a batalha [contra a inflação] que terá de travar". O ministro ressaltou ainda que não queria "dramatizar, nem recorrer à sádica afirmação de que estamos à beira do abismo", porém seria "inegável que nos defrontamos com um panorama deletério, o qual nos levou a comparecer aqui para um apelo que visa um esforço comum para a contenção da espiral inflacionária".[28]

As reclamações dos empresários contra a proposta de reforma tributária não demoraram a aparecer. As maiores críticas vieram dos empresários do comércio. O presidente da Associação Comercial de São Paulo, Paulo Barbosa, afirmou em uma reunião de diretoria da Associação Comercial de São Paulo (ACSP) que teria ficado "surpreso" com a amplitude do projeto, já que em conversa com Miguel Calmon havia recebido a informação de que ocorreriam somente algumas "pequenas modificações nas alíquotas do imposto de consumo para alguns produtos e outras pequenas mudanças no imposto de renda". "Na realidade", concluiu Barbosa, "há uma reforma tributária a vista, bastante grande". Outro diretor, Boaventura Farina, ressaltou que "a reforma [teria] um caráter eminentemente arrecadador e fiscalista", sem que o ministro tivesse se preocupado em "utilizar o tributo como elemento aplicável ao desenvolvimento econômico".[29] Nessa perspectiva encaixava-se a crítica à elevação do imposto sobre ações ao portador para aqueles que não quisessem identificar-se, a qual, como se verá adiante, constituiria o principal motivo de divergência entre empresários nacionais e estrangeiros com relação à reforma tributária. Argumentou-se que, caso aprovada, essa medida traria "o desestímulo à aplicação de capitais particulares, impedindo a democratização das empresas, medida aconselhável".[30] Na verdade, porém, havia aqui duas grandes questões em disputa. Primeiro, o interesse de certas empresas em manter o anonimato de seus acionistas, principalmente em casos de significativa participação estrangeira. Em uma conjuntura em que os ataques da esquerda contra o "imperialismo" aguçavam-se, essa parecia ser uma posição de prudência.[31] E, segundo, o

---

27 Para uma descrição detalhada da reforma, ver Report A-678, Rio de Janeiro to Department of State, 11 dez. 1962, CGR 1941-73, folder 501.2, Box 465, RG 84, Nara.

28 Oesp, Miguel Calmon defende medida de emergência para conter o déficit, 14 nov. 1962, p.2.

29 Ata, 32ª Reunião de Diretoria Plena da ACSP, 13 nov. 1962, p.23-3.

30 Oesp, Reforma tributária: críticas do comércio, 24 nov. 1962, p.14.

31 Ver, nesse aspecto, a defesa das ações ao portador em parecer redigido pelo representante da Câmara de Comércio Teuto-Brasileira, H. C. Stadtagen, em Ata, 15ª Reunião das Câmaras de Comércio Estrangeiras, 12 jul. 1961, p.27a-27b.

anonimato das ações ao portador facilitava a evasão fiscal. Isso porque seus proprietários não declaravam a posse desses títulos no imposto de renda, recolhendo na fonte apenas os 28% sobre os dividendos e ganhos de valorização em casos de venda. Conforme John Krizay, secretário da embaixada norte-americana, "acredita-se que muitos diretores de empresa, entre outros, recebem parte considerável dos seus salários dessa forma, com a evasão em mente".[32] Aumentando a alíquota para 45% sobre as transações com ações ao portador apenas para aqueles que desejassem manter o direito do anonimato (para os que aceitassem identificar-se, não haveria mudança), o Estado tentava compensar esse mecanismo de evasão fiscal.

Durante o trâmite da proposta de reforma tributária no Parlamento, houve uma clara divisão no seio do empresariado. Em reunião de diretoria da Associação Comercial do Rio de Janeiro (ACRJ), o presidente da entidade e uma das figuras mais influentes do Ipes-Rio, Rui Gomes de Almeida, reclamou do fato de que a Federação das Associações Comerciais do Brasil (FACB) teria sido excluída de uma reunião que ocorreria no dia 20 de novembro entre o ministro Miguel Calmon e representantes das "classes produtoras", da qual participariam os presidentes das Confederações Nacional do Comércio (CNC) e da Indústria (CNI), além de diretores da Fiesp. Guilherme Levy, diretor da ACRJ e membro da Federação das Indústrias da Guanabara (Fiega), apoiou prontamente a reclamação de Gomes de Almeida, dizendo ainda que seria necessário dar "maior coesão entre as classes produtoras, para bem refletir seus interesses legítimos". Em resposta, o presidente da Associação Comercial carioca disse concordar com Levy, mas que tal conselho deveria ser "transferido" à CNC e à "indústria, pelas razões antes manifestadas". Imediatamente outro diretor da casa, Fernando Mibielli de Carvalho, também do Ipes-Rio, destacou "o papel nocivo das assessorias vermelhas que se esta[riam] infiltrando até mesmo no seio das classes produtoras".[33] A exclusão da FACB das discussões com o ministro da Fazenda parece ter tido relação com a composição de seu empresariado, caracterizada por maior inserção com o capital estrangeiro, sendo contrária à elevação de impostos sobre ações ao portador.

Alijada do processo de consulta, a diretoria da Federação das Associações Comerciais do Brasil decidiu preparar um memorial independente sobre a reforma tributária. Neste, a FACB classificou o projeto do governo como uma "reformulação de caráter exclusivamente fiscal, desrespeitando totalmente os objetivos sociais e econômicos que deveriam ser atendidos por uma política [...] sadia". Como alternativa, propôs-se a criação de "adicionais de emergência" no montante de 25% a 30% para os impostos de renda, de consumo e de selo, ressaltando-se que não deveria ser aprovada

---

32 Report A-678, Rio de Janeiro to Department of State, 11 dez. 1962, Nara, p.2.
33 Ata, Reunião de Diretoria da ACRJ, 21 nov. 1962, p.7-11.

"qualquer alteração [n]a legislação em vigor", até mesmo sobre ações ao portador.[34] Vê-se que a proposta da FACB era tão regressiva quanto o projeto do governo. Em busca de apoio para o seu memorial, a diretoria da FACB requereu à Associação Comercial de São Paulo que o assinasse. O tema gerou calorosas discussões dentro da ACSP. Alguns diretores mostraram-se favoráveis; outros, não. O presidente da entidade, Paulo Barbosa, que havia recebido um pedido pessoal de João Augusto Calmon (irmão do ministro da Fazenda Miguel Calmon) para que a ACSP apoiasse a proposta do governo, argumentou que o memorial da FACB não teria chances de aprovação no Congresso, e que, assim sendo, seria melhor se a ACSP tentasse influir no projeto em estudo pelos parlamentares. De acordo com Barbosa, "podemos contrariar a reforma e a reforma passar com o apoio da Federação das Indústrias e ficamos falando sozinhos [sobre] o adicional [...], ou vamos concordar com uma reforma tributária às pressas para a qual colaboremos".[35] No fim, a diretoria da ACSP decidiu ratificar a posição de seu presidente, não assinando o memorial da FACB por considerá-lo mero "paliativo". Deliberou-se ainda pela convocação de uma reunião extraordinária da casa para decidir sobre pontos específicos do projeto governamental.[36]

Essa reunião ocorreu no dia seguinte, deixando claras as divisões no interior da ACSP entre empresários "nacionalistas" e "estrangeiros". O tema principal do debate foi a tributação sobre as ações ao portador. Logo no início do encontro, um dos diretores da casa, Boaventura Farina, apresentou o histórico do projeto de reforma tributária proposto pelo gabinete Hermes Lima. Segundo Farina, o deputado Horácio Lafer, associado à Fiesp, estaria "manipulando esta reforma desde os seus contatos com o sr. ministro da Fazenda". Teria sido através "desse parlamentar", prosseguiu, "que a Fiesp também se aproximou do sr. ministro, por intermédio do sr. Nadir Figueiredo, para conseguir esse projeto, que afinal acabou sendo remetido à Câmara". Momentos depois, outro diretor, Ulpiano de Almeida Prado, divergiu do expositor sobre a questão do anonimato de investidores em casos de ações ao portador. "Qual o mal em que eu", afirmou Almeida Prado, "sendo acionista da companhia do Paulo Egídio [outro diretor da ACSP], diga: essa ação é minha?" Júlio de Azevedo Sá, membro do Ipes-São Paulo, veio em defesa de Boaventura Farina: "Há quem não queira dizer [...]. Se acabar com esses títulos ao portador, acaba-se com o capital estrangeiro [no Brasil]". Nivaldo Ulhoa Cintra, também integrante do Ipes paulista,

---

34 Oesp, Sugestão da Federação das Associações Comerciais, 22 nov. 1962, p.2.
35 Ata, 33ª Reunião de Diretoria Plena da ACSP, 20 nov. 1962, p.19.
36 Esse episódio demonstra que mesmo em setores identificados com o capital estrangeiro nas entidades empresariais – neste caso, os grupos de Paulo Barbosa e de Rui Gomes de Almeida nas ACSP e ACRJ, respectivamente – havia diferentes interpretações sobre como qual seria o melhor modo de lidar com o problema da reforma tributária. Idem, p.20-9.

complementou: "O que é preciso reconhecer é que as ações ao portador têm sido um modo de democratizar as empresas. Nas empresas onde estou, a maior parte dos títulos ao portador não pertence a magnatas, mas a pessoas de pequenas posses, que não fazem declaração nenhuma". A partir daqui, o debate ganhou tons de exaltação. Almeida Prado respondeu a Ulhoa Cintra e a Azevedo Sá em linguajar claramente irônico: "Ou vossas excelências são excessivamente inteligentes, ou eu sou excessivamente burro". Ulhoa Cintra rebateu, deixando de lado o argumento de que as ações ao portador seriam uma forma de "democratizar as empresas". Segundo ele, já que era para aprovar uma reforma tributária tal como queria certos membros da Fiesp, bastaria, então, implementar "um dispositivo simples: daqui por diante não interessa mais capital estrangeiro [no Brasil]. Se é para acabar com as ações ao portador, vamos ser sinceros". O consultor jurídico da ACSP tentou apartar o conflito, mas, ao final, desistiu: "Sr. Presidente", disse Nogueira Porto, "a discussão adquiriu um grau de calor que eu não sei como fazer voltar a temperatura ambiente". Decidiu-se, então, dar por encerrado o debate, pondo o tema em votação. O setor "nacionalista" da ACSP foi derrotado.[37] No memorial divulgado pela entidade à imprensa dias depois, a associação criticou o artigo do projeto de reforma tributária que determinava o aumento da tributação sobre as ações ao portador.[38]

Apesar de todo o esforço empreendido pela FACB e pela ala "estrangeira" da ACSP contra o projeto de reforma tributária do governo, a proposta do gabinete Hermes Lima foi aprovada pelo Congresso Nacional em novembro de 1962. Vários senadores afirmaram que votaram a favor do projeto devido às insistentes advertências feitas pelo ministro Miguel Calmon sobre a "indispensabilidade" da medida para o "êxito do futuro plano de contenção da inflação".[39] De fato, segundo cálculos da embaixada norte-americana, a reforma produziria Cr$ 95 bilhões ao governo em 1963, o que correspondia a quase um terço do déficit programado pelo Plano Trienal para o mesmo ano.[40]

É interessante observar que diferentemente do que ocorrera com o gabinete Tancredo Neves, quando o empresariado voltou-se em bloco contra o projeto de aumento tributário apresentado pelo governo, derrotando-o no Congresso e comprometendo a execução do Plano de Emergência, neste caso alguns setores empresariais apoiaram tacitamente a proposta do ministro Calmon. Devemos nos perguntar o porquê desta mudança. Ao que parece, começou a ganhar corpo nas entidades de classe a ideia de que a inflação teria atingido níveis perigosos, apresentando "potencial

37 Ata, 1ª Reunião Extraordinária de Diretoria Plena da ACSP, 21 nov. 1962, p.1-20.
38 Oesp, Reforma tributária: críticas do comércio, 24 nov. 1962, p.14.
39 Oesp, O Senado aprova a reforma tributária sem estudá-la, 29 nov. 1962, p.4.
40 Report A-678, Rio de Janeiro to Department of State, 11 dez. 1962, Nara, p.5.

para desorganizar atividades econômicas" e para desestabilizar a ordem social.[41] Dessa perspectiva, já que algo deveria ser feito para elevar o nível das receitas públicas, é razoável imaginar que muitos empresários tenham pressionado o Parlamento para que esse ônus recaísse mais sobre seus concorrentes estrangeiros do que sobre eles próprios – para além, obviamente, dos encargos jogados sobre as camadas populares, que foram as mais prejudicadas pela reforma, como reconheceu a própria embaixada norte-americana.[42] Essa parece ter sido a lógica que norteou o *lobby* patrocinado pelos setores nacionalista da CNI e da Fiesp com o Congresso, que expressaram satisfação diante das ações do governo.[43]

Por outro lado, é evidente que a aprovação da reforma tributária em seu formato original não agradou os setores empresariais associados ao capital externo. O presidente da Fiega, Zulfo de Freitas Mallmann, qualificou a medida como "um verdadeiro confisco de poupança particular que, aliada às leis que afugentam o capital estrangeiro do nosso país, nada restará para os investimentos necessários ao nosso progresso".[44] Para Campos Salles, diretor da Associação Comercial de São Paulo, só restaria à entidade "pôr uma faixa de luto" diante das recém-promulgadas determinações sobre as ações ao portador.[45] Nivaldo Ulhoa Cintra, que protagonizou o embate com Ulpiano de Almeida Prado na última reunião extraordinária da ACSP, discursou de modo ainda mais dramático. Segundo Ulhoa Cintra, "vale dizer

---

41 Esse foi, pelo menos, o posicionamento expresso por Gastão Vidigal (Banco Mercantil de São Paulo), Paulo Barbosa (ACSP) e Teodoro Quartim Barbosa (Banco do Comércio e Indústria de São Paulo) a membros da embaixada norte-americana sobre o estado de espírito das classes empresariais paulistas. Ver Report A-434, Rio de Janeiro to Department of State, 16 out. 1962, folder "Financial Matters, July-Dec. 1962", Box 136, RG 84, Nara, p.1. Para referências ao apoio de empresários ao plano de contenção da inflação em preparação pelo governo, ver Oesp, O presidente da CNC apoia e elogia o plano antiinflação, 25 out.1962, p.9; O presidente da CNI apoia o plano contra a inflação, 27 out. 1962, p.5; SRB: café, inflação e política exterior, 31 out. 1962, p.19, e Recomendação da Convenção das Associações Comerciais, 20 nov. 1962, p.25.

42 De acordo com a embaixada, apesar das reclamações empresariais contra a medida, "o fardo mais pesado em termos de capacidade de pagamento recairá sobre os assalariados [...]". Report A-678, Rio de Janeiro to Department of State, 11 dez. 1962, Nara, p.5. De qualquer maneira, até os comunistas reconheceram que haveria "pontos positivos" na reforma, em especial a isenção do imposto de consumo para bens de primeira necessidade e a modificação das regras sobre as ações ao portador. NR, Reforma tributária: maior carga sobre os pequenos, 16-22 nov. 1962, n.196, p.3; Melhorado o projeto de reforma tributária, 30 nov.-dez. 1962, n.198, p.3.

43 Em contraste com ACRJ, Fiega e ACSP, Fiesp e CNI não manifestariam críticas à reforma tributária. Ao contrário, dias após a passagem do texto pelo Congresso, a diretoria da CNI aprovaria um "voto de louvor" ao presidente Jango em razão de um discurso que este havia realizado em encontro com representantes da indústria. Neste discurso, Goulart apontou para a necessidade de contar com "a colaboração dos homens de empresa para governar o país". Ver Ata, Reunião de Diretoria da CNI, 30 nov. 1962, p.1.

44 Ata, Reunião do Conselho de Representantes do Cierj e da Fiega, 4 dez. 1962, p.3.

45 Ata, 35ª Reunião de Diretoria Plena da ACSP, 4 dez. 1962, p.15.

que se pode desde já marcar um encontro com o comunismo. Quando? Isto dependerá muito do ritmo dos investimentos anteriores". A partir do momento que o ritmo das inversões baixar, levando à queda do nível de produção e emprego, concluiu, "poderemos marcar a data [de encontro com o comunismo] com bastante segurança".[46]

Além do bom resultado alcançado com a reforma fiscal, o governo Goulart também obteve uma vitória apreciável na questão do nível de reajuste do salário mínimo – tema considerado de extrema importância pelas autoridades para conter pressões inflacionárias no início de 1963. Logo após o fim da crise política de setembro de 1962, representantes sindicais do Comando Geral dos Trabalhadores (CGT) vieram até Jango e demandaram um aumento de 100% no salário mínimo para vigorar a partir do dia 18 de outubro. Goulart resistiu às pressões do CGT, alegando que o nível reajuste dependeria de estudos sobre o aumento do custo de vida a ser divulgados por órgão competente do Ministério do Trabalho (no caso, a Sept). De acordo com as declarações dadas por um auxiliar do presidente, Goulart continuava "ao lado dos trabalhadores, mas não se intimidar[ia] com ameaças da cúpula sindical", atendendo apenas às "legítimas reivindicações" da classe.[47] A resposta do CGT veio na semana seguinte. Em manifesto, dirigentes do Comando declararam que uma nova greve geral seria decretada caso o governo não cumprisse "os compromissos que assumiu para fazer cessar o movimento paredista do dia 14 [de setembro de 1962]".[48] Semanas depois, porém, após novos contatos com Jango e com o ministro do Trabalho, João Pinheiro Neto, o CGT recuou, apresentando nova proposta ao governo.[49]

As concessões oferecidas pelo CGT, porém, não foram vistas como satisfatórias pelas autoridades. Os sindicalistas desejavam que o reajuste do salário mínimo fosse de 80% com vigência a partir de 1º de dezembro.[50] No entanto, o ministro do Trabalho anunciou que o novo mínimo seria baseado nos cálculos da Sept. Isso significava que, em média, os índices de reajuste

---

46 Ata, 37ª Reunião de Diretoria Plena da ACSP, 18 dez. 1962, p.7. Para as críticas da ACRJ à reforma tributária, ver Oesp, Conspiração contra a iniciativa privada a reforma tributária, 6 dez. 1962, p.2.

47 Oesp, Salário mínimo: Goulart opõe-se ao aumento de cem por cento, 21 set. 1962, p.2. O conteúdo da reunião entre Jango e representantes do CGT seria confirmado pelo próprio presidente em conversa com o embaixador Lincoln Gordon. Ver Telegram 680, Rio de Janeiro to Department of State, 22 set. 1962, folder "Brazil General 9/62", Box 13, NSF, JFKL, p.2

48 Oesp, Dirigentes do CGT nos estados irão reunir-se na CNTI, 27 set. 1962, p.7.

49 UH, Jango hoje com os trabalhadores, 22 out. 1962, p.7; Ronda sindical, 23 out. 1962, p.13. Os sinais de possibilidade de recuo do CGT já tinham sido lançados desde o final de setembro. Ver Oesp, Os dirigentes da CNTI recuaram de suas pretensões, 27 out. 1962, p.6.

50 NR, CGT rejeita proposta do governo: quer mínimo de 80% e em dezembro, 9-15 nov. 1962, n. 195, p.2.

ficariam na casa dos 56,3% e entrariam em vigor apenas em 1º de janeiro de 1963.[51] Os líderes do CGT demonstraram profundo descontentamento com a decisão e ordenaram aos Comandos Estaduais de Trabalhadores (CETs) que "mobilizassem os sindicatos" para uma greve geral.[52] O próprio presidente da Confederação Nacional dos Trabalhadores na Indústria (CNTI), Clodsmith Riani, janguista de longa data, foi a Brasília comunicar o presidente sobre o desconforto gerado pela atitude do governo.[53] Ao ser consultado sobre o assunto, o ministro extraordinário do Planejamento, Celso Furtado, que ainda trabalhava na redação do Plano Trienal, informou ao Conselho de Ministros e a Jango que seria "impossível" conceder 80% de reajuste.[54] Talvez por causa disso o assessor sindical da presidência, Gilberto Crockat de Sá, tenha sido enviado para encontrar-se com líderes do CGT. Crockat de Sá demandou aos sindicalistas que sustassem as campanhas de mobilização para uma greve geral, "a fim de que os planos anti-inflacionários do governo não [viessem] a ser prejudicados".[55] Dias depois, o governo confrontou o Comando dos Trabalhadores ao ratificar que o reajuste do mínimo seria mesmo de 56,3%.[56] A Comissão Executiva do CGT dividiu-se sobre o que fazer: alguns líderes queriam que o Comando reagisse decretando greve geral; outros, porém, em especial Clodsmith Riani, pregaram uma "atitude de reserva e de discrição" diante das circunstâncias. A posição de Riani acabou prevalecendo: o Comando aceitou a determinação do governo. Com isso, Goulart passou em seu primeiro grande teste diante do movimento sindical.[57]

Se na questão do salário mínimo o governo foi vitorioso, o mesmo não se pode dizer sobre o tema do 13º salário. Desde outubro de 1962, algumas entidades empresariais, tal como a Fiega, argumentavam que empresas deveriam pagar apenas a metade do valor do 13º salário aos seus empregados em 1962, já que a lei regulamentando o assunto só havia sido promulgada pelo Congresso em julho daquele ano.[58] Imediatamente houve reação das entidades sindicais. A ordem de preparação de uma greve geral

---

51 Fala-se em média porque nesse período o Brasil não possuía um salário mínimo unificado, mas salários regionais que eram reajustados de acordo com os níveis locais de custo de vida. UH, Ministro do Trabalho anuncia novo salário mínimo: Cr$ 22.680,00, 7 nov. 1962, p.2; Goulart aprovou novo salário mínimo: vigência a partir de janeiro, 23 nov. 1962, 4.

52 Oesp, Goulart à CNTI: a crise não permite reajuste de 80%, 10 nov. 1962, p.6.

53 Oesp, O CGT mobiliza os sindicatos para exercer pressão, 9 nov. 1962, p.6.

54 NR, Com jogo duplo, o governo retarda salário mínimo, 16-22 nov. 1962, n.196, p.2; Oesp, O Conselho terá no dia 20 os estudos sobre os salários, 18 nov. 1962, p.8.

55 Oesp, Enviado de Goulart apela ao CGT para que evite agitações, 20 nov. 1962, p.6.

56 UH, Goulart aprovou novo salário mínimo: vigência a partir de janeiro, p.4; João Pinheiro Neto: 13º salário integral e pago até 20 de dezembro, 23 nov. 1962, p.4.

57 UH, Sindicatos querem atualização do salário mínimo, 24 nov. 1962, p.9; CGT se pronunciará hoje sobre o novo salário mínimo, 24 nov. 1962, p.7; CGT elege secretariado e debate salário mínimo, 28 nov. 1962, p.13.

58 NR, O pagamento do 13º salário, 16-22 nov. 1962, n.196, p.2.

dada pelo CGT aos sindicatos não estava relacionada apenas ao reajuste do mínimo, mas também à demanda por uma regulamentação da lei do 13° salário que garantisse pagamento integral do benefício aos trabalhadores ainda em 1962. Segundo *O Estado de S. Paulo,* o vice-presidente do CGT, Dante Pelacani, teria deixado claro em telefonema a Jango que os trabalhadores paulistas estariam dispostos "a ir a uma greve geral", como fizeram em dezembro de 1961, caso não recebessem o 13° salário.[59] Os sindicatos cariocas estavam igualmente mobilizados. Talvez por imaginar que essa questão tivesse maior potencial para provocar greves, no mesmo dia em que foi anunciado o nível de reajuste do salário mínimo (abaixo do esperado), o ministro do Trabalho também divulgou que o decreto de regulamentação do 13° salário já estaria pronto e que seria publicado "em breve". Certamente essa atitude dúbia contribuiu para fortalecer a ala moderada do CGT.

O tempo passou, porém, e o decreto de regulamentação do 13° salário não saiu. Se o ano acabasse sem que essa regulamentação fosse editada, as empresas estariam legalmente habilitadas a interpretar a lei do 13° salário da maneira como quisessem. O governo estava protelando a questão de modo proposital, pois temia os impactos inflacionários que a medida poderia trazer. Para piorar, no início de dezembro, o ministro do Trabalho, João Pinheiro Neto, que havia se comprometido com a regulamentação do 13° salário com as entidades sindicais, foi demitido após fazer duras críticas a Octávio Gouveia de Bulhões (diretor da Superintendência da Moeda e do Crédito – Sumoc) e Roberto Campos (embaixador nos Estados Unidos), classificando-os como responsáveis pela "ditadura financeira" em voga no país.[60] A demissão de Pinheiro Neto foi duramente censurada pelo CGT.[61] Dias depois, circularam boatos de que o presidente Goulart teria prometido a empresários não regulamentar o 13° salário em 1962 em troca de Cr$ 100 milhões para financiar a campanha do plebiscito.[62] Nessa conjuntura, o CGT voltou a solicitar aos sindicatos que se mobilizassem para uma greve geral, caso a regulamentação do benefício não fosse editada até o dia 20 de dezembro.[63] Ao mesmo tempo, o comandante do II Exército, general Peri Bevilacqua, anteriormente comprometido com causas nacionalistas, lançou uma nota bombástica aos seus subordinados condenando as ameaças de greve geral em São Paulo. Segundo o general, a greve seria a "ditadura exercida por uma classe sobre as demais", semelhante ao "bolchevismo", que se constituiria "[n]a ditadura exercida por um pequeno grupo em nome

---

59 Oesp, Greve geral, 8 dez. 1962, p.16.
60 Oesp, João Goulart irritado com o ministro do Trabalho, João Pinheiro Neto, 4 dez. 1962, p.2.
61 Oesp, O CGT dirá a Goulart que concorda com Pinheiro Neto, 6 dez. 1962, p.6; UH, Sindicatos: manifestação de desagravo à Pinheiro Neto, 6 dez. 1962, p.13.
62 Oesp, Rumores, 15 dez. 1962, p.3.
63 UH, Greve pelo 13° mês, 22 out. 1962, p.7; Ronda sindical, 4 dez. 1962, p.13.

do proletariado. A greve em atividades fundamentais é crime previsto em lei, integralmente vigente".[64] Os líderes do CGT não apenas repudiaram a nota do comandante de II Exército, como também reforçaram suas ameaças grevistas.[65] Finalmente, no dia 14 o governo cedeu. Editou-se a regulamentação do 13º salário determinando que o benefício fosse pago integralmente em 1962.[66]

A resistência das autoridades para publicar a regulamentação do 13º salário não se devia somente ao impacto potencial da medida do ponto de vista do estímulo da demanda. O governo vinha sendo fortemente pressionado por empresários para que fossem abertos canais especiais de empréstimo para o financiamento do novo benefício. Esse foi o pedido apresentado por uma comitiva de empresários paulistas ao ministro da Fazenda Miguel Calmon em outubro de 1962.[67] De acordo com os cálculos do Ministério da Fazenda, apenas para São Paulo o montante de recursos requeridos para financiar o pagamento do 13º salário somaria entre Cr$ 30 a 40 bilhões; enquanto para o Brasil inteiro, mais de Cr$ 80 bilhões. Por isso, Calmon posicionou-se contra a demanda dos empresários paulistas. Diante do argumento de que as empresas estariam sofrendo custos crescentes devido à alta dos preços, o ministro rebateu dizendo que seria "o governo [quem] deveria controlar a inflação e não a inflação o governo". Calmon afirmou ainda que era "um homem das classes produtoras e que sentia o problema", mas que ele seria "obrigado a sentir o problema como governo e que o governo, [naquela] altura, não [teria] possibilidade [...] de proceder da forma sugerida".[68] Em conversa com o embaixador Lincoln Gordon, Calmon confessou que considerava "essa pressão inflacionária adicional horripilante" e confirmou que pretendia recusar a demanda dos empresários. Ao mesmo tempo, o ministro assinalou que estaria articulando a aprovação de uma emenda constitucional ou de uma regulamentação para a lei do 13º salário que permitisse o pagamento do benefício em várias parcelas, tendo início apenas em janeiro de 1963.[69]

---

64 Oesp, Instrução do general Bevilacqua à tropa a respeito da greve, 9 dez. 1962, p.12.

65 Oesp, 13º salário: dirigentes sindicais fazem ameaça, 11 dez. 1962, p.5; Apoiam associações comerciais a posição do general Bevilacqua, 12 dez. 1962, p.9.

66 Oesp, O Conselho aprova a regulamentação do 13º salário, 15 dez. 1962, p.2; Promulgada a regulamentação do 13º salário, 18 dez. 1962, p.2.

67 Telegram 857, Rio de Janeiro to Department of State, 16 out. 1962, folder "Brazil General 10/1 – 10/17/62", Box 13, NSF, JFKL, p.1. Em encontro com o presidente do Banco do Brasil, a Fiesp e ACSP apresentaram um memorial com demandas semelhantes. Para a íntegra do memorial, ver Ata, 27ª Reunião de Diretoria Plena da ACSP, p.2-2b.

68 Entre os integrantes da comitiva estavam membros da Fiesp (Sérgio Ugolini, Fernando Gasparian e Ernesto Diederichsen), da ACSP (Paulo Barbosa) e do Sindicato dos Bancos de São Paulo (José da Silva Gordo e Eliseu Camargo). Para mais informações, ver Ata, 28ª Reunião de Diretoria Plena da ACSP, 16 out. 1962, p.23-5.

69 Telegram 857, Rio de Janeiro to Department of State, 16 out. 1962, JFKL, p.2.

O governo até que tentou por essa estratégia em prática, mas não foi bem-sucedido. No final de novembro, em sintonia com as diretrizes determinadas pelo ministério da Fazenda, o presidente do Banco do Brasil, Ney Galvão, anunciou em palestra para comerciantes e industriais gaúchos que, "de modo geral", o governo não iria financiar as operações de pagamento do 13º salário. De acordo com Galvão, créditos seriam concedidos apenas para "uma ou outra empresa, como último recurso e após estudo pormenorizado de caso por caso".[70] Iniciaram-se, então, as críticas das entidades empresariais. O presidente do Centro das Indústrias do Estado de Minas Gerais (CIEMG), Jonas Barcelos, considerou a decisão do governo "desastrosa", na medida em que as empresas não teriam condições financeiras de arcar com o pagamento de uma folha salarial em dobro no final do ano.[71] Alguns industriais mineiros acusaram o governo Goulart de "estar tramando contra a ordem e prejudicando as atividades produtoras".[72] O presidente do Banco do Brasil lançou apelo aos industriais para que fizessem "um sacrifício agora", deixando "uma parte dos lucros operacionais para o pagamento do 13º salário", caso contrário haveria "o recrudescimento do círculo vicioso" de salários-preços.[73]

Na realidade, esses apelos do governo constituíam parte de um jogo duplo. Enquanto o presidente do Banco do Brasil pedia a empresários mineiros e gaúchos que fizessem um "sacrifício" para pagar o 13º salário, autoridades cediam diante das pressões do empresariado paulista. Na própria reunião entre o ministro Miguel Calmon e representantes empresariais de São Paulo em meados de outubro, os industriais da Fiesp ameaçaram o governo dizendo que, sem financiamento, eles não conseguiriam garantir o benefício aos trabalhadores e que isso levaria à "subversão da ordem social".[74] Duas semanas depois um novo encontro foi marcado. Dessa vez, a situação mudou. Após três horas de discussão, o ministro da Fazenda anunciou uma mudança na política de crédito do Banco do Brasil. Segundo Calmon, novas emissões já teriam sido ordenadas pelo governo "para permitir que os bancos [fizessem] o financiamento" do 13º salário. Um dos diretores da ACSP, Campos Salles, afirmou que, após a reunião, "houve um ambiente de tranquilidade" na praça paulista, pois "o sr. ministro absolutamente não se exim[iu] de atender as necessidades financeiras" das empresas.[75] Um mês depois, o acordo foi consumado por meio de um encontro entre representantes da Fiesp e ACSP com o presidente do Banco do Brasil. Ney Galvão assegurou aos empresários que o Banco do Brasil já

---

70 Oesp, O Banco do Brasil não arcará com o custeio do 13º salário, 28 nov. 1962, p.20.
71 Oesp, Sem verba a indústria mineira para o 13º salário, 1º dez. 1962, p.6.
72 Oesp, Industriais mineiros criticam o presidente, 11 dez. 1962, p.26.
73 Idem.
74 Ata, 28ª Reunião de Diretoria Plena da ACSP, 16 out. 1962, p.25.
75 Ata, 30ª Reunião de Diretoria Plena da ACSP, 30 nov. 1962, p.28.

havia tomado "todas as providências no sentido de alargar créditos para as classes produtoras". Campos Salles ressaltou que durante a permanência de Ney Galvão na sede da ACSP, o presidente do Banco do Brasil "fez dois ou três telefonemas [...], usou, portanto, das instalações da casa como se fosse realmente um homem nosso, e referiu-se, diversas vezes, ao fato de ser um elemento das classes produtoras, reafirmando que está a nossa disposição para proporcionar tantos encontros quanto forem necessários".[76] Outro diretor da ACSP, Azevedo Sá, concluiu dizendo que "o sr. Presidente do Banco do Brasil é um homem que está do nosso lado".[77]

Note-se que o governo havia cedido apenas para os empresários paulistas – tanto é que as reclamações dos industriais mineiros continuariam até meados de dezembro, assim como as de outras entidades empresariais.[78] A partir de então, porém, as reclamações interromperam-se, o que sugere que o financiamento do 13º salário teria sido estendido para outras regiões. A observação da evolução dos empréstimos do Banco do Brasil no final de 1962 fortalece essa possibilidade. Vê-se que, entre novembro e dezembro, a oferta de crédito das autoridades monetárias ao setor privado cresceu quase 9% em termos reais (Gráfico 7.1). Analisando-se apenas os dados referentes ao comércio e à indústria chega-se a resultados ainda mais impressionantes: crescimento real de 10,8% e 13,1%, respectivamente, correspondendo a 5,2% e 7,2% em índices dessazonalizados.[79]

Pode-se perguntar quais teriam sido os motivos que levaram o governo a ceder a essas demandas. Além das próprias ameaças de que as firmas não teriam condições financeiras de pagar o 13º salário aos trabalhadores – o que produziria, conforme argumentaram os diretores da Fiesp, "subversão da ordem social" –, outro fator parece ter desempenhado papel importante: a necessidade do apoio do empresariado para a campanha do plebiscito. No mesmo dia em que Ney Galvão informou aos diretores da ACSP e da Fiesp sobre a abertura de novas linhas de crédito para o financiamento do 13º salário, o presidente do Banco do Brasil ressaltou que seria fundamental que as "classes produtoras" participassem da luta pelo plebiscito, independentemente de serem a favor ou contra o retorno do presidencialismo. O que não poderia ocorrer, concluiu Galvão, é uma grande abstenção de eleitores.[80] É possível que cálculos semelhantes tenham norteado o posicionamento do governo diante da classe trabalhadora. Se isso for verdadeiro, então a regulamentação da lei do 13º salário não teria sido produto apenas do temor das autoridades diante da perspectiva de eclosão de uma greve geral, mas

---

76 Ata, 35ª Reunião de Diretoria Plena da ACSP, 4 dez. 1962, p.20.

77 Idem, p.21.

78 Ver, para tanto, Oesp, O comércio pede financiamento para o 13º salário, 12 dez. 1962, p.5.

79 Ver Apêndice, Tabela A22.

80 Ata, 35ª Reunião de Diretoria Plena da ACSP, 4 dez. 1962, p.19-20.

também da necessidade de angariar o apoio do movimento trabalhista para a campanha do plebiscito – o que, de fato, acabou ocorrendo. CGT e CNTI foram importantes para a mobilização dos trabalhadores na vitória do presidencialismo. Esse apoio, porém, teria um preço. Como estava atestado em manifesto da CNTI que conclamava os trabalhadores a comparecer às urnas no dia 6 de janeiro, o plebiscito seria uma "oportunidade para o repúdio do estado de coisas atual". No entanto, "se o retorno ao presidencialismo não significar uma radical mudança nos rumos da vida nacional, terá sido uma esperança a menos e um passo a mais para a convulsão social do país".[81]

Gráfico 7.1 – Empréstimos das autoridades monetárias ao setor privado, Brasil, janeiro a dezembro 1962 (valores reais, janeiro 1960 = 100)

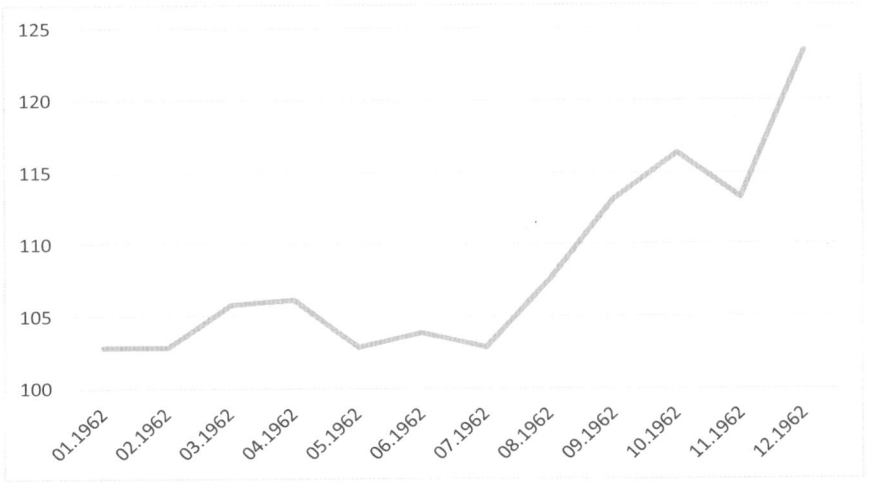

Fonte: Sumoc, *Boletins*, vários números, 1963.

Independentemente das razões que teriam levado o governo a ceder a empresários e trabalhadores, o fato é que as perspectivas para o sucesso do Plano Trienal já se mostravam difíceis mesmo antes do início de sua implementação. Se, de um lado, o governo saiu vitorioso em duas importantes batalhas (reforma tributária e reajuste do mínimo); de outro, não conseguiu evitar o pagamento integral do 13º salário e, principalmente, a concessão de créditos ao empresariado como forma de financiar esse benefício. Tais aspectos, por si só, já contribuiriam para aumentar as pressões inflacionárias no início de 1963, seja em razão do relaxamento das políticas monetária e creditícia, seja devido ao aumento da demanda decorrente do

---

81 Para o manifesto na íntegra, ver NR, CNTI: dia 6 trabalhadores dirão *não* ao parlamentarismo, à miséria e à exploração, 14-20 dez. 1962, n. 200; UH, CNTI conclama Trabalhadores a dizer *não* em janeiro, 13 dez. 1962, p.13.

fortalecimento do poder de compra dos trabalhadores. Havia, no entanto, um outro problema. Tudo indica que os empresários estavam remarcando preços bem acima da elevação de custos, apesar de utilizarem a reforma tributária, o reajuste do salário mínimo e o pagamento do 13º salário como justificativas para essas remarcações. Objetivava-se, com isso, ampliar lucros ao máximo no curto prazo a fim de se preparar financeiramente para as políticas de estabilização que viriam com o Plano Trienal. O reconhecimento dessa manobra aparece de maneira abundante na documentação empresarial de caráter privado.

Em reunião da Associação Comercial do Rio de Janeiro do início de outubro de 1962, um dos diretores da entidade, Antônio Carlos de Amaral Osório, membro proeminente do Instituto de Pesquisa de Estudos Sociais (Ipes-Rio), fez dura reclamação contra as atitudes de alguns comerciantes diante da perspectiva de elevação do salário mínimo. De acordo com Amaral Osório, "a alta avassaladora dos preços ultrapass[aria] mesmo o aumento derivado da incidência sobre os custos, sendo motivo para provar o pouco senso de muitos".[82] Confissões semelhantes ocorreram no plenário da ACSP. Durante debate sobre a reforma tributária, o diretor Dante Pellegrino deixou a entender que sua preocupação enquanto empresário não estaria tanto na questão do aumento de custos para a sua empresa, mas nos efeitos sociais que essa medida traria ao país, em especial na forma de maior inflação. Para Pellegrino, os empresários teriam como defender-se "evitando diminuir sua receita líquida [...]. Salvo aqueles que não puderem se defender, todos irão se acautelar através da manipulação dos preços. É uma lei natural [...]. O empresário procurará sempre resguardar seu capital".[83]

O exemplo mais perfeito dessas práticas, porém, foi dado em outra reunião de diretoria da ACSP. No final de setembro de 1962, um dos conselheiros da entidade, Rócio Prado, sugeriu que a Associação "recomendasse" a filiados que não utilizassem o reajuste do salário mínimo e do pagamento do 13º salário como "pretexto" para aumentar preços. Vários diretores taxaram a sugestão de "absurda". Rócio Prado, então, tentou se explicar: "A tese é não aumentar, em bom português, o lucro, baseado na desculpa do salário mínimo. Ninguém vai perder dinheiro". Outro diretor, David Monteiro, veio em defesa da tese de Rócio Prado: "É evidente que [...] há uma tendência para reajustar preços, a pretexto de qualquer aumento, sempre numa base acima do necessário". O protesto dos demais diretores prosseguiu. Nivaldo Ulhoa Cintra chegou a dizer que o comerciante não deteria poder sobre seus preços, determinados única e exclusivamente pelo "mercado".[84] Nesse momento, Campos Salles fez um comentário ilustrativo:

---

82 Ata, Reunião de Diretoria da ACRJ, 3 out. 1962, p.3.
83 Ata, 32ª Reunião de Diretoria Plena da ACSP, 13 nov. 1962, p.28.
84 Ata, 25ª Reunião de Diretoria Plena da ACSP, 25 set. 1962, p.6-8.

Sr. Presidente, passando a termos mais morais que econômicos, é indiscutível que as classes produtoras são o único setor da economia que tem condições para transferir uma parcela do ônus da inflação a outrem. Nós temos as melhores condições de toda a sociedade de nos protegermos contra o espectro da inflação. Não sei se temos condições de nos protegermos completamente, mas que de toda a coletividade somos nós que temos as melhores condições para fazê-lo, é indiscutível [...]. Duvido que alguém possa provar o contrário. O mecanismo de preço é a melhor proteção que pode haver. Vivemos no Brasil em condições de mercado que não são, absolutamente, de livre concorrência.[85]

A inflação elevou-se nos primeiros meses de 1963, afetando diretamente o desempenho do Plano Trienal. Conforme já assinalamos, apenas entre janeiro e fevereiro, o índice de preços industriais acumulou alta de 25,2% – superior à meta programada para o ano inteiro. Evidentemente, uma inflação desse nível tendia a fazer com que trabalhadores lutassem por reajustes salariais mais altos. A literatura explica essa elevação de preços pelo choque de custos provocado por medidas de "inflação corretiva", especialmente o fim dos subsídios para a importação de trigo e petróleo decretado pelo governo em janeiro de 1963. Por mais que essas medidas tenham exercido alguma influência nesse sentido, é essencial também levar em consideração os eventos do período de formulação do Plano Trienal. O suposto aumento de custos provocado pela reforma tributária, pelo reajuste do salário mínimo e pelo pagamento do 13º salário (apesar das condições favoráveis de crédito garantidas pelo Banco do Brasil) também foram usados por empresários como justificativa para elevar preços. Juntando-se a isso os próprios efeitos monetários da expansão do crédito de dezembro de 1962 e a tendência para o aumento da demanda como decorrência do aumento (momentâneo) do poder de compra da classe trabalhadora, entende-se o porquê de o Plano Trienal já ter sido iniciado em condições bastante difíceis. As próximas seções discutem como essas dificuldades foram enfrentadas pelo governo durante o período de implementação do Plano.

7.3. O Plano Trienal e as entidades de empresários e trabalhadores

Desde o início da execução do Plano Trienal em janeiro de 1963, o governo Goulart deu claros indícios de que via na construção de um pacto social entre Estado, empresários e trabalhadores a chave para o sucesso do programa. A ideia era a de que cada parte deveria suportar uma parcela de sacrifício para vencer a inflação: o governo, por meio do corte do déficit

---

85 Idem, p.14.

público; os empresários, via reajustes estritamente necessários nos preços dos produtos; e os trabalhadores, mediante a moderação das demandas por aumento de salários e, principalmente, da contenção de greves e manifestações sociais que pudessem prejudicar o ritmo das atividades econômicas. Segundo as próprias palavras do presidente Goulart, em discurso feito a representantes da Fiesp e CNI no final de novembro de 1962, "se necessário, irei de indústria a indústria, de empresa a empresa, solicitar essa colaboração em nome dos mais altos interesses da Nação, em nome da paz social".[86] E, de fato, as duas mais importantes autoridades econômicas do país, Celso Furtado e San Tiago Dantas, passariam os dois primeiros meses de 1963 peregrinando pelas sedes de entidades de empresários e trabalhadores visando convencê-las a colaborar para a execução do Plano.

Os empresários foram os primeiros consultados pelo governo, particularmente a Fiesp e a ACSP. Logo no início de janeiro, o ministro do Planejamento Celso Furtado visitou a sede da Federação das Indústrias de São Paulo e fez uma exposição sobre o Plano Trienal. O evento também contou com a presença de diretores da ACSP. No fim, Furtado deu uma cópia do programa aos empresários – a primeira entregue a representantes da sociedade civil. O presidente da Fiesp, Raphael Noschese, afirmou que "os resumos do Plano Trienal publicados pela imprensa" ainda não teriam permitido à indústria formar uma opinião sólida sobre o mesmo, mas que a Fiesp estava certa de que "os princípios da livre empresa [tinham sido] devidamente preservados". Com o programa em mãos, concluiu Noschese, a Fiesp ganharia condições de dar uma resposta ao governo "em breve".[87] Dias depois Furtado participou de um evento na CNI com a mesma finalidade.[88] No início de março, a Confederação da Indústria, com apoio da Fiesp, entregou um memorial ao presidente Goulart contendo as apreciações das entidades sobre o Plano Trienal.

Em termos gerais, o memorial da CNI fez vários elogios ao programa. Os industriais expressaram "vivo apoio" ao "desejo manifesto de corrigir o crônico desequilíbrio orçamentário", caracterizado como uma "patriótica e acertada maneira de agir".[89] Elogiou-se também o princípio de contenção gradualista da inflação, recusando "a tese monetarista da estabilização de preços a todo custo", o que comprometeria o desenvolvimento.[90] Por outro lado, estabeleceram-se três condições para que os industriais colaborassem

86 Oesp, O sr. Goulart promete aos industriais reduzir em 18% a taxa inflacionária, 1º dez. 1962, p.14.
87 Oesp, Plano Trienal: exposição do sr. Celso Furtado na Fiesp, 5 jan. 1963, p.12; O Plano Trienal: as perguntas ao sr. Celso Furtado, 8 jan. 1963, p.20.
88 Oesp, O sr. Celso Furtado fala sobre o Plano Trienal, 19 jan. 1963, p.13.
89 Boletim Informativo Fiesp-Ciesp, Memorial da indústria ao presidente da República, 13 mar. 1963, n.106, p.16-8, p.16.
90 Para esse excerto em específico, ver DC, Plano Trienal e perspectivas para o triênio 1963-65, p.7.

com o Plano Trienal: primeiro, o governo deveria cumprir sua promessa de contenção do déficit público; segundo, seria necessário implementar uma "política salarial [...] isenta de pressões demagógicas, sobretudo nos setores portuário e marítimo"; e, por fim, as autoridades teriam que se comprometer a executar uma "política de disciplinamento de crédito" em consonância com os "aumentos de custos" empresariais e, especialmente, com "o efetivo crescimento da produção". Caso essas condições fossem cumpridas, os industriais assumiriam a obrigação de executar quatro conjuntos de medidas: reajustar preços apenas quando houvesse elevação de custos; minimizar compras de estoques, visando satisfazer somente as necessidades de curto e de médio prazos das empresas; diminuir o número de prestações de vendas à crédito aos consumidores; e esforçar-se para aumentar a produtividade "com a indispensável colaboração dos trabalhadores".[91] Vê-se, portanto, que o apoio prestado pela CNI e pela Fiesp ao Plano Trienal esteve longe de ser incondicional.

O memorial entregue pelos industriais ao presidente Goulart ainda escondia importantes divergências entre CNI e Fiesp. A diretoria da Confederação da Indústria ficou profundamente descontente com a ausência no programa de uma diretriz sobre a política salarial para o setor privado. Quando da visita do ministro Celso Furtado à sede da Confederação em janeiro, um dos conselheiros da entidade, Newton Pereira, assinalou que "se existe da parte dos industriais [...] compreensão do momento que atravessamos, o mesmo não acontece por parte dos que se investiram de funções de líderes das classes trabalhadoras e [que] estão transformando o país em uma verdadeira 'grevelândia'". O vice-presidente da CNI, Fábio de Araújo Mota, ligado à FIEMG, argumentou na mesma direção. Para Araújo Mota, o Plano Trienal só seria bem-sucedido caso houvesse "compreensão e colaboração das classes trabalhadoras". Para isso, o governo deveria agir com firmeza contra "uma pequena minoria [de líderes sindicais] encastelada" no CGT que estaria "atiç[ando] as massas às greves [e] à desordem".[92] Em reunião da diretoria da CNI ocorrida dias depois, o mesmo Araújo Mota propôs que a entidade enviasse um telegrama ao presidente Goulart "protestando contra a redação do Plano Trienal". A mensagem teria que deixar explícita, segundo ele, "a apreensão da indústria de que o Plano, em tese, poderá ser bom se o governo tiver autoridade para a contenção das greves".[93] No dia seguinte a essa reunião, o presidente da CNI, Haroldo Cavalcanti, encontrou-se com diretores da Fiesp em São Paulo.[94] Após

---

91 Boletim Informativo Fiesp-Ciesp, Memorial da indústria, 13 mar. 1963, p.16-8.
92 Oesp, O sr. Celso Furtado fala sobre o Plano Trienal, 19 jan. 1963, p.13.
93 Ata, Reunião de Diretoria da CNI, 21 jan. 1963, p.2.
94 Antes disso, Cavalcanti havia afirmado que a CNI apresentaria um documento a Jango manifestando suas "sérias restrições" ao Plano Trienal. Ver Oesp, Os goianos criticam o Plano Trienal, 22 jan. 1963, p.20.

esse encontro, o discurso do presidente da CNI mudou. Cavalcanti teceu elogios ao programa, ressaltando apenas que o sucesso do Plano Trienal dependia de as "relações de trabalho não se[rem] perturbadas com greves imotivadas nas atividades produtoras".[95] Foi a partir desse frágil consenso articulado entre os líderes industriais que nasceu o manifesto da CNI em apoio ao Plano Trienal.

Se houve divergências na avaliação da CNI e da Fiesp sobre o programa econômico de Celso Furtado, a situação foi ainda pior dentro da Associação Comercial de São Paulo. Da mesma forma que a Fiesp, a ACSP recebeu a íntegra do Plano Trienal antes de outras entidades empresariais. Dois temas figuraram como os mais importantes nos debates da Associação: a filiação ideológica de Celso Furtado e a capacidade do governo Goulart de pôr em prática as diretrizes do Plano. Quanto ao primeiro aspecto, alguns diretores da ACSP argumentaram que Furtado seria "comunista" e que, em razão disso, não seria possível que a entidade apoiasse o programa. "Se formos partir dos homens [do governo]", disse Daniel Campos, "não podemos, inicialmente, nem acreditar na execução desse Plano". Outros membros, porém, inclusive o presidente da entidade, Paulo Barbosa, apresentaram uma postura diferente, dando menor importância à "fama de comunista" de Furtado. "O Plano Trienal é neutro", argumentou Barbosa. "Pode ser executado pelo prof. Carvalho Pinto, pelo sr. Plínio Salgado ou pelo sr. Luiz Carlos Prestes". Diante desses fatos, concluiu, "não vejo como se possa, de princípio, condenar o Plano".[96]

O segundo foco de disputa dentro da ACSP foi ainda mais polêmico. O relatório do Departamento Econômico da entidade, redigido pelo economista Antônio Delfim Neto, argumentou que, como indicativo geral para o rumo da economia, o Plano Trienal seria "aceitável", apesar de conter algumas falhas pontuais. Para Delfim, porém, o problema estaria na esfera política: o governo Jango, "muito comprometido com as esquerdas, pela necessidade que teve de sobrevivência e de recuperação dos seus poderes, dificilmente poderia conseguir obter, no plano interno, a disciplina necessária para a execução do Plano".[97] Alguns diretores, como Henry Colinvaux e Paulo Egídio Martins, apoiaram as conclusões de Delfim Neto. Outros, porém, como Júlio Azevedo Sá, criticaram a postura excessivamente pessimista da entidade. "Vivemos debatendo a luta contra a inflação", argumentou, "e toda vez que o governo faz um plano de luta contra a inflação metemos o pau [...]. Estamos numa inflação galopante. Devemos cooperar. Mas não será com posições de direita que se vai sair disto". Após muito debate, decidiu-se que a ACSP deveria pronunciar-se

---

95 Oesp, Conceitos do Plano Trienal aprovados pela CNI, 23 jan. 1963, p.18.
96 Ata, 39ª Reunião de Diretoria Plena da ACSP, 15 jan. 1963, p.11, 15, 20.
97 Ata, 41ª Reunião de Diretoria Plena da ACSP, 29 jan. 1963, p.10.

oficialmente sobre o Plano Trienal na reunião seguinte.[98] Nesse meio tempo, porém, diretores da Associação foram convidados para uma conversa com o ministro da Fazenda, San Tiago Dantas, em São Paulo. Nesta, os empresários deixaram claro que só apoiariam o Plano caso o governo desempenhasse à risca o "programa de combate à inflação" no setor público. Dantas respondeu que "os empresários [poderiam] ficar tranquilos que o governo cumpriria o seu programa". Nesse sentido, os diretores da ACSP comprometeram-se a conscientizar seus membros a reajustarem preços de bens apenas de acordo com a estrita elevação de custos, sem antecipá-los ou, muito menos, excedê-los como forma de obter lucro excessivo.[99] Em reunião de meados de fevereiro, apesar da desconfiança de alguns diretores, a Associação Comercial de São Paulo consentiu no apoio ao Plano.[100] Da mesma forma que a Fiesp e a CNI, portanto, o suporte prestado pela ACSP não foi incondicional.

As entidades empresariais que tinham maior vínculo com o Ipes-Rio, notadamente a ACRJ, apresentaram uma postura inicialmente crítica com relação ao Plano Trienal, apesar de estes posicionamentos terem sido mais fruto de preconceitos sobre integrantes do governo Goulart do que produto de uma análise desapaixonada. Segundo o presidente da Associação Comercial carioca, Rui Gomes de Almeida, apesar de a ACRJ ainda não ter recebido uma cópia do programa econômico do governo, assume-se que "sendo o sr. Celso Furtado de formação marxista, provavelmente o Plano trará em seu bojo a eliminação ou sacrifício da iniciativa privada e, sendo assim, a Associação Comercial não poderia dar a sua anuência a um Plano que tenha esse objetivo". Outro diretor da casa, João Alberto Leite, foi ainda mais longe. Conforme Alberto Leite, a proposta de criação de um Ministério do Planejamento contida no Plano Trienal pretenderia "subordinar toda a economia nacional, a ponto de ter o ministro da pasta [do planejamento] o direito de vetar as decisões da Sumoc". Se assim ocorrer, concluiu, "só terá direito de expandir suas indústrias aquele com o qual o ministro do Planejamento estiver de acordo".[101] O posicionamento da ACRJ foi motivo de novos atritos com a Associação Comercial paulista. Conforme o presidente da ACSP, Paulo Barbosa, "o sr. Rui Gomes de Almeida entende que não há conversa com o sr. Celso Furtado, está desgostoso por nós o termos recebido e deu uma nota muito pouco hábil [...] dizendo que nós nos agregamos à Fiesp". Para Barbosa, diferentemente, as entidades empresariais não podem "fechar as portas para esses homens [do governo]. Temos que

---

98 Ata, 42ª Reunião de Diretoria Plena da ACSP, 5 fev. 1963, 14-5, p. 26.
99 Ata, 44ª Reunião de Diretoria Plena da ACSP, 19 fev. 1963, p.25-30.
100 Idem, p.30-2.
101 Ata, Reunião do Conselho Diretor da ACRJ, 9 jan. 1963, p.8-9.

dialogar com eles e procurar conhecê-los [...], e se eles têm tendências esquerdistas, [procurar] neutralizar os seus efeitos".[102]

O isolamento entre os membros do Ipes-Rio e o governo certamente contribuiu para a formação de avaliações preconceituosas do empresariado carioca contra o Plano Trienal. Enquanto a Fiesp e a ACSP receberam cópias integrais do programa logo no início de janeiro de 1963, a ACRJ só seria contemplada mais de quinze dias depois – e, mesmo assim, apenas com a síntese do Plano.[103] Uma vez que isso ocorreu, porém, os preconceitos começaram a diminuir. O presidente interino da casa, Alberto de Paiva Garcia, argumentou que, a partir "da leitura da síntese", seria preciso reconhecer que "o Plano faz um estudo da situação brasileira e que não há nele críticas à situação das classes produtoras. Pelo contrário, [essas classes] são elogiadas em todos os seus ramos de atividade".[104] Em razão disso, a ACRJ e a Fiega decidiram enviar representantes para a exposição do ministro Celso Furtado no Conselho Superior das Classes Produtoras do Rio de Janeiro (Conclap-Rio), que ocorreria no final de janeiro. Outras entidades, como a Fiesp, a ACSP e a CNI, também mandaram delegados para esse encontro.

A reunião do Conclap-Rio representou um verdadeiro divisor de águas no posicionamento do empresariado sobre o Plano Trienal. As entidades que ainda estavam relutantes em apoiar completamente o programa (CNI, ACSP), ou que apresentavam postura fortemente crítica (ACRJ, Fiega), passaram a ter uma posição mais construtiva. Isso porque Furtado fez dois importantes esclarecimentos nessa reunião: primeiro, diferentemente do que alguns empresários pensavam, a política salarial do Plano Trienal, segundo o ministro, teria fixado "um teto para todas as reivindicações de aumento [de salários], inclusive para o funcionalismo público"; e, segundo, a lei de remessa de lucros não seria "restritiva", na medida em que o limite de 10% imposto para o envio de lucros e dividendos ao exterior não proibiria "remessas adicionais", contanto que estas fosse feitas "na forma de capital".[105] A embaixada norte-americana considerou "interessante" o fato de Furtado ter reconhecido publicamente "pela primeira vez" tais interpretações – algo que o ministro só havia feito em "discussões privadas".[106] Em outras palavras: não era por que o Plano Trienal deixava de expressar claramente um teto para reajustes salariais do setor privado que as autoridades tinham negligenciado metas nesse sentido. Ao contrário, conforme Furtado deixou a entender para o Conclap, o teto estabelecido para o funcionalismo

102 Ata, 39ª Reunião de Diretoria Plena da ACSP, 15 jan. 1963, p.19-20.
103 Ata, Reunião do Conselho Diretor da ACRJ, 23 jan. 1963, p.2.
104 Idem.
105 Report A-873, Rio de Janeiro to Department of State, 31 jan. 1963, CGR 1941-73, folder "Financial Matters, Jan.-April 1963", Box 136, RG 84, Nara, p.1; Oesp, Furtado pede apoio às classes produtoras, 29 jan. 1963, p.7.
106 Report A-873, Rio de Janeiro to Department of State, 31 jan. 1963, Nara, p.1.

público (40%) seria utilizado como parâmetro para "todas as reivindi-cações de aumento".[107] A questão é que, por razões políticas, o governo não tinha condições de dizer isso expressamente à sociedade. O mesmo ocorria com relação à lei de remessa de lucros. Como a regulamentação da lei ainda não havia sido decretada pelo governo – propositadamente, por sinal –, seria possível defender interpretações *sui generis* sobre o texto da lei, semelhante àquelas expressas por Furtado. O importante, concluiu o ministro do Planejamento, seria que "as classes produtoras abandon[assem] as críticas superficiais ao Plano Trienal" e cooperassem com o governo em sua aplicação.[108]

O pedido de colaboração de Furtado foi ouvido pelos empresários. Menos de duas semanas depois dessa palestra no Conclap, a até então relutante ACRJ abriu suas portas a um membro do alto escalão do governo Goulart – algo que não acontecia desde o primeiro semestre de 1962. O ministro da Fazenda San Tiago Dantas visitou a entidade e pediu "sacrifício das prosperidades temporárias para salvar o sistema em que vivemos".[109] No dia seguinte a esse encontro, a FACB, órgão comandado por Rui Gomes de Almeida, divulgou uma nota afirmando que o manifesto contra o Plano Trienal que a FACB estava com intenções de publicar teria perdido "a oportunidade face às definições e os esclarecimentos apresentados pelo ministro" San Tiago Dantas. Os comerciantes, concluiu Gomes de Almeida, estavam "prontos a colaborar" com a aplicação do programa pelo governo.[110] Apesar disso, a diretoria do Ipes-Rio ainda não havia ficado totalmente satisfeita com as explicações de Furtado. Um dos membros do Instituto, Glycon de Paiva, chegou a dizer logo após a palestra do ministro do Planejamento que era "de opinião que se aceit[asse] o Plano Trienal sem aceitar A. [*sic*], que é comunista".[111] É provável que Glycon estivesse fazendo referência ao ministro do Trabalho Almino Afonso, considerado excessivamente esquerdista por membros das "classes produtoras".[112]

O único segmento do empresariado que manteve uma postura crítica diante do Plano Trienal foi o das entidades agrícolas. Para a Sociedade Rural Brasileira (SRB), o programa do governo Goulart afetaria "de maneira insólita o direito de propriedade", tendo em vista a proposta de realização

---

107 Isso esclarece, por exemplo, a posição dura tomada pelo governo na questão do reajuste do salário mínimo no final de 1962.

108 Oesp, Furtado pede apoio às classes produtoras, 29 jan. 1963, p.7.

109 Oesp, San Tiago pede a colaboração das classes produtoras, 12 jan. 1963, p.2. Ver também Ata, Reunião do Conselho Diretor da ACRJ, 20 fev. 1963.

110 Oesp, As classes produtoras estão prontas a colaborar, 13 fev. 1962, p.2.

111 Ata, Reunião do Comitê Executivo do IPES-Rio, 28 jan. 1963, p.1.

112 Para o Departamento de Estado norte-americano, Almino Afonso seria um "cripto-comu-nista". Ver Report s.n., Department of State to Rio de Janeiro, 25 jan. 1963, folder "Brazil General", Box 13A, NSF, JFKL, p.1.

de uma reforma agrária.[113] Além disso, quanto ao "nosso problema número um, que é a inflação, não existe uma diretriz definida que dê esperanças de solução. Mesmo porque o Plano pretende continuar a industrialização protegida, o que não é compatível com um programa de austeridade".[114] Essa crítica já havia sido feita pelo presidente da Confederação Rural Brasileira (CRB), Iris Meinberg, no período de elaboração do Plano Trienal. De acordo com Meinberg, não haveria "nenhuma meta agropecuária nesse plano grandioso e industrialista que, se executado dessa forma, ainda mais agravará o desequilíbrio entre agricultura e indústria, de consequências tão funestas para as massas".[115] Críticas parecidas continuariam a ser feitas pelos líderes ruralistas no período de implementação do programa.[116]

Apesar das ressalvas feitas por algumas entidades, em termos gerais pode-se dizer que a avaliação do empresariado sobre o Plano Trienal foi positiva. Na maioria dos casos, decidiu-se apoiar a proposta do governo, mesmo que sob condições. O contrário ocorreu com as organizações dos trabalhadores. Logo após a divulgação das primeiras informações pela imprensa sobre o conteúdo do programa, o CGT lançou um duro manifesto cobrando do governo a realização das reformas de base e a divulgação do Plano para avaliação das organizações trabalhistas:

> É o momento de lembrar que, durante a campanha pela antecipação do plebiscito, a luta tenaz dos trabalhadores [...] conduzi[u] esses altos dirigentes políticos [Goulart, Brizola] a reafirmarem solenemente sérios compromissos com o povo. Esses compromissos, que se enfeixaram na promessa categórica e reiterada de dar início à realização das reformas de base tão logo o povo derrubasse (como derrubou) o parlamentarismo, foram tomados a sério pelos milhões das massas sofredoras do Brasil que acorreram às urnas do plebiscito. Eles não têm mais, agora, por que não ser cumpridos [...]. Esse plano, apresentado a exame das categorias patronais [...], não foi até agora entregue para consideração aos trabalhadores brasileiros e às suas entidades de classe. O CGT considera [...] que da posição dos trabalhadores e do povo brasileiro, do nosso apoio ou do nosso repúdio, sejamos ou não oficialmente consultados, é que vai depender, em última instância, o destino do Plano Trienal [...]. A participação consciente e organizada dos trabalhadores na vida política do País é irreversível, ninguém poderá mais impedi-la [...]. Sem exagerar nossa força na sociedade brasileira e sem pretender fazer imposições, não podemos aceitar que

---

113 Esse tema seria amplamente discutido, em caráter privado, pela diretoria da SRB. Ver, por exemplo, Ata, Reunião de Diretoria da SRB, 26 mar. 1963.

114 AR, O Plano Trienal, fev. 1963, n.502, p.3.

115 Oesp, A CRB fará sugestões a Celso Furtado, 15 nov. 1962, p.6.

116 Ver, por exemplo, a posição do presidente da SRB, Sálvio de Almeida Prado, em AR, A principal tarefa, abril 1963, n.504, p.3.

nos impeçam de cumprir o dever de dar nossa poderosa contribuição ao desenvolvimento independente nacional.[117]

Dias depois do lançamento desse manifesto, o ministro Celso Furtado compareceu à sede da CNTI para "esclarecer" os líderes sindicais sobre o conteúdo do Plano Trienal, além de conceder uma cópia integral do programa à entidade.[118] Duas semanas depois o Plano foi tema de avaliação de uma reunião nacional dos CETs ocorrida em São Paulo e organizada pelo CGT. Contando com a participação de representantes sindicais de diversas unidades da federação, esse encontro aprovou um manifesto bastante crítico ao programa econômico do governo Goulart. De acordo com o manifesto, o Plano Trienal pretenderia "descarregar o peso da crise nas costas do povo". Os empresários, "que obtiveram lucros incalculáveis com a inflação", é que deveriam "pagar agora o custo da política anti-inflacionária, e não os trabalhadores, que sempre foram grandes vítimas" da alta do custo de vida. "Não podemos aceitar, portanto, nenhuma sugestão de trégua em nossa luta reivindicatória. Agora, mais do que nunca, precisamos defender o valor real de nosso salário". É nesse sentido, continuava o manifesto, que "o aumento de 40%" de reajuste salarial para o funcionalismo público, "fixado arbitrariamente no Plano Trienal, [seria] um verdadeiro escárnio e pod[eria] constituir um precedente ameaçador para as lutas salariais dos trabalhadores". Por fim, conclamou-se que a classe trabalhadora intensificasse "os preparativos para a deflagração da greve geral, [...] sob orientação e direção do CGT, reclamando e exigindo a realização dessas aspirações de toda nação brasileira".[119] Como se vê, para os representantes sindicais, a ausência de um teto de reajuste salarial ao setor privado no Plano Trienal não significava que o governo pretendia isolar os trabalhadores dos sacrifícios da política de estabilização. Ao contrário, a mera existência de um limite de reajuste para os salários do funcionalismo indicaria, na visão dos líderes sindicais, um parâmetro daquilo que o governo considerava justo conceder de reajuste para todos os trabalhadores. Não foi à toa, portanto, que esse tema ganhou repercussão na sociedade nos meses seguintes.

Dias após o término da reunião nacional dos Comandos Estaduais de Trabalhadores, membros do CGT foram à Brasília entregar o manifesto

---

117 NR, Livre do parlamentarismo governo agora tem de cumprir promessas, 18-24 jan. 1963, n.205, p.2. Ver também UH, CGT pede governo nacionalista e reformas de base, 12 jan. 1963, p.4.

118 UH, Celso Furtado fala hoje na CNTI sobre Plano Trienal, 18 jan. 1963, p.8. A CNTI receberia uma cópia do Plano Trienal antes que muitos órgãos do empresariado, como a ACRJ, por exemplo.

119 NR, Trabalhadores: greve geral para acabar com a carestia e conquistar reformas de base, 8-14 fev. 1963, n.208, p.7; UH, Manifesto do CGT diz a Jango: é hora das reformas de base, 6 fev. 1963, p.9.

do encontro ao presidente Goulart. Jango respondeu aos representantes sindicais que "o Plano Trienal continua[ria] em debate". O presidente reconheceu também que os trabalhadores teriam o direito de "divergir de alguns aspectos, ou aceitar outros, porque não ha[veria] plano inflexível, plano estático". Goulart ressaltou, por fim, em contraponto às acusações levantadas pelos líderes do CGT, que o programa do governo não teria como objetivo o "congelamento de salários" – algo que passaria a ser reiterado com frequência por autoridades a partir de então, em especial pelo ministro do Trabalho Almino Afonso.[120]

Possivelmente em resposta a essas críticas do CGT, San Tiago Dantas compareceu à sede da CNTI dias depois para prestar novos "esclarecimentos" aos trabalhadores sobre o Plano Trienal.[121] Em seu discurso, o ministro da Fazenda argumentou que não seria porque um determinado programa "coincide" com políticas defendidas por "setores conservadores" que o governo estaria agindo contra os interesses populares. Ao contrário, disse Dantas, "o povo será o maior beneficiário do fim da inflação", pois esta constituiria "a batalha popular por excelência".[122] Além disso, o ministro defendeu a importância da renegociação da dívida externa com o governo norte-americano e a nacionalização de empresas estrangeiras dos setores de energia e comunicações. Dantas reassegurou os líderes da CNTI de que a execução do Plano Trienal não implicaria uma "parada no processo de desenvolvimento". E concluiu argumentando que o governo não estaria sendo ingênuo no trato com as "classes produtoras". Segundo o ministro, as autoridades teriam consciência de que pedidos para que empresários "colaborassem" com o Plano Trienal por meio da contenção dos preços não eram suficientes. Além da retórica, disse Dantas, o governo não hesitaria em "adotar medidas extremas" caso necessário, tais como tabelamentos de preços e até intervenções em empresas que estivessem incorrendo em "abusos de poder econômico".[123]

Em uma resposta dura, Osvaldo Pacheco, líder do CGT e do Pacto de Unidade e Ação (PUA), argumentou que o Plano Trienal estaria preocupado apenas com o "aspecto financeiro" da inflação. "A saída para a situação apresentada por V. Exa.", teria dito Pacheco, conforme relato registrado pela equipe do ministro da Fazenda, "nada tem de originalidade. É a mera repetição dos princípios clássicos de economia política dogmática ensinada

---

120 UH, Líderes sindicais levam manifesto a Jango, 5 fev. 1963, p.10; Jango aos Trabalhadores: ministério assegura urgência às reformas reclamadas pelo povo, 6 fev. 1963, p.4. Sobre as declarações de Almino Afonso, ver UH, Almino: governo não pensa em congelar salários, 18 fev. 1963, p.4.

121 UH, San Tiago fala hoje na CNTI sobre o Plano Trienal, 20 fev. 1963, p.8.

122 Discurso de San Tiago Dantas aos trabalhadores na CNTI, [20 fev. 1963], Pacotilha 3, Caixa 43, AP 47, ANRJ.

123 Idem, p.6-11, 16-22.

nas universidades. Então ela deve funcionar em cima dos que vivem de salários", tal como estaria ocorrendo no caso do fim dos subsídios para a importação de trigo e petróleo. O líder do CGT reclamou também da falta de penalização às empresas que aumentavam preços abusivamente, apesar de o ministro da Fazenda ter dito que "medidas extremas" seriam tomadas nesse sentido. Ressaltou ainda que o CGT prestaria solidariedade aos funcionários públicos em sua demanda por 70% de reajuste salarial, ao invés dos 40% planejados pelo governo. Pacheco frisou, por fim, que "não concordamos com uma só medida de congelamento ou contenção de salários, e empregaremos todas as formas de luta para conquistarmos melhores condições de vida".[124]

Em uma longa réplica, Dantas assegurou que as autoridades não teriam "o propósito de congelar salários". Pelo contrário, disse o ministro, "a política salarial que o governo deseja fazer é uma política que preserve os salários". Apesar disso, diferentemente do que consta no Plano Trienal, Dantas não deu garantias de que a renda dos trabalhadores cresceria de acordo com o aumento da produtividade da economia. Sobre o fim dos subsídios cambiais, o ministro argumentou que o financiamento desses subsídios estava ocorrendo por meio de maiores emissões e que, portanto, na medida em que isso tendia a reduzir a inflação no futuro, seria benéfico à população. Dantas reiterou ainda que o governo interviria em empresas que realizassem operações de "açambarcamento" e de "retenção de estoques para valorização de produtos". Foi por esse motivo, concluiu, que a regulamentação da lei antitruste estaria sendo apressada pelo governo Goulart.[125] O que Dantas não admitiu aos líderes da CNTI, porém, é que o conteúdo da lei antitruste aprovada pelo Congresso em agosto de 1962 não daria ao governo instrumentos jurídicos suficientes para que as autoridades agissem do modo prometido.

Foi nessa complexa conjuntura que o governo Goulart deu início à execução do Plano Trienal. Mesmo com a retomada dos plenos poderes presidenciais após a vitória no plebiscito de janeiro de 1963, Jango teve que enfrentar, de um lado, protestos da classe trabalhadora contra a política de estabilização, e, de outro, pressões do empresariado para que o governo atuasse de maneira firme diante das crescentes manifestações operárias. A seção seguinte analisa a evolução desse quadro, que culminaria com o abandono do Plano Trienal em meados de 1963.

---

124 Ibidem, p.20-9.
125 Ibidem, p.30-47.

7.4. O período de implementação do Plano Trienal

A primeira grande dificuldade enfrentada pelo Plano Trienal deu-se no *front* trabalhista. O choque de custos ocorrido no início de 1963 – provocado, entre outros fatores, pela extinção dos subsídios cambiais para a importação de trigo e petróleo, pelo reajuste do salário mínimo, pelo pagamento do 13º salário e pela vigência de novas regras tributárias – foi utilizado por empresários como justificativa para a escalada do nível de preços. A rápida deterioração do poder de compra dos salários levou as principais organizações de trabalhadores a demandar reajustes imediatos, conclamando seus membros a entrar em greve. Em geral, esse chamado grevista parece ter sido atendido.

Os dois primeiros trimestres de 1963 foram marcados por um aumento atípico do número de paralisações de trabalhadores urbanos (Gráfico 6.1). Em comparação com o mesmo período dos anos anteriores, o número de greves chegou a ser duas vezes maior. Além disso, em continuidade com a tendência de maior abrangência setorial que vinha se manifestando desde meados de 1962, os movimentos grevistas dos seis primeiros meses de 1963 caracterizaram-se por uma crescente participação de paralisações setoriais, especialmente no ramo de serviços essenciais, como transporte, comunicações e bancos. Isso significa que as greves não apenas ocorreram em maior número, mas também abrangeram mais trabalhadores, tendendo a apresentar impactos significativos no ritmo de atividades econômicas. O ano começou com o contrário do que as autoridades tinham solicitado às organizações trabalhistas.[126] Ao invés de conter greves para não prejudicar a execução do Plano Trienal, a classe operária não pareceu disposta a arcar sozinha com os sacrifícios do programa de estabilização.

A maior parte das greves foi motivada por questões salariais. No primeiro trimestre de 1963, reajustes salariais e pagamento de 13º salário responderam por mais de 84% do total das paralisações. No segundo trimestre, esse percentual atingiu 90%. A análise de dados sobre os resultados desses movimentos fica prejudicada por não ter sido possível conhecer o desfecho na maioria dos casos. De qualquer maneira, das greves em que se pode obter informações, uma porção ínfima acabou derrotada. Grande parte obteve vitória total ou parcial sobre a principal demanda do movimento. Tendo em vista que a maioria das reivindicações referiu-se a questões salariais, é razoável supor que muitos trabalhadores estavam conseguindo fazer frente à inflação por meio de reajustes em salários. A média dos reajustes alcançados como produto de greves nos dois primeiros trimestres de 1963 – sobre as quais se obtiveram dados – foi de 57,5% e

---

126 Oesp, Almino pede aos operários que não façam greve agora, 26 jan. 1963, p.5; UH, Almino pede apoio dos trabalhadores, 18 fev. 1961, p.11.

67%, respectivamente.[127] Os movimentos mais significativos foram o dos metalúrgicos da Baixada Santista em março (18 mil operários), que conquistou 70% de aumento salarial, e o dos trabalhadores em construção civil da cidade de São Paulo em maio (62 mil operários), que terminou com a obtenção de um reajuste de 65% para a categoria.[128] Houve casos, porém, em que apenas a ameaça de deflagração grevista já foi suficiente para convencer empregadores a ceder. Incluem-se aqui os acordos dos trabalhadores em empresas comerciais de combustíveis e dos marceneiros da Guanabara, que receberam reajustes de 63% e 65%, respectivamente.[129]

A questão do 13° salário também foi importante causa de paralisações. Das greves do primeiro trimestre de 1963, quase a metade (46,2%) ocorreu por causa da falta de pagamento desse benefício.[130] Em alguns casos, os trabalhadores conseguiram não apenas que as empresas cumprissem a lei, mas também que continuassem a pagar a antiga bonificação de Natal, o que representou a conquista de uma espécie de 14° salário. Dois exemplos notórios nesse sentido foram a greve nacional dos telegráficos e a greve dos bancários do estado de São Paulo.[131] Não por acaso as categorias que conseguiram tal vitória deflagraram paralisações de grande abrangência, o que, aliado ao fato de representarem serviços essenciais para a sociedade, certamente aumentou seu poder de barganha perante empregadores.

Os ganhos salariais dos trabalhadores do setor privado incentivaram o funcionalismo público a lutar por reajustes superiores àqueles definidos pelo Plano Trienal. Desde o início da divulgação do Plano, o presidente da União Nacional dos Servidores Públicos (UNSP), Carlos Taylor, afirmou que lutaria por aumentos de 70 a 80%.[132] Os funcionários autárquicos enviaram um manifesto ao presidente Jango no final de janeiro ratificando a mesma posição.[133] Com apoio do CGT, o PUA engajou-se também nessa luta – até porque muitos de seus membros eram trabalhadores de autarquias de transporte marítimo e ferroviário. No início de fevereiro, líderes do PUA deslocaram-se para várias partes do país visando unir o funcionalismo em torno da bandeira dos 70% de reajuste.[134] Argumentou-se que os

---

127 Ver Anexo A, Lista de greves de trabalhadores urbanos, Brasil, 1961-1964.
128 Idem.
129 NR, Comerciários conquistaram aumento e deram passo para outras grandes campanhas, 15-21 mar. 1963, n.212, p.2; UH, Acordo evita greve, 31 jan. 1963, p.2; Acordos salariais evitam greve de marceneiros e professores, 4 abr. 1963, p.9.
130 Ver Anexo A, Lista de greves de trabalhadores urbanos, Brasil, 1961-1964.
131 Idem.
132 UH, Funcionalismo federal: aumento de 70 a 80%, 8 jan. 1963, p.5; Funcionalismo não aceita menos de 70%, 21 jan. 1963, p.2.
133 UH, Servidores dizem *Não* para os 40%, 22 jan. 1963, p.2; Funcionários aprovam os 70%, 26 jan. 1963, p.2.
134 UH, Ronda sindical, 7 fev. 1963, p.9. Sobre o apoio do CGT, ver Oesp, Solidariedade, 24 fev. 1963, p.4; NR, Trabalhadores: greve geral, 8-14 fev. 1963, p.7.

trabalhadores do setor privado estariam recebendo aumentos salariais de 60 a 70% e que os funcionários públicos deveriam ser tratados da mesma maneira.[135] Os militares pressionaram o governo de maneira semelhantes.[136] Apesar disso, Goulart não cedeu. Em março, tal como programado pelo Plano Trienal, o presidente submeteu mensagem ao Parlamento propondo um aumento médio de 40% ao funcionalismo civil e militar da União.[137] Para apaziguar críticas dos setores de baixo escalão, que acusaram o governo de estar jogando o peso da política de estabilização sobre as costas dos trabalhadores, Jango propôs menores níveis de reajuste aos "marajás", isto é, aos funcionários que recebiam os maiores salários do setor público.[138]

A decisão do governo só fez intensificar as críticas, especialmente das Forças Armadas. Em reunião do Clube Militar, os generais mostraram-se indignados com o percentual de reajuste proposto a oficiais de patente inferior. Isso estimularia, argumentou um dos oficiais presentes, "a indisciplina no seio da classe, fato que beneficiará os comunistas que buscam a derrubada do regime". Além disso, concluiu, "enquanto os arrumadores do cais do porto foram beneficiados com um aumento de 60%, o governo anuncia a impossibilidade de ser concedido aumento superior a 40% aos militares".[139] O próprio ministro da Guerra, Amaury Kruel, começou a articular uma reação contra a proposta do governo, recebendo aplausos de vários generais.[140] Oficiais da "Cruzada Democrática" manifestaram "profunda decepção" com o projeto, "tendo a lamentar que só sejam atendid[a]s [as reivindicações] [d]aqueles que se utilizam do poder de greve, mesmo quando altamente danoso aos interesses coletivos e à segurança nacional".[141] O Clube Naval classificou como "monstro" a proposta da administração Goulart.[142] Até mesmo oficiais de baixa patente decidiram rejeitar em assembleia os níveis de reajustes em discussão.[143] No lado civil a situação não estava melhor. A UNSP e o PUA continuaram rejeitando a oferta de 40% de aumento.[144] Alguns setores começaram a agendar greves. Uma paralisação dos ferroviários da Estrada de Ferro Leopoldina programada para o dia 20 de abril foi adiada a pedido do ministro da Viação, que

---

135 UH, Ronda sindical, 28 fev. 1963, p.11.
136 Oesp, Comissão conclui: mínimo de 60% para os militares, 16 fev. 1963, p.6.
137 Oesp, Goulart confirma 40% de aumento; exclui categorias, 5 março 1962, p.2; Será mesmo de 40% o aumento ao funcionalismo civil e militar, 16 março 1963, p.2.
138 UH, Jango determina exclusão dos *marajás* no aumento do funcionalismo da União, 5 março 1963, p.4.
139 Oesp, Níveis de reajuste provocam protesto no Clube Militar, 27 mar. 1963, p.2.
140 Oesp, Militares aplaudem a posição do ministro da Guerra, 3 abr. 1963, p.5.
141 Oesp, Protesta contra o aumento de 40% a Cruzada Democrática, 20 abr. 1963, p.2.
142 Oesp, Aumento: o governo corrigirá os erros, 25 abr. 1963, p.2.
143 Oesp, Sargentos, subtenentes e oficiais decidem não aceitar os 40%, 28 abr. 1963, p.7.
144 UH, Funcionalismo insiste: 70% a partir de janeiro, 16 abr. 1963, p.2.

estabeleceu o prazo de 10 de maio para resolver o impasse.[145] No final de abril, a UNSP formou um comitê no gabinete da Frente Parlamentar Nacionalista (FNP) para manter contato permanente com os congressistas.[146]

Diante de tantas pressões, o governo decidiu ceder no início de maio, mas sob a condição de que as metas de estabilização do Plano Trienal não fossem prejudicadas. De um lado, concordou-se em aumentar o reajuste de 40 para 60%; de outro, as autoridades queriam que o Congresso votasse um empréstimo compulsório, a ser cobrado dos contribuintes como um adicional do imposto de renda.[147] O que parecia ser uma boa solução mostrou-se desastrosa. Militares e civis continuaram firmes em sua demanda por 70% de reajuste, enquanto novos opositores ao projeto entraram em cena – em especial, empresários. O argumento era o de que o governo já havia elevado tributos no final de 1962, comprometendo o nível de investimentos das empresas privadas, e de que não poderia fazer isso novamente após cinco meses, ainda mais com o intuito de pôr a medida em prática no mesmo ano fiscal.[148] Além disso, intensificaram-se manifestações de militares e civis. As pressões do ministro da Guerra Amaury Kruel sobre o Congresso tornaram-se cada vez maiores.[149] Do lado civil, formou-se um Comando Geral dos Servidores Civis (CGSS) em Brasília, reunindo diversas entidades do funcionalismo.[150] No dia 8 de maio, o CGSS promoveu uma passeata na capital federal, que culminou com um ato em frente ao Congresso, com discursos do deputado Leonel Brizola (Partido Trabalhista Brasileiro, PTB-GB) e do presidente da CNTI, Clodsmith Riani.[151]

Ao mesmo tempo, o Comando Geral dos Trabalhadores propôs uma greve geral para pressionar o Parlamento a aprovar um conjunto de medidas, como reforma agrária, salário família, auxílio enfermidade, regulamentação da lei de remessa de lucros e a concessão de 70% de reajuste salarial para

---

145 UH, Suspensa a greve, 17 abr. 1963, p.2.

146 UH, Aumento: servidores instalam Comando-Gigante em Brasília, 26 abr. 1963, p.4.

147 UH, San Tiago: se Congresso der meios, governo dará 60% ao funcionalismo, 2 maio 1963, p.4. A versão contada pelo embaixador Roberto Campos de que Jango teria concordado com o aumento de 70% ao funcionalismo, "cedendo a pressões políticas", logo após o fracasso da missão Dantas nos Estados Unidos em março de 1963, não corresponde aos fatos. Campos, 2004, p.509.

148 Para as críticas da ACSP, da CNC, da Fiesp, da Fiega, ver Ata, 56ª Reunião de Diretoria Plena da ACSP, 21 maio 1963, p.12-9; Oesp, O governo dá 60%; militares só aceitam 70%, 9 maio 1963, p.2; Boletim Informativo Fiesp-Ciesp, Empréstimo compulsório é negativo no processo de combate à inflação, 22 maio 1963, n.711, p.7; Aumento do funcionalismo: novas tabelas irão à Câmara no dia 11, 10 maio 1963, p.2; Manifestação contra o empréstimo compulsório, 20 jun. 1963, p.13; Ata, Reunião do Conselho de Representantes do Cierj e da Fiega, 18 jun. 1963, p.2-3.

149 Oesp, Kruel é contra a paridade de militares e civis, 8 maio 1963, p.2.

150 UH, Funcionalismo vai hoje a Jango: menos de 70% não!, 7 maio 1963, p.11.

151 UH, Servidores: cerco ao Congresso pelos 70%, 9 maio 1963, p.2.

o funcionalismo.[152] Para conhecer a receptividade da proposta, decidiu-se consultar primeiro os Comandos Estaduais.[153] Os CETs tinham até o dia 25 de maio para deliberar sobre o assunto. Dois dias depois, a comissão executiva do CGT e os representantes dos CETs tomariam a decisão sobre deflagrar ou não o movimento em uma reunião no Rio de Janeiro.[154] A perspectiva de uma greve geral aterrorizava San Tiago Dantas, segundo Marcílio Moreira Marques, assessor do ministro na época.[155] De fato, uma paralisação em escala nacional poderia representar o tiro de misericórdia no já combalido Plano Trienal. Caso quisesse preservar o programa de estabilização, o governo Goulart precisava agir com determinação para conter o movimento grevista.

No final de abril de 1963, o assessor sindical da Presidência da República, Gilberto Crockat de Sá, articulou a criação de uma central sindical alternativa ao CGT, denominada União Sindical dos Trabalhadores (UST), para diminuir o poder de influência do Comando sobre o sindicalismo urbano. Na realidade, segundo Lincoln Gordon, desde o início do ano Goulart reclamava a assessores próximos sobre a oposição excessiva que líderes do Comando Geral dos Trabalhadores, em particular os comunistas, estariam exercendo contra o Plano Trienal. Jango confessou a íntimos que esse problema receberia sua atenção nos "meses seguintes".[156] As constantes ameaças de deflagração de greve geral feitas pelo CGT, especialmente o movimento pela reforma agrária e a favor de 70% de reajuste para o funcionalismo, talvez tenham agido como um estopim para a prometida reação de Goulart.

Em poucas semanas, a UST transformou-se em realidade. Munido de amplos recursos, Gilberto Crockat de Sá reuniu sindicalistas de diversas filiações – de antigos pelegos (Ari Campista) a independentes (Domingos Álvarez). Até mesmo o presidente do Fórum Sindical de Debates, Vitelbino Ferreira de Souza, foi assediado para integrar a UST, mas recusou. "Eu fui levado duas vezes a Brasília", relata Vitelbino, "hospedado no Hotel Nacional, tudo por conta do Gilberto Crockat de Sá. Não sei se era do Jango, [mas era] para dividir o movimento sindical nacionalmente. Para eu ser uma ponta de lança contra o CGT".[157] O mesmo foi feito com Clodsmith

152 UH, CGT articula greve geral: defesa da reforma agrária, 9 maio 1963, p.9.
153 UH, CGT estuda mobilização para a reforma agrária, 10 maio 1963, p.8; Mobilização na Guanabara, 14 maio 1963, p.8; Greve, 15 maio 1963, p.2;
154 UH, Sobre a greve geral, 16 maio 1963, p.8.
155 Entrevista, Marcílio Marques Moreira, 6 dez. 1981, apud Sola, 1998, p.378-9.
156 Telegram 1602, Rio de Janeiro to Department of State, 23 fev. 1963, folder "Brazil General 2/63", Box 13A, NSF, JFKL, p.2. Ver também Report s.n., Labor Developments in Brazil, Rio de Janeiro to Department of State, s.d., folder "Brazil General 3/1/63-3/11/63", Box 13A, NSF, JFKL, p.2.
157 Entrevista [Vitelbino Ferreira de Souza], s.d., Cedem-Unesp, p.24.

Riani, presidente da CNTI. Crockat de Sá teria dito a Riani que "questão de dinheiro não [seria] problema, pois quem [iria] entrar com o dinheiro era o Ministério da Viação e Obras Públicas. Fui convidado nesses termos e jamais poderia aceitar", concluiu.[158] Para quem era considerado pelo próprio Goulart um janguista de confiança, a atitude de Riani mostra bem o grau de independência que o líder da CNTI passou a ter diante do presidente da República. Diante das negativas de Vitelbino e de Riani, a UST acabou sendo comandada por Domingos Álvares, presidente do Sindicato dos Metalúrgicos de São Paulo, apesar da oposição de vários líderes sindicais de esquerda, que tentaram convencer Alvarez a desistir da iniciativa até o último momento. De acordo com o próprio Alvarez, Goulart lhe teria prometido o fornecimento de recursos e estrutura de transporte para organizar células da UST em vários estados da Federação.[159]

O objetivo da nova central sindical era apoiar o programa econômico do governo, incentivando a "paz social" – algo que até então vinha sendo rejeitado pelo CGT. Essa perspectiva foi claramente enunciada pelo assessor sindical da Presidência, Gilberto Crockat de Sá, em meados de maio. Segundo Crockat de Sá, os comunistas que "controlavam" o Comando Geral dos Trabalhadores, ao criticar o Plano Trienal, estariam simplesmente "fazendo o jogo dos reacionários, dos golpistas", repetindo "o erro de 1954, quando chamavam Getúlio de agente do FBI [...], mas duas horas depois foram carregar o caixão do presidente da República". Para o assessor sindical de Jango, não seria "possível que esses imbecis [...] tenham fechado questão contra o Plano Trienal, [...] que todo mundo julgou bom. Nem o Plano havia sido divulgado e eles receberam ordem para atacá-lo. Não queriam nem discutir".[160] Os comunistas responderam alegando que Crockat de Sá visaria apenas "tumultuar o movimento sindical, dividindo os trabalhadores, a fim de que estes não [pudessem] participar [...] da campanha nacional pelas reformas de base".[161] Por outro lado, o manifesto de lançamento da UST, divulgado um dia antes da reunião do CGT que decidiria sobre a deflagração da greve geral, conclamou "a todos os trabalhadores a

158 Campos e Paula, 2005, p.261.

159 Essas informações foram prestadas pelo próprio Domingo Alvarez ao adido trabalhista norte-americano. Ver Telegram 146, Rio de Janeiro to Department of State, 10 maio 1963, folder "Brazil General 5/1/63-5/10/63", Box 14, NSF, JFKL. Para o assédio sofrido por Alvarez para que ele não integrasse a UST, ver Oesp, Ferroviários apoiam luta contra o CGT, 22 maio 1963, p.2. Para os membros da comissão executiva da UST, ver Oesp, Manifesto da UST encerra o certame promovido no Rio, 28 jun. 1963, p.6.

160 Oesp, O assessor Sindical de Goulart abre hostilidades contra o CGT, 19 maio 1963, p.25; UH, Gilberto Crockat de Sá condena o CGT, 20 maio 1963, p.2. Para outras declarações de Crockat de Sá hostis ao Comando Geral dos Trabalhadores, ver Oesp, Crockat de Sá: o CGT é hoje instrumento dos comunistas, 23 maio 1963, p.9.

161 NR, Trai o Brasil e os trabalhadores quem tenta desunir os sindicatos, 24-30 maio 1963, n.222, p.3

se manterem alheios a quaisquer convites ou instigações por parte de grupo desagregadores da harmonia e da paz social, visando benefícios escusos, contrários aos reais interesses dos trabalhadores e do povo brasileiro". Em sua conclusão, o manifesto pediu "confiança" no Congresso Nacional e no presidente João Goulart".[162]

O surgimento da UST parece ter surtido efeito. Em reunião do dia 27 de maio, a comissão executiva do CGT e os representantes dos CETs deliberaram adiar a decisão sobre a greve geral, mas concederam aos líderes do CGT a prerrogativa de decretá-la "quando julga[ssem] conveniente".[163] Alguns sindicalistas argumentaram que essa posição seria humilhante para o Comando, mas não obtiveram sucesso. Mantinha-se, assim, o estado de tensão, já que a perspectiva de paralisação ainda não havia sido descartada.[164] Os líderes da UST continuaram a fazer ampla propaganda contra a deflagração de um movimento grevista. A União Sindical enviou representantes a vários estados do país "para articular os trabalhadores em defesa da independência política [...] do sindicalismo brasileiro". Em nota, os dirigentes da UST argumentaram que o movimento planejado pelo Comando Geral dos Trabalhadores estaria fadado ao "malogro", na medida em que constituiria uma "greve política". "Com tal aventura", concluía a nota, "o CGT, conscientemente ou não, [estaria fazendo] o jogo da reação contra os legítimos interesses do Brasil e do seu povo trabalhador. Nessas condições, a UST conclama a classe trabalhadora a rejeitar os falsos apelos de greve".[165]

Nesse contexto de tensão e expectativa, ocorreram dois fatos importantes. O primeiro foi a aprovação pela Câmara dos Deputados de um dos itens solicitados pelo CGT: o reajuste de 70% para o funcionalismo.[166] No final de maio a presidência da República já estava convencida de que não haveria condições de bloquear essa proposta no Congresso. Além da ameaça de greve geral do CGT, havia forte pressão de servidores civis e militares. Goulart recuou, aceitando o percentual de 70%.[167] O empréstimo compulsório requisitado por Dantas para cobrir os gastos resultantes dessa medida também foi aprovado, mas em condições pouco satisfatórias. De acordo com a embaixada norte-americana, os dispêndios com o reajuste dos servidores públicos totalizariam Cr$ 210 bilhões no ano, enquanto o empréstimo compulsório não seria capaz de gerar mais do que Cr$ 70 bilhões de receita para a União – e isso de acordo com os prognósticos mais

---

162 Oesp, Sindicalistas manifestam-se contra a greve que se prepara, 28 maio 1963, p.9.
163 Oesp, CGT: poderes ao secretariado para deflagrar greve em prol das reformas de base, 29 maio 1963, p.6; UH, Greve total pode estourar a qualquer instante, 27 maio 1963, p.2.
164 UH, CGT vai decretar estado de alerta para a greve geral, 28 maio 1963, p.10; Secretariado do CGT autorizado a decretar greve geral no país, 29 maio 1963, p.9.
165 Oesp, Comunicado da UST contra a greve do CGT, 1º jun. 1963, p.11.
166 UH, Câmara deu 70% de aumento para os servidores civis e militares, 29 maio 1963, p.4.
167 Oesp, Goulart diz que o aumento pode chegar a 70% a partir de julho, 21 maio 1963, p.2.

otimistas.[168] Não há dúvida de que essa medida representou uma enorme derrota para o cumprimento das metas fiscal e monetária do Plano Trienal.

O segundo fato importante ocorrido nesse período foi a demissão pela Viação Aérea Riograndense (Varig) do comandante Paulo Bastos, integrante da comissão executiva do CGT. A decisão da empresa acarretou declaração de greve nacional dos aeroviários, que receberam solidariedade de ferroviários e marítimos da Guanabara. Imediatamente, a direção do CGT lançou nota afirmando que o movimento pela recontratação de Paulo Bastos poderia deflagrar a (tantas vezes anunciada) greve geral, caso fossem cometidas violências contra os manifestantes.[169] Nesse momento Jango foi dialogar com os grevistas e com as lideranças do CGT. Ao final da reunião, ocorrida no Rio de Janeiro, os aeronautas suspenderam a paralisação sob a promessa de que Bastos seria recontratado em até oito dias.[170] Em seguida, o CGT decidiu recuar em sua ameaça de greve geral. Em 1º de junho, o Comando lançou manifesto afirmando que suas lideranças iriam à capital federal entregar ao presidente e aos membros do Congresso Nacional um documento com as reivindicações dos trabalhadores. Segundo o manifesto, os membros do CGT consideraram "conveniente que, antes da deflagração da greve, fosse feito um novo apelo ao governo e aos parlamentares para que, atendendo as aspirações populares, evitassem as organizações sindicais a utilização do recurso extremo da greve".[171] As promessas foram cumpridas por ambos os lados: Paulo Bastos foi recontratado e o CGT liderou uma "marcha a Brasília" com mais de 500 integrantes em 5 de junho.[172] Apesar dos bate-bocas no plenário entre parlamentares conservadores e lideranças sindicais, que fizeram "um ruidoso comício num dos salões do Congresso", a perspectiva de greve geral foi colocada de lado pelo CGT.[173] A manobra janguista de lançamento da UST parecia estar rendendo frutos.

Por outro lado, quem não estava satisfeito com a evolução dos acontecimentos era o empresariado. Desde o início, a maior parte das entidades empresariais enfatizou às autoridades que seu apoio ao Plano Trienal dependia da manutenção de um clima de tranquilidade social. Por mais que a iniciativa de Jango ao criar a UST apontasse nesse sentido, ela foi interpretada como uma resposta insuficiente diante da intensificação dos movimentos grevistas. As reclamações do empresariado contra a amplitude

---

168 Telegram 2141, Rio de Janeiro to Department of State, 3 maio 1963, CGR 1941-73, folder "Financial Matters, Jan.-Apr. 1963", Box 136, RG 84, Nara; Telegram 221, Department of State to Rio de Janeiro, 28 maio 1963, folder 501, Box 465, RG 84, Nara, p.1.
169 Oesp, Os aeronautas e ferroviários entram em greve, 31 maio 1963, p.6.
170 Oesp, Aeronautas suspendem a greve atendendo o apelo do presidente, 2 jun. 1963, p.8.
171 UH, CGT prepara manifesto pelas reformas que levará a Brasília, 1º jun. 1963, p.9.
172 Oesp, O CGT entregará hoje manifesto ao presidente Goulart, 5 jun. 1963, p.5; UH, CGT pede reformas e ministério nacionalista, 5 jun. 1963, p.2.
173 Oesp, Caravana do CGT fala com Goulart e tumultua a Câmara, 6 jun. 1963, p.7.

das greves passaram a ser cada vez mais frequentes e incisivas. No início de abril, a FACB enviou um telegrama às autoridades federais ressaltando que o "desenvolvimento econômico" só seria mantido caso fosse preservada a "tranquilidade pública".[174] Implicitamente esperava-se a adoção de medidas "mais firmes" contra os grevistas, "que não deix[assem] motivos de dúvida" sobre a posição do governo. Em outras palavras, desejava-se que o poder público reprimisse manifestações paredistas.[175] Na mesma semana, industriais mineiros enviaram telegrama ao presidente Goulart lançando mão de termos muito semelhantes: criticou-se a excessiva passividade do governo diante do CGT, algo visto como impróprio "no momento em que a Nação requer[ia] tranquilidade, segurança, paz social e perfeita compreensão dos mútuos interesses das classes patronais e trabalhadoras".[176] Casos semelhantes abundaram.[177] As reclamações da FACB e FIEMG são interessantes para mostrar o quanto esse tema tinha o poder de unir o empresariado. Sabe-se que a FACB apresentava maior afinidade com o capital estrangeiro, enquanto a FIEMG era vista como uma associação mais adepta de posições nacionalistas. Apesar disso, tais divergências diminuíram a partir do momento em que a disputa entre empresários e trabalhadores ganhou corpo.

A perspectiva de decretação de uma greve geral pelo CGT no final de maio de 1963 só elevou ainda mais o tom das críticas dos empresários contra o governo. Em nota pública, a diretoria da Fiesp ressaltou que o país estaria "atravessando dias duros e difíceis", mas que não seria "com paralisações de trabalho e greves de solidariedade ou de natureza política que melhoraremos a situação. O que todos desejam [...] é tranquilidade para que possamos continuar a produzir". A diretoria da ACSP foi ainda mais incisiva em suas críticas. Em manifesto, o presidente da entidade, Paulo Barbosa, assinalou que "greves políticas, ostensivamente fomentadas por maus patriotas, dever[iam] ser coibidas pelos poderes públicos, de quem se espera, neste momento conturbado da vida nacional, o mais rígido propósito de impedir a subversão". Caso contrário, concluiu Barbosa, "naufragará, irremediavelmente, a comunidade brasileira".[178]

---

174 Oesp, Manifestam-se as classes produtoras sobre a situação, 9 abr. 1963, p.23.
175 Ver a esse respeito os comentários expressos por Daniel Campos, membro da ACSP, em reunião da entidade do final de março de 1963. Ata, 48ª Reunião de Diretoria Plena da ACSP, 26 mar. 1963, p.5.
176 A FIEMG estava reclamando, especificamente, de uma portaria editada pelo Ministério do Trabalho que abriria condições para a legalização do CGT. Oesp, Goulart recebe telegrama de industriais mineiros, 14 abr. 1963, p.23.
177 Ver, por exemplo, as reclamações da ACSP, Fiesp e Federação do Comércio do Estado de São Paulo em, respectivamente, Ata, 48ª Reunião de Diretoria Plena da ACSP, 26 mar. 1963 e Oesp, Preocupam as classes produtoras a situação social do país e o CGT, 19 abr. 1963, p.4.
178 Os manifestos da Fiesp e da ACSP encontram-se em Oesp, Aeronautas: indústria e comércio condenam a greve, 1º jun. 1963, p.10.

Nenhuma entidade expressou melhor do que a CNI as angústias empresariais sobre as greves e manifestações sociais desse período. Em manifesto que contou com a colaboração de várias federações industriais, inclusive da Fiesp, e que foi publicado na edição de julho de 1963 do periódico *Desenvolvimento e Conjuntura*, a Confederação da Indústria salientou que o Brasil estaria em "um momento de extrema gravidade". De um lado, argumentou o manifesto, para fomentar o desenvolvimento, era preciso incentivar o aumento da taxa de poupança e, portanto, a diminuição do consumo da população; de outro, em um país subdesenvolvido como o Brasil, onde "o consumo por habitante já é bastante baixo", há o problema da escassez de poupança. Junte-se a tudo isso a dinâmica dos regimes democráticos, que dão ao povo a voz para "desejar melhores níveis de vida" e chega-se ao "paradoxo" do entrave do desenvolvimento. Até a renúncia de Jânio Quadros, conforme a CNI, o desenvolvimento brasileiro mostrou-se viável, pois "as reivindicações salariais, as greves e outras manifestações de um desejo de padrões de vida mais elevado [tinham] fica[do] dentro de limites razoáveis". A partir de meados de 1961, porém, entrou "em crise o delicado equilíbrio do desenvolvimento democrático". O que se pode esperar "daqui por diante é manifestação aberta, e cada dia mais virulenta, da insatisfação da massa com a atual situação. Teremos reivindicações salariais e tomada de posição sobre temas políticos. Tudo isso apoiado em greves e agitação de toda a ordem". Ainda seria possível, pergunta o manifesto, manter o ritmo de desenvolvimento do Brasil? A resposta é sim, mas com uma importante ressalva: "desde que seja preservado o necessário clima de trabalho eficiente".[179]

As reclamações de empresários contra o governo não se concentraram apenas no tema das greves e manifestações sociais. Havia um outro problema que também os preocupava: a questão da escassez de crédito. Nas conversas com autoridades entre janeiro e março de 1963, órgãos como CNI e Fiesp condicionaram sua colaboração ao Plano Trienal ao cumprimento da promessa de que empréstimos ao setor privado evoluiriam de acordo com o aumento do nível de preços e com a produtividade da economia. Foi dentro desse espírito, inclusive, que vários ramos industriais assinaram acordos com o governo a fim de congelar preços temporariamente – na maioria dos casos por 90 dias. Incluem-se aqui os acordos com o setor têxtil (8 de março); com os setores de vestuário, automobilístico e de autopeças (17 de março); e com o setor de cimento (9 de abril).[180] A baixa inflação verificada em abril (0,48%, IPA-DI) sugere que os industriais cumpriram suas promessas, pelo menos durante um mês. Esse "espírito de sacrifício", porém, como já foi ressaltado antes, deve ser interpretado

---

179 DC, Crise brasileira e condições para sua superação, jul. 1963, n.7, p.3-6.
180 Wells, 1977, p.224. Ver também UH, Dantas: tecidos não subirão este ano, 8 mar. 1963, p.4.

à luz da significativa remarcação de preços realizada nos três primeiros meses do ano, e que foi um dos principais motivadores das reivindicações trabalhistas por novos e maiores reajustes salariais. De qualquer maneira, conforme a política creditícia do Plano Trienal foi ganhando corpo, tornou-se evidente aos empresários que as promessas do governo de fazer com que empréstimos acompanhassem o ritmo da inflação e da produtividade da economia não estavam sendo cumpridas. Com isso, iniciaram-se novas reivindicações empresariais.

A política creditícia do Plano Trienal começou a ser posta em prática com a promulgação da Lei n.4.242 de 17 de janeiro de 1963, que estabeleceu normas para o controle do mercado paralelo de crédito. A partir de então, empresas estavam proibidas de negociar notas promissórias nas bolsas de valores sem a intermediação de uma instituição financeira autorizada. Em razão dos custos de corretagem, a tendência era que diminuísse o interesse de tomadores e emprestadores por esse tipo de operação, dificultando o uso do mercado paralelo de crédito pelas firmas para a obtenção de capital de giro.[181] Além desta medida, em meados de fevereiro, a Sumoc publicou a Instrução 234, estipulando metas quantitativas trimestrais para a oferta de empréstimos das carteiras de crédito do Banco do Brasil. Essa foi a primeira vez que se divulgou um assunto de tal teor por meio de uma instrução da Superintendência.[182] Até então, a determinação de limites para as operações do Banco do Brasil era tomada por deliberações confidenciais do Conselho da Sumoc, sendo raramente anunciadas ao público. Para o adido financeiro norte-americano, "o fato de que tais limites tenham sido formalizados em um documento dessa natureza [...] coloca abertamente a responsabilidade pela fase de [implementação da] restrição dos empréstimos no Banco [do Brasil]".[183]

Por fim, com a Instrução 235, publicada no início de março, completaram-se as diretrizes básicas de política de crédito do Plano Trienal por meio da imposição de limites às operações dos bancos privados. Essa medida elevou o percentual do compulsório recolhido sobre depósitos à vista das instituições bancárias de 22% para 28%. Todavia, os bancos que adequassem suas carteiras de crédito em um prazo de até 120 dias a "faixas de prioridade" determinadas pela Sumoc estariam isentos desse recolhimento. A ideia era estabelecer um sistema de crédito seletivo, priorizando a concessão de empréstimos a determinados setores da economia. A iniciativa não

---

181 Mesquita, 1992, p.196; Sochaczewsky, 1991, p.290-1.
182 Diz-se aqui "divulgado" porque a Sumoc não tinha poder para impor limites quantitativos às operações do Banco do Brasil. O máximo que a Superintendência poderia fazer era sugerir ao Banco metas de expansão do crédito, tal como foi feito pela Instrução 234.
183 Report A-960, Rio de Janeiro to Department of State, 21 fev. 1963, folder 501,Box 465, RG 84, Nara, p.1. Para o texto da Instrução, ver Oesp, Divulgou ontem a Sumoc a nova Instrução n.234, 15 fev. 1963, p.2.

produziu os resultados esperados. A maior parte das instituições bancárias escolheu elevar o recolhimento do compulsório ao invés de adequar-se às "faixas de prioridade". É possível que muitos banqueiros tenham considerado que o custo de oportunidade envolvido na mudança de seus portfólios fosse maior do que o recolhimento extra. O fato é que, em março, a oferta real de crédito dos bancos comerciais caiu 7,5%. Isso não se compara, porém, com a brusca redução das operações do Banco do Brasil. O período de fartura trazido pelo financiamento do 13º salário entre dezembro de 1962 e fevereiro de 1963 transformou-se, em março, um dos apertos creditícios mais impressionantes da história do Brasil pós-guerra. Nesse mês, quando a inflação teve alta de 6,2% (IPA-DI), a oferta de crédito do Banco do Brasil ao setor privado caiu 30,4% em termos reais, atingindo o nível mensal mais baixo em todo o período entre janeiro de 1960 e dezembro de 1964.[184] A queda na indústria foi ainda mais surpreendente: nada menos do que 56,7%. Em abril, o crédito real ao setor industrial estabilizou-se em nível semelhante ao do primeiro semestre de 1962, correspondendo ao auge do período do Plano de Economia de Moreira Salles (Gráfico 7.2). Não é à toa que alguns autores, tais como John Wells, identificaram no "aperto do crédito" aplicado pelo Plano Trienal uma das causas fundamentais do início da recessão do período 1963-67.[185] Independentemente de Wells estar correto ou não, é difícil imaginar que tamanha contração do crédito não tenha exercido um papel no processo de desaceleração da economia.[186]

Se a grande oferta de empréstimos do Banco do Brasil ao setor privado até fevereiro de 1963 ajuda a explicar a colaboração dos empresários ao Plano Trienal no início do ano (particularmente da Fiesp), o brusco corte implementado a partir de então torna inteligível o porquê de entidades empresariais terem passado a criticar duramente a política creditícia do governo. Ainda no próprio mês de março, alguns grupos de empresários, particularmente diretores da Fiesp, FIEMG, CNI, e ACSP, expressaram às autoridades suas apreensões quanto aos efeitos danosos que estariam sendo provocados pela Instrução 235 sobre a oferta de crédito.[187] No dia 25 de março, representantes da Fiesp, ACSP e Sindicato dos Bancos de São Paulo reuniram-se com o presidente do Banco do Brasil, que havia sido enviado ao encontro sob ordens do próprio presidente Goulart. Nessa reunião, os empresários enfatizaram, segundo palavras de Paulo Barbosa, líder da

184 Apêndice, Tabela A22.
185 Wells, 1977, p.220-1.
186 Para exemplo de um autor que discorda totalmente da visão de Wells, ver Sochaczewsky, 1991, p.191-2. Para uma abordagem ao nosso entender mais equilibrada, ver Mesquita, 1992, p.257-66.
187 Ver Oesp, Preocupados os mineiros com a retração dos créditos, 9 mar. 1963, p.14; Restrição ao crediário preocupa o comércio, 20 mar. 1963, p.18; As classes produtoras estudam a Instrução 235, 22 mar. 1963, p.17.

ACSP, que as medidas de estabilização não poderiam "ser de tal monta que [viessem] possibilitar efeitos contraproducentes e nocivos à própria economia e ao desenvolvimento". O presidente do Banco do Brasil, por sua vez, teria "dissipado dúvidas" dos banqueiros sobre os instrumentos de crédito seletivo criados pela Instrução 235, visando garantir uma maior disponibilidade de empréstimos às "classes produtoras".[188]

Gráfico 7.2 – Empréstimos das autoridades monetárias ao setor industrial, janeiro de 1962 a julho de 1963 (valores reais, jan. 1960 = 100)

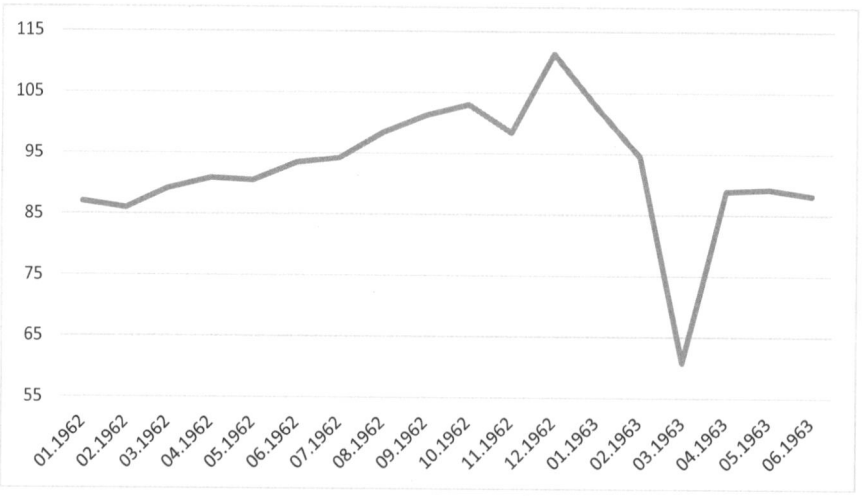

Fonte: Sumoc, *Boletim*, vários números, 1963.

Alguns empresários, porém, não enxergavam com tamanha preocupação os efeitos da Instrução 235 sobre a oferta de crédito. Coincidentemente, aqueles que expressaram esse tipo de posicionamento apresentavam vínculos estreitos com o capital estrangeiro. Para o presidente do Ipes-São Paulo, João Batista Leopoldo Figueiredo, "qualquer política de contenção da espiral inflacionária deveria [...] estabelecer séria disciplina no setor crediário". O líder do Ipes reconheceu que a Instrução 235 traria "dificuldades financeiras para alguns setores, o que provocará necessariamente adaptações. Contudo, desse processo resultará um fortalecimento da economia nacional, pois as atividades básicas, inclusive a agropecuária, serão impulsionadas".[189] Posicionamento semelhante foi apresentado por Henri Colinvaux, membro do Conselho das Câmaras de Comércio Estrangeiras de São Paulo, em reunião da ACSP de meados de abril. Segundo Colinvaux,

---

188 Ata, 48ª Reunião de Diretoria Plena da ACSP, 26 mar. 1963, p.3-5.
189 Oesp, Condições para o êxito da Instrução 235 da Sumoc, 23 mar. 1963, p.15.

"as medidas anti-inflacionárias até agora [implementadas] ainda [estariam] extremamente suaves", na medida em que a Instrução 235 [seria] apenas uma orientação creditícia". Para ele, o processo de aperto do crédito deveria prosseguir, a fim de que as empresas "doentes" morressem e sobrassem apenas aquelas que fossem verdadeiramente "sadias". É evidente que o desenvolvimento seria freado, disse Colinvaux, mas para o bem da economia. "O sr. ministro da Fazenda afirmou que as medidas anti-inflacionárias não pararão o desenvolvimento. É um pouco como o dentista que afirma à criança que a extração não vai doer". O "recuo" seria necessário, concluiu, para o que país "salta[sse] melhor".[190]

Vários empresários da indústria e comércio discordavam não apenas da avaliação de que o aperto de crédito estaria sendo "suave", mas, principalmente, de que seria preciso executar um processo de seleção natural entre empresas brasileiras. Em abril de 1963, a Confederação Nacional da Indústria assinalou por meio de editorial do periódico *Desenvolvimento e Conjuntura* que "as previsões do Plano [Trienal] devem ser urgentemente revistas", em particular os "tetos de crédito [do Banco do Brasil], os quais devem ser [...] elevados a um nível compatível com o incremento de preços e, portanto, dos custos. A menos que isso seja feito", concluiu o editorial "esta[rá] claramente configurada uma crise de estabilização".[191] No início de maio, essas críticas foram expostas ao próprio presidente Goulart em reunião com diretores da Fiesp na casa do empresário José Ermírio de Moraes. Nesse encontro, Jango recebeu um memorial da Federação das Indústrias criticando duramente a política creditícia do Plano Trienal. De acordo com o documento, "o rigorismo aplicado nas limitações de crédito criou uma situação de grandes dificuldades para a indústria paulista", obrigando-a a acumular estoques em função da brusca retração das vendas. Esse "ônus financeiro" não poderia ser "suporta[do] por mais tempo" pelas empresas. O memorial lançou ainda claras ameaças ao governo: caso a política creditícia não fosse alterada, a indústria teria que "dispensar em massa mão-de-obra". Além disso, os empresários reconheceram que não teriam mais como "cooperar para conter os preços" no mês de maio, diante do aumento de custos relacionados à desvalorização da taxa cambial, ao "maior encargo financeiro resultante dos depósitos para importação" e à elevação dos salários em várias categorias trabalhistas.[192] De fato, os preços industriais em maio e em junho apresentaram reajustes de 2,6% e 8,3%, respectivamente.

---

190 Ata, 52ª Reunião de Diretoria Plena da ACSP, 23 abr. 1963, p.26A-26C.

191 DC, O risco de uma crise de estabilização, abril 1963, n.4, p.3-5. A diretoria da CNI entregaria um documento ao ministro da Fazenda San Tiago Dantas nesse mesmo sentido no final de abril. Ver Oesp, CNI: o Plano Trienal esquece desenvolvimento, 27 abr. 1963, p.17.

192 Boletim Fiesp-Ciesp, Medidas preconizadas pela indústria paulista para solução da crise que ameaça a produção, 15 mar. 1963, n.710, p.16-9.

Poucos dias depois, representantes da Fiesp e ACSP encontraram-se no Rio de Janeiro com o ministro da Fazenda San Tiago Dantas e com o presidente do Banco do Brasil Ney Galvão. Ambos tinham acabado de participar de uma reunião do Conselho da Sumoc e tinham importantes medidas para anunciar. O Conselho havia decidido elevar os tetos do crédito estabelecidos pela Instrução 234 ao Banco do Brasil. Essa foi a primeira decisão de relaxamento da oferta de crédito aprovada durante a execução do Plano Trienal. E o mais importante: ela ocorreu como produto de uma deliberação unânime do Conselho da Sumoc e não como fruto de uma desobediência do Banco do Brasil às determinações do ministério da Fazenda, como Sochaczewsky sugere.[193] Além disso, Dantas afirmou que a concessão de empréstimos das autoridades monetárias ao setor privado respeitaria, a partir de então, uma ordem de prioridade referente à origem da propriedade empresarial: firmas estrangeiras não receberiam auxílio; empresas mistas de capital fechado seriam contempladas com oferta reduzida de crédito; e empresas de capital majoritariamente nacional – sejam sociedades anônimas, sejam sociedades de responsabilidade limitada – ganhariam preferência na concessão de empréstimos.[194]

Evidentemente a decisão do Conselho da Sumoc gerou reclamações por parte dos empresários estrangeiros. O diretor da ACSP, Nivaldo Ulhoa Cintra, vinculado ao Ipes-São Paulo, classificou como "perigosa" a discriminação feita pelo governo contra o capital externo. Segundo Ulhoa Cintra, "considero que qualquer indústria que venha se estabelecer entre nós, ainda que pertença totalmente ao capital estrangeiro, passa a ser nacional, por ter se integrado definitivamente entre nós". Giulio Lattes, da Câmara de Comércio Chilena, apoiou a posição de Ulhoa Cintra. Lattes lembrou que, de um lado, o Plano Trienal reconhecia a importância do capital externo para o desenvolvimento do país; de outro, o governo implementava uma política discriminatória contra esse tipo de investimento.[195] O caso ganhou repercussão também na esfera diplomática. O embaixador norte-americano Lincoln Gordon mencionou em comunicado ao Departamento de Estado no final de maio que a embaixada britânica no Brasil já estaria planejando um protesto contra a decisão do governo brasileiro. Gordon afirmou que "companhias norte-americanas ainda não demandaram intervenção da embaixada [dos Estados Unidos], mas poderiam fazer isso assim que tomarem conhecimento da ação britânica".[196]

---

193 Sochaczewsky, 1991, p.212.

194 Essas decisões não foram noticiadas pela imprensa. O relato da reunião entre Dantas, Galvão e representantes da ACSP e da Fiesp pode ser encontrado em Ata, 54ª Reunião de Diretoria Plena da ACSP, 7 maio 1963, p.13a-13d.

195 Idem, p.13c-14c.

196 Telegram 2296, Rio de Janeiro to Department of State, 24 maio 1963, CGR 1941-73, folder "Financial Matters, May-June 1963", Box 136, RG 84, Nara.

Apesar das concessões feitas pelas autoridades às firmas nacionais, os protestos de empresários da indústria e comércio contra as restrições do crédito continuaram, enquanto as reclamações de representantes das firmas estrangeiras arrefeceram. Ao que parece, as determinações do Conselho de Sumoc de privilegiar empresas nacionais na concessão de empréstimos não foram cumpridas. Tanto é que no final do mês os ataques de segmentos nacionalistas do empresariado contra o ministro da Fazenda voltaram a se intensificar. Em reunião do Conselho de Representantes da CNI, o vice-presidente da entidade, Fábio de Araújo Mota, notou que a indústria deparava-se com uma "inexplicável indiferença [do poder público] pelo processo de desenvolvimento". Apesar das promessas feitas pelas autoridades, especificamente por San Tiago Dantas, prosseguiu o diretor da CNI, "tudo o que se vê é a adoção de um programa de contenção de preços sem nem um esforço para implementar aqueles aspectos desenvolvimentistas destinados a estimular setores fundamentais da indústria". Assistia-se apenas à aplicação de medidas monetárias "com todo o rigor e fora do quadro do desenvolvimento", colocando "em risco os próprios meios atuais da atividade econômica".[197] No mesmo período, diretores da Fiesp fizeram uma nova reunião com o presidente Goulart na casa de José Ermírio de Moraes.[198] Infelizmente não foi possível encontrar dados sobre o conteúdo das discussões, mas é razoável imaginar que reclamações semelhantes tenham sido transmitidas a Jango.

A partir do final de abril, a documentação diplomática norte-americana passou a destacar com frequência a pressão exercida pelo empresariado "nacionalista" para retirar San Tiago Dantas do poder. Segundo a embaixada, o objetivo desses empresários seria minar a política de estabilização do Plano Trienal. De acordo com Lincoln Gordon, o ministro da Fazenda estaria sendo alvo de uma oposição cada vez mais generalizada de "alguns grupos empresariais nacionalistas de São Paulo, que veem no programa de Dantas um perigo para seus negócios e uma promessa de competição mais intensa com capital estrangeiro". Gordon assinalou ainda que haveria "alguns indícios" de que esse grupo de empresários estaria construindo uma "aliança pragmática" com setores de esquerda para destruir o Plano Trienal, "semelhante à combinação esquerda-direita" que teria viabilizado a aprovação da lei de remessa de lucros em novembro de 1961.[199] Evidências nesse sentido também aparecem na documentação privada de algumas entidades empresariais. O diretor da ACSP, Paulo Egídio Martins, em reunião

197 Oesp, A indústria considera grave a crise econômica, 22 maio 1963, p.19.
198 Oesp, Goulart, com seis ministros, em São Paulo, 25 maio 1963, p.2.
199 Telegram 2112, Rio de Janeiro to Department of State, Section II, 30 abr. 1963, folder "Brazil General 4/63", Box 14, NSF, JFKL, p.1-2. Para manifestações semelhantes, ver MemCon, Gordon, Edwin Martin, 10 jun. 1963, folder "Brazil 1/63-6/63", Box 390A, PRD, NSF, JFKL, p.2.

da entidade do final de maio de 1963, fez duras críticas aos empresários "nacionalistas". Segundo Martins, seria "surpreendente" que no momento em que as "classes produtoras" deveriam unir-se contra o comunismo, houvesse "empresários associados aos comunistas para derrubar San Tiago Dantas".[200] O apoio prestado por setores externos ao ministro da Fazenda chegou ao ponto de o Departamento de Estado recomendar ao presidente Kennedy a redação de uma carta a Goulart reforçando a importância da manutenção de Dantas no cargo para sucesso do Plano Trienal.[201] No final das contas, por motivos que desconhecemos, tal carta não foi redigida.

As pressões do empresariado "nacionalista" acabaram surtindo efeito. Em meados de junho, sob a justificativa de que a saúde de Dantas não lhe permitiria continuar no cargo (o que era parcialmente verdadeiro), Jango realizou uma ampla reforma ministerial, colocando no ministério da Fazenda o ex-governador de São Paulo Carvalho Pinto.[202] No dia do anúncio da reforma, Jango confessou a assessores, conforme noticiário do jornal O Estado de S. Paulo, que Dantas teria se deixado "empolgar pelo êxito inicial [do Plano Trienal] e [caíra] numa ortodoxia exagerada [...], ignorando as tensões sociais provocadas por uma contenção do crédito que chegou a criar um princípio de pânico na indústria".[203] Indícios dessa guinada política de Goulart também aparecem em outros episódios. Baseada em "fonte confidencial", a embaixada norte-americana informou a Washington que no dia 18 de junho teria ocorrido uma reunião entre membros do governo brasileiro e "líderes empresariais paulistas". Segundo a embaixada, a escolha do nome do novo ministro da Fazenda teria saído desse encontro. "Carvalho Pinto [seria] o candidato dos empresários de São Paulo insatisfeitos com a política financeira de Dantas", concluiu o relatório.[204] De fato, Dantas vinha reclamando desde o início de junho da falta de apoio do presidente Goulart para o programa de estabilização.[205] Alberto Bahia, assessor político de Dantas, disse a Gordon que Jango teria ficado impressionado com algumas pesquisas de opinião que apontaram a

200 Ata, 57ª Reunião de Diretoria Plena da ACSP, 28 maio 1963, p.26-7.
201 Report s.n., Rio de Janeiro to Department of State, maio 1963, folder 17, Box 112, POF, JFKL, p.1.
202 A reforma ministerial de junho de 1963 também ocorreu para forçar a saída do ministro da Guerra, Amaury Kruel, cujos embates com a ala nacionalista das Forças Armadas, particularmente com o comandante do I Exército, Osvino Silva, vinham apresentando intensidade crescente. A análise dessa questão, porém, foge ao escopo deste trabalho. Para mais informações, ver Telegram 106, Rio de Janeiro to Department of State, Section I, 17 jul. 1963, folder "Brazil General, 7/16/63-7/31/63", Box 14, NSF, JFKL.
203 Oesp, Goulart surpreende os meios políticos com novos nomes, 18 jun. 1963, p.3.
204 Telegram 2447, Rio de Janeiro to Department of State, Section II, 18 jun. 1963, folder "Brazil General 6/63", Box 14, NSF, JFKL, p.2
205 Telegram 2336, Rio de Janeiro to Department of State, Section I, 2 jun. 1963, folder "Brazil General 6/63", Box 14, NSF, JFKL, p.3.

impopularidade do Plano Trienal. Segundo Bahia, a mudança do gabinete teria ocorrido para que Dantas saísse, permitindo uma maior flexibilização do programa de estabilização.[206]

Coincidência ou não, o fato é que as críticas dos empresários sobre a escassez de crédito diminuíram consideravelmente após a nomeação de Carvalho Pinto para a pasta da Fazenda. O curioso é que a oferta real de empréstimos do Banco do Brasil ao setor privado manteve-se estável no segundo semestre de 1963, diferentemente do que se poderia esperar. Algumas hipóteses podem ajudar a explicar essa aparente contradição. A primeira refere-se à aceleração inflacionária do período. Como o nível de preços cresceu com rapidez (o IPA-DI acumulou alta de 34,84% entre junho e dezembro), é possível que apenas o fato de a oferta de crédito ter-se mantido estável em termos reais já tenha representado uma conquista para empresários. Essa hipótese é reforçada ao se considerar que nos três primeiros meses de 1964, quando a política econômica havia claramente deixado de ter qualquer perspectiva de estabilização, a oferta real de empréstimos do Banco do Brasil ao setor privado reduziu-se em 3,5%, enquanto a inflação no mesmo período acumulou alta de 20,12%.

Uma segunda hipótese, que não exclui a anterior, está ligada ao favorecimento dos empresários nacionais na concessão de empréstimos pelo Banco do Brasil, em cumprimento às diretrizes do Conselho da Sumoc de maio de 1963. A nomeação de Medina Coeli, ex-gerente do Banco do Brasil de São Paulo, para a presidência do Banco em julho, constitui um indício importante. Isso porque essa decisão foi muito aplaudida pelas diretorias da ACSP e Fiesp, em razão dos contatos estreitos que ambas entidades mantinham com Coeli. Por outro lado, caso tivesse ocorrido discriminação contra empresas estrangeiras na oferta de crédito doméstica, é razoável supor que fossem encontradas evidências de protestos contra essas práticas. Isso não aconteceu, porém. Assessores diretos do ministro Carvalho Pinto, tais como Jorge Hori, também não apontaram indícios que pudessem corroborar essa tese.[207] De qualquer maneira, tendo havido favorecimento ou não, o fato é que os limites para a oferta de crédito do Banco do Brasil estipulados pelo Plano Trienal (mesmo nas versões revisadas de maio de 1963) não mais guiariam os cálculos das autoridades econômicas durante a gestão Carvalho Pinto no Ministério da Fazenda. O relaxamento das políticas monetária e creditícia em meados de 1963, aliado aos impactos fiscais que adviriam do reajuste de 70% nos salários do funcionalismo, constituíam sinais evidentes de que o Plano Trienal havia fracassado. O segundo semestre do ano foi marcado pelo aprofundamento dos desequilíbrios macroeconômicos e,

---

206 Telegram 2462, Rio de Janeiro to Department of State, 19 jun. 1963, CGR 1941-73, folder "Financial Matters, May-June 1963", Box 136, RG 84, Nara, p.1.
207 Jorge Hori, entrevista ao autor, 7 abr. 2010, São Paulo-SP.

principalmente, pelo aguçamento do conflito distributivo entre capital e trabalho. Esta última questão, de suma importância para se compreender o enfraquecimento do apoio da ala nacionalista do empresariado ao governo Goulart, será analisada na última seção do capítulo.

7.5. A intensificação do conflito distributivo pós-Plano Trienal

O segundo semestre de 1963 caracterizou-se por uma intensificação dos conflitos entre empresários e trabalhadores no Brasil. A observação da evolução das greves no período aponta para uma escalada talvez sem precedentes no número de paralisações, que atingiram pico em novembro, com mais de 40 movimentos grevistas (Gráfico 6.1). Se, por um lado, greves no setor de serviços secundários ganharam preponderância, o que indica uma tendência para menor impacto na economia; por outro, movimentos intersetoriais em municípios e greves de âmbito estadual em serviços essenciais demonstraram significativo avanço, algo que pode ter contrabalançado as consequências teoricamente menos graves do aumento numérico de paralisações em serviços secundários (Apêndice, Tabela A28). O maior indício do grande impacto das greves ocorridas no segundo semestre de 1963 foi a crescente preocupação dos empresários sobre o assunto. A questão monopolizou de tal maneira a atenção do empresariado que as divergências intraclasse, em especial entre empresários "nacionalistas" e aqueles associados ao capital estrangeiro, foram perdendo gradativamente a sua importância.

Depois do malogro da greve geral programada pelo CGT para o final de maio, em parte devido à manobra janguista de criação de uma nova central sindical – a UST –, deu-se uma reaproximação entre Goulart e lideranças do CGT. Por dois meses, o Comando apresentou significativa mudança de postura: ao invés das constantes ameaças de greves gerais, o CGT passou a pregar a realização de manifestações pacíficas e a atuar pela unificação do movimento sindical, dialogando com diversas entidades, inclusive com a Confederação dos Trabalhadores em Comércio (CNTC), sob comando de lideranças anticomunistas. O objetivo passou a ser mobilizar trabalhadores em prol de uma agenda mais modesta, porém mais próxima às reivindicações cotidianas da classe, incluindo a aprovação de medidas como salário família, férias de 30 dias, e alterações no modelo de zoneamento do salário mínimo.[208] O salário-família, por exemplo, foi aprovado pelo Congresso

---

208 Ver, nesse sentido, Oesp, Coordenação, 2 jul. 1963, p.8; CGT, 5 jul. 1963, p.6; Decidem-se unir as confederações de trabalhadores, 7 jul. 1963, p.8; O ministro do Trabalho quer unificar o movimento sindical, 9 jul. 1963, p.7; UH, Confederações chamam trabalhadores a

entre o final de agosto e meados de setembro.[209] O ápice dessa fase moderada do CGT deu-se com a chamada "Semana Nacional contra a Carestia e pelas Reformas de Base", que ocorreu entre 1º a 7 de agosto de 1963, reunindo as principais entidades do sindicalismo do país, inclusive a UST, e cuja proposta era organizar protestos pacíficos a favor das reformas de base e contra a escalada do nível de preços. O último dia da campanha, 7 de agosto, foi destinado à realização de passeatas e manifestações contra a inflação. Conclamou-se inclusive às donas de casa que não comprassem bens de consumo popular nesse dia.[210] Apesar do caráter pacífico do evento, as polícias dos estados de São Paulo e Guanabara reprimiram duramente os manifestantes. A diferença é que, dessa vez, houve tímidas ameaças de greve geral, mantendo-se a tática de moderação do movimento.[211] No final de agosto, a reaproximação de Goulart com o CGT parecia consolidada. O presidente chegou até a discursar em um comício na Cinelândia, Rio de Janeiro, organizado pelo Comando dos Trabalhadores, em homenagem ao aniversário da morte de Getúlio Vargas.[212] Enquanto isso, sem razão de ser, a UST recebia cada vez menos apoio de Goulart, perdendo força gradativamente.

Essa lua de mel entre Jango e CGT durou pouco. O retorno das ameaças de deflagração de greve geral pelas lideranças do Comando dos Trabalhadores, acompanhado de uma crescente insatisfação patronal, levaram a um novo afastamento. Diferentemente do primeiro semestre de 1963, porém, quando tais ameaças fundamentaram-se em uma agenda específica de reivindicações, em particular na aprovação de uma reforma agrária e no reajuste de 70% para o funcionalismo, nesse momento o motivo era outro: solidariedade a movimentos grevistas e, principalmente, garantia da liberdade de paralisação à classe trabalhadora. Ao que parece, a própria radicalização e intensificação das greves no segundo semestre de 1963 teria

---

luta contra o golpe, 10 jul. 1963, p.8; Confederações reclamam salário família para todos os operários, 9 ago. 1963, p.8.

209 O projeto estabelecia o pagamento de 8% do salário mínimo regional a mais no ordenado do trabalhador por cada filho menor de 14 anos que o mesmo tivesse. Ver Oesp, Aprova a Câmara o projeto que institui o salário família, 23 ago. 1963, p.4; Foi aprovado pelo Senado o salário família, 18 set. 1963, p.4; UH, Aprovado salário família para os trabalhadores, 25 ago. 1963, p.4.

210 Para a "Semana Nacional contra a Carestia", ver Oesp, Emissários do CGT nos estados, 25 jul. 1963, p.9; UH, CGT: mobilização geral contra a carestia e pelas reformas, 24 jul. 1963, p.8; Sindicatos querem êxito total na semana contra a carestia, 30 jul. 1963, p.10; Trabalhadores farão passeata contra a carestia, 6 ago. 1963, p.8; UH, Trabalhadores vão hoje às ruas: Dia Nacional de Protesto Contra a Carestia, 7 ago. 1963, p.2.

211 Oesp, Malogrou o movimento contra a carestia; o CNTI ameaça a decretação de greve geral, 8 ago. 1963, p.6 e UH, Polícia em fúria contra o povo, 8 ago. 1963, p.2.

212 Oesp, CGT pretende promover uma concentração na Cinelândia, 14 ago. 1963, p.6; Goulart fala em homenagem ao presidente Vargas, 24 ago. 1963, p.5; UH, CGT com Jango, 13 ago. 1963, p.8; Milhares de Trabalhadores ouvirão Jango na Cinelândia, 15 ago. 1963, p.8.

obrigado líderes do CGT a abdicar do posicionamento em prol somente de manifestações pacíficas. Atuando como uma verdadeira central sindical, as lideranças do CGT passaram a apoiar paralisações por reajustes salariais que nasciam como demanda da base dos trabalhadores em reação a uma inflação cada vez mais elevada.

O primeiro exemplo dessa mudança de atitude ocorreu com a greve dos enfermeiros de Santos no final de agosto de 1963. Os enfermeiros santistas pleiteavam reajuste de 100% em seus salários, mas a direção da Santa Casa de Misericórdia mostrava-se irredutível. No dia 2 de setembro, o Fórum Sindical de Debates declarou greve geral na Baixada Santista em solidariedade aos enfermeiros. A cidade de Santos parou completamente, inclusive os trabalhadores de serviços funerários e limpeza pública. O governador de São Paulo, Ademar de Barros, decidiu reprimir duramente o movimento. Após bloquear o fluxo de alimentos e de cortar os serviços de água e luz do Comando Geral da Greve, instalado no Sindicato dos Portuários, a polícia invadiu o local no segundo dia de paralisação e prendeu mais de 200 pessoas, inclusive dois advogados que trabalhavam para o Fórum Sindical de Debates (FSD), sob justificativa de desrespeito à Lei de Segurança Nacional. Nesse momento, em desobediência aos pedidos de não envolvimento feitos pelo ministro do Trabalho Amaury Silva, o CGT e PUA ameaçaram declarar greve geral no país caso os líderes sindicais santistas não fossem soltos. Amaury Silva dirigiu-se à Baixada Santista para tentar pacificar o conflito. Por meio da atuação de sua equipe jurídica, o ministro do Trabalho conseguiu libertar os sindicalistas e ainda convenceu as lideranças do Fórum Sindical de Debates a suspender a greve geral, sob a promessa de que os enfermeiros seriam atendidos em breve. A diretoria do FSD atendeu aos pedidos do governo, declarando o fim da paralisação no dia 5. Uma semana depois, após a Câmara Municipal de Santos ter votado um orçamento extra de Cr$ 40 milhões para a Santa Casa, a demanda dos enfermeiros foi parcialmente atendida: 50% de reajuste salarial, e garantia de que os dias de greve não seriam descontados ou os grevistas, punidos.[213]

A greve geral na cidade de Santos irritou profundamente o empresariado paulista. Em telegrama ao ministro da Fazenda Carvalho Pinto datado de 3

---

213 Sobre a história da greve dos enfermeiros em Santos, a paralisação geral decretada pelo FSD na cidade e as ameaças de greve geral do CGT, ver NR, Santos: em defesa da liberdade, 6-12 set. 1963, p.8; Oesp, Recusa a proposta a Santa Casa; CGT quer greve total, 31 ago. 1963, p.2; Cisão no CGT: ala rebela-se contra o jogo de Goulart, 3 set. 1963,p. 10; O PUA ameaça greve em todo o país, 3 set. 1963, p.16; Não foi total a greve em Santos, 3 set. 1963, p.2; Presos cerca de 200 grevistas em Santos; sindicatos ocupados, 3 set. 1963, p.2; Já foram soltos quase todos os grevistas detidos, 4 set. 1963, p.2; O trabalho no porto é normal; prossegue a greve dos enfermeiros, 6 set. 1963, p.2; Cessou a greve dos hospitais da Baixada Santista, 11 set. 1963, p.2; UH, Campinas pode parar se não forem libertados os grevistas de Santos, 4 set. 1963, p.2; Intransigência impede fim da greve: ministro da Saúde vai a Santos, 5 set.1963, p.2.

de setembro, a diretoria da Fiesp ressaltou que "a economia do nosso estado não suportará indefinidamente essas interrupções sucessivas de trabalhos em atividades fundamentais". A Federação das Indústrias referia-se aqui aos trabalhadores portuários e marítimos, além da paralisação decretada pelos ferroviários da Santos-Jundiaí. No final da mensagem, os industriais deixaram claro que "a situação que atravessamos exige providências imediatas, visando o restabelecimento da confiança duramente afetada por greves ilegais, insufladas por elementos extremistas".[214] Na Associação Comercial de São Paulo, as críticas à administração Goulart foram ainda mais intensas. Para o presidente da entidade, Paulo Barbosa, "o governo federal, em vez de procurar evitar a greve, só se preocupa com seus amigos sindicais, que estão presos". Barbosa responsabilizou diretamente Goulart pelos prejuízos à economia paulista: "por trás de tudo isso", afirmou, "está o presidente da República, que é o autor dessas greves, ou seus assessores mais imediatos, já que o presidente perdeu a rédea do controle da situação. Criou um monstro que está maior do que ele". Outro diretor da ACSP, Paulo Egídio Martins, argumentou no mesmo sentido: "não queremos que ele [Jango] seja deposto [...], mas queremos que ele efetivamente exerça a presidência da República não para um grupo pequeno, mas para a Nação". Ao final, leu-se um telegrama conjunto enviado ao presidente Goulart em nome das principais entidades empresariais de São Paulo (ACSP, Fiesp, SRB, Sindicato dos Bancos e Federação do Comércio) condenando a atitude do governo de ter apoiado "um organismo ilegal e espúrio denominado Fórum Sindical [de Debates]".[215]

Ainda no mês de setembro de 1963, o governo Goulart foi obrigado a lidar com outro importante movimento grevista, mas agora em escala nacional: a greve dos bancários. A paralisação da categoria ocorreu em duas fases: a primeira, que começou em 18 de setembro, envolveu apenas trabalhadores em instituições particulares, durando, em média, três dias. Em alguns estados a reivindicação por reajuste salarial foi atendida; em outros, não. Neste caso, os bancários decidiram voltar ao trabalho apenas por uma semana para permitir que clientes fizessem retiradas de dinheiro para pagar seus compromissos. Era uma tática inteligente para forçar os patrões a ceder, pois a abertura dos bancos por apenas um curto período poderia incitar uma corrida por saques. Apesar disso, em várias regiões do país não houve acordo entre patrões e empregados. Assim, no dia 24 de setembro, nova greve foi decretada, afetando estados como Guanabara, Minas Gerais e São Paulo, porém com um agravante: em solidariedade à categoria, funcionários do Banco do Brasil também paralisaram seus serviços.

---

214 Oesp, Prejuízos da greve: as classes produtoras alertam o ministro da Fazenda, 4 set. 1963, p.13.
215 Ata, 71ª Reunião de Diretoria Plena da ACSP, 8-11, p.23-6.

Durante a greve, houve várias manifestações empresariais pedindo ao governo que decretasse a ilegalidade da paralisação dos bancários, viabilizando a intervenção em sindicatos e a prisão dos trabalhadores. No dia 21 de setembro, ACSP, Fiesp, SRB e Sindicato dos Bancos do Estado de São Paulo publicaram um manifesto dirigido "aos poderes da República". Nesse documento, os empresários paulistas argumentaram que existia "um mecanismo montado no país que te[ria] em mira impor desarrazoados encargos sociais e outros ônus às empresas privadas". Quando as demandas dos trabalhadores são recusadas, argumentou o manifesto, "como simples medida de bom senso ou de incapacidade efetiva de atendimento, deflagram-se greves ou movimentos de pressão, ante a complacência das autoridades governamentais". No final, os empresários afirmaram que seria "evidente a existência, no país, de [uma] crise de autoridade", exigindo-se providências imediatas do poder público para que a ordem fosse restaurada.[216] Dias depois, manifestações semelhantes foram feitas pela Fiega e ACRJ ao ministro da Fazenda Carvalho Pinto. Zulfo de Freitas Mallmann, presidente da Fiega, afirmou ao ministro que "o industrial brasileiro esta[ria] intranquilo, perplexo e surpreso" diante de tantas greves, sem ter "a calma necessária ao trabalho". O líder da ACRJ, Rui Gomes de Almeida, foi ainda mais incisivo: "[propomos] uma atitude firme contra as desordens, que só prejudicam as atividades econômicas, concorrendo, portanto, para diminuir a produção e agravar nossos problemas".[217]

Do outro lado, os líderes do CGT, Osvaldo Pacheco e Hércules Correia dos Reis, ameaçaram o governo com a deflagração de uma greve geral caso a paralisação dos bancários fosse decretada ilegal.[218] No final do mês, Jango interveio pessoalmente nas negociações. O presidente encontrou-se com lideranças nacionais dos bancários em seu apartamento no Rio de Janeiro para solucionar o impasse.[219] Paralelamente, a Associação Comercial do Rio Janeiro ameaçou a deflagração de uma greve patronal (*lockout*) sob a alegação de que os comerciantes cariocas não poderiam pagar funcionários em razão da paralisação dos bancos.[220] No início de outubro, chegou-se a um acordo, tendo os bancários obtido reajuste médio de 70% em seus salários, mais abono de 35% em abril do ano seguinte.[221] Com o fim da crise, Goulart deu um recado aos empresários, dizendo que não "participa

---

216 Oesp, Aos poderes da República, 22 set. 1963, p.8.
217 Oesp, Carvalho Pinto avista-se com líderes das classes produtoras, 26 set. 1963, p.21.
218 NR, Bancários: greve se estende a todo o país, 27 set.-3 out. 1963, p.1; Oesp, Líderes comunistas divulgam nota em favor dos grevistas, 29 set. 1963, p.9; UH, Sindicatos contra o general Peri e solidários com o CGT, 26 set., p.8; TRT decide esta tarde se greve dos bancários é ou não legal, 30 set. 1963, p.2.
219 Oesp, Bancários: tentativa pessoal de Goulart para terminar a greve, 29 set. 1963, p.10.
220 UH, Rui Gomes de Almeida: resultados da greve ainda são imprevisíveis, 1º out. 1963, p.10.
221 UH, Bancários suspendem a greve: atendido o apelo do presidente, 1º out. 1963, p.2.

daqueles que acham que pela violência é que se resolvem os dissídios de trabalho. Numa democracia, o diálogo entre as classes é indispensável".[222] Por outro lado, o presidente também deixou claro o seu afastamento do CGT ao negar participação em um comício organizado pelo Comando para que fosse sancionada a lei do salário-família.[223] A sanção da lei ocorreu no Palácio das Laranjeiras no Rio sem pompas públicas.[224] Vale lembrar, por fim, que seria nesse delicado contexto pós-greve dos bancários que Goulart pediria ao Congresso Nacional a decretação do estado de sítio. Repudiado tanto pela direita quanto pela esquerda, Jango acabaria recuando antes mesmo de ter uma deliberação oficial do Parlamento.[225]

O terceiro e último grande desafio sindical enfrentado pelo governo Jango no segundo semestre de 1963 ocorreu no final de outubro. Nesse mês, trabalhadores industriais paulistas de quinze categorias diferentes decidiram unir-se em um Pacto de Ação Conjunta (PAC) para reivindicar um reajuste salarial de 100% com vigência a partir de novembro. O PAC designou a CNTI como sua representante legal para negociar com a Fiesp. Imediatamente, a diretoria da Federação das Indústrias declarou-se impossibilitada de fazer parte nas negociações, sob o argumento de que isso feriria à legislação. De acordo com a lei, os dissídios coletivos da Justiça do Trabalho devem ser processados entre sindicatos patronais e trabalhistas correspondentes a cada uma das categorias econômicas em disputa (no caso do PAC, 15 categorias), e não de modo "global" envolvendo uma federação patronal e uma confederação de trabalhadores.[226] Ao mesmo tempo, a Fiesp pressionava o governo federal para que fossem tomadas providências contra o prenúncio de uma greve geral em São Paulo. Em telegrama ao ministro da Fazenda, o presidente da Federação, Raphael Noschese, afirmou que a inflação estaria sendo causada por "pressões salariais que não correspond[iam] à correção do custo de vida" e que o governo deveria tomar atitudes para evitar que essas "pressões" continuassem a aparecer na sociedade.[227] Logo após essas reclamações, o ministro do Trabalho Amaury Silva deslocou-se a São Paulo para tentar convencer trabalhadores e empresários a ceder, mas não obteve sucesso.[228] Com isso, no dia 27 de outubro, em assembleia que contou com a presença de milhares de trabalhadores,

---

222 Oesp, Bancários cariocas querem acordo; greve geral no RS, 4 out. 1963, p.7.

223 Oesp, Goulart evita participar do comício articulado pelo CGT, 4 out. 1963, p.3.

224 UH, Jango sancionou nas Laranjeiras o salário família, 4 out. 1963, p.4.

225 Sobre o episódio do pedido de estado de sítio, ver Dulles, 1970, p.238-41; Ferreira, 2011, p. 64-71; Ferreira e Gomes, 2014, cap. 13, e Skidmore, 2000, cap. 8.

226 Para as deliberações do PAC e o ofício da Fiesp sobre as mesmas, ver Oesp, Perspectivas de agitação sindical, 15 out. 1963, p.18.

227 Oesp, Salários: entende a Fiesp ilegal o exame, em conjunto, das pretensões dos sindicatos, 22 out. 1963, p.18.

228 Oesp, Salários: infrutíferos os contatos ontem mantidos pelo ministro do Trabalho, 26 out. 1963, p.11; Não conseguiu nada o ministro do Trabalho; aumenta a probabilidade de greve

as 15 categorias do Pacto de Ação Conjunta declararam greve com início marcado para o dia seguinte. Em seu discurso, o presidente do Sindicato dos Metalúrgicos de São Paulo, Afonso Delelis, disse que "os patrões não quiseram discutir com as fábricas funcionando e vão ter que discutir agora com as fábricas paradas".[229]

Os grevistas enfrentaram forte repressão do governador Ademar de Barros. Em dois dias de movimento, mais de mil pessoas foram presas. Como não havia prisão suficiente para todos, encaminharam-se os detidos para o hipódromo da capital. Em algumas regiões, houve conflitos entre piqueteiros e polícia. No bairro de São Miguel Paulista, por exemplo, após atirar em dois operários, que sofreram ferimentos leves, a polícia não conseguiu conter os manifestantes, que viraram radiopatrulhas e tomaram armas dos oficiais.[230] A CNTI ordenou a federações e sindicatos que ficassem de "alerta", pois uma greve de solidariedade nacional poderia ser decretada a qualquer momento.[231] O ministro do Trabalho criticou duramente as ações do governo estadual. Para Amaury Silva, Ademar de Barros teria violado "garantias constitucionais vigentes" no trato com os trabalhadores. Houve troca de acusações também entre o ministro e o presidente da Fiesp. Raphael Noschese saiu em defesa de Ademar de Barros devido à "atitude serena e firme mantida pelo governador do estado, o qual assegurou a ordem e a tranquilidade, permitindo aos trabalhadores que desejassem trabalhar que assim o fizessem". Noschese declarou ainda que os industriais paulistas não desejavam mais ter contatos com o ministro Amaury Silva, que teria dado pouca atenção aos empregadores durante o processo de negociação. O ministro do Trabalho respondeu que seria "estranho que o sr. Raphael Noschese [...] não tenha comparecido às negociações e fique prestando declarações que só servem para dificultar a solução do problema e confundir a opinião pública".[232]

Nesse clima de tensão, o Tribunal Regional do Trabalho de São Paulo (TRT/SP) deliberou no dia 31 de outubro, por quatro votos a três, que a CNTI não poderia atuar como representante legal dos trabalhadores paulistas junto à Justiça do Trabalho. Ao mesmo tempo, porém, como forma

na indústria, 27 out. 1963, p.23; UH, Amaury Silva quer evitar greve em São Paulo: 700 mil operários, 25 out. 1963, p.8.

229 UH, 700 mil operários de São Paulo em greve amanhã por aumento salarial, 28 out. 1963, p.3.

230 NR, São Paulo está em greve, 1º-7 nov. 1963, p.8; UH, Greve resiste à fúria da polícia de Ademar, 30 out. 1963, p.2; Greve faz mil prisões, 31 out. 1963, p.2.

231 NR, Trabalhadores de todo o país apoiam a greve dos 700 mil e mantêm-se em estado de alerta, 1-7 nov. 1963, p.1; UH, Greve na indústria poderá se estender a todo o país, 26 out. 1963, p.8.

232 Para as declarações de Amaury Silva e Raphael Noschese, ver Oesp, Vitória do operariado: a greve política malogra em São Paulo, 30 out. 1963, p.2 e UH, Greve faz mil prisões, 31 out. 1963, p.2.

de conciliação, o TRT/SP propôs a decretação de 80% de reajuste salarial para todos os setores envolvidos no movimento.[233] Após a realização de assembleias em cada uma das quinze categorias, os operários decidiram voltar ao trabalho, dando fim à paralisação.[234] Se, por um lado, a chamada "greve dos 700 mil" não conseguiu concretizar um dos seus principais objetivos políticos (a negociação direta entre Fiesp e CNTI); por outro, ela conquistou um reajuste salarial significativo para as categorias em disputa e, o mais importante, abriu um precedente perigoso para os empresários. Em São Paulo pelo menos, os trabalhadores industriais demonstraram clara consciência não apenas dos limites da estrutura de representação corporativista para fazer valer seus interesses (fragmentação excessiva dos sindicatos em diversas categorias econômicas), mas também de como essa mesma estrutura corporativista (no caso, CNTI) poderia ser utilizada para superar tais limites. Não é à toa que as críticas da Fiesp contra o governo federal, personalizado na figura do ministro do Trabalho, ganharam aqui um tom mais áspero do que nos casos anteriores. Ao que parece, Jango estava perdendo apoio até mesmo da ala nacionalista do empresariado. Foi por isso, talvez, que o presidente tenha decidido agir nos meses seguintes para controlar a espiral grevista.

O governo Goulart tomou duas atitudes claras no final de 1963 visando conter a intensificação dos conflitos entre empresários e trabalhadores. A primeira foi propor, dias após o término da greve dos 700 mil, um projeto de "salário móvel" no Congresso Nacional – uma antiga reivindicação da classe trabalhadora, que datava da segunda metade dos anos 1950. Esse projeto determinava que os salários dos trabalhadores dos setores público e privado seriam reajustados de seis em seis meses de acordo com os índices de custo de vida calculados pelo Serviço de Estatística e Previdência do Trabalho (Sept). O projeto estabelecia também que toda vez que os índices de custo de vida subissem mais do que 5% no intervalo de três meses, o reajuste salarial ocorreria de modo automático, não precisando aguardar o semestre terminar. Determinava-se ainda que de dois em dois anos os salários seriam contemplados com um adicional correspondente ao aumento médio da renda *per capita*.[235] Para o presidente Goulart, a medida

---

233 Oesp, Greve dos 700 mil: o TRT não acolheu o parecer da Procuradoria, 1º nov. 1963, p.9; UH, CNTI perdeu na justiça mas a greve continua, 1º nov. 1963, p.2.

234 NR, Perdem Ademar e os patrões na greve dos 700 mil, 8-14 nov. 1963, p.7; Oesp, Situação em São Paulo normaliza-se: de 80% a média dos aumentos, 5 nov. 1963, p.2; UH, Acabou a greve paulista: salário sobe 80%, 4 nov. 1963, p.2.

235 O projeto de salário móvel vinha sendo discutido por congressistas desde o início do segundo semestre de 1963, mas o governo só tomou uma atitude mais decidida a favor do projeto com a intensificação das greves no final do ano. Para o conteúdo da proposta, ver Oesp, Vai à apreciação do Congresso o salário móvel, 17 nov. 1963, p.6; Projeto de lei prevê reajuste salarial de seis em seis meses, 28 nov. 1963, p.10; UH, Governo estuda coincidência e revisão salarial de três em três meses, 4 nov. 1963, p.11.

beneficiaria a classe empresarial, "visto que a escala móvel elimina[ria] as causas do impacto decorrente dos grandes movimentos de manifestação salarial que, até agora, vem ocorrendo".[236] De acordo com o ministro da Fazenda Carvalho Pinto, apesar de não concorrer para diminuir a inflação, o projeto "tra[ria], sem dúvida, a vantagem de evitar o ambiente agressivo e de disputa que, na prática, nos tem conduzido a elevação [salariais] superiores ao próprio crescimento do custo de vida".[237]

Os empresários não ficaram satisfeitos com o projeto. Para o presidente da Fiesp, Raphael Noschese, a proposta de salário móvel "beira[ria] ao absurdo". Segundo Noschese, "ninguém põe em dúvida que a instabilidade salarial é consequência da inflação. O paradoxal é a terapia [...], querendo curar o mal com o próprio mal, acelerando ainda mais não a espiral inflacionária, mas o foguete inflacionário". Por isso, caso aprovado pelo Congresso, concluiu, o projeto "acarreta[ria] malefícios de tal ordem que a própria estrutura econômica do país corre[ria] risco de total esfacelamento".[238] Na Federação das Indústrias da Guanabara, houve divisões. Parte da diretoria da Fiega ponderou que a proposta poderia ser positiva para os empresários na medida em "eliminaria o poder dos sindicatos dos trabalhadores", segundo palavras do conselheiro Jefferson Dantas Bacelar. Para o diretor Mário Ludolf, porém, o projeto geraria ainda mais inflação. Conforme Ludolf, adiantando-se ao que seria implementado pelo Programa de Ação Econômica do Governo (Paeg) de Castelo Branco a partir de 1965, "o único meio de sair de um processo de inflação é reajustar os salários abaixo do custo de vida".[239] Apesar dessas divergências, a posição pública da Fiega foi de oposição ao projeto.[240] Debates semelhantes ocorreram em outras entidades empresariais, tais como na ACSP.[241] A Associação Comercial do Rio de Janeiro, apesar de considerar que o projeto "intensifica[ria] perigosamente o processo inflacionário", foi a única entidade que aceitou a proposta "sob modalidade provisória [...], visando estabelecer condições básicas de equilíbrio entre preços e remuneração dos trabalhadores".[242] Em termos gerais, entretanto, a avaliação empresarial sobre o salário móvel foi mais negativa do que positiva.

As organizações sindicais também não aprovaram o projeto do governo. O CGT, por exemplo, desejava que os reajustes salariais obrigatórios

236 Oesp, No Congresso o projeto sobre salário móvel, 4 dez. 1963, p.2; UH, Mensagem de JG ao Congresso: revisão do salário mínimo a cada seis meses, 18 dez. 1963, p.2.
237 Oesp, Carvalho Pinto fala sobre o salário móvel, 7 dez. 1963, p.18.
238 Oesp, Fiesp aponta os aspectos negativos do projeto sobre salário móvel, 13 dez. 1963, p.22.
239 Ata, Reunião do Conselho de Representantes do Cierj e da Fiega, 3 dez. 1963, p.2.
240 Para o posicionamento publico da Fiega, ver Oesp, O CGT recebeu com reservas o projeto de salário móvel, 13 dez. 1963, p.8.
241 Ata, 86ª Reunião de Diretoria Plena da ACSP, 17 dez. 1963, p.21-2.
242 UH, CNTI e classes produtoras apoiam salário móvel, 16 dez. 1963, p.8.

ocorressem de quatro em quatro meses, a não a cada semestre. O Comando dos Trabalhadores também discordou da utilização dos índices da Sept, que eram conhecidos por subestimar o aumento do custo de vida, requerendo sua substituição pelos índices do Departamento Intersindical de Estatística e Estudos Socioeconômicos (Dieese), considerados mais fidedignos. Algumas lideranças sindicais, tais como os membros da Comissão Permanente das Organizações Sindicais (CPOS) da Guanabara, temiam que o projeto pudesse se transformar em uma espécie de "camisa de força" para os trabalhadores, "congelando" o padrão de vida da classe. A partir disso, subentende-se que a proposta de aumento salarial de dois em dois anos segundo a evolução da renda *per capita* tenha sido considerada insuficiente pelos sindicalistas.[243] Diante das críticas de empresários e de trabalhadores, a ideia do salário móvel acabou sendo descartada pelo governo ainda no final de 1963.

A segunda providência tomada pela administração Goulart visando controlar a intensificação dos conflitos capital-trabalho foi a tentativa de impedir a reeleição da diretoria da CNTI nas eleições da entidade de janeiro de 1964. É possível que as constantes reclamações dos empresários contra os dirigentes da CNTI e CGT tenham mostrado a Jango a importância de agir a esse respeito. O assessor sindical da presidência da República, Gilberto Crockat de Sá, pivô do projeto de criação da UST, mais uma vez foi utilizado por Goulart para tentar impor uma derrota ao grupo de líderes sindicais que controlavam a CNTI/CGT. Vale lembrar que entre essas lideranças encontravam-se não apenas comunistas (Rafael Martinelli, Luiz Tenório de Lima, Hércules Correia dos Reis), mas também petebistas que, com o tempo, tornaram-se cada vez mais independentes de Goulart, em especial o próprio presidente da CNTI, Clodsmith Riani.

O primeiro movimento de Jango e Crockat de Sá para vencer as eleições da CNTI foi tentar convencer o ex-janista Dante Pelacani, vice-presidente da CNTI, a encabeçar uma chapa de oposição contra o grupo de Riani.[244] Pelacani, porém, segundo ele próprio, teria negado a oferta.[245] Diante disso, rompendo com um acordo que havia sido estabelecido desde 1961, no sentido de deixar os órgãos de previdência social sob a liderança de representantes de trabalhadores, Jango articulou para impedir (com sucesso) a reeleição de Pelacani para a

---

243 Para as críticas das organizações de trabalhadores ao projeto do Executivo, ver Oesp, O CGT recebeu com reservas o projeto do salário móvel, 13 dez. 1963, p.8; Concentração do PUA ao ministro do Trabalho: distribuindo manifesto, 21 dez. 1963, p.7; UH, CPOS: ofensiva pelo novo salário mínimo começa hoje, 10 dez. 1963, p.10; Salário móvel: sindicatos contra projetos legislativos, 12 dez. 1963, p.6; CGT em Brasília: novas emendas ao salário móvel, 16 dez. 1963, p.8.

244 UH, Ronda sindical, 27 nov. 1963, p.6.

245 Entrevista [Dante Pelacani], s.d., Cedem-Unesp, p.14-5. Para a imprensa da época, Pelacani negou que estivesse fazendo qualquer tipo de acordo com Crockat de Sá. UH, Eleições na CNTI, 28 nov. 1963, p.6.

presidência do Departamento Nacional de Previdência Social (DNPS) em dezembro de 1963. O presidente do DNPS era eleito por um colegiado composto por seis delegados: dois representantes patronais, dois trabalhistas e dois do governo. Pelacani foi derrotado por 4 votos a 2, tendo recebido apenas apoio dos delegados dos trabalhadores.[246] O pleito da DNPS deixou claro o posicionamento do governo Goulart e produziu um esfriamento das relações entre Jango e CGT. O líder sindical e deputado federal Benedito Cerqueira (PTB-GB) chegou a afirmar que o "Sr. João Goulart [teria] falt[ado] com a palavra empenhada aos sindicatos" e que, em razão disso, o CGT precisaria rever seu posicionamento perante o governo.[247] Para Osvaldo Pacheco, também membro do CGT, "o presidente da República quer[ia], agora, abandonar as bases operárias que sempre o apoiaram", estando "nitidamente numa campanha que visa[ria] empolgar as forças da direita".[248] Dias depois, o Comando lançou um manifesto expressando "profundo descontentamento" com a postura presidencial. Para sanar mal-entendidos, Goulart convidou os líderes do CGT para uma reunião em seu apartamento em Copacabana, mas os sindicalistas negaram o convite.[249] Esse era o sinal de que não haveria acordo para as eleições da CNTI, que ocorreriam no início do ano.

A chapa de oposição articulada por Gilberto Crockat de Sá para a CNTI era formada por antigos pelegos (Ari Campista), lideranças anticomunistas notórias (Olavo Previatti e Mário Dopazo) e membros da extinta União Sindical dos Trabalhadores (Domingos Alvarez). O grupo foi encabeçado por João Wagner, presidente da Federação dos Trabalhadores do Estado do Paraná. Antes das eleições, Wagner declarou ao jornal Última Hora que sua vitória seria "a vitória de João Goulart", pois "a CNTI passa[ria] a funcionar ao lado do presidente, para que ele [Jango] [pudesse], realmente, contar com um dispositivo sindical cem por cento nacionalista".[250] Goulart manteve uma postura pública neutra diante da disputa. Ao que parece, o presidente pretendeu garantir-se contra uma possível vitória da chapa da situação. Caso Goulart se comprometesse abertamente com a campanha de Wagner, seria difícil reatar laços com o grupo do CGT na hipótese de um resultado desfavorável.

A eleição da CNTI foi marcada por toda a sorte de arbitrariedades, praticadas por ambos os lados. A chapa situacionista convenceu 33 delegados

---

246 Oesp, Eleito o novo presidente do DNPS, 24 dez. 1963, p.7; Derrota do presidente do DNPS derrubará o dispositivo comunista armado na CNTI, 25 dez. 1963, p.14; UH, Pelacani derrubado da direção do DNPS: CNTI e CGT protestam, 24 dez. 1963, p.2.

247 Oesp, O CGT vai adotar nova política ante o governo federal, 27 dez. 1963, p.5.

248 UH, Pelacani derrubado da direção do DNPS: CNTI e CGT protestam, 24 dez. 1963, p.2.

249 Oesp, Descontente o CGT com a posição tomada pelo governo, 28 dez. 1963, p.6.

250 UH, João Wagner: CNTI será o veículo em defesa da bandeira de luta de Jango pelas reformas de base, 6 jan. 1964, p.4.

do colégio eleitoral a permanecer trancados na sede da Confederação nas 24 horas anteriores ao pleito. Tinha-se receio de que, se saíssem, eles seriam raptados pela polícia do governador Carlos Lacerda ou comprados pelo grupo do Crockat de Sá.[251] O líder sindical comunista Antônio Chamorro confessou também que "fizemos as eleições com cédula marcada. Cada cédula tinha uma marca, né, para garantir a eleição porque se num determinado momento eles estivessem ganhando, nós ia ganhar na marreta".[252] Por outro lado, pelo que os indícios apontam, Crockat de Sá pagou propina a vários delegados, trazendo suas famílias para ficar em hotéis na Guanabara durante a eleição. Segundo Dante Pelacani, "Jango pegou dinheiro, chamou [Olavo] Previatti, alugou hotel no Rio e passou a trazer gente de todo o Brasil a por dentro do hotel, com família, filhos, etc.".[253] Chamorro, por sua vez, afirmou que "a Última Hora só dava manchetes criminosas contra nós".[254] Sobre essa questão, Clodsmith Riani relata que teria pedido pessoalmente a Jango para impedir que o Última *Hora* publicasse uma reportagem que atestava o apoio do presidente e do ministro do Trabalho Amaury Silva à chapa de João Wagner. No dia das eleições, a nota acabou saindo.[255] Segundo Riani, Jango teria se justificado com as seguintes palavras: "aquela nota foi a Fiesp em São Paulo que financiou o Última Hora, um milhão e 500 mil. Não tive como tirar". A desculpa não convenceu o presidente da CNTI. "Quase comentei [a Jango]: e o senhor não tem dois milhões pra tirar?".[256] É evidente que Goulart poderia ter impedido a publicação da nota se quisesse. O mais interessante do episódio, porém, é perceber o grau de atuação da Fiesp na eleição sindical.

No final das contas, a chapa situacionista ganhou por 33 votos a 20. O feito foi muito comemorado pelos aliados da diretoria da CNTI. Benedito Cerqueira afirmou que a vitória teria representado "a reforma de base do movimento sindical".[257] Imediatamente, Clodsmith Riani exigiu que Goulart demitisse Gilberto Crockat de Sá. Dias depois, o assessor sindical da presidência foi demitido, sendo substituído por Benedito Cerqueira.[258] A partir de então, a administração Jango deu início à sua fase de

---

251 Entrevista [Dante Pelacani], s.d, Cedem-Unesp, p.14-5; Entrevista [Antônio Chamorro], 28 mar. 1972, Cedem-Unesp, p.39; Campos e Paula, 2005, p.284.

252 Entrevista [Antônio Chamorro], s.d., Cedem-Unesp, p.39-40.

253 Entrevista [Dante Pelacani], s.d., Cedem-Unesp, p.14. Essa versão é confirmada por Clodsmith Riani. Ver Campos e Paula, 2005, p.281.

254 Entrevista [Antônio Chamorro], s.d., Cedem-Unesp, p.39.

255 UH, CNTI: oposição vencerá as eleições: Jango e Amauri apoiam João Wagner, 6 jan. 1964, p.7.

256 Campos e Paula, 2005, p.282.

257 UH, Clodsmith Riani ganhou fácil as eleições da CNTI, 7 jan. 1964, p.2.

258 Oesp, Demissionário o assessor sindical de Jango, 12 abr. 1964, p.8; UH, Jango cria a Secretaria Sindical, 14 jan. 1964, p.4; Benedito Cerqueira no lugar de Gilberto Crockat de Sá, 7 fev.1964, p.2.

esquerdização, aliando-se com os mesmos sindicalistas que antes tinham sido considerados "perigosos" pelo próprio governo. No dia seguinte às eleições da CNTI, o presidente anunciou a concessão de 100% de aumento no salário mínimo, tal como havia sido proposto pelo CGT. No dia 18 de janeiro, após dois anos de indefinição, o presidente finalmente decretou a regulamentação da lei de remessa de lucros, para desgosto de empresários estrangeiros. No início de fevereiro, o governo confirmou a realização de "comícios" pela implementação das reformas de base, bem como o desejo de decretar a desapropriação de terras adjacentes às ferrovias e obras públicas federais para acelerar a reforma agrária.[259] Com isso, a administração Goulart ingressava em sua fase de maior esquerdização.

A vitória da chapa trabalhista-comunista para a diretoria da CNTI significou também a tendência de continuidade da pressão por salários e direitos sociais por parte da maior entidade sindical do país. Isso explica o porquê de a Fiesp ter se esforçado para mudar os resultados das eleições. Hugo de Farias, assessor de Goulart na época e membro do Conselho de Representantes da CNI, afirmou que teria se encontrado após o pleito com Nadir Figueiredo, um dos industriais representantes da ala nacionalista da Fiesp. De acordo com Farias, Figueiredo teria sido enfático ao declarar que seu grupo não poderia mais "apoiar esse governo que está aí".[260] Na realidade, o descontentamento da Fiesp com relação à "falta de autoridade" do governo já se manifestava desde meados de 1963. O ápice ocorreu com a greve dos 700 mil, quando o presidente da Federação das Indústrias e o ministro do Trabalho trocaram farpas públicas. As usuais diferenças de posicionamento entre certos membros da Fiesp e setores vinculados ao capital estrangeiro, tal como o Ipes, se ainda eram visíveis no primeiro semestre de 1963, motivadas pelo aperto do crédito do Plano Trienal, dariam lugar a uma crescente sintonia no final do ano. E não é para menos: os dados de salário na indústria de transformação em 1963 apontam para um crescimento real dos salários dos trabalhadores da magnitude entre 6,7% e 18,3% – dependendo do deflator e da metodologia utilizados.[261]

---

259 Sobre essas medidas, ver Oesp, Regulamentada a lei de remessa de lucros, 18 jan. 1964, p.15; Dia 13 o decreto expropriatório da Supra, 20 fev. 1964, p.2; UH, Decidido: novo mínimo de Cr$ 42 mil em vigor a partir de 1° de fevereiro, 7 jan. 1964, p.6; Ano das reformas com apoio sindical começa sexta-feira: remessa de lucros, 15 jan. 1964, p.6; Jango vai assinar novo salário mínimo dia 7: 100% de aumento para todos os trabalhadores, 1° fev. 1964, p.2; CGT faz comícios dia seis próximo com JG presente, 7 fev. 1964, p.6.

260 Ferreira e Gomes, 2007, p.94.

261 Houve uma importante mudança conceitual nas pesquisas industriais do Instituto Brasileiro de Geografia e Estatística (IBGE) a partir de 1963. Antes, o conceito de "pessoal ligado à indústria" incluía apenas operários, mestres e contramestres. De 1963 em diante, porém, esse conceito passou a incluir também técnicos e engenheiros. Renato Colistete usou a participação dos salários de operários, mestres e contramestres no total da massa salarial nos anos de 1959 e 1962 para calcular o salário desses trabalhadores em 1963. Em uma

Essa expansão é surpreendente diante da espiral inflacionária do período. É razoável supor que a intensificação dos movimentos grevistas, que ocorreu exatamente em 1963, teve um papel fundamental nesse resultado.

Apesar disso, o aumento de salários não trouxe uma melhoria da distribuição de renda na indústria, pois a produtividade do setor industrial cresceu 13,6% em 1963, levando os custos unitários do trabalho a apresentar uma tendência decrescente no período.[262] Isso quer dizer que, mesmo com a elevação dos salários reais, os trabalhadores foram desfavorecidos no conflito distributivo, que continuou privilegiando (apesar de em menor escala) os empresários. O paradoxal é que essa diminuição dos ganhos fez com que empresários vissem na repressão ao movimento sindical uma saída para o retorno de taxas de lucro superiores. Daí as demandas frequentes para que o governo agisse com "firmeza" diante de "greves ilegais". Já que Goulart negava-se a recorrer à repressão, a solução seria controlar a maior entidade de representação dos trabalhadores industriais do país. Com a derrota da chapa de oposição nas eleições da CNTI em janeiro de 1964, essa possibilidade também se fechou. O episódio parece ter constituído o estopim de um rompimento anunciado entre o governo Goulart e os poucos empresários que ainda o apoiavam.

* * *

O fracasso na implementação do Plano Trienal em 1963 foi determinado fundamentalmente pelas reações de empresários e trabalhadores ao programa de estabilização do governo Goulart. As dificuldades começaram ainda durante o período de formulação do Plano, quando as empresas responderam à conjuntura de aumento de custos (reforma tributária, salário mínimo, e 13º salário) aumentando preços. Essa tendência foi mantida no início de 1963 com as medidas de inflação corretiva, tais como o fim dos subsídios de importação ao petróleo e trigo. O aumento da demanda resultante da expansão do poder de compra dos trabalhadores e o impacto monetário do financiamento do 13º salário via empréstimos do Banco do Brasil também devem ser levados em consideração para explicar a inflação do período. O fato é que a escalada inflacionária ocorrida nos dois primeiros meses de 1963 tornou extremamente difícil o cumprimento das metas fiscais, monetárias e creditícias do Plano Trienal para o resto do ano. Como seria possível justificar um reajuste salarial de apenas 40% para

---

hipótese "otimista", o autor empregou a participação média do intervalo 1959-62; em outra "pessimista", Colistete usou a tendência da variável no mesmo período, que foi declinante. Combinando-se essas duas hipóteses com os diferentes deflatores (IPA-DI, IPC-Ministério do Trabalho, e IPC-SP), tem-se os limites inferior (6,7%) e superior (18,3%) supracitados. Ver Colistete, 2009, p.388-92.

262 Idem, p.389, 399-400.

o funcionalismo público federal se somente entre janeiro e fevereiro os preços industriais haviam subido mais de 25%, o que correspondia à meta de inflação do Plano Trienal para o ano inteiro? O mesmo se pode dizer sobre os tetos de expansão do crédito do Banco do Brasil ao setor privado. As pressões exercidas por empresários e trabalhadores durante a execução do programa devem ser interpretadas à luz das consequências de medidas tomadas ainda no período de formulação do Plano.

Sobre a redução do déficit público, considerado fundamental pelo Plano Trienal para o controle da inflação, uma das maneiras de atacar o problema seria por meio de um ajuste fiscal progressivo, ou seja, de um ajuste que tributasse proporcionalmente mais as elites – algo que não foi sequer levantado pelo governo. Afora a questão das ações ao portador, que recebeu duras críticas de empresários estrangeiros e associados, a reforma tributária proposta pelo ministro da Fazenda Miguel Calmon no final de 1962 penalizou sobretudo as camadas populares. Pode-se argumentar que uma proposta contrária seria inviável devido ao poder político e econômico dos empresários, que a bloqueariam no Congresso, ou porque seria contraproducente, na medida em que levaria a uma potencial redução do nível de investimentos, afetando o crescimento do produto. Por mais que essas considerações sejam válidas, surpreende o fato de que um governo de esquerda, cuja principal bandeira eram as reformas de base (entre as quais a implementação de uma reforma tributária progressiva), não tenha ao menos proposto algo a respeito como forma de dar sustentação fiscal ao seu plano de estabilização.

Além disso, a expectativa dos membros do governo Goulart para que empresários reajustassem preços com base no aumento efetivo de custos não se materializou, apesar de muitas entidades empresariais terem prometido agir de acordo com essas diretrizes desde o final de 1962. A recém-criada Superintendência de Abastecimento e Preços (Sunab), que viera para substituir a antiga Comissão Federal de Abastecimento e Preços (Cofap), não reunia condições para fazer valer as promessas empresariais. O mesmo se pode dizer para o caso da versão da lei antitruste aprovada pelo Congresso. Isso é tanto verdade que, apesar de o ministro da Fazenda San Tiago Dantas ter prometido aos líderes da CNTI que o governo interviria em empresas que cometessem "abusos de poder econômico", nenhuma intervenção foi feita durante o período de execução do Plano Trienal. A realidade é que a única arma que o governo tinha para convencer empresas a respeitar acordos era a "retórica" – a mesma retórica que o próprio San Tiago Dantas havia classificado como insuficiente para fazer com que empresários cumprissem sua "cota de sacrifício" em prol do sucesso do Plano Trienal.

O grau de organização do movimento sindical no período também impediu que o ajuste fosse transferido integralmente aos trabalhadores, via compressão salarial. A intensificação do número e da abrangência das greves obrigou empresários a ceder, garantindo reajustes capazes de repor aos salários, na maioria dos casos, pelo menos o nível de inflação. Esse processo ganhou ainda maior intensidade no segundo semestre de 1963, quando o Plano Trienal já não mais norteava as diretrizes de política econômica do governo. Mesmo assim, ainda no primeiro semestre, o impacto da mobilização trabalhista nos setores público e privado – vide, por exemplo, a campanha pelo reajuste de 70% para o funcionalismo federal – foi forte o bastante para impedir que a classe trabalhadora arcasse com grande parte dos custos da estabilização, motivando uma espiral preços-salários.

Colocando nossas conclusões em termos contrafactuais: caso o Plano Trienal fosse perfeito como programa de estabilização, as autoridades tivessem tomado todas as atitudes técnicas consideradas adequadas, o instrumental de política econômica fosse plenamente condizente para o combate à inflação, não existissem conflitos internos e entre os diferentes órgãos governamentais, e, por fim, mesmo que o presidente Goulart estivesse totalmente comprometido com as metas da política econômica, ainda assim não haveria condições suficientes para que o Plano Trienal fosse bem-sucedido, dada a conjuntura social brasileira do período. Vale ressaltar que alguns dos erros de cálculo apontados pela literatura não existiram; da mesma forma, a suposta falta de interesse de Goulart em apoiar o programa também não é totalmente fiel à realidade. Lourdes Sola e Antônio Sochaczaeski afirmam que as autoridades erraram por não terem aumentado o compulsório dos bancos comerciais. No entanto, a Instrução 235 de fevereiro de 1963 fez exatamente isso, isentando do aumento do compulsório apenas os bancos que adequassem suas carteiras de crédito a uma determinada faixa de prioridade. Roberto Macedo argumenta que a principal falha do Plano Trienal teria sido a negligência do programa em termos de política salarial. Se, por razões óbvias, o governo Goulart não podia explicitar no Plano suas diretrizes de reajuste de salários, o governo claramente tentou implementar uma política salarial conservadora. Isso ficou claro nas negociações em torno do reajuste do salário mínimo no final de 1962, e mesmo na tentativa de transformar o reajuste de 40% do funcionalismo federal em uma espécie de parâmetro do nível de reajuste que deveria ser concedido ao setor privado. Por fim, Sérgio Monteiro identifica falta de vontade política de Goulart em apoiar o Plano Trienal porque o governo cedeu ao conceder 70% de aumento salarial para o funcionalismo. O autor não leva em consideração, entre outras coisas, a proposta de criação de um empréstimo compulsório do Executivo para compensar esses gastos extras (proposta esta desvirtuada pelo Parlamento), ou, muito menos, os problemas que adviriam para a própria continuidade do Plano se o presidente tivesse se contraposto às ameaças de greves de marítimos e ferroviários das autarquias federais e, particularmente, às ameaças dos setores militares.

De qualquer modo, mesmo que as incongruências apontadas pela literatura não tivessem existido, muitos autores negligenciaram aquilo que nos parece o aspecto básico para a compreensão do fracasso do Plano Trienal, que foi o aguçamento do conflito distributivo entre capital e trabalho na sociedade. Para solucionar esse problema, como também aponta Argelina Figueiredo, o ideal seria que houvesse um aparato institucional capaz de fazer com que empresários e trabalhadores compartilhassem custos do programa de estabilização via contenção de lucros e salários. Um "pacto social" com garantias de cumprimento pelas partes envolvidas parecia, portanto, a maneira menos conflituosa de solucionar o impasse. Vale ressaltar, porém, que essa é uma hipótese que desconsidera, exatamente, os agudos conflitos entre grupos de empresários e destes com sindicatos de trabalhadores, fato que constitui a principal característica do período. Independentemente disso, uma agenda política que colocasse os custos da estabilização majoritariamente sobre empresários, apesar de socialmente mais justa, era pouco viável, em contraste com a situação dos trabalhadores. O governo possuía instrumentos para intervir em sindicatos, prender líderes trabalhistas e, principalmente, decretar como ilegal a maioria das greves. Era isso, inclusive, o que o empresariado desejava. Goulart até empregou meios indiretos para tentar diminuir a capacidade de mobilização da classe trabalhadora (vide a criação da UST), mas se negou a recorrer à repressão. É importante enfatizar esse fato, tendo em vista o grande número de autores que defendem a falta de vontade política de Jango para implementar o Plano Trienal. Qualquer que fosse o presidente que estivesse no poder naquele momento, a situação era notavelmente sensível e complexa, tendo em vista o grau de mobilização exibido pela classe trabalhadora e o tradicional poder econômico e político das classes empresariais.

Além da economia política doméstica, é preciso analisar um elemento fundamental na história que, até então, foi deixado de lado: o papel dos credores externos, principalmente do governo norte-americano, na determinação da amplitude e intensidade das medidas de estabilização. O capítulo final trata dessas questões no interior das relações Brasil-Estados Unidos entre meados de 1962 até o golpe militar de 1964.

8

AINDA A ALIANÇA PARA O PROGRESSO?

Entre os dias 11 e 16 de novembro de 1963, a cidade de São Paulo foi sede de uma importante reunião do Conselho Interamericano Econômico e Social (Cies). Esse encontro foi convocado com o intuito de discutir medidas visando ao aperfeiçoamento da Aliança para o Progresso. Reconhecendo a importância do evento, o governo Kennedy enviou como líder de sua delegação um de seus mais experientes membros: W. Averell Harriman, representante dos Estados Unidos no Programa de Recuperação Europeia entre 1948 e 1950. Além da presença de Harriman, dois ex-presidentes latino-americanos, Juscelino Kubitschek, do Brasil, e Alberto Lleras Carmargo, da Colômbia, tinham sido incumbidos de redigir relatórios com propostas de reformas para a Aliança. Era amplamente reconhecido, inclusive por Washington, que o tão aclamado programa de auxílio econômico para a América Latina estava apresentando deficiências e precisava ser melhorado.[1]

As expectativas otimistas sobre o encontro, porém, desapareceram rapidamente. Logo no discurso de abertura, os norte-americanos perceberam que a situação seria difícil. Em uma exposição curta, João Goulart praticamente ignorou a Aliança para o Progresso. O presidente brasileiro tratou da Conferência das Nações Unidas sobre Comércio e Desenvolvimento (Unctad), que ocorreria em março de 1964 na cidade de Genebra, Suíça.

---

1 Levinson e Onis, 1970, p.128-30; Taffet 2007, p.58-9, 113; Weis, 1993, p.341-42. Para o relatório apresentado pelos ex-presidentes Juscelino Kubitschek e Lleras Camargo, ver Relatório sobre a Aliança para o Progresso, HL/OLIVEIRA, JK pi 63.04.00, HL, CPDOC-FGV.

Goulart disse que a América Latina não precisaria de "soluções paliativas" para seus problemas e clamou dos delegados latino-americanos ali presentes que formassem um "fronte sólido e coeso" em Genebra, com o intuito de lutar contra a deterioração dos termos de troca que estaria prejudicando os países exportadores de produtos primários. Seria preciso, segundo Goulart, estancar "a hemorragia" presente em "nossas economias". A mensagem subliminar no discurso era a de que a Aliança para o Progresso não seria mais prioridade para o continente.[2]

O discurso inaugural de Goulart deixou as autoridades norte-americanas profundamente irritadas. Um dos assessores do presidente Kennedy, Ralph Dungan, em comunicado ao embaixador Lincoln Gordon, opinou que a negligência demonstrada por Goulart diante da ajuda financeira que os Estados Unidos vinham prestando ao Brasil teria sido "chocante".[3] O Departamento de Estado também temia a má influência que esse tipo de manifestação poderia ter entre os demais delegados do encontro, prejudicando o andamento do programa em outros países da América Latina.[4] O temor tinha fundamento. Uma das decisões mais importantes da reunião referiu-se justamente ao estabelecimento de um comitê latino-americano de preparação para a Unctad, sem participação dos Estados Unidos, mas com representação cubana. A atuação da delegação brasileira na criação desse comitê foi fundamental, tanto é que a reunião preparatória para a conferência em Genebra ocorreria em Brasília em janeiro de 1964. Além disso, aquela que poderia ser vista como a medida mais significativa concernente à Aliança para o Progresso – a criação de um comitê coordenador da Aliança, objetivando agilizar a liberação de fundos – foi interpretada com profundo ceticismo por muitos delegados, devido ao poder de veto que os Estados Unidos ainda teriam sobre as decisões do comitê. Como símbolo desse ceticismo, o economista argentino Raul Prebisch negou-se a presidir os trabalhos da nova comissão.[5] Até mesmo o chefe da delegação brasileira, o ministro da Fazenda Carvalho Pinto, que adotara uma postura conciliatória em comparação a Goulart, justificou-se com o argumento de que a Aliança para o Progresso merecia um "enterro decente".[6] O assassinato de Kennedy dias após o fim da reunião em São Paulo representaria o

---

2 Discurso do Presidente do Brasil João Goulart no Segundo Encontro Anual do Conselho Interamericano Econômico e Social (Cies), São Paulo, 11 a 16 de novembro de 1963, *apud* Weis, 2001, p.341.

3 Telegram 46, Department of State to Rio de Janeiro, 12 nov. 1963, folder "Brazil, General, 11/1/63-11/15/63", Box 14, NSF, JFKL, p.1-2.

4 Idem, p.2.

5 Essa comissão foi denominada "Comitê Interamericano da Aliança para o Progresso" (Ciap). Ver Levinson e Onis, 1970, p.128-30.

6 CIA Memorandum 3/564-776, 14 nov. 1963, folder "Brazil, General, 11/1/63-11/15/63", Box 14, NSF, JFKL, p.3.

enterro de uma Aliança já bastante desacreditada na América Latina, apesar de o governo Johnson ter mantido o compromisso formal de continuar o programa do predecessor.[7]

Essa descrença das autoridades brasileiras diante da Aliança para o Progresso constituía um fenômeno recente. Se, por um lado, o desempenho do programa no Brasil vinha sendo insatisfatório praticamente desde seu lançamento (com exceção do curto período da administração Quadros); por outro, até a viagem de Goulart aos Estados Unidos, em abril de 1962, ainda havia um clima de expectativa por parte do governo brasileiro de que a Aliança pudesse ser aperfeiçoada. A assinatura de um acordo de ajuda econômica para o Nordeste, por exemplo, apesar de suas limitações, pareceu sinalizar nesse sentido. O que se assistiu em São Paulo em novembro de 1963, porém, representou um verdadeiro rompimento do governo brasileiro com o programa de Kennedy para a América Latina. Tendo em vista a importância dada por Washington à Aliança para o Progresso, é de se convir que a atitude tomada pelo governo brasileiro na reunião do Conselho Interamericano foi, no mínimo, audaciosa, e certamente contribuiu para o contexto de instabilidade política que levou à queda de Goulart quatro meses depois.

É importante compreender as motivações que fizeram o presidente do Brasil assumir uma postura de tão clara oposição à Aliança para o Progresso no final de 1963. A resposta a essa pergunta encontra-se em uma complexa sequência de eventos, que se intensifica a partir de abril de 1962, após o retorno de João Goulart dos Estados Unidos. O momento crucial deu-se com a ida de San Tiago Dantas a Washington, em março de 1963, com o intuito de negociar novos recursos financeiros para o Brasil no contexto de implementação do Plano Trienal[8]. Os resultados e as consequências da Missão Dantas compõem um elemento fundamental para se compreender o porquê de o presidente João Goulart ter ignorado o programa econômico de Kennedy em seu discurso aos delegados latino-americanos em São Paulo em novembro de 1963.

O capítulo divide-se em quatro seções. Em todas as seções analisam-se os diferentes posicionamentos assumidos pelo governo Kennedy sobre a concessão de ajuda econômica ao Brasil nos parâmetros da Aliança para o

---

7 Há um grande debate sobre o término da Aliança para o Progresso. Alguns autores, baseados na leitura de Arthur Schelesinger, argumentam que a Aliança teria sido abandonada somente com o governo Lyndon Johnson (1963-68). Outros, porém, assinalam que o programa já havia sido seriamente comprometido pela própria administração Kennedy. Para a primeira interpretação, ver Smith, 2000, p.157-8, e Lowenthal, 2010, p.5-6. Para a segunda, ver Black, 1977, caps. 11-12; Field Jr.,2014, cap.1, e Rabe, 1999, cap.8; 2016, cap.5. As evidências apresentadas nesse capítulo sobre o Brasil corroboram a segunda posição. Para a Aliança para o Progresso no governo Johnson, ver Kirkendall, 2007.

8 Do ponto de vista do governo norte-americano, porém, o momento crucial ocorreria no fim de 1962. Para mais informações, ver contribuição que publicamos na *Cold War History* sobre isso. Loureiro, 2017.

Progresso. Nas duas primeiras, discute-se o período de meados ao final de 1962, caracterizado pelo o que se denominará aqui de "política da abordagem dupla"; na terceira seção, centra-se no contexto do Plano Trienal; e, na quarta, analisa-se o período pós-Plano Trienal, quando os Estados Unidos abandonaram uma perspectiva de conciliação com o governo Goulart e adotaram uma postura favorável à substituição do regime no Brasil. Foi exatamente nesse contexto que o presidente Jango daria seu famoso e bombástico discurso na abertura da conferência do Conselho Interamericano.

8.1. A política da abordagem dupla

No final de maio de 1962, Teodoro Moscoso, Coordenador da Aliança para o Progresso em Washington, enviou um grupo de especialistas ao Brasil com o intuito de analisar as condições sociais, políticas e econômicas do país. O estudo produzido por essa equipe serviria para avaliar o desempenho brasileiro com relação às metas aprovadas pela Carta de Punta del Este e para preparar a visita do presidente John Kennedy ao Brasil, que supostamente aconteceria em julho daquele ano.[9] Em 19 dias de estadia, o grupo encontrou-se com 288 pessoas, em sua maioria autoridades de governos estaduais e membros do empresariado, e produziu relatórios cujas conclusões (a história mostraria) guiariam a política externa norte-americana no Brasil praticamente até o golpe de 1964.[10]

Nos relatórios enviados a Moscoso, os técnicos disseram que a administração Goulart seria "incompetente" e "infiltrada por comunistas ou simpatizantes".[11] Apesar disso, devido à grande importância geopolítica e econômica do Brasil para os Estados Unidos, o governo Kennedy "não teria alternativa" a não ser manter sua "política de colaboração". Isso significava que Washington deveria continuar liberando recursos ao Brasil mesmo sem que vigorasse um *stand-by* do país com o Fundo Monetário Internacional (FMI); mas, por outro lado, que essa liberação deveria acontecer apenas conforme necessidades brasileiras imediatas, mantendo Goulart sob "rédeas curtas".[12]

---

9 A negociação de uma visita de Kennedy ao Brasil foi acordada ainda durante a administração Quadros. No entanto, após dois adiamentos feitos pelo governo norte-americano, ela acabaria não acontecendo. MemPres, 17 julho 1962, RRB 1954-63, folder "Presidential Visit, Postponed July Visit (1962)", Box 3, RG 59, Nara; Memo, Ralph Burton to Wellman, 19 set. 1962, RRB 1954-63, folder "Presidential Visit, Pending Terms", Box 3, RG 59, Nara.

10 Para mais informações sobre a equipe enviada por Teodoro Moscoso ao Brasil, ver Carta, Samuel E. Badillo to Teodoro Moscoso, 18 jun. 1962, RRB 1954-63, folder "Presidential Visit, Pending Terms", Box 3, RG 59, Nara.

11 Report s.n., Brazil: a Colossal Dilemma, jul. 1962, RRB 1954-63, folder Mic 5c (4), Box 3, RG 59, Nara, p.1.

12 Report s.n., Roberto de Jesus Toro to Teodoro Moscoso, 18 junho 1962, RRB 1954-63, folder "USIA Activities, General", Box 2, RG 59, Nara, p.5.

Essa foi, de fato, a política seguida pelo governo Kennedy desde que Goulart assumiu a presidência: pressionar o Brasil ao máximo para reatar relações com o FMI, porém ceder quando o país estivesse em situação financeira delicada, evitando a adoção de medidas drásticas pelo governo brasileiro, como o racionamento de importações básicas.

A principal novidade nas recomendações feitas pelo grupo, porém, relacionava-se a um outro aspecto da ajuda financeira ao Brasil. Segundo Roberto de Jesus Toro, encarregado da seção econômica do relatório, ao mesmo tempo em que o governo Kennedy deveria manter uma "política de colaboração" com Goulart, seria preciso também "lançar uma outra política", que teria o objetivo de fortalecer "as forças democráticas no Brasil". Conforme Jesus Toro, os "governantes brasileiros deve[ria]m ser tratados diferentemente: aqueles que são amigos dos Estados Unidos, apoiando a democracia", tais como Carlos Lacerda (GB-União Democrática Nacional, UDN), Juraci Magalhães (BA-UDN) e Cid Sampaio (PE-UDN), quando solicitarem recursos para projetos em seus estados, "deve[ria]m obter aprovação quase que imediata, com o mínimo de análise possível". Por outro lado, pedidos de "inimigos", como Leonel Brizola (RS-Partido Trabalhista Brasileiro, PTB) e Miguel Arraes (Recife-Partido Socialista Trabalhista, PST), deveriam receber "tratamento gelado". Sugeriu-se também à embaixada norte-americana a preparação de uma "lista" contendo o nome de 100 governantes brasileiros, que seriam rotulados entre "amigos", "neutros" e "inimigos", com o fim de guiar as agências norte-americanas no processo de liberação de fundos. Apenas assim, concluiu Jesus Toro, a democracia brasileira seria salva da "ameaça comunista".[13]

Em reunião do dia 12 de julho de 1962, o Comitê Político para a América Latina (Latin American Policy Committee, LAPC) aprovou uma "política de curto prazo" para o Brasil que seguia essencialmente as mesmas linhas da abordagem dupla proposta pela equipe de Moscoso: de um lado, apoio às "forças democráticas"; e, de outro, na hipótese de o país manter-se negligente na aplicação de um plano de estabilização, concessão de auxílio econômico ao governo federal somente em caso de estrita necessidade. Recomendou-se ainda que os Estados Unidos utilizassem ao "máximo a política externa 'independente' brasileira em apoio aos nossos próprios objetivos de política exterior". A intenção norte-americana era empregar o Brasil como ponte entre Washington e os "países não alinhados", bem como promover o diálogo entre o regime salazarista e os movimentos de independência das colônias portuguesas na África, visando mantê-las sob influência ocidental.[14]

---

13 Idem, p.3, 5-6.
14 Memo, BrazilShort-Term Action Paper, julho 1962, p.1; Memorandum for the Latin American Policy Committee, ago. 1962, folder "Brazil 4/62-8/62", Box WH-26, PAS, JFKL. Ver também Position Paper, Brazil as an Instrument of Western Influence in Africa, s.d., folder

A partir de então, o governo Kennedy passou a negar sistematicamente às autoridades brasileiras a liberação dos US$ 84 milhões remanescentes dos acordos de maio de 1961, sob a justificativa de que a administração Goulart teria abandonado esforços de estabilização.[15] Negociações de novos empréstimos também estavam fora dos planos. Por detrás dessa abordagem "linha dura", no entanto, Washington vinha recebendo relatórios frequentes da embaixada no Brasil assegurando que essa política poderia ser mantida porque a situação financeira brasileira era "séria, mas não crítica".[16] De fato, a comparação da quantidade de recursos liberados ao Brasil até meados de 1962 (US$ 469,6 milhões) com a porção de fundos autorizada desde então (US$ 80,6 milhões) é prova de que Washington havia adotado uma política de "linha dura" com o governo Goulart (Tabela 8.1).

Por outro lado, seguindo a postura recomendada pelo LAPC, o governo Kennedy não parecia disposto a adotar a mesma "linha dura" com as "forças democráticas" no Brasil. Administrações estaduais consideradas aliadas na luta contra o comunismo, tais como a da Guanabara (Carlos Lacerda, UDN) e a do Rio Grande do Norte (Aluísio Alves, UDN), passaram a receber tratamento diferenciado de Washington. Em julho de 1962, a United States Agency for International Development (Usaid) autorizou um empréstimo ao estado da Guanabara para a construção de casas populares com o selo da Aliança para o Progresso. A "Vila Aliança" em Bangu seria o primeiro de três empreendimentos habitacionais a serem financiados pelo governo Kennedy na região. Ao total, entre 1962 e 1965, Carlos Lacerda recebeu US$ 4,5 milhões para a execução desses projetos.[17]

Em agosto de 1962, como parte dos acordos da Aliança para o Progresso no Nordeste, a Usaid concluiu um convênio com o governador Aluísio Alves para o financiamento de um programa educacional no Rio Grande do Norte. No "Manifesto de Natal", documento que consagrou o convênio, a Superintendência para o Desenvolvimento do Nordeste (Sudene) não foi sequer mencionada. Previu-se US$ 1 milhão em investimentos na área em quatro anos, com foco na erradicação do analfabetismo.[18] Projetos para

---

"Brazil, General, 2/25/61 – 5/31/61", Box 12, NSF, JFKL. Sobre a relação entre PEI e independência afro-asiática, ver Selcher, "Afro-Asian Dimension".

15 Telegram 458, Rio de Janeiro to Department of State, 20 set. 1962, CGR 1943-73, folder "Financial Matters, July-Dec. 1962", Box 136, RG 84, Nara; Memo, Edwin Martin to George Ball, 28 set. 1962, RRB 1954-63, folder "Min. of Labor, Montoro (1962)", Box 2, RG 59, Nara; Telegram 832, Department of State to Rio de Janeiro, 28 set. 1962, folder "Brazil, General, 9/62", Box 13, NSF, JFKL, p.4.

16 Telegram 458, Rio de Janeiro to Department of State, 20 set. 1962, Nara; Memo, Martin to Rusk, 21 set. 1962, RRB 1954-63, folder "Min. of Labor, Montoro (1962)", Box 2, RG 59, Nara.

17 Os dois outros empreendimentos foram a "Vila Esperança" em Vigário Geral e a "Vila Kennedy" em Cidade de Deus. Ver Benmergui, 2009, p.314.

18 Page, 1972, cap.12, e Kirkendal, 2004, p.173-79; 2010, p.35-40. Para o convênio Usaid-Rio Grande do Norte, ver Roett, 1972, p.110-2, e Brito, 2008, p.5-6.

Tabela 8.1 – Empréstimos e doações do governo dos Estados Unidos aos governos federal e estaduais, Brasil, janeiro de 1961 a dezembro de 1962 (milhões US$)

Fontes	Janeiro 1961 a junho 1962***	Julho 1962 a dezembro 1962***
Usaid	89,2 (61%)	11,7 (0%)
Fundos do Trigo (PL 480)*	153,4	64,6
Fundo Social (BID)**	47	3,9
Eximbank	135 (93%)	0
Dep. Tesouro EUA	44,5 (100%)	0
Corpos da Paz (*Peace Corps*)	0,5	0,4
Total	469,6	80,6

Fontes: Report s.n., U.S. Economic Assistance to Brazil, s.d., folder "Brazil 1/63-6/63", Box 390A, PRD, JFKL; Tabela 4.5.

*Por meio da *Public Law* (PL) 480, o Brasil adquiria trigo dos Estados Unidos. A transação era compensada com moeda local via empréstimos de longo prazo; **Social Progress Trust Fund*, Banco Interamericano de Desenvolvimento (BID); ***Quando cabível, apresenta-se a porcentagem de recursos voltados ao governo federal (segundo os valores da Tabela 4.5). Os Fundos do Trigo e os Corpos da Paz eram programas nacionais, não admitindo discriminação por estado. Não foram encontrados dados sobre a participação federal em recursos do Fundo Social (BID).

a construção de escolas também foram concluídos com o governador de Pernambuco (Cid Sampaio, UDN) sem a autorização da Sudene.[19] As reclamações dos membros do governo Goulart sobre a discriminação sofrida por órgãos federais na alocação de fundos não surtiram efeito. Autoridades norte-americanas respondiam que o dinheiro estava sendo distribuído de acordo com critérios econômicos e não políticos.[20] No entanto, o fato de esses bolsões de eficiência coincidirem exatamente com os estados cujos governadores eram opositores de Goulart tornava a justificativa suspeita aos olhos de membros do governo federal. Assistia-se ao início da política de "ilhas de sanidade administrativa", de acordo com o termo empregado pelo embaixador Lincoln Gordon.[21]

O apoio dado pelo governo norte-americano às "ilhas de sanidade" foi pequeno até o final de 1962. Tomando-se como referência a Tabela 8.1, vê-se que os governadores "democráticos" receberam, na melhor das

19 Page, 1972, p.140-3, e Roett, 1972, p.74-5, 112.
20 MemCon, Roberto Campos and Edwin Martin, 12 set. 1962, RRB 1954-63, folder "Financial Affairs, General (1962)", Box 2, RG 59, Nara, p.1-2.
21 Telegram 171, Rio de Janeiro to Department of State, 19 julho 1962, JFKL; Memo, Brazil Short-Term Action Paper, julho 1962, JFKL. Essa política seria reconhecida até mesmo pelo então embaixador do Brasil nos Estados Unidos, Roberto Campos, que explica seu surgimento como decorrência da "relativa abulia administrativa do governo Goulart". Campos, 2004, p.532.

hipóteses, US$ 15,6 milhões de empréstimos da Usaid e do Banco Inter-
americano de Desenvolvimento (BID) entre julho e dezembro daquele
ano. Certamente esse não é um valor considerável, tendo em vista o total
de auxílio econômico recebido pelo Brasil em 1961. A partir dessas evidências, estudiosos argumentaram que a prática das "ilhas de sanidade
administrativa" teria sido iniciada apenas em 1963.[22] Na realidade, como
apontam fontes oficiais norte-americanas, essa política já estava sendo
implementada desde meados de 1962. A questão, no entanto, é que a
liberação de fundos aos governadores "democráticos" deu-se de modo
mais lento nos primeiros meses. Uma das razões para isso foi a oposição
do governo federal brasileiro, que tentou dificultar ao máximo a autorização de recursos, especialmente quando vinculados ao acordo de auxílio
econômico para o Nordeste.[23] Em contraste com a posição da Usaid,
os membros da Sudene mantinham a interpretação de que os projetos
executados na região precisariam de aprovação da Superintendência. O
fato é que alguns convênios entre o governo Kennedy e administrações
estaduais foram obstruídos temporariamente por causa dessa disputa.
O referido acordo para o desenvolvimento da educação no Rio Grande
do Norte, por exemplo, demorou meses para receber o aval do governo
federal. Em novembro de 1962, o governador Aluísio Alves foi à Brasília e
ameaçou Goulart de denunciá-lo publicamente caso o convênio não fosse
concluído. O presidente acabou cedendo, passando por cima da oposição
da Sudene. Seria muito difícil para Goulart, ainda mais no contexto de
sua campanha de retorno ao presidencialismo, ser identificado com o
bloqueio de verbas educacionais para o Nordeste. Com o tempo, esses
embates entre administrações federal e estaduais passaram a ser menos
frequentes. Muitos convênios do governo norte-americano definiam
um calendário de investimentos a ser cumprido no médio prazo. Assim,
uma vez obtida a autorização inicial de Brasília, não seria mais preciso
conseguir novas permissões para a liberação de recursos já previstos por
esses convênios. Além disso, a posição defendida pela Sudene tendeu a
se enfraquecer ao longo do tempo, na medida em que acordos que não

---

22 Leacock e Green afirmam que essa política teria sido aprovada na reunião do dia 11 de
dezembro de 1962 do Conselho de Segurança Nacional (NSC). Parker e Weis defendem
posição semelhante, apesar de enfatizarem que a intensificação dessa abordagem teria ocorrido apenas depois de junho de 1963. Fico, por sua vez, assinala que as "ilhas de sanidade"
teriam sido a base da "estratégia de ajuda dos Estados Unidos" ao Brasil "nos últimos dias do
regime Goulart". Leacocok, 1990, p.135-6; Green, 2010, p.31; Parker, 1979, p.47; Weis, 1993,
p.161-2; 2001, p.339-40; e Fico, 2008, p.79.

23 Segundo o Artigo 33 da Constituição Brasileira de 1946, estados e municípios só poderiam
contrair empréstimos no exterior com a autorização do Senado Federal. No entanto, a liberação de recursos referentes ao convênio Usaid-Nordeste dependia de ratificação do Poder
Executivo, conforme permissão aprovada no Senado. Ver: Oesp, San Tiago Dantas assina
nos EUA empréstimos de US$ 142 milhões, 13 abr. 1962, p.2.

tinham sido ratificados pela entidade passaram a ser executados pelos governos estaduais.

Um outro aspecto importante para explicar o aporte relativamente modesto de recursos aos governadores "democráticos", na segunda metade de 1962, refere-se às eleições brasileiras realizadas em outubro daquele ano.[24] Devido às eleições, os recursos norte-americanos não foram canalizados exclusivamente aos projetos da Aliança para o Progresso nas "ilhas de sanidade administrativa". Foi necessário também separar fundos para financiar a campanha dos "candidatos democráticos" em todo o Brasil. Segundo o embaixador Lincoln Gordon, em entrevista concedida em 1977, os Estados Unidos teriam investido US$ 5 milhões nessas eleições. No entanto, em encontro com Kennedy na Casa Branca, em julho de 1962, Gordon deixou a entender que o governo norte-americano estaria aplicando US$ 8 milhões na campanha. Há indícios que apontam para valores ainda mais altos, chegando até a US$ 20 milhões.[25] Sabe-se que grande parte desse investimento foi feito por meio da Central Intelligency Agency (CIA) e canalizado principalmente para o Instituto de Ação Democrática (Ibad).[26] Com exceção da derrota de João Cleofas para Miguel Arraes em Pernambuco, os resultados eleitorais foram considerados satisfatórios por importantes grupos de direita no Brasil, particularmente as vitórias em São Paulo (Ademar de Barros, Partido Social Progressista, PSP), Rio Grande do Sul (Ildo Meneghetti, Partido Social Democrático, PSD) e a manutenção de significativa bancada de "congressistas democráticos" no Legislativo em Brasília.[27] O auxílio financeiro norte-americano teve, portanto, um papel fundamental para impedir que o quadro político brasileiro pendesse para a esquerda depois das eleições.

É importante ressaltar, no entanto, que esse apoio dado pelos Estados Unidos às "forças democráticas" – seja por meio da política de "ilhas de sanidade administrativa", seja via suporte eleitoral a candidatos conservadores – não parece ter sido motivado primordialmente por objetivos golpistas.[28] Apesar

---

24 Em 7 de outubro de 1962 seriam eleitos 409 deputados federais, 45 senadores (2/3 do Senado Federal) e os representantes dos poderes executivo e legislativo de onze estados da Federação (AC, AM, BA, CE, ES, PE, PI, RJ, RS, SE e SP). Ver Oesp, Trinta candidatos disputam dez governos estaduais, 7 out. 1962, p.5; Para as 45 vagas no Senado há 109 candidatos, 7 out. 1962, p.6; Nicolau, 2004, p.88-91.

25 Para a entrevista de Gordon, ver Green, 2010, p.30. Para a discussão entre Kennedy e Gordon, ver Naftali, 2001, p.160. Para estimativas de que o aporte de recursos norte-americano nas eleições brasileiras teria sido ainda maior, ver Bandeira, 1983, p.68-9, e Dreifuss, 1981, p.336. Em livro publicado em 2003, Gordon admitiu ter aceitado a "sugestão da CIA" para fornecer recursos a "candidatos brasileiros amigáveis". Gordon, 2003, p.11.

26 Agee, 1978, p.321, e Turner, 2005, p.99.

27 Ver, por exemplo, a opinião do Ipes em Relatório, Apreciação Geral, s. d., Pacotilha 2, Caixa 53, AP 25, ANRJ.

28 As evidências documentais até então disponíveis apontam nesse sentido. Outros autores também salientaram esse aspecto. Carlos Fico diferencia "campanha de desestabilização" e

de uma manobra militar contra Goulart "estar nas cartas", conforme Lincoln Gordon afirmou a John Kennedy em junho de 1962, essa opção não era vista como a melhor naquele momento. De acordo com o embaixador norte-americano, o fortalecimento de grupos "democráticos" no Brasil teria como principal objetivo "diminuir os poderes" de João Goulart.[29] Além disso, como assinalaria outro alto funcionário do governo Kennedy, H. Wellman, a política do Departamento de Estado vinha sendo a de "fortalecer os elementos moderados e democráticos no Brasil", a fim de "persuadir" Goulart "a cooperar com estes ao invés de com a extrema esquerda".[30] Em outras palavras: na medida em que Goulart seria obrigado a conviver com forças conservadoras no Congresso e em estados-chave da Federação até o fim de seu mandato, os espaços para manobra política do presidente seriam limitados. No entanto, como ressaltou Gordon a Kennedy, na hipótese de Goulart "agir abertamente" contra essas "forças da democracia", grupos brasileiros aliados a Washington deveriam estar organizados e preparados para assumir o poder. É por isso que a perspectiva de golpe constituía uma das "cartas" do baralho, mas não a principal.[31]

Além do apoio às "forças democráticas", no final de 1962 surgiu outra oportunidade de o governo norte-americano influenciar a posição política da administração Goulart. Em outubro, Lincoln Gordon informou a Washington que a situação financeira do Brasil teria se tornado "desesperadora" – diferentemente de meses antes, quando tal posição havia sido descrita como "séria, mas não crítica". Conforme Gordon, se o país conseguisse escapar da falência em dezembro daquele ano, isso não seria possível três meses depois, quando numerosas obrigações internacionais venceriam.[32] A administração Kennedy precisava decidir se estava disposta a flexibilizar a "linha dura" imposta a Goulart desde meados de 1962, quando os Estados Unidos praticamente deixaram de fornecer recursos ao governo federal brasileiro. Como se analisará nas próximas seções, a flexibilização aconteceu, porém não na intensidade e nem nas condições necessárias para que o Plano Trienal fosse bem-sucedido. Esta seria a última tentativa de colaboração do governo norte-americano com o presidente João Goulart.

"conspiração" do governo norte-americano contra Goulart. A fase conspiratória só teria sido organizada nos momentos finais do regime janguista. Ver Fico, 2008, p.75-6. Para uma visão alternativa, ver Dreifuss, 1981, p.147-50.

29 Naftali, 2001, p.17.
30 Memo, H. Wellman to Edwin Martin, 8 nov. 1962, folder Mis 5d, Box 3, RG 59, Nara, p.1.
31 Naftali, 2001, p.17.
32 Report A-474, Rio de Janeiro to Department of State, 26 out. 1962, CGR 1941-73, folder "Financial Matters, July-Dec. 1962", Box 136, RG 84, Nara; Telegram 1436, Rio de Janeiro to Department of State, 29 jan. 1963, CGR 1941-73, folder "Financial Matters, Jan.-April 1963", Box 136, RG 84, Nara.

8.2. A abordagem dupla em xeque[33]

Em outubro de 1962, sob ordens do presidente John Kennedy, uma equipe norte-americana liderada pelo general William Draper foi enviada ao Brasil para analisar a situação financeira do país. Após realizar vários encontros com empresários e autoridades governamentais, o grupo produziu um relatório controverso sobre a administração Goulart.[34] "O Brasil está na iminência de uma catástrofe financeira", assinalou William Draper. O déficit externo do país para 1963 foi estimado em US$ 900 milhões. "Seria preciso mais do que a verba total destinada à América Latina pela Aliança para o Progresso para financiar esse déficit". Diante desse quadro, e tendo em vista que "Goulart provavelmente não aplicará medidas drásticas que possam afetar adversamente sua popularidade", o grupo propôs intensificar uma política de "linha dura" sobre o Brasil. Os Estados Unidos deveriam manter somente "ajuda limitada" ao governo federal "enquanto a situação brasileira estivesse sendo arrumada". Draper imaginava que os problemas econômicos e sociais se intensificariam de tal maneira sem a ajuda norte-americana que os militares dariam um golpe contra Goulart para restabelecer a ordem. No caso de Washington considerar preferível manter uma "assistência econômica de curto prazo", recomendou-se que esse auxílio fosse condicionado à aplicação de um "programa de estabilização responsável", isto é, capaz de apresentar "resultados imediatos" especialmente nos quesitos inflação e déficit externo. No entanto, tal quadro era considerado pouco provável na medida em que a administração Goulart trabalhava com a perspectiva de uma solução "gradualista" para a inflação (Plano Trienal). É nesse sentido, concluía o relatório Draper, que não era recomendável aos Estados Unidos "adiarem uma crise" por meio da concessão de mais recursos a Goulart. "Infelizmente", concluiu Draper, "parece que as condições no Brasil precisam piorar antes de melhorarem".[35]

As conclusões do relatório Draper não foram aceitas de forma unânime pelos membros do governo norte-americano. Lincoln Gordon, por exemplo, discordou veementemente da previsão de que Goulart seria retirado do poder uma vez que os Estados Unidos decidissem intensificar sua política de "linha dura" no país, levando a uma deterioração das condições econômicas. "Isso é altamente especulativo e nós acreditamos [que seja] implausível. Os militares falharam em excluir Goulart em agosto de

---

33 Uma versão preliminar dos temas explorados nesta e na próxima seção do capítulo foram publicados na *Revista de Economia Política*. Ver Loureiro, 2013, p.671-91.

34 MemCon, Draper, Ademar de Barros, 16 out. 1962; MemoCon, Draper, Gastão Vidigal, 17 out. 1962; MemCon, Draper, Ruy Mesquita, 17 out. 1962; MemCon, Draper, John Richards, 17 out. 1962; folder "Brazil, General, 10/18/62 – 10/31/62", Box 13, NSF, JFKL.

35 Report to the President by the Interdepartmental Survey Group on Brazil, 3 nov. 1962, folder "Brazil General 11/1/62 – 11/15/62", Box 13, NSF, JFKL.

1961 e falharam em apoiar o Congresso em setembro último [1962]". Um golpe contra o presidente, segundo o embaixador, só seria bem- sucedido se Goulart desrespeitasse de forma inequívoca a constituição ou apoiasse uma tentativa de golpe comunista – situações interpretadas pelo embaixador como improváveis naquele contexto. Gordon assinalou ainda que seria "muito mais promissor" manter a política de fortalecimento dos grupos "democráticos". Os Estados Unidos deveriam prosseguir em seu esforço de "puxar Goulart para o centro" e de enfraquecer as ligações do presidente com a "esquerda radical". Gordon considerava "politicamente inviável", por fim, que Washington pressionasse o governo brasileiro a solucionar o problema da inflação em apenas um ano. Um programa de estabilização "gradual" e que, ao mesmo tempo, trabalhasse para manter taxas mínimas de crescimento seria mais apropriado dadas as "limitações atuais" do país.[36] As críticas feitas por Gordon ao relatório Draper foram reproduzidas quase que literalmente por Walt W. Rostow, diretor do Conselho de Planejamento de Políticas (Policy Planning Council, PPC) do governo Kennedy. Rostow também se posicionou contrário à tese de que Washington deveria indiretamente "buscar a remoção de Goulart e a criação de uma ditadura militar" no Brasil. Segundo o diretor do PPC, seria "muito cedo" para concluir que o presidente brasileiro constituiria "uma alma perdida". Além disso, Rostow argumentou que um "esforço monetarista drástico e imediato", como proposto pelo relatório Draper, "evidentemente não [seria] suficiente" para resolver os problemas do Brasil, além de ser "politicamente inaceitável".[37]

Outros membros do governo Kennedy, no entanto, mostraram-se amplamente favoráveis à abordagem proposta por Draper. Frank K. Sloan, secretário assistente para Assuntos Americanos no Departamento de Estado, por exemplo, afirmou que "a manutenção de Goulart no poder [seria] prejudicial aos interesses dos Estados Unidos". Sloan recomendou que Washington desenvolvesse um "programa passo a passo" para não dar escolha a Jango: ou o presidente brasileiro aceitava tal programa, separando-se "de uma vez por todas" dos comunistas; ou, caso contrário, ocorreria o envolvimento "inequívoco" de Goulart com a esquerda radical, dando aos militares "tanto o pretexto quanto o apoio público para removê--lo". Segundo Sloan, a aplicação de um rígido plano de estabilização faria parte desse "programa passo a passo", além das costumeiras recomendações referentes à área sindical, às supostas infiltrações comunistas no

---

36 Telegram 924, Rio de Janeiro to Department of State, Section I, 2 nov.1962, folder 16, Box 112, POF, JFKL, p.2-3.
37 Memo, Walt W. Rostow to Edwin Martin, 14 nov. 1962, folder "Brazil, 11/62 – 12/62", PRD, NSF, JFKL.

governo, e à necessidade de o Itamaraty abandonar a Política Externa Independente (PEI).[38]

Apesar de o Departamento de Estado ter acatado parte das críticas feitas ao relatório Draper, a ideia de um "programa passo a passo" para comprometer ou separar Goulart dos comunistas também ganhou apoio no governo Kennedy. Em resposta aos comentários de Lincoln Gordon, o secretário de Estado Dean Rusk afirmou que "nós reconhecemos que não é razoável esperar êxito completo de [um programa de] estabilização em menos de um ano ou dois". Por outro lado, prosseguiu Rusk, "nós não estamos dispostos e nem aptos a prover pesados recursos para satisfazer a perspectiva de um enorme déficit no balanço de pagamentos brasileiro". Os Estados Unidos estariam preparados a ajudar financeiramente o governo Goulart somente em consonância com outros credores (inclusive o FMI) e baseados em um conjunto de condições, tais como a implementação de um "fundamentado programa de estabilização e de desenvolvimento econômico", a resolução dos casos de expropriação envolvendo as empresas norte-americanas (American Foreign and Power, Amforp e International Telephone and Telegraph, ITT), a supressão das "características indesejáveis" da lei de limitação de remessa de lucros e, o "mais importante", o fim da tendência da administração Goulart de "se afastar da solidariedade hemisférica" (leia-se: Política Externa Independente) e de "comprometer a democracia liberal e representativa" no país (isto é, fim dos vínculos entre o presidente e grupos "comunistas" nos meio sindical, político e militar).[39]

Os itens do "programa passo a passo" do Departamento de Estado não compunham apenas um meio para obrigar Goulart a romper com a esquerda radical, mas também um fim em si mesmo. A administração Kennedy vinha demonstrando insatisfação com o desempenho do governo brasileiro em cada uma das áreas mencionadas por Rusk a Gordon. Com relação à lei de remessa de lucros, por exemplo, Goulart prometera ao embaixador norte--americano que uma versão mais branda da lei seria aprovada no Congresso Nacional, invalidando provisões anteriores. O presidente ressaltou que, se fosse preciso, ele "encontrar[ia] alguma maneira de garantir a ausência dos deputados Brant e Lossaco no momento da votação".[40] De fato, um projeto

---

38 Memo, Frank Sloan to Edwin Martin, 14 nov. 1962, folder "Draper Team (1962)", Box 3, RG 59, Nara, p.2-6.

39 Telegram 1147, Department of State to Rio de Janeiro, 15 nov. 1962, folder 16, Box 112, POF, JFKL, p.1-3.

40 Telegram 451, Rio de Janeiro to Department of State, 23 ago. 1961, folder "Brazil, General, 8/16/62 – 8/31/62", Box 13, NSF, JFKL. Salvador Lossaco (PTB-SP) e Celso Brant (MG, Partido Republicano, PR), membros da Frente Parlamentar Nacionalista (FPN), estavam fortemente identificados com a versão mais radical da lei de remessa de lucros. Brant foi o relator do projeto aprovado pelo Congresso em agosto de 1962; já Lossaco era representante sindical dos trabalhadores bancários paulistas.

"aceitável" para o capital estrangeiro, de autoria do senador Daniel Krieger (RS-UDN), passou no Senado em agosto de 1962.[41] No entanto, quando chegou a vez da Câmara, o prometido apoio de Goulart não aconteceu. Provavelmente a necessidade de manter o apoio de setores da esquerda no Congresso, na disputa pela antecipação do plebiscito, fez com que Goulart abandonasse o projeto Krieger. No final do ano, Rusk telegrafou a Gordon dizendo que a atitude do presidente brasileiro com relação à lei de remessas de lucros constituiria mais um "exemplo" da recusa de Jango "em cumprir compromissos".[42]

Situação semelhante ocorreu com o caso da expropriação das subsidiárias norte-americanas. Quando de sua visita aos Estados Unidos, em abril de 1962, Goulart havia assumido compromisso com Kennedy de que o governo federal pagaria uma "justa indenização" pelas empresas encampadas no Rio Grande do Sul, além de adquirir todas as demais subsidiárias do grupo Amforp em funcionamento no país. Goulart ressaltou que o pagamento seria feito em parcelas e que a empresa deveria investir parte da indenização em setores da economia brasileira.[43] Após o retorno de Goulart dos Estados Unidos, o processo de indenização e encampação das subsidiárias evoluiu de modo lento. Apesar de o governo federal ter criado uma Comissão de Nacionalização das Empresas Concessionárias de Serviços Públicos (Conesp) em maio de 1962, os membros dessa comissão não chegaram a um consenso sobre como deveria ser calculado o valor da indenização, gerando descontentamento nos empresários norte-americanos.[44] O Departamento de Estado vinha recebendo reclamações frequentes das empresas sobre a morosidade do governo brasileiro no cumprimento dos acordos de abril de 1962.[45] As justificativas de Goulart para o atraso,

---

41 Segundo o Projeto Krieger, haveria limitação na remessa de lucros apenas para as empresas estrangeiras voltadas para "atividades não-produtivas de bens e serviços de consumo suntuário". Companhias estrangeiras atuantes em áreas "essenciais" teriam remessas controladas somente quando o Conselho da Sumoc assim o determinasse – o que só poderia ocorrer em casos de "grave desequilíbrio no balanço de pagamentos". Oesp, O Senado aprova alterações na lei de envio de lucros, 23 ago. 1962, p.5.

42 Telegram 1198, Rio de Janeiro to Department of State, 29 nov. 1962, CGR 1941-73, folder "Financial Aid Brazil 1962-63", Box 135, RG 84, Nara.

43 MemCon, Goulart, Kennedy, 4 abr. 1962, folder "Brazil, General, 4/62", Box 12A, NSF, JFKL, p.1-2.

44 Os debates na Conesp giravam em torno da necessidade da realização de um tombamento prévio dos bens das subsidiárias e de como o patrimônio das empresas deveria ser avaliado e deflacionado. Ver Ata, Reunião extraordinária da Conesp, 22 ago. 1962, RC e/ag 61.02.10 I-3/4, CPDOC-FGV; Relatório s.n., Histórico da operação de compra das ações e direitos da AMFORP e BEPCO nas suas subsidiárias no Brasil, 1966, RC e/ag 61.02.10 IV-21, CPDOC-FGV. Para reclamações da Amforp e da ITT, ver Carta, Roberto Campos a Marcílio Marques Moreira, 5 nov. 1962, RC d/bem 61.10.19, Pasta III, CPDOC-FGV. Para mais informações sobre a expropriação da Amforp no Brasil, ver Saes e Loureiro, 2013, p.36-43.

45 Memo, The Expropriation of ITT in Rio Grande do Sul, Brazil, out. 1962, folder "Brazil 10/62", PRD, NSF, JFKL.

relacionadas às "imperfeições" do regime parlamentarista e às "sucessivas crises de gabinete", aparentemente não surtiram efeito.[46] Essas crises foram vistas como tendo sido artificialmente criadas por Goulart. Assim, o atraso na solução do caso das subsidiárias foi interpretado como produto de falta de vontade política do próprio presidente.[47]

A abordagem norte-americana diante da Política Externa Independente também sofreu mudanças no final de 1962. Diferentemente do que ocorrera até então, a PEI passou a ser vista como algo inaceitável por Washington. Duas questões principais motivaram essa transformação. A primeira delas foi a crise dos mísseis em Cuba, ocorrida em outubro. O governo Kennedy demonstrou profundo incômodo com a atuação da administração Goulart durante o episódio. A delegação brasileira na Organização dos Estados Americanos (OEA) apoiou o bloqueio naval decretado por Kennedy à ilha, mas não ratificou medidas autorizando o "emprego de força armada" em uma possível "intervenção territorial".[48] No entendimento de Washington, a atitude do Brasil era prejudicial à segurança do hemisfério, pois as decisões de instalação e retirada dos mísseis não teriam sido "determinadas" pelo regime cubano, mas sim pela União Soviética, o que caracterizaria intervenção externa no continente. A situação ficou mais delicada quando o primeiro-ministro Hermes Lima, em discurso feito para um grupo de estudantes e líderes sindicais no Rio de Janeiro, afirmou que Cuba "não perderia a condição de país americano" apenas "por estar fazendo uma experiência socialista". O primeiro-ministro acrescentou ainda que o Brasil continuaria defendendo o direito de os "povos fazerem as experiências políticas que desejarem".[49] Segundo o Departamento de Estado, o governo brasileiro assumiu uma "posição equivocada" no episódio, destoando da "solidariedade" apresentada pelos países americanos contra a "ameaça comunista".[50] Para complicar ainda mais, em artigo recente, James Hershberg mostrou que os Estados Unidos utilizaram o Brasil como emissário para tentar um acordo com Fidel Castro durante a fase mais tensa da crise. Tinha-se acordado que o emissário brasileiro, general Albino Silva, chefe do Gabinete Militar de Goulart, deveria fazer essa intermediação como se a iniciativa fosse totalmente brasileira, sem

---

46 MemCon, Roberto Campos and Edwin Martin, 12 set. 1962, Nara.

47 Report A-87, Rio de Janeiro to Department of State, 20 jul. 1962, folder "Brazil, General, 7/62", Box 13, NSF, JFKL; Memo for McGeorge Bundy, 28 jul. 1962, folder 6, Box 112, POF, JFKL; Report A-400, Rio de Janeiro to Department of State, 9 out. 1962, JFKL.

48 Oesp, Nota oficial do Conselho de Ministros, 24 out. 1962, p.2.

49 Oesp, Goulart afirma que o Brasil ficará do lado dos EUA, 24 out. 1962, p.2. Para críticas à posição do governo, ver Oesp, Advogará a UDN uma posição menos dúbia do governo na presente situação internacional, 26 out. 1962, p.3, e Inicia-se no Senado uma reação à atual política externa do governo brasileiro, 30 out. 1962, p.3.

50 Telegram 1147, Department of State to Rio de Janeiro, 15 nov. 1962, JFKL, 3; Telegram 1188, Department of State to Rio de Janeiro, 27 nov. 1962, folder 16, Box 112, POF, JFKL, p.2.

qualquer indicativo de participação norte-americana, além de manter o caráter secreto de toda a operação. Apesar de o papel de Washington no episódio ter sido mantido em segredo até 2004 (data de publicação do artigo de Hershberg), a informação de que um emissário brasileiro teria sido enviado à Cuba vazou poucos dias depois, deixando autoridades norte-americanas furiosas.[51]

A segunda questão que motivou a mudança de posição de Washington com relação à PEI decorreu de uma própria alteração de postura apresentada por Goulart. Desde que a PEI foi concebida pela administração Quadros, o governo brasileiro enfatizou diversas vezes às autoridades norte-americanas que relações com países socialistas não influenciariam o compromisso do Brasil em manter-se sob a esfera ocidental. Em novembro de 1962, porém, isso mudou. Em uma reunião com Lincoln Gordon, Goulart ameaçou os Estados Unidos com a possibilidade de o Brasil aceitar "ajuda econômica soviética" caso o governo Kennedy negasse o fornecimento de recursos necessários ao sucesso do Plano Trienal. Além disso, segundo o presidente, as dificuldades que adviriam de uma negativa de auxílio norte-americano ao Brasil, tais como racionamento de energia e escassez de importação de produtos básicos, exigiriam uma "socialização ainda mais ampla da economia". Nesse contexto, ele próprio, Goulart, "denunciaria os Estados Unidos por depreciarem os termos de troca latino-americanos" e a Aliança para o Progresso e o FMI por não concederem ajuda econômica ao Brasil, visando "preparar a população para enfrentar os sacrifícios necessários". Goulart afirmou ainda que acreditava "que a maior parte da América Latina se juntaria a ele na oposição contra os Estados Unidos". Segundo Gordon, a postura do presidente seria reflexo da influência de Celso Furtado, para quem a economia brasileira teria uma opção "viável" sem o auxílio norte-americano.[52]

As ameaças de Goulart acarretaram sérias consequências. O Departamento de Estado ordenou a realização de estudos sobre a possibilidade de assistência soviética ao Brasil e sobre as alternativas apresentadas à economia brasileira em caso de rompimento com os Estados Unidos.[53] Os resultados foram bastante animadores para Washington. O primeiro relatório, redigido pela embaixada no Rio de Janeiro, estimou que o Brasil enfrentaria um déficit de US$ 1,35 bilhão no balanço de pagamentos

---

51 Hershberg, 2004b, p.5-67.
52 Telegram 1001, Rio de Janeiro to Department of State, Section II, 23 nov. 1962, folder 16, Box 112, POF, JFKL, p.2-3. Para ameaças semelhantes, feitas por Celso Furtado a Ralph Korp (adido financeiro norte-americano no Brasil), ver Telegram 1072, Rio de Janeiro to Department of State, 3 dez. 1962, Section II, folder "Brazil General 12/1/62 – 12/15/62", Box 13, NSF, JFKL, p.2.
53 Telegram 1188, Department of State to Rio de Janeiro, 27 nov. 1962, JFKL. Esse episódio e suas implicações são analisados de maneira detalhada em nosso artigo publicado na *Cold War History*. Ver Loureiro, 2017.

caso o governo Goulart decidisse romper com os Estados Unidos (já se levando em conta a economia gerada pela moratória da dívida externa). Para tentar fechar esse déficit, o país poderia cortar as remessas dos investidores estrangeiros ao exterior (economia estimada em US$ 500 milhões) e ampliar relações comerciais com países socialistas (créditos de até US$ 250 milhões). Ainda assim restariam US$ 600 milhões em aberto. A única forma de cobrir esse valor seria por meio do corte de importações essenciais. Isso, porém, acarretaria em um "forte impacto negativo na economia brasileira".[54] Conclusões ainda mais drásticas foram obtidas pelo estudo feito pelo próprio Departamento de Estado. O Departamento estimou que o déficit a ser enfrentado pelo Brasil seria de US$ 1,45 bilhão. Com todas economias possíveis, o país ainda teria US$ 750 milhões em aberto. Enfatizou-se também que "não haveria perspectiva alguma" de o bloco soviético "preencher o vazio" de importações que seria deixado pelos Estados Unidos. Assim, enquanto uma ruptura entre Brasil e Estados Unidos seria "dolorosa" para a economia norte-americana, ela representaria uma "verdadeira catástrofe" para o Brasil.[55] Por isso, de acordo com Niles Bond, embaixador em exercício no Rio de Janeiro, "nós achamos que qualquer brasileiro razoável, por mais esquerdista que seja, hesitaria em procurar ou em aceitar um rompimento com os Estados Unidos nesse estágio".[56]

Com consciência da posição de superioridade, a administração Kennedy passou a discutir as atitudes que deveriam ser tomadas após as ameaças de Goulart. A maior parte das autoridades norte-americanas argumentou que Washington deveria condicionar claramente uma nova ajuda financeira à mudança de orientação política do governo brasileiro. Destacou-se que medidas favoráveis implementadas por Goulart na área econômica (como um eficiente programa de estabilização, por exemplo) não seriam suficientes se o regime continuasse a tendência de manter "sindicalistas" e "criptocomunistas" em posições governamentais.[57] De acordo com Lincoln Gordon, seria preciso "fazer de demandas políticas o preço do nosso apoio econômico". Essas demandas deveriam ser apresentadas "explicitamente" a Goulart, de preferência por um "emissário presidencial com autoridade". O envio desse "emissário" precisaria acontecer "logo", antes do plebiscito que decidiria sobre o retorno do regime presidencialista no Brasil, pois Goulart ainda estaria "refletindo sobre nomeações para o gabinete ministerial e para

---

54 Telegram 1072, Rio de Janeiro to Department of State, 3 dez. 1962, JFKL.
55 Report s.n., Brazil's Economic Alternatives, dez. 1962, folder "Brazil", Box 390, PRD, NSF, JFKL, p.1-2. Para exposição dos motivos pelos quais o bloco soviético não teria condições de suprir satisfatoriamente a economia brasileira, ver Research Memo RAR-16, 14 dez. 1962; Report s.n., Counterpoise to Brazilian Threat to Turn to the Bloc, dez. 1962, folder "Brazil", Box 390, PRD, NSF, JFKL.
56 Telegram 1072, Rio de Janeiro to Department of State, 3 dez. 1962, JFKL, p.1.
57 Idem, Section III, p.1.

altos cargos" no governo. Gordon ressaltou ainda que o contexto enfrentado pelos Estados Unidos no Brasil poderia ser comparado ao "esforço" realizado em 1941 para "converter Vargas do lado alemão para os Aliados". "Se isso falhar", afirmou, "nós precisamos considerar todos os meios possíveis para promover [uma] mudança de regime".[58]

O governo Kennedy deu tanta importância ao caso brasileiro que o colocou na agenda do Comitê Executivo do Conselho de Segurança Nacional (National Security Council, NSC) em reunião da entidade do dia 11 de dezembro de 1962.[59] Discutiram-se nesse encontro três possíveis cursos de ação a serem adotados com relação à administração Goulart: (a) "observar e esperar" a evolução dos acontecimentos; (b) "colaborar com os elementos brasileiros hostis a Goulart com o intuito de causar sua queda"; e (c) "buscar mudança na orientação política e econômica" do governo brasileiro. O Conselho votou pela terceira alternativa, porém com duas ressalvas. Em primeiro lugar, esse esforço de modificação do governo brasileiro deveria acontecer por meio de uma "grande confrontação com Goulart", a ser feita por um "emissário especial" do presidente norte-americano (como sugerido por Lincoln Gordon). A pessoa escolhida para realizar tal missão foi o próprio irmão do presidente, Robert Kennedy, então procurador-geral de Justiça. Além disso, estabeleceu-se que "os requisitos e as possibilidades de mudança para a alternativa b [colaboração em golpe contra Goulart] deve[ria]m ser mantidos sob ativa e contínua consideração".[60] Em outras palavras: a abordagem dupla seria conservada (apoio às "forças democráticas" e cooperação financeira com o governo federal visando modificá-lo politicamente), mas com clara possibilidade de transformar-se em uma abordagem simples (apoio às "forças democráticas" visando à queda de Goulart). Uma semana depois da reunião do NSC, no dia 18 de dezembro de 1962, Robert Kennedy desembarcou em Brasília para "conferenciar" com o presidente brasileiro.[61]

No encontro entre Goulart e Robert Kennedy, que contou com a presença apenas do embaixador Lincoln Gordon, o emissário norte-americano foi direto ao ponto: o presidente Kennedy estaria "preocupado" com alguns aspectos da "conjuntura brasileira", entre os quais os "muitos sinais de

---

58 Telegram 977, Rio de Janeiro to Department of State, 19 nov. 1962, Section I, folder 16, Box 112, POF, JFKL, p.1-2.

59 O NSC é o mais importante órgão governamental para discussão e deliberação de questões relativas à segurança nacional dos Estados Unidos. Estabelecido pelo Ato de Segurança Nacional de 1947, o Comitê Executivo do NSC é dirigido pelo próprio Presidente dos Estados Unidos, tendo como membros estatutários o vice-presidente, o secretário de Defesa, o secretário de Estado, o diretor de Mobilização e Defesa Civil, o diretor da CIA e o chefe do Estado-Maior das Forças Armadas. Ver Agee, 1978, p.35-6.

60 Memo, National Security Council Executive Committee, Meeting of December 11, 1962, 11 dez. 1962, folder "Brazil General 12/1 – 12/15/62", Box 13, NSF, JFKL, p.2-5.

61 Oesp, Goulart fala de sua conferência com Bob Kennedy, 19 dez. 1962, p.2.

infiltração comunista ou de nacionalistas de extrema-esquerda" no governo, nas Forças Armadas e na "liderança dos sindicatos de trabalhadores", bem como a "deterioração da situação econômica do Brasil, tanto interna quanto externamente". Robert Kennedy também fez menção à importância de se tratar as atividades empresariais "com justiça", em particular no que se refere ao pagamento de "indenização adequada" às empresas expropriadas pelo Estado. Por fim, o emissário norte-americano ressaltou que os Estados Unidos queriam "cooperar com o Brasil" (leia-se: apoiar financeiramente o Plano Trienal), mas que antes o presidente deveria "colocar a casa em ordem".[62] Em uma resposta que demorou quase uma hora, Goulart argumentou, em primeiro lugar, que ele teria sido obrigado "a organizar as forças populares" para ficar no poder, pois as "elites" lhe teriam "virado as costas"; em segundo lugar, que os problemas econômicos brasileiros seriam devidos, fundamentalmente, à deterioração dos termos de troca e não à irresponsabilidade governamental; e, por último, que a Aliança para o Progresso precisaria se concentrar menos nos "sintomas" e mais nas "causas básicas do subdesenvolvimento latino-americano", financiando projetos de infraestrutura. Segundo Goulart, "a população brasileira escuta da imprensa" notícias sobre as dificuldades econômicas com os Estados Unidos, enquanto países socialistas oferecem empréstimos de longo prazo ao Brasil. Isso geraria uma "pressão" que não se poderia ignorar, apesar de ele, Goulart, não ser comunista e ter lutado contra os comunistas desde o início de sua carreira.[63]

Insatisfeito com a resposta, Robert Kennedy insistiu que Goulart não havia compreendido a preocupação do presidente norte-americano, particularmente no que se referia à presença dentro do governo brasileiro de pessoas contrárias aos Estados Unidos. Irritado, Goulart solicitou "de modo ríspido" a Robert Kennedy que nomeasse essas pessoas. O procurador-geral disse que "não queria entrar em nomes específicos" e mandou Lincoln Gordon "comentar". O embaixador afirmou que havia alguns órgãos do governo onde tal "problema [seria] agudo", como Petrobrás, Ministério de

---

62 Telegram A-710, Rio de Janeiro to Department of State, 19 dez. 1962, JFKL, p.2. Bob Kennedy não mencionou alguns pontos que estavam programados para serem abordados em sua conversa com Goulart, tais como "a utilização de greves como arma política", a necessidade de "efetiva colaboração" do Brasil no programa da Aliança para o Progresso, o apoio do presidente à emenda Krieger da lei de remessa de lucros, a promoção de "reformas genuinamente democráticas" ao invés de "populismo demagógico", e a "cooperação do Brasil na OEA contra a infiltração comunista no hemisfério". Ver Report s.n., Speaking Paper for the Discussion Following the Delivery of the Message, dez. 1962; Report s.n., Purpose of the Exercise, dez. 1962, folder "Brazil", Box 390, PRD, NSF, JFKL. Em suas memórias, Campos, 2004, p.501, identificou que um dos objetivos da visita de Bob Kennedy teria sido o de "ponderar a Goulart as dificuldades políticas que a crescente infiltração comunista, em diversos escalões do governo, assim como nas organizações sindicais, interporia à colaboração econômica sincera e abundante" dos Estados Unidos ao Brasil.
63 Telegram A-710, Rio de Janeiro to Department of State, 19 dez. 1962, JFKL.

Minas e Energia, Sudene e Banco Nacional de Desenvolvimento Econômico (BNDE). O presidente respondeu que existiam certos membros "que professavam posições antiamericanas" no "baixo escalão" desses órgãos, mas que essas pessoas não teriam poder algum para influenciar as políticas do governo brasileiro. Goulart reiterou que os Estados Unidos poderiam ter "confiança" de que ele não "cairia no jogo dos comunistas" e que o presidente Kennedy deveria vencer a Guerra Fria na América Latina apoiando os regimes democráticos do hemisfério. Goulart salientou ainda que a ajuda financeira norte-americana seria "indispensável" para o sucesso do Plano Trienal. Esse programa representaria uma tentativa de implementação no Brasil dos princípios da Aliança para o Progresso, ou seja, crescimento econômico, contenção da inflação e execução de reformas de base, tudo isso no interior de um sistema político democrático. No final, segundo Gordon, o clima do encontro tinha voltado a ser cordial. Já na manhã seguinte, Robert Kennedy retornou a Washington.[64]

A visita de Robert Kennedy ao Brasil representou um ultimato do governo norte-americano a João Goulart: ou o presidente brasileiro mudava a orientação política de seu regime, ou os Estados Unidos não apoiariam financeiramente o Plano Trienal. Questões de natureza econômica, como a implementação de um eficiente programa de estabilização, a resolução do litígio com a Anforp e a ITT, e a alteração na lei de remessa de lucros, apesar de importantes, não se mostraram tão essenciais para Washington quanto o problema da "aliança" de Goulart com os "comunistas". É importante destacar, no entanto, que as questões de ordem econômica também entrariam no rol das condições para auxílio apresentadas ao Brasil – inclusive com o mesmo peso que o de temas políticos. Isso se justifica por duas razões: em primeiro lugar, porque elas encaixavam-se perfeitamente no espírito de um "programa passo a passo" para destruir ou comprometer de vez a ligação de Goulart com a esquerda comunista; e, em segundo, porque elas representavam interesses de poderosos grupos empresariais nos Estados Unidos, tais como bancos e empresas multinacionais com investimentos no Brasil. Assim, a pressão exercida pelos Estados Unidos sobre o governo brasileiro para a adoção de um rígido programa de estabilização representava um meio para atingir um objetivo maior (a ruptura da aliança de Goulart com os comunistas), mas também um fim em si mesmo. Afinal, credores públicos e privados norte-americanos queriam ter certeza de que o Brasil cumpriria seus compromissos financeiros – algo que um bem-sucedido plano de estabilização garantiria.

Restava saber até onde Goulart estaria disposto a trilhar para receber o apoio da administração Kennedy. Em um primeiro momento, o presidente brasileiro parecia inclinado a aquiescer. Apesar de nos bastidores Goulart ter

---

64 Idem, p.12-5.

ficado "furioso" com a visita de Robert Kennedy, e de órgãos de impressa esquerdistas terem classificado o incidente como uma clara manifestação imperialista, em público o presidente assumiu total responsabilidade pelo encontro, dizendo que a decisão do convite teria partido do governo brasileiro.[65] A desculpa dada por Goulart era sinal de que a visita já tinha começado a dar frutos.[66] Esses resultados positivos, porém, na visão de Washington, não duraram muito tempo.

8.3. A última chance: o governo Kennedy e o Plano Trienal

O governo Kennedy foi o primeiro a ter acesso ao Plano Trienal. Dias antes de o programa ter sido apresentado ao Conselho de Ministros, em 18 de dezembro de 1963, João Goulart organizou um encontro entre Celso Furtado, Lincoln Gordon, Ralph Korp (adido financeiro da embaixada) e Walter Kubish (ministro para Assuntos Econômicos), a fim de que Washington recebesse uma "descrição preliminar dos trabalhos" e pudesse "fazer comentários em uma fase inicial". Segundo Gordon, as autoridades norte-americanas não tiveram condições naquele momento de concluir sobre a "viabilidade" do programa, pois Furtado teria feito apenas uma apresentação "genérica", sem "números exatos". No entanto, Korp e Kubish insistiram sobre a importância de o Brasil reatar contatos com o FMI e tomar providências para manter o fluxo de capitais externos. Sem isso, afirmaram, o Plano Trienal não seria bem- sucedido.[67]

A frágil situação financeira do Brasil no final de 1962, porém, requeria ajuda imediata dos Estados Unidos, caso contrário não haveria oportunidade nem de se iniciar a implementação do Plano. Em dezembro, alegando "urgência", o ministro da Fazenda Miguel Calmon pediu a Lincoln Gordon a liberação de parte dos recursos remanescentes dos acordos de maio de

---

65 Sobre o fato de Goulart ter ficado "furioso" com a visita de Bob Kennedy, ver relato de San Tiago Dantas em CIA Report 3/653.509, 4 mar. 1963, folder "Brazil, General, 3/1/63 – 3/11/63", Box 13A, NSF, JFKL, 2. Outros membros da administração Goulart também não gostaram da atitude do governo norte-americano. O embaixador Roberto Campos, que não havia sido consultado previamente, caracterizou o evento como "uma forma inábil de exportação anti-esquerdista". Ver Campos, Kennedy e o Brasil, CPDOC-FGV, 14. Para as justificativas públicas de Goulart sobre a visita, ver Oesp, Goulart fala de sua conferência com Bob Kennedy, 19 dez. 1962, p.2; para exemplo de críticas esquerdistas, ver A Liga, Bob Kennedy veio dar ordens a Goulart, 25 dez. 1962, Arquivo de Memória Operária do Rio de Janeiro (doravante Amorj), p.2.

66 Lincoln Gordon enviou a Washington a íntegra da entrevista sobre o assunto concedida por Goulart ao Jornal do Brasil. Ver Telegram 1173, Rio de Janeiro to Department of State, 20 dez. 1962, folder "Brazil, General, 12/16/62 – 12/31/62", Box 13A, NSF, JFKL.

67 Telegram 1154, Rio de Janeiro to Department of State, Sections I-II, 17 dez. 1962, folder "Brazil, General, 12/16/62 – 12/31/62", Box 13A, NSF, JFKL.

1961. O embaixador telegrafou a Washington defendendo a concessão de apenas US$ 30 milhões, a serem pagos em 90 dias e sob a condição de o governo Goulart solucionar o caso da expropriação da subsidiária da ITT no Rio Grande do Sul.[68] Inicialmente, o Departamento de Estado posicionou-se contrário à liberação do empréstimo. Rusk argumentou que o Brasil "não teria tomado, até então, medidas positivas" para merecer essa ajuda. Além disso, Rusk afirmou que a condição para a oferta de auxílio dos Estados Unidos estaria baseada em um "conjunto de ações" e não apenas na resolução dos problemas envolvendo empresas norte-americanas.[69]

Em resposta a Dean Rusk, Gordon insinuou que suas recomendações não tinham sido interpretadas de modo correto. A embaixada não teria argumentado que a liberação do empréstimo deveria ser baseada "exclusivamente" na solução do caso da ITT, mas que este constituiria apenas "um dos aspectos" a serem considerados. Gordon salientou também que o governo Goulart vinha se esforçando para adotar as "demais medidas positivas" recomendadas por Washington. O maior exemplo disso, segundo o embaixador, seria o Plano Trienal, que "inclui[ria] um sério ataque ao problema do déficit fiscal, dos subsídios e [de] outros aspectos relacionados à excessiva expansão monetária". Por fim, e o mais importante, seria preciso "dar tempo" para que a missão de Robert Kennedy "rendesse frutos", ou para que as condições necessárias para a aplicação da "alternativa B do NSC" [colaboração para a queda de Goulart] amadurecessem. Quanto a isso, porém, Gordon afirmou que "os brasileiros-chave ainda não esta[riam] prontos". Assim, a principal função do empréstimo de curto-prazo seria a de "ganhar tempo".[70] Os argumentos do embaixador convenceram o governo Kennedy. No início de janeiro de 1963, o dinheiro foi liberado (ver Tabela 4.5).[71] Porém, essa concessão só aconteceu depois de Goulart ter pagado uma "justa indenização" à ITT, ocasionando fortes críticas de grupos de esquerda ao governo.[72]

---

68 Telegram 1177, Rio de Janeiro to Department of State, Section I, 19 dez. 1962, folder "Brazil, General, 12/16/62 – 12/31/62", Box 13A, NSF, JFKL, p.1.

69 Telegram 1308, Department of State to Rio de Janeiro, 23 dez. 1962, folder "Brazil, General, 12/16/62 – 12/31/62", Box 13A, NSF, JFKL, p.1-2.

70 Telegram 1238, Rio de Janeiro to Department of State, Section I, 2 jan. 1963, folder "Brazil, General, 1/63", Box 13A, NSF, JFKL, p.1-3.

71 Telegram 1352, Department of State to Rio de Janeiro, 3 jan. 1963, CGR 1941-73, folder "Financial Aid Brasil 1962-1963", Box 135, RG 84, Nara.

72 Acordou-se que o governo brasileiro desembolsaria US$ 7,3 milhões à ITT (valor 14 vezes superior à indenização depositada por Brizola em fevereiro de 1962). Metade desse valor deveria ser investido no Brasil e pago por meio de empréstimo do BNDE à Standard Eletric (subsidiária pertencente ao grupo ITT). No dia 27 de janeiro de 1963, *O Jornal do Brasil* publicou um discurso de Brizola. Neste, o ex-governador acusou o governo Goulart de usar o empréstimo do BNDE como parte de uma "indenização disfarçada". Três dias depois, Luís Carlos Prestes também criticaria os termos do acordo do Brasil com a ITT, rotulando-os como "uma vergonhosa capitulação do Sr. João Goulart diante da pressão dos monopolistas

A obtenção do empréstimo de US$ 30 milhões garantiu um breve alívio às contas externas brasileiras. Março de 1963, no entanto, seria o "mês decisivo". De acordo com Lincoln Gordon, sem refinanciamentos ou novos recursos, dificilmente o país escaparia da "inadimplência".[73] Goulart teria dois meses para mostrar que estava disposto a cumprir o "conjunto de condições" apresentadas por Washington. No geral, o presidente deu claros sinais de que desejava ceder. Além da resolução do caso envolvendo a ITT, o governo brasileiro seguiu as recomendações sobre a necessidade do reatamento das relações com o FMI. Ainda em janeiro, as autoridades brasileiras iniciaram contatos com Jorge del Canto, diretor do Fundo para o Hemisfério Ocidental. A partir desses encontros preliminares, e em comum acordo com representantes do governo Kennedy, decidiu-se que a administração Goulart convidaria uma missão do FMI para visitar o país antes de serem iniciadas negociações em Washington. Tal como Clemente Mariani em abril de 1961, Roberto Campos pediu para que a visita fosse mantida sob sigilo. A solicitação do embaixador foi parcialmente acatada. Combinou-se que não seriam feitos esforços nem para mantê-la em segredo e nem tampouco para divulgá-la.

Dias depois, porém, a United Press International (UPI) misteriosamente divulgaria notícia sobre a missão. Visando minimizar o impacto das acusações de que a administração Goulart seria "entreguista", autoridades brasileiras apressaram-se em desmentir o convite ao FMI, alegando que os técnicos do Fundo estariam no país apenas para uma "visita de rotina" e não com o intuito de analisar o Plano Trienal. Roberto Campos salientou ainda que negociações envolvendo financiamento externo ao Brasil começariam "somente quando o governo brasileiro assim decidisse".[74] A embaixada britânica no Rio insinuou a Londres que o vazamento à UPI teria tido origem no próprio Departamento de Estado, interpretação esta compartilhada por autoridades em Brasília.[75] Se as suspeitas britânicas forem verdadeiras, a

---

norte-americanos". O presidente negou que o empréstimo tivesse "qualquer relação" com o caso da subsidiária encampada. No dia 4 de fevereiro, em discurso em rede televisiva, Brizola afirmou que a negativa do governo seria um "absurdo". Report A-941, Rio de Janeiro to Department of State, 18 fev. 1963, folder "Brazil, General, 2/63", Box 13A, NSF, JFKL; Carta, Harold S. Green para John F. Kennedy, 11 fev. 1963, folder "Brazil, 1-6/63", Box 390A, PRD, NSF; NR, Prestes fala a Novos Rumos: Ministério e Plano Trienal, compromisso e conciliação com o imperialismo e o latifúndio, 1-7 fev. 1963, p.3. Para críticas de outros grupos de esquerda ao acordo, ver *A Classe Operária* (doravante ACO), Encampação a peso de ouro, Cedem-Unesp, 16-31 jan. 1963, n. 435, Cedem-Unesp, p.3.

73 Telegram 1436, Rio de Janeiro to Department of State, 29 jan. 1963, Nara.

74 Report s.n., Rio de Janeiro to Foreign Office, 8 jan. 1963, FO 371/172354, TNA, p.2.

75 Idem, p.3. O jornal Última Hora, cujos editoriais eram muitas vezes empregados pelo governo Goulart para expressar opiniões oficiais, assinalou que seria "evidente o caráter primário e grosseiro da provocação orientada por detrás do despacho pré-fabricado da United Press". Ver UH, Povo e governo dizem *não* à chantagem do Fundo Monetário Internacional, 23 jan. 1963, p.4.

atitude norte-americana só poderia ter uma finalidade: intensificar críticas da esquerda comunista ao governo Goulart, colaborando para uma possível ruptura entre eles.

Apesar do vazamento de informações, o governo brasileiro não criou impedimentos para os trabalhos da missão do FMI. Isso foi considerado pela embaixada norte-americana como mais um sinal de que desta vez Goulart estaria de fato disposto a ceder. Os técnicos do Fundo chegaram ao Brasil no final de janeiro de 1963, reuniram-se com diversas autoridades governamentais e retornaram a Washington uma semana depois. O grupo informou a Lincoln Gordon que teria ficado "impressionado" com o esforço do ministro da Fazenda San Tiago Dantas. No entanto, a missão do Fundo salientou que o governo brasileiro ainda não havia produzido "evidências suficientes" para provar que seria capaz de implementar um "verdadeiro programa de estabilização". Um exemplo residiria na questão do déficit público, cujas estimativas oficiais para 1963 (Cr$ 300 bilhões) estariam muito abaixo da avaliação feita pelo grupo (Cr$ 450 bilhões).[76] O chefe da missão, Jorge del Canto, também reconheceu que o FMI encontraria "algumas dificuldades conceituais" com a abordagem gradualista do Plano Trienal no combate à inflação. O diretor do Fundo assinalou, no entanto, que isso não seria necessariamente um "problema insuperável" se as intenções e o programa brasileiros fossem "realmente excelentes".[77] A mensagem subliminar deixada pelos técnicos do FMI foi clara: para obter um *stand-by* com a entidade, a administração Goulart deveria adotar medidas de estabilização ainda mais severas.

Um dia após a partida da missão do FMI, o governo Kennedy enviou ao Brasil um grupo para discutir o Plano Trienal. Objetivava-se preparar terreno para as negociações financeiras a serem realizadas em Washington no mês seguinte. Chefiados pelo subsecretário de Assuntos Americanos, Herbert May, a missão realizou inúmeras reuniões com membros da administração Goulart, particularmente com o ministro da Fazenda, San Tiago Dantas, e discutiu vários aspectos de política econômica. Logo no primeiro encontro, ocorrido na casa de Dantas no Rio de Janeiro, May pressionou o ministro para que os controles cambiais fossem extintos "o mais rápido possível". O subsecretário observou que essa medida estimularia as exportações, além de facilitar a conclusão de um *stand-by* com o FMI. May também demonstrou preocupação quanto aos efeitos de excessivos aumentos salariais para o cumprimento das metas do Plano

---

76 Telegram 1463, Rio de Janeiro to Department of State, 4 fev. 1963, CGR 1941-73, folder "Financial Matters, Jan.-Apr. 1963", Box 136, RG 84, Nara. Para os elogios da missão ao Ministro San Tiago Dantas, ver também Oesp, Dirigente do FMI vê Brasil com otimismo, 27 jan. 1963, p.5; Dantas recebe os técnicos do FMI, 29 jan. 1963, p.7.

77 Report A-778, Rio de Janeiro to Department of State, 7 jan. 1963, folder "Financial Matters, Jan.-April 1963", ", Box 136, RG 84, Nara, 1.

Trienal. Em resposta, San Tiago Dantas disse que não poderia assumir compromissos sobre o câmbio naquele momento, mas assegurou que o governo tomaria providências para evitar reajustes salariais acima do nível da inflação em 1963.[78]

Nas reuniões subsequentes entre Dantas e May, discutiram-se outros temas de política econômica, particularmente os motivos que teriam levado a administração Goulart a adotar uma abordagem gradualista de combate à inflação; propostas e estratégias para reformar a lei de remessas de lucros; e o posicionamento do governo sobre a questão da nacionalização de setores econômicos. Dessas discussões, vale destacar o compromisso assumido pelo ministro da Fazenda de executar o programa de estabilização em um período inferior a três anos, caso o Brasil recebesse "mais auxílio internacional que o esperado". Além disso, Dantas apresentou a May as propostas de alteração da lei de remessas de lucro elaboradas pelo governo. Seriam duas mudanças fundamentais: adoção dos 10% de limite para o envio de lucros ao exterior apenas nos anos em que as reservas do país atingissem níveis críticos e incentivos às empresas estrangeiras que abrissem seus portfólios para companhias brasileiras.[79] Por fim, San Tiago Dantas assegurou que o governo Goulart não teria interesse em promover uma ampla nacionalização na economia. O ministro admitiu, no entanto, que as refinarias de petróleo seriam nacionalizadas "cedo ou tarde", na medida em que a legislação atribuía ao Estado o monopólio dessa atividade, impedindo a expansão das empresas privadas em atuação no mercado brasileiro.[80] Após o retorno da missão May aos Estados Unidos, Lincoln Gordon telegrafou a Washington relatando que as reuniões do grupo com o ministro da Fazenda teriam sido "altamente profícuas". O embaixador considerou particularmente importante a "confissão" de Dantas de que o

---

78 MemCon, Dantas, May, 4 fev. 1963, folder "Brazil General, 2/63", Box 13A, NSF, JFKL.

79 O principal incentivo referia-se à incorporação dos reinvestimentos ao capital registrado da empresa. Assim, na medida em que a legislação permitia a remessa em lucros ao exterior de um valor correspondente a até 10% do capital, aumentava-se a base de cálculo para futuras remessas. Ver MemCon, Dantas, May, 7 fev. 1963, folder "Brazil General, 2/63", Box 13A, NSF, JFKL, p.3.

80 Idem. O reconhecimento de Dantas de que as refinarias privadas de petróleo seriam nacionalizadas é importante pois mostra que o governo norte-americano havia sido informado com antecedência (sem levantar oposição) sobre as intenções do governo brasileiro para o setor. No entanto, quando a nacionalização das refinarias foi finalmente concretizada, em decreto assinado por João Goulart no comício da Central do Brasil de 13 de março de 1964, Washington apoiaria a onda de críticas feitas pela direita contra o presidente, que seria acusado de estar "comunizando" o país. Ver Oesp, Goulart assina decreto que expropria terras e encampação das refinarias; O discurso de Goulart no comício totalitário, 14 mar. 1964, p.2, 5. Para a reação norte-americana, ver Telegram 1991, Rio de Janeiro to Department of State 17 mar. 1964, folder 7, Vol. 2, Box 9, Country File (doravante CF) Brazil, NSF, Lyndon Baines Johnson Library (doravante LBJL).

Plano Trienal poderia ser "encurtado" se o Brasil fosse contemplado com uma maior quantidade de auxílio internacional.[81]

A implementação do Plano Trienal nos primeiros meses de 1963 foi elogiada por membros do governo Kennedy. Em relatório enviado ao Departamento de Estado em fevereiro, a embaixada norte-americana afirmou que seria "justo admitir" que até aquele momento o plano estaria demonstrando "vigor e consistência", tendo avançado "etapas substanciais".[82] No mês seguinte, em memorando ao presidente Kennedy, Lincoln Gordon sublinhou que "o programa vem sendo implementado com uma firmeza de propósitos incomparável no Brasil nos anos recentes".[83] Em outro documento dirigido a Kennedy, desta vez preparado pelo Departamento de Estado, reconheceu-se que "o Plano contém ingredientes essenciais para um efetivo programa [de estabilização]", apesar de também incluir um "grande número de problemas técnicos e políticos". No saldo geral, porém, conforme o relatório, a avaliação era positiva devido à "firmeza" demonstrada pela equipe econômica do governo em perseguir a meta de estabilizar a economia.[84]

Mesmo com as concessões feitas por Goulart às pressões de Washington, particularmente no que se refere à resolução do caso da ITT, ao convite à missão do FMI, ao não questionamento do vazamento de informações à imprensa sobre a visita do Fundo ao Brasil e ao bom desempenho do Plano Trienal, a administração Kennedy manteve sérias ressalvas com relação ao presidente brasileiro. O principal motivo era a permanência de figuras "contrárias aos Estados Unidos" no governo federal, em especial o "cripto-comunista" Almino Afonso (ministro do Trabalho), o "provável comunista" Evandro Lins e Silva (chefe do Gabinete Civil), o "comunista" Raul Ryff (assessor de Imprensa da Presidência), o "protegido de Brizola" João Caruso (diretor da Superintendência de Política Agrária, Supra) e o "economista de extrema esquerda" Cíbilis Viana (assessor econômico da Presidência).[85] Na interpretação de Washington, por mais que Goulart tivesse avançado em muitos aspectos, inclusive em termos de política econômica, o presidente continuava a ignorar uma das principais reclamações dos Estados Unidos, apresentada claramente por Robert Kennedy em sua visita a Brasília: a "infiltração comunista" no governo.

---

81 Telegram 1514, Rio de Janeiro to Department of State, 11 fev. 1963, folder "Brazil General, 2/63", Box 13A, NSF, JFKL.

82 Report A-941, Rio de Janeiro to Department of State, 18 fev. 1963, JFKL, p.7.

83 MemPres, 7 mar. 1963, Folder "Brazil, General, 3/1/63 to 3/11/63", Box 13A, NSF, JFKL, p.1.

84 MemPres, 4 mar. 1963, folder "Brazil, 1/63 – 6/63", Box 390A, PRD, NSF, JFKL, p.1.

85 Idem, 4; Report s.n., Rio de Janeiro to Department of State, 25 jan. 1963; Report s.n., Rio de Janeiro to Department of State, Unfulfilled Commitments of President Goulart, mar. 1963, folder "Brazil, General, 1/63", Box 13A, NSF, JFKL, p.2.

Inúmeras foram as vezes em que membros do governo Kennedy lembraram seus colegas brasileiros sobre a negligência de Goulart no atendimento de demandas políticas norte-americanas. Em dezembro de 1962, uma semana após o ultimato apresentado por Robert Kennedy, Edwin Martin deixou claro a Roberto Campos que as dificuldades encontradas pelo Brasil na liberação de verbas em Washington não estariam relacionadas a "questões econômicas ou financeiras, mas políticas". Segundo Martin, "os Estados Unidos precisa[ria]m saber se [haveria] bases para uma futura cooperação com o governo brasileiro". O secretário norte-americano referiu-se então, de modo explícito, à necessidade de Goulart mudar as orientações de sua política exterior e substituir os "funcionários hostis aos Estados Unidos" que se encontravam em altos cargos governamentais.[86] Da mesma maneira, em fevereiro de 1963, na primeira das três reuniões realizadas entre Herbert May e San Tiago Dantas para discutir o Plano Trienal, o subsecretário norte-americano reafirmou que os Estados Unidos não estariam preocupados "apenas com política econômica", mas também com "a orientação política e a infiltração comunista no governo". May assinalou que Washington "não [teria] predileção em financiar uma mudança brasileira para o campo inimigo".[87] Por fim, em encontro com o próprio Goulart no final de fevereiro, o embaixador Lincoln Gordon enfatizou que, se por um lado o governo Kennedy estaria "impressionado" com a evolução do Plano Trienal, por outro, não seriam compreensíveis as razões que mantinham o presidente brasileiro "em associação" com pessoas que atacavam o programa, tais como o deputado Leonel Brizola.[88]

As autoridades brasileiras tentaram explicar aos norte-americanos que os temores sobre participação comunista no governo Goulart seriam infundados. O embaixador Roberto Campos, em reunião com Lincoln Gordon, argumentou que Almino Afonso teria sido escolhido para compor o gabinete porque Goulart achava importante ter um ministro do Trabalho capaz "de extrair dos trabalhadores brasileiros os sacrifícios necessários pelo esforço de estabilização". Campos afirmou ainda que Almino Afonso seria "um reformista, mas não um revolucionário", e que, por razões eleitorais (Almino teria pretensões de ser eleito governador de São Paulo), o novo ministro faria um "moderado uso de seu posto". "Ele terá que obter a confiança dos elementos conservadores que controlam a política paulista", assegurou Campos a Gordon. De forma semelhante, quando confrontado por Herbert May sobre a suposta "infiltração comunista", San Tiago Dantas

---

86 Telegram 1332, Department of State to Rio de Janeiro, 29 dez. 1962, folder "Brazil, General, 12/16/62-12/31/62", Box 13A, NSF, JFKL, p.3.
87 Telegram 1488, Rio de Janeiro to Department of State, 6 fev. 1963, folder "Brazil, General, 2/63", Box 13A, NSF, JFKL, p.1-2.
88 Telegram 1602, Rio de Janeiro to Department of State, 23 fev. 1963, JFKL.

afirmou que muitos funcionários interpretados como "comunistas" pelo governo Kennedy seriam, na realidade, apenas "nacionalistas" das mais variadas matizes ideológicas. O ministro da Fazenda também salientou que os "esquerdistas" com cargos políticos constituiriam apenas reflexo do equilíbrio de poder na sociedade. Dantas creditava ao "subdesenvolvimento" essa parcela de apoio social usufruída pela esquerda no Brasil.[89] Argumentos semelhantes foram empregados por Goulart. O presidente assinalou certa vez a Lincoln Gordon que não haveria "comunistas" em seu governo. Os brizolistas considerados como tal pela embaixada norte-americana (Cibilis Viana e João Caruso) "não seriam comunistas". Além disso, ambos teriam recebido cargos "de menor importância", como "concessão" ao grupo político de Brizola. Por fim, segundo as palavras de Gordon, Goulart teria "desabaf[ado]" que se os Estados Unidos estavam satisfeitos com a garantia de que o presidente do Brasil não seria comunista ou, muito menos, teria a intenção de entregar o país aos comunistas, que então os Estados Unidos "confiassem nele e o deixassem fazer a complexa manobra" da engenharia das nomeações políticas.[90]

Seria, portanto, nesse contexto de incertezas, marcado pelas conhecidas reservas do governo Kennedy à administração Goulart, que San Tiago Dantas partiria para Washington em março de 1963 para negociar financiamentos ao Brasil. O ministro da Fazenda sabia que o êxito de seu programa dependia de uma substancial ajuda dos Estados Unidos, semelhante àquela concedida a Jânio Quadros em maio de 1961. Por outro lado, a frágil posição política do governo, acusado de "entreguista" por setores da esquerda, criava sérios constrangimentos ao ministro. Um mês antes da viagem, Dantas alertou Herbert May de que sua missão em Washington só poderia acontecer "se houvesse chances reais de sucesso nas negociações", caso contrário ele seria obrigado a renunciar.[91] Goulart descreveu a situação em termos ainda mais extremos. Segundo o presidente brasileiro, em carta a John Kennedy, o Plano Trienal seria "o único meio capaz de harmonizar estabilidade econômica, a preservação da paz social e a continuidade democrática" no Brasil.[92] Isso queria dizer que se Washington não apoiasse a proposta de estabilização brasileira, os Estados Unidos seriam indiretamente responsáveis pelos desastrosos efeitos que daí se seguiriam. Outros atores políticos também enxergavam no programa de Dantas "a última chance da democracia no Brasil".[93] Certamente havia um

89 Telegram 1488, Rio de Janeiro to Department of State, 6 fev. 1963, JFKL, p.2-3.
90 Telegram 1602, Rio de Janeiro to Department of State, 23 fev. 1963, JFKL, p.1-2.
91 Telegram 1488, Rio de Janeiro to Department of State, 6 fev. 1963, JFKL, p.2.
92 Carta, João Goulart a John F. Kennedy, 8 mar. 1963, folder 13, Box 112, POF, JFKL, p.2.
93 Essa expressão foi empregada pelo deputado federal Osvaldo Filho (PTB-PE). Ver Telegram 1767, Rio de Janeiro to Department of State, 19 mar. 1963, folder "Brazil General, 3/12-3/21/63", Box 13A, NSF, JFKL.

tom de exagero nessas opiniões, motivado pela necessidade de o governo Goulart barganhar recursos. Apesar disso, tendo em vista a quantidade de compromissos externos do Brasil em 1963, era evidente que o futuro do Plano Trienal muito dependia do desfecho das negociações em Washington.

A proposta de assistência econômica apresentada por San Tiago Dantas ao governo Kennedy foi audaciosa. Ao total, entre refinanciamentos, empréstimos velhos (remanescentes dos acordos de maio de 1961) e empréstimos novos, o Brasil solicitou US$ 839,7 milhões aos Estados Unidos. Esses recursos seriam distribuídos ao longo de três anos, sendo quase a metade com liberação prevista para 1963. Além disso, deu-se preferência às instituições públicas que ofereciam condições subsidiadas de empréstimos (AID e Eximbank), isto é, longos prazos de maturação e juros baixos. A ideia era minimizar os compromissos externos do Brasil durante o período de implementação do Plano Trienal. A proposta também incluiu os recursos que seriam solicitados à Europa e ao FMI (US$ 321 milhões), em sua maioria compostos por empréstimos antigos, referentes aos acordos de 1961 (Tabela 8.2).

As constantes advertências de Goulart sobre a importância de uma substancial assistência externa para o sucesso do Plano Trienal não comoveram os membros do governo Kennedy. Logo no início das negociações em Washington, David Bell, administrador da AID, deixou claro a San Tiago Dantas que os Estados Unidos não teriam condições de contemplar a quantidade de recursos prevista pela proposta brasileira. Bell salientou também que os fundos norte-americanos estariam condicionados à "performance" do governo Goulart em um conjunto de áreas (políticas monetária, cambial e fiscal), teriam distribuição programada para um ano (ao invés de três) e contariam com mínimas liberações imediatas. Segundo Bell, razões econômicas, tais como o crescente déficit da balança de pagamentos dos Estados Unidos e o histórico brasileiro de quebra de compromissos, impediriam o governo Kennedy de agir de outra maneira.[94]

Apesar dos argumentos apresentados por David Bell, parece claro que questões políticas desempenharam papel de peso no curso das negociações nos Estados Unidos, principalmente o tema do relacionamento da administração Goulart com comunistas. Sempre que possível, as autoridades norte-americanas abordavam essa questão com membros da missão Dantas. Em reunião com o presidente Kennedy, San Tiago Dantas apressou-se em dizer que o grupo político liderado por Goulart apresentaria "uma pequena proporção de socialistas, mas não de comunistas ou de extremistas". Segundo o ministro da Fazenda, se Goulart decidisse romper apenas com os socialistas – um "pequeno grupo", que não teria influência alguma

---

94 MemCon, Bell, Dantas, May, 15 mar. 1963, folder "Brazil, March 1963", Box 134, RG 84, Nara, p.7-8

Tabela 8.2 – Proposta da missão San Tiago Dantas de assistência financeira internacional, Brasil, 1963-1965 (milhões US$)

	1963	1964	1965	1963-1965
Tesouro*	25,0	–	–	25,0
Eximbank*	150,3	33,6	30,8	214,7
AID*	200,0	200,0	200,0	600,0
FMI	82,0	80,5	-	162,5
Europa (refinanciamentos)	46,0	23,0	13,0	82,0
Europa (reativação créditos)	77,0	–	–	77,0
Total (fontes EUA)	375,3	233,6	230,8	839,7
Total (Europa e FMI)	205,0	103,5	13,0	321,5
Total	580,3	337,1	243,8	1161,2

Fonte: Report s.n., Brazilian Proposal for Debt Re-Scheduling and Developing Financing, Anexo III do Relatório, Missão San Tiago Dantas, s.d., Pasta VIII, RC d/emb 61.10.19, CPDOC-FGV, p.3-8.
*Não inclui refinanciamentos.

sobre as políticas do governo brasileiro –, isso geraria a dissolução do "amplo bloco" de sustentação do programa janguista (reformas sociais com democracia). Sem esse "amplo bloco", prosseguiu, os comunistas teriam oportunidade de se apresentar à sociedade como bastiões da "bandeira esquerdista", ganhando apoio popular. Não seria racional, portanto, que Goulart rompesse com os socialistas naquele momento. Por outro lado, sobre a influência comunista no movimento sindical, Dantas argumentou que os elementos radicais perderiam apoio dos trabalhadores assim que o Plano Trienal começasse a apresentar resultados. Isso em razão de dois motivos: os benefícios materiais que adviriam do Plano (controle da inflação, por exemplo) e a dura oposição que os comunistas travaram contra o programa econômico do governo.[95]

O presidente norte-americano pareceu não ter levado em consideração os argumentos apresentados por San Tiago Dantas. Em sua resposta, John Kennedy ressaltou que seria um "grande erro" permitir que comunistas obtivessem espaço no movimento sindical, tendo em vista o "papel-chave desempenhado pelos sindicatos no fortalecimento da democracia". O presidente ressaltou também que os comunistas nunca apoiariam programas cujos objetivos seriam garantir "ordem e estabilidade". Por isso, enfatizou, tendo em vista que Goulart possuía amplo suporte social, como demonstrado pelo resultado do plebiscito de janeiro de 1963, "eu acho que seria melhor livrar-se deles agora". O presidente esclareceu ainda que seu

---

95 Telegram 1677, Department of State to Rio de Janeiro, 13 mar. 1963, folder "Brazil, General, 3/12 – 3/21/63", Box 13A, NSF, JFKL, p.8.

governo não veria como "comunistas" todos aqueles que fossem "esquerdistas e anti-Estados Unidos, porque estes são inevitáveis". No entanto, "deve ser possível manter o apoio de elementos da esquerda sem depender de comunistas". Para o governo norte-americano, portanto, o problema fundamental estava na força crescente dos comunistas nos sindicatos, algo distinto da situação que os Estados Unidos tiveram que lidar na Europa Ocidental, por exemplo, onde até os governos de esquerda buscaram excluir (com sucesso) os grupos pró-soviéticos do arranjo político.[96] Em sua resposta, o ministro da Fazenda percebeu claramente a preocupação norte-americana. Dantas disse que os comunistas seriam "removidos gradualmente da liderança dos sindicatos", mas que esse processo "estaria condicionado à implementação do plano de estabilização".[97]

A atitude do governo Kennedy diante da aliança de Goulart com a esquerda pró-soviética não se restringiu a advertências privadas feitas às autoridades brasileiras. Exatamente no período em que San Tiago Dantas encontrava-se nos Estados Unidos, o Congresso norte-americano publicou um testemunho (supostamente confidencial) de Lincoln Gordon no qual o embaixador alertou congressistas sobre a existência de uma "infiltração comunista" nos sindicatos, no movimento estudantil e inclusive no próprio governo brasileiro.[98] As declarações tiveram grande repercussão. Em discurso pelo rádio, Brizola chamou Gordon de "espião". O deputado federal Ortiz Borges (PTB-RS) propôs à Câmara que o embaixador fosse declarado *persona non grata*. Setores da esquerda brasileira clamaram pelo rompimento das negociações financeiras em Washington.[99] Até mesmo os "mais fiéis amigos dos Estados Unidos no Brasil", segundo relatório da embaixada norte-americana no Rio de Janeiro, consideraram o momento da publicação do testemunho de Gordon "impróprio".[100] Há evidências que indicam que a Casa Branca não teria sido responsável pela divulgação do testemunho.[101] No entanto, independentemente de quem tenha sido o executor, as razões desse vazamento parecem claras: tal como no caso sobre a

---

96 A esse respeito ver Carew, 1987.

97 Telegram 1677, Rio de Janeiro to Department of State, 13 mar. 1963, JFKL, p.7-10. Em uma segunda reunião ocorrida entre Dantas e Kennedy, o presidente norte-americano abordou questões semelhantes. Dantas, maïs uma vez, argumentou que os Estados Unidos precisariam diferenciar "esquerda política" de "aparato comunista" no Brasil. Ver MemCon, Dantas, Kennedy, 25 mar. 1963, folder "Brazil, General, 3/22/63-3/31/633/12 – 3/21/63", Box 13A, NSF, JFKL.

98 Relatório s.n., Embaixada do Brasil, Washington, para Secretaria de Estado, EUA, 15 mar. 1963, Pasta IV, RC d/bem 61.10.19, CPDOC-FGV.

99 Oesp, O rompimento das negociações interessa aos *nacionalistas*; mantém-se em alerta a oposição, 19 mar.1963, p.3.

100 Telegram 1767, Rio de Janeiro to Department of State, 19 mar. 1963, JFKL, p.1-3.

101 Telecom, George Ball, Lincoln Gordon, 18 mar. 1963; Telecom, Kaysen, Ball, 18 mar. 1963, folder "Brazil 4/20 – 7/10/63", Box 1, PPGB, JFKL.

missão do FMI, desejava-se obrigar Goulart a tomar uma decisão definitiva sobre seus contatos com os comunistas. Se esse foi o propósito, o plano deu errado. Por meio de hábil articulação, Goulart manteve as negociações nos Estados Unidos ao mesmo tempo que evitou rompimento com a esquerda radical no Brasil. A embaixada norte-americana reconheceu, porém, que a "situação só não saiu do controle" porque o presidente e outros políticos teriam exercido um papel moderador durante a crise, impedindo que Gordon fosse expulso do país.[102] Por fim, como solução de compromisso, e após autorização de Kennedy, o Departamento de Estado publicou uma nota atestando que a alegada "infiltração comunista" no governo brasileiro não teria "substancial influência" sobre as políticas da administração Goulart.[103]

Não demorou muito, porém, para que os Estados Unidos sofressem um revide ao vazamento do testemunho de Lincoln Gordon. Dias depois da publicação da nota do Departamento de Estado, foram divulgados boatos à imprensa brasileira sobre uma possível mudança de atitude do governo Goulart quanto ao Congresso Continental de Solidariedade à Cuba, que seria realizado na Guanabara no final de março de 1963. Segundo esses rumores, diferentemente de declarações prévias do ministro das Relações Exteriores, Hermes Lima, Goulart teria decidido de última hora apoiar a realização do encontro.[104] Para piorar, no mesmo contexto, o governo federal enviou um projeto de reforma bancária à Câmara dos Deputados propondo restrições às atividades dos bancos estrangeiros no Brasil. Esses episódios foram duramente criticados por membros do governo Kennedy.[105] Segundo a embaixada norte-americana, com base em uma "fonte aparentemente segura", ambos eventos teriam sido produtos de tentativas de "sabotagem" às negociações financeiras nos Estados Unidos realizadas por "membros" da assessoria presidencial sem o consentimento de João Goulart ou de San Tiago Dantas.[106] De fato, em voo de retorno ao Brasil,

---

102 Goulart também teria ordenado a Samuel Weiner, editor do jornal *Última Hora*, que não fossem publicadas imediatamente notícias sobre o caso. A primeira referência feita pelo periódico ao vazamento – uma "crítica moderada", segundo a embaixada – ocorreu apenas quatro dias depois do fato. Ver Telegram 1767, Rio de Janeiro to Department of State, 19 mar. 1963, JFKL; Telegram 1780, Rio de Janeiro to Department of State, 19 mar. 1963, folder "Brazil, General, 3/12 – 3/21/63", Box 13A, NSF, JFKL. Ver também UH, Brasília: condenação às declarações de Lincoln Gordon, 18 mar. 1963, p.6.

103 Telecom, Kaysen and Ball, 18 mar. 1963, JFKL.

104 Em fevereiro de 1963, Hermes Lima afirmou aos organizadores do Congresso que o evento seria "inoportuno" e que o governo brasileiro não emitiria vistos para os delegados que participariam do encontro. Report s.n., Information on Continental Congress for Solidarity with Cuba, mar. 1963, folder 17, Box 112, POF, JFKL.

105 Telecom, George Ball, Lincoln Gordon, 23 mar. 1963, folder "Brazil 4/20 – 7/10/63", Box 1, PPGB, JFKL; Carta, Antônio (ilegível) a San Tiago Dantas, 10 mar. 1963, Pacotilha 1, Caixa 23, AP 47, ANRJ.

106 Telegram 1799, Rio de Janeiro to Department of State, 22 mar. 1963, folder "Brazil, General, 3/22/63 – 3/31/63", Box 13A, NSF, JFKL, p.2.

o ministro da Fazenda confirmou a Lincoln Gordon que os polêmicos artigos do projeto de reforma bancária sobre bancos estrangeiros não constariam do texto original proposto pelo governo, tendo sido introduzidos posteriormente.[107] Como forma de reparação, Hermes Lima lançou nota assegurando que as diretrizes governamentais sobre o Congresso de Solidariedade a Cuba não teriam sido alteradas (isto é, Brasília não impediria a realização do encontro, mas também não faria nada para promovê-lo).[108] Além disso, poucos dias depois, Goulart enviou um novo projeto de reforma bancária ao Parlamento, alterando as provisões referentes a bancos estrangeiros.[109] Vê-se que, tal como o presidente Kennedy, Goulart demonstrou firmeza em repelir ações de grupos dentro do governo brasileiro contrários à conclusão de um acordo com os Estados Unidos.

Apesar da moderação demonstrada por Goulart nesses e em outros episódios, o governo norte-americano não mudou seu posicionamento sobre a quantidade e os termos da ajuda econômica que seria oferecida ao Brasil. San Tiago Dantas tentou explicar a David Bell que o condicionamento da liberação de recursos ao desempenho do governo brasileiro em determinadas metas de política econômica manteria o clima de "intranquilidade" no país. Os críticos do Plano Trienal, segundo o ministro da Fazenda, acusariam a administração Goulart de estar agindo sob ordens de autoridades estrangeiras, minando a legitimidade do programa de estabilização. Bell insistiu na importância de fixar empréstimos com metas de desempenho. Muitos desses critérios foram considerados inaceitáveis pelo ministro da Fazenda, tais como prazos para a liberação total do câmbio e para a extinção dos subsídios federais às companhias ferroviárias e marítimas.[110] Apesar disso, Dantas teve de ceder em vários pontos. O ministro consentiu na publicação de uma carta de intenções em nome do governo brasileiro, além de se comprometer a concluir o processo de encampação das subsidiárias da Amforp, a desvalorizar a taxa de câmbio para Cr$ 600,00 por dólar "alguns dias" após seu retorno ao Brasil, a manter o déficit do Tesouro nos limites estabelecidos pelo Plano Trienal e a buscar a conclusão de um acordo *stand-by* com o FMI.[111]

---

107 Report 29, Rio de Janeiro to Department of State, mar. 1963, CGR 1941-73, folder "Banks, Banking", Box 137, RG 84, Nara.

108 Report s.n., Rio de Janeiro to Foreign Office, 13 maio 1963, FO 371/168152, TNA, p.3.

109 Oesp, Encaminhado ao Congresso o projeto de reforma bancária, 24 mar. 1963, p.6; Reforma bancária: Goulart altera o texto do projeto, 6 abr. 1963, p.17. Minella também analisa as alterações feitas no projeto, porém sem relacioná-las com as negociações em curso nos Estados Unidos. Minella, 1988, p.57-8.

110 MemCon, Bell, Dantas, 15 mar. 1963, JFKL.

111 A carta de intenções assinada por Dantas referia-se a compromissos de caráter genérico, tais como "implementar medidas adicionais para promover exportações", "aplicar, o quanto antes, disposições suplementares para reduzir os subsídios federais às ferrovias e às companhias de marinha mercante", e não "dissociar a taxa de câmbio da tendência de preços

Os membros da missão Dantas ficaram insatisfeitos com termos e montante da ajuda oferecida ao Brasil (Tabela 8.3). O governo Kennedy concordou apenas com a liberação imediata dos fundos remanescentes dos acordos de maio de 1961 (US$ 84 milhões) – e, mesmo assim, sob a condição secreta de a administração Goulart concluir a compra das subsidiárias da Amforp. Os recursos restantes (US$ 314,5 milhões) seriam distribuídos ao longo de um ano e dependentes do desempenho do governo diante dos compromissos assumidos por San Tiago Dantas. O ministro da Fazenda também foi informado de que o governo Kennedy poderia rever os termos de seu auxílio econômico caso o governo Goulart não firmasse um *stand-by* com o FMI até junho de 1963.[112]

Tabela 8.3 – Resultado dos acordos financeiros com o governo dos Estados Unidos, Brasil, março de 1963 (US$ milhões)

Instituições de crédito norte-americanas	Valor
I. Fundos sujeitos à liberação imediata*	
AID	25,5
Eximbank	33,0
Departamento do Tesouro	25,5
Sub-total	84,0
II. Fundos sujeitos à liberação posterior**	
AID	200,0
Eximbank***	44,5
Leis do Trigo (PL 480)	70,0
Subtotal	314,5
Total (I + II)	398,5

Fonte: Relatório, Embaixada do Brasil em Washington para ministério das Relações Exteriores, Resultado das negociações da Missão San Tiago Dantas, março de 1963, Pasta V, RC d/emb 61.10.19, CPDOC-FGV, p.8.

*Condicionado ao término da negociação com as subsidiárias da Amforp; **Condicionado aos termos do acordo Bell-Dantas (ver texto); ***Refinanciamentos referentes ao período de junho 1963 a maio 1964.

---

domésticos". Outros compromissos ratificados pelo ministro eram de caráter específico, tais como a garantia de saldo de pelo menos Cr$ 100 bilhões nas contas do Instituto Brasileiro do Café em 1963. Carta, San Tiago Dantas to David Bell, 25 mar. 1963, folder 17, Box 112, POF, JFKL, p.2-4; Telegram 1312, Department of State to Rio de Janeiro, mar. 1963, folder "Brazil, General, 3/22 – 3/31/63", Box 13A, NSF, JFKL, p.3-5.

112 Memo for McGeorge Bundy, The President's Appointment with the Brazilian Finance Minister San Tiago Dantas, 24 mar. 1963, folder "Brazil, General, 3/22 – 3/31/63", Box 13A, NSF, JFKL.

As autoridades brasileiras argumentaram enfaticamente contra a proposta de auxílio do governo norte-americano. De acordo com anotações pessoais do período, o embaixador Roberto Campos teria tentado mostrar aos membros do Departamento de Estado que a oferta do governo Kennedy seria "boa em conteúdo" (afinal, US$ 400 milhões não eram pouco dinheiro), mas não "em forma", na medida em que poucos recursos estariam sujeitos à liberação imediata. Campos teria observado ainda que somente duas alternativas seriam capazes de fortalecer politicamente Dantas no Brasil: a obtenção de uma incontestável "vitória" nas negociações com os Estados Unidos, o que enfraqueceria críticos do Plano Trienal e compensaria as dificuldades que se seguiriam ao processo de estabilização da economia; ou o rompimento das negociações em Washington, "excitando o paroxismo nacionalista e procurando mobilizar nossos próprios recursos internos pela via do ressentimento e da arregimentação ideológica". Uma "solução intermediária", como a que os Estados Unidos propunham, "conquanto economicamente útil, poderia ser politicamente desastrosa". Diante da inflexibilidade norte-americana, ainda segundo notas do próprio embaixador brasileiro, Campos e Dantas teriam chegado a considerar a possibilidade de romper as negociações. Ambos teriam concluído, porém, que a sociedade brasileira ainda não havia atingido o que o ministro da Fazenda chamava de "temperatura de ruptura", ou seja, o ponto em que "a mobilização do sentimento nacionalista" fosse capaz de superar as dificuldades econômicas que adviriam da cessação da ajuda externa.[113] Sem opção, San Tiago Dantas assinaria o acordo com David Bell em 25 de março de 1963.[114]

Como já era esperado, a divulgação dos resultados da negociação nos Estados Unidos suscitou fortes críticas contra o governo Goulart. Os comunistas acusaram Dantas de ter vendido o Brasil ao "diabo" por um "prato de lentilhas".[115] O próprio ministro, em comunicado à cadeia de rádio e televisão nacionais, reconheceu que o resultado "não atendeu completamente aos objetivos que visávamos no início".[116] As autoridades brasileiras sabiam, no entanto, que as críticas ao acordo Bell-Dantas cresceriam quando os compromissos assumidos pelo governo começassem a ser postos em prática. Por isso mesmo, tentou-se protelar ao máximo a implementação das medidas potencialmente mais sensíveis à censura de

---

113 Roberto Campos, Kennedy e o Brasil, CPDOC-FGV, p.14-8. Campos reproduziria comentários semelhantes em suas memórias. Ver Campos, 2004, p.514. Sobre esse tema, consultar também Telegram 1312, Department of State to Rio de Janeiro, mar. 1963, JFKL, p.1.

114 Relatório, Embaixada do Brasil em Washington para ministério das Relações Exteriores, Resultado das negociações da Missão San Tiago Dantas, mar. de 1963, CPDOC-FGV, p.9-10.

115 NR, Retorno melancólico: San Tiago trouxe um prato de lentilhas e as promessas de sempre, 29 mar.-4 abr. 1963, p.3.

116 Relatório s.n., Palestra do ministro San Tiago Dantas através de uma cadeia de rádio e televisão, mar. 1963, Pacotilha 2, Caixa 4, AP 47, ANRJ, p.21.

grupos de esquerda, tal como a aquisição das subsidiárias da Amforp. As pressões das autoridades norte-americanas, porém, tornaram inviável a manutenção dessa tática por muito tempo. Em 8 de abril de 1963, Lincoln Gordon ameaçou Goulart com o congelamento da primeira parcela do acordo Bell-Dantas caso o governo brasileiro não resolvesse imediatamente a situação da companhia norte-americana. Sem os recursos dessa parcela, disse Gordon, o Brasil seria incapaz de honrar seus débitos, resultando "em falta de divisas para a compra de óleo, trigo, matérias-primas e bens de capital". O presidente prometeu ao embaixador que o "caso Amforp" seria resolvido até o dia 19 de abril.[117]

Horas depois do encontro com Gordon, Goulart editou um decreto criando uma Comissão Interministerial com poderes especiais para a conclusão do negócio da Amforp, extinguindo o órgão até então responsável – a Conesp.[118] O prazo dado por Goulart a Gordon (19 de abril) venceu, porém, sem que o impasse tivesse sido resolvido. O embaixador norte-americano recomendou ao governo Kennedy "a manter-se firme nos termos do acordo Bell-Dantas", isto é, a não liberar recursos enquanto a questão estivesse pendente.[119] No dia 20 de abril, um sábado à tarde, em reunião extraordinária no gabinete do ministério da Guerra, a Comissão Interministerial aprovou por unanimidade os termos de negociação – termos estes que, segundo Dantas, não teriam recebido "apoio inequívoco" da extinta Conesp.[120] Dois dias depois, o embaixador Roberto Campos

117 O dia 19 de abril de 1963 era o prazo máximo concedido pelo governo Kennedy ao Brasil para o pagamento de uma dívida de US$ 30 milhões contraída três meses antes com o Departamento do Tesouro (ver Tabela 4.5). Se a primeira parcela do acordo Bell-Dantas não fosse liberada por Washington, o governo Goulart não teria recursos para honrar essa obrigação financeira. Telegram 1927, Rio de Janeiro to Department of State, 5 abr. 1963, CGR 1941-73, folder "Financial Matters, Jan.-April 1963", Box 136, RG 84, Nara; Telegram 7298, Rio de Janeiro to Department of State, Section II, 9 abr. 1963, folder "Brazil, General, 4/63", Box 14, NSF, JFKL.

118 Relatório s.n., Histórico da Operação de compra das ações e direitos da AMFORP, 1966, CPDOC-FGV, p.15.

119 Telegram 2035, Rio de Janeiro to Department of State, 19 abril 1963, CGR 1941-73, folder "Financial Matters, Jan.-April 1963", Box 136, RG 84, Nara. Dean Rusk respondeu a Gordon concordando com a "recomendação". O secretário de Estado acrescentou que o prazo da dívida brasileira com o Tesouro, com vencimento em 19 de abril, seria adiado por "mais alguns dias" esperando a solução do caso Amforp. Ver Telegram 1900, Department of State to Rio de Janeiro, 19 mar. 1963, CGR 1941-73, folder "Financial Matters, Jan.-April 1963", Box 136, RG 84, Nara.

120 O governo brasileiro concordou em pagar US$ 142,7 milhões à Amforp, sendo US$ 10 milhões à vista e o saldo restante em 25 anos, com carência de três anos. A companhia comprometeu-se a investir no Brasil o correspondente a 75% do valor total da indenização. Estabeleceu-se ainda que o inventário dos bens das subsidiárias, a ser realizado em até 180 dias após a assinatura do contrato, teria como intuito apenas verificar se os dados apresentados pela companhia teriam arrolado "corretamente as propriedades de suas subsidiárias". O inventário não possuiria, portanto, a prerrogativa de modificar o valor da indenização previamente acertado entre o governo brasileiro e a Amforp. Relatório s.n., Resolução da

assinou o memorando de entendimento com os representantes da empresa em Washington.[121]

Processo semelhante ao do compromisso com a Amforp deu-se com a questão da desvalorização cambial. O ministro da Fazenda havia prometido em Washington desvalorizar o câmbio para Cr$ 600 por dólar "alguns dias depois" de seu retorno ao Brasil. Passado quase um mês, no entanto, nada havia sido feito. San Tiago Dantas sabia que o encarecimento das importações, consequência inevitável da depreciação do cruzeiro, geraria forte demanda de empresários e trabalhadores por créditos e reajustes salariais, o que certamente enfraqueceria as metas do programa de estabilização. Tendo em vista que o Brasil precisava concluir um *stand-by* com o FMI até junho de 1963, a última coisa que se desejava naquele momento era dar motivos para que grupos domésticos aumentassem pressão contra o Plano Trienal. É provável que o raciocínio de Dantas tenha sido decretar a desvalorização do cruzeiro apenas momentos antes da chegada da missão do FMI. Assim, o ministro agradaria os técnicos do Fundo (apesar do atraso na aplicação da medida), ao mesmo tempo que impediria que reações de trabalhadores e empresários tivessem efeito sobre as políticas salarial e creditícia do governo durante as negociações com o FMI.[122]

A pressão exercida pelas autoridades norte-americanas, porém, impediu que a administração Goulart continuasse adiando a questão cambial por mais tempo. Em conversas com Roberto Campos, no início de abril de 1963, Dean Rusk e George Ball disseram-se "decepcionados" com o ministro da Fazenda e chegaram a afirmar que o recém-assinado acordo ficaria comprometido caso a desvalorização cambial não fosse decretada "em alguns dias", como havia sido prometido.[123] Do Brasil, Lincoln Gordon exerceu o mesmo tipo de pressão diretamente sobre Dantas. Em conversa no dia 21 de abril, o ministro da Fazenda prometeu a Gordon que a desvalorização

---

Comissão Inter-Ministerial encarregada de análise da nacionalização das empresas concessionárias de serviços públicos, 20 abr. 1963, RC e/ag 61.02.10 II 7-12, CPDOC-FGV. Para o comentário de Dantas, ver Telegram 1927, Rio de Janeiro to Department of State, 5 abr. 1963, Nara.

121 Telegrama, Embaixada do Brasil em Washington ao ministério da Fazenda, 22 abril 1963, RC e/ag 61.02.10 II, CPDOC-FGV, p.7-12. Segundo Moniz Bandeira, San Tiago Dantas teria ordenado a Campos a assinatura do memorando de entendimento com a Amforp "sem o consentimento de Goulart". O autor, porém, não oferece evidências para comprovar essa afirmação. Bandeira, 1983, p.93-4.

122 Roberto Campos afirmou a Dean Rusk que Dantas estaria planejando aprovar os 40% de aumento salarial para o funcionalismo antes da chegada da missão do FMI. Assim, o adiamento da desvalorização cambial seria de fundamental importância para impedir que trabalhadores demandassem um maior percentual de reajuste. Telegram 1865, Department of State to Rio de Janeiro, 13 abr. 1963, CGR 1941-73, folder "Financial Matters, Jan.-Apr. 1963", Box 136, RG 84, Nara.

123 Telegram 1854, Department of State to Rio de Janeiro, 11 abr. 1963; Telegram 1865, Department of State to Rio de Janeiro, 13 abr. 1963, Nara.

ocorreria ainda naquela semana.[124] No dia seguinte, mesma data da assinatura do memorando de entendimento entre o governo brasileiro e a Amforp, a Superintendência da Moeda e do Crédito (Sumoc) publicou a "tão aguardada" Instrução 239, estabelecendo a desvalorização do cruzeiro de Cr$ 460 para Cr$ 600 por dólar.[125] Com as questões da Amforp e do câmbio resolvidas, Washington finalmente liberou a primeira parcela do acordo Bell-Dantas.[126]

Como se poderia esperar, ambas medidas suscitaram fortes críticas contra o governo Goulart. Quanto à desvalorização do câmbio, grupos de esquerda reclamaram sobre os efeitos negativos da Instrução 239 para a classe trabalhadora.[127] Exportadores de café, cacau e algodão, por sua vez, alegaram discriminação da Sumoc. A Instrução aumentou a cota de contribuição dos exportadores para o financiamento de programas de sustentação dos preços internacionais desses produtos.[128] Tais protestos, no entanto, não se compararam à tempestade de críticas enfrentada pelo governo sobre a compra das subsidiárias da Amforp. Duas Comissões Parlamentares de Inquérito (CPIs) foram montadas no Congresso para investigar o assunto.[129] Em maio de 1963, o deputado Leonel Brizola distribuiu um relatório em Brasília denunciando o acordo como "lesivo aos interesses da nação". Brizola referiu-se ainda aos membros do grupo interministerial responsável pela aprovação do negócio como "traidores do povo e da pátria".[130] No início de junho, os ministros da Guerra e dos Transportes (Amauri Kruel e Hélio Silva) lançaram notas desmentindo Brizola. Os ministros afirmaram que a Comissão Interministerial não teria aprovado a transação – algo que não correspondia com a verdade.[131] As atitudes de Kruel e Silva não apenas deixaram Goulart e Dantas em uma situação delicada, praticamente

---

124 Telegram 2061, Rio de Janeiro to Department of State, 22 abr. 1963, CGR 1941-73, folder "Financial Matters, Jan.-Apr. 1963", Box 136, RG 84, Nara.

125 Report A-1224, Rio de Janeiro to Department of State, 25 abr. 1963, folder 501, Box 465, RG 84, Nara, p.1.

126 Telegram 1829, Department of State to Rio de Janeiro, 6 abr. 1963; Telegram 1854, Department of State to Rio de Janeiro, 11 abr.1963; Telegram 1976, Rio de Janeiro to Department of State, 10 abr. 1963; Telegram 2008, Rio de Janeiro to Department of State, 15 abr. 1963, CGR 1941-73, folder "Financial Matters, Jan.-Apr. 1963", Box 136, RG 84, Nara.

127 NR, Instrução 239: menos dólares para o Brasil, mais cruzeiros para os exportadores, 1-9 maio 1963, p.3.

128 Oesp, Bahia: protestos contra a Instrução 239, 26 abr. 1963, p.7; Ata, 52ª Reunião de Diretoria Plena da ACSP, 23 abr. 1963, p.32-3.

129 Telegram 228, Brasília to Department of State, 8 jun. 1963, CGR 1941-73, folder "AMFORP, 1962-1964", Box 136, RG 84, Nara; Oesp, Instalou-se a CPI do Senado que investigará as encampações, 5 jun. 1963, p.2.

130 Telegram 2328, Rio de Janeiro to Department of State, 31 maio 1963, CGR 1941-73, folder "Financial Matters, May-June 1963", Box 136, RG 84, Nara, p.1; Oesp, Dantas explica aos generais os motivos da compra das empresas, 5 jun. 1963, p.2.

131 Telegram 2553, Rio de Janeiro to Department of State, 4 jun. 1963, CGR 1941-73, folder "Financial Matters, May-June 1963", Box 136, RG 84, Nara.

isolados, mas também demonstraram que o governo estava perdendo coesão interna na questão da Amforp. Dias depois, em uma defesa da compra das subsidiárias na Câmara, o líder do governo Oliveira Brito (PSD-BA) foi interrompido por Simão da Cunha (UDN-MG). O deputado mineiro, falando em nome da "bossa nova" udenista e com apoio do "grupo compacto" do PTB, afirmou que a Casa seria obrigada a votar o *"impeachment"* de Goulart caso o presidente continuasse insistindo em manter o acordo com a companhia norte-americana.[132] As constantes e abertas defesas do negócio feitas por San Tiago Dantas e Roberto Campos não foram suficientes para conter a avalanche de críticas.[133] Como a embaixada norte-americana informou a Washington no início de junho de 1963, a campanha das esquerdas contra a Amforp estava "ofuscando todas as demais questões políticas".[134]

Havia outra questão que estava incomodando profundamente os setores de esquerda no Brasil (e que, segundo Gordon, poderia ser um dos principais motivos dos ataques ao governo na questão das subsidiárias norte-americanas): o apoio do presidente Goulart à criação da União Sindical dos Trabalhadores (UST).[135] A UST representava a concretização de uma demanda antiga do governo norte-americano: a necessidade de o governo brasileiro apoiar uma organização sindical que estivesse livre de vínculos com líderes ou grupos comunistas. Goulart mencionou exatamente esse ponto em uma reunião com Lincoln Gordon em meados de julho de 1963. Segundo Jango, providências estariam sendo tomadas em uma área sobre a qual "o presidente Kennedy e seu irmão" expressaram "grandes preocupações".[136] Independentemente de a pressão dos Estados Unidos ter sido ou não o principal motivo do apoio de Goulart à UST, o fato é que os comunistas incomodaram-se com a iniciativa. Segundo relato do adido trabalhista norte-americano, Luís Carlos Prestes teria inclusive pedido a Goulart para não romper com os comunistas no movimento sindical dias antes de a UST ter sido oficialmente lançada por Crockat de Sá.[137] Coincidência ou não, as críticas dos grupos de esquerda ao Plano Trienal e, em particular, ao acordo com a Amforp avolumaram-se a partir desse ponto.

---

132 Idem, p.2-3.
133 Ver depoimentos de Dantas e Campos na CPI das encampações criada pela Câmara dos Deputados. Relatório s.n., Discurso proferido na sessão noturna da Câmara dos Deputados pelo Ministro da Fazenda San Tiago Dantas, 12 jun. 1963, Pacotilha 2, Caixa 4, AP 47, ANRJ; Relatório, Resumo das declarações do Embaixador Roberto de Oliveira Campos em reunião da Comissão Parlamentar de Inquérito sobre nacionalização das concessionárias de serviços públicos, 26 jun. 1963, RC e/ag 61.02.10 II – 13, CPDOC-FGV.
134 Telegram 2328, Rio de Janeiro to Department of State, 31 maio 1963, Nara.
135 Para os comentários de Lincoln Gordon, ver Telegram 2328, Rio de Janeiro to Department of State, 31 maio 1963, Nara, p.3.
136 Telegram 106, Rio de Janeiro to Department of State, Section I, 17 jul. 1963, JFKL, p.1.
137 Essa informação foi concedida pelo próprio presidente da UST, Domingo Alvarez, ao adido norte-americano. Telegram 146, Rio de Janeiro to Department of State, 10 maio 1963, JFKL.

As concessões de Goulart às exigências norte-americanas em áreas como política econômica (programa de estabilização), política externa (Congresso de Solidariedade à Cuba), relacionamento com investidores estrangeiros (ITT e Amforp) e movimento sindical (UST) levaram membros do governo Kennedy a afirmar que o presidente estaria apresentando indícios de "uma mudança de coração".[138] Tinha-se a impressão de que o principal objetivo do "programa passo a passo" do Departamento de Estado havia sido alcançado: o surgimento de rachas entre Goulart e os "comuno-nacionalistas".[139] No entanto, para fortalecer essas divisões e dar sustentação política a Goulart, fazia-se necessário compensar o enfraquecimento da base esquerdista do presidente com um incontestável apoio internacional.[140] Essa teria sido a linha de argumentação usada por Roberto Campos durante as negociações financeiras nos Estados Unidos. Em meados de maio de 1963, com a chegada de uma missão do FMI no Rio de Janeiro, Washington teve uma segunda chance para mostrar a Goulart que a "mudança de coração" do presidente brasileiro não teria sido em vão. A assinatura de um empréstimo *stand-by* com o Fundo – abrindo perspectivas para o recebimento de maiores recursos dos Estados Unidos e, inclusive, da Europa – representaria uma significativa vitória para San Tiago Dantas, contrabalanceando ataques da esquerda ao governo e consolidando a abordagem moderada até então demonstrada por Goulart. No entanto, qualquer outro resultado que não um *stand-by* com o FMI manteria o presidente em frágil situação política. Nesse caso, a longevidade da "mudança de coração" de Goulart tenderia a ficar dependente de contrapartidas do governo Kennedy, tal como a flexibilização do "programa passo a passo".

Lincoln Gordon percebeu claramente a importância dos resultados da missão do FMI para o futuro da linha política moderada da administração Goulart. Em comunicado a Washington antes da chegada dos técnicos do Fundo, o embaixador "exortou" os representantes do FMI a flexibilizar suas exigências com o intuito de "minimizar oportunidades para aqueles que deseja[va]m sabotar um genuíno entendimento" entre o governo brasileiro e o Fundo Monetário. Conforme Gordon, se por um lado algumas metas do Plano Trienal não estariam sendo implementadas como esperado; por outro, era preciso admitir que pressões do empresariado sobre o governo constituiriam um "fator concreto, o qual esperamos que serão reconhecidos pela missão do FMI". O embaixador completou ainda que acreditava na

---

138 Report A-1284, Department of State to Rio de Janeiro, 9 maio 1963, folder "Brazil General 5/1/63-5/10/63", Box 14, NSF, JFKL, p.5.

139 Report A-941, Rio de Janeiro to Department of State, 18 fev. 1963, JFKL.

140 Em maio de 1963 Lincoln Gordon informou ao Departamento de Estado que "conspirações anti-regime" continuavam, apesar de o movimento golpista contra Goulart não estar "unificado e sofrer de muitos pretendentes a líder". Telegram 2275, Rio de Janeiro to Department of State, 22 maio 1963, folder "Brazil, General, 5/11 – 5/31/63", Box 14, NSF, JFKL.

existência "de uma área no Brasil onde viabilidade política e solidez econômica" poderiam "ser reconciliadas". Os Estados Unidos e o FMI precisariam "tentar confinar-se nessa área".[141]

As recomendações de Lincoln Gordon surtiram efeito, mas não na intensidade necessária. O Fundo decidiu conceder ao Brasil um empréstimo no valor de US$ 60 milhões como compensação pelo declínio no valor das exportações do país. Mesmo assim, conforme o delegado britânico no FMI, esses recursos só teriam sido aprovados devido à pressão dos representantes norte-americanos, que "enfatizaram o esforço de cooperação do governo brasileiro".[142] O aval do Fundo era considerado importante por Washington porque abria a perspectiva de os Estados Unidos dividirem com credores europeus a responsabilidade do apoio financeiro ao Brasil.[143] A diretoria do Fundo deliberou, no entanto, que a concessão do empréstimo compensatório não representaria um sinal de apoio da instituição à política econômica do governo Goulart, ou, muito menos, de que um acordo *stand-by* estaria a caminho.[144] Lincoln Gordon tentou convencer os técnicos da missão do FMI a usar o "período de respiro" que o governo brasileiro ganharia com a obtenção dos US$ 60 milhões para trabalhar em cima da atualização das metas do Plano Trienal, com o intuito de se discutir novamente um *stand-by* em setembro de 1963. Os membros do FMI responderam com "sérias reservas" à proposta do embaixador. Segundo eles, a administração Goulart não possuiria "condições políticas" para implementar um "adequado programa de estabilização". Propôs-se, diferentemente, o estabelecimento de uma "moratória negociada" entre o Brasil e os credores, até que uma "mudança de orientação política" do governo brasileiro permitisse a aplicação das "medidas econômicas necessárias".[145] A perspectiva de assinatura no curto prazo de um *stand-by* entre o Fundo e o governo Goulart estava, portanto, muito longe de acontecer.

As implicações da negativa do FMI foram grandes. Em primeiro lugar, sem o aval do Fundo, sabia-se que a Europa não negociaria empréstimos com o Brasil. As consequências sobre as contas externas brasileiras seriam sérias, pois o país esperava contar com créditos superiores a US$ 120 milhões dos europeus em 1963 (Tabela 8.2). Em segundo lugar, não se tinha clareza sobre o que aconteceria com o acordo Bell-Dantas sem o suporte do FMI. O Plano Trienal já não estava mais sendo seguido à risca. Além disso, pressionado

---

141 Telegram 2112, Rio de Janeiro to Department of State, Section III, 30 abr. 1963, JFKL, p.3-4.
142 Report s.n., IMF British Director to Foreign Office, 9 jun. 1963, FO 371 / 172354, TNA, p.3.
143 Essa perspectiva já era defendida por membros do governo Kennedy desde meados de 1962. Ver Telecom, George Ball, Hamilton, 7 set. 1962, folder "Brazil 4/20 – 7/10/63", Box 1, PPGB, JFKL.
144 Report, IMF British Director to Foreign Office, 9 jun. 1963, TNA, p.6-7.
145 Telegram 2320, Rio de Janeiro to Department of State, 30 maio 1963, CGR 1941-73, folder "Financial Matters, May-June 1963", Box 136, RG 84, Nara.

pela esquerda e sem o necessário apoio de atores internacionais, o governo Goulart passou a defender a flexibilização dos compromissos assumidos em Washington por San Tiago Dantas, em particular os termos de compra das subsidiárias da Amforp. Desejava-se que a avaliação dos ativos das subsidiárias fosse realizada antes da assinatura do contrato. Assim, seria possível ajustar o valor final do negócio conforme o resultado apresentado pelo inventário de bens. O objetivo desse pedido era apaziguar críticas domésticas de que o país estaria sendo o "palhaço do hemisfério" por ter adquirido "ferro velho" a "preço de ouro".[146] A empresa concordou em antecipar o inventário, contanto que o governo Goulart se comprometesse a pagar o preço previamente estabelecido (US$ 142,7 milhões). Em resposta ao presidente da Amforp, San Tiago Dantas afirmou que a postura da companhia "poderia causar problema".[147] Segundo o ministro, em conversa com outro funcionário norte-americano, seria "imprudente e até mesmo perigoso" seguir à risca o memorando de entendimento entre o governo brasileiro e a Amforp dada a "forte oposição" doméstica.[148]

As demandas brasileiras por uma atitude mais flexível do governo Kennedy não surtiram efeito. Apesar de reconhecer as "reais dificuldades" que a administração Goulart estava enfrentando, principalmente envolvendo o Plano Trienal e a nacionalização das subsidiárias elétricas, Washington não flexibilizou suas exigências.[149] O fracasso na obtenção de um *stand-by* com o FMI, o relaxamento das metas do programa de estabilização de Furtado e a quebra de compromisso no caso Amforp levaram o governo Kennedy a congelar os recursos do acordo Bell-Dantas.[150] Futuras liberações, conforme Gordon explicou a Carvalho Pinto, só seriam realizadas quando a administração Goulart atualizasse as metas do Plano Trienal, assegurando seu compromisso com o retorno da estabilidade econômica.[151] Além disso, segundo o secretário de Estado Dean Rusk, o contingenciamento de recursos também estaria baseado no "caso Amforp", o qual, "apesar de não ser a mais importante questão das relações EUA-Brasil, [teria se] transform[ado] em um teste de boa-fé e da capacidade de Goulart" em resistir às pressões

146 O termo "palhaço do hemisfério" foi empregado pelo periódico *Hanson's Letter*, causando forte impacto no Brasil. Telegram 2331, Rio de Janeiro to Department of State, 1º jun. 1963, folder "Brazil, General, 6/63", Box 14, NSF, JFKL, p.1.
147 Telegram 2387, Rio de Janeiro to Department of State, 10 jun. 1963, folder 500.1, Box 136, RG 84, Nara, p.1.
148 Telegram 2336, Rio de Janeiro to Department of State, Section I, 2 jun. 1963, folder 500.1, Box 136, RG 84, Nara, p.1.
149 Telegram 246, Rio de Janeiro to Department of State, 2 ago. 1963, folder "Brazil, General, 8/1 – 8/20/63", Box 14, NSF, JFKL.
150 Telegram 2184, Department of State to Rio de Janeiro, 7 jun. 1963, folder "AMFORP, 1962-1964", Box 136, RG 84, Nara.
151 Telegram 20, Rio de Janeiro to Department of State, Section I, 3 jul. 1963, folder "Brazil, General, 7/11 – 7/15/63", Box 14, NSF, JFKL.

da esquerda diante do "interesse [em manter] futura colaboração com os Estados Unidos".[152]

Até mesmo um pedido feito por Goulart ao presidente Kennedy em Roma, sobre a possibilidade de Washington influenciar o FMI na concessão de uma "benção formal" às negociações financeiras entre Brasil e Alemanha Ocidental, seria negado pelo Departamento de Estado, apesar de outras duas solicitações terem sido aceitas (uma sobre o refinanciamento de uma dívida de US$ 37 milhões com bancos privados norte-americanos e outra sobre o adiamento de 60 a 90 dias para a assinatura do contrato com a Amforp).[153] O governo brasileiro estava negociando com Bonn a concessão de empréstimos no valor de US$ 200 a 400 milhões como antecipação das vendas de minério de ferro a empresas alemãs. Dean Rusk argumentou que o acordo com a Alemanha Ocidental, caso concretizado, "traria sérias preocupações para outros credores", pois o Brasil estaria diminuindo a sua capacidade de pagamento de dívidas correntes por meio do "penhor de futuras exportações". Mais importante do que isso, concluiu o secretário de Estado, seria o fato de que o acordo com a Alemanha Ocidental "enfraqueceria pressões sobre os brasileiros para que eles enfrentassem seus problemas econômicos".[154] Em outras palavras: caso o estrangulamento das contas externas do país fosse aliviado pelo aporte de substanciais recursos internacionais, a ferramenta usada pelos Estados Unidos para obrigar o governo Goulart a agir de acordo com os interesses norte-americanos – isto é, a liberação de auxílio econômico – perderia sua força.

A pequena flexibilidade demonstrada pelos Estados Unidos após as dificuldades do Plano Trienal e do fracasso de acordo com o FMI fez com que João Goulart desistisse da abordagem moderada que havia caracterizado suas atitudes desde o início do ano. No final de agosto, o Plano Trienal já tinha sido abandonado pelo governo federal, Brasília não assinaria o contrato com a Amforp e Jango retiraria seu apoio à UST, voltando a atuar no movimento sindical ao lado dos "comuno-nacionalistas" e ao Comando Geral dos Trabalhadores (CGT).[155] Segundo Roberto Campos, o presidente

---

152 Telegram s.n., Department of State to Rio de Janeiro, 29 jun. 1963, folder "Brazil, General, 6/63", Box 14, NSF, JFKL, p.2.

153 Kennedy e Goulart encontraram-se em Roma, onde participariam da cerimônia de nomeação do Papa Paulo VI. MemCon, Kennedy, Goulart, 1º jul. 1963, folder "Brazil, General, 7/11 – 7/15/63", Box 14, NSF, JFKL; Telegram 2, Rio de Janeiro to Department of State, 16 jul. 1963, folder "Brazil, General, 7/16 – 7/31/63", Box 14, NSF, JFKL.

154 Telegram 138, Rio de Janeiro to Department of State, 26 jul. 1963, folder "Brazil, General, 7/16/63 – 7/31/63", Box 14, NSF, JFKL, p.1-2.

155 Telegram A-254, Rio de Janeiro to Department of State, 21 ago. 1963, folder "Brazil, General, 8/21/63 – 8/31/63", Box 14, NSF, JFKL, 5-6. Na interpretação do embaixador Roberto Campos, "Goulart, politicamente acovardado pela perspectiva de perder para Brizola a liderança das esquerdas, passou a fazer concessões cada vez maiores a um extremismo econômico inviável", resultando no abandono do Plano Trienal. Campos, 2001, p.515.

Kennedy lhe teria confessado que "perdia noites pensando no Brasil". O embaixador brasileiro (já demissionário à época) lhe teria respondido que tal insônia seria, em parte, culpa dos próprios Estados Unidos: Washington não teria tido "visão suficiente para enfrentar um moderado risco financeiro" quando das negociações da missão Dantas. "Agora", teria acrescentado Campos, "os Estados Unidos esta[riam] correndo um grande risco político".[156] O que Campos não sabia (ou fingiu não saber) era que o governo Kennedy já estava tomando providências para evitar que esse risco político virasse realidade.

8.4. Rumo a uma abordagem unilateral

Em meados de 1963, a atitude do governo norte-americano em relação à administração Goulart sofreu uma importante mudança. Até então, os Estados Unidos vinham praticando o que aqui se denominou abordagem dupla, ou seja, apoio às "forças democráticas", especialmente nos meios político e militar, e concessão de recursos financeiros ao governo federal, condicionado ao cumprimento de um "programa passo a passo". O pressuposto por trás dessa abordagem, segundo as palavras do subsecretário de Assuntos Americanos Edwin Martin, era o de que Goulart seria "ineducável", como teria sido demonstrado pelos resultados decepcionantes (para o governo Kennedy) da viagem de Jango aos Estados Unidos em abril de 1962. O presidente brasileiro só agiria conforme os interesses norte-americanos por meio de vias indiretas, isto é, por meio de "grupos capazes de exercer pressão em cima dele", e mediante o aproveitamento da frágil situação financeira do país para fins políticos.[157]

O abandono de uma linha política moderada por Goulart em meados de 1963 foi interpretado pelo governo Kennedy como sinal de que não seria possível "educar" o presidente brasileiro nem por vias indiretas. Com isso, a abordagem norte-americana, antes dupla, passou a ser unilateral, visando criar condições mais para a substituição do que para a modificação do governo Goulart. A ideia básica desse novo enfoque era concentrar apoio nas "forças democráticas" brasileiras, especialmente na concessão de auxílio econômico às "ilhas de sanidade administrativa" e na organização de um dispositivo militar anti-Goulart. Recursos suplementares ao governo federal seriam praticamente congelados (exceção feita às agências governamentais

---

156 Roberto Campos, Kennedy e o Brasil, CPDOC-FGV, p.19. Para mais informações sobre a preocupação de Kennedy com o Brasil, ver MemPres, 28 ago. 1963, folder "Brazil, General, 8/21 – 8/31/63", Box 14, NSF, JFKL, p.1.

157 Telegram 243, Department of State to Rio de Janeiro, 19 ago. 1963, folder "Brazil, General 8/21 – 8/31/63", Box 14, NSF, JFKL, p.2-3.

privadas e a alguns projetos específicos, como os Acordos do Trigo).[158] Além disso, com o intuito de evitar um rompimento de relações entre Brasil e Estados Unidos – que traria sérias consequências para a manutenção de contatos com as "ilhas democráticas" –, a administração Kennedy permitiria que dívidas do governo federal com vencimento iminente recebessem pequenas extensões de prazo (60 a 90 dias).[159] Assegurava-se a necessidade de o governo Goulart retornar a Washington com frequência para solicitar novos adiantamentos. Isso funcionava, em primeiro lugar, como um dique contra uma possível radicalização do regime; e, em segundo, na eventualidade de Goulart decidir-se pela decretação de uma moratória, como garantia de que o peso político dessa decisão recairia sobre o presidente brasileiro.[160]

É difícil precisar a quantidade de recursos fornecida pelos Estados Unidos às "ilhas de sanidade administrativa" em 1963. As autorizações de doações e empréstimos norte-americanos ao Brasil no período totalizaram US$ 144,6 milhões (Tabela 8.4). Tendo em vista que o governo federal não foi contemplado com autorizações em 1963, segue-se que a maior parte dos fundos (em especial, os da Usaid) correspondeu a projetos da Aliança para o Progresso a serem executados nos estados "democráticos". Dos recursos restantes – compostos basicamente pelos Fundos do Trigo –, parcela significativa foi canalizada para as regiões mais populosas do país (São Paulo, Minas Gerais e Guanabara), respondendo à demanda local por alimentos. Deve ser notado que os governantes desses estados (Ademar de Barros, Magalhães Pinto e Carlos Lacerda) também eram aliados dos Estados Unidos.

É importante ressaltar que autorização de empréstimos não implica liberação efetiva de recursos. Fundos podem ser autorizados em um determinado ano e distribuídos apenas em anos subsequentes. Infelizmente, os dados disponíveis sobre liberação de empréstimos dos Estados Unidos ao Brasil para esse período estão organizados com base no ano fiscal norte--americano (julho a junho). Sabe-se que de julho de 1963 a junho 1964 foram concedidos US$ 336,9 milhões aos governos federal e estaduais.[161] Isso dificulta a quantificação dos recursos repassados às "ilhas de sanidade

---

158 Telegram 2184, Department of State to Rio de Janeiro, 7 jun. 1963, Nara.

159 Exemplos dessa atitude podem ser encontrados nos adiamentos de prazo de dívidas brasileiras que venciam em julho e em setembro de 1963.Telegram 2, Rio de Janeiro to Department of State, 16 jul. 1963, JFKL; Report s.n., Briefing Memorandum for Appointment with Brazilian Finance Minister Carvalho Pinto, out. 1963, folder "Brazil 7/63 – 10/63", Box 390A, PRD, NSF, JFKL, p.1.

160 A mais clara exposição dessa estratégia encontra-se em análise feita por Lincoln Gordon em agosto de 1963. Telegram 374, Rio de Janeiro to Department of State, Section I-II, 21 ago. 1963, folder "Brazil, General, 8/21 – 8/31/63", Box 14, NSF, JFKL.

161 Taffet, 2007, p.96.

administrativa", pois os primeiros meses do regime militar, quando o governo federal voltou a receber recursos de Washington, estão incluídos nos dados. De qualquer maneira, apenas com base no valor das autorizações de empréstimos norte-americanos ao Brasil, bem como em estimativas apresentadas pela literatura, é relativamente seguro afirmar que os governos estaduais "democráticos" teriam recebido não menos que US$ 96 milhões em fundos em 1963.[162]

Tabela 8.4 – Autorizações de empréstimos e doações do governo dos Estados Unidos, Brasil, 1958-1963 (milhões US$)

	1958	1959	1960	1961	1962	1963
Usaid*	5,8	8,9	11,9	7,0	84,5	86,3
(a) Empréstimos	0,0	0,5	-0,3	0,0	74,5	62,9
(b) Doações	5,8	8,4	12,2	7,0	10,0	23,4
Fundo Social	0,0	0,0	0,0	0,0	47,0	5,8
PL 480 (Fundos do Trigo)	3,6	3,0	1,8	92,0	80,4	50,9
Eximbank	17,6	122,1	6,8	194,0	0,0	0,0
Outros programas	0,0	0,0	0,0	0,0	0,9	1,6
Sub-total (I)	27,0	134,0	20,5	293,0	212,8	144,6
Programa de Assistência Militar	18,2	11,7	18,2	23,9	19,3	10,0
Outros programas militares	0,0	8,5	8,2	0,0	22,8	0,0
Subtotal (II)	18,2	20,2	26,4	23,9	42,1	10,0
Total	45,2	154,2	46,9	316,9	254,9	154,6

Fonte: Report s.n., Agency for International Development and Alliance for Progress, 1965, folder "AID & Alliance for Progress", Box 3, NSF, LBJL, p.67.
*Ver Tabela 8.1 para significado das siglas dessa coluna.

A concessão de recursos dessa magnitude às "ilhas de sanidade administrativa" não passou despercebida ao governo brasileiro. Goulart chegou a reclamar com Lincoln Gordon do fato de os Estados Unidos darem ajuda apenas a "reacionários que se posicionam contra a reforma agrária", em especial Carlos Lacerda. O embaixador respondeu que assessores presidenciais estariam "superestimando" a quantidade de recursos repassados a Guanabara. Goulart pediu então que Gordon providenciasse dados sobre auxílio econômico norte-americano discriminados por estado. Apesar de o embaixador ter concordado com o pedido, não foram encontradas evidências de que estes dados tenham sido apresentados ao presidente brasileiro depois dessa reunião.[163]

---

162 Idem, p.111; Mihalkanin e Neisler, 1995, p.315.
163 Telegram 345, Rio de Janeiro to Department of State, Section I, 17 ago. 1963, folder "Brazil, General, 8/21/63 – 8/31/63", Box 14, NSF, JFKL, p.2.

A abordagem anti-Goulart adotada por Washington desde meados de 1963 estava longe de ser consensual dentro do governo norte-americano. O subsecretário Edwin Martin, por exemplo, em telegrama a Lincoln Gordon, criticou o apoio dado pelos Estados Unidos a "governadores reacionários", entre os quais Carlos Lacerda. Martin disse que compreendia que Washington não poderia "repudiar publicamente" o governador da Guanabara, mas que a abordagem de Lacerda seria "muito de extrema direita e muito fanaticamente anti-Goulart para ser aceita como uma contribuição útil para os objetivos norte-americanos". Thomas Hughes, também do Departamento de Estado, notou que os memorandos da CIA sobre Lacerda seriam "acríticos", caracterizando-o como um "Galahad pró-EUA".[164] Além da questão envolvendo as "ilhas de sanidade", Martin também criticou o enfoque conservador dos Estados Unidos em termos de política econômica. Segundo o subsecretário, o governo Kennedy deveria encontrar meios de mostrar "que nós favorecemos as reformas econômicas e sociais e o desenvolvimento tanto quanto a estabilidade financeira e a proteção dos investimentos estrangeiros".[165] Walt Rostow destacou aspectos semelhantes ao afirmar que a falência do Plano Trienal não teria sido responsabilidade apenas da administração Goulart. Segundo Rostow, se os Estados Unidos quisessem "evitar uma ditadura de esquerda" no país, seria preciso não apenas "exigir colaboração de Goulart", mas também "lidar com as questões de estabilização e desenvolvimento como parte de um único problema".[166]

Os membros do governo Kennedy favoráveis à manutenção da abordagem anti-Goulart também foram enfáticos na defesa de sua posição. Lincoln Gordon, em resposta aos referidos comentários de Edwin Martin, disse que seria uma "doce ilusão" [*wishful thinking*] assumir que haveria qualquer relação entre as pregações reformistas de Goulart e a construção de reformas verdadeiramente democráticas".[167] O embaixador afirmou também ter ficado "em choque" com a "opinião" de que Lacerda seria "um reacionário irresponsável". Para ele, o governador da Guanabara representaria um "reformador democrático e progressista".[168] Gordon disse-se ainda "convencido" dos planos de Goulart para instalar uma "ditadura peronista", montada sobre um "dispositivo militar pessoal" e uma estrutura sindical dedicada a "fazer ameaças de greves gerais". O perigo de uma comunização do Brasil residiria

---

164 Report s.n., Thomas Hughes to Edwin Martin, 21 ago. 1963, folder "Brazil, 7/63 – 10/63", Box 390A, PRD, NSF, JFKL, p.2.
165 Telegram 234, Department of State to Rio de Janeiro, 14 ago. 1963, folder "Brazil, General, 8/1 – 8/20/63", Box 14, NSF, JFKL, p.1-2.
166 Report s.n., Brazil, W. W. Rostow, 2 out. 1963, folder "Brazil, 7/63 – 10/63", Box 14, NSF, JFKL, p.3.
167 Telegram 373, Rio de Janeiro to Department of State, Section I, 21 ago. 1963, folder "Brazil, General, 8/21 – 8/31/63", Box 14, NSF, JFKL, p.2.
168 Telegram A-254, Rio de Janeiro to Department of State, 21 ago. 1963, JFKL, p.3.

"na total incompetência de Goulart para resolver problemas reais". Uma vez ditador, concluiu, Jango seria "facilmente derrubado" pelos comunistas.[169] Outros órgãos do governo norte-americano compartilhavam da interpretação de Gordon. O diretor-adjunto da CIA, por exemplo, em relatório enviado a Alexis Johnson, subsecretário para Assuntos Políticos, argumentou que as atitudes de Goulart nos meios sindical e militar indicariam uma tentativa do presidente de transformar-se em "ditador autoritário".[170] No final das contas, essa seria a interpretação por trás da "proposta de política de curto prazo" aprovada pelo LAPC em encontro do dia 3 de outubro de 1963.[171] O lado anti-Goulart do governo norte-americano havia vencido. A demissão de Edwin Martin logo após Lyndon Johnson ter assumido a presidência apenas concretizaria uma tendência que já estava clara no final da administração Kennedy.[172]

O governo Goulart, no entanto, apresentou sinais de que não aceitaria passivamente o fortalecimento dos "governadores democráticos", em particular de Carlos Lacerda. Segundo fontes da embaixada norte-americana e da CIA, o presidente e seus ministros militares teriam decidido intervir na Guanabara no início de outubro de 1963. Se verdadeiro, isso ajuda a explicar o pedido de decretação de estado de sítio enviado por Goulart ao Congresso Nacional.[173] Jango queria assegurar meios legais contra possíveis resistências à intervenção, especialmente por parte dos demais governadores. Apesar de o plano não ter dado certo, o episódio gerou preocupações em Washington.[174] A atitude do presidente brasileiro demonstrou que a abordagem recente do governo Kennedy – isto é, a de estabelecer "relações amigáveis" com o governo federal para "ganhar tempo", visando manter a estrutura de apoio às "forças democráticas" e preparar terreno para a substituição do regime – poderia gerar resultados imprevisíveis, prejudicando interesses norte-americanos no Brasil. Se Goulart tivesse sido bem-sucedido

169 Telegram 373, Rio de Janeiro to Department of State, Section I, 21 ago. 1963, JFKL, p.1.

170 CIA Memo s.n., 27 ago. 1963, folder "Brazil, 7/63 – 10/63", Box 390A, PRD, NSF, JFKL, p.1.

171 Report s.n., Proposed Short-Term Policy, Brazil, 30 set. 1963, folder 17, Box 112, POF, JFKL.

172 Rabe, 1999, p.176-79. Uma biografia recente sobre o embaixador Gordon – baseada apenas em material do próprio embaixador, porém – apresenta visão menos crítica da atuação do governo norte-americano nos meses finais do governo Goulart. Ver Smith, 2015. Todavia, essa posição é absolutamente minoritária na historiografia. Ver Pereira, 2016, p.1-13.

173 Telegram 728, Rio de Janeiro to Department of State, Sections I-II, 3 out. 1963; CIA Report n. 3/560.873, 4 out. 1963; CIA Report n. 3/560.894, 4 out. 1963, folder "Brazil, General, 10/1 – 10/15/63", Box 14, NSF, JFKL.

174 O pedido de estado de sítio sofreu severas críticas de setores da esquerda, tais como do CGT, da Frente de Mobilização Popular (em especial de Brizola) e do grupo compacto do PTB. Devido a isso, e em meio aos boatos de que o pedido seria derrotado no Congresso, Goulart decidiu retirá-lo da pauta legislativa em 8 de outubro, quatro dias após do envio da mensagem ao Parlamento. Ver Oesp, Goulart deve pedir ao Congresso a decretação do estado de sítio, 4 out. 1963, p.3; CGT contra a declaração de estado de sítio, 6 out. 1963, p.4; NR, O Sítio, 11-17 nov. 1963, p.8.

na neutralização das principais "ilhas de sanidade" no episódio do estado de sítio, o esforço para reverter uma possível radicalização do regime seria muito maior. Isso porque as "forças democráticas" teriam perdido posições estratégicas, tal como Guanabara ou, até mesmo, São Paulo. Seria necessário, do ponto de vista do Departamento de Estado, que o governo Kennedy estivesse preparado para agir no caso de Goulart tentar intervir mais uma vez nas "ilhas de sanidade". Seria desse contexto que nasceria o "plano de contingência A-568".[175]

No início de novembro de 1963, a embaixada norte-americana preparou um minucioso relatório sobre providências que deveriam ser tomadas por Washington na eventualidade de estados brasileiros (SP, PR, SC e RS) proclamarem secessão do governo federal, formando uma "confederação aliada aos Estados Unidos". Subentende-se que isso seria resultado de atitudes ilegais do presidente Goulart, tais como fechamento do Congresso Nacional ou intervenções em unidades federativas. O relatório conclui que as chances de sobrevivência da "confederação" seriam "mínimas" sem ajuda "aberta" do governo norte-americano. Listam-se, então, pormenorizadamente, tipos e quantidades de unidades navais, aéreas e terrestres que deveriam ser enviadas ao Brasil em apoio à "confederação". O relatório prevê os locais de reabastecimento dos jatos que seriam enviados do Panamá a São Paulo (aqueles que viessem do Suriname, por sua vez, poderiam fazer viagem de ida e volta sem necessidade de reabastecimento). Por fim, apresenta-se uma descrição minuciosa sobre estruturas de transportes, comunicação, energia e abastecimento das principais cidades brasileiras, com foco no Rio de Janeiro e em São Paulo. Caso uma guerra civil entre a confederação e o governo federal explodisse, essas informações seriam de fundamental importância para determinar pontos fortes e fracos das partes em conflito, auxiliando na estratégia norte-americana de apoio aos confederados. Como conclusão, o relatório afirma que "o suporte norte-americano" poderia ser determinante para estabelecer "um governo brasileiro democrático e alinhado ao Ocidente", ou, ao contrário, para viabilizar uma "orientação claramente esquerdista" no Brasil.

Cinco meses após a preparação do plano de contingência A-568, o presidente Goulart seria retirado do poder. Os líderes do golpe de 1964 (muitos dos quais governadores "democráticos") planejaram o estabelecimento de uma confederação de estados anti-Goulart caso o movimento golpista não obtivesse vitória imediata.[176] Isso explica, por exemplo, o

175 Telegram A-568, Rio de Janeiro to Department of State, Contigency Planning, Brazil, 4 nov. 1963, folder "Brazil, General, 11/1 – 11/15/63", Box 14A, NSF, JFKL. Esse documento foi aberto à consulta pública em agosto de 2004.
176 Por razões estratégicas e militares, o centro da "confederação democrática" seria o estado de Minas Gerais. Magalhães Pinto obteve adesão do governador paulista Ademar de Barros. Imaginava-se que outras unidades federativas ingressariam no movimento uma vez iniciado

porquê de o governador mineiro Magalhães Pinto ter nomeado Afonso Arinos de Melo Franco, ex-ministro das Relações Exteriores de Jânio Quadros, como membro de seu secretariado momentos antes do golpe. Magalhães Pinto queria contar com uma figura de renome internacional para buscar reconhecimento diplomático à confederação em caso de uma guerra civil.[177] Não é difícil imaginar qual seria o primeiro país que os confederados procurariam. Ao que parece, as "ilhas de sanidade" quase deixaram de ser uma metáfora de Lincoln Gordon para transformar-se em realidade. Isso foi evitado pela saída de Goulart sem resistência do poder.

* * *

Em meados de novembro de 1963, dias após o encerramento do encontro do Conselho Interamericano Econômico e Social em São Paulo, João Goulart reuniu-se no Palácio da Alvorada para um jantar com o chefe da delegação norte-americana, W. Averell Harriman. Logo no início da conversa, o presidente brasileiro afirmou que "poucas pessoas na América Latina" ainda acreditariam que a Aliança para o Progresso fosse capaz de gerar "reais mudanças".[178] Goulart argumentou que o principal problema do continente seria a deterioração dos termos de troca, responsabilizando, assim, "trustes" e "grupos econômicos" internacionais. Harriman respondeu que a explicação para a "recente" deterioração dos termos de troca não seriam os "trustes", mas, sim, "oferta e demanda". O representante norte-americano acrescentou que o programa brasileiro de auxílio ao café seria um dos responsáveis pelo aviltamento dos preços dos bens primários, na medida em que incentivos estariam sendo criados para que outros países aumentassem a oferta mundial do produto, diminuindo seu valor no mercado internacional. Para "surpresa" de Gordon, Goulart respondeu que "oferta e demanda" constituiriam uma "ideia capitalista", sendo "esta uma das coisas erradas com o capitalismo". O embaixador norte-americano relatou a Washington que o encontro teria sido "totalmente improdutivo". "Goulart falando em clichês não era nada novo", concluiu Gordon, "mas a infantilidade da argumentação atingiu níveis ainda mais baixos nessa conversa".[179]

---

o golpe. Não foram encontradas evidências de que o plano de Magalhães Pinto teria sido produto do plano de contingência A-568. É possível que não, pois Minas não fazia parte dos "estados confederados" do plano norte-americano. De qualquer modo, vale destacar que o relatório da CIA que discute o "plano revolucionário mineiro" foi "higienizado" pela agência e ainda possui inúmeros trechos sob sigilo. CIA Report 50173, Plan of Revolutionary Plotters in Minas Gerais, 30 mar. 1964, folder 7, Box 9, CF Brazil, NSF, LBJL.

177 Gomes, 1964, p.73-4.

178 O relato foi feito pelo embaixador Lincoln Gordon. Ver Telegram 1086, Rio de Janeiro to Department of State, Section I, 20 nov. 1963, folder "Brazil, General, 11/16 – 11/22/63", Box 14, NSF, JFKL, p.1.

179 Idem, Section II, p.2-3.

A postura de Goulart na reunião com Averell Harriman resultou da maneira pela qual a Aliança para o Progresso foi implementada durante a administração janguista. Para Washington, qualquer tipo de ligação com "comuno-nacionalistas" representaria um perigo para a democracia brasileira, sendo incompatível com a Aliança. Como o presidente Kennedy disse a San Tiago Dantas, os comunistas nunca apoiariam um programa de ajuda econômica que visasse estimular crescimento e reformas na América Latina. O que o presidente norte-americano estava pensando era na formação de um pacto social que envolvesse setores progressistas mas que isolasse os comunistas – semelhante ao que social-democratas fizeram na Europa durante o Plano Marshall.[180] O fundamento desse pacto seria a distribuição dos ganhos de produtividade da economia entre capital e trabalho, permitindo melhorias reais de condições de vida aos trabalhadores.[181] O problema é que essa separação entre esquerdas comunista e anticomunista existente na Europa era improvável no Brasil. Comunistas, trabalhistas, socialistas e independentes atuavam muitas vezes juntos no movimento sindical brasileiro. O rompimento com os "comuno-nacionalistas", tal como desejado pelos Estados Unidos, poderia comprometer Goulart com outras correntes progressistas do sindicalismo e com as esquerdas, isolando-o politicamente. Foi por isso que Jango relutou em levar esse rompimento às últimas consequências.

A visão do governo Kennedy foi transmitida a Goulart de diversas maneiras, tal como fizera Robert Kennedy em sua visita ao país no final de 1962. Washington também tentou influenciar Jango por vias indiretas. De um lado, por meio do fortalecimento de grupos "democráticos"; do outro, condicionando a concessão de auxílio econômico à implementação de um "programa passo a passo". Imaginava-se que a imposição a Goulart de uma agenda programática inaceitável aos grupos da esquerda comunista seria o caminho mais fácil para definir de qual lado o presidente estava.

No entanto, essa tática tinha um ponto fraco: a necessidade de um dos atores em jogo (Goulart ou o governo norte-americano) confiar primeiro no lado contrário para que um resultado cooperativo surgisse como produto da interação entre eles. Na medida em que a implementação à risca do programa recomendado pelos Estados Unidos geraria um vácuo na sustentação política do presidente (enfraquecimento do suporte de setores progressistas), Goulart muito provavelmente temia que essa situação pudesse dar a oportunidade que a direita esperava para retirá-lo do poder. Em algumas

---

180 Sobre a implementação do Plano Marshall e sua relação com o sindicalismo europeu, ver Carew, 1987. As diferenças entre os casos brasileiro e europeu também foram notadas por autoridades norte-americanas do período. Ver, por exemplo, a análise de John Keppel, consultor de assuntos políticos da embaixada dos Estados Unidos no Brasil, em Report A-941, Rio de Janeiro to Department of State, 18 fev. 1963, JFKL.

181 Sobre o pacto social arquitetado na Europa pós-guerra, ver Carew, 2003; Maier, 1977.

oportunidades, Goulart deixou a entender que não se transformaria em um segundo Frondizi.[182] Para evitar um clima de instabilidade, seria preciso que um claro e inequívoco apoio internacional preenchesse o vácuo deixado pelas esquerdas. E aqui residia o problema: quem deveria ceder primeiro? Goulart, executando por completo o "programa passo a passo", e arcando com as consequências políticas disso; ou o governo Kennedy, concedendo substancial ajuda financeira ao Brasil e assumindo o risco de ver Goulart largar momentos depois os compromissos recém-assumidos com Washington? Esse seria o "círculo vicioso" ao qual fez referência Walt Rostow em outubro de 1963 quando tratou das relações Brasil-Estados Unidos em documento interno do governo Kennedy.[183]

O resultado desse dilema foi que ambos acabaram cedendo parcialmente aos interesses do outro, mas nenhum dos dois cedeu totalmente, impossibilitando a construção de uma solução cooperativa. A maneira pela qual essas concessões ocorreram, porém, apresentou importantes diferenças. Provavelmente por estar em uma posição de inferioridade, Goulart cedeu antes e mais do que Washington. Durante o primeiro semestre de 1963, o presidente brasileiro acumulou avanços em quase todas as reivindicações norte-americanas. Goulart implementou um rígido programa de estabilização, reatou negociações com o FMI, suavizou a abordagem independentista da política externa brasileira, pagou uma "justa indenização" à ITT, concluiu um memorando de entendimento para a compra das subsidiárias da Amforp e, o mais importante, deu indícios de que estaria se distanciando dos "comuno-nacionalistas" no meio sindical. Isso sem contar a resposta apaziguadora de Goulart no episódio do vazamento do testemunho de Lincoln Gordon. Os únicos pontos nos quais o presidente não cedeu foram na manutenção de determinadas figuras da esquerda nacionalista no governo e no fato de não ter rompido totalmente com os comunistas no movimento sindical. Mesmo assim, várias autoridades norte-americanas reconheceram que Goulart estaria apresentando uma "mudança de coração" e que isso estaria suscitando divisões entre o presidente e a esquerda comunista.

Para que essa "mudança de coração" se consolidasse, era necessário que Washington também cedesse à altura, especialmente em termos de ajuda econômica. Daí a centralidade da missão Dantas para o sucesso de uma cooperação entre Brasil e Estados Unidos. O que se assistiu durante essas negociações, porém, foi um governo Kennedy excessivamente cauteloso,

---

182 Telegram 2112, Rio de Janeiro to Department of State, Section II, 30 abril 1963, JFKL, p.1. Arturo Frondizi foi presidente da Argentina entre 1958 e 1962. Identificado por posturas progressistas em sua carreira política, uma vez eleito, Frondizi implementou uma severa política de estabilização econômica após obter um *stand-by* do FMI. Em pouco tempo, o presidente perdeu apoio dos setores de esquerda, até mesmo dos peronistas, sendo derrubado por golpe militar em março de 1962. Ver Sczusterman, 1993; Manzetti, 1991, p.38-84.

183 Report s.n., Brazil, W. W. Rostow, 2 out. 1963, JFKL, p.1.

fazendo concessões (materiais e simbólicas) muito mais no longo prazo do que imediatas. Isso deixou a administração Goulart em frágil posição política; fragilidade que só cresceu ao longo dos meses, conforme os compromissos assumidos por Dantas em Washington passaram a ser implementados. Em meados de 1963, em meio a fortes críticas contra o governo, Goulart buscou flexibilizar os termos do acordo Bell-Dantas, especialmente no que se referia à Amforp. Esse foi o momento quando a excessiva cautela demonstrada pelo governo Kennedy durante as negociações com Dantas poderia ter sido revertida. Todavia, as autoridades norte-americanas mantiveram-se fiéis à perspectiva de que a encampação das subsidiárias da Amforp constituiria "prova" da capacidade de Goulart em resistir a assédios de "comuno-nacionalistas". Como consequência, a partir de agosto de 1963 Goulart começou a abandonar, uma após outra, as concessões feitas aos Estados Unidos nos meses anteriores. Na visão de autoridades mais conservadoras em Washington, o "programa passo a passo" acabou cumprindo seu objetivo, ao mostrar que o presidente brasileiro não romperia sua ligação com os comunistas. Diante dessas circunstâncias, quem precisaria mudar seria a administração Kennedy: seria preciso agir em busca não mais da modificação das orientações políticas do governo Goulart, mas da substituição deste por outro governo aliado a Washington.

A partir de então, as demonstrações a favor de uma cooperação entre Brasil e Estados Unidos feitas pelo governo Kennedy seriam apenas formais, frutos de uma teatralização considerada necessária para manter contatos com "forças democráticas" brasileiras. A Aliança para o Progresso passou a ser utilizada deliberadamente como instrumento de desestabilização do governo federal, por meio da concessão quase que exclusiva de fundos a "ilhas de sanidade democrática". O governo Kennedy quebrava, com isso, um dos princípios fundamentais de seu programa de ajuda econômica para a América Latina: o da busca pela consolidação das democracias no hemisfério.

Conclusão

A compreensão dos resultados da política econômica nas administrações Jânio Quadros e João Goulart requer a análise das reações de classes e grupos sociais durante o processo de formulação e implementação dessa política. A incapacidade do governo para tratar dos principais problemas econômicos do período, em particular as taxas crescentes de inflação e os desequilíbrios do balanço de pagamentos, decorreram menos de erros técnicos, de conflitos entre agentes do Estado, da insuficiência do instrumental de política econômica ou da falta de vontade política e da incompetência dos governantes, como é ressaltado por grande parte da literatura, e mais das atitudes de empresários, trabalhadores e grupos de interesse domésticos e externos na defesa de seus próprios interesses. Isso não quer dizer que os fatores comumente apontados por historiadores devam ser ignorados – tanto é que, em alguns casos, decisões de agentes políticos tiveram impacto determinante para os resultados da política econômica, vide a renúncia de Jânio Quadros à presidência da República ou o esforço de João Goulart para recuperar plenos poderes constitucionais. No entanto, negligenciar as atitudes de classes e grupos sociais leva à exclusão de um aspecto central para o entendimento da evolução da política econômica no Brasil do início dos anos 1960.

Segue-se disso que as condições que permitiriam ao governo lidar com as dificuldades da economia brasileira no interior de uma estrutura política democrática residiam essencialmente na acomodação de preferências conflitantes de diversos atores sociais e grupos de interesse domésticos e externos. Se essa tarefa já era difícil quando Jânio Quadros assumiu a presidência em janeiro de 1961, na medida em que exigia que grupos envolvidos aceitassem abrir mão de parte de seus interesses em favor de objetivos mais amplos, que lhes poderiam dar retornos materiais apenas nos médio e longo prazos, tais condições foram se tornando cada vez mais difíceis conforme os problemas econômicos do país intensificaram-se, reduzindo progressivamente as chances de consenso social e, com isso, de sobrevivência do regime político democrático.

Essas conclusões de caráter geral tornam-se evidentes quando analisamos os motivos do fracasso das diversas tentativas de estabilização implementadas no início da década de 1960 – tema que monopolizou a agenda de política econômica no período. Sem focar nas atitudes de classes e grupos sociais, tornam-se ininteligíveis as razões que levaram ao abandono dos pacotes de austeridade dos governos Quadros e Goulart, apesar de cada programa de estabilização ter apresentado importantes especificidades. Em alguns casos, o papel exercido por empresários foi decisivo; em outros, o conflito distributivo entre capital e trabalho teve maior relevância. Mesmo nas situações em que as atitudes dos políticos tiveram impacto determinante, como na luta de Goulart para acabar com o regime parlamentarista, não se pode negligenciar a análise dos grupos sociais. Ressalta-se também o fato de que a cada tentativa fracassada de estabilização as condições para o sucesso de planos de austeridade diminuíam. Isso se deu menos porque o governo perdeu credibilidade com os agentes privados e mais porque as condições nas quais se deu a implementação desses programas alteraram-se, devido tanto ao fortalecimento das entidades de empresários e trabalhadores, quanto à mudança de posicionamento de grupos de interesse externos, em particular do governo norte-americano. Era como se a superação dos principais problemas econômicos da época (inflação e desequilíbrio do balanço de pagamentos) representasse a passagem por um túnel cuja abertura estivesse sendo reduzida a cada tentativa fracassada para resolvê-los. Após várias tentativas, esse túnel fechou-se, tornando impossível a acomodação dos diversos interesses em jogo no interior das regras políticas vigentes. Com o fim da democracia em 1964, o impasse foi resolvido. Não à toa o regime militar conseguiu implementar um programa de estabilização com relativo sucesso, mas ao preço da extinção das liberdades civis e políticas e de um considerável aumento nos índices de desigualdade social.

As condições mais favoráveis para o sucesso de um plano de estabilização foram observadas durante o governo Jânio Quadros. Eleito com a maior votação da história do país, Quadros possuía legitimidade para implementar medidas de contenção fiscal, monetária e cambial que ele próprio havia prometido durante a campanha para a presidência. Além disso, Quadros encontrou um cenário de apoio financeiro internacional sem precedentes para a América Latina com a Aliança para o Progresso.

Não apenas os Estados Unidos garantiram vultosos recursos ao Brasil, como também pressionaram o Fundo Monetário Internacional (FMI) e Europa a flexibilizar condições de financiamento que aliviassem a crítica situação do balanço de pagamentos. Some-se a isso o fato de que o movimento operário não estava em pé de guerra com o governo (apesar das críticas crescentes contra o programa de estabilização) e de a mobilização dos trabalhadores estar relativamente contida. O único revés deu-se no *front* empresarial. O relaxamento das metas de oferta de crédito deveu-se, em parte, à pressão de empresários, que ameaçaram as autoridades com reajustes de preços e demissões em massa. O esvaziamento dessas ameaças constituía, inclusive, um dos supostos objetivos do projeto de lei antitruste apresentado pelo governo Quadros. A ampla mobilização do empresariado conseguiu derrotar a proposta no Congresso. Independentemente disso, deve-se destacar que a proposta original para a lei antitruste apresentava graves inconsistências jurídicas, seria de difícil operacionalização e, dada a natureza de formações socioeconômicas capitalistas, nas quais meios de produção concentram-se em mãos privadas, acarretaria implicações de longo prazo bastante negativas para a economia brasileira.

O relaxamento da política de crédito da administração Quadros não se deveu exclusivamente às pressões empresariais. Houve também o reconhecimento pelos membros do governo de que o aperto da oferta de crédito intensificara-se de modo inesperado devido à criação das letras de importação, que tinham sido pensadas para compensar a perda fiscal decorrente da queda de receita dos leilões cambiais. Apesar de ser possível classificar a criação desses títulos como um erro de cálculo, é preciso levar em consideração as restrições apresentadas a formuladores políticos da época. O governo vinha sendo pressionado por credores internacionais e FMI a liberalizar o sistema de câmbio, o que significava extinguir leilões cambiais. Tendo em vista a magnitude da receita proporcionada pela conta de ágios, tornava-se necessário substituí-la por outra fonte de receita. A aprovação de novos impostos não era politicamente viável no curto prazo. Transformar as letras de importação em depósitos compulsórios, por sua vez, acabaria com a especulação que esses títulos trariam ao mercado financeiro e encareceria as importações, podendo criar efeitos inflacionários ainda maiores. A saída encontrada pelas autoridades foi permitir a negociação dos títulos, diminuindo custos para importadores, mas exercendo efeitos negativos no mercado de crédito. No final das contas, a pressão do empresariado pelo relaxamento da oferta de crédito levou o governo a recuar. Ressalta-se, no entanto, que esse relaxamento não significou a falência do programa de estabilização do governo Jânio Quadros, apesar de o FMI ter rompido um *stand-by* com o Brasil em julho de 1961. Se Quadros tivesse permanecido na presidência, é bem possível que o programa continuasse a ser aplicado, mesmo que com metas menos ambiciosas e com efeitos mais graduais do que aqueles inicialmente planejados. Isso porque o governo Kennedy manteve seu apoio financeiro ao Brasil a despeito do rompimento do FMI e dos credores europeus – algo que não se repetiria no futuro. A renúncia de Quadros em agosto foi o que selou, de fato, o abandono dessa primeira tentativa de estabilização.

A segunda tentativa veio com o Plano de Emergência do gabinete Tancredo Neves de setembro de 1961, implementado sob condições sociais e políticas bem diferentes. Motivado pelas ligações do presidente Jango com comunistas, especialmente no meio sindical, o governo norte-americano prendeu-se a partir de então ao primado de uma rígida política de estabilização para liberar novos recursos. Além disso, o recém-instalado gabinete de Tancredo Neves não possuía legitimidade política suficiente para enfrentar pressões cada vez maiores do empresariado, pela flexibilização da política de crédito, e dos trabalhadores, por maiores salários. O descumprimento da meta fiscal no fim de 1961 teve relação direta com o pagamento de atrasados salariais aos funcionários de autarquias de transportes que estavam ameaçando declarar greve geral no país. A difícil situação fiscal do poder público agravou-se devido à eficiente pressão empresarial sobre congressistas a fim de que o Legislativo não aprovasse a reforma tributária que o governo desejava – e que aumentaria substancialmente a arrecadação da União em 1962. Para piorar, a tensão entre empresários nacionais e estrangeiros cresceu como resultado do eficiente *lobby* exercido pelo empresariado nacional na passagem da lei de remessa de lucros, que afugentou capitais externos de risco do país.

A terceira tentativa de estabilização – o Plano de Economia do ministro Moreira Salles de março de 1962 – malogrou mais em função de fatores políticos do que pela pressão de classes e grupos sociais. É evidente que essas pressões também existiram e não podem ser desconsideradas, seja na mudança da política cafeeira do governo, influenciada pela atuação dos empresários rurais de São Paulo, seja no aumento de ordenados dos funcionários públicos acima do nível planejado. A questão é que isso não constituiu o aspecto determinante para explicar o abandono do Plano. No geral, autoridades demonstraram vigor para adotar medidas que contrabalanceassem os efeitos expansivos da alta dos preços do café e do reajuste dos salários do funcionalismo. Na realidade, o problema principal apareceu quando os membros do governo anunciaram que renunciariam aos seus cargos para concorrer às eleições gerais de outubro. A partir daqui, a já frágil legitimidade política do gabinete esvaiu-se com enorme rapidez, levando consigo o programa de estabilização. Iniciou-se, então, um período de grande turbulência política, que durou três meses, acabando apenas quando o Congresso decidiu render-se às vontades do presidente Goulart, votando a antecipação do plebiscito sobre a manutenção do regime parlamentarista para janeiro de 1963.

As implicações das manobras de Jango para retomar plenos poderes constitucionais não ficaram circunscritas às dificuldades impostas ao Plano de Economia. Goulart utilizou-se da crescente mobilização sindical dos trabalhadores urbanos como arma para pressionar o Congresso a ceder no tema do plebiscito. As articulações do presidente foram determinantes para a vitória de uma chapa trabalhista-comunista nas eleições de dezembro de 1961 da maior organização sindical do país (a Confederação Nacional dos Trabalhadores da Indústria, CNTI). Além disso, se não se pode afirmar que Jango tenha propriamente ordenado e controlado as greves políticas de julho e de setembro de 1962, ou mesmo a criação do Comando Geral dos Trabalhadores; por outro lado, Goulart não assumiu qualquer posição pública de desencorajamento desses eventos, tendo inclusive manobrado nos bastidores para que se desenvolvessem. A maneira pela qual o presidente utilizou-se da bandeira das reformas de base – para depois largá-la pragmaticamente na negociação com o Partido Social Democrático (PSD) pela antecipação do plebiscito – como forma de mobilizar trabalhadores é uma das provas disso. O clima de liberdade sindical garantido pelo governo em 1962 também contribuiu para uma crescente manifestação grevista, verificada não apenas no aumento do número de paralisações, mas, principalmente, no alargamento setorial das greves. As evidências sugerem que estruturas oficiais do sindicalismo, em especial os sindicatos municipais, estavam sendo utilizados pelas lideranças operárias para mobilizar trabalhadores para atividades de greve. Todo esse contexto contribuiu para acirrar ânimos empresariais contra o governo, levando ao afastamento do setor empresarial estrangeiro da administração, além de um maior distanciamento de Washington com relação ao Brasil.

É evidente que o clima de liberdade sindical preservado pelo governo e a crescente mobilização dos trabalhadores são aspectos positivos e que acarretaram importantes benefícios sociais, tais como a aprovação do 13° salário. O que se está enfatizando aqui, diferentemente, é o efeito que esses acontecimentos tiveram para o fortalecimento do poder de ação coletiva dos trabalhadores, o acirramento de tensões entre governo e grupos de interesse de empresários, e a relação desses dois aspectos com a capacidade das autoridades em lidar com os problemas econômicos do país. Isso significa que se, de um lado, as manobras políticas de Goulart lhe garantiram a recuperação de plenos poderes executivos com o plebiscito de janeiro de 1963; de outro, o presidente enfrentaria condições sociais domésticas muito mais difíceis para implementar um programa de estabilização – programa este apresentado como imprescindível por credores para a rolagem da dívida externa brasileira. Independentemente da pressão internacional, porém, a inflação havia atingido um nível considerado perigoso pelas autoridades no final de 1962, por desestimular investimentos, afetar a taxa de crescimento do produto e contribuir para o acirramento de conflitos sociais. Existia um consenso de que algo precisava ser feito para controlar a escalada do nível de preços. Seria desse consenso (e da pressão de credores) que nasceria o Plano Trienal de Celso Furtado.

Ainda durante o período de formulação do Plano, entre setembro de dezembro de 1962, o governo acumulou vitórias e derrotas que influenciariam as chances de sucesso do futuro programa de estabilização. De um lado, aprovou-se uma reforma tributária sob crítica de empresários estrangeiros (mas com apoio de segmentos empresariais nacionalistas) e concedeu-se um reajuste do salário mínimo menor do que aquele reivindicado pelo Comando Geral dos Trabalhadores (CGT); de outro, cedeu-se na regulamentação do 13º salário e garantiu-se que o financiamento desse benefício fosse feito ao empresariado via créditos do Banco do Brasil. Esses reveses representaram a transferência de pressões inflacionárias para os meses seguintes, fortalecidas por medidas adotadas no início de vigência do Plano Trienal, em especial o fim dos subsídios cambiais. No começo de 1963, houve um severo aumento de preços, que quase ultrapassou a meta anual de inflação. Apesar das promessas de colaboração para os esforços do governo, evidências demonstram que empresários utilizaram-se da justificativa de elevação de custos para reajustar preços acima do necessário visando repor margens de lucro. Os empresários assinaram acordos de preços com o governo em março, quando já tinham feito reajustes e sob a condição de que a política salarial não fosse "demagógica", ou seja, de que salários evoluíssem somente de acordo com o aumento do nível de preços.

Essa tática talvez pudesse ter sido bem-sucedida em 1961, quando o grau de mobilização da classe operária ainda era relativamente pequeno (apesar de crescente), mas não em 1963, após a evolução apresentada pelo movimento sindical durante o período parlamentarista, que culminou na conquista da CNTI por lideranças de maior representatividade com os trabalhadores, na formação do CGT e na eclosão de duas greves políticas de dimensão nacional. O resultado foi que a política salarial do primeiro semestre de 1963 não seguiu as diretrizes desejadas por empresários – e, implicitamente, por membros do governo. O significativo aumento de preços dos dois primeiros meses de 1963 tornou muito difícil a contenção de reivindicações por maiores salários. Ocorreu uma escalada de greves no setor privado, motivada principalmente por questões salariais, e que, em sua maioria, obteve reajustes maiores do que o aumento do custo de vida de 1962. Além disso, as vitórias conquistadas pelos trabalhadores das empresas do setor privado motivaram ainda mais membros do funcionalismo público, inclusive funcionários de autarquias, a rejeitar a proposta de reajuste salarial oferecida pelo governo. Tais conquistas, conjugadas ao forte aperto do crédito implementado pelo Plano Trienal, levaram empresários nacionais a criticar duramente o programa de estabilização, exigindo a flexibilização das metas do programa e um posicionamento mais duro contra trabalhadores. O governo chegou a ceder em alguns aspectos, abrindo linhas de crédito específicas para empresas nacionais, esfriando laços com o CGT, e coordenando a criação de uma central sindical defensora da "paz social" e refratária às greves. Mas isso não foi suficiente. As críticas de entidades empresariais e trabalhistas ao Plano Trienal prosseguiram. Em meados do ano, a demissão dos ministros Celso Furtado e San Tiago Dantas representou o abandono simbólico do programa pela administração Goulart, mesmo que, formalmente, as autoridades lhe continuassem fazendo referência até o fim de 1963.

Para viabilizar a implementação do Plano Trienal em meio ao agudo conflito distributivo interno, era fundamental que o governo Goulart flexibilizasse suas metas de política econômica, alargando o período de estabilização da economia de três para, digamos, cinco ou seis anos. Isso permitiria a suavização das políticas monetária, cambial e fiscal de modo a impedir que pressões de empresários (via remarcação de preços) e trabalhadores (via greves) obstruíssem o sucesso do programa. Essa saída não foi possível devido às restrições políticas externas. No final de 1962, o governo Kennedy decidiu que deveria utilizar o peso da ajuda econômica para mudar a orientação política do governo Goulart. Desejava-se separar Jango dos "comuno-nacionalistas", sejam daqueles incrustados na administração pública, sejam de outros com presença nos movimento sindical, estudantil e militar. Para tanto, a perspectiva de ajuda financeira ao Plano Trienal foi utilizada como forma de convencer o presidente brasileiro a cumprir um "programa passo a passo", envolvendo desde exigências estritamente econômicas (adoção de um rígido plano de estabilização e pagamento de indenização a subsidiárias norte-americanas expropriadas no Brasil) até outras de ordem política, tal como a modificação do rumo da política externa brasileira, o rompimento do presidente com os comunistas nos sindicatos e a retirada de elementos da esquerda nacionalista de dentro do governo. No início, Goulart cumpriu grande parte dessas demandas, deixando impressionados vários membros da administração Kennedy. Mesmo assim, Washington mostrou-se cautelosa na concessão de recursos. O motivo deveu-se não apenas ao desejo de que Jango cedesse completamente às exigências norte-americanas, mas também ao temor de que as mudanças apresentadas pelo presidente brasileiro não fossem sustentáveis ao longo do tempo. Pretendia-se ter certeza de que Goulart estava realmente disposto a manter esse posicionamento no médio prazo.

O problema é que Jango não dispunha de condições políticas internas para sustentar os termos originais do "programa passo a passo". As medidas de estabilização do Plano Trienal vinham sofrendo duras críticas de empresários e trabalhadores; as manifestações grevistas e as ameaças empresariais de remarcação de preços acentuavam-se; as derrotas do governo no Congresso Nacional (como na votação do empréstimo de compensação ao reajuste do funcionalismo) mostravam a fragilidade da base governista; e as críticas contra o acordo de indenização assinado com a American Foreign and Power (Amforp) adquiriam caráter de histeria popular, levando inclusive o presidente a ser ameaçado de *impeachment* no Legislativo. Sem um apoio internacional à altura, capaz de dar legitimidade às rígidas medidas de estabilização, a única saída que restava a Goulart, caso seu interesse fosse o de sustentar o Plano Trienal, seria recorrer à repressão para conter movimentos populares e a aliar-se aos militares sob a justificativa de manutenção da ordem. Neste caso, mesmo que as metas de política econômica fossem mantidas em condições mais flexíveis para os empresários, é possível que a transferência dos custos sociais para os trabalhadores atuasse como um compensador. Em termos gerais, essa foi a escolha tomada pelo presidente argentino Arturo Frondizi (1958-62). Apesar de apresentar vínculos históricos com os trabalhadores e com ideais nacionalistas, Frondizi juntou-se aos setores mais conservadores da Argentina no segundo ano de seu governo, em especial militares, e recorreu amplamente à força contra movimentos grevistas para implementar um programa de estabilização que tinha o aval do FMI. Nas eleições de 1962, porém, quando Frondizi tentou reatar laços com setores populares, permitindo que peronistas (então proibidos de participar do jogo eleitoral) assumissem cargos políticos, os militares deram um golpe, retirando-o do poder. Goulart já havia afirmado a interlocutores que não seria um "segundo Frondizi" na América Latina, tornando-se refém dos militares em um eventual processo de direitização de seu governo.[1] Na medida em que os Estados Unidos deixaram claro que não cederiam, Jango decidiu retornar às suas bases populares antes que fosse tarde, abandonando o Plano Trienal e outras políticas de teor moderado. Foi exatamente a partir daqui que a retórica das reformas de base ganhou ênfase na administração Goulart, precipitando a crise da República do pós-guerra.

Uma nota final deve ser escrita sobre o posicionamento dos Estados Unidos nesse impasse. Pode-se questionar se a atitude norte-americana durante as negociações financeiras do Plano Trienal não teria sido arriscada demais. Afinal, no contexto da Guerra Fria do início dos anos 1960, o Brasil poderia ter recorrido à ajuda econômica soviética, como o próprio Goulart ameaçou fazer. Nos cálculos do governo Kennedy, no entanto, essa possibilidade seria remota. Dois motivos embasavam tal conclusão. Primeiro, após a vitória norte-americana na crise dos mísseis de Cuba em outubro de 1962, a União Soviética havia perdido força perante os Estados Unidos na América Latina. E, segundo, sabia-se que se o Brasil rompesse relações com Washington, o país não receberia ajuda soviética suficiente para compensar o desequilíbrio que seria criado nas contas externas brasileiras. A única forma de equilibrar o balanço de pagamentos se isso

---

1 Telegram 2112, Rio de Janeiro to Department of State, Section II, 30 abr. 1963, JFKL, p.1.

ocorresse seria por meio de uma forte contração do nível de importações, o que teria impacto imediato sobre o nível de atividade doméstica. Dado o grau de tensão existente na sociedade brasileira no período, uma brusca redução do crescimento traria consequências sociais imprevisíveis. Com isso, Washington pôde ser firme com Goulart porque sabia que o Brasil não tinha alternativa. O problema é que a carreira política de Goulart tinha. Pelas escolhas que tomou, o presidente brasileiro demonstrou que preferia ser derrubado como um político identificado no imaginário popular como uma figura progressista e como símbolo da luta pelas reformas de base do que ficar refém dos setores domésticos de extrema direita. A única coisa que Goulart não esperava era o surgimento de um duradouro regime militar, que impediria por mais de um quarto de século a realização de eleições presidenciais no país, dando-lhe a triste marca de ter sido o único presidente da história do Brasil a morrer no exílio.

ANEXOS

ANEXO A
LISTA DE GREVES DE
TRABALHADORES URBANOS, BRASIL,
1961-1964*

Greve	Local	Data Início	N° Pessoas	Duração (dias)	Reivin-dicações	Resultados
Mineiros	Criciúma, Lauro Müller e Urussanga (SC)	03.01.1960	20.000	29	Pgto. taxa insalubridade	Vitória
Cia. Costeira de Navegação	Rio de Janeiro (DF)	12.01.1960	*	*	Salários (des-cumprimento de acordo)	*
Estrada de Ferro (E. F.) Leopoldina	Rio de Janeiro (DF)	14.01.1960	*	1	Reajuste pensões e aposentadorias	*
Marítimos (*p*)	Nacional	21.01.1960	*	1	Salários	Vitória (*ne*)
Marítimos	Macau (RN) e Areia Branca (RN)	02.1960	*	*	Salários (equiparação marítimos Rio e Santos)	*
Portuários (*u*)	Santos (SP)	06.02.1960	*	1	Salários	*
Cia. Costeira de Navegação	Rio de Janeiro (DF)	10.02.1960	*	*	Salários (atrasados)	*
Marítimos	Nacional	10.02.1960	*	4	Salários (atra-sados); fusão Lóide-Costeira	*
Indústria de pães	Niterói (RJ)	18.02.1960	*	*	Salários	*
E. F. Leste Brasileiro	BA, SE, PE, PI e AL	19.02.1960	10.000	10	Pgto. abono salarial	Vitória

Greve	Local	Data Início	N° Pessoas	Duração (dias)	Reivin-dicações	Resultados
Servidores municipais	Belo Horizonte (MG)	03.1960	*	*	Salários	*
Arrumadores portuários	Santos (SP)	03.1960	*	*	Salários	*
Portuários	Belém (PA) e São Luís (MA)	03.1960	*	*	Salários	Vitória (ne)
Aeroviários da Cruzeiro do Sul	Nacional	04.03.1960	*	22	Cumprimento portaria interministerial de regulamentação da profissão de aeronauta	Derrota e demissão de grevistas
E. F. Santos-Jundiaí	SP	10.03.1960	8.000	4	Salários	Vitória parcial. Abono provisório
Arrumadores portuários	Recife (PE)	10.03.1960	*	1	Salários	Vitória (ne)
Cia. Paulista de Estrada de Ferro	SP	11.03.1960	17.000	6	Salários (20%); aumento abono de família; abono de Natal; prêmio assiduidade no salário	Vitória (ne)
Ferroviários, operadores de bondes, energia elétrica e portuários	Porto Alegre e Santa Maria (RS)	18.03.1960	*	1	Votação Lei Orgânica Previdência Social pelo Congresso; regulamentação do direito de greve	Greve de advertência
Serviço de navegação do rio São Francisco	MG, Pirapora (BA)	21.03.1960	2.000	63	Salários	Vitória (ne)
E. F. Mossoró	RN	25.03.1960	*	44	Salários (equiparação ferroviários Rede Ferroviária Nordeste, RFN)	Vitória
Trabalhadores das oficinas da Rede Viação Mineira	Divinópolis (MG)	28.03.1960	1.000	4	Salários	Vitória parcial. Abono salarial.

Greve	Local	Data Início	N° Pessoas	Duração (dias)	Reivin- dicações	Resultados
Societé Cotonière	Moreno (PE)	01.04.1960	*	*	Salários (não pgto. dife- rença salarial acordada em 1959)	*
Cia. Fiação e Tecelagem São João del-Rei	São João del- -Rei (MG)	01.04.1960	300	2	Salários (des- cumprimento acordo salarial)	Vitória parcial
Portuários (u)	Santos (SP)	01.04.1960	*	12	*	*
Cia. Brasileira de Usinas Metalúrgicas	Barão de Cocais (MG)	05.04.1960	1.000	1	Salários (60%)	Vitória par- cial. Salários (23%)
Ferroviários	Campos (RJ)	13.04.1960	*	1	Salários (atrasados)	Vitória
Cia. Navega- ção Santense	Santos (SP) e Bertioga (SP)	13.04.1960	*	30	Salários (atrasados)	*
Estaleiros particulares da Lóide e da Costeira	Guanabara (GB)	25.04.1960	*	3	Salários (descumpri- mento acordo salarial); taxa insalubridade	Suspensão estratégica
Operários navais	Niterói (RJ)	26.04.1960	*	2	Pgto. taxa insalubridade.	Greve de advertência
Transportes coletivos	Curitiba (PR)	26.04.1960	*	*	Salários	*
Cia. Brasileira de Energia Elétrica	Niterói (RJ)	28.04.1960	*	5	Salários (base salário mínimo regional)	Vitória
Transportes coletivos	Niterói (RJ)	28.04.1960	*	7	Salários e pgto. hora extra	Vitória (ne)
Operários navais, motoristas, trocadores e despachantes de ônibus	Niterói, São Gonçalo, Caxias, Meriti (RJ)	29.04.1960	3.000	3	Salários	Vitória (ne)
Transportes coletivos (u)	São Paulo (SP)	30.04.1960	*	*	*	*
E. F. Leopoldina	GB, RJ, MG e ES	04.05.1960	*	1	Salários (pgto. abono de fev.- maio)	Vitória
Empresa de Minérios e Ácidos de Ouro Preto	Ouro Preto (MG)	07.05.1960	*	*	Salários (atra- sados em 4 meses)	*

Greve	Local	Data Início	N° Pessoas	Duração (dias)	Reivin-dicações	Resultados
Marítimos (u)	Santos (SP)	19.05.1960	*	*	Salários (atrasados)	*
Cia. Melhoramentos	Caieiras (SP)	23.05.1960	2.000	2	Salários; contrato coletivo	Vitória (ne)
Funcionários de hospitais	São Paulo (SP)	25.05.1960	*	*	Salários e pgto. atrasados	*
Têxteis (u)	São Paulo (SP)	30.05.1960	*	*	Salários; pgto. adicional noturno	*
Cia. de ônibus Alto da Mooca	São Paulo (SP)	31.05.1960	600	1	Readmissão de trabalhador demitido pela empresa	Vitória
Fábrica Nacional de Álcalis	Cabo Frio (RJ)	31.05.1960	*	4	Salários	Vitória (ne)
Têxteis (u)	São Caetano do Sul (SP)	01.06.1960	*	*	Salários	*
Trabalhadores em salinas	Cabo Frio (RJ)	08.06.1960	*	14 (m)	Salários	*
Cia. Paulista de Estrada de Ferro	SP	11.06.1960	*	1	Greve de advertência	Greve de advertência
Fábrica de soda das Indústrias Matarazzo (p)	São Caetano do Sul (SP)	14.06.1960	200	2	Salários	Vitória (ne)
Servidores municipais	Sorocaba (SP)	14.06.1960	*	6	Salários (atrasados)	Vitória
Moinho Paulista	Santos (SP)	22.06.1960	100	30	Indenização a 31 trabalhadores transferidos para Curitiba	Vitória
Fábrica Aymoré	São Paulo (SP)	23.06.1960	600	159	Salários	Vitória (ne)
Padeiros	Campinas (SP)	23.06.1960	*	7	Salários	Vitória (25%)
Metalúrgicos (u)	São Paulo (SP)	24.06.1960	*	*	Salários	*
Estaleiros Rodrigues Alves e Cruzeiro do Sul	Guanabara	26.06.1960	520	3	Aprovação quadro de carreira; pgto. taxa insalubridade	Vitória (ne)
Greve geral	Santos (SP)	01.07.1960	*	1	Solidariedade aos grevistas da Moinho Paulista	*

Greve	Local	Data Início	N° Pessoas	Duração (dias)	Reivin-dicações	Resultados
Greve Geral	Porto Alegre, Pelotas, Rio Grande, Novo Hamburgo, Canoas e São Leopoldo (RS)	06.07.1960	*	1	Salários e protesto contra a alta do custo de vida	Greve de advertência
Operários navais	Guanabara	07.07.1960	*	4	Salários	Vitória parcial
Indústrias de alimentos (u)	Santa Rita do Passa Quatro (SP)	12.07.1960	*	*	Salários	*
E. F. Leopoldina	Guanabara	14.07.1960	*	5 horas	Salários (atrasados)	Vitória
Fábrica de Pneus Brasil	Guanabara	16.07.1960	600	*	Salários (atrasados)	*
Cia. de Gás de São Paulo	São Paulo (SP)	19.07.1960	*	1	Salários	Vitória parcial.
Indústria frigorífica (u)	Cotia (SP)	26.07.1960	*	*	Taxa seguro contra acidente de trabalho	*
Motoristas de ônibus	Nova Iguaçu (RJ)	02.08.1960	*	*	Salários	*
Indústria de alimentos (u)	Igarapava (SP)	02.08.1960	*	*	Salários	*
Padeiros	São Paulo (SP)	04.08.1960	*	1	Salários	Vitória (40%)
Ônibus inter-municipais	GB e RJ	04.08.1960	*	2	Salários	Vitória (ne)
Moinhos de trigo	RS	08.08.1960	3.000	*	Salários (40%)	*
Ônibus interestaduais	GB, RJ e MG	08.08.1960	*	1	Salários	*
Padeiros	Vitória (ES)	08.08.1960	*	*	Salários e reajuste do preço do pão	*
Professores municipais	Sacramento (MG)	10.08.1960	*	*	Salários (atrasados)	*
Indústrias de alimentos	Porto Alegre (RS)	10.08.1960	*	*	Salários	*
Ferroviários	RS	16.08.1960	*	6	Salários	Vitória (ne)
Viação Férrea Gaúcha	RS	16.08.1960	18.000	6	Salários	Vitória (ne)
Taxistas	GB	09.1960	*	*	Reajuste de tarifas	Vitória

Greve	Local	Data Início	N° Pessoas	Duração (dias)	Reivin-dicações	Resultados
Taxistas	São Paulo (SP)	08.09.1960	*	1	Protesto contra a necessidade de exames psicotécnicos para dirigir	Derrota
E. F. Leopoldina	GB, RJ, MG e ES	12.09.1960	*	1	Salários	*
Taxistas	São Paulo (SP)	14.09.1960	*	*	Protesto contra a necessidade de exames psicotécnicos para dirigir	*
Transportes coletivos (*u*)	São Paulo (SP)	20.09.1960	*	*	Salários (atrasados)	*
Portuários (*u*)	Vitória (ES)	28.09.1960	*	*	*	*
Ensacadores e carregadores de café	Santos (SP)	10.1960	*	7 (*m*)	Salários (40%)	Vitória parcial. Salários (38,5%)
Marítimos (*p*)	Santos (SP)	10.1960	*	*	Salários	*
Indústria de mármore	São Paulo (SP)	04.10.1960	*	7	Salários	*
Portuários	Porto Alegre (RS)	11.10.1960	*	1	Salários	Vitória parcial.
Empresas de distribuição de gás e postos de gasolina	Porto Alegre (RS)	13.10.1960	*	3	Salários; taxa de periculosidade	Suspensão estratégica
Hospital do Instituto de Aposentado-ria e Pensões dos Industriá-rios (Iapi)	Guanabara	14.10.1960	*	6	Falta de apar-tamentos em Brasília para os funcionários	Vitória (*ne*)
Estivadores	Nacional	18.10.1960	120.000	1	Salários (35%) e 23 dias de férias	Vitória (*ne*)
Carris urbanos	Guanabara	19.10.1960	800	1	Salários (38%)	Vitória
Transportes coletivos (*u*)	São Paulo (SP)	19.10.1960	*	1	Salários (atra-sados); férias remuneradas	*
Mineração Geral do Brasil Ltda.	Mogi das Cruzes (SP)	20.10.1960	*	9	Salários	*

Greve	Local	Data Início	N° Pessoas	Duração (dias)	Reivin-dicações	Resultados
Barcas Santos – Guarujá	Santos (SP)	21.10.1960	*	20	Salários; enquadra-mento como marítimos	*
Portuários (u)	Tutóia (MA)	21.10.1960	*	*	Salários	*
Indústria de calçados	São Paulo (SP)	25.10.1960	*	4	Salários	Vitória (ne)
Portuários (u)	Santos (SP)	27.10.1960	*	10	Salários	*
Metalúrgicos (u)	RJ	28.10.1960	*	*	*	*
Metalúrgicos e gráficos	São Paulo (SP)	30.10.1960	250.000	7	Salários	Vitória (35% e 40%, respectiva-mente)
Cia. Ame-ricana de Produtos de Aço	São Caetano do Sul (SP)	30.10.1960	*	1	Salários	Vitória (ne)
Sociedade União de Laticínios	São Paulo (SP)	11.1960	*	*	Salários	*
Mineração Geral (grupo Jafet)	Mogi das Cruzes (SP)	11.1960	2.300	11	Salários (35%)	Vitória par-cial. Salários (29%)
Refinaria de Mataripe	Salvador (BA)	01.11.1960	*	2	Paridade com trabalhadores de outras refinarias da Petrobrás	Vitória par-cial. Salário 20% menor.
Lenhadores	Goiânia (GO)	06.11.1960	150	*	Reajuste do preço da lenha	*
Ferroviários, marítimos e portuários	Nacional	08.11.1960	300.000	3	Paridade entre funcionários públicos civis e militares	Vitória. Aprova-ção do projeto pela Câmara
Estivadores	Nacional	09.11.1960	*	1	Salários (35%) e extinção da estiva livre	Greve de advertência
Cia. Metro-politana de Transportes Coletivos (CNTC) (bondes)	São Paulo (SP)	12.11.1960	*	7	Salários	Vitória (ne)

Greve	Local	Data Início	N° Pessoas	Duração (dias)	Reivindicações	Resultados
Indústrias petroquímicas	Cubatão (SP)	14.11.1960	600	1	Salários (40%), taxa de periculosidade, abono de Natal e contrato coletivo de trabalho	*
Têxteis (*u*)	Moreno (PE)	15.11.1960	*	*	Contra o aumento da taxa habitação	*
Gráficos	Salvador (BA)	19.11.1960	*	*	Salários	*
E. F. Santos-Jundiaí	Santos (SP)	29.11.1960	*	*	*	*
Portuários	Recife (PE)	30.11.1960	*	1	Salários	Suspensão estratégica
Indústria de Cofres Bernardini	São Paulo (SP)	12.1960	*	*	Abono de Natal	Vitória
E. F. Leopoldina	GB	09.12.1960	*	1	Salários (atrasados)	Greve de advertência
Cia. Fiação e Tecidos Minas Gerais	Marzagania (MG)	12.12.1960	585	90	Salários (atrasados desde julho de 1960)	Vitória
Aeroviários	Nacional	13.12.1960	20.000	8	Salários (50%); abono de Natal; reajuste salarial por triênio	Vitória parcial. Salários (35%)
Indústria de papel	São Paulo (SP)	17.12.1960	1.500 (*m*)	5	Abono de Natal e adicional noturno	*
Transportes coletivos (*u*)	São Paulo (SP)	19.12.1960	*	*	Salários (atrasados)	*
Servidores estaduais	MG	20.12.1960	69.400	4	Salários	Derrota. Greve foi decretada ilegal
E. F. Leopoldina	RJ, GB, ES e MG	20.12.1960	18.000	1	Anular a decisão da diretoria de pagar em dobro para aqueles que trabalharam durante greve da paridade; pgto. de abono (30%)	Vitória

Greve	Local	Data Início	N° Pessoas	Duração (dias)	Reivin-dicações	Resultados
Transportes coletivos (*u*)	São Paulo (SP)	20.12.1960	*	*	Salários (atrasados)	*
Transportes coletivos	Niterói e São Gonçalo (RJ)	22.12.1960	*	15	Salários	Vitória *(ne)*
Químicos (*u*)	Jundiaí (SP)	22.12.1960	*	*	Abono de Natal	*
Rilsan Brasileira	Osasco (SP)	23.12.1960	*	3	Salários	Vitória *(ne)*
Rede Ferroviária do Nordeste (RFN)	PE, AL, RN e PB	23.12.1960	10.700	1	Greve de advertência: pgto. de vantagens Lei de Paridade e Plano de Classificação	Greve de advertência
E. F. Santa Catarina	SC	23.12.1960	*	19 (*m*)	Salários (atrasados); recebimento das vantagens da Lei de Paridade	*
Companhia Industrial de Tintas e Vernizes	SP	24.12.1960	*	18 (*m*)	Salários	*
E. F. Leopoldina	GB	24.12.1960	*	*	Abono de Natal	*
Metalúrgicos (*u*)	Osasco (SP)	24.12.1960	*	4	*	*
Químicos (*u*)	Osasco (SP)	27.12.1960	*	4	Abono de Natal	*
Empresa de gás (*u*)	Mauá (SP)	28.12.1960	*	1	Salários	*
Indústria de borracha (*u*)	São Bernardo do Campo (SP)	28.12.1960	*	1	Abono de Natal	*
Empresa de gás (*u*)	São Paulo (SP)	29.12.1960	*	*	Salários	*
Estivadores	Ilhéus (BA)	01.1961	*	*	Pgto. extra (30%) em dias de chuva	Vitória
Refinarias de Açúcar Neve, Brasil e Magalhães	GB	01.01.1961	*	1	Salários (35%)	Suspensão estratégica. Aumento até 10.05

Greve	Local	Data Início	N° Pessoas	Duração (dias)	Reivin-dicações	Resultados
Ladrilheiros	SE	02.01.1961	*	12	Salários (30 a 45%)	Vitória (ne)
Químicos (u)	SP	02.01.1960	*	10	Abono de Natal	*
Servidores municipais (p)	São Bernardo do Campo (SP)	03.01.1961	*	1	Salários; demissão chefe	*
Aeroviários	GB	05.01.1961	*	1	Solidariedade a trabalhador demitido	*
Rede Ferroviária do Nordeste (RFN)	PE, AL, RN e PB	07.01.1961	13.000	7	Salários (enquadramento Plano de Classificação); salário-família; pgto. de abono (44% salário dezembro)	Vitória (ne)
Fábrica de Móveis Leandro Martins	GB	09.01.1961	*	2	Salários (atrasados)	Vitória
Fábrica de Elevadores Swiss do Brasil	GB	13.01.1961	*	1	Salários (atrasados)	Vitória
Ônibus da CMTC	São Paulo (SP)	13.01.1961	*	1	Salários (atrasados)	Vitória parcial
Bombeiros e Milicianos da Força Pública	SP	14.01.1961	*	1	Salários (equiparação servidores militares aos civis)	*
Servidores estaduais	SP	14.01.1961	*	10	Salários	*
E. F. Mossoró-Porto Franco	RN	16.01.1961	87		Salários (atrasados); enquadramento no Plano de Classificação	*
E. F. Leopoldina	RJ e GB	17.01.1961	18.000	1	Cumprimento paridade funcionalismo público	Vitória parcial
Hospital Distrital	Brasília (DF)	17.01.1961	300	2	Protesto contra falta de moradias	Greve de protesto

Greve	Local	Data Início	N° Pessoas	Duração (dias)	Reivindicações	Resultados
Transportes coletivos (u)	São Paulo (SP)	17.01.1961	*	1	Salários (atrasados)	*
Químicos (u)	Santo André (SP)	17.01.1961	*	1	Salários	*
Servidores municipais	Ourinhos (SP)	18.01.1961	*	*	Salários	Vitória. Salários (40%)
Ônibus da CMTC	São Paulo (SP)	20.01.1961	*	5	Salários (atrasados)	Vitória
E. F. Leopoldina	RJ e GB	24.01.1961	18.000	2	Salários (atrasados); cumprimento paridade funcionalismo	Vitória (ne)
E. F. Bahia--Minas; Viação Férrea Federal Leste Brasileiro; E. F. Central do Piauí; E. F. São Luís; E. F. Madeira--Mamoré; e Rede de Viação Paraná-Santa Catarina (RVPSC)	MG, BA, SE, PA, MA	26.01.1961	50.000	9	Pgto. diferenças salariais do salário-família (de Cr$ 500 para Cr$ 1.000) e da Lei de Enquadramento	Vitória (ne)
Portuários	GB	26.01.1961	*	1	Novo contrato coletivo de trabalho	*
Estivadores	MA	02.1961	*	5	Salários e solidariedade aos ferroviários	Vitória (ne)
Companhia Telefônica Brasileira (CTB)	SP	02.1961	*	*	Salários	Vitória (ne)
Portuários	Santos (SP)	10.02.1961	*	1	Falta de segurança	Greve de protesto
Companhia Telefônica Brasileira (CTB)	Atibaia (SP)	17.02.1961	*	30	Salários	Vitória (ne)
Arrumadores portuários	Rio de Janeiro (GB)	24.02.1961	*	3	Descumprimento contrato coletivo	Vitória (ne)

Felipe Pereira Loureiro

Greve	Local	Data Início	N° Pessoas	Duração (dias)	Reivin-dicações	Resultados
Elevadores Atlas	São Paulo (SP)	03.1961	*	*	Protesto contra o uso de chapinhas de identificação	*
Gráficos	Vitória (ES)	03.1961	*	16	Salários	Vitória (15 a 35%)
Construção civil	Curitiba (PR)	03.1961	*	*	Salários	*
Fábrica Nacional de Motores (FPN)	Duque de Caxias (RJ)	03.03.1961	4.500	1	Salários (conforme acréscimo do salário mínimo)	Suspensão estratégica
Indústria de couro (u)	São Paulo (SP)	03.03.1961	*	1	Solidariedade a trabalhadores demitidos	Greve de solidarie-dade
Fábrica Nacional de Álcalis (FNA)	Cabo Frio (RJ)	09.03.1961	2.600	2	Recontratação de 7 trabalhadores demitidos, entre os quais um líder sindical; abono de família; construção da Vila Operária; taxa insalubridade; aumento dos créditos do BNDE a FNA	Vitória parcial
Ônibus da CMTC (p)	São Paulo (SP)	18.03.1961	*	5	Salários (atrasados)	*
Usina Siderúrgica Mannesmann	Cidade Industrial (MG)	21.03.1961	700	1	Salários (50 a 60%)	Vitória parcial. Abono (Cr$ 750,00)
Professores de escolas particulares	GB, Niterói e São Gonçalo (RJ)	25.03.1961	800	10	Salários (40%)	Vitória parcial. Justiça do Trabalho decidirá percentual de aumento
Construção civil	Curitiba (PR)	27.03.1961	*	2	Salários	Vitória (ne)
Transportes coletivos	Campos de Jordão (SP)	04.04.1961	*	2	Salários	*
Funcionários de contabilidade e de escritório da CMTC	São Paulo (SP)	10.04.1961	400	1	Protesto contra a dilapidação da empresa pela prefeitura	Greve de protesto

460

Greve	Local	Data Início	N° Pessoas	Duração (dias)	Reivin-dicações	Resultados
Servidores municipais	São Vicente (SP)	14.04.1961	*	1	Protesto contra o prefeito	*
Indústria de brinquedo (u)	São Paulo (SP)	28.04.1961	*	13	Salários e solidariedade a trabalhadores demitidos	*
Transportes coletivos (u)	São Paulo (SP)	02.05.1961	*	1	Salários; demissão chefe	*
Portuários	GB	04.05.1961	*	1	Férias remuneradas	*
Fábricas de papel e papelão	Mogi das Cruzes, Suzano e Jundiapeba (SP)	25.05.1961	*	1	Salários; dobro salários domingos; pgto. taxa insalubridade; pgto. adicional noturno	Vitória (ne)
Transportes coletivos (u)	São Paulo (SP)	26.05.1961	*	1	Solidariedade a trabalhadores demitidos	Greve de solidarie-dade
E. F. Paulista	SP	31.05.1961	*	1	Salários. Cumprimento de decisão judicial. Demanda de encampação da empresa pelo governo.	Vitoria. Governo estadual desapropria a Paulista.
Transportes coletivos	Niterói e São Gonçalo (RJ)	01.06.1961	7.000	1	Salários (100%)	Vitória parcial. Salários (60%)
Companhia Telefônica Nacional (Divisão PR)	Curitiba (RJ)	13.06.1961	771	1	Salários	Vitória (30 a 60%)
Químicos (u)	Ribeirão Pires (SP)	14.06.1961	*	*	Salários	*
Transportes coletivos	Ribeirão Preto (SP)	15.06.1961	*	1	Salários	Suspensão estratégica
Metalúrgicos (u)	Osasco (SP)	21.06.1961	*	*	Salários (atrasados)	*
Transportes coletivos (u)	Brasília (DF)	30.06.1961	*	1	Salários	*
Cia. Pirelli	Santo André (SP)	07.1961	2.000	*	Salários	Salários (44%)

Greve	Local	Data Início	N° Pessoas	Duração (dias)	Reivin- dicações	Resultados
Transportes coletivos	São Paulo (SP)	07.07.1961	*	1	Salários; abono de Natal	Vitória. Salários (35%); liberta- ção dos grevistas; abono Cr$ 5.000,00
Cia. Melhora- mentos	São Paulo (SP)	09.07.1961	1.800	*	Salários. Cumprimento decisão judi- cial, TRT-SP	Vitória. Aumento (20%)
Frigoríficos	Nilópolis (RJ)	14.07.1961	*	*	*	*
Servidores do Sesc	São Paulo (SP)	15.07.1961	*	2	Demissão de diretor da Associação dos Servidores do Sesc (Assesc)	*
Carreteiros	SP	15.07.1961	500	1	Aumento pgto. fretes	Vitória.
Transportes coletivos	São Ber- nardo e Diadema (SP)	19.07.1961	500	1	Salários (equi- paração São Paulo)	Vitória par- cial. Salários (30%)
Químicos	Suzano (SP)	19.07.1961	*	8	Salários	*
Estivadores e doqueiros	Santos (SP)	20.07.1961	*	*	Salários	*
Carris Urbanos	Porto Alegre (RS)	25.07.1961	1.600	2	Salários	Salários (25%)
Indústria têxtil	Guaratin- guetá (SP)	27.07.1961	1.700	4	Salários (30%)	Vitória par- cial. Salários (15%)
Indústria de pães e de confeitaria	São Paulo (SP)	30.07.1961	*	4	Salários	Vitória. Salários (40%)
Pneus Gene- ral; Indústrias Bayer	Nova Iguaçu (RJ)	08.1961	*	*	Posse de João Goulart	Vitória parcial
Transportes coletivos (u)	São Paulo (SP)	02.08.1961	*	1	Libertação de colegas presos	*
Estivadores e doqueiros	Santos (SP)	05.08.1961	*	1	Taxa periculo- sidade (30%) e insalubridade (35%)	Vitória parcial

Greve	Local	Data Início	N° Pessoas	Duração (dias)	Reivin- dicações	Resultados
Transportes coletivos (u)	São Caetano do Sul (SP)	05.08.1961	*	4	Retorno de trabalhador demitido	*
Transportes coletivos (u)	São Paulo (SP)	10.08.1961	*	1	Salários	*
Metalúrgicos (u)	São Paulo (SP)	14.08.1961	*	*	Eliminação da chapa de identificação	*
Mina do Morro Velho e da Usina Hidroelétrica do Rio do Peixe	Nova Lima, Raposos e Honório Bicalho (MG)	14.08.1961	5.000	1	Salários (80%); abono de família; aumento taxa insalubridade	*
Construção civil (u)	Santos (SP)	18.08.1961	*	1	Salários	*
Fábrica de Tecidos Santa Cecília	Fortaleza (CE)	23.08.1961	2.000	*	Salários	*
Greve geral	GB, Niterói, São Gonçalo, Cabo Frio e Campos (RJ); Vitória (ES), Suzano (SP) e Salvador (BA)	25.08.1961	60.000	14	Posse de João Goulart	Vitória parcial
Portuários	Recife (PE)	03.09.1961	*	7	Libertação de colegas presos	*
Fábrica de Cimento Portland- -Mauá	São Gonçalo (RJ)	08.09.1961	*	10	Pgto. dias de "greve da legalidade"; readmissão operários demitidos	Vitória
Laboratório Leo do Brasil	São Paulo (SP)	11.09.1961	120	*	Salários	*
Hospital Antônio Pedro	Niterói (RJ)	12.09.1961	*	*	Salários (atrasados)	*
Servidores municipais	Porto Alegre (RS)	20.09.1961	*	*	Salários (atrasados)	*
Indústrias de alimentos e de borracha	Campinas (SP)	21.09.1961	*	3	Salários; solidariedade a trabalhadores demitidos	*

Greve	Local	Data Início	Nº Pessoas	Duração (dias)	Reivin-dicações	Resultados
Químicos e farmacêuticos	São Paulo (SP)	25.09.1961	*	1	Salários	Greve de advertência
Metalúrgicos (u)	São Bernardo do Campo (SP)	25.09.1961	*	3	Salários	*
Greve geral	BA	27.09.1961	*	1	Transferência da sede da Petrobrás para a Bahia	Greve de protesto
Transportes coletivos	Santo André, São Bernardo e São Caetano (SP)	28.09.1961	*	1	Salários (60%)	Vitória parcial (50%)
Portuários	Natal (RN)	01.10.1961	*	*	Contratação de mais trabalhadores	*
Frigoríficos	Barretos (SP)	02.10.1961	*	4	Salários (45%)	*
Estivadores (p)	Santos (SP)	02.10.1961	*	1	Isenção de taxa de 7% sobre férias	*
Servidores municipais (engenheiros)	São Paulo (SP)	03.10.1961	*	7	Salários	*
Servidores municipais	Nova Iguaçu (RJ)	03.10.1961	*	*	Salários (base salário mínimo)	*
Marceneiros	Curitiba (PR)	03.10.1961	2.000	3	Salários	Vitória. Salários (35%)
Indústria de borracha	São Leopoldo (RS)	04.10.1961	*	3	Salários	Vitória. Aumento (30% a 35%)
Moinho Pacífico	Santos (SP)	06.10.1961	*	3	Salários	Vitória. Aumento (20%)
Servidores municipais	Mogi das Cruzes (SP)	06.10.1961	200	1	Salários (atrasados)	Vitória
Têxteis (u)	Atibaia (SP)	07.10.1961	*	1	Readmissão operários demitidos	*
Transportes coletivos	GB	10.10.1961	3.000	2	Salários (80%)	Vitória parcial. Salários (40%)

Greve	Local	Data Início	N° Pessoas	Duração (dias)	Reivin- dicações	Resultados
Servidores municipais	Santo André (SP)	12.10.1961	*	2	Salários (atrasados)	*
Químicos (u)	São Caetano do Sul (SP)	13.10.1961	*	1	Salários	*
Petroquími- cos (u)	Cubatão (SP)	16.10.1961	*	1	Salários	*
Bancários	Nacional	17.10.1961	40.000 (m)	10	Salários (50 a 60%)	Vitória parcial (v). Salários (40%, + 20% em 6 meses)
Banco do Brasil	São Paulo, Santo André, São Bernardo e São Cae- tano (SP)	22.10.1961	2.500	6	Salários (60%)	Vitória par- cial. Salários (40%); abono (20% em 6 meses)
Servidores municipais	Mogi das Cruzes (SP)	24.10.1961	*	1	Cumprimento da promessa da prefeitura após última greve da categoria	*
General Motors	São Caetano do Sul (SP)	25.10.1961	4.000	10	Salários. Antecipação do reajuste salarial obtido em dissídio	Vitória par- cial (20%)
Servidores municipais	Xavantes	11.1961	*	*	Salários	Derrota
Matadouro de Nilópolis	Nilópolis (RJ)	11.1961	200	26	Salários	Vitória (ne)
Bancários	SP	06.11.1961	*	2	Salários (45%)	Vitória par- cial. Salários (40%)
Indústrias de alimentos (u)	Santo André (SP)	06.11.1961	*	1	Salários	*
Professores secundários	Niterói e Campos (RJ)	09.11.1961	*	*	Salários	*
Químicos (u)	Rio Claro (SP)	09.11.1961	*	1	Salários	*
Transportes coletivos	Fortaleza (CE)	10.11.1961	*	1	Salários	*
Rede de Via- ção Cearense (RVC)	CE	11.11.1961	4.200	3	Demissão do General Hum- berto Moura, Superinten- dente da RVC	Vitória

Greve	Local	Data Início	N° Pessoas	Duração (dias)	Reivin-dicações	Resultados
Ferroviários	SE	14.11.1961	*	4	Salários (50%) e enqua-dramento definitivo no Plano de Classificação	Vitória parcial
Transpor-tadores de carga	Santos (SP)	17.11.1961	*	4	Aumento preço das carretas	*
Cia. Indus-trial de Papel Piraí	Piraí (RJ)	23.11.1961	1.000	*	Salários (40%)	*
Radialistas	GB	24.11.1961	*	1	Salários	Vitória. Salários (40%)
Têxteis (u)	Guaratin-guetá (SP)	25.11.1961	*	2	Construção de refeitório na fábrica	*
E. F. Central do Brasil	GB	27.11.1961	*	1	Salários (equiparação Leopoldina)	Vitória
Jornalistas e radialistas	São Paulo e Santos (SP)	01.12.1961	*	4	Salários (45%)	Vitória. Decisão do TRT-SP.
Indústrias de brinquedos	São Paulo (SP)	04.12.1961	6,000	2	Salários (con-forme decisão do TRT-SP)	Vitória parcial. Aumento (30% ime-diato, 15% em jan.1962)
Servidores estaduais (juízes)	Cuiabá (MT)	07.12.1961	*	1	Salários	*
Radialistas e trabalhadores em emissoras de televisão	São Paulo, Santo André, São Bernardo, São Caetano e Santos (SP)	11.12.1961	*	2	Salários (60%)	Vitória par-cial. 45%. Decisão TRT-SP.
Juiz-presiden-tes das JCJ	São Paulo (SP)	11.12.1961	*	4	Salários (50%)	*
Telefonistas	Recife (PE)	12.12.1961	*	1	Salários (45%)	Vitória (ne)
Construção civil	Baixada San-tista (SP)	14.12.1961	*	*	Salários (40%), taxa pericu-losidade e insalubridade, abono de Natal e salário-chuva	*

Greve	Local	Data Início	N° Pessoas	Duração (dias)	Reivin-dicações	Resultados
Greve geral	São Paulo, Guarulhos, São Caetano (SP)	14.12.1961	100.000	1	Abono de Natal; apro-vação do 13° salário pelo Congresso	Derrota
Portuários	Natal (RN)	15.12.1961	*	1	Cumprimento da Lei da paridade	*
Transportes coletivos	Florianópolis (SC)	15.12.1961	*	2	Salários; solida-riedade com a greve dos pro-prietários de carros-tanque	*
Construção civil	João Pessoa (PB)	16.12.1961	*	*	Solidariedade à greve geral deflagrada em São Paulo	*
Construção civil	Londrina (PR)	16.12.1961	*	4	Salários e abono de Natal	Vitória. Aumento (de 15 a 50%)
Indústrias de alimentos (u)	Pirajuí (SP)	16.12.1961	*	*	Salários (atrasados)	*
Marítimos (p)	Rio de Janeiro (GB) e Santos (SP)	21.12.1961	*	1	Salários (atrasados referentes ao enquadramento dos marítimos)	*
Transportes coletivos	Curitiba (PR)	23.12.1961	*	1	Salários	Vitória (ne)
Ferroviários (u)	Vale do Itajaí (SC)	23.12.1961	*	23	*	*
Portuários	Santos (SP)	01.1962	*	*	Salários (conforme deliberação TRT-SP)	*
Construção civil (u)	Brasília (DF)	03.01.1962	*	1	Salários (base salário mínimo)	*
Construção civil (u)	Brasília (DF)	05.01.1962	*	1	Salários (base salário mínimo)	*
Ferroviários (u)	AL, PE, PB, RN	07.01.1962	*	6	Salários (pgto. diferenças salariais com relação aos demais ferroviários autárquicos)	*

Greve	Local	Data Início	N° Pessoas	Duração (dias)	Reivin-dicações	Resultados
Petrobras	BA	08.01.1962	3.000	8	Readmissão do Presidente da Petrobrás pelo Ministério de Minas e Energia	Greve de protesto
Servidores municipais	Nilópolis (RJ)	10.01.1962	*	1	Salários (atrasados e base salário mínimo)	*
Portuários	Nacional	11.01.1962	*	1	Salários (atrasados referentes ao enquadramento dos maríti-mos na Lei de Paridade)	*
Fábrica de Vagões Santa Matilde	Conselheiro Lafaiete (MG)	11.01.1962	700	7	Salários	*
Securitários	SP	15.01.1962	7.500	2	Salários (60%)	Vitória par-cial (45%, decisão TRT-SP)
Trabalha-dores em pedreiras	Baixada San-tista (SP)	16.01.1962	500	1	Salários (60%)	*
Estaleiros Ishikawajima do Brasil S.A.	GB	23.01.1962	1.833	3	Readmissão de quatro funcionários demitidos	*
E. F. Sorocabana	SP	24.01.1962	23.000	2	Salários (45%)	Derrota
Ferroviários (u)	PR, SC, São Luís (MA), Teresina (PI) e Coroata (MA)	26.01.1962	*	8	Salários (enquadra-mento Lei Paridade)	*
Marítimos	BA	27.01.1962	3.000	30	Salários (atrasados referentes ao enquadramento dos maríti-mos na Lei de Paridade)	Vitória parcial
Ferroviários	Salvador (BA)	27.01.1962	*	9	*	*

Greve	Local	Data Início	N° Pessoas	Duração (dias)	Reivindicações	Resultados
Transportadores de carga	Brasília (DF); Itumbiara e Anápolis (GO)	02.1962	*	*	Aumento fretes	*
Fábrica Nacional de Vagões	Marechal Hermes (GB)	14.02.1962	*	3	Readmissão líder sindical demitido injustamente; salários (40%); hora extra e taxa insalubridade; bebedouros com água fria	Vitória *(ne)*
Servidores Municipais	Niterói (RJ)	15.02.1962	600	3	Salários (aumento e atrasados)	Suspensão estratégica
Portuários	Ilhéus (BA)	17.02.1962	*	5	Salários	*
Empresa Usinas Nacionais	GB, RJ, SP e MG	19.02.1962	3.000	1	Eleição de nova diretoria para o Instituto de Açúcar e do Álcool (IAA)	Derrota
Petrobras	Maceió (AL)	20.02.1962	1.100	3	Salários (paridade operários BA)	*
Transportes coletivos	Salvador (BA)	20.02.1962	*	1	Salários	Vitória *(ne)*
Portuários	Santos (SP)	22.02.1962	*	1	Protesto contra falecimento de um trabalhador em presídio	Greve de protesto
Carregadores e ensacadores de café	Paranaguá (PR)	23.02.1962	2.000	3	Solidariedade a líder sindical vítima de uma tentativa de homicídio sob mando patronal	Greve de protesto
Mineradores *(u)*	Antonina (PR)	25.02.1962	100	*	Salários (atrasados)	*
Portuários e Estivadores *(p)*	Nacional	28.02.1962	*	*	Suspensão de resoluções da Comissão da Marinha Mercante	*

Greve	Local	Data Início	N° Pessoas	Duração (dias)	Reivin-dicações	Resultados
Servidores municipais	Sobral (CE)	03.1962	*	*	Protesto contra repressão da polícia diante de manifesta-ção salarial	*
Transportes coletivos (CMTC)	Santos (SP)	01.03.1962	*	3	Salários	*
Estivadores (*p*)	Nacional	07.03.1962	*	*	Salários	*
Metalúrgicos (*u*)	ABC Paulista (SP)	14.03.1962	*	6	Salários (pon-tualidade pgto.)	*
Servidores municipais	Niterói (RJ)	15.03.1962	*	1	Salários e salário-família	Derrota
Marítimos	Salvador (BA)	15.03.1962	3.000	*	Cumprimento da promessa de efetivação da lei de paridade	*
Carregadores portuários	Santos (SP)	16.03.1962	*	1	Pgto. por produção e salário-chuva	Suspensão estratégica
Arrais (portos)	Santos (SP), Rio de Janeiro (GB) e Angra dos Reis (RJ)	27.03.1962	*	2	Salários (atrasados); e cumprimento lei de paridade	Vitória (*ne*)
Marítimos	GB e RJ	29.03.1962	*	2	Salários	Vitória (*ne*)
Estaleiros Verolme	GB	02.04.1962	2.000	2	Salários	Vitória (*ne*)
Servidores municipais	São Paulo (SP)	07.04.1962	*	1	Salários	*
Fábrica Nacional de Álcalis (FNA)	Cabo Frio (RJ)	22.04.1962	*	0,5	Recomposição de diretoria sindical nacio-nalista afastada do cargo	Vitória
Servidores municipais	Nova Iguaçu (RJ)	23.04.1962	*	4	Salários (salá-rio-mínimo regional)	Vitória
Petroquímica	Cubatão (SP)	26.04.1962	1.200	14	Salários; pgto. taxa insalubri-dade; feriado em dobro e sábado livre	Vitória (*ne*)

Greve	Local	Data Início	N° Pessoas	Duração (dias)	Reivindicações	Resultados
Indústrias do Grupo Abdalla	SP	05.1962	*	*	Salários (atrasados e pgto. quota de auxílio salarial)	*
Têxteis (u)	Gália (SP)	05.1962	*	*	Salários	*
Professores secundários	Brasília (DF)	02.05.1962	*	16	Falta de moradia	Suspensão estratégica
Greve geral	Santos (SP)	07.05.1962	3.800 (m) a 50.000	1	Solidariedade aos grevistas petroquímicos de Cubatão	Greve de solidariedade
Servidores municipais	Barra Mansa (RJ)	08.05.1962	*	*	Salários (salário-mínimo regional)	*
Metalúrgicos	Barão de Cocais (MG)	08.05.1962	*	1	Salários	*
Funcionários do Banco do Nordeste	Nordeste	10.05.1962	*	26	Salários (equiparação funcionários Banco do Brasil)	Vitória
Indústria de couro (u)	Cubatão (SP)	12.05.1962	*	1	Salários	*
Cia. de Cimento Portland-Perus	Perus, Gato Preto e Cajamar (SP)	13.05.1962	1.500	*	Salários	*
Marítimos	São Francisco do Sul e Joinville (SC)	18.05.1962	*	1	Salários; taxa insalubridade	*
Químicos (u)	Jundiaí (SP)	18.05.1962	*	1	Salários	*
Transportes coletivos	Campinas (SP)	19.05.1962	*	3	Salários (40%)	Vitória (ne)
Cia. Nacional de Álcalis	Rio de Janeiro (GB)	21.05.1962	*	0,5	Contra a demissão do presidente da FNA, decretada por Jango	*
Transportes coletivos	Santos (SP)	21.05.1962	*	5	Substituição de um gerente	Vitória
Marítimos (u)	Santos (SP)	22.05.1962	*	8	Salários (atrasados)	*
Tripulantes de barcas e lanchas	GB	26.05.1962	*	2	Salários (pgto. diferenciais de gratificação atrasados)	*

Greve	Local	Data Início	N° Pessoas	Duração (dias)	Reivindicações	Resultados
Greve geral	São Luís (MA)	26.05.1962	*	1	Greve de protesto pelo massacre policial contra lavradores de Pirapemas, MA	*
Transportes coletivos	São Paulo (SP)	29.05.1962	*	1	Readmissão de trabalhadores demitidos	*
Telegrafistas, radiotelegrafistas e radiotelefonistas	Nacional	30.05.1962	10.000	2	Salários	Vitória *(ne)*
E. F. Paulista	SP	31.05.1962	*	1	Salários (cumprimento decisão judicial); encampação da empresa pelo governo.	Vitoria
Indústria de papel	São Paulo (SP)	06.1962	*	*	Salários	*
Indústrias de alimentos (*u*)	Santa Rosa do Viterbo (SP)	01.06.1962	*	7	Salários	*
Bancários	Brasília (DF)	02.06.1962	*	14	Salários	*
Arrumadores portuários	Nacional	04.06.1962	100.000	3 horas	Contra regulamentação profissional da classe dos arrumadores	Vitória
Usinas de Açúcar	GB, RJ e SP	04.06.1962	*	*	Salários (50%)	Vitória *(ne)*
Greve geral	Baixada Santista (SP)	04.06.1962	*	11	Salários	*
Marítimos	Recife (PE), São Francisco do Sul (SC) e Maceió (AL)	05.06.1962	*	*	Salários (equiparação lei da paridade)	*
Portuários	Recife (PE)	05.06.1962	*	1	Solidariedade aos arrumadores portuários	Greve de advertência
Trabalhadores da Empresa de Serviços de Eletricidade e Gás S.A.	Santos (SP)	06.06.1962	*	7	Salários (atrasados); taxas insalubridade e periculosidade	Vitória *(ne)*

Greve	Local	Data Início	N° Pessoas	Duração (dias)	Reivin-dicações	Resultados
Rodoviários	Niterói (RJ)	13.06.1962	*	1	Cancelamento do aumento de tarifas de ônibus e lotações	Vitória
Metalúrgicos (u)	Caçapava (SP)	13.06.1962	*	11	Salários (atrasados)	*
Transportes coletivos	Niterói e São Gonçalo (RJ)	14.06.1962	*	1	Salários	Vitória (ne)
Químicos	Mogi das Cruzes (SP)	07.1962	*	*	*	*
Químicos (u)	São Caetano do Sul (SP)	03.07.1962	*	1	Salários	*
Transportes coletivos	Niterói (RJ)	04.07.1962	*	5	Salários	Vitória (ne)
Servidores municipais	Niterói (RJ)	04.07.1962	*	*	Salários	*
Greve geral	Total: GB e Santos (SP); parcial: RJ, MG, RS, Recife (PE), Salvador (BA) e Maceió (AL).	05.07.1962	1.000.000	1	Luta pela formação de gabinete ministerial democrático e nacionalista	Greve de advertência
Motoristas de empresas rodoviárias de transportes de cargas	GB e RJ	10.07.1962	250 (m)	*	Salários (60%)	*
Empresas comerciais de minérios e combustíveis minerais	Santos (SP)	11.07.1962	1.200	2	Salários (50%); férias de 30 dias; salário-família (Cr$ 2 mil, esposa; Cr$ 1.500, filho); semana inglesa	Vitória parcial. Salários (25%)
Empresas de distribuição de combustíveis	Recife (PE)	11.07.1962	*	8	Salários (40%)	Vitória
Servidores municipais	Niterói (RJ)	11.07.1962	*	16	Salários e abono	Vitória parcial (abono)
Metalúrgicos	São Bernardo do Campo (SP)	11.07.1962	*	2	Salários	*

Greve	Local	Data Início	N° Pessoas	Duração (dias)	Reivin-dicações	Resultados
Ônibus municipais	GB	12.07.1962	*	6	Soltar mais de 300 motoristas presos pela polícia da GB; salários	Vitória (ne)
Empresas comerciais de minérios e de distribuição de energia	Natal (RN)	13.07.1962	*	4	Salários	*
Motoristas de ônibus	Santos (SP)	15.07.1962	*	1	Salários (equiparação com trabalhadores em bondes)	*
Usina de Açúcar de Inácio Tavares Leite	São Manuel (SP)	17.07.1962	300	2	Salários	Vitória (ne)
Companhia Urbanizadora da Nova Capital	Brasília (DF)	18.07.1962	6.000	6	Salários (40% e atrasados)	*
Portuários, marítimos, Transportes coletivos e indústrias (ne)	Recife (PE)	19.07.1962	*	1	Solidariedade aos trabalhadores em empresas de transportes de combustíveis	Greve de solidariedade
Construção civil	Brasília (DF)	21.07.1962	*	1	Salários (equiparação com funcionários da Novacap)	*
Indústria de bebidas (u)	Rio Claro (SP)	23.07.1962	*	1	Salários	*
Brastemp	São Bernardo do Campo (SP)	25.07.1962	1.200	1	Salários	*
Conferentes portuários	Santos (SP)	30.07.1962	*	2	Salários (pgto. por produtividade)	*
Funcionários do Banco do Nordeste	Recife (PE)	31.07.1962	*	1	Salários (contra redução gratificações semestrais)	*
Metalúrgicos (u)	Caçapava (SP)	08.1962	*	*	Salários (atrasados)	*

Greve	Local	Data Início	N° Pessoas	Duração (dias)	Reivin-dicações	Resultados
Cia. de Nave-gação Baiana	Salvador (BA)	08.1962	*	*	Salários	Vitória (ne)
Carregadores de café	Paranaguá (PR)	08.1962	*	*	Salários; taxa insalubridade	*
Indústria de calçados	Natal (RN)	08.1962	*	*	Salários	*
Arrumadores portuários	Recife (PE)	01.08.1962	*	*	Salários	*
Operários navais	GB e RJ	01.08.1962	10.000	11	Salários (40%; atrasados)	Vitória
Fábrica de Tecidos Manufatura Fluminense	Niterói (RJ)	02.08.1962	*	*	Salários (30%)	Vitória
Operários do Ipase (servidores federais)	Brasília (DF)	04.08.1962	1.000	24	Salários (40%)	*
Barcas San-tos-Guarujá	Santos (SP)	05.08.1962	*	3	Salários (enquadra-mento como marítimos)	Vitória parcial
Professores de escolas públicas	Belém (PA)	09.08.1962	*	1	Salários (atrasados)	*
Transportes coletivos	Diadema (SP)	10.08.1962	150	*	Salários (60%)	*
Codimas Máquinas S.A.	GB	15.08.1962	*	*	Recontrata-ção de dois operários	*
Padeiros	São Paulo (SP)	20.08.1962	*	*	Salários	*
Rádio Nacio-nal de Brasília	Brasília (DF)	22.08.1962	178	*	Salários (aumento e atrasados)	*
Médicos	Adamantina (SP)	25.08.1962	*	1	*	*
Transportes coletivos	Jundiaí (SP)	30.08.1962	*	1	Salários	*
Bancários	BA	09.1962	*	*	Salários	Vitória (ne)
Químicos (u)	Jacareí (SP)	09.1962	*	*	Salários	*
Transportes coletivos (SMTC)	Santos (SP)	05.09.1962	*	11	Salários	*
Padeiros	Bragança Paulista (SP)	09.09.1962	*	*	Salários (52%)	*

Greve	Local	Data Início	N° Pessoas	Duração (dias)	Reivin- dicações	Resultados
Oficiais da náutica e da marinha mercante	Nacional	10.09.1962	*	9	Revogação de decreto que promoveu novo enqua- dramento dos marítimos	Vitória
Servidores municipais, ferroviários, trabalhadores petroquími- cos, portuários e marítimos	Santos (SP)	13.09.1962	*	5	Salários; solidariedade aos grevistas da CMTC e demanda de soltura dos líderes do FSD	Vitória (ne)
Greve geral	Nacional	14.09.1962	*	1	Demissão do gabinete Brochado da Rocha	*
Fábrica Nacional de Álcalis (p)	Cabo Frio (RJ)	14.09.1962	*	5	Salários; extensão taxa insalubridade para todos os trabalha- dores; pgto. quinquênios	Vitória (ne)
Servidores estaduais	PE	22.09.1962	*	*	Salários (plano de reclassificação)	Vitória
Metalúrgicos e indústrias mecânicas	Limeira (SP)	25.09.1962	1500	12	Salários (40%)	Vitória par- cial. Salários (20%), mas sem pgto. período greve
Jornalistas e gráficos do Correio Paulistano	São Paulo (SP)	29.09.1962	*	*	Salários	*
Professores secundários	ES	01.10.1962	*	*	Salários	*
Viação Niterói-São Gonçalo e Cia. Estatal de Transpor- tes Coletivos	Niterói (RJ)	02.10.1962	*	*	Salários	*
Metalúrgicos	Araras (SP)	02.10.1962	*	10	Salários (50%)	Derrota
Transportes coletivos	São Luís (MA)	02.10.1962	*	1	Salários (atrasados)	*

Greve	Local	Data Início	N° Pessoas	Duração (dias)	Reivin-dicações	Resultados
Estaleiros Ishikawajima do Brasil S.A.	GB	02.10.1962	1.800	*	Cumprimento do acordo firmado em março 1962	*
Radialistas	GB	03.10.1962	*	1	Salários; regulamentação profissional da categoria	Vitória (ne)
Metalúrgicos	Taubaté (SP)	03.10.1962	*	7	Salários	*
Cia. Siderúrgica Belgo-Mineira	João Monlevade (MG)	04.10.1962	5.000	*	Salários (48%)	*
Indústria de papel (u)	Monte Alegre (PR)	11.10.1962	*	1	Salários	*
Transportes coletivos (u)	São Bernardo do Campo (SP)	13.10.1962	*	1	Salários	*
Taxistas	Brasília (DF)	16.10.1962	500	*	Aumento preço quilometragem	*
Indústria de calçados	São Paulo (SP)	17.10.1962	15.000	1	Salários (58 a 65%)	Vitória. Salários (58%)
Motores Perkins S.A.	São Caetano do Sul (SP)	18.10.1962	*	5	Salários	Vitória parcial. Salários (20%) e 40 grevistas demitidos
Empresas de ônibus Expresso Brasileiro, Viação Cometa e Pássaro Marrom	São Paulo (SP) e Rio de Janeiro (GB)	19.10.1962	2.000	1	Salários (80%), pgto. adicional por tempo de serviço e hora extra	*
Telefonistas	Catanduva (SP)	19.10.1962	*	1	Salários (atrasados); e descumprimento de acordo salarial	*
Serralheiros (u)	São Paulo (SP)	23.10.1962	*	1	Solidariedade a trabalhador suspenso	*
Ericsson do Brasil S.A.	São José dos Campos (SP)	27.10.1962	400	5	Salários (40%)	Vitória. Salários (35%)

Greve	Local	Data Início	N° Pessoas	Duração (dias)	Reivin-dicações	Resultados
Tecelões	Além Paraíba (MG)	29.10.1962	2.000	12	Readmissão de 19 operários demitidos	Vitória
Metalúrgicos	São Paulo (SP)	30.10.1962	180.000	1	Salários (70%); revisão salarial em seis meses	Vitória parcial. Salários (60%); acordo de um ano
Gráficos	São Paulo (SP)	31.10.1962	20.000	8	Salários (70%); revisão salarial em seis meses	Vitória parcial. Salários, acordo de um ano
Cia. Campineira de Transportes Coletivos (CCTC)	Campinas (SP)	31.10.1962	*	5	Salários (100%)	Vitória parcial. Salários (60%)
E. F. Leopoldina e indústrias de Papel	Além Paraíba (MG)	11.1962	1.200	*	Greve de solidariedade	Greve de solidarie-dade
Transportes coletivos	Brasília (DF)	11.1962	*	*	Salários	Vitória (ne)
Indústrias de refino de açúcar	SP	05.11.1962	3.000	3	Salários	Vitória. Salários (40%)
Transportes coletivos	Santo André (SP)	05.11.1962	*	3	Salários	*
Cia. Brasileira de Energia Elétrica (CBEE)	RJ	06.11.1962	*	1	Salários; 30 dias de férias; gratificação anual; e 20% do abono de Natal	Vitória (ne)
Carreteiros	Santos (SP)	06.11.1962	*	1	Aumento 30% preço da tonelada	Vitória parcial
Construção civil	Brasília (DF)	06.11.1962	*	4	Salários	*
Indústria de gelo	Santos (SP)	07.11.1962	*	17	Salários	*
Bancários	Porto Alegre, Novo Hamburgo e São Leopoldo (RS)	08.11.1962	*	6	Salários	*

Greve	Local	Data Início	N° Pessoas	Duração (dias)	Reivindicações	Resultados
Metalúrgicos (u)	Itu (SP)	13.11.1962	*	1	Salários	*
Servidores municipais (engenheiros)	São Paulo (SP)	13.11.1962	*	6	Salários	*
Bagrinhos (portuários)	Santos (SP)	13.11.1962	*	3	Luta pela sindicalização da categoria	*
Gráficos e jornalistas	Guanabara	14.11.1962	*	2	Salários	Vitória. Salários (55% e 10% em maio 1963)
Servidores municipais	Santos (SP)	17.11.1962	*	1	Salários	*
Frigoríficos	São Paulo e Osasco (SP)	18.11.1962	*	1	Salários	*
Servidores municipais	São Vicente (SP)	20.11.1962	*	*	Salários	*
Moinho de trigo	Santos (SP)	20.11.1962	*	2	Salários	Vitória parcial (60%)
Operários navais	GB e RJ	20.11.1962	15.000	7	Contra decisão da Comissão de Enquadramento Sindical (CES) passando os operários navais para a categoria dos metalúrgicos; paridade de salários e de benefícios; férias de 30 dias; extinção do expediente aos sábados; insalubridade (30%)	Vitória (ne)
Marítimos do Serviço de Navegação do Amazonas (Snapp)	AM	20.11.1962	*	*	Pgto. quinquênios; salário-família	*
Indústrias de alimentos	São Paulo (SP)	21.11.1962	*	1	Salários	*

Greve	Local	Data Início	N° Pessoas	Duração (dias)	Reivindicações	Resultados
Trabalhadores em cinemas	Niterói e São Gonçalo (RJ)	22.11.1962	*	*	Salários	*
Portuários e servidores do Serviço de Navegação e Portos do Pará (Snapp)	Belém (PA)	22.11.1962	*	8	Salários; exoneração do diretor-geral do Snapp	Vitória (ne)
Metalúrgicos e construção civil	Santos (SP)	22.11.1962	*	1	13° salário	*
Têxteis (u)	Jundiaí (SP)	24.11.1962		1	Salários (atrasados)	*
Cia. Industrial de Pedro Leopoldo (têxteis)	Pedro Leopoldo (MG)	27.11.1962	*	1	Contra o aumento do número de teares por trabalhador; readmissão de trabalhadores demitidos	Greve de protesto
Construção civil	Salvador (BA)	28.11.1962	*	*	Salários	*
Cia. Industrial de Pedro Leopoldo (têxteis)	Pedro Leopoldo (MG)	30.11.1962	*	12	Readmissão de trabalhadores demitidos	*
Servidores Municipais	Nova Iguaçu (RJ)	12.1962	*	*	13° Salário e salários (atrasados)	*
Serviço de água e de esgoto de Niterói	Niterói (RJ)	12.1962	*	*	Salários (atrasados)	Vitória
Bancários	SP, GB e DF	05.12.1962	6.000 (m)	2	Contra aprovação dos projetos de reforma bancária do deputado Daniel Faraco e do projeto do Senador Sérgio Marinho que retira o direito da categoria de receber 13° salário	Greve de advertência

Greve	Local	Data Início	N° Pessoas	Duração (dias)	Reivin-dicações	Resultados
Auto Viação Osasco e Via-ção Helmar	Osasco (SP)	11.12.1962	*	1	13° salário	Vitória
Servidores estaduais	RS	12.12.1962	*	1	Salários	Derrota
Instituto Vital Brasil	Niterói (RJ)	17.12.1962	250	*	Salários	*
Serviço de Saneamento	Santos (SP)	18.12.1962	*	2	Taxa de insalubridade; aumento do salário mínimo	*
Cibrasil (bancários)	São Paulo (SP) e Rio de Janeiro (GB)	20.12.1962	*	*	Salários (rea-juste igual para bancários de ambos estados)	*
Oficiais da náutica	Nacional	21.12.1962	5.700	35	Protesto contra demora do governo em eliminar o decreto 51.372/62, que norma-tizou contra a hierarquia profissional na Marinha Mercante	Suspensão estratégica
Transportes coletivos rodoviários	RJ	21.12.1962	*	1	13° salário	*
Servidores estaduais	MA	23.12.1962	*	*	Salários	*
Químicos (u)	Santos (SP)	23.12.1962	*	4	Salários (atrasados); 13° salário	*
Metalúrgicos (u)	Jacareí (SP)	24.12.1962	*	3	13° salário	*
Cia. Sul Fluminense (marítimos)	Angra dos Reis, Parati e Mangaratiba (RJ)	28.12.1962	*	58	Salários (atrasados)	Vitória
Estaleiros Ishikawajima	GB	29.12.1962	500	16	Demissão de três trabalhadores	Vitória
Usina Baixa Grande	Campos (RJ)	01.1963	*	*	13° salário	Vitória

Greve	Local	Data Início	N° Pessoas	Duração (dias)	Reivindicações	Resultados
Construção civil, têxteis, metalúrgicos, bebidas, gráficos, cigarros, gás, luz, telefone e frigoríficos	SP	01.1963	*	1	13° salário	Vitória parcial
Várias categorias (sem especificação)	Curitiba (PR)	01.1963	*	*	13° salário	*
Servidores municipais	Campos (RJ)	01.1963	*	*	Salários (atrasados); 13° salário	*
Marítimos	Niterói (RJ)	01.1963	*	*	13° salário	*
Carreteiros	Santos (SP)	02.01.1963	*	2	Aumento fretes	*
Auxiliadora predial de bancos	GB	03.01.1963	*	1	13° salário	Vitória
Fundação Hospitalar de Brasília	Brasília (DF)	06.01.1963	*	5	Enquadramento dos funcionários no Plano de Classificação	Vitória parcial
Securitários	MG	07.01.1963	*	5	Salários (100%)	Vitória parcial. Salários (70%)
Bancários	GB, MG e SP (p)	11.01.1963	*	2	Bonificação de Natal e 13° salário	Greve de advertência
Marítimos	Santos (SP)	11.01.1963	*	1	13° salário	Vitória
Transportes coletivos	GB	11.01.1963	*	8	13° salário	*
Transportes coletivos	São Paulo (SP)	13.01.1963	*	1	Salários; melhoria das condições de trabalho	*
Rede Ferroviária do Nordeste	PE, PB, RN e AL	14.01.1963	*	1	Nomeação do representante indicado pelo sindicato para a delegacia regional do Instituto de Aposentadoria da categoria	Derrota

Greve	Local	Data Início	N° Pessoas	Duração (dias)	Reivin-dicações	Resultados
Operários em estaleiros marítimos	GB, Niterói e Angra dos Reis (RJ)	14.01.1963	40.000	4	Solidariedade aos operários dos Estaleiros Ishikawajima	Greve de solidarie-dade
Telegráficos	Nacional	16.01.1963	10.000	1	Bonificação de Natal e 13° salário	Vitória
Transportes coletivos (SMTC)	Santos (SP)	16.01.1963	*	1	Salários (atrasados)	Greve de advertência
Maquinistas da E. F. Central do Brasil	GB	18.01.1963	*	1	Contra prisão de maquinista que portava arma sem licença	Vitória
Cia. Litográfica Salago	São Paulo (SP)	18.01.1963	*	5	13° salário	Suspensão estratégica
Bancários	SP	21.01.1963	*	1	Bonificação de Natal e 13° salário	Vitória
Químicos (u)	Santos (SP)	22.01.1963	*	6	Salários (atrasados)	*
Indústrias Têxteis Linhas para Coser	São Paulo (SP)	22.01.1963	*	1	Bonificação de Natal e 13° salário	*
Estivadores, portuários, petroquímicos e trabalhadores de moinhos de açúcar	Baixada Santista, especial-mente Santos (SP)	25.01.1963	30.000	1	Protesto contra a Justiça Eleitoral pelo impedimento da diplomação de dois portuários eleitos para cargos legislativos	Derrota
Securitários	GB	29.01.1963	18.000	6	Salários (70% + 35% em junho)	*
Securitários	SP	31.01.1963	*	3	Salários (65%)	Vitória
Cias. Carboníferas Cambuí e Brasileira S.A.	São Jerônimo da Serra (PR)	31.01.1963	250	*	Salários (60%) e melhores condições de higiene no trabalho	*
Carvoeiros	Criciúma (SC)	02.1963	*	8	Salários (40%)	Vitória

Greve	Local	Data Início	N° Pessoas	Duração (dias)	Reivin- dicações	Resultados
Cia. de Teci- dos Paulista	Paulista (PE)	02.1963	*	*	Salários	*
Bancários	Curitiba (PR)	02.1963	*	*	Salários	*
Mineiros	Criciúma (SC)	01.02.1963	*	1	Salários (40%)	Vitória
Ensacadores de café	Paranaguá (PR)	01.02.1963	*	*	Bonificação de Natal e 13° salário	*
Transportes coletivos	Belo Hori- zonte (MG)	03.02.1963	*	*	Salários	*
Bancários do banco Itaú	Nacional	05.02.1963	*	1	Bonificação de Natal e 13° salário	Vitória
Motoristas de transportes pesados	Santos (SP)	05.02.1963	500	1	Salários, semana inglesa e auxílio- -alimentação	Vitória par- cial. Salário (60%) + auxílio alimentação
Frigorífico de Barretos	Barretos (SP)	05.02.1963	*	*	Solidariedade a operários suspensos	*
Bancários (p)	Nacional	06.02.1963	*	1	Bonificação de Natal e 13° salário	*
Transportes coletivos	Recife (PE)	06.02.1963	*	*	Salários	*
Bancários	GB	07.02.1963	*	13	13° salário	*
Professores de escolas públicas	PR	11.02.1963	*	11	Salários	*
Indústrias Marjero (metalúrgicos)	Jaú (SP)	14.02.1963	*	*	Salários (atrasados)	*
Transportes coletivos	Vitória (ES)	16.02.1963	*	*	Salários	*
Carregadores e ensacadores de sal	GB, Santos (SP)	20.02.1963	*	1	Taxas devidas a trabalho penoso	Vitória
Cia. Siderúr- gica Paulista (Cosipa)	Cubatão (SP)	21.02.1963	16.000	1	Pela recontra- tação de 402 trabalhadores demitidos	*
Transportes coletivos (CMTC)	São Paulo (SP)	23.02.1963	*	1	Salários	Derrota

Greve	Local	Data Início	Nº Pessoas	Duração (dias)	Reivin-dicações	Resultados
Motoristas e motorneiros de guindastes e empilhadei-ras(portuários)	Santos (SP)	24.02.1963	*	8	Salários (equiparação com demais categorias portuárias)	Vitória parcial. Constituição de comissão para estudar equiparação
Transportes coletivos (CMTC)	São Paulo (SP)	27.02.1963	*	1	Salários	Derrota
Bancários	Natal (RN)	03.1963	*	*	Abono de Natal	*
Construção civil	Recife (PE)	03.1963	*	*	Salários	*
Veículos e Máquinas Agrícolas S.A. (Vemag)	São Paulo (SP)	04.03.1963	*	8	Salários (pgto. diferenciais acordados)	*
Empresas de combustíveis minerais e gás engarrafado	GB	07.03.1963	*	2	Bonificação de Natal e 13º salário	Vitória
Fundição Brasil S.A.	São Paulo (SP)	11.03.1963	1.600	10	Salários	*
Têxteis	CE	12.03.1963	*	*	Salários (70%)	*
Metalúrgicos	Baixada Santista (SP)	19.03.1963	18.000	4	Salários (85%)	Vitória parcial. Salários (70%, decisão TRT).
Gráficos, jornalistas e comerciários	Recife (PE)	21.03.1963	*	20	Salários (80%)	*
Indústria de madeira	Florianópolis (SC)	22.03.1963	*	7	Salários	*
Marítimos (u)	Santos (SP)	25.03.1963	*	1	Salários (atrasados)	*
Cia. de Transportes Coletivos (CTC)	GB	26.03.1963	260	8	Contra contrato de trabalho de três meses proposto pela empresa	*
Professores	Recife (PE)	27.03.1963	*	*	Salários (90%)	*
Estivadores do Lóide Brasileiro	Santos (SP)	27.03.1963	*	1	Retirada pelo Lóide do "estivador aguadeiro" do trabalho naquele dia	Vitória

Greve	Local	Data Início	N° Pessoas	Duração (dias)	Reivin-dicações	Resultados
Carris Urbanos	GB	28.03.1963	*	6	Salários (50%, retroativo à janeiro); solida-riedade à greve dos trabalhado-res da CTC	*
E. F. Leopol-dina; E. F. Central do Brasil	GB	28.03.1963	*	2	Solidariedade aos motoris-tas de ônibus elétricos demi-tidos e protesto às ações de repressão do Governo da GB contra o Congresso de Solidariedade a Cuba	Greve de solidarie-dade
Cia. Western (ferroviários)	SC	04.1963	*	1	Readmissão de companheiro demitido	Vitória
Fábrica de Cimento Mauá	Niterói (RJ)	04.1963	*	12 (m)	Salários (60%), taxa insalubridade, gratificação de fim de ano	*
Estaleiros Verolme	Angra dos Reis (RJ)	01.04.1963	*	14	Readmissão de 6 operários demitidos	Vitória
Trabalha-dores em moinhos	Recife (PE)	01.04.1963	*	2	Salários	Vitória (ne)
Motoristas e cobradores de ônibus e lotações	GB	02.04.1963	*	12 horas	Solidariedade aos trabalha-dores em carris urbanos	Greve de solidarie-dade
Cia. Romero	Paraguaçu Paulista (SP)	04.04.1963	*	10	Salários (atrasados)	Vitória
Ferroviários	Campos (RJ)	06.04.1963	*	*	Protesto por invasão ao sindicato fer-roviário local; e solidariedade a posseiros da região que foram expulsos de suas terras	Greve de protesto

Greve	Local	Data Início	N° Pessoas	Duração (dias)	Reivin-dicações	Resultados
Cia. de Transportes Coletivos (CTC)	GB	09.04.1963	126	*	Assinatura de contrato de trabalho de seis meses	*
Indústria do sal	Cabo Frio (RJ)	17.04.1963	1.000	*	Readmissão de quatro operários injus-tamente demitidos	*
Professores e médicos públicos	Brasília (DF)	17.04.1963	*	2	Municipa-lização das instituições onde esses profissionais trabalham	*
Professores estaduais	ES	18.04.1963	*	6	Salários	*
Portuários	GB	18.04.1963	*	1	Saída do 2° subinspetor do porto	Vitória
Têxteis (u)	Guaratin-guetá (SP)	18.04.1963	*	1	Salários (atrasados)	*
E. F. Santos-Jundiaí	SP	20.04.1963	*	*	Salários (aumento de Cr$ 8.000)	*
Doqueiros	Santos (SP)	20.04.1963	*	2	Salários (atrasados)	Vitória
Cia. Brasileira de Pavimen-tação e Obras	Xavantes (SP)	05.1963	2.000	*	Salários (atrasados)	Vitória
Marceneiros	Goiânia (GO)	05.1963	*	*	Salários (60%)	*
Fábrica de Cimento Portland-São Gonçalo	São Gonçalo (RJ)	05.1963	*	*	Salários (60%)	*
Transportes coletivos	Santo André (SP)	05.1963	*	*	Salários	*
Construção civil	Natal (RN)	05.1963	*	*	*	*
Fábrica Nacional de Motores (FNM)	RJ	02.05.1963	5.000	3	Salários; abono de família (Cr$ 2.500 por depen-dente); pgto. ta-xa insalubridade; readmissão do delegado sindi-cal da fábrica	Vitória parcial. Salário--família (Cr$ 1.500 por dependente)

Greve	Local	Data Início	N° Pessoas	Duração (dias)	Reivin-dicações	Resultados
Bancários	Brasília (DF)	05.06.1963	*	1	Salários (cumprimento acordo salarial); aprovação das reformas de base pelo Congresso Nacional	*
Metalúrgicos	Recife (PE)	06.05.1963	*	3	Salários	*
Ensacadores	Santos (SP)	08.05.1963	1.500	18	Salários (85%)	Vitória parcial. Salários (60%)
Indústrias de cerâmica, cal, gesso e artefatos de cimento	GB	08.05.1963	30.000	*	Salários	*
Médicos do serviço público	Niterói (RJ)	09.05.1963	*	1	Solidariedade a trabalhador demitido	*
Transportes coletivos	Niterói (RJ)	14.05.1963	*	1	Cumprimento CLT	*
Rede de Viação Paraná-Santa Catarina	PR e SC	16.05.1963	11.760	1	Salários; pgto. atrasados aos inativos	Vitória (ne)
Transportes coletivos	São Luís (MA)	17.05.1963	*	*	Salários	*
Construção civil	São Paulo (SP)	22.05.1963	62.000	1	Salários (65%)	Vitória (ne)
Empregados da TV Rádio--Nacional	Brasília (DF)	24.05.1963	*	1	Salários (atrasados)	Vitória
Mineração	Baixada Santista (SP)	27.05.1963	*	25	Salários (aumento de comissão por empreitada)	*
Marítimos	Santos (SP)	28.05.1963	*	1	Salários	*
Metalúrgicos	Caxias do Sul (RS)	29.05.1963	*	1	Salários	*
Ferroviários, aeronautas, aeroviários, operários da marinha mercante e operários navais	GB (ferroviários, op. marinha mercante), RJ (op. navais) e Nacional (aeronautas e aeroviários)	30.05.1963	*	3	Readmissão do comandante Paulo de Melo Bastos (Viação Aérea Riograndense, Varig)	Suspensão estratégica

Greve	Local	Data Início	N° Pessoas	Duração (dias)	Reivindicações	Resultados
E. F. Central do Brasil e da E. F. Santos-Jundiaí	SP	31.05.1963	*	2	Solidariedade aos aeronautas	Greve de solidariedade
Bancários	DF, GB e SP	06.1963	1	*	Greve de Protesto contra o projeto de empréstimo compulsório	*
Indústria de borracha	São Paulo (SP)	06.1963	*	*	Salários (70%)	Vitória
TV- Rádio Nacional	DF	06.1963	*	*	Readmissão de funcionários demitidos por liderarem greve	Vitória
Trabalhadores em refinarias	Mataripe e Duque de Caxias (RJ)	01.06.1963	*	1	Solidariedade à greve dos aeronautas	Greve de solidariedade
Bancários	Brasília (DF)	05.06.1963	*	1	Protesto contra o projeto de empréstimo compulsório	Greve de protesto
Estivadores	Santos (SP)	05.06.1963	*	2	Protesto contra a intervenção no Sindicato dos Estivadores	Vitória
Estivadores	Nacional	06.06.1963	*	1	Solidariedade aos estivadores de Santos	Greve de solidariedade
Banco da Indústria e Comércio de Santa Catarina	SC	06.06.1963	*	1	Salários (pgto. gratificação atrasada)	Vitória
Construção civil	Niterói e San Gonçalo (RJ)	10.06.1963	13.000	*	Salários (80%)	*
Transportes coletivos e rodoviários	RJ	10.06.1963	5.000	10	Salários (100%); salário-família	*
Companhia Telefônica Nacional (CTN)	PR	11.06.1963	1.000	3	Salários (70%)	Vitória
Auxiliares do comércio de café	Paranaguá (PR)	11.06.1963	1.000 (m)	10	Salários (70%)	Suspensão estratégica

Greve	Local	Data Início	N° Pessoas	Duração (dias)	Reivin-dicações	Resultados
Grassi S. A. (metalúrgicos)	São Paulo (SP)	11.06.1963	1.000	*	Recontratação de 200 operá-rios demitidos	*
Operários navais	RJ e GB	12.06.1963	20.000	*	Solidarie-dade aos trabalhadores de construção civil de Niterói; revisão do con-trato coletivo de trabalho	*
Operários navais	Nacional	13.06.1963	22.000	4	Contrato cole-tivo proposto pelas empresas considerado insatisfatório pelos trabalha-dores	Vitória
E. F. Central do Brasil	GB	14.06.1963	*	1	Soltura de maquinista preso	Vitória
Trabalha-dores em indústria de instrumentos musicais (u)	Brás Cubas (SP)	14.06.1963	*	1	Salários (atrasados)	*
Condutores autônomos	Paranaguá (PR)	19.06.1963	*	1	Solidariedade aos auxiliares do comércio de café	Greve de solidarie-dade
Empresa de comunicação	São Luís (MA)	19.06.1963	*	*	Salários	*
Hospital Antônio Pedro	Niterói (RJ)	23.06.1963	*	3	Contra novo enquadra-mento dos servidores do hospital	Vitória
Indústria de calçados	SP	07.1963	*	*	Salários	Vitória (ne)
Operários da Sanbra	Maringá (SP)	07.1963	*	*	Salários	Vitória (ne)
Metalúrgicos (u)	Guarulhos (SP)	07.1963	*	*	Pgto. de indenização a operário demitido	Vitória
Expresso Bra-sileiro Viação S. A.	Santos (SP)	01.07.1963	30 (m)	*	Salários (pgto. horas extraordinárias)	*

Greve	Local	Data Início	N° Pessoas	Duração (dias)	Reivin-dicações	Resultados
Taxistas	GB	08.07.1963	*	4	Contra a circulação de Kombi irregulares nos horários de pico	Vitória
Transportes coletivos (CMTC)	Santos (SP)	09.07.1963	*	1	Salários (data-base de julho de 1962); pgto. domingos e feriados	Vitória parcial
Metalúrgica Gordon	Diadema (SP)	12.07.1963	*	4	Salários (20%) e contra pgto. de acordo com produtividade	Vitória parcial. Salários (10%) + prêmio por produção
E. F. Central do Brasil	GB	15.07.1963	*	7 horas	Contra o afastamento do cargo de um antigo diretor	*
Bombeiros	Niterói (RJ)	15.07.1963	*	3	Mudança de enquadramento da categoria	Derrota
Empresas de distribuição de gás liquefeito	Santos (SP)	16.07.1963	600	4	Salários (25% em julho + 15% em setembro)	Vitória parcial
Indústrias Matarazzo	Marília (SP)	19.07.1963	208	*	Salários (80%)	*
Servidores municipais	São Vicente (SP)	19.07.1963	500	*	Salários (atrasados)	*
Usina Caxangá (açúcar)	Recife (PE)	20.07.1963	*	23	Salários	*
Ferroviários e petroquímicos (u)	Porto Alegre (RS)	21.07.1963	*	1	Protesto contra o governador da GB, Carlos Lacerda	*
Servidores municipais	Marília (SP)	22.07.1963	*	*	Salários	*
Banco Mercantil do Estado de São Paulo	SP e GB	22.07.1973	*	*	Salários (pgto. gratificações semestrais, 30%)	*
Construção civil e mobiliário	Brasília (DF)	22.07.1963	*	7	Salários (70%)	Vitória

Greve	Local	Data Início	N° Pessoas	Duração (dias)	Reivin-dicações	Resultados
Estaleiros Ishikawajima	GB	23.07.1963	500	1	Protesto contra a agressão de um operário	Greve de protesto
Banco Oliveira Rocha e Banco Comércio e Indústria de São Paulo	SP e GB	26.07.1963	*	6	Salários (pgto. gratificações semestrais, 30%)	*
Construção civil	Santos, Cubatão e Guarujá (SP)	30.07.1963	*	7	Salários	*
Bombeiros	Niterói (RJ)	31.07.1963	*	1	Salários (mudança de enqua-dramento da categoria)	*
Bancários (y)	GB	31.07.1963	*	*	Salários	*
Metalúrgicos da Usina Santa Luzia	GB	08.1963	*	*	Recontratação de delegado sindical	Derrota
Estaleiro Caneco	GB	08.1963	*	*	Protesto contra demissão de três delegados sindicais pela empresa	*
Gráficos (u)	São Paulo (SP)	08.1963	*	*	Salários	*
E. F. Leopoldina	GB, RJ, MG e ES	01.08.1963	18.000	1	Salários (revi-são do plano de estruturação salarial)	Vitória
Professores estaduais	MG	05.08.1963	*	8	Salários; esta-bilidade após cinco anos de serviço; direito de escolher o diretor do esta-belecimento escolar; remo-ção do chefe do Depar-tamento de Ensino Superior da Secretaria da Educação	Vitória (ne)

Greve	Local	Data Início	N° Pessoas	Duração (dias)	Reivin-dicações	Resultados
Portuários	Maceió (AL)	07.08.1963	7	1.000	Salários; fede-ralização do porto	Vitória (ne)
Metalúrgicos (p)	GB	07.08.1963	*	1	Libertação do líder Hércules Correa, preso no Dia Nacio-nal de Protesto Contra a Carestia	Vitória
E. F. Leo-poldina, E. F. Central do Brasil e portuários	GB	07.08.1963	18.000 (m)	18 horas	Protesto contra as arbitrariedades do governador Carlos Lacerda contra os trabalhadores	Vitória
Gráficos	Florianópolis (SC)	08.08.1963	*	9	Salários (60%)	Vitória par-cial. Salários (40%)
Motoristas de cargas e fretes	GB	13.08.1963	*	2	Salários (100%)	Vitória par-cial. Salários (75%)
Servidores municipais	Caxias (RJ)	15.08.1963	1.000	2	Salários (atrasados três meses)	Vitória parcial
Ferroviários e servidores municipais	Campos (RJ)	19.08.1963	5.000	2	Protesto contra irregularidades no Instituto de Aposentadorias Municipal	Vitória. Promessa de regulari-zação pela prefeitura
Polícia Militar	Teresina (PI)	19.08.1963	*	*	Salários	*
Doqueiros, estivadores e carreteiros	Santos (SP)	20.08.1963	25.000	3	Salários (pgto. gratificações salariais) e do 13° salário	Vitória. Salários (20%, incorpo-rado) + férias de 30 dias
Empresas distribuidoras de gasolina e gás liquefeito	RJ	20.08.1963	7.000	1	Salários (50%); encampação das refinarias particulares	Vitória par-cial. Salários (40%), dissídio TRT-RJ

Greve	Local	Data Início	N° Pessoas	Duração (dias)	Reivin-dicações	Resultados
Estaleiros Lóide Brasileiro, Cia. Nacional de Navegação Costeira, Cacrem e Cruzeiro do Sul	GB	21.08.1963	8.000	1	Salários (pgto. de diferença salarial desde junho de 1963); taxa insalubridade	Vitória
Moinho Matarazzo	Antonina (PR)	26.08.1963	*	*	Salários (80%)	*
Metalúrgicas Santa Luzia e Schindler	São Cristóvão (RJ)	26.08.1963	*	*	Readmissão de delegado sindical	*
Enfermeiros	Santos (SP)	28.08.1963	1.500	15	Salários (100%); taxa insalubridade; salário-família (Cr$ 2.200,00 / dependente)	Vitória parcial. Salários (50%), recebimento dos salários durante período de greve e sem punição aos líderes do movimento
Portuários, marítimos e estivadores	Antonina (PR)	30.08.1963	*	*	Solidariedade aos operários do Moinho Matarazzo	Greve de solidarie-dade
Motorneiros e trocadores de Bondes	GB	09.1963	*	*	Salários	*
bancários	PB	09.1963	*	*	Salários (85%)	*
Metalúrgicos	Cidade Industrial (MG)	09.1963	*	*	Salários	*
Geral	Santos (SP) e Cubatão (SP)	01.09.1963	50.000	5	Solidariedade à greve dos enfermeiros de Santos	Greve de solidarie-dade
E .F. Santos Jundiaí	SP	03.09.1963	*	3	Solidariedade à greve geral dos trabalhadores de Santos	Greve de solidarie-dade
Bancários	SP	04.09.1963	*	*	Salários (80%) e solidariedade aos grevistas de Santos	*

Greve	Local	Data Início	N° Pessoas	Duração (dias)	Reivindicações	Resultados
Hospital Distrital	Brasília (DF)	09.09.1963	*	*	Salários	*
Tecelões	Recife (PE)	09.09.1963	30.000	2	Salários	Vitória (ne)
Comerciários	Recife (PE)	10.09.1963	30.000	*	Salários	*
Soldados e sargentos da Polícia Militar	RN	11.09.1963	*	*	Salários (equiparação salários PM de Pernambuco e do Ceará)	*
Bancários	GB e RJ	11.09.1963	30.000	1	Greve de advertência em prol de aumento salarial	Greve de advertência
Bancários	PE	12.09.1963	*	1	Salários	Greve de advertência
Greve geral	Natal (RN)	12.09.1963	*	*	Solidariedade aos soldados e sargentos da PM	Greve de solidariedade
Servidores municipais	Porto Alegre (RS)	12.09.1963	*	*	Salários	*
Bancários	Nacional	13.09.1963	*	1	Salários	Greve de advertência
Metalúrgicos (p)	MG	17.09.1963	12.500	2	Salários (100%)	Vitória parcial. Salários (90%)
Ensacadores de café	Londrina (PR)	17.09.1963	*	*	Salários (140%)	*
Bancários	Nacional	18.09.1963	75.000 (m)	3	Salários (100%); estabilidade após dois anos de serviço; adicional por tempo de serviço; salário-família	Vitória. Termos dos acordos variaram de Estado para Estado.
Carris Urbanos	GB	20.09.1963	7.000	6	Salários (pgto. reajustes obtidos pela categoria em jan.1963)	Derrota

Greve	Local	Data Início	N° Pessoas	Duração (dias)	Reivindicações	Resultados
Bancos particulares e Banco do Brasil (BB)	Brasília (DF) e GB (gradativamente virou nacional); bancários do BB (Nacional)	24.09.1963	60.000 (m)	6	Salários; estabilidade após 2 anos de serviço; salário-família	Vitória parcial. Salários (70%) + abono (35%), a partir de 04.1964
Servidores municipais	Belo Horizonte (MG)	24.09.1963	*	*	Salários (gratificação e 13° salário referente a 1962)	*
Arrumadores portuários	Recife (PE)	25.09.1963	*	1	Salários (45%) e salário-família (10% por dependente)	Vitória parcial. Salários (34%) e salário-família (10%)
Arrumadores portuários, carregadores, estivadores, conferentes de carga e motoristas de praça	Paranaguá (PR)	25.09.1963	*	7	Solidariedade a greve dos bancários	Greve de solidariedade
Cia. de Transportes Coletivos	Brasília (DF)	25.09.1963	*	6	Salários (atrasados)	*
Portuários	Recife (PE)	26.09.1963	*	1	Solidariedade aos arrumadores portuários	Greve de solidariedade
E. F. Leopoldina	GB	26.09.1963	18.000	2	Salários (paridade com os ferroviários da E. F. Central do Brasil); e afastamento do diretor-superintendente da Leopoldina	Vitória
Serviço de água e de esgoto (p)	Niterói (RJ)	30.09.1963	*	1	Salários (80%); salário-família (Cr$ 4 mil)	Derrota
Gráficos, estivadores e empregados de petrolíferas	Manaus (AM)	30.09.1963	*	*	*	*

Greve	Local	Data Início	N° Pessoas	Duração (dias)	Reivin-dicações	Resultados
Gráficos e portuários (u)	GB	30.09.1963	*	*	*	*
Servidores municipais	Jaboatão (PE)	10.1963	*	*	Salários (atrasados)	Vitória
Transportes coletivos	Maceió (AL)	10.1963	*	*	*	*
Transportes coletivos	GB	10.1963	*	*	Salários	*
Transportes coletivos	João Pessoa (PB)	10.1963	*	*	Salários	*
Indústrias Antártica	São Paulo (SP)	10.1963	*	*	Salários	Vitória (ne)
Servidores públicos	Aracajú (SE)	10.1963	*	*	Salários	*
Estaleiros Verolme e Eletrovap	GB	01.10.1963	1.600 (m)	8	Protesto contra demissão de 64 líderes sindicais	Vitória parcial
Ferroviários, e servidores do DAE e do DER do Estado de São Paulo	SP	02.10.1963	78.000	5	Salários; salário-família	Vitória (ne). Obtenção de aumento salarial e abono
Greve geral	RS	03.10.1963	*	*	Solidariedade aos bancários do RS, que estão em greve	*
Carris Urbanos	GB	03.10.1963	7.000	11	Salários (75%)	Vitória (ne), mas com aumento de tarifa de bonde
Professores públicos do ensino médio	Brasília (DF)	04.10.1963	*	1	Salários (atrasados); readmissão do chefe do Gabinete do Superin-tendente da Educação, do diretor do Ensino Médio e de dez direto-res de colégios	*
Servidores municipais	Caruaru (PE)	05.10.1963	*	*	Salários	*

Greve	Local	Data Início	N° Pessoas	Duração (dias)	Reivin- dicações	Resultados
E. F. Leopoldina	GB	06.10.1963	18.000	3 horas	Greve de advertência contra a proposta de decreto do estado de sítio proposto por Jango	Greve de advertência
Professores de escolas públicas	SP	07.10.1963	86.000	5	Salários (60%)	Vitória
Usimi- nas e E. F. Vitória-Minas	Ipatinga (MG)	07.10.1963	*	2	Protesto contra a morte de oito operários	Greve de protesto
Servidores municipais	Itapetininga (SP)	08.10.1963	250	1	Salários (pgto. atrasados de três meses); aumento salário-família	Vitória
Fábrica de Tecidos de Moreno	Moreno (PE)	09.10.1963	1.200	*	Salários	*
Empresas de gás e de ener- gia elétrica (p)	GB	09.10.1963	8.000	4	Solidariedade aos trabalha- dores de carris urbanos	Vitória (ne), mas com aumento dos preços de gás e de energia elétrica
Servidores públicos	Maceió (AL)	11.10.1963	*	*	Salários (atrasados)	*
Transportes coletivos	Santos (SP)	16.10.1963	*	*	Salários	*
Arrumadores portuários	GB	15.10.1963	*	2	*	*
Professores	SP	16.10.1963	82.000	6	Salários (60%) e gratificações	Vitória
Portuários	GB	16.10.1963	8.000	1	Suspensão de portaria do Ministério da Viação que reduz postos de trabalho para portuários	Vitória parcial
Servidores municipais	São Caetano do Sul (SP)	16.10.1963	*	3	Salários	Vitória (ne)

Greve	Local	Data Início	N° Pessoas	Duração (dias)	Reivin-dicações	Resultados
Ensacadores de café	Santos (SP), Rio de Janeiro (GB) e Paranaguá (PR)	17.10.1963	*	1	Salários; abono de Natal	Vitória (ne)
Servidores municipais (serviços água e esgoto)	Campos (RJ)	18.10.1963	*	*	Salários	*
Portuários	GB	22.10.1963	8.000	2	Contra protesto dos arrumadores, que tentaram impedir o trabalho dos portuários	Vitória
Fábricas de tecidos Cruzeiro e Corcovado	GB	22.10.1963	4.000 (m)	*	Salários	*
Arrumadores portuários	GB	24.10.1963	2.400	1	Revogação de portaria do Ministério da Viação	Greve de advertência
Cia. Antárctica Paulista	São Paulo (SP)	24.10.1963	*	1	Salários (equiparação salarial com a Brahma, 110%)	Greve de advertência
Professores municipais	Cerro (MG)	25.10.1963	*	*	Salários (atrasados)	*
Departamento de Saneamento do RN	Natal (RN)	29.10.1963	*	*	Salários (100%), atrasados, salário-família e 13° salário	*
Greve dos 700 mil	SP	30.10.1963	700.000	6	Salários (100%); outras reivindicações	Vitória parcial. Salários (80%); mais 25% em seis meses
E. F. Santos-Jundiaí	SP	31.10.1963	*	1	Solidariedade aos grevistas de São Paulo	Greve de solidariedade
Servidores estaduais	SE	31.10.1963	*	4	Salários	*

Greve	Local	Data Início	N° Pessoas	Duração (dias)	Reivindicações	Resultados
Refinaria de Capuava	SP	11.1963	450	*	Salários, salário-família, gratificação de férias e encampação da refinaria pelo governo	Vitória parcial. Salários (37,5%); salário-família (Cr$ 4.000,00); férias de 30 dias (para quem não faltou mais de 6 vezes no ano); participação nos lucros; pgto. dias greve; porém demissão de 51 grevistas.
Pesqueiros de empresas particulares	Nordeste	11.1963	*	*	Salários (65%)	*
Cia. Belgo-Mineira	MG	11.1963	5.000	*	Salários	Vitória. Salários (80%)
Padeiros	Campinas (SP)	11.1963	*	*	Salários	*
Indústria petroquímica (u)	Santo André (SP)	11.1963	*	*	Salários (equiparação com Petrobras)	*
Metalúrgicos (u)	João Monlevade (MG)	11.1963	*	*	Salários	*
Transportes coletivos	Piracicaba (SP)	01.11.1963	*	*	Salários	*
Metalúrgicos	Santos (SP)	02.11.1963	*	1	13° salário	*
Operadores cinematográficos	São Paulo (SP)	04.11.1963	*	1	Salários (100%)	Vitória parcial
Indústrias de alimentos (u)	Campinas (SP)	04.11.1963	*	1	Salários	*
Cia. Têxtil América Fabril	GB	05.11.1963	*	*	Solidariedade às fiandeiras da fábrica, que pedem abono (30%)	*

Greve	Local	Data Início	N° Pessoas	Duração (dias)	Reivin-dicações	Resultados
Servidores municipais	Caxias (RJ)	05.11.1963	1.600	14	Salários (atrasados de 4 meses); salário--família (Cr$ 4.000)	Vitória
Servidores municipais	Sandovalina (SP)	06.11.1963	*	1	Salários	*
Jornalistas e gráficos	Curitiba (PR)	06.11.1963	*	*	Salários	*
Vidraria Santa Rita	Bauru (SP)	07.11.1963	100	1	Abono salarial (15%)	*
Gráficos e jornalistas	Curitiba (PR)	07.11.1963	*	3	Salários	Vitória. Salários (75%)
Servidores municipais	Suzano (SP)	08.11.1963	*	*	Salários (atrasados)	*
E. F. Leste Brasileiro	SE	08.11.1963	*	6	Salários (atrasados)	Vitória
Transportes coletivos	Campinas (SP)	10.11.1963	*	1	Salários	Vitória (*ne*)
Administração Central da Petrobras; refinarias Gabriel Passos (MG) e Pascoaline (RS); conjunto Petroquímico Presidente Vargas; frota nacional de petroleiros; oleoduto Rio –BH e terminal Almirante Tamandaré (GB)	RJ, GB, MG e RS	12.11.1963	*	1	Solidariedade aos grevistas de Capuava; em prol da encampação da Refinaria Capuava	*
Servidores municipais	São Paulo (SP)	13.11.1963	25.000	5	Salários (70%); salário--família de Cr$ 4.000,00; 13° salário pago até 20.12	Vitória parcial. Salários (60%); e elevação de salário família (Cr$ 2.500 para Cr$ 4.000)

Greve	Local	Data Início	N° Pessoas	Duração (dias)	Reivin-dicações	Resultados
Hospital e Casa Infantil do Morumbi	São Paulo (SP)	13.11.1963	*	5	Protesto contra aumento da jornada de trabalho de 6 para 8 horas diárias	*
E. F. Sorocabana	SP	13.11.1963	22.000	18	Salários (pgto. de diferenças, atrasados decorrentes da reestruturação das carreiras a partir de maio)	Derrota
Linotipistas do Diário Oficial da União	GB	13.11.1963	*	1	Salários (enquadramento categoria em novo nível salarial)	Vitória
Instituto Vital Brasil	Niterói (RJ)	13.11.1963	*	*	Salários	*
Comerciários	Santos (SP)	13.11.1963	*	6	Salários (aumento e revisão semestral)	*
Lóide Brasileiro	GB	14.11.1963	2.000	10	Salários (pgto. de adicionais insalubridade relativos a 1959)	Vitória
Indústrias petroquímicas	Cubatão (SP)	14.11.1963	500	1	Salários (50%); salário-família (Cr$ 4.000,00); férias de 30 dias; garantia de pleno emprego; participação nos lucros; assistência social aos trabalhadores; e auxílio-doença	*
Mineiros	São Jerônimo (RS)	16.11.1963	2.500	*	Salários	*
Indústria petroquímica (u)	Cubatão (SP)	18.11.1963	*	7	Salários	*

Greve	Local	Data Início	N° Pessoas	Duração (dias)	Reivin-dicações	Resultados
Rádio Nacional de Brasília e TV Nacional de Brasília	Brasília (DF)	19.11.1963	200	6 horas	Salários (atrasados)	Vitória
Servidores da Novacap	DF, Belo Horizonte (MG), GB e Goiânia (GO)	20.11.1963	10.000	1	13° salário referente a 1962 e 1963	Vitória
Servidores municipais	Bauru (SP)	20.11.1963	*	1	Salários	*
E. F. Santos-Jundiaí	SP	21.11.1963	8.000	2	Solidariedade aos grevistas da Sorocabana	Greve de solidarie-dade
Radialistas, trabalhadores em emisso-ras de TV e músicos profissionais	GB	22.11.1963	*	6	Radialistas e trabalhadores em emissoras: salários (50%), abono salarial (35%), atua-lização do salário-mínimo profissional; estabilidade a delegados sin-dicais; músicos: salários (90%)	Vitória parcial
Servidores municipais	Limeira (SP)	23.11.1963	*	1	Salários	Vitória parcial
Transportes coletivos	Santo André (SP)	23.11.1963	*	1	Salários	*
Aços Especiais de Itabira (Acesita)	Itabira (MG)	25.11.1963	6.000	*	Salários (aumento de Cr$ 20.000 para todos os trabalhadores)	*
Funcionários e coveiros da Santa Casa de Misericórdia	GB	27.11.1963	3.000	1	Salários (atrasados)	Vitória
Servidores estaduais	SC	29.11.1963	*	*	Salários	*
Professores de escolas privadas	GB	29.11.1963	*	4	Salários (100%)	Vitória
Escreventes de justiça	RJ	29.11.1963	*	13	Salários	Vitória parcial

Greve	Local	Data Início	N° Pessoas	Duração (dias)	Reivin-dicações	Resultados
Empregados em cinema	Niterói e San Gonçalo (RJ)	29.11.1963	*	*	Salários	*
Profissionais de turfe (Jockey Clube)	São Paulo (SP)	12.1963	*	*	Salários (100%)	*
Servidores municipais	Bauru (SP)	03.12.1963	*	6	Salários	Vitória parcial. Abono (Cr$ 10.000,00)
Transportes coletivos	Porto Alegre (RS)	04.12.1963	*	1	Salários	Greve de advertência
Servidores municipais	Santos (SP)	06.12.1963	*	*	Salários (90%)	*
Metalúrgicos	Petrópolis (RJ)	07.12.1963	*	2	Salários (120%)	Vitória parcial. Salários (100%)
Serviço de Assistência Médica Domiciliar e de Urgência (Samdu)	RJ e GB	09.12.1963	900 (m)	1	Salários (revisão enquadramento); taxa insalubridade; férias de 30 dias; licença-prêmio	Greve de advertência
Transportes coletivos	Porto Alegre (RS)	09.12.1963	*	1	Salários	Suspensão estratégica
Portuários	São Francisco do Sul (SC)	10.12.1964	*	*	*	*
Construção civil	Volta Redonda (RJ)	11.12.1963	5.000	3	Salários (cumprimento do acordo salarial de outubro de 1963)	Vitória
Bancários	Recife (PE)	11.12.1963	*	8	Salários	Vitória parcial
Arrumadores portuários	São Francisco do Sul (SC)	14.12.1963	*	*	Salários	*
Telegrafistas, radiotelegrafistas e radiotelefônicos	Nacional	17.12.1963	*	1	Salários (30%); 13° salário e do abono de Natal	Vitória
Estivadores, portuários e marítimos	Recife (PE)	17.12.1963	*	1	Solidariedade aos bancários e aos telegráficos da cidade	Greve de solidariedade

Greve	Local	Data Início	N° Pessoas	Duração (dias)	Reivindicações	Resultados
Servidores municipais	Limeira (SP)	17.12.1963	*	1	13° salário	Vitória parcial
Servidores municipais	Garça (SP)	18.12.1963	*	*	13° salário (ref. 1962 e 1963); salários (atrasados)	*
Metalúrgicos	Santo Amaro (BA)	19.12.1963	600	*	Salários	*
Servidores municipais	Campinas (SP)	19.12.1963	*	*	Abono de Natal	*
Panair do Brasil	Nacional	20.12.1963	*	1	13° salário	Vitória
Portuários	RS	24.12.1963	*	7	13° salário	Vitória
Servidores municipais e portuários	São Luís (MA)	24.12.1963	*	4	Salários; e reclassificação dos cargos	*
Construção civil	Mataripe (BA)	26.12.1963	400	*	Recontratação de 30 operários demitidos	*
Servidores municipais	Santa Cruz do Pardo (SP)	28.12.1963	*	*	Salários (atrasados); Abono de Natal	*
Servidores do Departamento de Correios e Telégrafos (DCT)	Belém (PA)	29.12.1963	*	*	Salários (descumprimento de decisões judiciais sobre pagamento de triênios, insalubridade e dobradinhas aos servidores)	*
Construção civil	São Paulo (SP)	30.12.1963	*	*	13° salário	*
Departamento de Águas, Esgotos e Telefones	Ribeirão Preto (SP)	31.12.1963	*	*	Abono de Natal	*
Indústria do Sal	*	01.1964	*	*	*	*
Portuários, marítimos e estivadores	Recife (PE)	01.1964	*	4	13° salário	Vitória
Portuários	Ilhéus (RJ)	01.1964	*	*	*	*
Bancários	DF	01.1964	*	*	Salários	*

Greve	Local	Data Início	N° Pessoas	Duração (dias)	Reivindicações	Resultados
Indústria de Vinhos Mônaco	São Paulo (SP)	02.01.1964	4	*	13° salário	Vitória
Marítimos de companhias autárquicas	Nacional	03.01.1964	40.000	7	13° salário; salários	Vitória
Radialistas	Curitiba (PR)	04.01.1964	*	*	Salários (80%)	*
Securitários	Belo Horizonte (MG)	05.01.1964	*	*	Salários (110%)	*
Empresas particulares de ônibus urbanos	GB	06.01.1964	*	*	Salários (95%)	*
Fábrica de tecidos Carioba	Americana (SP)	06.01.1964	1.600	30	13° salário; salários (atrasados)	Vitória
Navio "Princesa Leopoldina"	Salvador (BA)	07.01.1964	*	*	Salários (equiparação Refinaria Capuava)	*
Radional	GB	07.01.1964	900	2 horas	Greve de advertência: Salários (atrasados ref. dezembro)	Greve de advertência
Empresas distribuidoras de combustíveis	BA, PE, CE e AL	08.01.1964	*	11	Salários (80%), férias de 30 dias (com pgto. em dobro); salário-família (Cr$ 4.000, incluindo criança e mulher); jornada de 40 horas; e extinção dos "empreiteiros"	*
Securitários	GB, MG, SP e PE	08.01.1964	15.000	2	Salários (100% agora, + 45% em junho); salário profissional; férias de 30 dias; trienais	Vitória parcial

Greve	Local	Data Início	N° Pessoas	Duração (dias)	Reivin- dicações	Resultados
Samdu	GB e RJ	09.01.1964	1.500	1	Instalação de unidades de reidratação e toxicose em todo o país; nível univer- sitário para ingresso no Samdu; taxa risco de vida; enquadra- mento desde 1960; adicio- nal noturno e insalubridade	Vitória (ne)
Ensacadores de café	Santos (SP), Paranaguá (PR) e GB	09.01.1964	9.000	*	*	Salários (80%), taxa insalubri- dade, férias em dobro, salário- -família
Distribuição de petróleo	Fortaleza (CE)	11.01.1964	*	*	Salários (100%)	*
Securitários	PR	13.01.1964	*	*	Salários; trienais; salário profissional	*
Trabalhado- res do Grupo Light (gás e telefonia)	GB	13.01.1964	28.000	5	Salários (100%); salário-família (Cr$ 4.000,00); férias em dobro; adicional por quinquênio de serviço	Vitória par- cial. Salários (60% em janeiro; e 40% em abril).
Arrumadores portuários	Fortaleza (CE)	13.01.1964	*	*	Solidariedade aos operários de firmas de distribuição de petróleo	Greve de solidarie- dade
Securitários	Fortaleza (CE)	13.01.1964	2.000	*	Salários (100%)	*
Carris Urbanos	GB	15.01.1964	*	*	Solidariedade aos trabalhado- res do Grupo Light	Greve de solidarie- dade

Greve	Local	Data Início	N° Pessoas	Duração (dias)	Reivindicações	Resultados
Rede Viação Paraná - Santa Catarina	PR e SC	15.01.1964	12.000	*	Abono de Natal; salários (pgto. diferenças a partir da vigência de nova tabela, julho 1963); e direito do ferroviário contribuinte ser atendido em qualquer hospital	*
Carregadores e ensacadores de sal	GB	15.01.1964	*	17	13° salário; salário-família; gratificação de Natal; garantia de 25 dias de trabalho por mês; e salários (20% de bonificação)	Vitória parcial. Salários (65%), taxa poeira (10%); salário profissional(Cr$ 1.228,00 acima do salário mínimo)
Previdenciários	Guanabara, Belo Horizonte (MG) e Porto Alegre (RS)	16.01.1964	*	*	Direito ao 13° salário	*
Servidores federais e portuários	Nacional	16.01.1964	*	1	Direito ao 13° salário	Greve de advertência
Ipase (construção civil)	Brasília (DF)	20.01.1964	559	8	Salários (enquadramento como funcionários autárquicos da União)	Vitória
Trabalhadores em empresas distribuidoras de combustíveis	SC	20.01.1964	*	*	Salários (50%)	*

Greve	Local	Data Início	N° Pessoas	Duração (dias)	Reivin-dicações	Resultados
Construção civil	Brasília (DF)	21.01.1964	2.000	*	Salário mínimo especial para a categoria; desconto de 50% para os trabalhadores nas passagens dos ônibus coletivos municipais	*
Emissoras de rádio e de televisão	Recife (PE)	23.01.1964	*	*	Salários	*
Indústria do fumo	*	27.01.1964	*	*	Salários	*
Petrobras (campo de Catu)	Catu (BA)	02.1964	*	*	Salários (equiparação ao regime de trabalho da Refinaria de Mataripe)	Suspensão estratégica
Distribuição de gás	Belo Horizonte (MG)	01.02.1964	800	7	Salários (120%); salário-família (Cr$ 4.000,00) e salário profissional (igual a dos funcionários da Petrobras)	Vitória parcial. Salários (96%).
Portuários	João Pessoa (PB)	03.02.1964	*	*	Salários	*
Funcionários da Fundação Osório, Abrigo Cristo Redentor e Fundação Getúlio Vargas (FGV)	GB	05.02.1964	2.000	*	Salários (80%)	*
Funcionários da Delegacia do Imposto de Renda	Brasília (DF)	06.02.1964	*	*	Protesto contra a invasão em apartamento de uma funcionária da delegacia	Greve de protesto

Greve	Local	Data Início	N° Pessoas	Duração (dias)	Reivin-dicações	Resultados
Greve geral	Natal (RN)	06.02.1964	*	*	Salários (decretação aumento do salário-mínimo); encampação da Cia. de Força e Luz do RN	Greve de advertência
Portuários	GB	06.02.1964	*	1	Demissão dos 73 novos funcionários da administração portuária	Greve de advertência
Servidores do Instituto Brasileiro do Café (IBC)	Santos (SP)	06.02.1964	*	1	Salários	Vitória (*ne*)
Servidores do Departamento de Correios e Telégrafos (DCT)	Brasília (DF)	07.02.1964	*	1	Salários (cumprimento de acordo salarial pelo governo)	Greve de advertência
Motoristas de lotação	GB	18.02.1964	*	1	Salários (descumprimento de acordo salarial)	Derrota
Servidores do Seso e do Senai	Nacional	22.02.1964	10.000	8	Salários (100%); salário-família (Cr$ 4.000,00); férias de 30 dias; 10% sobre os triênios; 13° salário	Vitória parcial. Salários (50%).
Usiminasa	Ipatinga (MG)	22.02.1964	8.000	6	Salários (Cr$ 40.000,00); mais aumentos de 39% dentro de 3 meses, e de 30% em julho	Vitória parcial. Salários (Cr$ 22.500,00); nova revisão salarial será feira em março

Greve	Local	Data Início	N° Pessoas	Duração (dias)	Reivin-dicações	Resultados
Instituto de Aposentadorias e Pensões dos Industriários (Iapi)	PE	24.02.1964	*	*	Contra a nomeação de Nicanor Leite para o cargo de delegado regional do Iapi de Pernambuco	*
Taxistas	São José dos Campos (SP)	24.02.1964	*	*	Aumento de tarifas	*
Portuários e marítimos	Santos (SP)	24.02.1964	*	1	Contra a prisão de um fiscal aduaneiro e de um vigilante da Cia. Docas de Santos; exigência de federalização da Polícia Marítima	*
Arrumadores portuários	Santos (SP)	25.02.1964	*	*	Salários (regulamentação da categoria, fixação dos níveis salariais e equiparação com os marítimos)	*
Pesqueiros de empresas particulares	Santos (SP)	25.02.1964	*	1	13° salário	Vitória
Operários navais	GB	27.02.1964	20.000	1	Pgto. de taxas de insalubridade	Vitória
Greve geral	PE	03.1964	*	2 (m)	Solidariedade à greve dos trabalhadores em usinas de açúcar e protesto contra a ameaça de lockout das classes empresariais de PE	Greve de solidariedade
Indústria do fumo	GB	01.03.1964	*	*	Salários (abono salarial, 45%); férias de 30 dias; gratificação por participação nos lucros	*

Greve	Local	Data Início	N° Pessoas	Duração (dias)	Reivin- dicações	Resultados
Metalúrgicos	Interior de SP	02.03.1964	110.000	3	Salários (120%); férias em dobro e de 30 dias; adicional quinquênio de serviço (5%); revisão salarial após quatro meses	Vitória parcial. Salários (90%), revisão salarial após 6 meses (conforme aumento custo de vida, a ser apurado por comissão paritária de empregados e empregadores metalúrgicos)
Cosipa (metalúrgicos)	Cubatão (SP)	02.03.1964	18.000	7	Salários (120%); férias em dobro e de 30 dias; adicional quinquênio de serviço (5%); revisão salarial após quatro meses	Vitória parcial
Greve geral	Recife (PE)	02.03.1964	90.000 (m)	1	Contra a posse de Nicanor Leite como delegado regional do Iapi (PE) e solidariedade à greve dos trabalhadores em usina de açúcar	Greve de solidariedade
Comerciários	Niterói (RJ)	02.03.1964	*	*	Salários (125%)	*
Indústria de fumo	Belo Horizonte (MG)	03.03.1964	1.200	*	Salários (60%); e encampação dos "trustes estrangeiros"	*

Greve	Local	Data Início	N° Pessoas	Duração (dias)	Reivin-dicações	Resultados
Portuários	RS	05.03.1964	*	1	Salários (não pgto. de abono de 70%); protesto contra demora da federalização dos portos do RS	Greve de advertência
Servidores municipais	Goiânia (GO)	09.03.1964	*	*	Salários (atra-sados); e 13° salário	*
Transportes coletivos	GB	10.03.1964	*	1	Salários (des-cumprimento do acordo salarial pelas empresas)	Vitória
Radialistas	Brasília (DF)	13.03.1964	*	*	Salários (salário mínimo profissional)	*
Operários do Depar-tamento de Estradas e Rodagem (Deer)	SC	13.03.1964	*	*	Salários (50% e atrasados)	*
Práticos, arrais e mestres de cabotagem	RJ e SP	15.03.1964	*	1	Escalonamento do tráfego nos portos; hierarquia fun-cional salarial; ingresso na Escola de Mari-nha Mercante; atrasados de taxa de insalubridade desde 1959; 13° salário; quinquênios atrasados	Vitória parcial
Transportes coletivos	Brasília (DF)	17.03.1964	*	*	Salários	*
Construção civil	Brasília (DF)	17.03.1964	6.000	*	Salários	*
Enfermeiros do Lóide Brasileiro	GB	17.03.1964	*	*	Pgto. de taxa de insalubridade	*

Greve	Local	Data Início	N° Pessoas	Duração (dias)	Reivin- dicações	Resultados
Telegráficos, radiotelegrafistas e radiotelefô- nicos	Nacional	18.03.1964	*	5	Contra demissão dos funcionários da empresa All American; encampação da empresa	Vitória parcial
Servidores municipais	São Gonçalo (RJ)	19.03.1964	6.000	*	Salários (atua- lização com base do salário mínimo)	*

Fontes: *Folha de S.Paulo* apud Weffort, 1972, Apêndice, s.p.; *Novos Rumos, O Estado de S. Paulo* e *Última Hora* (RJ), jan.1960 - mar. 1964

*As abreviaturas utilizadas na tabela correspondem aos seguintes termos: parcial (*p*), mínimo (*m*), unitária (*u*) e não especificada (*ne*). Quando apresentada apenas a sigla de uma unidade da federação, segue-se que a greve é de nível estadual. Greves no antigo estado da Guanabara (GB), atual cidade do Rio de Janeiro, foram classificadas como municipais. Na coluna de reivindicações, o termo "salários" refere-se à demanda por reajuste salarial. Quando se teve acesso à informação, colocou-se, entre parênteses, o percentual de reajuste demandado pelos trabalhadores. Para mais informações sobre a metodologia empregada, ver Anexo B.

Anexo B
Metodologia de análise das
greves de trabalhadores
urbanos

As greves de trabalhadores urbanos no Brasil do período 1961-1964 foram separadas em três categorias distintas, correspondentes à sua localização, abrangência setorial e categoria econômica. No que se refere à localização, dividiram-se as paralisações em cinco grupos: municipal, intermunicipal, estadual, interestadual e nacional. Entende-se por greve municipal aquela que se dá dentro de um município; intermunicipal, em dois ou mais municípios (sejam ou não no mesmo estado); estadual, em um estado da federação; interestadual, em dois ou mais estados; e nacional, a que envolve mais de cinco estados do país, incluindo, necessariamente, o estado de São Paulo, o mais populoso. Vale lembrar que greves circunscritas ao estado da Guanabara (atual cidade do Rio de Janeiro) foram classificadas como municipais.

No que diz respeito a abrangência setorial, as greves foram classificadas em quatro categorias: unitária, setorial, intersetorial e geral. Greve unitária é aquela que ocorre em apenas uma empresa ou firma de um determinado setor (uma paralisação em uma fábrica têxtil, por exemplo); setorial é aquela que abrange a maior parte ou a totalidade de um setor econômico (o setor têxtil inteiro); intersetorial é aquela que envolve dois ou mais setores (têxtil e metalúrgico); e geral é aquela que corresponde a maioria dos setores de uma dada localidade.

Por fim, do ponto de vista da categoria econômica, as greves foram divididas em três grupos: indústria de transformação, serviços essenciais e serviços secundários. Incluem-se em serviços essenciais todos os serviços que são de importância fundamental para o andamento ordinário das atividades econômicas, particularmente bancos, comércio, infraestrutura elétrica, transportes e comunicações. Serviços secundários, por sua vez, compõem profissões que, apesar de importantes para a sociedade, não interferem direta e imediatamente na produção e na distribuição de mercadorias, tais como médicos, professores e funcionários de repartições públicas.

Os dois primeiros conjuntos de variáveis (localização e abrangência setorial) funcionam como uma *proxy* do número de trabalhadores envolvidos nas greves. Assume-se uma escala que vai de um mínimo (municipal-unitária) a um máximo (nacional-geral) no que se refere ao tamanho das paralisações. É evidente que essa metodologia possui problemas. Uma greve na cidade de São Paulo, a mais populosa do país, tende a envolver mais gente do que uma paralisação no Rio Grande do Norte, um dos estados menos populosos da federação. Porém, de acordo com a nossa metodologia, esta greve seria categorizada como estadual e aquela como municipal, o que abre chances para conclusões equivocadas. O mesmo problema ocorre com as categorias de abrangência setorial. Uma greve em uma fábrica com milhares de trabalhadores pode reunir mais pessoas do que uma paralisação em um setor econômico de pequena importância.

Apesar das limitações, decidiu-se utilizar essa metodologia por dois motivos: primeiro, não há alternativa viável. Caso se tivesse decidido por descartá-la, a solução seria empregar apenas o número de greves para fins de análise, o que seria ainda mais inexato. E, em segundo lugar, o cálculo da população média das localidades que foram palco de greves no período 1961-1964 mostra que, em termos gerais, há fundamento na hipótese que baseia a nossa metodologia, isto é, paralisações municipais tenderam a ocorrer em regiões cujas densidades demográficas eram menores do que aquelas das paralisações estaduais, e assim sucessivamente – com exceção das greves intermunicipais (Tabela B1). Por falta de dados não foi possível fazer cálculo semelhante para as variáveis de abrangência setorial. Mesmo assim, a tendência é a de que as conclusões se repetissem. Por mais que algumas greves unitárias pudessem ter envolvido mais trabalhadores do que determinadas greves setoriais, na média, é razoável supor que o contrário tenha predominado.

No que se refere aos critérios empregados para analisar os resultados das paralisações, utilizaram-se três conceitos: vitória, vitória parcial e derrota. Greves vitoriosa, parcialmente vitoriosa e derrotada são aquelas que obtiveram sucesso total, parcial e nenhum, respectivamente, em suas reivindicações mais importantes. Por exemplo, uma paralisação cuja demanda é a concessão de 100% de reajuste salarial é vitoriosa se ela consegue os 100% de aumento para os trabalhadores; parcialmente vitoriosa, se ela obtém qualquer nível de reajuste inferior a esse percentual; e derrotada se os trabalhadores não recebem reajuste algum como decorrência da

Tabela B1 – População média das regiões de greve, Brasil, jan.1960 a mar. 1964*

Trimestres	Municipal	Intermunicipal	Estadual	Interestadual
I.1960	1.649.296 (9)	362.791 (4)	9.035.552 (3)	13.422.208 (2)
II.1960	1.257.591 (27)	501.297 (2)	1.2974.699 (1)	17.697.436 (1)
III.1960	1.935.828 (18)	544.8823 (0)	5.764.090 (5)	17.103.104 (2)
IV.1960	1.515.158 (41)	493.221 (1)	6.862.764 (2)	13.140.340 (2)
I.1961	1.599.465 (26)	3.800.384 (1)	7.747.583 (8)	14.588.038 (2)
II.1961	1.914.363 (12)	243.918 (2)	12.974.699 (1)	n.a. (0)
III.1961	1.458.298 (27)	198.578 (3)	12.974.699 (2)	488.7426 (1)
IV.1961	756.418 (35)	3.068.110 (8)	5.690.943 (3)	n.a. (0)
I.1962	522.530 (20)	1.438.476 (4)	8.928.100 (5)	14.876.016 (3)
II.1962	1.041.392 (26)	1.167.881 (5)	12.974.699 (2)	21.056.037 (2)
III.1962	571.530 (41)	n.a. (0)	5.886.822 (4)	n.a. (0)
IV.1962	828.378 (47)	3.249.357 (6)	4.542.611 (8)	16.423.604 (1)
I.1963	1.336.986 (48)	1.993.038 (3)	9.361.806 (4)	17.331.993 (2)
II.1963	880.452 (40)	400.713 (3)	5.576.712 (9)	11.340.257 (2)
III.1963	112.3483 (53)	349.918 (2)	9.042.532 (12)	17.697.436 (1)
IV.1963	1.041.221 (83)	2.800.233 (2)	8.991.431 (14)	22.192.539 (2)
I.1964	1.127.496 (49)	5.417.802 (3)	4.121.654 (8)	15.298.062 (4)

Fontes: Censo Demográfico do Brasil, 1960, várias páginas e Anexo A.

*Os números em parênteses indicam o número de greves que ocorreu em cada uma das categorias de localização.

greve. Por mais que se reconheça que, muitas vezes, trabalhadores tendem a pedir mais para obter menos (no exemplo acima, demandar 100% de reajuste salarial para ganhar apenas 80%), é muito difícil delimitar o limite visto como aceitável pelos empregados. Por isso, decidiu-se utilizar um conceito mais rígido de greves vitoriosas e de parcialmente vitoriosas, apesar dos problemas intrínsecos a essa divisão. Nos casos em que não foi possível discernir quais teriam sido as reivindicações mais importantes, ou os resultados das greves, utilizou-se o termo "não especificado" (ne). Vale lembrar que dois tipos de paralisação não foram classificados dentro desses parâmetros: greves de solidariedade e greves de advertência. A primeira é a paralisação que ocorre em solidariedade a outra categoria de trabalhadores – na maioria dos casos, categoria esta que já se encontra em greve. A segunda é a paralisação que se dá com prazo para terminar (normalmente 24 horas), visando dar uma "advertência" seja a patrões, seja ao governo para que uma determinada reivindicação seja atendida. Considera-se que em ambos os casos seria subjetivo demais falar em "vitória" ou em "derrota". Preferiu-se, assim, deixá-las sem classificação. Por fim, utilizou-se o conceito de "suspensão estratégica" nos casos em que trabalhadores decidem voltar ao trabalho apenas durante um determinado período, sob a condição de que suas reivindicações fossem atendidas em um futuro breve.

Outras notações utilizadas na lista de greves incluem os termos "unitária" (u) e "mínimo" (m). O primeiro conceito é apresentado quando não se conhece o nome da empresa ou da firma cujos trabalhadores entraram em greve. O segundo, por sua vez, é empregado quando se sabe apenas o número mínimo de dias parados ou de trabalhadores envolvidos na paralisação.

APÊNDICE ESTATÍSTICO

Tabela A1 – Indicadores macroeconômicos, Brasil, 1945-1965 (taxas de crescimento anuais, em %, a menos que especificado de outra forma)

Período	PIB real	Agricultura	Indústria	Serviços	FBCF (% PIB)	Deflator implícito do PIB	Salário mínimo real
1946	11,6	8,4	18,5	10,2	-	14,6	-14,6
1947	2,4	0,7	3,3	7,2	14,9	9,0	-18,4
1948	9,7	6,9	12,3	6,9	12,7	5,9	-3,2
1949	7,7	4,5	11,0	7,3	13,0	8,1	-3,3
1950	6,8	1,5	12,7	7,9	12,8	9,2	9,4
1951	4,9	0,7	5,3	6,0	15,4	18,4	12,8
1952	7,3	9,1	5,6	5,9	14,8	9,3	-63,0
1953	4,7	0,2	9,3	1,9	15,1	13,8	14,4
1954	7,8	7,9	9,3	9,8	15,8	27,1	-17,2
1955	8,8	7,7	11,1	9,2	13,5	11,8	-9,5
1956	2,9	-2,4	5,5	0,0	14,5	22,6	-1,3
1957	7,7	9,3	5,4	10,5	15,0	12,7	-9,6
1958	10,8	2,0	16,8	10,6	17,0	12,4	14,5
1959	9,8	5,3	12,9	10,7	18,0	35,9	-12,7
1960	9,4	4,9	10,6	9,1	15,7	25,4	19,4
1961	8,6	7,6	11,1	8,1	13,1	34,7	-14,7
1962	6,6	5,5	8,1	5,8	15,5	50,1	7,2
1963	0,6	1,0	-0,2	-0,1	17,0	78,4	7,0
1964	3,4	1,3	5,0	1,4	15,0	89,9	7,6
1965	2,4	12,1	-4,7	2,3	14,7	58,2	2,3

Fonte: Abreu, 1990, p.398, 402, 403, 407.

Notas: * Formação Bruta de Capital Fixo como porcentagem do Produto Interno Bruto.

Tabela A2 – Balanço de pagamentos, Brasil, 1955-1965 (US$ milhões)

	1955	1956	1957	1958	1959	1960	1961	1962	1963	1964	1965
A. Balança comercial	**320**	**437**	**107**	**65**	**72**	**-23**	**113**	**-89**	**112**	**344**	**655**
Exportações (FOB)	1.419	1.483	1.392	1.244	1.282	1.270	1.405	1.215	1.406	1.430	1.596
Importações (FOB)	1.099	1.046	1.285	1.179	1.210	1.293	1.292	1.304	1.294	1.086	941
B. Serviços	**-308**	**-369**	**-358**	**-309**	**-373**	**-459**	**-350**	**-339**	**-269**	**-259**	**-362**
Transportes e seguros	-142	-127	-122	-108	-96	-85	-83	-84	-100	-73	-34
Rendas de capitais	-78	-91	-93	-89	-116	-155	-145	-136	-87	-131	-174
Juros	-35	-67	-67	-58	-91	-115	-114	-118	-87	-131	-156
Lucros e dividendos	-43	-24	-26	-31	-25	-40	-31	-18	0	0	-18
Outros serviços	-88	-151	-143	-112	-161	-219	-122	-119	-82	-55	-154
C. Mercadorias e serviços (A+B)	**12**	**68**	**-251**	**-244**	**-301**	**-482**	**-237**	**-428**	**-157**	**85**	**293**
D. Transferências	**-10**	**-11**	**-13**	**-4**	**-10**	**4**	**15**	**39**	**43**	**55**	**75**
E. Transações correntes (C+D)	**2**	**57**	**-264**	**-248**	**-311**	**-478**	**-222**	**-389**	**-114**	**140**	**368**
F. Capitais	**3**	**151**	**255**	**184**	**182**	**58**	**288**	**181**	**-54**	**82**	**-6**
Investimento direto líquido	43	89	143	110	124	99	108	69	30	28	70
Empréstimos e financiamentos	84	231	319	373	439	348	579	325	250	221	363
Amortizações	-140	-187	-242	-324	-377	-417	-327	-310	-364	-277	-304
Outros	16	18	35	25	-4	28	-72	97	30	110	-135
G. Total (E+F)	**5**	**208**	**-9**	**-64**	**-129**	**-420**	**66**	**-208**	**-168**	**222**	**362**
H. Erros e omissões	**12**	**-14**	**-171**	**-189**	**-25**	**10**	**49**	**-138**	**-76**	**-218**	**-31**
I. Superávit (+) ou déficit (-)	**17**	**194**	**-180**	**-253**	**-154**	**-410**	**115**	**-346**	**-244**	**4**	**331**
J. Demonstrativo do resultado	**-17**	**-194**	**180**	**253**	**154**	**410**	**-115**	**346**	**244**	**-4**	**-331**
Haveres de curto prazo (aumento [-])	-69	-165	143	59	176	241	-309	3	-33	-171	-427
Ouro monetário (aumento [-])	-1	-1	0	-1	-1	40	2	60	76	58	28
Operações de regularização	61	-28	37	195	-21	61	260	120	187	52	250
FMI	0	-28	37	37	-21	48	40	-18	5	-28	20
Outros	61	0	0	158	0	13	220	138	182	80	230
Atrasados comerciais	-8	0	0	0	0	68	-68	163	14	57	-182

Fonte: IBGE, 1990, p.582-3.

Tabela A3 – Valor dos principais produtos da pauta de exportação, Brasil, 1955-1963 (FOB, em US$ milhões)

Produtos exportados	1955	1956	1957	1958	1959	1960	1961	1962	1963
Café	844	1030	845	688	733	713	710	643	748
Algodão	131	86	44	25	36	46	110	112	114
Minérios	35	43	86	69	73	83	92	95	94
Cacau e derivados	106	81	90	117	91	98	62	40	50
Açúcar	46	2	46	58	42	58	66	40	72
Outros	257	241	281	287	307	272	363	284	329
Total	1.419	1.483	1.392	1.244	1.282	1.270	1.403	1.214	1.407

Fonte: Sumoc, *Boletim*, anual, 1964, p.56-7.

Tabela A4 – Valor dos principais produtos da pauta de importação, Brasil, 1955-1963 (FOB, em US$ milhões)

Produtos importados	1955	1956	1957	1958	1959	1960	1961	1962	1963
Petróleo e derivados	203	188	200	219	199	203	200	196	194
Outras matérias-primas	76	94	75	54	63	76	70	67	73
Trigo	102	89	87	94	112	122	117	139	139
Outros alimentos e bebidas	85	71	75	43	48	47	51	66	72
Máquinas e veículos	332	283	485	483	472	492	489	473	408
Automóveis, caminhões e ônibus	40,1	47,5	95,5	112,6	101,4	80,4	23,5	23,3	16,4
Tratores e acessórios	20,3	14,9	36,1	37,7	18,2	52,8	36,6	22,5	17,3
Produtos químicos e farmacêuticos	105	124	122	114	102	122	127	140	151
Produtos químicos	89,1	109,3	104	99,3	92,2	111,4	117	129	140,5
Produtos farmacêuticos	15,9	14,7	18	14,7	9,8	10,6	10	11	10,5
Manufaturas	193	192	232	169	219	229	231	218	249
Manufaturas (bens intermediários)	163	163	201	140	196	201	198	183	212
Manufaturas (bens de consumo)	30	29	31	29	23	28	33	35	37
Outros	3	5	9	3	3	2	7	5	8
Total	1.099	1.046	1.285	1.179	1.218	1.293	1.292	1.304	1.294

Fonte: Sumoc, *Boletim*, anual, 1964, p.56-7, 78-84.

Tabela A5 – Indicadores de comércio exterior, Brasil, 1946-1965 (1930 = 100)

Período	Exportações		Importações		Relação de troca	Capacidade para importar
	Quantidade	Preços	Quantidade	Preços		
1946	159	194	147	172	102	161
1947	146	247	215	212	105	153
1948	144	256	177	238	97	139
1949	128	267	178	232	104	133
1950	106	399	194	209	172	182
1951	117	472	270	272	157	183
1952	95	469	250	293	144	136
1953	105	459	172	279	148	155
1954	89	546	232	262	188	167
1955	102	433	184	257	152	155
1956	110	423	181	249	153	167
1957	104	419	221	251	150	156
1958	98	395	207	245	145	143
1959	115	347	233	224	140	161
1960	112	353	231	242	132	148
1961	119	369	220	253	131	156
1962	110	345	222	253	123	135
1963	126	349	216	259	121	153
1964	108	413	187	250	149	160
1965	119	420	161	251	150	178

Fonte: IBGE, 1990, p.599.

Felipe Pereira Loureiro

Tabela A6 – Endividamento externo, Brasil, 1955-1965 (US$ milhões)

	1955	1956	1957	1958	1959	1960	1961	1962	1963	1964	1965
A. Empréstimos compensatórios	616	530	509	698	601	619	1.115	1.242	1.304	1.299	1.729
B. Financiamento de importações	674	920	824	1.186	1.497	1.633	1.618	1.671	1.703	1.784	2126 (**)
Créditos oficiais	525	523	498	700	729	682	635	596	587	740	924
Créditos de fornecedores	149	397	326	486	768	951	983	1.075	1.116	1.044	1.011
C. Dívida velha	155	130	184	160	136	120	102	92	82	77	72
D. Subtotal (A + B + C)	1.445	1.580	1.517	2.044	2.234	2.372	2.835	3.005	3.089	3.160	3.927
E. Dívida de curto prazo (*)	0	1.114	1.141	1.025	1.158	1.535	938	1.020	897	714	831
Total	1.445	2.694	2.658	3.069	3.392	3.907	3.773	4.025	3.986	3.874	4.758

Fonte: IBGE, 1990, p.589.

Notas: *Inclui atrasados comerciais, operações *swap*, acordos bilaterais expirados e montantes desembolsados de créditos permanentes.

**A soma dos valores referentes a "créditos oficiais" e a "créditos de fornecedores" resulta em US$ 1.935 milhões, mas o valor de "financiamento de importações" que aparece nas Estatísticas em 1965 é de US$ 2.126 milhões.

Tabela A7 – Índices de empréstimos do sistema bancário, Brasil 1952-1965 (em proporção ao PIB, 1952 = 100)

Período	Empréstimos totais / PIB	Empréstimos ao setor privado (comércio)	Empréstimos ao setor privado (indústria)	Empréstimos ao setor privado (agricultura)
1952	100	100	100	100
1953	110	105	112	112
1954	103	88	124	122
1955	93	85	116	128
1956	93	80	109	124
1957	93	81	122	142
1958	97	72	104	140
1959	86	60	86	130
1960	90	60	81	126
1961	97	51	70	122
1962	97	45	67	132
1963	90	38	60	134
1964	83	31	52	137
1965	72	35	65	157

Fonte: *Conjuntura Econômica* e Sumoc, *Boletins*, *apud* Sochaczewsky, 1991, p.55, 70.

Tabela A8 – Contribuição do controle cambial para o financiamento do setor público, Brasil, 1953-1964 (Cr$ bilhões correntes)

	1953	1954	1955	1956	1957	1958	1959	1960	1961	1962	1963	1964
Reservas em divisas	-0,9	4,1	-0,3	-1,9	1,9	4,0	0,5	3,0	-0,5	4,2	1,5	8,6
Depósitos compulsórios	-3,0	-2,6	-0,1	-1,0	0,3	0,7	0,4	0,4	31,3	138,6	-9,5	272,5
Letras do Banco do Brasil	-	-	-	-	-	-	-	12,6	55,2	-66,0	-	-
FMI	0,5	-	-	-0,5	0,7	0,7	-0,4	0,3	0,7	-0,3	0,1	-0,5
BID/AID	-	-	-	-	-	-	-	-	0,4	0,2	6,3	1,8
Agências de Desenvolvimento Internacional	-	-	-	-	-	-	-	-	-	-	15,7	51,6
Obrigações relativas a empréstimos contraídos	5,6	-0,3	-0,8	-0,8	-0,8	-0,8	-0,8	-0,3	-1,8	-	-	-
Saldos de ágios e bonificações	2,4	11,9	2,3	16,8	4,8	10,2	-14,2	23,1	21,2	-	-	-
Saldo dos leilões de PLIs	-	-	-	-	-	-	-	-	4,6	9,5	114,7	180,4
Compra e venda de mercadorias	1,1	1,2	2,7	-1,2	-2,9	-0,4	-4,4	-5,6	-5,5	-25,3	-26,7	-77,4
Operações cambiais do Tesouro	6,1	-2,8	0,3	0,7	-1,4	-2,7	-9,6	-16,1	-109,0	-4,0	-91,3	-546,1
A. Total	11,8	11,5	4,2	12,2	2,5	11,7	-28,5	17,4	-3,4	56,8	10,9	-109,0
B. Receita Pública	37,1	46,5	55,7	74,1	85,5	117,8	157,8	219,4	317,4	497,8	930,3	1913,9
% da receita do câmbio na receita pública (A/B)	31,9	24,8	7,6	16,4	2,9	9,9	-18,1	7,9	-1,1	11,4	1,2	-5,7

Fonte: Sumoc, *Boletim*, vários números, 1961/1962/1963/1964, *apud* Mesquita, 1992, Apêndice, Tabela ii.1, s.p.

Tabela A9 – Índice de Preços ao Atacado – Disponibilidade Interna (IPA--DI), Brasil, janeiro de 1960 a dezembro de 1964 (março 1986 = 1.000.000)

Período	Índice	Var. Mensal	Período	Índice	Var. Mensal
01.1960	4,00	-	07.1962	9,66	4,9%
02.1960	4,17	4,2%	08.1962	9,83	1,7%
03.1960	4,23	1,5%	09.1962	10,07	2,4%
04.1960	4,28	1,1%	10.1962	10,37	3,0%
05.1960	4,29	0,1%	11.1962	11,17	7,7%
06.1960	4,32	0,7%	12.1962	11,75	5,2%
07.1960	4,39	1,8%	01.1963	12,91	9,9%
08.1960	4,61	4,9%	02.1963	13,80	6,9%
09.1960	4,78	3,8%	03.1963	14,65	6,2%
10.1960	5,03	5,2%	04.1963	14,72	0,5%
11.1960	5,16	2,5%	05.1963	15,40	4,6%
12.1960	5,27	2,2%	06.1963	16,36	6,2%
01.1961	5,38	2,2%	07.1963	16,80	2,7%
02.1961	5,37	-0,3%	08.1963	17,49	4,1%
03.1961	5,49	2,4%	09.1963	18,55	6,1%
04.1961	5,79	5,5%	10.1963	19,68	6,1%
05.1961	5,88	1,5%	11.1963	20,36	3,5%
06.1961	6,02	2,3%	12.1963	21,52	5,7%
07.1961	6,07	0,9%	01.1964	23,32	8,4%
08.1961	6,43	5,9%	02.1964	24,63	5,6%
09.1961	6,75	5,0%	03.1964	26,06	5,8%
10.1961	7,46	10,5%	04.1964	27,04	3,8%
11.1961	7,79	4,3%	05.1964	27,84	3,0%
12.1961	8,07	3,6%	06.1964	29,15	4,7%
01.1962	8,40	4,1%	07.1964	31,01	6,4%
01.1962	8,56	1,9%	08.1964	31,99	3,2%
03.1962	8,62	0,7%	09.1964	33,36	4,3%
04.1962	8,64	0,2%	10.1964	34,91	4,6%
05.1962	8,97	3,8%	11.1964	37,83	8,4%
06.1962	9,21	2,7%	12.1964	39,63	4,8%

Fonte: IBGE, *Estatísticas históricas*, p.245-6.

Tabela A10 – Execução orçamentária do governo federal, Brasil, janeiro de 1961 a dezembro de 1964 (Cr$ bilhões nominais e reais)

Período	Resultado mensal						Resultado acumulado					
	Nominal			Real			Nominal			Real		
	Receita	Despesa	Saldo	Receita	Despesa	Saldo	Receita	Despesa	Saldo	Receita	Despesa	Saldo
01.1961	11,8	21,2	-9,4	11,8	21,2	-9,4	11,8	21,2	-9,4	11,8	21,2	-9,4
02.1961	16,8	24,9	-8,1	16,9	25,0	-8,1	28,6	46,1	-17,5	28,7	46,3	-17,6
03.1961	18,7	22,8	-4,1	18,3	22,3	-4,0	47,3	68,9	-21,6	46,4	67,5	-21,2
04.1961	17,5	26,5	-9,0	16,3	24,6	-8,4	64,8	95,4	-30,6	60,2	88,7	-28,4
05.1961	23,1	28,8	-5,7	21,2	26,4	-5,2	87,9	124,2	-36,3	80,5	113,8	-33,3
06.1961	29,3	35,1	-5,8	26,2	31,4	-5,2	117,2	159,3	-42,1	104,9	142,6	-37,7
07.1961	32,8	38,6	-5,8	29,1	34,2	-5,1	150,0	197,9	-47,9	133,1	175,6	-42,5
08.1961	32,9	41,5	-8,6	27,5	34,7	-7,2	182,9	239,4	-56,5	153,1	200,5	-47,3
09.1961	33,9	30,7	3,2	27,0	24,5	2,6	216,8	270,1	-53,3	172,8	215,3	-42,5
10.1961	33,3	41,5	-8,2	24,0	29,9	-5,9	250,1	311,6	-61,5	180,4	224,8	-44,4
11.1961	25,5	30,3	-4,8	17,6	20,9	-3,3	275,6	341,9	-66,3	190,5	236,4	-45,8
12.1961	49,0	113,1	-64,1	32,7	75,5	-42,8	324,6	455,0	-130,4	216,6	303,6	-87,0
01.1962	19,4	28,7	-9,3	12,4	18,4	-6,0	19,4	28,7	-9,3	12,4	18,4	-6,0
02.1962	27,7	32,4	-4,7	17,4	20,4	-3,0	47,1	61,1	-14,0	29,6	38,4	-8,8
03.1962	24,9	32,2	-7,3	15,5	20,1	-4,6	72,0	93,3	-21,3	45,0	58,3	-13,3
04.1962	27,0	30,3	-3,3	16,8	18,9	-2,1	99,0	123,6	-24,6	61,7	77,0	-15,3

Período	Resultado mensal						Resultado acumulado					
	Nominal			Real			Nominal			Real		
	Receita	Despesa	Saldo	Receita	Despesa	Saldo	Receita	Despesa	Saldo	Receita	Despesa	Saldo
05.1962	28,6	51,4	-22,8	17,2	30,8	-13,7	127,6	175,0	-47,4	76,6	105,0	-28,4
06.1962	45,1	61,6	-16,5	26,4	36,0	-9,6	172,7	236,6	-63,9	100,9	138,3	-37,3
07.1962	37,3	60,2	-22,9	20,8	33,5	-12,8	210,0	296,8	-86,8	117,0	165,4	-48,4
08.1962	47,1	60,5	-13,4	25,8	33,1	-7,3	257,1	357,3	-100,2	140,8	195,7	-54,9
09.1962	41,8	58,2	-16,4	22,3	31,1	-8,8	298,9	415,5	-116,6	159,8	222,2	-62,3
10.1962	51,1	70,6	-19,5	26,5	36,7	-10,1	350,0	486,1	-136,1	181,7	252,4	-70,7
11.1962	32,8	73,8	-41,0	15,8	35,6	-19,8	382,8	559,9	-177,1	184,5	269,9	-85,4
12.1962	115,0	218,8	-103,8	52,7	100,3	-47,6	497,8	778,7	-280,9	228,1	356,8	-128,7
01.1963	22,7	61,6	-38,9	9,5	25,7	-16,2	22,7	61,6	-38,9	9,5	25,7	-16,2
02.1963	40,1	56,0	-15,9	15,6	21,8	-6,2	62,8	117,6	-54,8	24,5	45,9	-21,4
03.1963	72,5	66,2	6,3	26,6	24,3	2,3	135,3	183,8	-48,5	49,7	67,5	-17,8
04.1963	49,3	60,1	-10,8	18,0	22,0	-4,0	184,6	243,9	-59,3	67,5	89,2	-21,7
05.1963	67,1	92,6	-25,5	23,5	32,4	-8,9	251,7	336,5	-84,8	88,0	117,6	-29,6
06.1963	89,9	106,1	-16,2	29,6	34,9	-5,3	341,6	442,6	-101,0	112,4	145,7	-33,2
07.1963	70,1	103,9	-33,8	22,5	33,3	-10,8	411,7	546,5	-134,8	131,9	175,1	-43,2
08.1963	82,5	125,9	-43,4	25,4	38,8	-13,4	494,2	672,4	-178,2	152,1	207,0	-54,9
09.1963	41,2	86,9	-45,7	12,0	25,2	-13,3	535,4	759,3	-223,9	155,4	220,4	-65,0
10.1963	124,0	171,0	-47,0	33,9	46,8	-12,9	659,4	930,3	-270,9	180,4	254,5	-74,1

Período	Resultado mensal						Resultado acumulado					
	Nominal			Real			Nominal			Real		
	Receita	Despesa	Saldo	Receita	Despesa	Saldo	Receita	Despesa	Saldo	Receita	Despesa	Saldo
11.1963	95,0	152,7	-57,7	25,1	40,4	-15,3	754,4	1.083,0	-328,6	199,5.	286,4	-86,9
12.1963	180,5	331,8	-151,3	45,2	83,0	-37,9	934,9	1.414,8	-479,9	233,9	354,0	-120,1
01.1964	56,5	137,0	-80,5	13,0	31,6	-18,6	56,5	137,0	-80,5	13,0	31,6	-18,6
02.1964	88,3	140,5	-52,2	19,3	30,7	-11,4	144,8	277,5	-132,7	31,7	60,7	-29,0
03.1964	83,5	150,3	-66,8	17,3	31,1	-13,8	228,3	427,8	-199,5	47,2	88,4	-41,2
04.1964	96,0	128,9	-32,9	19,1	25,7	-6,6	324,3	556,7	-232,4	64,6	110,8	-46,3
05.1964	98,3	174,9	-76,6	19,0	33,8	-14,8	422,6	731,6	-309,0	81,7	141,5	-59,8
06.1964	171,9	233,7	-61,8	31,7	43,2	-11,4	594,5	965,3	-370,8	109,8	178,3	-68,5
07.1964	133,4	174,0	-40,6	23,2	30,2	-7,0	727,9	1.139,3	-411,4	126,4	197,8	-71,4
08.1964	145,8	261,1	-115,3	24,5	43,9	-19,4	873,7	1.400,4	-526,7	147,0	235,7	-88,6
09.1964	183,6	270,4	-86,8	29,6	43,6	-14,0	1.057,3	1.670,8	-613,5	170,6	269,7	-99,0
10.1964	242,4	267,4	-25,0	37,4	41,2	-3,9	1.299,7	1.938,2	-638,5	200,4	298,9	-98,5
11.1964	219,6	259,8	-40,2	31,3	37,0	-5,7	1.519,3	2.198,0	-678,7	216,2	312,8	-96,6
12.1964	394,6	415,6	-21,0	53,6	56,5	-2,9	1.913,9	2.613,6	-699,7	260,0	355,1	-95,1

Fonte: FGV, Conjuntura Econômica, fev. 1962, fev. 1963 e fev. 1965.

Tabela A11 – Meios de pagamento, Brasil, janeiro de 1960 a dezembro de 1964 (Cr$ bilhões nominais e reais)

	Nominal		Deflacionado (IPA-DI)	
Período	Papel-moeda emitido (saldo)	Total de meios de pagamento	Papel-moeda emitido (saldo)	Total de meios de pagamento
01.1960	154,6	503,5	154,6	503,5
02.1960	154,6	514,3	148,4	493,5
03.1960	154,6	519,5	146,2	491,4
04.1960	157,9	527,3	147,7	493,1
05.1960	160,7	535,7	150,1	500,4
06.1960	163,3	549,8	151,5	509,9
07.1960	165,4	556,7	150,7	507,1
08.1960	167,5	572,2	145,4	496,9
09.1960	177,0	602,0	148,1	503,7
10.1960	181,4	623,9	144,3	496,4
11.1960	189,4	648,1	147,0	503,1
12.1960	206,1	692,0	156,5	525,5
01.1961	201,6	708,9	149,9	526,9
02.1961	207,9	719,9	155,1	536,9
03.1961	214,9	745,8	156,6	543,3
04.1961	220,9	758,4	152,6	523,9
05.1961	224,9	761,1	153,1	518,3
06.1961	228,9	778,5	152,3	518,0
07.1961	230,9	799,6	152,2	527,3
08.1961	268,9	841,3	167,3	523,6
09.1961	288,9	861,2	171,2	510,3
10.1961	288,9	910,7	154,9	488,3
11.1961	288,9	950,3	148,4	488,3
12.1961	313,9	1.048,8	155,6	520,1
01.1962	305,0	1.051,4	145,3	500,8
02.1962	305,0	1.073,9	142,5	501,9
03.1962	310,0	1.082,4	143,9	502,3
04.1962	313,9	1.116,8	145,4	517,3
05.1962	323,9	1.144,6	144,5	510,6
06.1962	343,8	1.191,9	149,4	517,8
07.1962	368,8	1.242,6	152,7	514,6
08.1962	373,8	1.314,1	152,2	534,9

Período	Nominal		Deflacionado (IPA-DI)	
	Papel-moeda emitido (saldo)	Total de meios de pagamento	Papel-moeda emitido (saldo)	Total de meios de pagamento
09.1962	413,8	1.373,4	164,5	545,8
10.1962	413,8	1.457,4	159,7	562,5
11.1962	423,8	1.498,5	151,8	536,9
12.1962	508,8	1.702,3	173,3	579,8
01.1963	507,8	1.702,5	157,4	527,8
02.1963	508,8	1.708,6	147,5	495,5
03.1963	408,8	1.706,0	111,7	466,0
04.1963	508,8	1.709,4	138,3	464,8
05.1963	523,8	1.781,8	136,1	463,0
06.1963	548,8	1.885,5	134,2	461,2
07.1963	563,8	1.924,1	134,3	458,3
08.1963	593,8	2.038,8	135,9	466,5
09.1963	713,8	2.151,4	154,0	464,1
10.1963	738,8	2.258,9	150,2	459,4
11.1963	738,8	2.421,2	145,2	475,9
12.1963	888,8	2.792,2	165,3	519,3
01.1964	888,8	2.776,6	152,5	476,5
02.1964	888,8	2.866,2	144,4	465,7

Fonte: Sumoc, *Boletim*, 1961-1965, vários números.

Nota: * Mês cujos valores aparecem como estimativas no boletim da Sumoc de março de 1965, s.p .

Tabela A12 – Meios de pagamento, Brasil, janeiro de 1960 a dezembro de 1964 (índices reais e reais dessazonalizados, janeiro 1960 = 100)

Período	Índices reais		Índices reais dessazonalizados	
	Papel-moeda emitido (saldo)	Total de meios de pagamento	Papel-moeda emitido (saldo)	Total de meios de pagamento
01.1960	100	100	-	-
02.1960	96	98	-	-
03.1960	95	98	-	-
04.1960	96	98	-	-
05.1960	97	99	-	-
06.1960	98	101	-	-
07.1960	97	101	99	101
08.1960	94	99	94	99
09.1960	96	100	90	100
10.1960	93	99	92	99
11.1960	95	100	96	100
12.1960	101	104	93	98
01.1961	97	105	96	104
02.1961	100	107	102	107
03.1961	101	108	108	109
04.1961	99	104	101	106
05.1961	99	103	102	105
06.1961	98	103	101	103
07.1961	98	105	100	106
08.1961	108	104	108	104
09.1961	111	101	104	101
10.1961	100	97	99	97
11.1961	96	97	97	97
12.1961	101	103	93	97
01.1962	94	99	93	98
02.1962	92	100	93	100
03.1962	93	100	99	101
04.1962	94	103	96	105
05.1962	93	101	96	104
06.1962	97	103	100	103
07.1962	99	102	100	103
08.1962	98	106	98	106

Período	Índices reais		Índices reais dessazonalizados	
	Papel-moeda emitido (saldo)	Total de meios de pagamento	Papel-moeda emitido (saldo)	Total de meios de pagamento
09.1962	106	108	100	108
10.1962	103	112	102	112
11.1962	98	107	99	107
12.1962	112	115	103	108
01.1963	102	105	101	104
02.1963	95	98	97	99
03.1963	72	93	77	94
04.1963	89	92	91	94
05.1963	88	92	91	94
06.1963	87	92	89	92
07.1963	87	91	88	92
08.1963	88	93	88	93
09.1963	100	92	94	92
10.1963	97	91	96	92
11.1963	94	95	95	95
12.1963	107	103	98	97
01.1964	99	95	98	94
02.1964	93	92	95	93
03.1964	96	93	102	95
04.1964	96	92	98	94
05.1964	95	94	97	96
06.1964	94	99	97	99
07.1964	92	95	-	-
08.1964	92	98	-	-
09.1964	91	100	-	-
10.1964	91	101	-	-
11.1964	89	98	-	-
12.1964	97	64	-	-

Fonte: Sumoc, *Boletim*, 1961-1965, vários números.

*Série dessazonalizada por médias móveis centradas de doze meses, referentes às observações do período de jan.1960 a dez.1964. O mesmo vale para as demais dessazonalizações calculadas nesta obra.

Tabela A13 – Autoridades monetárias e bancos comerciais: recursos recebidos e fornecidos, Brasil, janeiro de 1960 a dezembro de 1964 (Cr$ bilhões nominais e reais)

Período	Nominal					Real				
	Recursos fornecidos aos bancos comerciais			Recursos recebidos dos bancos comerciais		Recursos fornecidos aos bancos comerciais			Recursos recebidos dos bancos comerciais	
	Carteira de Redesconto	Caixa de Mobilização Bancária	Total	Em depósito no Banco do Brasil à ordem da Sumoc	Total	Carteira de Redesconto	Caixa de Mobilização Bancária	Total	Em depósito no Banco do Brasil à ordem da Sumoc	Total
01.1960	8,4	10,0	18,3	23,9	64,9	8,4	10,0	18,3	23,9	64,9
02.1960	9,5	10,0	19,4	24,2	65,6	9,1	9,6	18,7	23,2	63,0
03.1960	9,7	9,9	19,5	24,5	66,7	9,1	9,3	18,5	23,2	63,1
04.1960	10,1	10,4	20,5	24,6	61,4	9,4	9,7	19,1	23,0	57,5
05.1960	11,7	10,4	22,0	25,1	62,0	10,9	9,7	20,6	23,5	57,9
06.1960	11,7	10,7	22,4	25,4	60,1	10,9	9,9	20,8	23,5	55,7
07.1960	13,0	10,9	23,9	26,6	61,1	11,9	9,9	21,8	24,2	55,7
08.1960	12,4	11,3	23,7	26,4	67,1	10,8	9,8	20,6	22,9	58,2
09.1960	12,5	11,2	23,7	28,6	70,1	10,5	9,4	19,8	23,9	58,6
10.1960	14,2	11,1	25,3	30,8	77,0	11,3	8,8	20,1	24,5	61,2
11.1960	17,2	10,6	27,8	32,9	84,3	13,3	8,2	21,6	25,5	65,4
12.1960	23,1	11,1	34,2	33,9	90,3	17,6	8,4	26,0	25,7	68,5
01.1961	21,6	11,0	32,6	36,2	99,4	16,0	8,2	24,2	26,9	73,9

Período	Nominal					Real				
	Recursos fornecidos aos bancos comerciais			Recursos recebidos dos bancos comerciais		Recursos fornecidos aos bancos comerciais			Recursos recebidos dos bancos comerciais	
	Carteira de Redesconto	Caixa de Mobilização Bancária	Total	Em depósito no Banco do Brasil à ordem da Sumoc	Total	Carteira de Redesconto	Caixa de Mobilização Bancária	Total	Em depósito no Banco do Brasil à ordem da Sumoc	Total
02.1961	15,6	10,9	26,5	37,4	98,4	11,6	8,2	19,8	27,9	73,4
03.1961	9,8	10,8	20,6	40,1	98,5	7,1	7,9	15,0	29,2	71,8
04.1961	9,1	10,8	19,9	38,4	89,3	6,3	7,5	13,7	26,5	61,7
05.1961	9,9	10,7	20,7	37,5	87,0	6,8	7,3	14,1	25,6	59,2
06.1961	13,1	11,0	24,0	33,2	86,0	8,7	7,3	16,0	22,1	57,2
07.1961	17,7	10,9	28,6	27,1	81,6	11,7	7,2	18,9	17,9	53,8
08.1961	21,0	11,2	32,1	28,0	74,4	13,0	7,0	20,0	17,4	46,3
09.1961	29,3	11,2	40,5	29,5	92,7	17,4	6,6	24,0	17,5	55,0
10.1961	25,1	10,7	35,7	35,0	96,0	13,4	5,7	19,2	18,8	51,5
11.1961	28,2	10,4	38,6	46,5	113,8	14,5	5,3	19,8	23,9	58,5
12.1961	33,1	10,6	43,7	51,9	130,6	16,4	5,3	21,7	25,8	64,8
01.1962	30,4	10,6	41,0	56,9	127,4	14,5	5,1	19,5	27,1	60,7
02.1962	27,6	10,5	38,1	59,0	124,5	12,9	4,9	17,8	27,6	58,2
03.1962	29,0	10,4	39,3	62,0	132,6	13,4	4,8	18,3	28,8	61,5
04.1962	28,8	10,3	39,1	64,5	138,3	13,4	4,8	18,1	29,9	64,1
05.1962	26,7	10,2	37,0	62,5	143,8	11,9	4,6	16,5	27,9	64,1

Período	Nominal					Real				
	Recursos fornecidos aos bancos comerciais			Recursos recebidos dos bancos comerciais		Recursos fornecidos aos bancos comerciais			Recursos recebidos dos bancos comerciais	
	Carteira de Redesconto	Caixa de Mobilização Bancária	Total	Em depósito no Banco do Brasil à ordem da Sumoc	Total	Carteira de Redesconto	Caixa de Mobilização Bancária	Total	Em depósito no Banco do Brasil à ordem da Sumoc	Total
06.1962	25,1	10,5	35,6	62,9	138,1	10,9	4,5	15,4	27,3	60,0
07.1962	29,4	10,4	39,8	66,8	163,2	12,2	4,3	16,5	27,7	67,6
08.1962	28,3	10,0	38,3	71,9	170,1	11,5	4,1	15,6	29,3	69,2
09.1962	40,6	9,8	50,4	81,9	165,4	16,1	3,9	20,0	32,5	65,7
10.1962	45,5	9,6	55,1	93,5	187,6	17,6	3,7	21,3	36,1	72,4
11.1962	45,7	9,2	54,9	87,8	193,5	16,4	3,3	19,7	31,4	69,3
12.1962	52,0	9,5	61,5	111,1	240,9	17,7	3,2	20,9	37,8	82,0
01.1963	53,6	9,3	63,0	125,2	238,4	16,6	2,9	19,5	38,8	73,9
02.1963	60,8	9,3	70,0	145,6	256,3	17,6	2,7	20,3	42,2	74,3
03.1963	66,5	9,1	75,6	158,4	269,2	18,2	2,5	20,7	43,3	73,5
04.1963	62,8	5,9	68,7	158,5	261,6	17,1	1,6	18,7	43,1	71,1
05.1963	61,0	8,7	69,7	158,5	274,4	15,8	2,3	18,1	41,2	71,3
06.1963	59,7	8,6	68,3	159,6	286,5	14,6	2,1	16,7	39,0	70,1
07.1963	63,1	8,5	71,6	166,6	288,7	15,0	2,0	17,1	39,7	68,8
08.1963	66,1	8,2	74,3	165,5	299,2	15,1	1,9	17,0	37,9	68,5
09.1963	77,3	8,1	85,5	171,0	300,1	16,7	1,8	18,4	36,9	64,7

Período	Nominal					Real				
	Recursos fornecidos aos bancos comerciais			Recursos recebidos dos bancos comerciais		Recursos fornecidos aos bancos comerciais			Recursos recebidos dos bancos comerciais	
	Carteira de Redesconto	Caixa de Mobilização Bancária	Total	Em depósito no Banco do Brasil à ordem da Sumoc	Total	Carteira de Redesconto	Caixa de Mobilização Bancária	Total	Em depósito no Banco do Brasil à ordem da Sumoc	Total
10.1963	88,2	8,7	96,8	183,3	339,4	17,9	1,8	19,7	37,3	69,0
11.1963	76,4	8,5	84,9	207,8	389,3	15,0	1,7	16,7	40,8	76,5
12.1963	79,2	8,5	87,7	228,1	447,5	14,7	1,6	16,3	42,4	83,2
01.1964	96,6	8,5	105,1	239,1	429,7	16,6	1,5	18,0	41,0	73,7
02.1964	110,9	8,4	119,3	273,2	463,9	18,0	1,4	19,4	44,4	75,4
03.1964	107,0	8,2	115,2	276,8	451,6	16,4	1,3	17,7	42,5	69,4
04.1964	134,2	8,0	142,3	270,2	491,6	19,9	1,2	21,1	40,0	72,8
05.1964	133,2	7,7	140,9	289,8	508,9	19,1	1,1	20,3	41,7	73,2
06.1964	125,5	7,5	133,0	308,8	544,8	17,2	1,0	18,3	42,4	74,8
07.1964	159,8	7,3	167,2	338,9	601,3	20,6	0,9	21,6	43,7	77,6
08.1964	163,9	6,9	170,8	360,6	645,0	20,5	0,9	21,4	45,1	80,7
09.1964	162,4	6,5	168,9	381,7	683,0	19,5	0,8	20,3	45,8	81,9
10.1964	188,2	6,5	194,7	413,9	686,3	21,6	0,7	22,3	47,4	78,7
11.1964	199,3	6,2	205,5	434,2	708,2	21,1	0,7	21,7	45,9	74,9
12.1964	197,3	6,2	203,5	446,4	797,4	19,9	0,6	20,5	45,1	80,5

Fonte: Sumoc, *Boletim*, 1961-1965, vários números.

Tabela A14 – Autoridades monetárias e bancos comerciais: recursos recebidos e fornecidos, janeiro de 1960 a dezembro de 1964 (índices reais e reais dessazonalizados, janeiro 1960 = 100)

Período	Índices reais					Índices reais dessazonalizados				
	Fornecido aos bancos			Recebido dos bancos		Fornecido aos bancos			Recebido dos bancos	
	Carteira de Redesconto	Caixa de Mobilização Bancária	Total	Em depósito no Banco do Brasil à ordem da Sumoc	Total	Carteira de Redesconto	Caixa de Mobilização Bancária	Total	Em depósito no Banco do Brasil à ordem da Sumoc	Total
01.1960	100	100	100	100	100	-	-	-	-	-
02.1960	109	96	102	97	97	-	-	-	-	-
03.1960	109	94	101	97	97	-	-	-	-	-
04.1960	113	97	104	96	88	-	-	-	-	-
05.1960	130	97	112	98	89	-	-	-	-	-
06.1960	130	100	113	98	86	-	-	-	-	-
07.1960	142	99	119	101	86	149	95	121	109	90
08.1960	129	98	112	96	90	139	93	116	107	96
09.1960	125	94	108	100	90	113	91	100	109	97
10.1960	135	89	110	102	94	125	89	104	108	97
11.1960	159	83	118	107	101	152	87	115	109	98
12.1960	210	84	142	108	106	180	86	126	103	94
01.1961	191	82	132	113	114	173	84	123	107	107
02.1961	139	82	108	117	113	135	83	106	106	108

| Período | Índices reais | | | | | Índices reais dessazonalizados | | | | |
| | Fornecido aos bancos | | | Recebido dos bancos | | Fornecido aos bancos | | | Recebido dos bancos | |
	Carteira de Redesconto	Caixa de Mobilização Bancária	Total	Em depósito no Banco do Brasil à ordem da Sumoc	Total	Carteira de Redesconto	Caixa de Mobilização Bancária	Total	Em depósito no Banco do Brasil à ordem da Sumoc	Total
03.1961	85	79	82	122	111	91	80	87	111	108
04.1961	75	75	75	111	95	80	79	79	106	96
05.1961	81	73	77	107	91	92	73	85	106	93
06.1961	104	73	87	93	88	124	71	99	96	92
07.1961	140	72	103	75	83	147	69	105	81	87
08.1961	156	70	109	73	71	167	66	113	81	77
09.1961	207	66	131	73	85	188	64	120	80	91
10.1961	160	57	104	79	79	148	58	99	83	82
11.1961	173	54	108	100	90	165	56	106	102	88
12.1961	196	53	118	108	100	168	54	105	103	88
01.1962	173	51	106	113	93	156	52	99	108	88
02.1962	154	49	97	115	90	150	50	95	105	85
03.1962	160	48	100	120	95	172	49	105	110	93
04.1962	159	48	99	125	99	169	51	105	119	99
05.1962	142	46	90	117	99	161	46	99	115	101
06.1962	130	46	84	114	92	155	44	96	119	97

	Índices reais					Índices reais dessazonalizados				
	Fornecido aos bancos			Recebido dos bancos		Fornecido aos bancos			Recebido dos bancos	
Período	Carteira de Redesconto	Caixa de Mobilização Bancária	Total	Em depósito no Banco do Brasil à ordem da Sumoc	Total	Carteira de Redesconto	Caixa de Mobilização Bancária	Total	Em depósito no Banco do Brasil à ordem da Sumoc	Total
07.1962	146	43	90	116	104	154	41	92	125	110
08.1962	138	41	85	123	107	148	39	88	136	115
09.1962	193	39	109	136	101	174	38	101	149	108
10.1962	210	37	116	151	111	194	38	110	159	115
11.1962	195	33	107	132	107	186	35	105	134	104
12.1962	211	32	114	158	126	182	33	102	151	112
01.1963	198	29	106	163	114	180	30	99	155	107
02.1963	210	27	111	177	114	205	27	109	160	109
03.1963	217	25	113	181	113	233	25	119	165	111
04.1963	204	16	102	180	110	216	17	108	172	110
05.1963	189	23	99	172	110	214	23	109	170	112
06.1963	174	21	91	163	108	208	21	104	170	113
07.1963	179	20	93	166	106	189	19	95	179	112
08.1963	181	19	93	159	105	194	18	96	176	113
09.1963	199	18	101	154	100	180	17	93	169	107
10.1963	214	18	107	156	106	198	18	101	164	110

	Índices reais					Índices reais dessazonalizados				
	Fornecido aos bancos			Recebido dos bancos		Fornecido aos bancos			Recebido dos bancos	
Período	Carteira de Redesconto	Caixa de Mobilização Bancária	Total	Em depósito no Banco do Brasil à ordem da Sumoc	Total	Carteira de Redesconto	Caixa de Mobilização Bancária	Total	Em depósito no Banco do Brasil à ordem da Sumoc	Total
11.1963	179	17	91	171	118	171	18	89	174	115
12.1963	176	16	89	178	128	151	16	79	169	114
01.1964	198	15	98	172	114	179	15	92	163	107
02.1964	215	14	106	186	116	209	14	104	169	111
03.1964	196	13	96	178	107	211	13	102	162	104
04.1964	237	12	115	167	112	252	13	122	159	113
05.1964	229	11	110	174	113	259	11	122	172	115
06.1964	206	10	100	177	115	245	10	114	185	120
07.1964	246	9	118	183	120	-	-	-	-	-
08.1964	245	9	117	189	124	-	-	-	-	-
09.1964	233	8	110	192	126	-	-	-	-	-
10.1964	258	7	122	199	121	-	-	-	-	-
11.1964	252	7	119	192	115	-	-	-	-	-
12.1964	238	6	112	189	124	-	-	-	-	-

Fonte: Tabela A13.

Tabela A15 – Autoridades monetárias e bancos comerciais: empréstimos e depósitos, Brasil, janeiro de 1960 a dezembro de 1964 (Cr$ bilhões nominais)

Período	Empréstimos					Depósitos		
	I. Setor público	II. Setor privado	A. Subtotal (I+II)	B. Bancos Comerciais	Total (A+B)	A. Autoridades monetárias	B. Bancos comerciais	Total (A+B)
01.1960	189,8	133,3	323,1	296,1	619,2	62,6	355,9	418,6
02.1960	193,0	133,0	326,0	303,4	629,5	61,3	362,0	423,3
03.1960	191,8	135,2	327,0	311,7	638,7	59,5	372,6	432,2
04.1960	196,0	138,1	334,1	321,2	655,4	59,3	376,0	435,2
05.1960	201,4	142,5	343,9	325,9	669,8	60,6	381,6	442,3
06.1960	205,1	150,1	355,2	333,7	688,9	63,1	395,1	458,2
07.1960	211,3	153,3	364,6	338,6	703,2	68,5	354,1	422,6
08.1960	217,3	163,3	380,6	345,6	726,2	69,3	407,2	476,4
09.1960	221,3	169,8	391,0	364,5	755,6	73,0	430,6	503,7
10.1960	231,2	174,5	405,8	381,3	787,1	81,1	444,5	525,5
11.1960	247,9	176,3	424,2	396,1	820,3	84,8	464,1	548,9
12.1960	286,0	182,6	468,6	409,0	877,6	94,5	485,6	580,1
01.1961	296,4	176,8	473,2	418,1	891,3	100,2	506,8	607,0
02.1961	304,2	173,9	478,1	418,1	896,1	99,9	513,0	612,9
03.1961	308,6	175,6	484,1	427,7	911,9	107,0	523,1	630,1
04.1961	322,5	176,8	499,3	440,5	939,8	111,1	523,9	635,0
05.1961	344,1	182,1	526,2	440,0	966,3	112,8	527,4	640,2
06.1961	364,8	193,4	558,2	440,8	999,0	123,5	532,1	655,6
07.1961	381,3	199,5	580,8	452,8	1.033,5	132,5	541,5	674,1

Período	Empréstimos					Depósitos		
	I. Setor público	II. Setor privado	A. Subtotal (I+II)	B. Bancos Comerciais	Total (A+B)	A. Autoridades monetárias	B. Bancos comerciais	Total (A+B)
08.1961	405,1	212,1	617,2	471,1	1.088,3	137,4	546,3	683,8
09.1961	417,0	228,6	645,6	474,6	1.120,2	145,8	559,1	704,9
10.1961	432,5	243,0	675,4	496,1	1.171,5	156,6	593,7	750,3
11.1961	466,5	258,5	725,1	509,5	1.234,6	164,2	615,8	780,0
12.1961	527,2	279,7	806,9	531,1	1.338,0	186,8	666,0	852,8
01.1962	536,4	285,5	821,8	554,4	1.376,2	191,4	682,5	873,9
02.1962	534,2	291,2	825,4	580,1	1.405,5	183,2	705,4	888,7
03.1962	541,5	301,6	843,1	594,5	1.437,6	181,9	716,8	898,7
04.1962	545,8	303,3	849,2	606,9	1.456,1	187,5	739,9	927,4
05.1962	565,4	305,2	870,5	627,1	1.497,7	199,8	746,1	945,9
06.1962	573,2	316,4	889,5	634,3	1.523,9	200,8	779,0	979,8
07.1962	604,1	328,7	932,8	655,5	1.588,2	213,2	799,3	1.012,4
08.1962	615,1	350,0	965,1	701,3	1.666,3	222,6	854,7	1.077,3
09.1962	623,6	376,0	999,6	721,9	1.721,4	236,1	870,7	1.106,8
10.1962	637,9	398,9	1.036,8	770,0	1.806,8	256,5	925,6	1.182,1
11.1962	680,4	418,6	1.099,0	808,1	1.907,2	261,7	966,1	1.227,7
12.1962	747,9	479,5	1.227,3	835,9	2.063,3	282,7	1.094,0	1.376,7
01.1963	783,3	488,2	1.271,5	867,1	2.138,6	296,8	1.094,6	1.391,4
02.1963	806,1	494,9	1.301,0	881,1	2.182,1	281,3	1.096,8	1.378,1
03.1963	789,7	496,2	1.285,9	869,6	2.155,5	291,3	1.090,8	1.382,1
04.1963	796,2	506,6	1.302,8	877,6	2.180,3	294,1	1.090,0	1.384,1
05.1963	816,4	524,1	1.340,5	880,8	2.221,3	330,9	1.116,7	1.447,6

Período	Empréstimos					Depósitos		
	I. Setor público	II. Setor privado	A. Subtotal (I+II)	B. Bancos Comerciais	Total (A+B)	A. Autoridades monetárias	B. Bancos comerciais	Total (A+B)
06.1963	784,6	542,7	1.327,3	920,2	2.247,5	319,2	1.351,5	1.670,7
07.1963	816,7	555,1	1.371,8	963,2	2.335,1	328,8	1.232,8	1.561,6
08.1963	870,9	578,1	1.449,1	1.010,3	2.459,4	352,3	1.284,3	1.636,6
09.1963	930,7	608,8	1.539,5	1.049,7	2.589,3	358,0	1.302,4	1.660,4
10.1963	1.023,4	649,9	1.673,3	1.096,8	2.770,1	363,7	1.413,1	1.776,8
11.1963	1.119,5	684,1	1.803,6	1.193,1	2.996,6	386,1	1.539,7	1.925,8
12.1963	1.297,6	735,0	2.032,6	1.295,7	3.328,3	421,0	1.793,3	2.214,4
01.1964	1.288,1	743,5	2.031,6	1.365,8	3.397,4	457,1	1.759,0	2.216,1
02.1964	1.387,2	763,4	2.150,6	1.406,2	3.556,8	481,5	1.804,0	2.285,5
03.1964	1.484,2	802,0	2.286,2	1.454,0	3.740,2	508,8	1.866,7	2.375,5
04.1964	1.567,7	837,1	2.404,8	1.480,9	3.885,7	564,1	1.881,3	2.445,5
05.1964	1.665,8	861,2	2.527,0	1.576,7	4.103,7	582,5	2.007,0	2.589,5
06.1964	1.752,4	921,5	2.673,9	1.672,8	4.346,7	636,3	2.257,5	2.893,9
07.1964	1.853,9	983,4	2.837,3	1.754,8	4.592,1	687,3	2.261,6	2.949,0
08.1964	1.993,6	1.032,7	3.026,3	1.886,3	4.912,6	720,3	2.419,3	3.139,6
09.1964	2.166,0	1.094,1	3.260,2	2.026,4	5.286,6	807,4	2.593,2	3.400,6
10.1964	2.251,5	1.181,3	3.432,8	2.137,8	5.570,6	869,7	2.725,6	3.595,4
11.1964	2.424,4	1.219,5	3.643,9	2.235,3	5.879,2	921,2	2.859,4	3.780,6
12.1964	2.614,6	1.278,4	3.893,0	2.296,4	6.189,4	988,7	3.232,1	4.220,8

Fonte: Sumoc, *Boletim*, 1961-1965, vários números.

* Meses cujos valores aparecem como estimativas no *Boletim* de março de 1965, s.p.

Tabela A16 – Autoridades monetárias e bancos comerciais: empréstimos e depósitos, Brasil, janeiro de 1960 a dezembro de 1964 (Cr$ bilhões reais)

Período	Empréstimos					Depósitos		
	I. Setor público	II. Setor privado	A. Subtotal (I+II)	B. Bancos Comerciais	Total (A+B)	A. Autoridades monetárias	B. Bancos comerciais	Total (A+B)
01.1960	189,8	133,3	323,1	296,1	619,2	62,6	355,9	418,6
02.1960	185,3	127,6	312,9	291,2	604,1	58,8	347,4	406,3
03.1960	181,4	127,9	309,3	294,8	604,1	56,3	352,4	408,8
04.1960	183,3	129,2	312,5	300,4	612,9	55,4	351,6	407,1
05.1960	188,1	133,1	321,2	304,4	625,6	56,6	356,4	413,0
06.1960	190,2	139,2	329,4	309,5	638,9	58,6	366,4	425,0
07.1960	192,5	139,6	332,1	308,4	640,6	62,4	322,6	385,0
08.1960	188,7	141,8	330,5	300,1	630,6	60,1	353,6	413,7
09.1960	185,1	142,0	327,2	305,0	632,2	61,1	360,3	421,4
10.1960	184,0	138,9	322,8	303,4	626,2	64,5	353,6	418,1
11.1960	192,4	136,8	329,3	307,4	636,7	65,8	360,2	426,1
12.1960	217,2	138,7	355,8	310,6	666,5	71,8	368,8	440,5
01.1961	220,3	131,4	351,7	310,8	662,5	74,5	376,7	451,2
02.1961	226,9	129,7	356,5	311,8	668,3	74,5	382,6	457,1
03.1961	224,8	127,9	352,7	311,6	664,4	78,0	381,1	459,1
04.1961	222,8	122,1	344,9	304,3	649,3	76,7	361,9	438,7
05.1961	234,3	124,0	358,3	299,6	658,0	76,8	359,1	436,0
06.1961	242,7	128,7	371,4	293,3	664,6	82,2	354,0	436,2
07.1961	251,4	131,5	383,0	298,6	681,5	87,4	357,1	444,5

Período	Empréstimos					Depósitos		
	I. Setor público	II. Setor privado	A. Subtotal (I+II)	B. Bancos Comerciais	Total (A+B)	A. Autoridades monetárias	B. Bancos comerciais	Total (A+B)
08.1961	252,1	132,0	384,1	293,2	677,3	85,5	340,0	425,6
09.1961	247,1	135,5	382,6	281,2	663,8	86,4	331,3	417,7
10.1961	231,9	130,3	362,2	266,0	628,1	83,9	318,4	402,3
11.1961	239,7	132,8	372,6	261,8	634,4	84,4	316,4	400,8
12.1961	261,4	138,7	400,2	263,4	663,5	92,6	330,3	422,9
01.1962	255,5	136,0	391,5	264,1	655,6	91,2	325,1	416,3
02.1962	249,7	136,1	385,8	271,1	656,9	85,6	329,7	415,3
03.1962	251,3	140,0	391,3	275,9	667,2	84,4	332,7	417,1
04.1962	252,8	140,5	393,3	281,1	674,4	86,8	342,7	429,5
05.1962	252,2	136,1	388,3	279,7	668,0	89,1	332,8	421,9
06.1962	249,0	137,5	386,4	275,6	662,0	87,2	338,4	425,7
07.1962	250,2	136,1	386,3	271,5	657,8	88,3	331,0	419,3
08.1962	250,4	142,5	392,9	285,5	678,3	90,6	347,9	438,6
09.1962	247,8	149,4	397,2	286,9	684,1	93,8	346,0	439,9
10.1962	246,2	153,9	400,1	297,2	697,3	99,0	357,2	456,2
11.1962	243,8	150,0	393,8	289,5	683,3	93,8	346,1	439,9
12.1962	254,7	163,3	418,0	284,7	702,7	96,3	372,6	468,9
01.1963	242,8	151,3	394,2	268,8	662,9	92,0	339,3	431,3
02.1963	233,8	143,5	377,3	255,5	632,8	81,6	318,1	399,7
03.1963	215,7	135,5	351,3	237,5	588,8	79,6	298,0	377,6
04.1963	216,5	137,7	354,2	238,6	592,8	79,9	296,4	376,3

Período	Empréstimos					Depósitos		
	I. Setor público	II. Setor privado	A. Subtotal (I+II)	B. Bancos Comerciais	Total (A+B)	A. Autoridades monetárias	B. Bancos comerciais	Total (A+B)
05.1963	212,2	136,2	348,4	228,9	577,3	86,0	290,2	376,2
06.1963	191,9	132,8	324,7	225,1	549,8	78,1	330,6	408,7
07.1963	194,6	132,2	326,8	229,5	556,2	78,3	293,7	372,0
08.1963	199,3	132,3	331,6	231,2	562,7	80,6	293,9	374,5
09.1963	200,8	131,3	332,1	226,5	558,6	77,2	281,0	358,2
10.1963	208,1	132,2	340,3	223,0	563,3	74,0	287,4	361,3
11.1963	220,0	134,5	354,5	234,5	589,0	75,9	302,7	378,5
12.1963	241,3	136,7	378,0	241,0	619,0	78,3	333,5	411,8
01.1964	221,1	127,6	348,6	234,4	583,0	78,4	301,9	380,3
02.1964	225,4	124,0	349,4	228,5	577,9	78,2	293,1	371,4
03.1964	227,9	123,2	351,1	223,3	574,4	78,1	286,7	364,8
04.1964	232,0	123,9	355,9	219,2	575,1	83,5	278,4	361,9
05.1964	239,5	123,8	363,3	226,7	589,9	83,7	288,5	372,2
06.1964	240,6	126,5	367,1	229,7	596,8	87,4	309,9	397,3
07.1964	239,3	126,9	366,2	226,5	592,6	88,7	291,9	380,6
08.1964	249,4	129,2	378,6	236,0	614,6	90,1	302,7	392,8
09.1964	259,8	131,3	391,1	243,1	634,2	96,9	311,1	408,0
10.1964	258,1	135,4	393,5	245,1	638,6	99,7	312,5	412,2
11.1964	256,5	129,0	385,5	236,5	622,0	97,5	302,5	399,9
12.1964	264,0	129,1	393,1	231,9	625,0	99,8	326,4	426,2

Tabela A15.

Tabela A17 – Autoridades monetárias e bancos comerciais: empréstimos e depósitos, Brasil, janeiro de 1960 a dezembro de 1964 (índices reais, janeiro 1960 = 100)

Período	Empréstimos					Depósitos		
	I. Setor público	II. Setor privado	A. Subtotal (I+II)	B. Bancos Comerciais	Total (A+B)	A. Autoridades monetárias	B. Bancos comerciais	Total (A+B)
01.1960	100	100	100	100	100	100	100	100
02.1960	98	96	97	98	98	94	98	97
03.1960	96	96	96	100	98	90	99	98
04.1960	97	97	97	101	99	89	99	97
05.1960	99	100	99	103	101	90	100	99
06.1960	100	104	102	105	103	94	103	102
07.1960	101	105	103	104	103	100	91	92
08.1960	99	106	102	101	102	96	99	99
09.1960	98	107	101	103	102	98	101	101
10.1960	97	104	100	102	101	103	99	100
11.1960	101	103	102	104	103	105	101	102
12.1960	114	104	110	105	108	115	104	105
01.1961	116	99	109	105	107	119	106	108
02.1961	120	97	110	105	108	119	107	109
03.1961	118	96	109	105	107	125	107	110
04.1961	117	92	107	103	105	123	102	105
05.1961	123	93	111	101	106	123	101	104
06.1961	128	97	115	99	107	131	99	104
07.1961	132	99	119	101	110	140	100	106

Período	Empréstimos					Depósitos		
	I. Setor público	II. Setor privado	A. Subtotal (I+II)	B. Bancos Comerciais	Total (A+B)	A. Autoridades monetárias	B. Bancos comerciais	Total (A+B)
08.1961	133	99	119	99	109	137	96	102
09.1961	130	102	118	95	107	138	93	100
10.1961	122	98	112	90	101	134	89	96
11.1961	126	100	115	88	102	135	89	96
12.1961	138	104	124	89	107	148	93	101
01.1962	135	102	121	89	106	146	91	99
02.1962	132	102	119	92	106	137	93	99
03.1962	132	105	121	93	108	135	93	100
04.1962	133	105	122	95	109	139	96	103
05.1962	133	102	120	94	108	142	94	101
06.1962	131	103	120	93	107	139	95	102
07.1962	132	102	120	92	106	141	93	100
08.1962	132	107	122	96	110	145	98	105
09.1962	131	112	123	97	110	150	97	105
10.1962	130	115	124	100	113	158	100	109
11.1962	128	112	122	98	110	150	97	105
12.1962	134	122	129	96	113	154	105	112
01.1963	128	114	122	91	107	147	95	103
02.1963	123	108	117	86	102	130	89	95
03.1963	114	102	109	80	95	127	84	90
04.1963	114	103	110	81	96	128	83	90

Período	Empréstimos					Depósitos		
	I. Setor público	II. Setor privado	A. Subtotal (I+II)	B. Bancos Comerciais	Total (A+B)	A. Autoridades monetárias	B. Bancos comerciais	Total (A+B)
05.1963	112	102	108	77	93	137	82	90
06.1963	101	100	100	76	89	125	93	98
07.1963	103	99	101	77	90	125	83	89
08.1963	105	99	103	78	91	129	83	89
09.1963	106	99	103	76	90	123	79	86
10.1963	110	99	105	75	91	118	81	86
11.1963	116	101	110	79	95	121	85	90
12.1963	127	103	117	81	100	125	94	98
01.1964	116	96	108	79	94	125	85	91
02.1964	119	93	108	77	93	125	82	89
03.1964	120	92	109	75	93	125	81	87
04.1964	122	93	110	74	93	133	78	86
05.1964	126	93	112	77	95	134	81	89
06.1964	127	95	114	78	96	140	87	95
07.1964	126	95	113	76	96	142	82	91
08.1964	131	97	117	80	99	144	85	94
09.1964	137	98	121	82	102	155	87	97
10.1964	136	102	122	83	103	159	88	98
11.1964	135	97	119	80	100	156	85	96
12.1964	139	97	122	78	101	159	92	102

Fonte: Tabela A15.

Tabela A18 – Autoridades monetárias e bancos comerciais: empréstimos e depósitos, Brasil, julho de 1960 a junho de 1964 (índices reais dessazonalizados, janeiro 1960 = 100)

Período	Empréstimos					Depósitos		
	I. Setor público	II. Setor privado	A. Subtotal (I+II)	B. Bancos Comerciais	Total (A+B)	A. Autoridades monetárias	B. Bancos comerciais	Total (A+B)
07.1960	102	106	104	104	104	99	94	94
08.1960	100	106	102	101	102	96	100	99
09.1960	100	104	102	103	102	97	103	102
10.1960	101	102	102	102	102	102	101	101
11.1960	103	101	102	103	102	106	101	102
12.1960	107	98	103	103	103	110	97	99
01.1961	113	98	107	104	105	115	104	105
02.1961	118	99	110	105	107	122	107	109
03.1961	119	98	111	106	109	129	108	111
04.1961	118	94	108	104	106	125	104	107
05.1961	123	96	112	103	108	123	103	106
06.1961	130	99	117	101	109	133	97	102
07.1961	133	100	119	101	110	138	104	109
08.1961	134	98	119	98	109	136	96	102
09.1961	133	99	119	95	107	137	94	101
10.1961	127	96	114	90	102	133	90	97
11.1961	128	98	115	88	102	135	89	96

Período	Empréstimos					Depósitos		
	I. Setor público	II. Setor privado	A. Subtotal (I+II)	B. Bancos Comerciais	Total (A+B)	A. Autoridades monetárias	B. Bancos comerciais	Total (A+B)
12.1961	129	98	116	87	102	141	87	95
01.1962	131	101	119	89	104	141	90	97
02.1962	129	104	119	91	106	140	92	99
03.1962	133	108	123	94	109	140	94	101
04.1962	134	108	124	96	110	142	98	105
05.1962	133	106	122	96	109	143	96	103
06.1962	134	106	122	95	109	141	93	100
07.1962	132	103	120	92	107	140	96	103
08.1962	133	106	122	96	109	144	98	105
09.1962	133	109	123	97	111	149	99	106
10.1962	135	113	126	100	114	157	102	110
11.1962	130	110	122	97	110	150	97	105
12.1962	126	115	121	94	108	147	98	106
01.1963	125	113	120	90	106	143	94	101
02.1963	121	109	116	86	102	134	89	95
03.1963	114	104	110	81	96	131	84	91
04.1963	115	106	111	81	97	130	85	92
05.1963	112	106	109	78	94	138	84	92
06.1963	103	102	103	77	91	126	90	96

Período	Empréstimos					Depósitos		
	I. Setor público	II. Setor privado	A. Subtotal (I+II)	B. Bancos Comerciais	Total (A+B)	A. Autoridades monetárias	B. Bancos comerciais	Total (A+B)
07.1963	103	100	102	77	90	124	85	91
08.1963	106	99	103	78	91	128	83	90
09.1963	108	96	103	76	90	123	80	87
10.1963	114	97	107	75	92	117	82	87
11.1963	117	99	110	78	95	122	85	91
12.1963	119	96	110	80	95	119	88	93
01.1964	113	95	106	79	93	122	83	89
02.1964	117	94	108	77	93	128	82	89
03.1964	121	95	110	76	94	129	81	88
04.1964	123	96	112	75	94	136	80	88
05.1964	126	96	114	78	96	134	83	91
06.1964	129	97	116	79	98	141	85	93

Fonte: Tabela A15.

Tabela A19 – Empréstimos das autoridades monetárias ao setor privado discriminados por setores econômicos, Brasil, janeiro de 1960 a dezembro de 1964 (Cr$ bilhões nominais e reais)

Período	Comércio		Indústria		Lavoura		Pecuária		Particulares		Total	
	Nominal	Real	Nominal	Real	Nominal	Real	Nominal	Real	Nominal	Real	Nominal	Real
01.1960	22,9	22,9	62,5	62,5	34,6	34,6	11,7	11,7	0,6	0,6	132,3	132,3
02.1960	22,6	21,7	61,9	59,4	35,7	34,3	12,1	11,6	0,6	0,6	133,0	127,6
03.1960	22,9	21,6	61,8	58,4	37,3	35,3	12,6	11,9	0,7	0,6	135,2	127,9
04.1960	22,5	21,1	62,9	58,8	39,0	36,4	13,1	12,2	0,7	0,6	138,1	129,2
05.1960	22,2	20,8	65,1	60,8	41,0	38,3	13,5	12,6	0,7	0,6	142,5	133,1
06.1960	23,5	21,8	68,2	63,2	43,6	40,4	14,2	13,2	0,6	0,6	150,1	139,2
07.1960	24,6	22,4	69,3	63,1	44,3	40,3	14,5	13,2	0,6	0,6	153,3	139,6
08.1960	27,1	23,6	74,1	64,3	45,1	39,1	15,4	13,4	0,6	0,5	162,3	140,9
09.1960	31,8	26,6	76,1	63,7	45,2	37,8	16,1	13,5	0,6	0,5	169,8	142,0
10.1960	37,1	29,5	76,1	60,5	44,1	35,1	16,6	13,2	0,6	0,5	174,5	138,9
11.1960	37,5	29,1	77,5	60,2	43,5	33,8	17,1	13,3	0,6	0,5	176,3	136,8
12.1960	37,6	28,5	80,5	61,1	45,7	34,7	18,2	13,8	0,6	0,5	182,6	138,7
01.1961	31,8	23,6	79,3	58,9	46,9	34,9	18,2	13,6	0,6	0,5	176,8	131,4
02.1961	29,3	21,9	77,7	57,9	48,1	35,9	18,2	13,5	0,6	0,5	173,9	129,7
03.1961	26,7	19,4	81,0	59,0	49,3	36,0	17,9	13,1	0,6	0,5	175,6	127,9
04.1961	26,1	18,0	86,4	59,7	49,1	33,9	17,6	12,1	0,7	0,5	179,8	124,2
05.1961	26,5	18,0	86,7	59,0	51,0	34,7	17,2	11,7	0,7	0,5	182,1	124,0
06.1961	27,8	18,5	92,6	61,6	54,6	36,4	17,7	11,8	0,7	0,5	193,4	128,7
07.1961	30,0	19,8	93,6	61,7	57,8	38,1	17,5	11,5	0,7	0,5	199,5	131,5
08.1961	35,6	22,1	97,5	60,7	60,3	37,5	18,0	11,2	0,7	0,5	212,1	132,0

Período	Comércio		Indústria		Lavoura		Pecuária		Particulares		Total	
	Nominal	Real	Nominal	Real	Nominal	Real	Nominal	Real	Nominal	Real	Nominal	Real
09.1961	40,6	24,1	102,9	61,0	65,6	38,9	18,8	11,1	0,8	0,5	228,6	135,5
10.1961	45,3	24,3	106,0	56,9	71,0	38,1	19,8	10,6	0,8	0,4	243,0	130,3
11.1961	52,0	26,7	109,0	56,0	75,8	38,9	21,0	10,8	0,7	0,4	258,5	132,8
12.1961	59,2	29,4	114,7	56,9	82,3	40,8	22,9	11,3	0,8	0,4	279,7	138,7
01.1962	61,6	29,3	114,1	54,4	85,4	40,7	23,6	11,2	0,8	0,4	285,5	136,0
02.1962	62,1	29,0	114,9	53,7	88,5	41,4	24,8	11,6	0,8	0,4	291,2	136,1
03.1962	61,4	28,5	119,9	55,7	92,6	43,0	26,7	12,4	0,9	0,4	301,6	140,0
04.1962	56,1	26,0	122,5	56,7	95,4	44,2	28,3	13,1	1,0	0,5	303,3	140,5
05.1962	51,0	22,8	126,7	56,5	97,6	43,5	28,7	12,8	1,2	0,5	305,2	136,1
06.1962	47,9	20,8	134,3	58,4	100,7	43,7	32,2	14,0	1,2	0,5	316,4	137,5
07.1962	49,3	20,4	142,1	58,9	101,7	42,1	34,2	14,2	1,3	0,5	328,7	136,1
08.1962	55,1	22,4	151,0	61,5	106,4	43,3	36,0	14,7	1,4	0,6	350,0	142,5
09.1962	62,2	24,7	159,1	63,2	115,5	45,9	38,3	15,2	1,5	0,6	376,6	149,7
10.1962	66,6	25,7	166,7	64,3	123,3	47,6	40,5	15,6	1,8	0,7	398,9	153,9
11.1962	70,5	25,3	171,6	61,5	131,7	47,2	42,9	15,4	1,8	0,7	418,6	150,0
12.1962	82,2	28,0	204,2	69,6	132,4	45,1	57,3	19,5	3,4	1,1	479,5	163,3
01.1963	79,5	24,7	206,7	64,1	150,0	46,5	47,6	14,7	4,5	1,4	488,2	151,3
02.1963	81,5	23,6	203,7	59,1	156,1	45,3	49,4	14,3	4,2	1,2	494,9	143,5
03.1963	78,8	21,5	139,0	38,0	167,1	45,6	50,7	13,9	3,2	0,9	438,8	119,9
04.1963	75,9	20,6	204,2	55,5	170,9	46,5	52,3	14,2	3,2	0,9	506,5	137,7
05.1963	74,8	19,4	214,4	55,7	177,7	46,2	53,7	14,0	3,3	0,9	524,0	136,2
06.1963	71,2	17,4	225,0	55,0	187,5	45,9	56,1	13,7	2,7	0,7	542,5	132,7

Período	Comércio		Indústria		Lavoura		Pecuária		Particulares		Total	
	Nominal	Real	Nominal	Real	Nominal	Real	Nominal	Real	Nominal	Real	Nominal	Real
07.1963	74,1	17,7	237,1	56,5	184,6	44,0	56,1	13,4	2,8	0,7	554,7	132,1
08.1963	83,7	19,1	245,1	56,1	189,4	43,3	56,8	13,0	2,6	0,6	577,6	132,2
09.1963	92,5	20,0	253,4	54,7	201,9	43,6	57,7	12,5	2,6	0,6	608,2	131,2
10.1963	101,6	20,7	263,7	53,6	224,2	45,6	57,0	11,6	2,9	0,6	649,3	132,0
11.1963	111,3	21,9	267,4	52,6	244,2	48,0	57,7	11,3	2,8	0,6	683,4	134,3
12.1963	119,7	22,3	291,5	54,2	260,2	48,4	60,7	11,3	2,9	0,5	735,0	136,7
01.1964	122,7	21,1	288,8	49,6	266,9	45,8	61,7	10,6	3,4	0,6	743,5	127,6
02.1964	126,1	20,5	292,4	47,5	277,4	45,1	63,7	10,4	3,6	0,6	763,4	124,0
03.1964	132,6	20,4	308,5	47,4	288,6	44,3	68,6	10,5	3,8	0,6	802,0	123,2
04.1964	134,8	19,9	325,4	48,2	300,2	44,4	72,9	10,8	3,8	0,6	837,1	123,9
05.1964	131,5	18,9	339,0	48,7	309,7	44,5	77,1	11,1	4,0	0,6	861,2	123,8
06.1964	132,7	18,2	367,9	50,5	333,1	45,7	83,4	11,5	4,3	0,6	921,5	126,5
07.1964	144,3	18,6	384,8	49,7	364,8	47,1	85,5	11,0	4,0	0,5	983,4	126,9
08.1964	146,2	18,3	402,9	50,4	391,0	48,9	88,4	11,1	4,2	0,5	1.032,7	129,2
09.1964	158,1	19,0	413,8	49,6	427,1	51,2	91,0	10,9	4,2	0,5	1.094,1	131,3
10.1964	176,6	20,2	432,4	49,6	472,9	54,2	95,3	10,9	4,2	0,5	1.181,3	135,4
11.1964	177,3	18,8	440,4	46,6	499,0	52,8	98,7	10,4	4,2	0,4	1.219,5	129,0
12.1964	182,9	18,5	463,8	46,8	522,3	52,7	105,1	10,6	4,2	0,4	1.278,4	129,1

Fonte: Sumoc, *Boletim*, 1961-1965, vários números.

Tabela A20 – Empréstimos dos bancos comerciais ao setor privado discriminados por setores econômicos, Brasil, janeiro de 1960 a dezembro de 1964 (Cr$ bilhões nominais e reais)

Período	Comércio		Indústria		Lavoura		Pecuária		Particulares		Total	
	Nominal	Real	Nominal	Real	Nominal	Real	Nominal	Real	Nominal	Real	Nominal	Real
01.1960	116,4	116,4	98,5	98,5	22,4	22,4	5,0	5,0	31,0	31,0	273,2	273,2
02.1960	119,0	114,2	101,1	97,0	23,1	22,1	5,3	5,1	31,7	30,4	280,1	268,8
03.1960	120,1	113,6	106,2	100,4	23,1	21,8	5,5	5,2	32,5	30,8	287,4	271,8
04.1960	124,8	116,8	108,3	101,3	23,8	22,3	5,6	5,2	34,0	31,8	296,5	277,3
05.1960	126,2	117,9	111,2	103,9	24,5	22,8	5,7	5,3	34,1	31,8	301,7	281,7
06.1960	129,4	120,0	114,4	106,1	24,3	22,6	6,0	5,6	34,2	31,8	308,4	286,0
07.1960	132,5	120,7	115,1	104,9	25,7	23,4	6,0	5,5	35,2	32,0	314,5	286,5
08.1960	135,8	117,9	118,6	103,0	24,4	21,2	6,0	5,2	36,2	31,4	321,0	278,7
09.1960	146,2	122,4	124,3	104,0	26,5	22,1	6,2	5,2	37,5	31,4	340,7	285,1
10.1960	156,0	124,1	127,7	101,6	27,5	21,9	6,3	5,0	39,3	31,2	356,8	283,9
11.1960	160,7	124,7	136,7	106,1	29,1	22,6	6,8	5,3	41,2	32,0	374,5	290,7
12.1960	164,8	125,1	138,2	104,9	29,1	22,1	6,9	5,2	43,4	33,0	382,4	290,4
01.1961	165,0	122,6	144,0	107,0	27,6	20,5	7,6	5,7	45,2	33,6	389,4	289,4
02.1961	162,0	120,8	145,7	108,6	27,8	20,7	7,4	5,5	46,3	34,5	389,1	290,2
03.1961	162,9	118,7	153,2	111,6	28,7	20,9	7,8	5,7	46,6	33,9	399,3	290,9
04.1961	165,3	114,2	158,0	109,1	29,4	20,3	7,9	5,5	48,2	33,3	408,8	282,4
05.1961	165,1	112,4	156,6	106,6	30,4	20,7	8,1	5,5	47,7	32,5	407,9	277,8
06.1961	167,2	111,2	158,0	105,1	30,1	20,0	8,8	5,9	46,0	30,6	410,1	272,9
07.1961	172,0	113,4	163,6	107,9	31,7	20,9	8,6	5,7	47,8	31,5	423,6	279,3
08.1961	179,8	111,9	171,5	106,8	34,4	21,4	8,4	5,2	49,6	30,9	443,9	276,3

Período	Comércio		Indústria		Lavoura		Pecuária		Particulares		Total	
	Nominal	Real	Nominal	Real	Nominal	Real	Nominal	Real	Nominal	Real	Nominal	Real
09.1961	181,6	107,6	171,9	101,9	33,9	20,1	7,9	4,7	49,3	29,2	444,7	263,5
10.1961	194,7	104,4	176,8	94,8	34,6	18,5	8,7	4,7	51,5	27,6	466,3	250,0
11.1961	201,6	103,6	182,9	94,0	34,7	17,8	9,2	4,7	53,0	27,2	481,4	247,4
12.1961	207,3	102,8	192,3	95,4	36,4	18,0	9,4	4,7	56,3	27,9	501,7	248,8
01.1962	215,8	102,8	200,9	95,7	37,2	17,7	10,5	5,0	57,7	27,5	522,0	248,7
02.1962	222,8	104,2	211,7	99,0	40,9	19,1	11,3	5,3	61,2	28,6	548,0	256,1
03.1962	228,2	105,9	215,5	100,0	42,7	19,8	12,3	5,7	62,9	29,2	561,6	260,7
04.1962	230,7	106,8	225,1	104,3	42,5	19,7	12,7	5,9	65,3	30,2	576,3	266,9
05.1962	234,2	104,5	226,5	101,0	43,4	19,4	13,4	6,0	67,1	29,9	584,7	260,8
06.1962	230,9	100,3	235,8	102,4	45,1	19,6	14,0	6,1	67,9	29,5	593,6	257,9
07.1962	240,9	99,8	239,0	99,0	45,7	18,9	14,0	5,8	70,2	29,1	609,8	252,5
08.1962	264,2	107,5	255,8	104,1	47,9	19,5	14,4	5,9	74,1	30,2	656,5	267,2
09.1962	278,3	110,6	261,2	103,8	51,6	20,5	14,3	5,7	76,3	30,3	681,6	270,9
10.1962	291,2	112,4	277,7	107,2	52,0	20,1	14,6	5,7	78,7	30,4	714,3	275,7
11.1962	301,5	108,0	291,0	104,3	57,2	20,5	15,6	5,6	83,3	29,8	748,6	268,2
12.1962	309,3	105,3	305,6	104,1	55,5	18,9	17,7	6,0	87,0	29,6	775,0	264,0
01.1963	322,4	100,0	314,5	97,5	61,8	19,1	18,4	5,7	92,0	28,5	809,0	250,8
02.1963	326,7	94,7	321,5	93,2	62,1	18,0	19,2	5,6	93,8	27,2	823,2	238,7
03.1963	314,9	86,0	320,9	87,7	62,6	17,1	19,8	5,4	89,6	24,5	807,7	220,7
04.1963	306,7	83,4	335,0	91,1	66,6	18,1	20,8	5,6	85,4	23,2	814,4	221,4
05.1963	306,4	79,6	342,1	88,9	68,6	17,8	20,6	5,4	82,1	21,3	819,9	213,1
06.1963	316,2	77,3	360,7	88,2	72,3	17,7	21,8	5,3	81,3	19,9	852,1	208,5

Período	Comércio Nominal	Comércio Real	Indústria Nominal	Indústria Real	Lavoura Nominal	Lavoura Real	Pecuária Nominal	Pecuária Real	Particulares Nominal	Particulares Real	Total Nominal	Total Real
07.1963	329,7	78,5	372,4	88,7	77,6	18,5	23,5	5,6	85,0	20,2	888,2	211,6
08.1963	350,9	80,3	388,6	88,9	84,2	19,3	24,8	5,7	87,8	20,1	936,3	214,2
09.1963	366,4	79,0	394,7	85,2	90,4	19,5	25,7	5,5	91,7	19,8	968,9	209,0
10.1963	384,6	78,2	425,6	86,5	94,2	19,2	26,0	5,3	96,1	19,5	1.026,5	208,8
11.1963	419,0	82,4	463,3	91,1	102,7	20,2	27,6	5,4	106,7	21,0	1.119,3	220,0
12.1963	446,7	83,1	511,2	95,1	108,5	20,2	29,6	5,5	113,9	21,2	1.209,9	225,0
01.1964	474,7	81,5	529,4	90,9	118,6	20,4	33,4	5,7	122,2	21,0	1.278,4	219,4
02.1964	485,0	78,8	538,8	87,5	127,8	20,8	36,2	5,9	127,3	20,7	1.315,1	213,7
03.1964	504,4	77,5	556,1	85,4	136,8	21,0	38,7	5,9	131,6	20,2	1.367,6	210,0
04.1964	507,6	75,1	580,3	85,9	142,9	21,2	38,9	5,8	130,5	19,3	1.400,2	207,2
05.1964	533,3	76,7	626,3	90,0	149,6	21,5	44,5	6,4	138,6	19,9	1.492,4	214,5
06.1964	565,3	77,6	683,7	93,9	158,0	21,7	45,3	6,2	143,0	19,6	1.595,4	219,0
07.1964	597,8	77,1	705,1	91,0	164,8	21,3	52,3	6,7	154,7	20,0	1.674,5	216,1
08.1964	635,6	79,5	767,2	96,0	183,8	23,0	57,2	7,2	165,4	20,7	1.809,2	226,3
09.1964	673,7	80,8	832,5	99,9	205,0	24,6	63,4	7,6	176,9	21,2	1.951,6	234,1
10.1964	755,0	86,6	877,2	100,6	200,8	23,0	68,2	7,8	187,5	21,5	2.088,7	239,4
11.1964	735,7	77,8	910,8	96,4	247,3	26,2	72,0	7,6	198,2	21,0	2.164,0	228,9
12.1964	775,7	78,3	948,7	95,8	238,3	24,1	73,5	7,4	197,5	19,9	2.233,7	225,6

Fonte: Sumoc, *Boletim*, 1961-1965, vários números.

Tabela A21 – Empréstimos das autoridades monetárias e dos bancos comerciais ao setor privado discriminados por setores econômicos, Brasil, janeiro de 1960 a dezembro de 1964 (Cr$ bilhões nominais e reais)

Período	Comércio		Indústria		Lavoura		Pecuária		Particulares		Total	
	Nominal	Real	Nominal	Real	Nominal	Real	Nominal	Real	Nominal	Real	Nominal	Real
01.1960	139,3	139,3	160,9	160,9	56,9	56,9	16,7	16,7	31,7	31,7	405,5	405,5
02.1960	141,6	135,9	163,0	156,4	58,8	56,4	17,4	16,7	32,4	31,0	413,1	396,4
03.1960	143,0	135,2	167,9	158,8	60,4	57,1	18,1	17,2	33,2	31,4	422,6	399,7
04.1960	147,4	137,8	171,2	160,1	62,8	58,7	18,6	17,4	34,7	32,4	434,6	406,5
05.1960	148,4	138,6	176,4	164,7	65,4	61,1	19,2	17,9	34,8	32,5	444,2	414,8
06.1960	152,8	141,8	182,6	169,4	67,9	63,0	20,2	18,8	34,9	32,3	458,5	425,2
07.1960	157,1	143,1	184,4	168,0	69,9	63,7	20,5	18,7	35,8	32,6	467,8	426,2
08.1960	162,9	141,5	192,7	167,3	69,5	60,3	21,5	18,6	36,8	32,0	483,3	419,6
09.1960	178,0	148,9	200,4	167,7	71,6	59,9	22,3	18,6	38,1	31,9	510,4	427,1
10.1960	193,1	153,6	203,8	162,1	71,6	57,0	23,0	18,3	39,9	31,7	531,3	422,8
11.1960	198,2	153,8	214,2	166,3	72,6	56,4	23,9	18,6	41,8	32,5	550,8	427,5
12.1960	202,3	153,7	218,7	166,1	74,8	56,8	25,1	19,1	44,0	33,4	565,0	429,1
01.1961	196,7	146,2	223,3	166,0	74,5	55,3	25,9	19,2	45,8	34,1	566,2	420,9
02.1961	191,3	142,7	223,3	166,6	75,8	56,6	25,6	19,1	46,9	35,0	563,0	419,9
03.1961	189,6	138,1	234,2	170,7	78,1	56,9	25,7	18,8	47,2	34,4	574,9	418,8
04.1961	191,4	132,2	244,4	168,8	78,5	54,2	25,5	17,6	48,8	33,7	588,6	406,6
05.1961	191,6	130,5	243,3	165,7	81,4	55,5	25,4	17,3	48,4	33,0	590,1	401,8
06.1961	195,0	129,7	250,6	166,7	84,8	56,4	26,5	17,6	46,7	31,1	603,5	401,5
07.1961	202,0	133,2	257,1	169,6	89,4	59,0	26,1	17,2	48,5	32,0	623,1	410,9
08.1961	215,4	134,1	269,0	167,5	94,8	59,0	26,4	16,4	50,4	31,3	656,0	408,3

Felipe Pereira Loureiro

Período	Comércio Nominal	Comércio Real	Indústria Nominal	Indústria Real	Lavoura Nominal	Lavoura Real	Pecuária Nominal	Pecuária Real	Particulares Nominal	Particulares Real	Total Nominal	Total Real
09.1961	222,2	131,7	274,8	162,8	99,5	59,0	26,7	15,8	50,1	29,7	673,3	399,0
10.1961	240,1	128,7	282,8	151,6	105,6	56,6	28,5	15,3	52,3	28,0	709,3	380,3
11.1961	253,6	130,3	292,0	150,0	110,4	56,8	30,2	15,5	53,7	27,6	739,9	380,2
12.1961	266,5	132,2	307,0	152,2	118,6	58,8	32,3	16,0	57,0	28,3	781,4	387,5
01.1962	277,3	132,1	315,0	150,1	122,6	58,4	34,0	16,2	58,4	27,8	807,5	384,7
02.1962	285,0	133,2	326,6	152,6	129,5	60,5	36,2	16,9	62,0	29,0	839,2	392,2
03.1962	289,6	134,4	335,5	155,7	135,3	62,8	39,0	18,1	63,9	29,6	863,3	400,6
04.1962	286,8	132,8	347,6	161,0	137,9	63,9	40,9	19,0	66,3	30,7	879,6	407,4
05.1962	285,2	127,2	353,2	157,6	141,0	62,9	42,1	18,8	68,2	30,4	889,8	396,9
06.1962	278,8	121,1	370,1	160,8	145,8	63,3	46,2	20,1	69,1	30,0	910,0	395,4
07.1962	290,2	120,2	381,2	157,9	147,4	61,0	48,2	20,0	71,5	29,6	938,4	388,6
08.1962	319,2	130,0	406,9	165,6	154,3	62,8	50,5	20,5	75,5	30,8	1.006,5	409,7
09.1962	340,5	135,3	420,3	167,0	167,0	66,4	52,6	20,9	77,8	30,9	1.058,2	420,6
10.1962	357,8	138,1	444,4	171,5	175,3	67,7	55,2	21,3	80,5	31,1	1.113,2	429,6
11.1962	372,0	133,3	462,6	165,7	188,9	67,7	58,5	21,0	85,1	30,5	1.167,1	418,2
12.1962	391,5	133,3	509,8	173,6	187,9	64,0	74,9	25,5	90,3	30,8	1.254,5	427,3
01.1963	402,0	124,6	521,1	161,6	211,7	65,6	65,9	20,4	96,5	29,9	1.297,2	402,1
02.1963	408,2	118,4	525,2	152,3	218,1	63,3	68,6	19,9	98,0	28,4	1.318,1	382,2
03.1963	393,7	107,5	459,8	125,6	229,6	62,7	70,6	19,3	92,9	25,4	1.246,5	340,5
04.1963	382,6	104,0	539,2	146,6	237,5	64,6	73,0	19,9	88,6	24,1	1.320,9	359,1
05.1963	381,3	99,1	556,5	144,6	246,3	64,0	74,4	19,3	85,4	22,2	1.343,9	349,2
06.1963	387,3	94,7	585,7	143,3	259,8	63,5	77,9	19,1	83,9	20,5	1.394,6	341,2

Período	Comércio		Indústria		Lavoura		Pecuária		Particulares		Total	
	Nominal	Real	Nominal	Real	Nominal	Real	Nominal	Real	Nominal	Real	Nominal	Real
07.1963	403,9	96,2	609,5	145,2	262,2	62,5	79,6	19,0	87,7	20,9	1.442,9	343,7
08.1963	434,5	99,4	633,7	145,0	273,6	62,6	81,6	18,7	90,4	20,7	1.513,9	346,4
09.1963	458,9	99,0	648,2	139,8	292,4	63,1	83,4	18,0	94,3	20,4	1.577,1	340,3
10.1963	486,2	98,9	689,3	140,2	318,4	64,7	83,0	16,9	99,0	20,1	1.675,9	340,8
11.1963	530,3	104,2	730,7	143,6	346,8	68,2	85,3	16,8	109,5	21,5	1.802,7	354,3
12.1963	566,5	105,3	802,8	149,3	368,7	68,6	90,2	16,8	116,8	21,7	1.944,9	361,7
01.1964	597,4	102,5	818,2	140,4	385,5	66,2	95,1	16,3	125,6	21,6	2.021,9	347,0
02.1964	611,2	99,3	831,2	135,1	405,3	65,9	99,9	16,2	131,0	21,3	2.078,5	337,7
03.1964	637,0	97,8	864,6	132,8	425,4	65,3	107,3	16,5	135,3	20,8	2.169,6	333,2
04.1964	642,4	95,1	905,6	134,0	443,2	65,6	111,8	16,6	134,4	19,9	2.237,3	331,1
05.1964	664,7	95,6	965,4	138,8	459,3	66,0	121,6	17,5	142,6	20,5	2.353,5	338,3
06.1964	698,0	95,8	1.051,6	144,4	491,2	67,4	128,8	17,7	147,3	20,2	2.516,9	345,5
07.1964	742,1	95,8	1.089,9	140,7	529,6	68,3	137,8	17,8	158,7	20,5	2.658,0	343,0
08.1964	781,9	97,8	1.170,1	146,4	574,8	71,9	145,5	18,2	169,6	21,2	2.841,9	355,5
09.1964	831,8	99,8	1.246,3	149,5	632,1	75,8	154,4	18,5	181,0	21,7	3.045,7	365,4
10.1964	931,6	106,8	1.309,6	150,1	673,7	77,2	163,5	18,7	191,7	22,0	3.270,0	374,9
11.1964	913,0	96,6	1.351,2	142,9	746,3	78,9	170,7	18,1	202,4	21,4	3.383,5	357,9
12.1964	958,6	96,8	1.412,5	142,6	760,6	76,8	178,6	18,0	201,7	20,4	3.512,1	354,7

Fonte: Sumoc, *Boletim*, 1961-1965, vários números.

Tabela A22 – Empréstimos das autoridades monetárias ao setor privado discriminados por setores econômicos, Brasil, janeiro de 1960 a dezembro de 1964 (índices reais e reais dessazonalizados, 1960 = 100)

Período	Comércio		Indústria		Lavoura		Pecuária		Particulares		Total	
	Real	Dessaz.	Real	Dessaz.	Real	Dessaz.	Real	Dessaz.	Real	Dessaz.	Real	Dessaz.
01.1960	100	-	100	-	100	-	100	-	100	-	100	-
02.1960	95	-	95	-	99	-	99	-	98	-	96	-
03.1960	94	-	94	-	102	-	102	-	102	-	97	-
04.1960	92	-	94	-	105	-	104	-	102	-	98	-
05.1960	91	-	97	-	111	-	107	-	101	-	101	-
06.1960	95	-	101	-	117	-	112	-	91	-	105	-
07.1960	98	113	101	99	117	116	113	112	89	94	106	107
08.1960	103	109	103	99	113	114	114	114	80	89	107	106
09.1960	116	113	102	98	109	109	115	114	80	88	107	105
10.1960	129	119	97	95	101	101	113	114	76	83	105	103
11.1960	127	114	96	96	98	97	113	115	76	85	103	102
12.1960	125	106	98	93	100	99	118	109	76	70	105	99
01.1961	103	96	94	95	101	100	116	118	75	62	99	99
02.1961	95	92	93	96	104	104	116	118	76	66	98	95
03.1961	85	86	94	107	104	104	111	114	73	72	97	102
04.1961	79	84	96	98	98	99	104	104	71	71	94	96
05.1961	79	89	95	96	100	102	100	102	71	70	94	97
06.1961	81	95	99	97	105	106	100	99	74	77	97	100
07.1961	86	100	99	96	110	109	98	98	74	78	99	101
08.1961	97	103	97	93	109	109	95	95	71	79	100	100

Período	Comércio		Indústria		Lavoura		Pecuária		Particulares		Total	
	Real	Dessaz.	Real	Dessaz.	Real	Dessaz.	Real	Dessaz.	Real	Dessaz.	Real	Dessaz.
09.1961	105	102	98	93	112	112	95	94	72	80	102	100
10.1961	106	98	91	89	110	110	91	92	64	70	99	97
11.1961	117	104	90	90	113	112	92	93	61	68	100	99
12.1961	128	109	91	86	118	116	97	89	59	55	105	99
01.1962	128	119	87	88	118	117	96	98	59	49	103	102
02.1962	127	122	86	89	120	120	99	102	59	51	103	99
03.1962	124	126	89	101	124	124	106	108	69	69	106	112
04.1962	114	121	91	93	128	129	112	113	72	71	106	109
05.1962	99	112	90	92	126	128	109	111	81	79	103	107
06.1962	91	107	93	92	126	128	119	118	85	88	104	107
07.1962	89	103	94	92	122	121	121	120	86	90	103	104
08.1962	98	104	98	95	125	126	125	124	91	101	108	107
09.1962	108	105	101	97	133	132	130	129	94	104	113	111
10.1962	112	103	103	101	138	137	133	135	109	118	116	114
11.1962	110	99	98	98	136	135	131	133	104	117	113	112
12.1962	122	104	111	106	130	129	166	153	181	166	123	116
01.1963	108	100	103	103	134	134	126	129	218	181	114	114
02.1963	103	99	95	98	131	131	122	125	193	169	130	126
03.1963	94	95	61	69	132	132	118	121	138	137	91	96
04.1963	90	96	89	91	134	135	121	122	137	136	104	107
05.1963	85	96	89	91	134	136	119	121	134	131	103	107
06.1963	76	90	88	87	133	134	117	115	102	106	100	103

Período	Comércio		Indústria		Lavoura		Pecuária		Particulares		Total	
	Real	Dessaz.	Real	Dessaz.	Real	Dessaz.	Real	Dessaz.	Real	Dessaz.	Real	Dessaz.
07.1963	77	89	90	88	127	126	114	114	104	110	100	101
08.1963	84	89	90	86	125	126	111	110	94	103	100	100
09.1963	87	84	88	84	126	125	106	105	90	99	99	97
10.1963	90	83	86	84	132	131	99	100	92	100	100	98
11.1963	96	86	84	84	139	137	97	98	88	99	102	98
12.1963	97	83	87	82	140	138	96	88	85	78	103	100
01.1964	92	85	79	80	132	132	90	92	92	76	96	97
02.1964	89	86	76	79	130	131	88	91	93	81	94	96
03.1964	89	90	76	86	128	128	90	92	91	90	93	90
04.1964	87	93	77	79	128	129	92	93	89	89	94	99
05.1964	83	93	78	79	129	131	94	96	89	87	94	96
06.1964	80	94	81	80	132	134	98	96	93	96	96	97
07.1964	81	-	80	-	136	-	94	-	81	-	96	98
08.1964	80	-	81	-	141	-	94	-	82	-	98	-
09.1964	83	-	79	-	148	-	93	-	78	-	99	-
10.1964	88	-	79	-	157	-	93	-	75	-	102	-
11.1964	82	-	75	-	153	-	89	-	70	-	98	-
12.1964	81	-	75	-	152	-	91	-	67	-	98	-

Fonte: Tabela A19.

Tabela A23 – Empréstimos dos bancos comerciais ao setor privado discriminados por setores econômicos, Brasil, janeiro de 1960 a dezembro de 1964 (índices reais e reais reais dessazonalizados, janeiro 1960 = 100)

Período	Comércio		Indústria		Lavoura		Pecuária		Particulares		Total	
	Real	Dessaz.	Real	Dessaz.	Real	Dessaz.	Real	Dessaz.	Real	Dessaz.	Real	Dessaz.
01.1960	100	-	100	-	100	-	100	-	100	-	100	-
02.1960	98	-	99	-	99	-	101	-	98	-	98	-
03.1960	98	-	102	-	98	-	104	-	99	-	99	-
04.1960	100	-	103	-	100	-	104	-	102	-	101	-
05.1960	101	-	106	-	102	-	107	-	103	-	103	-
06.1960	103	-	108	-	101	-	112	-	102	-	105	-
07.1960	104	105	107	106	105	103	110	105	103	104	105	105
08.1960	101	101	105	103	95	93	105	103	101	102	102	101
09.1960	105	104	106	106	99	96	103	107	101	102	104	104
10.1960	107	104	103	104	98	98	100	106	101	103	104	104
11.1960	107	104	108	107	101	99	106	110	103	103	106	105
12.1960	108	104	107	105	99	100	105	107	106	104	106	104
01.1961	105	103	109	109	92	94	113	113	108	106	106	105
02.1961	104	103	110	111	93	94	110	110	111	107	106	106
03.1961	102	103	113	115	94	95	114	112	109	108	106	107
04.1961	98	101	111	111	91	92	109	108	107	107	103	104
05.1961	97	100	108	109	93	93	111	108	105	106	102	103
06.1961	96	100	107	107	90	91	117	115	99	103	100	102
07.1961	97	99	110	109	93	92	114	109	101	102	102	103
08.1961	96	96	108	107	96	94	105	103	100	100	101	100

Período	Comércio		Indústria		Lavoura		Pecuária		Particulares		Total	
	Real	Dessaz.	Real	Dessaz.	Real	Dessaz.	Real	Dessaz.	Real	Dessaz.	Real	Dessaz.
09.1961	92	91	103	104	90	87	94	97	94	95	96	96
10.1961	90	88	96	97	83	83	94	99	89	91	92	91
11.1961	89	86	95	95	80	78	94	98	88	88	91	89
12.1961	88	86	97	95	81	81	93	95	90	88	91	89
01.1962	88	87	97	97	79	81	100	99	88	87	91	90
02.1962	89	89	101	101	86	87	106	105	92	89	94	93
03.1962	91	92	102	103	89	90	114	112	94	93	95	96
04.1962	92	94	106	106	88	89	117	116	97	97	98	99
05.1962	90	93	103	103	87	87	120	117	96	97	95	97
06.1962	86	90	104	104	88	89	121	119	95	99	94	96
07.1962	86	87	101	100	85	83	116	111	94	94	92	93
08.1962	92	92	106	104	87	86	118	116	97	98	98	97
09.1962	95	94	105	106	92	89	113	117	98	99	99	99
10.1962	97	94	109	110	90	90	113	119	98	100	101	101
11.1962	93	90	106	105	92	90	112	116	96	96	98	97
12.1962	91	88	106	104	85	85	120	123	95	93	97	95
01.1963	86	84	99	99	86	88	114	114	92	90	92	91
02.1963	81	81	95	95	81	81	111	111	88	85	87	87
03.1963	74	75	89	90	76	77	108	106	79	78	81	82
04.1963	72	74	93	92	81	82	113	112	75	74	81	82
05.1963	68	71	90	91	80	80	107	105	69	69	78	79
06.1963	66	69	90	89	79	80	106	104	64	67	76	78

Período	Comércio		Indústria		Lavoura		Pecuária		Particulares		Total	
	Real	Dessaz.	Real	Dessaz.	Real	Dessaz.	Real	Dessaz.	Real	Dessaz.	Real	Dessaz.
07.1963	67	69	90	90	83	81	112	107	65	66	77	78
08.1963	69	69	90	89	86	85	113	112	65	65	78	78
09.1963	68	67	87	87	87	85	111	114	64	65	77	76
10.1963	67	66	88	89	86	86	106	112	63	64	76	76
11.1963	71	69	93	92	90	89	109	113	68	68	81	79
12.1963	71	69	97	95	90	91	110	113	68	67	82	81
01.1964	70	69	92	92	91	93	115	114	68	66	80	80
02.1964	68	67	89	89	93	94	118	117	67	64	78	78
03.1964	67	66	87	88	94	95	119	117	65	64	77	78
04.1964	65	66	87	87	95	95	115	114	62	62	76	77
05.1964	66	68	91	92	96	97	128	125	64	65	79	80
06.1964	67	70	95	95	97	99	124	122	63	66	80	82
07.1964	66	-	92	-	95	-	135	-	64	-	79	-
08.1964	68	-	97	-	103	-	143	-	67	-	83	-
09.1964	69	-	101	-	110	-	152	-	68	-	86	-
10.1964	74	-	102	-	103	-	156	-	69	-	88	-
11.1964	67	-	98	-	117	-	152	-	68	-	84	-
12.1964	67	-	97	-	108	-	148	-	64	-	83	-

Fonte: Tabela A20.

Tabela A24 – Empréstimos das autoridades monetárias e dos bancos comerciais ao setor privado discriminados por setores econômicos, Brasil, janeiro de 1960 a dezembro de 1964 (índices reais e reais dessazonalizados, janeiro 1960 = 100)

Período	Comércio		Indústria		Lavoura		Pecuária		Particulares		Total	
	Real	Dessaz.	Real	Dessaz.	Real	Dessaz.	Real	Dessaz.	Real	Dessaz.	Real	Dessaz.
01.1960	100	-	100	-	100	-	100	-	100	-	100	-
02.1960	98	-	97	-	99	-	100	-	98	-	98	-
03.1960	97	-	99	-	100	-	103	-	99	-	99	-
04.1960	99	-	100	-	103	-	104	-	102	-	100	-
05.1960	100	-	102	-	107	-	107	-	103	-	102	-
06.1960	102	-	105	-	111	-	112	-	102	-	105	-
07.1960	103	107	104	103	112	111	112	110	103	104	105	106
08.1960	102	102	104	102	106	106	111	110	101	101	103	103
09.1960	107	105	104	103	105	104	111	112	101	102	105	104
10.1960	110	107	101	101	100	100	109	112	100	103	104	103
11.1960	110	106	103	103	99	98	111	114	102	103	105	104
12.1960	110	104	103	100	100	99	114	108	106	103	106	102
01.1961	105	102	103	103	97	98	115	117	108	105	104	103
02.1961	102	101	104	105	99	100	114	116	110	107	104	104
03.1961	99	100	106	112	100	100	112	113	109	107	103	106
04.1961	95	98	105	106	95	96	105	106	107	106	100	102
05.1961	94	98	103	104	97	99	103	104	104	105	99	101
06.1961	93	99	104	103	99	100	105	104	98	102	99	101
07.1961	96	99	105	104	104	102	103	101	101	102	101	102
08.1961	96	97	104	102	104	103	98	97	99	99	101	100

Período	Comércio		Indústria		Lavoura		Pecuária		Particulares		Total	
	Real	Dessaz.	Real	Dessaz.	Real	Dessaz.	Real	Dessaz.	Real	Dessaz.	Real	Dessaz.
09.1961	95	93	101	100	104	102	95	95	94	95	98	97
10.1961	92	89	94	94	99	99	92	94	88	91	94	93
11.1961	94	89	93	93	100	99	93	95	87	87	94	92
12.1961	95	90	95	92	103	103	96	91	89	87	96	92
01.1962	95	92	93	94	103	103	97	98	88	86	95	94
02.1962	96	94	95	97	106	107	101	103	91	88	97	97
03.1962	96	98	97	102	110	111	108	109	94	92	99	101
04.1962	95	99	100	101	112	113	113	114	97	96	100	102
05.1962	91	96	98	99	110	112	112	113	96	97	98	100
06.1962	87	93	100	99	111	113	120	118	95	99	97	100
07.1962	86	90	98	97	107	106	119	117	93	94	96	96
08.1962	93	94	103	101	110	110	123	122	97	98	101	100
09.1962	97	95	104	102	117	115	125	125	98	99	104	102
10.1962	99	96	107	107	119	119	127	130	98	100	106	105
11.1962	96	91	103	103	119	117	125	128	96	97	103	101
12.1962	96	90	108	105	112	112	153	145	97	95	105	102
01.1963	89	87	100	101	115	116	122	124	94	92	99	98
02.1963	85	84	95	96	111	112	119	121	90	87	94	94
03.1963	77	78	78	82	110	111	115	116	80	79	84	86
04.1963	75	77	91	92	113	114	119	119	76	76	89	90
05.1963	71	75	90	91	112	114	116	116	70	71	86	88
06.1963	68	73	89	88	112	113	114	112	65	67	84	86

Período	Comércio		Indústria		Lavoura		Pecuária		Particulares		Total	
	Real	Dessaz.	Real	Dessaz.	Real	Dessaz.	Real	Dessaz.	Real	Dessaz.	Real	Dessaz.
07.1963	69	72	90	89	110	108	113	112	66	67	85	85
08.1963	71	72	90	88	110	110	112	111	65	66	85	85
09.1963	71	70	87	86	111	109	108	108	64	65	84	83
10.1963	71	69	87	87	114	114	101	103	64	65	84	83
11.1963	75	72	89	89	120	118	100	103	68	68	87	86
12.1963	76	71	93	90	120	120	100	95	69	67	89	86
01.1964	74	72	87	88	116	117	98	99	68	66	86	85
02.1964	71	70	84	85	116	116	97	99	67	65	83	83
03.1964	70	71	83	87	115	115	99	99	66	65	82	84
04.1964	68	71	83	84	115	116	99	99	63	62	82	83
05.1964	69	72	86	87	116	118	105	105	65	65	83	85
06.1964	69	73	90	89	118	120	106	104	64	66	85	87
07.1964	69	-	87	-	120	-	106	-	65	-	85	-
08.1964	70	-	91	-	126	-	109	-	67	-	88	-
09.1964	72	-	93	-	133	-	111	-	69	-	90	-
10.1964	77	-	93	-	136	-	112	-	69	-	92	-
11.1964	69	-	89	-	139	-	108	-	68	-	88	-
12.1964	70	-	89	-	135	-	108	-	64	-	87	-

Fonte: Tabela A21.

Tabela A25 – Número de greves de trabalhadores urbanos discriminado por categoria econômica, Brasil, janeiro de 1960 a dezembro de 1964 (trimestres)

Trimestres	Indústria	Serviços essenciais	Serviços secundários
I.1960	3	17	1
II.1960	12	14	4
III.1960	7	10	6
IV.1960	22	25	3
I.1961	13	17	7
II.1961	4	8	3
III.1961	14	12	4
IV.1961	17	17	13
I.1962	11	18	6
II.1962	14	15	5
III.1962	17	18	9
IV.1962	28	21	12
I.1963	18	30	9
II.1963	21	27	7
III.1963	19	34	13
IV.1963	23	32	41
I.1964	13	28	23
Total	256	343	166

Fontes: *Folha de S.Paulo, apud* Weffort, 1972, Apêndice, s.p., *Novos Rumos, O Estado de S. Paulo* e *Última Hora* (RJ), jan.1960 a mar. 1964.

Tabela A26 – Número de greves de trabalhadores urbanos discriminado por localização, Brasil, janeiro de 1960 a dezembro de 1964 (trimestres)

Trimestres	Municipal	Intermunicipal	Estadual	Interestadual	Nacional
I.1960	9	4	3	2	3
II.1960	27	2	1	1	0
III.1960	17	0	5	2	0
IV.1960	41	1	2	2	4
I.1961	26	1	8	2	0
II.1961	12	2	1	0	0
III.1961	27	3	2	1	0
IV.1961	35	8	3	0	1
I.1962	20	4	5	3	3
II.1962	26	5	2	2	2
III.1962	41	0	4	0	3
IV.1962	47	6	8	1	1
I.1963	48	3	5	2	3
II.1963	40	3	8	2	3
III.1963	53	2	12	1	3
IV.1963	83	2	14	2	2
I.1964	49	3	7	4	4
Total	601	49	90	27	32

Fonte: Ver Tabela A25.

Tabela A27 – Número de greves de trabalhadores urbanos discriminado por abrangência setorial, Brasil, janeiro de 1960 a dezembro de 1964 (trimestres)

Trimestres	Unitária	Setorial	Intersetorial	Geral
I.1960	11	9	1	0
II.1960	22	7	1	0
III.1960	10	13	0	1
IV.1960	30	18	2	0
I.1961	22	15	0	0
II.1961	9	6	0	0
III.1961	14	14	2	3
IV.1961	17	29	1	0
I.1962	14	21	0	0
II.1962	13	20	1	3
III.1962	17	27	0	4
IV.1962	25	36	2	0
I.1963	21	36	4	0
II.1963	18	37	1	0
III.1963	22	42	5	2
IV.1963	31	62	10	1
I.1964	18	43	3	3
Total	314	435	33	17

Fonte: Ver Tabela A25.

Tabela A28 – Distribuição relativa das greves de trabalhadores urbanos de acordo com combinações de variáveis de localização, abrangência setorial e categoria econômica, Brasil, janeiro de 1960 a dezembro de 1964 (trimestres, em %)

Greves	I.60	II.60	III.60	IV.60	I.61	II.61	III.61	IV.61	I.62	II.62	III.62	IV.62	I.63	II.63	III.63	IV.63	I.64	I.60–I.64
Indústria – Municipal – Unitária	4,8	35,5	12,0	30,0	24,3	20,0	21,9	19,1	20,0	18,9	20,4	18,8	18,0	15,8	19,2	12,6	7,5	17,7
Indústria – Municipal – Setorial	4,8	3,2	12,0	10,0	8,1	0,0	15,6	12,8	0,0	8,1	14,3	20,3	6,6	17,5	5,5	9,7	10,4	10,2
Indústria – Intermunicipal – Setorial	4,8	0,0	0,0	0,0	0,0	6,7	0,0	2,1	2,9	0,0	0,0	1,6	3,3	5,3	1,4	0,0	1,5	1,5
Indústria – Estadual – Setorial	0,0	0,0	4,0	0,0	2,7	0,0	0,0	0,0	0,0	0,0	2,0	3,2	1,6	0,0	2,7	0,0	0,0	1,2
Serviços essenciais – Municipal – Unitária	23,8	25,8	16,0	22,0	13,5	20,0	9,4	4,3	2,9	5,4	8,2	10,9	11,5	3,5	6,8	2,9	3,0	9,2
Serviços essenciais – Estadual Unitária	14,3	3,2	4,0	2,0	10,8	6,7	0,0	2,1	2,9	2,7	0,0	3,1	0,0	7,0	4,1	3,9	0,0	3,4

Greves	I.60	II.60	III.60	IV.60	I.61	II.61	III.61	IV.61	I.62	II.62	III.62	IV.62	I.63	II.63	III.63	IV.63	I.64	I.60 –I.64
Serviços essenciais – Municipal – Setorial	9,5	12,9	4,0	14,0	13,5	20,0	15,6	17,0	22,9	18,9	22,4	7,8	27,9	24,6	17,8	18,4	23,9	18,1
Serviços essenciais – Intermunicipal – Setorial	9,5	0,0	0,0	2,0	0,0	6,7	6,3	2,1	5,7	8,1	0,0	3,1	1,6	0,0	0,0	1,0	1,5	2,1
Serviços essenciais – Estadual – Setorial	0,0	0,0	8,0	0,0	2,7	0,0	3,1	4,3	5,7	0,0	4,1	1,6	1,6	5,3	6,8	1,0	3,0	2,9
Serviços essenciais – Nacional – Setorial	9,5	0,0	0,0	6,0	0,0	0,0	0,0	2,1	8,6	2,7	2,0	1,6	1,6	3,5	4,1	0,0	3,0	2,5
Serviços secundários – Municipal – Unitária	0,0	0,0	0,0	4,0	5,4	13,3	6,3	6,4	0,0	0,0	8,2	3,1	1,6	5,3	1,4	8,7	10,4	4,7
Serviços secundários – Municipal – Setorial	4,8	9,7	24,0	0,0	5,4	6,7	6,3	14,9	11,4	10,8	8,2	10,9	8,2	5,3	15,1	22,3	11,9	11,2

Greves	I.60	II.60	III.60	IV.60	I.61	II.61	III.61	IV.61	I.62	II.62	III.62	IV.62	I.63	II.63	III.63	IV.63	I.64	I.60 – I.64
Serviços secundários – Estadual – Setorial	0,0	0,0	0,0	2,0	2,7	0,0	0,0	0,0	2,9	0,0	2,0	4,7	3,3	1,8	2,7	4,9	1,5	2,2
Intersetorial – Municipal††	0,0	0,0	0,0	0,0	0,0	0,0	0,0	0,0	0,0	0,0	0,0	3,1	4,9	0,0	4,1	3,9	0,0	1,5
Geral – Municipal	0,0	0,0	4,0	0,0	0,0	0,0	0,0	0,0	0,0	5,4	4,1	0,0	0,0	0,0	1,4	0,0	3,0	1,1
% Total de greves	85,8	90,3	88,0	92,0	89,1	100,0	84,4	87,2	85,9	81,0	95,9	93,8	91,7	94,9	93,1	89,3	80,6	89,5

Fonte: Ver Tabela A25.

Tabela A29 – Previsão e execução de variáveis selecionadas de política econômica, Plano Trienal, Brasil (trimestres de 1963, bilhões Cr$)

	I.1963		II.1963		III.1963		IV.1963		Total	
	Previsto	Efetivo	Previsto	Efetivo	Previsto	Efetivo	Previsto	Efetivo	Previsto	Efetivo
Orçamento monetário										
Aplicações										
Déficit público federal	30,6	28,6	99,8	30,5	105,3	202,9	247,7	534,5	483,4	796,5
Crege – Banco do Brasil	26,6	48,5	53,3	52,5	57,5	122,9	162,6	256	300	479,9
Creai – Banco do Brasil	-7,2	55,9	5,4	60,1	43,9	162,6	19,9	338,8	62	617,4
Cared – Banco do Brasil	10,7	36,6	28,9	37,5	2,5	11,1	12,3	28,8	54,4	114
Excesso de recursos	-6,5	14,5	-2,5	-6,8	4,5	17,7	4,5	1,9	0	27,3
	7	-126,9	14,7	-112,8	-3,1	-111,4	48,4	-91	67	-442,1
Recursos	30,6	28,6	99,8	30,5	105,3	202,9	247,7	534,5	483,4	796,5
Recursos não monetários*	24	28,2	95	-81,8	93	22,6	82	115,7	294	84,7
Recursos monetários*	11,6	10,4	-5,2	62,3	-18,5	15,3	91,5	243,8	79,4	331,8
Emissão de papel-moeda	-5	-10	10	50	30,8	165	74,2	175,0	110	380
Operações dos bancos comerciais										
Encaixe total	19,3	2,1	11,9	38,7	52,8	23,8	54,7	208,1	138,7	272,7
Empréstimos	54	32,7	76	44,4	93	116,8	55	241	278	434,9
Depósitos	54	20,1	65,7	91	81,3	123,5	82,2	446,9	283,2	681,5
Empréstimos das Aut. Monetárias	19,3	14,7	22,2	-7,9	64,5	17,1	27,5	2,2	133,5	26,1
Evolução dos meios de pagamento										
Numerário	-2,3	5	8,1	43,5	23	140,7	69,2	97,6	98	286,8
Moeda escritural	27,4	2,1	66	136	74	125,2	172,4	543,2	339,8	806,5
Total	25,1	7,1	74,1	179,5	97	265,9	241,6	640,8	437,8	1093,3

Fontes: Sumoc, *Boletim*, vários números, *apud* Mesquita, 1992, Apêndice estatístico, s.p.

* Recursos monetários referem-se aos depósitos do público no Banco do Brasil e aos depósitos compulsórios e voluntários de instituições bancárias particulares junto às autoridades monetárias. Recursos não monetários, por sua vez, referem-se aos depósitos vinculados à importação de bens e aos recursos da conta do café.

REFERÊNCIAS

Bibliografia

ABREU, A.; BELOCH, I.; LATTMAN-WELTMAN, F.; LAMARÃO, S. (Orgs.). *Dicionário histórico-biográfico brasileiro*. 2. ed. Rio de Janeiro: Fundação Getúlio Vargas, 2001.

ABREU, M. de P. Inflação, estagnação e ruptura: 1961-1964. In: ABREU, M. de P. (Org.). *A ordem do progresso*. Cem anos de política econômica republicana (1889-1989). Rio de Janeiro: Campus, 1990. p.197-211.

ABREU, M. de P.; BEVILAQUA, A.; PINHO, D. *Import Substitution and Growth in Brazil, 1870-1970*. Workshop on Import-Substituting Industrialization in Latin America. Oxford, 1996. (Mimeo.)

AFANASYEV, L. *The political economy of capitalism*. Moscou: Progress Publishers, 1974.

AFONSO, A. *Raízes do golpe*: da crise da legalidade ao parlamentarismo. São Paulo: Marco Zero, 1988.

AGEE, P. *Inside the company*. CIA Diary. New York: Penguin Books, 1978.

AZEVEDO, A. *Dicionário de nomes, termos e conceitos históricos*. 3. ed. Rio de Janeiro: Nova Fronteira, 1999.

BAER, W. *A industrialização e o desenvolvimento econômico do Brasil*. 4. ed. Rio de Janeiro: Fundação Getúlio Vargas. 1979.

_____. *Economia brasileira*. 2. ed. São Paulo: Nobel, 2002.

BANDEIRA, M. *O governo João Goulart*: as lutas sociais no Brasil (1961-1964). 6. ed. Rio de Janeiro: Civilização Brasileira, 1983.

BARRETO FILHO, O. Sociedades de crédito, financiamento e investimento. *Revista do Instituto de Pesquisas e Estudos*, v.2, p.181-99, jul.-dez. 1966.

BARRO, R. J.; LEE, J.-W. IMF Programs: Who is Chosen and What are the Effects? *Journal of Monetary Economics*, v.52, p.1245-69, 2005.

BARROS, C. R. Sobre o "experimento desenvolvimentista" de Dilma Rousseff: uma discussão com André Singer. *Revista Fevereiro*, v.9, p.1-13, 2016.

BARROW, C. *Critical theories of the state. Marxist, neo-marxist and post-marxist.* Madison: The University of Wisconsin Press, 1993.

BASTIAN, E. O Paeg e o Plano Trienal: uma análise comparativa de suas políticas de estabilização de curto prazo. *Estudos Econômicos*, v.43, n.1, p.139-66, 2013.

BASTOS, P. P. As aporias do liberalismo periférico: comentários à luz dos governos Dutra (1946-1950) e Cardoso (1994-2002). *Economia e Sociedade*, v.12, n.2, p.245-74, 2003.

BENMERGUI, L. The Alliance for progress and housing policy in Rio de Janeiro and Buenos Aires in the 1960s. *Urban History*, v.36, n.2, p.303-26, 2009.

BERGSMAN, J.; CANDAL, A. Industrialization: past success and future problems". In: ELLIS, H. (Ed.). *The Rconomy of Brazil.* Berkeley: University of California Press, 1969, p.29-73.

BIELSCHOWSKY, R. *Pensamento econômico brasileiro.* O ciclo ideológico do desenvolvimentismo (1930-1964). 4. ed. Rio de Janeiro: Contraponto, 2000.

BLACK, J. K. *United States penetration of Brazil.* Philadelphia: University of Pennsylvania Press, 1977.

BOITO JR., A. *O sindicalismo de Estado no Brasil.* Campinas: Unicamp; São Paulo: Editora da Hucitec, 1991.

BRANCO, N.; BARRETO, C. *Repressão ao abuso do poder econômico.* São Paulo: Atlas, 1963.

BRANDS, H. *Latin America's Cold War.* Cambridge, London: Harvard University Press, 2010.

BRESSER PEREIRA, L. C. (Org.). *Populismo econômico*: ortodoxia, desenvolvimentismo e populismo na América Latina. São Paulo: Nobel, 1991.

BRITO, A. A Usaid e o ensino de Matemática no Rio Grande do Norte. *Bolema*, v.21, n.30, p.1-25, 2008.

CAMPOS, M. *A política econômica do governo Kubitschek (1956-1961)*: o discurso em ação. 2007. Dissertação (Mestrado) – Universidade Federal do Rio Grande do Sul, Porto Alegre, 2007.

CAMPOS, N.; PAULA, H. *Clodsmith Riani*: trajetória. Juiz de Fora: Funalfa Edições, 2005.

CAMPOS, R. *Lanterna na popa*: memórias. 2. ed. Rio de Janeiro: Toopbooks, 2004. v.1.
_____. *Ensaios de história econômica e sociologia.* 2. ed. Rio de Janeiro: Apec, 1964.

CANO, W. *Desequilíbrios regionais e concentração industrial no Brasil, 1930-1995.* 2. ed. Campinas: Editora Unicamp, 1998.

CAPUTO, A. *Desenvolvimento econômico brasileiro e o investimento direto estrangeiro*: uma análise da Instrução 113 da SUMOC – 1955-1963. Niterói, 2007. Dissertação (Mestrado) – Universidade Federal Fluminense.

CAPUTO, A.; MELO, H. A industrialização brasileira nos anos de 1950: uma análise da Instrução 113 da SUMOC. *Estudos Econômicos*, v.39, n.3, p.513-38, 2009.

CARDOSO, E.; HELWEDGE, A. *A Economia da América Latina*. Diversidade, tendências e conflitos. São Paulo: Ática, 1993.

CARDOSO, F. H. Associated dependent development. In: STEPAN, A. (Ed.). *Authoritarian Brazil*. Origins, policies and future. New Haven: Yale University Press, 1973. p.142-76.

_____. *Empresário industrial e desenvolvimento econômico no Brasil*. São Paulo: Difusão Europeia do Livro, 1964.

CAREW, A. The politics of productivity and the politics of anti-communism: American and European labour in the Cold War. In: SCOTT-SMITH, G.; KRABBENDAM, H. (Eds.). *The cultural Cold War in Western Europe, 1945-1960*. Londres: Frank Cass, 2003. p.73-91.

_____. *Labour under the Marshall Plan*. The politics of productivity and the marketing of management science. Detroit: Wayne State University Press, 1987.

_____. The Schism within the World Federation of Trade Unions: government and Trade-Union Diplomacy. *International Review of Social History*, v.29, n.3, p.297-55, 1984.

CARONE, E. *A República liberal*. Instituições e classes sociais (1945-1964). São Paulo: Difel, 1985. v.1.

CASTELLO BRANCO, C. *Introdução à Revolução de 1964*. Rio de Janeiro: Artenova, 1975. v.1.

CASTRO, P.; RONCI, M. Sesenta Años de Populismo en el Brasil. In: DORNBUSCH, R.; EDWARDS, S. (Orgs.). *Macroeconomía del populismo en la América Latina*. México: FCE. p.176-98.

CEHELSKY, M. *Land reform in Brazil*: the management of social chance. Boulder: Westview Press, 1979.

CHACEL, J. The principal characteristics of the agrarian structure and agricultural production in Brazil. In: ELLIS, H. (Ed.). *The economy of Brazil*. Berkeley: University of California Press, 1969. p.103-27.

CHILCOTE, R. *Partido Comunista Brasileiro*: conflito e integração (1922-1972). Rio de Janeiro: Graal, 1982.

CHRISTOFFERSEN, L. Taxas de juros e a estrutura de um sistema de bancos comerciais em condições inflacionárias: o caso do Brasil. *Revista Brasileira de Economia*, v.23, n.2, p.5-34, 1969.

COBBS, E. Entrepreneurship as Diplomacy: Nelson Rockefeller and the Development of the Brazilian Capital Market. *Business History Review*, v.63, n.1, p.88-121, 1989.

COLISTETE, R. Trade Unions and the ICFTU in the age of developmentalism in Brazil, 1953-1962. *Hispanic American Historical Review*, v.92, n.4, p.669-701, 2012.

_____. Salários, produtividade e lucros na indústria brasileira, 1945-1978. *Revista de Economia Política*, v.29, n.4, p.386-405, 2009.

_____. Productivity, wages and labor politics in Brazil, 1945-1962. *Journal of Economic History*, v.67, n.1, p.93-127, 2007.

_____. Há lugar para teoria em estudos de história econômica? Uma análise das relações entre grupos de interesse, proteção comercial e desempenho econômico de longo prazo. *Estudos Econômicos*, v.32, p.297-334, n.2, 2002.

_____. *Labour relations and industrial performance in Brazil.* Greater São Paulo, 1945-1960. Houndmills: Palgrave, 2001.

CORSI, F. L. Política externa, projeto nacional e política econômica ao final do Estado Novo. *Política e Sociedade*, v.12, p.67-93, 2008.

COSTA, E. V. *Da monarquia a república.* Momentos decisivos. 7. ed. São Paulo: Unesp, 1999.

COSTA, H. *Em busca da memória.* Comissão de fábrica, partido e sindicato no pós-guerra. São Paulo: Scritta, 1995.

D'ARAÚJO, M. C. *Sindicatos, carisma e poder.* O PTB de 1945-65. Rio de Janeiro: Fundação Getúlio Vargas, 1996.

DALAND, R. *Estratégia e estilo de planejamento brasileiro.* Rio de Janeiro: Lidador 1969.

DELFIM NETO, A. *O problema do café no Brasil.* São Paulo: Ipea, Fipe, 1981.

DELFIM NETO, A.; PINTO, C. Uma tentativa de avaliação da política cafeeira. In: VERSIANI, F.; BARROS. L. M. *Formação econômica do Brasil.* Formação econômica do Brasil. A experiência da industrialização. São Paulo: Saraiva, 1977. p.223-238.

DELGADO, L. A. Trabalhadores na crise do populismo: utopia e reformismo. In: TOLEDO, C. de N. *1964. Visões críticas do golpe*: democracias e reformas no populismo. 2. ed. Campinas: Editora Unicamp, 2014. p.69-92.

_____. *O comando geral dos trabalhadores do Brasil.* Petrópolis: Vozes, 1986.

DELTEC PANAMÉRICA S.A. *Os mercados de capitais no Brasil.* Cidade do México: Centro de Estudios Monetarios Latinoamericanos, 1968.

DIB, M. de F. *Importações brasileiras*: políticas de controle e determinantes de demanda. Rio de Janeiro: BNDES, 1985.

DOELLINGER, C.; FARIA, H.; CAVALCANTI, L. *Política e estrutura das importações brasileiras.* Rio de Janeiro: Ipea, Inpes, 1977.

DORNBUSH, R.; EDWARDS, S. (Orgs.). *Macroeconomia del populismo en la America Latina.* Cidade do México: Fondo de Cultura, 1992.

DRAIBE, S. *Rumos e metamorfoses.* Um estudo sobre a constituição do Estado e as alternativas da industrialização no Brasil, 1930-1960. 2. ed. Rio de Janeiro: Paz e Terra, 2004.

DREIFUSS, R. A. *1964*: a conquista do Estado. Petrópolis: Vozes, 1981.

DULLES, J. W. *Unrest in Brazil.* Political-military crisis (1955-1964). Austin: University of Texas Press, 1970.

DUNNE, M. Kennedy's Alliance for Progress: Countering Revolution in Latin America (Part I): From the White House to the Charter of Punta Del Este. *International Affairs*, v.89, n.6, p.1389-1409, 2013.

_____. Kennedy's Alliance for progress: countering revolution in Latin America (Part II): the Historiographical Record. *International Affairs*, v.92, n.2, p.435-52, 2016.

EKBLADH, D. *The great American mission*. Modernization and the construction of an American World Order. Princeton and Oxford: Princeton University Press, 2010.

ERICKSON, K. *Sindicalismo no processo político do Brasil*. São Paulo: Brasiliense, 1979.

EVANS, P. *Embedded autonomy*. States and industrial transformation. Princeton: Princeton University Press, 1995.

FERREIRA, J. O golpe faz 50 anos. Cinco questões sobre o governo Goulart e a crise política de 1964. In: ALONSO, Â.; DOLHNIKOFF, M. *1964*. Do golpe à democracia. São Paulo: Hedra, 2015. p.43-69.

_____. *João Goulart*. Uma biografia. Civilização Brasileira: Rio de Janeiro, 2011.

_____. *O populismo e sua história*. Rio de Janeiro: Civilização Brasileira, 2001.

FERREIRA, J.; GOMES, Â. de C. (Orgs.). *Jango*. Múltiplas faces. Rio de Janeiro: Editora FGV, 2007.

FERREIRA, J.; GOMES, Â. de C. (Orgs.). *1964*. O golpe que derrubou um presidente, pôs fim ao regime democrático e instituiu a ditadura no Brasil. Rio de Janeiro: Civilização Brasileira, 2014.

FERREIRA, J.; e REIS, D. (orgs). *As esquerdas no Brasil: nacionalismo e reformismo radical, 1945-1964*. Civilização Brasileira, Rio de Janeiro, 2007.

FICO, C. *O Grande Irmão*: da operação Brother Sam aos anos de chumbo. Rio de Janeiro: Civilização Brasileira, 2008.

_____. *Além do golpe*. Versões e controvérsias sobre 1964 e a ditadura militar. São Paulo: Record, 2004.

FIELD JR., T. *From development to dictatorship. Bolivia and the alliance for progress in the Kennedy Era*. Ithaca: Cornell University Press, 2014.

FIGUEIREDO, A. O Brasil na encruzilhada: democracia ou reformas? In: ALONSO, Â.; DOLHNIKOFF, M. *1964*. Do golpe à democracia. São Paulo: Hedra, 2015. p.27-41.

_____. *Democracia ou reformas?* Alternativas democráticas à crise política, 1961-1964. São Paulo: Paz e Terra, 1993.

FIGUEIREDO FILHO, J. *Políticas monetária, cambial e bancária no Brasil sob a gestão do Conselho da SUMOC, de 1945 a 1955*. Niterói, 2005. Dissertação (Mestrado) – Universidade Federal Fluminense.

FISHLOW, A. Some reflections on Post-1964 Brazilian economic policy. In: STEPAN, A. (Ed.). *Authoritarian Brazil*. Origins, policies and future. New Haven: Yale University Press, 1973. p.69-118.

_____. Origins and consequences of import-substitution in Brazil. In: DiMARCO, L. (Ed.). *International economics and development*. Essays in honor of Raúl Prebish. New York, Londres: Academic Press, 1972. p.311-65.

FONSECA, P. D. O mito do populismo econômico de Vargas. *Revista de Economia Política*, v.31, n.1, p.56-76, 2011.

_____. Legitimidade e credibilidade: impasses da política econômica do governo Goulart. *Estudos Econômicos*, v.34, n.3, p.587-622, 2004.

_____. *Vargas*: o capitalismo em construção, 1906-1954. São Paulo: Brasiliense, 1989.

FONTES, P. *Um Nordeste em São Paulo*: trabalhadores migrantes em São Miguel Paulista (1945-1965). Rio de Janeiro: Editora FGV, 2008.

FONTES, P.; MACEDO, F. Strikes and pickets in Brazil: working-class mobilization in the "old" and "new" unionism, the strikes of 1957 and 1980. *International Review of Social History*, v.83, p.86-111, 2013.

FRANCHINI NETO, H. A política externa independente em ação: a Conferência de Punta del Este de 1962. *Revista Brasileira de Política Internacional*, v.48, n.2, p.129-51, 2005.

FRENCH, J. *Drowning in laws*: labor law and Brazilian political culture. Chapel Hill: University of North Carolina Press, 2004.

_____. *O abc dos operários*. Conflitos e alianças de classe em São Paulo, 1900-1950. São Caetano do Sul: Prefeitura de São Caetano do Sul; São Paulo: Hucitec, 1995.

FRIEDEN, J. The method of analysis: modern political economy. In: FRIEDEN, J.; PASTOR, M.; TOMZ, M. (Ed.). *Modern political economy and Latin America*. Theory and Policy. Oxford: Westview Press, 2000. p.37-43.

FURTADO, C. *Obra autobiográfica*. Rio de Janeiro: Paz e Terra, 1997.

_____. *Brasil: tempos modernos*. 3° edição. Rio de Janeiro: Paz e Terra, 1979.

_____. *Um projeto para o Brasil*. Rio de Janeiro: Saga, 1968.

GADDIS, J. *Strategies of containment*. A critical appraisal of American National Security Policy during the Cold War. Oxford: Oxford University Press, 2005.

GEDDES, B. Uses and limitations of rational choice". In: FRIEDEN, J. et al. (Ed.). *Modern Political Economy and Latin America:* theory and policy. Oxford: Westview Press, 2000, p.81-92.

_____. "Building State Autonomy in Brazil, 1930-1964", *Comparative Politics*. 22 (2), 1990, 217-35.

GENARI, A. *Réquiem ao capitalismo nacional*: a lei de remessa de lucros no Governo Goulart. São Paulo: Cultura Acadêmica Editorial, 1999.

GHEVENTER, A. Política antitruste e credibilidade regulatória na América Latina. *Dados-Revista de Ciências Sociais*, v.47, n.2, p.335-63, 2004.

GOMES, Â. de C. Partido Trabalhista Brasileiro: getulismo, trabalhismo, nacionalismo e reformas de base. In: FERREIRA, J.; REIS, D. (Orgs.). *As esquerdas no Brasil:* nacionalismo e reformismo social (1945- 1964). v.2. Rio de Janeiro: Civilização Brasileira, 2007, p.53-81.

_____. Memória em disputa: Jango, ministro do Trabalho ou dos trabalhadores? In: MORAES, M. (Org.). *João Goulart*. Entre a memória e a história. Rio de Janeiro: Editora FGV, 2006. p.31-56.

_____. *A invenção do trabalhismo*. Rio de Janeiro: Vértice, 1994.

GOMES, P. Minas: do diálogo ao *front*. In: DINES, A. (Org.). *Os idos de março e a queda em abril*. Rio de Janeiro: José Álvaro, 1964, p.65-124.

GORDON, L. *Brazil's second chance*. Supplement: Brazil, 1961-1964. Washington: The Brookings Institution, 2003.

GORDON, L.; GROMMERS, E. *United States manufacturing investment in Brazil*. The impact of the Brazilian government policies, 1946-1960. Boston: Harvard University, 1962.

GREEN, J. *We cannot remain silent*: opposition to the Brazilian military dictatorship in the United States. Durham, London: Duke University Press, 2010.

HARDING, T. *The political history of organized labor in Brazil*. 1973. PhD (Dissertation) – Stanford University, Stanford, 1973.

HARMER, T. Brazil's Cold War in the Southern Cone, 1970-1975. *Cold War History*, v.12, n.4, p.659-81, 2012.

HAWKESWORTH, M.; KOGAN, M. (Eds.). *Encyclopedia of government and politics*. London, New York: Routledge, 1992. v.1.

HERSHBERG, J. Quadros, the Cold War and the Normalization of Brazilian-East European Relations, 1961: the "Itinerant Ambassador" and the Explosion Over Germany. Paper Presented at the Annual Meeting of the Society for Historians of American Foreign Relations (SHAFR), Arlington, VA, 2015.

_____. The United States, Brazil, and the Cuban missile crisis, 1962 (Part 1). *Journal of Cold War Studies*, v.6, n.2, p.3-20, 2004.

_____. The United States, Brazil, and the Cuban missile crisis, 1962 (Part 2). *Journal of Cold War Studies*, v.6, n.3, p.5-67, 2004.

HILTON, S. The United States, Brazil, and the Cold War, 1945-1960: End of the Special Relationship. *The Journal of American History*, v.68, n.3, p.599-624, 1981.

HOGAN, M. *The Marshall Plan*: America, Britain and the reconstruction of Western Europe, 1947-1952. Cambridge and New York: Cambridge University Press, 1987.

HOLLOWAY, H. Interest groups in the Postpartisan Era: the political machine of the AFL-CIO. *Political Science Quarterly*, v.94, n.1, p.117-33, 1979.

HYMER, S. *Empresas multinacionais*: a internacionalização do capital. 2. ed. Rio de Janeiro: Graal, 1983.

IANNI, O. *O colapso do populismo no Brasil*. Rio de Janeiro: Civilização Brasileira, 1968.

_____. *Estado e planejamento econômico no Brasil (1930-1970)*. Rio de Janeiro: Civilização Brasileira, 1971.

JESSOP, B. *State theory*. Putting the capitalist state in its place. Cambridge: Polity Press, 1996.

KAUFMAN, R.; STALLINGS, B. La economía política del populismo latinoamericano. In: Dornbusch, R.; EDWARDS, S. (Orgs.). *Macroeconomía del populismo en la América Latina*. México: FCE, 1992. p.24-46.

KIRKENDALL, A. *Paulo Freire and the Cold War politics of literacy*. Chapel Hill: The University of North Carolina Press, 2010.

_____. Kennedy men and the fate of the Alliance for Progress in LBJ era Brazil and Chile. *Diplomacy and Statecraft*, v.18, p.745-72, 2007.

_____. Entering history: Paulo Freire and the politics of the Brazilian Northeast, 1958-1964. *Luso-Brazilian Review*, v.41, n.1, p.168-89, 2004.

KNIGHT, A. Populism and neo-populism in Latin America, especially Mexico. *Journal of Latin American Studies*, v.30, n.2, p.223-48, 1998.

LABAKI, A. *1961*: a crise da renúncia e a solução parlamentarista. São Paulo: Brasiliense, 1986.

LAFER, C. *The planning process and the political system in Brazil: a study of Kubitschek's target plan*. New York, 1970. PhD (Dissertation) – Cornell University.

_____. *O sistema político brasileiro*. São Paulo: Perspectiva, 1975.

LAGO, P. *A SUMOC como embrião do Banco Central*. Rio de Janeiro, 1982. Dissertação (Mestrado) – Pontifícia Universidade Católica.

LATHAM, M. *Modernization as ideology*. American social science and "nation building" in the Kennedy era. Chapel Hill, London: The University of North Carolina Press, 2000.

_____. *The right kind of revolution*. Modernization, development, and U.S. foreign policy from the Cold War to the present. Ithaca and London: Cornell University Press, 2011.

LEACOCK, R. *Requiem for revolution*. The United States and Brazil, 1961-1969. Kent, London: Kent State University Press, 1990.

LEAL, M. *A reinvenção da classe trabalhadora (1953-1964)*. Campinas: Editora Unicamp, 2011.

LEFF, N. *Política econômica e desenvolvimento no Brasil, 1947-1964*. São Paulo: Perspectiva, 1977.

LEOPOLDI, M. A. *Política e interesses na Industrialização Brasileira*. São Paulo: Paz e Terra, 2000.

LESSA, C. *Quinze anos de política econômica*. São Paulo: Brasiliense, 1983.

LEVINSON, J.; ONIS, J. *The alliance that lost its way*. Chicago: Quadrangle Books, 1970.

LIMA, R. de O. *O litígio desenvolvimentista entre JK e o Fundo Monetário Internacional*: o processo do "rompimento". 2006. Dissertação (Mestrado) – Pontifícia Universidade Católica de São Paulo, São Paulo, 2006.

LOUREIRO, F. Strikes in Brazil during the Government of João Goulart (1961-1964), *Canadian Journal of Latin American and Caribbean Studies*, v.41 n.1, p.76-94, 2016.

LOUREIRO, F. João Goulart e a cúpula do movimento sindical brasileiro: o caso das Confederações Nacionais de Trabalhadores (1961-1964). *História*, São Paulo, v.36, 2017. (na prensa)

_____. The Alliance for Progress and President João Goulart's Three-Year Plan: the deterioration of U.S.-Brazilian relations in Cold War Brazil (1962), *Cold War History*, v.17, n.1, 2017, p. 61-79.

_____. A aprovação da lei de limitação de remessa de lucros no governo Goulart e o empresariado nacional e estrangeiro (1961-1964). *Revista Brasileira de História*, v.36 n.71, p.155-77, 2016.

_____. Dois pesos, duas medidas: os acordos financeiros de maio de 1961 entre Brasil e Estados Unidos durante os governos Jânio Quadros e João Goulart (1961-1962), *Economia e Sociedade*, v.48, n.22, p.547-76, 2013.

_____. O Plano Trienal no contexto das relações entre Brasil e Estados Unidos (1962-1963). *Revista de Economia Política*, v.33, n.4, p.671-91, 2013.

_____. *Relativizando o* Leviatã: empresários e política econômica no governo Jânio Quadros. *Estudos Econômicos*, v.40, n.3, p.561-85, 2010.

_____. Uma difícil conciliação: empresários e trabalhadores no contexto do Plano Trienal. *História Econômica e História de Empresas*, v.13, n.2, p.109-43, 2010.

_____. Considerações sobre o conceito de populismo econômico: explicação ou distorção histórica? *Boletim Tempo Presente*, v.16 n.4, p.1-25, 2009.

_____. Varrendo a democracia: considerações sobre as relações políticas entre Jânio Quadros e o Congresso Nacional. *Revista Brasileira de História*, v.29 n.57, p.187-208, 2009.

LOWENTHAL, A. The United States and Latin America, 1960-2010: From Hegemonic Presumption to Diverse and Contradictory Patterns. *Foro Internacional*, Edição 50° Aniversário, Colegio de Mexico, 2010.

MACEDO, R. O Plano Trienal de desenvolvimento econômico e social, 1963-1965. In: LAFER, B. (Org.). *Planejamento no Brasil*. São Paulo: Perspectiva, 1987. p.52-67.

MAIER, C. The politics of productivity: Foundations of American International Economic Policy after World War II. *International Organization*, v.31, n.4, p.607-633, 1977.

MALAN, P; BONELLI, R; ABREU, M. *Política econômica externa e industrialização no Brasil: 1935-1952*. Rio de Janeiro: Ipea, Inpes, 1980.

_____. Relações econômicas internacionais do Brasil (1945-1964). In: FAUSTO, B. (Org.). *História geral da civilização brasileira*. São Paulo: Difel, 1984. p.53-106, t. III, v.4.

MANZETTI, L. *The international monetary fund and economic stabilization*. The Argentine case. New York: Praeger Publishers, 1991.

MARANHÃO, R. *Sindicato e democratização*: Brasil, 1945-1950. São Paulo: Brasiliense, 1979.

MATA, M. Controles de preços na economia brasileira: aspectos institucionais e resultados. *Pesquisa e Planejamento Econômico*, v.10 n.3, p.911-54, 1980.

MATTOS, M. *Greves e repressão policial ao sindicalismo carioca*, 1945-1964. Rio de Janeiro: Aperj, Faperj, 2003.

_____. O governo João Goulart: novos rumos da produção historiográfica. *Revista Brasileira de História*, v.28, n.55, p.245-63, 2008.

MELO, H.; BASTOS, C.; ARAÚJO, V. A política econômica e o reformismo social: impasses de um governo sitiado. In: MORAES, M. (Org.). *João Goulart*. Entre a memória e a história. Rio de Janeiro: Editora FGV, 2007. p.79-106.

MERICLE, K. *Conflict Regulation in the Brazilian Industrial Relations System*. 1974. PhD (Dissertation) – University of Wisconsin, Wisconsin, 1974.

MESQUITA, M. *1961-1964*: a política econômica sob Quadros e Goulart. Rio de Janeiro, 1992. Dissertação (Mestrado) – Pontifícia Universidade Católica.

_____. Inflação, estagnação e ruptura, 1961-1964. In: ABREU, M. de P. (Org.). *A ordem do progresso*. Dois séculos de política econômica no Brasil. 2. ed. Rio de Janeiro: Elsevier, 2014. p.176-196.

MIHALKANIN, E.; NEISLER, W. The Role of the U.S. Ambassador. In: DENT, D. W. (Ed.). *U.S.-Latin American Policymaking*: a reference handbook. Westport, CO: Greenwood Press, 1995.

MILIBAND, R. *O Estado na sociedade capitalista*. Rio de Janeiro: Zahar, 1972.

MINELLA, A. *Banqueiros*: organização e poder político no Brasil. Rio de Janeiro: Espaço e Tempo, Anpocs, 1988.

MIRANDA, J. *O Plano Trienal. O canto do cisne do nacional-desenvolvimentismo*. Campinas, 1979. Dissertação (Mestrado) – Instituto de Filosofia e Ciências Humanas, Universidade de Campinas.

MIRANDA, S. *Projeto de desenvolvimento e encampações no discurso do governo Leonel Brizola*: Rio Grande do Sul (1959-1963). Porto Alegre, 2006. Dissertação (Mestrado) – Universidade Federal do Rio Grande do Sul.

MITCHENER, K.; WEIDENMIER, M. Supersanctions and Sovereign Debt Repayment. *Journal of International Money and Finance*, v.29, n.1, p.19-36, 2010.

MOISÉS, J. A. *Greve de massas e crise política:* um estudo da greve dos 300 mil em São Paulo, 1953-1954. São Paulo: Polis, 1978.

MONTEIRO, S. *Política econômica e credibilidade*: uma análise dos governos Jânio Quadros e João Goulart. 1999. Tese (Doutorado) – Universidade Federal do Rio Grande do Sul, Porto Alegre, 1999.

MONTEIRO, S.; FONSECA, P. C. Credibility and populism: the economic policy of the Goulart administrations in Brazil. *Estudos Econômicos*, v.42 n.3, p.511-44, 2012.

MOSCOGLIATO, M. Evolução do direito antitruste no Brasil: alguns aspectos. In: ROCHA, J. C. de C. (Coord.). *Lei antitruste*: dez anos de combate ao abuso ao poder econômico. Belo Horizonte: Del Rey, 2005. p.167-200.

MORAES, M. S. de. *50 anos construindo a democracia*: do golpe de 64 à Comissão Nacional da Verdade. São Paulo: Instituto Vladmir Herzog, 2014.

MORLEY, S. Inflation and Stagnation in Brazil. *Economic Development and Cultural Change*, v.19, n.2, p.184-203, 1971.

NAFTALI, T. *The presidential readings*. John F. Kennedy: the great crisis. London, New York: W. W. Norton, 2001. v.1.

NAPOLITANO, M. *1964*: história do regime militar brasileiro. São Paulo: Contexto, 2014.

NAZMI, N. *Economic policy and stabilization in Latin America*. New York, Londres: M. E. Sharpe, 1996.

NEGRO, A. L. *Linhas de montagem*. O industrialismo nacional-desenvolvimentista e a sindicalização dos trabalhadores. São Paulo: Boitempo, 2004.

NICOLAU, J. Partidos na república de 1946: velhas teses, novos dados. *Dados Revista de Ciências Sociais*, v.47, n.1, p.85-129, 2004.

NOVELLI, J. *Burocracia, dirigentes estatais e ideias econômicas*: um estudo de caso sobre o Banco Central do Brasil (1965-1998). Campinas, 1999. Dissertação (Mestrado) – Instituto de Filosofia e Ciências Humanas, Universidade de Campinas.

O'BRIEN, T. *Making the Americas*: the United States and Latin America from the age of revolutions to the era of globalization. Albuquerque: University of New Mexico Press, 2007.

OLIVEIRA, F. *A economia brasileira*: crítica à razão dualista. Petrópolis: Vozes, 1987.

ORDESHOOK, P. The Emerging Discipline of Political Economy. In: ALT, J.; SHEPSLE, K. E. (Ed.). *Perspectives on positive political economy*. Cambridge: Cambridge University Press, 1990. p.9-30.

ORENSTEIN, L.; SOCHACZEWSKI, A. Democracia com desenvolvimento (1956-1961). In: ABREU, M. P. (Org.). *A ordem do progresso*. Rio de Janeiro: Campus, 1990. p.171-95.

PAGE, J. *The revolution that never was*. Northeast Brazil, 1955-1964. New York: Grossman Publishers, 1972.

PANIZZA, U. *et alli*. The economics and law of sovereign debt and default. *Journal of Economic Literature*, v.47, n.3, p.653-700, 2009.

PARKER, P. *Brazil and the quiet intervention, 1964*. Austin: University of Texas Press, 1979.

PEREIRA, A. The US role in the 1964 coup in Brazil: a reassessment. *Bulletin of Latin American Research*, p.1-13, 2016.

_____. *The end of peasantry*. The rural labor movement in Northeast Brazil, 1961-1988. Pittsburg: University of Pittsburg Press, 1997.

PASSOS, C. *Estrutura financeira e desenvolvimento*. O caso do Brasil. São Paulo: Atlas, 1973.

PATTERSON, T. Foreign aid under wraps: the point four program. *The Wisconsin Magazine of History*, v.56, n.2, p.119-26, 1972.

POSNER, R. *Antitrust law*. Chicago, London: University of Chicago Press, 2001.

POULANTZAS, N. *O Estado, o poder, o socialismo*. 3.ed. Rio de Janeiro: Graal, 1990.

_____. *Poder político e classes sociais do estado capitalista*. v.1. Porto: Portucalense Editora, 1971.

POWER, M. Who but a Woman? The Transnational diffusion of anti-communism among conservative women in Brazil, Chile and the United States during the Cold War. *Journal of Latin American Studies*, v.47, n.1, p.93-119, 2015.

PRZEWORSKI, A. *Capitalismo e social-democracia*. São Paulo: Companhia das Letras, 1995.

QUEIROZ, M. V. *Grupos econômicos e o modelo brasileiro*. São Paulo, 1972. Tese (Doutorado) – Faculdade de Filosofia Letras e Ciências Humanas, Universidade de São Paulo.

RABE, S. *The killing zone*. The United States wages Cold War in Latin America. 2. ed. New York, Oxford: Cambridge University Press, 2016.

_____. *The most dangerous area in the world*. John F. Kennedy confronts communist *revolution in Latin America*. Chapel Hill and Londres: University of North Caroline Press, 1999.

_____. *Eisenhower and Latin America: the Foreign Policy of anti-communism*. Chapel Hill: University of North Carolina Press, 1988.

RANGEL, I. *A inflação brasileira*. São Paulo: Brasiliense, 1981.

REIS, D. A. *Ditadura e democracia no Brasil*: 50 anos de golpe de 1964. Rio de Janeiro: Zahar, 2014.

RIDENTI, Marcelo. *O fantasma da Revolução Brasileira*. São Paulo: Unesp, 2005.

RIO, A.; GOMES, H. Sistema cambial: bonificações e ágios. In: VERSIANI, F.; BARROS, L. M. de. *Formação econômica do Brasil*. A experiência da industrialização. São Paulo: Saraiva, 1977. p.339-56.

RODRIGUES, José. *Sindicato e Desenvolvimento no Brasil*. São Paulo: Símbolo, 1968.

RODRIGUES, L. Conflito industrial e sindicalismo no Brasil. São Paulo: Difel, 1966.

_____. O CGT e os anos do sindicalismo nacionalista. In: MARTINS, C. (Org.). *Memória sindical de Santos (1930-1964)*. Santos: Fundação Arquivo e Memória de Santos, 1997. p.1-14.

ROETT, R. *The politics of foreign aid in the Brazilian Northeast*. Nashville: Vanderbilt University Press, 1972.

SADER, E.; PAOLI, M. C.; TELLES, V. Pensando a classe operária: os trabalhadores sujeitos ao imaginário acadêmico. *Revista Brasileira de História*, n.6, p.129-49, 1983.

SAES, A.; LOUREIRO, F. What developing countries' past energy policies can tell us about energy issues today? Lessons from the expropriation of American foreign and power in Brazil (1959-1965). *Utilities Policy*, v.29, p.36-43, 2013.

SANDOVAL, S. *Os trabalhadores param*. Greves e mudança social no Brasil, 1945-1990. São Paulo: Ática, 1994.

SANDRONI, P. (Ed.). *Dicionário de economia*. São Paulo: Abril Cultural, 1985.

SANTOS, W. G. Sessenta e quatro: *anatomia da crise*. São Paulo: Vértice, 1986.

SARETTA, F. Uma análise do Programa de Estabilização Monetária de 1958. CONGRESSO BRASILEIRO DE HISTÓRIA ECONÔMICA, VI. 2005, Rio de Janeiro. *Anais...* Rio de Janeiro, 2005, 1-17. v.1.

SARTI, I. *Porto vermelho*: os estivadores santistas no sindicato e na política. Rio de Janeiro: Paz e Terra, 1981.

SCHILLING, P. *Como se coloca a direita no poder*. São Paulo: Global, 1981. v.1.

SCHMITTER, P. *Interest conflict and political change in Brazil*. Stanford: Stanford University Press, 1972.

SCHWARTZMAN, S. *São Paulo e o Estado nacional*. São Paulo: Difel, 1975.

SCZUSTERMAN, C. *Frondizi and the politics of developmentalism in Argentina, 1955-62*. London: Macmillan Press, 1993.

SCHLESINGER JR., A. *A thousand days*. John F. Kennedy in the White House. New York: Fawcett Premier, 1992.

SCHNEIDER, B. Organized Business Politics in Democratic Brazil. *Journal of Interamerican Studies and World Affairs*, v.39, n.4, p.95-127, 1997.

SELCHER, W. *The Afro-asian dimension of brazilian foreign policy, 1956-1968*. Gainesville, 1970. PhD. (Dissertation) – University of Florida.

SERRA, J. Three mistakes regarding the Connection between industrialization and authoritarian Regimes". In: COLLIER, D. (Ed.). *The New Authoritarianism in Latin America*. Princeton; Princeton University Press, 1979, p.99-162.

SHAPIRO, H. *Engines of growth*. The state and transitional auto companies in Brazil. Cambridge, New York: Cambridge University Press, 1994.

SIMONSEN, M. H. Inflation and the money and capital markets of Brazil. In: ELLIS, H. (Ed.). *The economy of Brazil*. Berkeley, Los Angeles: University of California, 1969. p.133-161.

SILVA, F. T. Entre o acordo e o acórdão: a Justiça do Trabalho paulista na antevéspera do golpe de 1964. In: GOMES, Â. M.; SILVA, F. (Orgs.). *Justiça do trabalho e sua história*. Os direitos dos trabalhadores no Brasil. Campinas: Editora Unicamp, 2013. p.203-61.

_____. *A carga e a culpa*. Os operários das docas de Santos: direitos e cultura de solidariedade, 1937-1968. São Paulo: Hucitec, Prefeitura Municipal de Santos, 1995.

SILVA, J. *A lei antitruste brasileira*. São Paulo: Resenha Universitária, 1979.

SILVA, J. M. *1964*: golpe midiático-civil-militar. Porto Alegre: Sulina, 2014.

SILVA, R. *Política e política econômica na crise do início dos anos sessenta*: o Plano Trienal de Desenvolvimento Econômico e Social (1963-1965). Campinas, 1992. Dissertação (Mestrado) – Instituto de Filosofia e Ciências Humanas, Unicamp.

_____. Planejamento econômico e crise política: do esgotamento do plano de desenvolvimento ao malogro dos programas de estabilização. *Revista de Sociologia e Política*, v.14, p.77-101, 2000.

_____. Economic Policy in Times of Crisis: Conflict between Stability and Development in Brazil (1958-1963). In: PERISSINOTTO, R. (Org.). *Entrepreneurs, state and interest representation in Brazil*. New York: Nova Science, 2003, 81-114.

SILVA, Vicente. *A aliança para o progresso no Brasil*: de propaganda anticomunista à instrumento de intervenção política (1961-1964). Dissertação (Mestrado) – Universidade Federal do Rio Grande do Sul, Porto Alegre, 2009.

SKIDMORE, T. *Brasil*: de Getúlio a Castelo. 12. ed. São Paulo: Paz e Terra, 2000.

SKOCPOL, T. Bringing the State Back In Strategies of Analysis in Current Research. In: EVANS, P.; RUESCHEMEYER, D.; SKOCPOL, T. (Eds.). *Bringing the state back in*. Cambridge: Cambridge University Press. p.3-37.

SMITH, B. *Lincoln Gordon*. Architect of Cold War foreign policy. Lexington: The University Press of Kentucky, 2015.

SMITH, P. *Talons of the eagle*. Dynamics of the U.S.-Latin American relations. Oxford, New York: Oxford University Press, 2000.

SMITH, T. *Brazil and the United States*: convergence and divergence. Athens: University of Georgia Press, 2010.

SOCHACZEWSKY, A. *Desenvolvimento econômico e financeiro do Brasil (1952-1968)*. São Paulo: Trajetória Cultural, 1991.

SOLA, L. *Ideias econômicas, decisões políticas*. São Paulo: Edusp, 1998.

STERN, Sheldon. *The week the world stood still:* inside the secret Cuban missile crisis. Stanford: Stanford University Press, 2005.

STORRS, K. *Brazil's independent foreign policy, 1961-1964*: background, tenets, linkage to domestic politics, and aftermath. New York, 1973. PhD. (Dissertation) – Cornell University.

STREETER, S. Campaigning against Latin American nationalism: U. S. ambassador John Moors Cabot in Brazil, 1959-1961. *The Americas*, v.51 n.2, p.193-218, 1994.

SEWELL, B. Early modernization theory? The Eisenhower administration and the foreign policy of development in Brazil. *English Historical Review*, v.125, n.517, p.1449-80, 2010.

TAFFET, J. *Foreign aid as foreign policy.* The alliance for progress in Latin America. Oxon, New York: Routledge, 2007.

TAVARES, M. C. Auge e declínio do processo de substituição de importações no Brasil. In: TAVARES, M. C. *Da substituição de importações ao capitalismo financeiro*. 2. ed. Rio de Janeiro: Zahar, 1973. 27-124.

TAVARES, M. C.; SERRA, J. Mais além da estagnação: uma discussão sobre o estilo de desenvolvimento recente no Brasil. In: TAVARES, M. C. da. *Da substituição de importações ao capitalismo financeiro*. 2. ed. Rio de Janeiro: Zahar, 1973. p.153-208.

TUNÇER, A. *Sovereign debt and international financial control*. The Middle East and the Balkans, 1870-1914. London: Palgrave Macmillan, 2015.

TURNER, S. *Burn before reading*: presidents, CIA directors and secret intelligence. New York: Hyperion Books, 2005.

VANDEVELDE, K. Reassessing the Hickenlooper Amendment. *Virginia Journal of International Law*, v.29, n.115, p.115-67, 1998.

VIANNA, L. W. *Liberalismo e sindicato no Brasil*. Rio de Janeiro: Paz e Terra, 1976.

VICTOR, M. *Os cinco anos que abalaram o Brasil*. Rio de Janeiro: Civilização Brasileira, 1965.

VILLA, M. *Jango*: um perfil. São Paulo: Globo, 2003.

VILLELA, A. Dos anos dourados de JK à crise não resolvida. In: VILLELA, A.; GIAMBIAGI, F. *Economia Brasileira contemporânea*. 6. ed. Rio de Janeiro: Elsevier, 2014. p.45-68.

VILLELA, A.; SUZIGAN, W. *Política do governo e crescimento da economia brasileira (1889-1945)*. Rio de Janeiro: Ipea, Inpes, 1973.

YOUNG, J. *Brazil, 1954-1964*: end of a civilian cycle. New York: Facts of Life, 1972.

WALLERSTEIN, M. O colapso da democracia no Brasil: seus determinantes econômicos. *Dados-Revista de Ciências Sociais*, v.23, n.3, p.297-334, 1980.

WANDERLEY, L. *O Plano Trienal (1963-1965) e o desenvolvimento no Brasil*. 1972. Dissertação (Mestrado)–Faculdade de Filosofia Letras e Ciências Humanas, Universidade de São Paulo, São Paulo, 1972.

WEFFORT, F. *Sindicatos e política*. São Paulo, 1972. Tese (Livre-Docência) – Faculdade de Filosofia Letras e Ciências Humanas, Universidade de São Paulo.

_____. Democracia e movimento operário: algumas questões para a história do período 1945-1964 (Parte II). *Revista de Cultura Contemporânea*, n.1/2, p.3-11, 1979.

_____. *O populismo e a política brasileira*. Rio de Janeiro: Paz e Terra, 1980.

WEINSTEIN, B. *(Re)formação da classe trabalhadora no Brasil (1920-1964)*. São Paulo: Cortez, 2000.

WEIS, M. The twilight of Pan-Americanism: the alliance for progress, neo-colonialism, and non-alignment in Brazil, 1961-1964. *The International History Review*, v.23, n.2, p.322-44, 2001.

_____. *Cold warriors and coups d'état*: Brazilian-American relations, 1945-1964. Albuquerque: University of New Mexico Press, 1993.

WELCH, C. *The seed was planted*. The São Paulo roots of Brazil's rural labor movement, 1924-1964. University Park: The Pennsylvania State University Press, 1999.

WELCH, C.; SAUER, S. Rural Unions and the Struggle for Land in Brazil. *Journal of Peasant Studies*, v.42, n.6, p.1109-35, 2015.

WELLS, J. *Growth and fluctuations in the Brazilian manufacturing sector during the 1960's and the early 1970's*. Cambridge, 1977. PhD (Dissertation) – Cambridge University.

WOOD, R. *From Marshall Plan to debt crisis*. Foreign aid and development choices in the world economy. Berkeley: University of California Press, 1986.

Publicações oficiais

Brasil. *Constituição dos Estados Unidos do Brasil*. Rio de Janeiro, 1946.

Banco do Brasil. *Relatório*. Brasília, 1961-1964.

IBGE. *Anuário estatístico do Brasil*. IBGE, Rio de Janeiro, 1960-1964.

_____. *Estatísticas históricas do Brasil. Séries econômicas, demográficas e sociais de 1500 a 1988*. 2. ed. IBGE, Rio de Janeiro, 1990.

_____. *Recenseamento Geral do Brasil*. Censo Industrial. Série Nacional. IBGE, Rio de Janeiro, 1960. v.III.

Ministério da Fazenda. *Balanço geral da União*. Brasília, 1961-1964.

Presidência da República. *Plano Trienal de Desenvolvimento Econômico e Social, 1963-1965* (síntese). Brasília, 1962.

SUMOC. *Boletins*. Brasília, Rio de Janeiro, 1960-1964.

_____. *Relatório de Exercício*. Brasília, 1961, 1963-1964.

Entrevistas

Antônio Chamorro, Fundo Fábio Munhoz, Cedem-Unesp, 28 mar. 1972.

Casimiro Ribeiro, Rio de Janeiro, CPDOC-FGV, 1981.

Clodsmith Riani, Juiz de Fora, 18 ago. 2009, realizada pelo autor.

Dante Pelacani, Fundo Fábio Munhoz, Cedem-Unesp, s. d.

Hélio Bicudo, São Paulo, 7 mar. 2010, realizada pelo autor.

Hércules Correia dos Reis, *Jornal do Brasil*, 29 julho 1979.

José Gregori, São Paulo, 6 abr. 2010, realizada pelo autor.

Jorge Hori, São Paulo, 7 abr. 2010, realizada pelo autor.

Raphael Martinelli, São Paulo, 2 jul. 2009, realizada pelo autor.

Vitelbino Ferreira de Souza, Fundo Fábio Munhoz, Cedem-Unesp, s. d.

Periódicos

A Classe Operária (ACO), ago. 1962-dez. 1963 [Cedem-Unesp].

A Liga, (AL), 1962-1963 [Amorj].

A Rural (AR), 1961-1964 [Biblioteca da SRB].

Ação Democrática (AD), 1961-1963 [AEL-Unicamp].

Boletim Informativo Fiesp-Ciesp, 1961-1964 [Biblioteca Roberto Simonsen].

Boletim Sindicalista do Brasil, set. 1962-jul., 1964 [AEL-Unicamp].

Carta Mensal, CNC, 1961-1964 [Biblioteca Roberto Simonsen].

Conjuntura Econômica, FGV (CE), 1960-1964 [Biblioteca da FEA-USP].

Correio Sindical (CS), jun. 1960-ago. 1961 [AEL-Unicamp].

Desenvolvimento e Conjuntura, CNI (DC), 1960-1964 [Biblioteca da FEA-USP].

Ferroviário em Marcha (FM), fev. 1962-nov. 1963 [AEL-Unicamp].

Folha Bancária (FB), abr. 1960-jun. 1962 [AEL-Unicamp].

Folha de S. Paulo (FSP), 1960-1964 [disponível na rede digital].

Novos Rumos (NR), 1960-1964 [Cedem-Unesp].

O Eletricitário (OE), set. 1960-jul.. 1964 [AEL-Unicamp].

O Estado de S. Paulo (Oesp), 1960-1964 [Agesp].

O Ferroviário (OF), ago. 1960-jan. 1961 [AEL-Unicamp].

O Metalúrgico (OM), fev. 1960-ago. 1964 [AEL-Unicamp].

Revista de Estudos Socioeconômicos do Dieese, out. 1961-fev. 1963 [Biblioteca, FEA-USP].

Revista Bancária Brasileira (RBB), 1961-1964 [Biblioteca Nacional e Biblioteca Santander].

Terra Livre (TL), jul. 1962-jan. 1964 [Cedem-Unesp].

Última Hora (UH), 1960-1964 [Agesp].

Arquivos e bibliotecas

Arquivo da Confederação Nacional da Indústria, Brasília, DF. Atas de reunião de diretoria e atas de conselho de representantes.

Arquivo Edgard Leuenroth, Universidade Estadual de Campinas (AEL-Unicamp), Campinas, SP. Periódicos operários diversos.

Arquivo da Federação das Indústrias do Rio de Janeiro (Firjan), Rio de Janeiro (RJ). Atas de reunião de diretoria.

Arquivo Geral do Estado de São Paulo (Agesp), São Paulo (SP). Jornais comerciais.

Arquivo de Memória Operária do Rio de Janeiro (Amorj), Rio de Janeiro (RJ). Periódicos operários diversos.

Arquivo Nacional, Brasília, DF (ANDF) (Fundo Ministério do Trabalho. Caixas variadas).

Arquivo Nacional, Rio de Janeiro (RJ) (ANRJ). Arquivo Pessoal Ipes (AP 25) e Arquivo Pessoal Santiago Dantas (AP 47). Caixas variadas.

Biblioteca da Associação Comercial do Rio de Janeiro, Rio de Janeiro (RJ). Atas de reunião do Conselho Diretor.

Biblioteca da Associação Comercial do Estado de São Paulo, São Paulo (SP). Atas de reunião de diretoria plena, atas de reunião de diretoria executiva, publicações oficiais e relatórios de diretoria.

Biblioteca do Banco Central do Brasil, Brasília (DF). Boletins mensais da Sumoc.

Biblioteca do Banco Santander, São Paulo (SP). Periódicos diversos.

Biblioteca do Centro Cultural do Banco do Brasil, Rio de Janeiro (RJ). Atas de reunião de diretoria e relatórios anuais do Banco do Brasil.

Biblioteca da Faculdade de Economia, Administração e Contabilidade da Universidade de São Paulo (FEA-USP). Bibliografia secundária, periódicos diversos e publicações oficiais.

Biblioteca do Ministério da Fazenda, Brasília (DF). Periódicos diversos e publicações oficiais.

Biblioteca Nacional, Rio de Janeiro (RJ). Periódicos diversos e publicações oficiais.

Biblioteca Roberto Simonsen, Instituto de Filosofia e Ciências Humanas da Universidade Estadual de Campinas (IFCH-Unicamp). Boletins informativos e periódicos de associações empresariais.

Biblioteca da Sociedade Rural Brasileira, São Paulo (SP). Atas de reunião de diretoria e periódicos de associações empresariais.

Centro de Documentação e Memória da Universidade Estadual Paulista (Cedem-Unesp), São Paulo (SP). Fundo Fábio Munhoz (pastas variadas) e periódicos operários diversos.

Centro de Memória Clodsmith Riani (CMCR), Juiz de Fora-MG. Atas de reunião de diretoria da CNTI e periódicos operários diversos.

Centro de Pesquisa e Documentação de História Contemporânea do Brasil da Fundação Getúlio Vargas (CPDOC-FGV), Rio de Janeiro (RJ). Arquivo Clemente Mariani, Arquivo Hermes Lima, Arquivo João Goulart, Arquivo Roberto. Campos, Arquivo Tancredo Neves e Arquivo Ulysses Guimarães. Pastas variadas.

John F. Kennedy Library (JFKL), Boston, Massachusetts, Estados Unidos. Diplomatic Papers of John Moors Cabot, President Office's Files, National Security Files, Papers of Arthur Schlesinger, Papers of Ralph Dungan, Personal Papers of George Ball. Caixas variadas.

Lyndon B. Johnson Library (LBJL), Austin, Texas, Estados Unidos. Lyndon Johnson Papers, National Security Files, Country File Brazil. Caixas variadas.

National Archives and Records Administration (Nara), College Park, Maryland, Estados Unidos. Record Group 59 (RG 59) e Record Group 84 (RG 84). Caixas variadas.

The British Library, Londres, Grã-Bretanha. Bibliografia secundária.

The National Archives (TNA), Kew Gardens, Londres, Grã-Bretanha. Foreign Office Papers (FO), Labour Office Papers (LAB) e Treasury Papers (T). Pastas variadas.

SOBRE O LIVRO

Formato: 16 x 23 cm
Mancha: 26 x 48,6 paicas
Tipologia: StempelSchneidler 10,5/12,6
Papel: Off-White 80 g/m^2 (miolo)
Cartão Supremo 250 g/m^2 (capa)
1ª edição: 2017

EQUIPE DE REALIZAÇÃO

Coordenação Geral
Marcos Keith Takahashi

Preparação e revisão de texto
Fábio Gonçalves

Diagramação
Sergio Gzeschnik